秦汉考古遗存研究专集

秦漢研究论丛

中国秦汉史研究会
咸阳师范学院 编

徐卫民 王永飞 主编

西北大学出版社
·西安·

图书在版编目（CIP）数据

秦汉考古遗存研究专集/徐卫民，王永飞主编. —西安：
西北大学出版社，2021.7
（秦汉研究论丛）
ISBN 978-7-5604-4798-8

Ⅰ.①秦… Ⅱ.①徐… ②王… Ⅲ.①秦汉考古—研究
Ⅳ.①K871.41

中国版本图书馆 CIP 数据核字（2021）第 162165 号

秦汉研究论丛：秦汉考古遗存研究专集
QINHANYANJIULUNCONG　QINHANKAOGUYICUNYANJIUZHUANJI

主　　编：徐卫民　王永飞
出版发行：西北大学出版社
地　　址：西安市太白北路 229 号　　　　　　邮　编：710069
网　　址：http：//nwupress. nwu. edu. cn　　E－mail　xdpress@ nwu. edu. cn
电　　话：029-88302825
经　　销：全国新华书店
印　　装：西安创维印务有限公司
开　　本：787mm×1092mm　1/16
印　　张：24.25
字　　数：387 千字
版　　次：2021 年 12 月第 1 版　2021 年 12 月第 1 次印刷
书　　号：ISBN 978-7-5604-4798-8
定　　价：96.00 元

如有印装质量问题，请与本社联系调换，电话 029－88302966。

本书为《秦汉研究》第十六辑

得到

陕西（高校）哲学社会科学重点研究基地——关中古代

陵寝文化研究中心

陕西省普通高校优势扶持学科——历史地理学

咸阳师范学院重点学科——历史学（文物与博物馆学）

关中古代陵寝文化研究刘庆柱社科名家工作室

建设项目资助

目　录

● 海昏侯墓研究 ●

黄今言　钟宇声　西汉海昏侯墓出土铜钱问题祛疑 ……………………………（001）

吴方浪　从海昏侯墓出土器物产地看汉代侯国的手工业生产 ……………………（013）

● 专题研究 ●

钱彦惠　战国秦汉时期的"市""亭"铭刻考议 ………………………………（034）

徐卫民　秦统一天下的原因新探 ……………………………………………………（043）

杨曙明　论秦穆公时代秦人称霸西戎的策略 ………………………………………（055）

郭　洁　论《诗经·秦风》中秦人的进取精神 ……………………………………（064）

张润平　秦长城西首起地在岷县原因探析

　　　　——兼议战国秦长城与万里秦长城西首起地的问题 …………………（073）

王婧凝　论睡虎地秦简编年记的内容和性质

　　　　——兼论相关以年系事类出土文献 …………………………………（080）

刘文瑞　李尧远　思想史研究应该恢复《论衡》的人力资源本位

　　　　——兼与徐复观先生商榷 ……………………………………………（093）

郑先兴　论应劭的史学思想 …………………………………………………………（124）

高　旭　法术、儒术与道术的互补融铸

　　　　——《淮南子》汉代黄老"治术"思想要诠 …………………………（134）

陈正奇　魏　兴　汉三陵的文化内涵及历史影响 …………………………………（166）

焉鹏飞　组织或是协调：吴蜀丧葬的"汉制"再现

　　　　——兼论"晋制"之滥觞 ………………………………………（182）

印志远　"禁不得祠，明星出西方"问题与学术史构建 ……………（196）

杨年生　《中国历史地图集》西汉雁门郡所辖地望校补 ……………（209）

冯晓多　渤海湾西岸西汉海侵事件研究述评 …………………………（225）

沈　刚　西汉同姓诸侯王教化问题探论 ………………………………（235）

闫强乐　政法之间：汉代廷尉治狱考 …………………………………（247）

张春红　试论西汉前期王国丞相任免的变化 …………………………（262）

李同恩　武梁祠汉画像石"曾母投杼"献疑

　　　　——兼论"曾子质孝"的文化意义 …………………………（275）

罗小华　湖南保靖汉墓 M77 出土官印杂识 ……………………………（286）

徐家骥　西汉武安侯家错银铜壶探微 …………………………………（290）

刘肖睿　孟庆旭　考古资料所见汉代仓颉崇拜 ………………………（295）

张菊玲　张小锋　曹操、诸葛亮家教家风略论 ………………………（300）

●古文字研究●

萧　旭　马王堆汉简遣册、签牌校补 …………………………………（313）

陈建胜　《袁安碑》《袁敞碑》篆文研究 ……………………………（333）

●书评●

徐卫民　《史记研究集成·十二本纪》出版 …………………………（363）

田亚岐　杨武站　从"王于兴师"到"百乐咸奏"

　　　　——梁云《西垂有声：〈史记·秦本纪〉的考古学解读》读后 ………（367）

王　刚　摆脱平面化、道德化模式，还原司马懿历史真形象

　　　　——朱子彦《司马懿传》读后 ……………………………（370）

蒋　波　秦历史长河中"流动"的"大都城"

　　　　——读都城研究新成果《秦都邑宫苑研究》 ……………（377）

《秦汉研究》征稿启事

·海昏侯墓研究·

西汉海昏侯墓出土铜钱问题祛疑*

黄今言　钟宇声

（江西师范大学历史文化与旅游学院　江西师范大学文学院）

摘要：西汉海昏侯墓出土的数百万枚铜钱，非常珍贵。但人们也提出了不少疑点和异议。作者通过对钱币实物与文献考察，认为该墓的铜钱种类很多，然主要是西汉中期铸造的四种五铢钱，其不同的文化特征，反映了当时币制改革的频繁和政策举措。这些铜钱并非如有人所说来自宣帝的"赙赠"，而应主要是刘贺受封后从昌邑搬运到海昏来的"家钱"，是刘髆遗留的家产，也含有刘贺本人所获赏赐及食邑收入消费后的剩余。"西汉黄金一斤值万钱"说，是将王莽币制当作汉制的推论和误判，与史实不合，当时汉廷未曾规定金币与铜钱的法定比价，这是由金币的特性所决定的，出之有因。

关键词：海昏侯；铜钱；种类特征；来源；比价

西汉海昏侯墓的考古发掘获得了重大成就。其亮点之一就是在墓主刘贺的钱库中出土了十余吨、数百万枚铜钱，用麻绳串联，摆放有序，堆积如山，引起了社会的广泛关注。这不仅有助于人们了解昭、宣时期的社会经济发展概况及刘贺的财富占有量，了解当时的厚葬习俗等，而且对钱币研究也提供了宝贵的实物资料，弥足珍贵，颇具价值。但也有不少疑点。例如：出土的大批铜钱有多少种类？有何特征？它的来源如何？是否刘贺死后别人对他的赙赠？西汉是否"黄金一斤值万钱"？金饼（币）与铜钱有无政府规定的比价？对这些疑点，近年来媒体、学术界存在不少异议，很有深入探讨的必要。本文，根据出土钱币实物和文献记载，专就这些铜钱的种类和文化特征、铜钱的来源及其与金币的比价等问题，做初步梳理和论列，希冀释疑。不妥之处，有

* 国家社会科学基金重大委托项目"海昏侯墓考古发掘与历史文化资料整理研究"（16@ZH022）阶段性成果。

望同仁赐教。

一

海昏侯墓出土的铜钱，圆形，方孔，重如其文，是西汉通行的法定货币。这大批铜钱于何时铸造？种类有多少？其文化特征如何？目前，众说不一。有学者将这些铜钱分为"三类"，认为是"武帝、昭帝、宣帝时期的钱币"①；也有学者将它分为"六类"，认为有"穿上横，穿下横，穿上星，穿下星，决文，素面"等不同种类②。这些说法，不仅分类标准不同，而且也无法反映不同种类钱币的基本特征，在认识上比较模糊，稍嫌笼统。为求实崇真，首先当根据钱币种类的发展演变及其实物做具体审辨。

西汉建立后，随着社会经济、商品交换的发展，汉政府对铜钱进行过多次改革。在不同的历史时段，推行过不同种类的铜钱。西汉初，高帝时因"秦钱重难用"，不便流通，"更令民铸荚钱"③。吕后二年（前186），行"八铢钱"。应劭曰："本秦钱，质如周钱，文曰半两，质如其文，即八铢。"④ 吕后六年（前182），行"五分钱"。应劭曰："所谓荚钱者。"⑤ 文帝前元五年（前175），"除盗铸钱令，更造四铢钱"⑥。

汉武帝即位后，针对当时的经济形势和财政金融状况，进行了高频度的钱币改革，铸造过不同种类的铜钱，例如：

建元元年（前140），"行三铢钱"。颜师古曰："新坏四铢钱造此钱也，重如其文。"⑦

建元五年（前136），"罢三铢钱，行半两钱"。颜师古曰："又新铸作也。"⑧

元狩五年（前118），"罢半两钱，行五铢钱"。"更请郡国铸五铢钱，周郭其质，令不可得取镕"⑨。

元鼎二年（前115），"郡国铸钱，民多奸铸，钱多轻，而公卿请令京师铸官赤仄，

---

① 《江西晨报》，2015年11月8日。

② 《江西晨报》，2017年1月10日。

③ 《汉书》卷二四《食货志》，中华书局，1962年，第1152页。

④ 《汉书》卷三《高后纪》，第97页。

⑤ 《汉书》卷三《高后纪》，第99页。

⑥ 《汉书》卷四《文帝纪》，第121页。

⑦ 《汉书》卷六《武帝纪》，第156页。

⑧ 《汉书》卷六《武帝纪》，第159页。

⑨ 《汉书》卷六《武帝纪》，第196页。卷二四下《食货志下》，第1165页。《史记》卷三〇《平准书》（中华书局，1959年）："其明年，有司言三铢钱轻，易奸诈，乃更请诸郡国铸钱，周郭其下，令不可磨取镕焉。"《汉书》卷二四《食货志》亦记："有司言三铢钱轻，轻钱易作奸诈，乃更请郡国铸五铢钱，周郭其质，令不可得取镕。"但《汉书》卷六《武帝记》说："罢半两钱，行五铢钱。"与《平准书》《食货志》所记不同。疑其中必有一误。引文中的"镕"，许慎《说文》云："镕，铜屑也。"即磨钱漫面以取屑更铸钱也。

一当五，赋官用非赤仄不得行"①。

元鼎四年（前113），"悉禁郡国毋铸钱，专令上林三官铸。钱既多，而令天下非三官钱不得行，诸郡国前所铸钱皆废销之，输入其铜三官"②。

自昭帝即位至宣帝以后的铜钱铸造，《汉书·食货志》曰："亡所改变。"③ 这里讲的无所改变，是指铸币权归上林三官掌控，中央统一铸造五铢钱的政策没有改变，并非说铜钱的种类、形制、饰纹和上林三官钱完全一样。昭、宣时期，为了提高人们对五铢钱的信赖，稳定金融秩序，当时对五铢钱的钱文字体、钱面饰纹及铸造工艺等方面，与武帝时的上林三官五铢钱相比，仍有不同程度的变革和改进。这从昭帝元凤四年（前77）、元凤六年（前75）；宣帝本始元年（前73）、本始三年（前71）、本始四年（前70）等出土的陶钱范和钱币实物中可以得到反映或证实。

史实表明，西汉铜钱的种类甚多。从汉初至宣帝时铸造的铜钱，先后有"荚钱""八铢钱""五分钱""四铢钱""三铢钱""半两钱""五铢钱""赤仄钱""上林三官钱"及元凤、本始年间的"五铢钱"等多种。

但海昏侯墓出土的铜钱，现在所看到的，主要是西汉中期的元狩五铢、元鼎五铢、元凤五铢和本始五铢四种，数量也特别多。这大概与刘贺所处的年代有关。这些铜钱，各有不同的文化特征。表现在：

1. 元狩五铢，也叫"郡国五铢"。钱文"五铢"二字比较粗壮，"五"字交笔斜直，"铢"字中的"金"似箭镞，朱头方折。直径2.5厘米，平均重量约3.5—4克。轻重不一，大小不等。制作工艺参差不齐，饰纹多样，穿孔记号有上穿、下穿、上半星、下半星等。

另外，发现有错版五铢多枚，或"铢"字的"金"倒写，如"铢"；或"铢"字的"金"残缺，如"铢"。这种钱权且列入此类，疑为郡国所铸，铸造时间较早，不规范者多见。

2. 元鼎五铢，即"上林三官"五铢。钱文"五铢"二字修长、秀丽。"五"字交笔缓曲。"铢"字的"金"，呈三角形，"朱"字头方折，头和尾与金字齐平。直径2.5厘米。重量约3.5克。穿孔记号有上半星、下半星等。铸造工艺标准，内外廓均匀。

① 《汉书》卷二四下《食货志下》，第1169页。赤仄钱，又称"赤侧钱"。《食货志》注引应劭曰："所谓子绀钱也。"如淳曰："以赤铜为其郭也，今钱郭见有赤者，不知作法云何也。"颜师古曰："充赋及给官用，皆令以赤仄。"赤仄钱贱，在当时不但百姓"巧法用之"，即使官府也往往不遵令执行。故推行时间不长，便被废除。

② 《汉书》卷二四下《食货志下》，第1169页。上林三官，究竟是哪"三官"，说法不一。有人认为是均输、钟官、辨铜三官。有人认为是钟官、辨铜、技巧三官。当以后说为是，属于水衡都尉，因水衡都尉设在上林苑，故称之为"上林三官"。钟官主铸造，技巧掌刻钱范技术，辨铜乃掌铜的原料。上林三官铸钱当在元鼎四年（前113），《通鉴》系元鼎二年（前115），误。

③ 《汉书》卷二四下《食货志下》，第1176页。

3. 元凤五铢，昭帝时所铸。钱文"五铢"二字略显瘦长。"五"字交笔弯曲。"铢"字的"金"，呈三角形，较小，"朱"字头方折，明显高于"金"字旁。直径2.5厘米。重量约3.4克。穿孔中的记号与上林三官铸相似，制造工艺精细。

4. 本始五铢，宣帝在位时铸。钱文"五铢"二字笔锋挺拔、秀丽。"五"字交笔弯曲，上横、下横超出交笔末端之外。"铢"字的"金"，呈等腰三角形，略低于朱字。直径约为2.5厘米。重量约3.4。穿孔中的记号与上林三官铸相似。制造工艺整齐，钱面光洁，厚薄一致。美观精粹。

至于武帝元鼎二年（前115）铸造的"赤仄五铢"，或许因使用时间短暂，加之考古工作者对出土的铜钱尚未清理完毕，目前未见实物，其特征容当后论。

西汉币制多变，特别是武帝时期变化多端。铜钱种类繁多的原因与当时的社会背景有关。这里需要强调两点：一是当时商人势力膨胀。他们因其富厚，交通王侯，力过吏势，以利相倾。武帝攻打匈奴后，加之自然灾害严重，"县官大空，而富商贾或墆财役贫，转毂百数，废居居邑，封君皆低首仰给焉，冶铸鬻盐，财或累万金，而不佐公家之急，黎民重困。于是天子与公卿议，更造钱币以赡用，而摧浮滛并兼之徒"①。政府通过频繁更铸钱币，解决财政困缺，以赡国用。同时也是为了防止豪商操纵、私铸钱币牟利，打击商人，特别是豪富巨商。二是私铸、盗铸铜钱严重。尤以武帝时期为最。史称："从建元以来，用少，县官往往即多铜山而铸钱，民亦盗铸，不可胜数，钱益多而轻，物益少而贵。"②又云："郡国铸钱，民多奸铸。"③"自造白金五铢钱后五岁，而赦吏民之坐盗铸金钱死者数十万人。其不发觉相杀者，不可胜计，赦自出者百余万人。"④ 在更造钱币的过程中，民间盗铸以楚地、京师尤甚。当时民间盗铸钱币的方法、手段多样。例如：有的是对铸钱的材料掺假，"杂入铁、铅"⑤，或多杂铅、锡，以博厚利。有的是盗磨钱质"取鋊"⑥，将重钱磨成铜屑进行改铸，利用新、旧铜币更换之机，把重钱熔化，改铸成新钱，使"铸钱益轻而薄"。导致"市肆异用，钱文大乱"⑦，严重干扰了商品交换和社会经济发展。为了防止盗铸和对钱币作伪，政府改革币制时，通过改变钱币种类和形制，使盗铸难于获利。

西汉钱币，特别是五铢钱的规格包括大小、重量、防伪记号等，逐渐形成如上所说的一些文化特征，这是政府主导下的行为。当时为确保铜钱流通顺畅和金融稳定，西汉历代朝廷在对钱币改革的过程中，先后采取过不少政策、措施，主要表现在：一

① 《汉书》卷二四下《食货志下》，第1162—1163页。
② 《汉书》卷二四下《食货志下》，第1163页。
③ 《汉书》卷二四下《食货志下》，第1169页。
④ 《汉书》卷二四下《食货志下》，第1168页。
⑤ 《汉书》卷二四下《食货志下》，第1153页。
⑥ 《汉书》卷二四下《食货志下》，第1163页。
⑦ 《汉书》卷二四下《食货志下》，第1154页。

是加强对钱币铸造权的管控。汉初是禁止民间私铸，接着乃废止郡国铸钱，最后便是中央收归铸币权，由上林三官统管，明确规定"天下非三官钱不得行"①。二是颁布禁止盗铸的法律。吕后时规定："盗铸钱及佐者，弃市"②。景帝时下令"盗铸钱伪黄金弃市律"③。武帝时又规定："盗铸诸金、钱罪皆死"④。运用法律手段禁止民间盗铸钱币。三是保证铜钱的大小和重量。《钱律》规定："钱径十分八寸以上。"⑤ 即铜钱的直径要大于十分之八寸，大小要符合规格。文帝时还制定了称钱重量的砝码，即"称钱衡"⑥。在称钱衡上刻有多少"铢"的字样，要求钱文与重量相合。武帝以降，在铸币时继续遵照执行这一规定。四是不断提高铸造铜钱的工艺和防伪标识。不仅要求"周郭其质"，保证铜钱的大小规格和法定重量，而且非常注重铜钱防伪标志，包括钱文字体的粗细、笔锋有别。防伪的记号多样，如方孔上穿、方孔下穿、方孔上下有穿、方孔四角有点、方孔上穿有三角形、方孔下穿三角形、方孔上穿一点、方孔下穿一点、方孔上穿二横等，多种类型，五花八门，各种铜钱的记号不同，多达几十上百种。以上这些文化特征，从海昏侯墓出土的五铢钱中可以得到充分体现。

综上所述，西汉一代，铜钱的种类繁多。但海昏侯墓出土的铜钱，主要是西汉中期的元狩五铢、元鼎五铢、元凤五铢、本始五铢等四种。其他钱币数量较少。这些铜钱周郭其质，一般都是 3.5 克重，直径 2.5 厘米左右，钱文为小篆。但不同种类的铜钱，在有关字体的粗细、笔锋及防伪记号方面，却呈多样性，不完全一致，各个时段的钱币在文化特征上存在些差异。汉廷对钱币很重视，为保障钱币质量，便于流通，在币制改革中采取过不少的政策措施，这在钱币史上具有时代意义。

二

海昏侯墓出土的铜钱，数量惊人。据媒体的初期报道是 200 万枚，但近年来，经考古工作者的清点、整理，实际数量约在 300 万枚以上。这大批铜钱的来源问题是一大疑点。学界有多种说法，其中有代表性的主流观点是刘贺死后来自宣帝对他的赙赠。信立祥先生说：这些五铢钱，"我推测，应是宣帝赐给的，为刘贺助丧的赙赠钱……刘贺之丧获 200 万赙赠钱应是符合当时赙赠制度的"⑦。这是一个值得关注的观点。是否如此？需要从文献和铜钱实物两方面做一些必要的陈述和论说。

① 《汉书》卷二四下《食货志下》，第 1169 页。
② 《张家山汉墓竹简》，文物出版社，2001 年，第 160 页。
③ 《汉书》卷五《景帝纪》，第 148 页。
④ 《汉书》卷二四下《食货志下》，第 1164 页。
⑤ 《张家山汉墓竹简》，第 159 页。
⑥ 晁华山：《西汉称钱天平与法马》，《文物》1977 年第 11 期。
⑦ 信立祥：《西汉废帝海昏侯刘贺墓考古发掘的价值及意义略论》，《南方文物》2016 年第 3 期。

考之史籍，文献对赙赠的记载多见。例如：《仪礼·既夕礼》曰："兄弟赗奠可也，所知则赗而不奠。知死者赠，知生者赙。"① 《荀子·大略》曰："赙赗，所以佐生也，赠襚所以送死也。"② 《说苑》曰："知生者赙赗，知死者赠襚，赠襚所以送死也，赙赗所以佐生也。"③ 引文中的"赙赗""赙赠"同义，都是指奉送或赐奉之意，皆指死者上司或亲朋，对丧家奉送钱物办理丧事之用，也是对丧家的一种精神安慰。不过，"赙"与"赠"或"赗"有别。赙是以财物"佐生"，即资助生者治丧，办理丧事；而"赠"或"赗"是以钱购买祭品、奠品，如车马、布帛、衣被、玩好等，用于"送死"，即吊祭死者。大凡"赙赠"的钱财，通常是给丧家治理丧事，而非直接用于为死者陪葬。

西汉的"赙赠"，在先秦的基础上逐渐形成制度。当时既有官方的赙赠，也有民间私人的赙赠。就官赙而言，凡贵族大臣、诸侯王、列侯、政府要员等死后，皇帝或朝廷官员一般都会赙赠或赠予钱物表示哀悼，用以治丧。例如：

国辅大臣霍光死后，"上及皇太后亲临光丧，赐金钱、缯絮、绣被百领，衣十五箧，璧珠玑玉衣，梓宫、便房、黄肠题凑各一具，枞木外臧椁十五具。东园温明，皆秉舆制度"④。

关内侯孔霸死后，"上素服临吊者再，至赐东园秘器钱帛，策赠以列侯礼"⑤。

丞相孔光死后，"使九卿策赠以太师博山侯印绶，赐乘舆秘器，金钱杂帛"⑥。

丞相翟方进死后，"上秘之遣九卿册赠以丞相高陵侯印绶，赐秉舆秘器……天子亲临吊者数至，礼赐异于它相故事"。注引颜师古曰："《汉旧仪》云丞相有疾，皇帝法驾亲至问疾，从西门入，即薨，移居第中，车驾往吊，赠棺、棺敛具。赐钱、葬地"⑦。

太子太傅夏侯胜死后，"赐冢茔、葬平陵。太后赐钱一百万"⑧。

以上是西汉朝廷对高官死后赐赗或赙赠的一些记载。虽然还没有东汉时的赙赠普遍，但仍然反映出了一些特点：一是赙赠的范围有物、有钱。包括缯絮、衣被、棺材、秘器、玩好，有的甚至是印绶，车舆、葬地等；赙赠的金钱主要供丧家办理丧事之用，而不是随葬。二是因死者的官阶和身份、地位不同，赙赠钱物的数量、规格有别，有明显的等级之分。《二年律令·赐律》规定："二千石吏不起病者，赐衣襦、棺及官衣常（裳）。郡尉，赐衣、棺及官常（裳）。千石至六百石吏死官者，居县赐棺及官衣。

————————

① 《仪礼注疏》卷三九，中华书局影印阮元校刻《十三经注疏》，1980 年，第 1153 页。

② 《百子全书》（一），岳麓书社，1993 年，第 223 页。

③ 《百子全书》（一），第 689 页。

④ 《汉书》卷六八《霍光传》，第 2948 页。

⑤ 《汉书》卷八一《孔光传》，第 3353 页。

⑥ 《汉书》卷八一《孔光传》，第 3364 页。

⑦ 《汉书》卷八四《翟方进传》，第 3424 页。

⑧ 《汉书》卷七五《夏侯胜传》，第 5759 页。

五百石以下至丞、尉死官者，居县赐棺。官衣一，用缤六丈四尺，帛里，毋絮；常（裳）一，用缤二丈……赐棺亨（椁）而欲受賫（资）者，卿以上予棺钱级千，亨（椁）级六百；五大夫以下棺钱级六，亨（椁）级三；母爵者棺钱三百。"① 后来，又规定："皇子始封薨者，皆赠钱三千万，布三万匹。嗣王薨，赙钱千万，布万匹。"② 可见，当时官方的赙赠制度等级森严。刘贺身为废帝，已为庶人，后来虽然被封为列侯，但一直受到汉廷监视。他无献酎、祭祀、朝聘资格，没有得到宗室认同，是"顽嚣毁放之人"③。故刘贺死后，文献未见有宣帝对其赙赠的记载。在没有直接证据的情况下，不宜"推论"刘贺墓出土的铜钱是来自宣帝的赙赠。

再从实物来看，刘贺墓出土的大批铜钱也非来自宣帝的赙赠，而是刘贺被封海昏国后，从昌邑搬运到海昏来的"家钱"。据考古发掘，这些堆积如山的五铢钱，一串串排列有序，每一串钱都系有封泥，封泥上的字是"昌邑"，木匣上的文字有"海昏侯家钱五千"，此为不是来自宣帝赙赠的铁证。一个匣就有"家钱五千"，该墓出土数量甚多，故考古人员认为钱币总量达几百万枚，实为惊人。

刘贺这批"家钱"，综观史实察之，主要来自以下几个方面：

（一）昌邑哀王刘髆遗留的家产。

有汉以来，诸侯王经济实力雄厚。当时作为"封君"的刘髆，不仅可在封地征收"田税""人头税"，以供"公"用，充实国家财政，供给王国官吏俸禄以及政府的其他日常开支；而且还可征收"山川园池市井租税之入"以供"私"用，即"私奉养"④，包括渔采税，盐铁税、市税、关税等，收取大量钱币；同时，刘髆管理下的昌邑国，利用当地资源，还直接经营铜器、漆器、铸钱等手工业。在海昏侯墓出土的一些铜器上，有"昌邑食官""田籍"等文字，在几件漆器中，有"昌邑五年"字样，表明这些铜器、漆器是在昌邑制造的。另外，出土有五铢钱石范，也有"昌邑"二字。这当是上林三官铸币之前，由郡国铸造五铢钱时所使用的钱范。由此，不排除刘髆在昌邑有私铸钱币的可能性。刘髆在昌邑国，通过征收各种税，又通过制造铜器、漆器、铸钱等手工业，获得了巨大的经济收入，聚集了大量的财富。刘贺被废除帝位后，上官太后诏令他回归"昌邑故国"，并将"故王家财物皆与贺"⑤。让刘贺继承其父亲刘髆的"财物"，这是"家钱"的一个主要来源。

① 《张家山汉墓竹简》，第173页。
② 《后汉书》卷四二《光武十王列传·中山简王焉传》，中华书局，1982年，第1450页。
③ 黄今言：《从海昏侯墓出土奏牍看刘贺的举动与失落》，《史学集刊》2019年第4期。
④ 《史记》卷三〇《平准书》，第1418页。供"私奉养"的渔采税、盐铁税、市税、关税等，限于篇幅，这里不备展开叙说，请参见黄今言：《秦汉赋役制度研究》，江西教育出版社，1988年，第136—171页；杨际平：《中国财政通史·秦汉财政史》下，湖南人民出版社，2013年，第606—617页。
⑤ 《汉书》卷六三《武五子传》，第2765页。

（二）刘贺任昌邑王时赏赐所得的剩余。

依照汉制，凡诸侯王上朝，皇帝通常都会给予赏赐。仅昭帝时期，就曾多次对诸侯王、宗室有过赏赐。例如：始元元年（前 86）春二月，"赐诸侯王、列侯、宗室金钱各有差"①。始元四年（前 83）三月，"赐长公主、丞相、将军、列侯、中二千石以下及郎吏、宗室钱帛各有差"②。元凤四年（前 77）正月，"赐诸侯王、丞相、大将军、列侯、宗室下至吏民金帛牛酒各有差"③。元平元年（前 74）十一月，"赐诸侯王以下金钱，至吏民鳏寡孤独各有差"④。当时刘贺是昌邑国的诸侯王、宗室，对其赏赐的金钱数量虽然未见记录，但很丰厚，似当无疑。如据载："广陵王来朝，益国万一千户，赐钱二千万，黄金二百斤。"⑤ 皇帝对昌邑王刘贺的赏赐，即使没有广陵王那么多，但他多次接受的赏赐加起来，钱的数额总共也当有几千万以上，接受赏赐开支后的剩余，这也是刘贺"家钱"的来源之一。

（三）刘贺被废后在昌邑的"食邑"收入。

汉代不仅宗室、公主、皇太后可"食汤沐邑"⑥。就是诸侯王有罪废王除国后，也可"食汤沐邑"。如广川王刘去，因"杀害无辜""逆节绝理"而犯罪，王位被废后，"与妻子徙上庸，与汤沐邑百户"⑦。代王刘年，"有司奏年淫乱，年坐废为庶人，徙房陵，与汤沐邑百户"⑧。昌邑王刘贺，由于"荒淫迷惑，失帝王礼谊，乱汉制度"，被废后，归故国，也"赐汤沐邑二千户"⑨。

刘贺"食邑二千户"的特权待遇，享有一笔不少的经济收入。所谓"食邑"，就是食地税，其收入量也有不少。如果按平均每户有土地百亩，亩产量 1.5 石，行"三十税一"，那么，刘贺一年的"食邑"收入是：

民户数：2000 户。

田亩数：2000 × 100 = 200，000 亩。

亩产量：1.5 × 200000 = 300000 石。

税率：三十税一。

地税量：300000 × 1/30 = 10000 石。

谷价：权以一石 100 钱计算。

① 《汉书》卷七《昭帝纪》，第 218 页。
② 《汉书》卷七《昭帝纪》，第 221 页。
③ 《汉书》卷七《昭帝纪》，第 229 页。
④ 《汉书》卷八《宣帝纪》，第 239 页。
⑤ 《汉书》卷七《昭帝纪》，第 231 页。
⑥ 《汉书》卷四七《文三王传》，第 2211 页、第 2215 页。《汉书》卷六三《武五子传》，第 2765 页。
⑦ 《汉书》卷五三《景十三王·广川惠王越传》，第 2432 页。
⑧ 《汉书》卷四七《文三王传》，第 2212 页。
⑨ 《汉书》卷六三《武五子传》，第 2765 页。

合计收钱：10000×100＝1000000 钱

刘贺被废后，在昌邑享受汤沐邑的时间有十余年之久。共计食邑的收入，当不少于 1000 万钱。这些钱无需上交国家财政，皆为"私用"，可供其日常消费。这又是刘贺"家钱"的来源。

大量事实证明，海昏侯墓出土的大批铜钱，不是来自宣帝对刘贺的赐赠，而是刘贺受封豫章后，从昌邑搬运到海昏国来的"家钱"。这些家钱主要是哀王刘髆留下来的遗产，也有刘贺本人任昌邑王时所获的赏赐及其被废后的"食邑"收入。要指出的是，刘贺墓出土的几百万枚铜钱，不是刘贺占有财富的全部，当是他日常消费、大肆挥霍后的剩余。刘贺死后，才无奈地将这大批财物埋入墓中陪葬。

三

海昏侯墓不仅出土铜钱 10 余吨，多达数百万枚，还出土黄金 115 公斤以上。除"马蹄金""麟趾金"和"金板"外[1]，仅金饼就有 285 枚。西汉时期，全国通行的金饼与铜钱有无法定比价呢？目前，不少论者做了肯定回答。例如：有学者说，刘贺拥有大量黄金，"按当时价，黄金重一斤，直钱万……即值一万钱"[2]。有学者还根据"黄金一斤值万钱"计算它的购买力，认为"西汉中后期，一斤黄金能买 1250 根竹，或 1250 斤猪肉，或 25 匹布，或 40 只羊，或 142 只鸡。如果买粮，一斤黄金可买 25 石……足足能管一人三年口粮"[3]。但是，这样的计算方法既未区分价格与比价之别，也未言及什么钱币，统论西汉中后期，"黄金一斤值万钱"。这也是值得继续审慎的一个疑点。

不同货币之间在交换中，应该有个公认的比价或"兑换率"。这一点，汉人似是清楚的。例如：武帝元狩四年（前 119），更造皮币及白金时，就曾规定了白金与铜钱的比价。据《食货志》载：

> 又造银，锡为白金。以为天用莫如龙，地用莫如马，人用莫如龟，故曰白金三品：其一曰重八两，圜之，其文龙，名曰白撰，直三千；二曰以重差小，方之，其文马，直五百；三曰复小，椭之，其文龟，直三百。令县官销半两钱，更铸三铢钱，重如其文。[4]

是知，当时"白金三品"与"三铢钱"的比价分别为 1:3000，1:500，1:300。也

---

① 马蹄金、麟趾金是皇帝班赐给诸侯王的特殊"赏赐物"或"纪念品"，非同金饼，不是流通使用的金币，金板是刘贺的黄金储备，也非货币。见黄今言：《西汉海昏侯墓出土黄金的几个问题》，《史学月刊》2017 年第 4 期。

② 胡迎建：《传奇刘贺——从昌邑王、汉废帝到海昏侯》，江西人民出版社，2016 年，第 160 页。

③ 《江西晨报》，2015 年 11 月 18 日 A03 版。

④ 《汉书》卷二四下《食货志下》，第 1164 页。

就是一块圆形白金兑换三千枚三铢钱，一块方形白金兑换五百枚三铢钱，一块椭圆形白金兑换三百枚三铢钱。

后来，王莽始建国元年（9），在币制改革时，对各种货币之间的交换，也有过比价规定。如《食货志》载：

> 莽即真，以为书刘字有金刀，乃罢错刀、契刀及五铢钱，而更作金、银、龟、贝、钱、布之品，名曰"宝货"。小钱径六分，重一铢，文曰"小钱直一"。次七分，三铢，曰"幺钱"一十。次八分，五铢，曰"幺钱二十"。次九分，七铢，曰"中钱三十"。次一寸，九铢，曰"壮钱四十"。因前"大钱五十"，是为钱货六品，直各如其文。黄金重一斤，直钱万。朱提银重八两为一流，直一千五百八十。它银一流直千。是为银货二品。①

这也说明，当时已经认识到，货币与货币之间，应有法定比价，才能使彼此之间的交换得到畅通而无障碍。

"西汉多黄金"，其中的金币，型制为圆形，厚缘，中心内凹，背面粗糙，饼块状，每块大小不等，但通常为500克，即一斤左右，是"上币""行金"。而铜钱，圆形、方孔，重如其文，是"下币""行钱"②。当时的金币、铜钱都是通行货币。金币的铸造量，史文缺载，但据统计，仅皇帝赏赐的黄金数就达90万斤之多，令人惊叹！铜钱的铸造量，据载："自孝武元狩五年，三官初铸五铢钱，至平帝元始中，成钱二百八十亿万余云。"③ 这280亿万余的铜钱，为数相当可观。随着商品经济发展，各地交换加强，多层级市场的拓展，商业形态的多样，具有交换价值和使用价值的货币，在社会生活中占有重要地位。应该说，这大量的"行金"与"行钱"即金币与铜钱这两种流通货币之间应当有个比价。但是，从汉高祖到平帝的整个西汉一代，在官方正式文献中，未见有"金币与铜钱比价"的记载。司马迁《史记》、班固《汉书》，对此都未言及。

当前，研究海昏侯墓出土的铜钱时，不少学者认同"西汉黄金一斤值万钱"的说法，这大概是将王莽币制当作汉制的一种推测。前面讲到，王莽始建国元年（9），实行"宝货"制时，有过黄金一斤值万钱的规定，于是学者们以此推论到西汉一代，认为西汉金币与铜钱之比价，也是黄金一斤值万钱，都是一与万之比。这或许是受了一

---

① 《汉书》卷二四下《食货志下》，第1177—1178页。

② 张家山汉墓竹简《二年律令·钱律》规定："钱径十分八寸以上，虽缺铄，文章颇可智（知），而非殊折及铅钱也，皆为行钱。金不青赤者，为行金。敢择不取行钱、金者，罚金四两。"简文对"行金""行钱"做了明确规定，若对行金、行钱拒绝使用，或进行选择，便要受到处分。这说明金币与铜钱是通行货币。见黄今言：《张家山汉墓竹简〈钱律〉的几个问题》，原载《史学新论：祝贺朱绍侯先生八十华诞》，河南大学出版社，2005年，后收入黄氏《秦汉史丛考》，经济日报出版社，2008年，第163—174页。

③ 《汉书》卷二四下《食货志下》，第1177页。

些注释家，如晋灼、师古等人的误识和影响①。实际上，王莽所规定的比价是不可视同西汉金币与铜钱比价的，二者有重大区别，切切不可等同。

文献明确记载，王莽规定的黄金一斤值万钱，是指当时的"小钱"。《食货志》载："小钱径六分，重一铢，文曰小钱直一。"② 这种"小钱"的重量仅一铢，而西汉时期，吕后行"八铢钱"，文帝行"四铢钱"，武帝行"五铢钱"，这些钱的重量都大大超过了王莽时一铢的"小钱"。当时非常注重钱的重量。铜钱种类和重量的变化，必然会引起它与金币的比价。轻钱、重钱所兑换的黄金肯定会有差别，不可能是一样多。所以，不问铜钱的轻重，一概认为黄金一斤值万钱，与西汉的史实不符。③

再说，西汉的金价，因时、因地有别。《九章算术》记载："有人持金出关，关税之，十分而取一。今关取二斤，偿钱五千。问金一斤值几何？答曰：六千二百五十。"④ 这里说的金价是一斤值 6250 钱，不到一万钱。但在西北边郡地区的金价则较高，如据《居延汉简》记载：

出钱四千七百一十四，赋就人表是万岁里吴成三两半（505.15）。

凡五十八两，用钱七万九千七百一十四，钱不就倁☒（505.20）。

右八两，用钱万七百七十六（506.11）。

出钱千三百卅七，赋就人会水宜禄里蘭子房一两（506.27）⑤。

这些简文内容，似是就载的费用，"两"指车辆。但如果是车辆，则不可能有"三两半"的字样。故陈直先生认为，这是因边郡运输困难，有时用黄金折合成铜钱的价格。按照他的观点计算，第一、二号简的价是"每黄金一两，直钱一千三百四十七有奇"，第三号简"每两的金价，为一千三百四十七"，第四号简，出或"一千三百卅七"，是一两黄金的折合价。这几片简文，都是讲西汉每两黄金值 1347 钱。⑥ 这与王莽时的黄金一斤值万钱，每两黄金 625 钱相比，高出了一倍多，西汉一斤黄金的价格高达 21552 钱，远远超过一万。这同样说明，王莽规定的"黄金一斤值万钱"，不能当作西汉黄金与铜钱的比价，自很显然。

这里值得引起注意的是，如前所说，汉人对不同货币之间的交换，已有较为清楚的比价意识。但为什么金币与铜钱这两种货币之间，西汉政府没有明文规定其法定比

---

① 《汉书》卷二《惠帝纪》。注释：晋灼曰："近上二千石赐钱二万，此言四十金，真金也。下凡言黄金，真金也，不言黄，谓钱也。"《食货志》："黄金一斤直万钱。"颜师古曰："诸赐言黄金者，皆与之钱，不言黄者，一金与万钱也。"晋灼、颜师古对《惠帝纪》的注释有误，但对后世影响很大，不少学者跟从其说。

② 《汉书》卷二四下《食货志下》，第 1177 页。

③ 林甘泉主编：《中国经济通史·秦汉卷》下，经济日报出版社，1999 年，第 636 页。

④ 《九章算术》卷六《均输》，上海古籍出版社，2009 年，第 285 页。

⑤ 中国社会科学院考古研究所：《居延汉简甲乙编》，中华书局，1980 年，第 258 页、第 259 页、第 260 页。

⑥ 陈直：《两汉经济史料论丛》，陕西人民出版社，1980 年，第 29 页。

价？这或许是由金币的特殊属性所决定的，其中出之多种原因。①

首先，黄金具有双重性，它既是货币，又是商品，当它以商品形态进入流通时是具有使用价值的商品，可以买卖，可以作价。其价格的高低，往往受到地域、市场需求的影响，政府很难通过行政命令推行统一的价格，使金币与铜钱形成比价。

其二，铜钱在市场交易、雇值支付、借债赁贷、财富计量、赋税征收、财政收支等方面广泛使用。而金币乃主要用于大宗贸易、赏赐、馈赠、罚金等，要把它换成铜钱的场合不多，在社会上流通有限。同时，金的纯度、含量不同，价格也有不同。因而难于使之形成一定的兑换率或比价。

此外，金币是称量货币，块状形态，以斤、两进入交换；而铜钱重如其文，以枚计算，它的种类、形制、重量等常有变化。这两种货币使用时换算复杂，这也不容易使之确立法定比价。

综上所述，西汉武帝推行"皮币与白金"时，对这种虚假货币有过比价规定；王莽实行"宝货"制，对这一特殊货币也有过比价规定。但皆因百姓使用"不便"，通行时间很短暂，很快就被废除。"西汉黄金一斤值万钱"说，是将王莽币制当作汉制的推测和误解，与西汉的史实不合。文献、简牍中在不同时空虽然言及金价，但它不是讲金的货币属性，不是讲金的货币形态与另一种货币即铜钱之间的比价。终西汉一代，政府未曾规定过"行金"与"行钱"，即金币与铜钱的法定比价。这是在当时的历史条件下，由诸因素决定的。

---

① 黄今言：《秦汉商品经济研究》，人民出版社，2005 年，第 231 页。

从海昏侯墓出土器物产地看汉代侯国的手工业生产[*]

从海昏侯墓出土器物产地看汉代侯国的手工业生产[*]

吴方浪

（江西师范大学历史文化与旅游学院）

摘要： 自海昏侯墓发掘以来，出土器物众多，成为学界研究热点，然少有涉及海昏侯墓出土器物产地研究，特别是汉代海昏侯国手工业生产状况、发展水平及刘贺作为第一代海昏侯对海昏侯国的经营与管理问题的研究。从墓中出土器物分析，海昏侯国手工业可分为金器冶炼、青铜铸造、漆器制造、陶器制造、纺织与制药六个行类，海昏侯国的手工业发展水平不高，与同时期周边地区其他汉墓相比，特别是与同为南方列侯国的长沙轪侯墓出土器物类比，劣势明显，反映出刘贺作为第一代海昏侯，对海昏侯国经营与管理的不善。

关键词： 汉代；海昏侯国手工业；侯国经营

出土器物研究一直以来都是秦汉史学界关注的热点。南昌海昏侯刘贺墓自 2015 年公布以来，出土各类器物一万余件（套），出土器物种类、数量位居同时期诸侯王墓之最，引起巨大轰动。"海昏历史文化"一时成为学术研究热点名词，主要围绕海昏侯墓葬制与出土器物、刘贺废立与西汉中期政治、"海昏"名称与海昏县历史地理、秦汉豫章郡区域经济、海昏侯墓出土简牍及海昏侯国遗址保护和开发六个方面展开考察[①]。随着发掘清理工作的不断深入，海昏侯墓出土的各类精美器物持续吸引学者眼球，其中

---

* 国家社会科学基金后期资助项目《秦汉丝织业研究》（21FZSB037）；江西省社会科学基金项目《南昌西汉海昏侯墓出土手工业资料整理与研究》（21LS02）；国家社会科学基金重大委托项目《海昏侯墓考古发掘与历史文化资料整理研究》（16@ZH022）

① 相关研究成果可参见吴方浪：《汉代海昏侯问题研究综述》，载《纵横海昏》，江西教育出版社，2016 年；刘玲娣、温乐平：《海昏侯墓考古发掘及相关问题研究述评》，《中国史研究动态》2018 年第 6 期。

如各类青铜器①、金器②、玉器③、漆器④、

---

① 刘贺墓出土青铜器约 3000 余件，属墓中出土器物之最，研究成果丰硕，如：曹斌、徐长青等：《江西南昌西汉海昏侯刘贺墓出土铜器》，《文物》2018 年第 11 期；曹斌：《西汉海昏侯刘贺墓铜器定名和器用问题初论》，《文物》2018 年第 11 期；曹柯平等：《海昏侯墓地符号世界：当卢纹饰研究》，《江汉考古》2018 年第 2 期；马利清：《论汉代酒器的随葬礼仪传统——从考古发现的西汉海昏侯墓酒器库说起》，《郑州大学学报》2018 年第 5 期；王清雷、徐长青等：《试论海昏侯刘贺墓编钮钟的编列》，《音乐研究》2018 年第 5 期；张闻捷：《试论海昏侯墓的乐钟制度》，《中国文物报》2016 年 5 月 6 日第 006 版；周艳明：《江西南昌西汉海昏侯墓出土的凤鸟纹提梁卣及相关问题》，《文博》2016 年第 5 期；杨小林、王浩天：《西汉废帝海昏侯刘贺墓外藏椁出土部分当卢制作工艺研究》，《南方文物》2017 年第 1 期；张吉等：《新见海昏侯墓北藏椁内青铜器及其埋藏环境的初步分析》，《南方文物》2018 年第 2 期；吴方浪：《南昌海昏侯墓出土"海"字铜印考释》，《文博》2019 年第 1 期；王泽文：《海昏侯刘贺墓所出十二棱铜尊缶补论》，《南方文物》2019 年第 6 期；田率：《海昏侯墓地出土十二棱散螭纹尊缶略考》，《南方文物》2019 年第 6 期；蔡毅真、胡东波等：《海昏侯外藏椁鎏金银青铜车马器装饰工艺研究》，《南方文物》2019 年第 6 期；后晓荣、胡婷婷：《南昌海昏侯墓出土青铜錞于属性等相关问题讨论》，《南方文物》2019 年第 6 期；张琼、范丽君等：《探秘海昏侯刘贺墓出土铜漏》，《南方文物》2019 年第 6 期等。

② 海昏侯墓已公布出土金器 478 件，约 115 公斤，相关研究成果主要围绕马蹄金、麟趾金命名、西汉多黄金问题展开探讨，如：黄今言：《西汉海昏侯墓出土黄金的几个问题》，《史学月刊》2017 年第 6 期；耿庆刚：《海昏侯墓"金板"小考》，《考古与文物》2017 年第 3 期；刘晟宇、张烨亮、黄希：《江西南昌西汉海昏侯刘贺墓出土部分金器的初步研究》，《文物》2020 年第 6 期；刘尊志：《汉代墓葬中的铺钱现象》，《中国国家博物馆馆刊》2017 年第 12 期；赵明：《南昌西汉海昏侯刘贺墓出土蹄型金的定名》，《中国国家博物馆馆刊》2018 年第 11 期；刘瑞：《海昏侯刘贺墓中多黄金的原因探析》，《唐都学刊》2016 年第 3 期；刘慧中、田庄：《海昏侯刘贺墓出土马蹄金、麟趾金意义探析》，《南方文物》2017 年第 1 期；韦正：《马蹄金、麟趾金与汉代神仙信仰》，《南方文物》2017 年第 1 期；刘瑞：《试释海昏侯墓大马蹄金上的"上""中""下"》，《中国文物报》2016 年 2 月 26 日第 006 版；杨一一、管理等：《西汉废帝海昏侯刘贺墓出土马蹄金、麟趾金花丝纹样的制作工艺研究》，《南方文物》2018 年第 2 期等。

③ 刘贺墓出土玉器 500 余件（套），包括玉佩、玉剑等。相关研究成果有：蔡保全、徐长青、杨军：《江西南昌西汉海昏侯墓出土玉器》，《文物》2018 年第 11 期；夏华清、王楚宁：《海昏侯墓"神兽玉饰"浅释》，《南方文物》2018 年第 2 期；樊文杰、张杰：《南昌汉代海昏侯国刘贺墓出土玉舞人年代考》，《南方文物》2018 年第 2 期；李新、朱存明：《海昏侯墓"熊形玉饰"的文化解读》，《中原文物》2017 年第 6 期；罗小华：《"大刘记印"杂识》，《中国文物报》2020 年 1 月 3 日第 006 版等。

④ 海昏侯墓出土漆木器较多，共 3000 余件（套），以日用漆器为主。相关研究成果见：管理、杨军等：《江西南昌西汉海昏侯刘贺墓出土漆木器》，《文物》2018 年第 11 期；夏华清、管理：《海昏侯墓出土木笥浅议》，《江汉考古》2019 年第 S1 期；聂菲：《海昏侯墓漆器铭文及相关问题探讨》，《南方文物》2018 年第 2 期；宋艳萍：《海昏侯墓所见"羽人"考》，《南方文物》2018 年第 2 期；魏嘉臻、管理：《海昏侯医工盘铭文小释》，《南方文物》2019 年第 6 期；恩子健：《西汉海昏侯刘贺墓"瑟禁"历日年代考》，《中国文物报》2017 年 2 月 24 日第 006 版；白艺：《西汉海昏侯刘贺墓"瑟禁"历日年代新解》，《中国文物报》2018 年 5 月 18 日第 006 版；杨杨、王楚宁：《也谈海昏侯墓出土的"李具"杯》，《中国文物报》2018 年 8 月 10 日第 006 版；余国江：《海昏侯墓出土"李具"漆耳杯与饮弈之风》，《中国文物报》2019 年 4 月 19 日第 006 版；邬文玲：《江西南昌西汉海昏侯墓出土漆器铭文"工牢"试解》，载《纵论海昏——南昌海昏侯墓发掘暨秦汉区域文化国际学术讨论会论文集》，江西教育出版社，2016 年版等。

简牍①、印章②及孔子衣镜③等，成为新一轮学术关注重点。④ 在汉人"事死如生"丧葬观念影响下，墓中陪葬器物一定程度上可还原墓主人生前生活状况，弥补文献记载的不足。纵观已有海昏侯墓出土器物研究，大都围绕单项器物本身展开探讨，诸如随葬黄金来源问题、"大刘记印"蕴意问题、当卢纹饰问题、青铜器问题等等，少有涉及对海昏侯墓出土器物进行产地研究，特别是对汉代海昏侯国手工业生产状况、发展水平及刘贺作为第一代海昏侯对侯国的经营与管理问题的研究。

西汉中前期，诸侯王国拥有与中央朝廷类似的各类官署，史谓"宫室百官，同制

---

① 刘贺墓出土简牍 5000 余枚，但因年代较久，又经地下水长期浸泡，故释读难度较大，目前正在做简牍保护与初步释读，因此关于海昏侯墓出土简牍研究尚未深入，相关研究有：杨军、王楚宁、徐长青：《西汉海昏侯刘贺墓出土〈论语·知道〉简初探》，《文物》2016 年第 12 期；管理、杨军等：《江西南昌西汉海昏侯刘贺墓出土简牍》，《文物》2018 年第 11 期；朱凤瀚：《西汉海昏侯刘贺墓出土竹简〈诗〉初探》，《文物》2020 年第 6 期；陈侃理：《西汉海昏侯刘贺墓出土〈论语〉"曾皙言志"简初释》，《文物》2020 年第 6 期；杨博：《西汉海昏侯刘贺墓出土"房中"简初识》，《文物》2020 年第 6 期；田天：《西汉海昏侯刘贺墓出土"礼仪简"述略》，《文物》2020 年第 6 期；王意乐、徐长青：《海昏侯刘贺墓出土的奏牍》，《南方文物》2017 年第 1 期；张予正、杨军等：《海昏侯墓出土奏牍选释》，《南方文物》2018 年第 2 期；黄今言：《从海昏侯墓出土奏牍看刘贺的举动与失落》，《史学集刊》2018 年第 5 期；庞光华等：《海昏侯墓本〈论语〉"易易"考》，《管子学刊》2019 年第 1 期；袁延胜：《海昏侯墓上书太后奏牍探析》，《南方文物》2019 年第 6 期；张传官：《说南昌西汉海昏侯墓新出木楬的"绢纨"》，《中国文物报》2016 年 7 月 8 日第 006 版等。

② 刘贺墓（M1）共出土印章四枚，分别为"大刘记印""无字玉印""刘贺"印，另加一枚"'海'字铜印"；除此，刘贺之子刘充国墓（M5）也出土有一枚"刘充国印"龟钮铜印。学界探讨的焦点主要集中在"大刘记印"之"大"字及"海"字铜印性质与用途上。如：熊长云：《海昏侯墓"大刘记印"小考》，《中国文物报》2015 年 12 月 18 日第 006 版；王刚：《海昏侯墓"大刘记印"研究二题》，《江西师范大学学报》2016 年第 2 期；后晓荣：《海昏侯墓出土文物研究三则》，《地方文化研究》2016 年第 4 期；吴方浪：《南昌海昏侯墓出土"海"字铜印考释》，《文博》2019 年第 1 期等。

③ 刘贺墓出土"孔子衣镜"是海昏历史文化研究又一焦点，主要围绕"衣镜"释文与"孔子画像"等展开相关研究，如：王意乐、徐长青等：《海昏侯刘贺墓出土孔子衣镜》，《南方文物》2016 年第 3 期；邵鸿：《海昏侯墓孔子屏风试探》，《江西师范大学学报》2016 年第 5 期；唐百成、张鹏波：《海昏侯墓"孔子屏风"姓氏问题释析——兼谈秦汉姓氏变革》，《西南交通大学学报》2016 年第 5 期；杨军、恩子健、徐长青：《海昏侯墓衣镜画传"野居而生孔子"考》，《江西师范大学学报》2018 年第 1 期；刘子亮、杨军、徐长青：《汉代东王公传说与图像新探——以西汉海昏侯刘贺墓出土"孔子衣镜"为线索》，《文物》2018 年第 11 期；何丹：《从海昏侯墓"孔子画像"蠡测西汉"史记"的流传形式》，《中国文学研究》2019 年第 2 期；王刚：《海昏侯墓"孔子衣镜"所见孔门弟子问题初探》，《江西师范大学学报》2019 年第 4 期；王刚：《"周室威"与〈公羊学〉问题：南昌海昏侯墓"孔子衣镜"文发微》，《社会科学战线》2019 年第 4 期等。

④ 其他海昏侯墓出土器物研究还有：徐龙国：《海昏侯刘贺墓出土砝码用途浅析》，《中国文物报》2016 年 11 月 4 日第 006 版；管理、任萌等：《南昌西汉海昏侯墓出土古墨的科技分析》，《南方文物》2018 年第 2 期；王丹、杨军：《从海昏侯墓出土漆纱残片小议西汉之大冠》，《南方文物》2019 年第 6 期等。

京师"①，王国内的手工业生产机构基本同中央一样健全，可生产各类手工器物，以满足诸侯王的日常生活需求。② 受史料局限，现有文献资料多记载中央直营与王国手工业生产状况，对当时侯国手工业发展情况则不甚清楚。近年来，随着一些汉代列侯墓的发掘，如长沙马王堆轪侯利仓墓、陕西咸阳杨家湾汉墓、富平侯张安世墓等，为研究两汉列侯葬制、陪葬器物提供更多直观史料，也为研究海昏侯国手工业生产状况、发展水平提供参鉴。从目前刘贺墓清理出土器物看，有些器物上篆刻有"昌邑×年"字样，能明显辨别出器物的生产地域（昌邑王国），这也与史书所载刘贺被废后，孝昭皇后诏令"故王家财物皆与贺"③ 相印证。而墓中很大一部分出土器物却难于直观分辨出具体的生产地域，为研究秦汉地方手工业，特别是海昏侯国手工业生产状况制造了难度。已有学者注意到这一问题，并尝试从器物工艺本身角度对海昏侯国的金属铸造业展开探讨。如黄今言先生在考论海昏侯陪葬大量黄金问题时，认为墓中金板或为刘贺在封地海昏侯国所铸造。④ 受史料所限，尚属推论，存在争议。后晓荣先生又指出海昏侯墓西仓椁杂物间出土的"海"字铜印为海昏侯铸造用于实施马政管理的烙马印。⑤ 亦难成定论。⑥ 随着海昏侯墓出土器物更多信息的披露，及已有研究成果对各类出土器物的辨别和诠释，海昏侯国手工业生产状况渐显轮廓，为从不同地域角度研究刘贺墓出土器物形制和特征提供可能。有鉴于此，本文拟以刘贺墓出土器物为研究中心，梳理和考察海昏侯国手工业生产类型、工艺水平，辨析海昏侯国手工业生产特征，评估海昏侯国手工业发展水平，思考两汉侯国手工业生产与中央官营手工业生产关系及刘贺对海昏侯国的经营管理问题。

一、刘贺墓出土器物所见海昏侯国手工行业类型

截止 2019 年，刘贺墓（M1）及其子刘充国墓（M5）出土大量器物，在这些器物中有的可明确辨别为墓主从昌邑故国带来之物，有些则需要考证是来自昌邑故国还是海昏侯国本地所产。故而，辨别出土器物产地是确定海昏侯国手工业类型的关键，也是考察西汉侯国手工业发展状况的重要前提。从已公布出土器物看，海昏侯墓随葬器物可分为金器冶炼业、青铜铸造业、玉器制造业、陶瓷制造业、漆器制造业、车辆制

---

① 《汉书》卷一四《诸侯王表》，中华书局，1962 年，第 394 页。
② 林甘泉主编：《中国经济通史·秦汉经济卷》，经济日报出版社，1999 年，第 500 页。
③ 《汉书》卷六三《武五子传》，第 2765 页。
④ 黄今言：《西汉海昏侯墓出土黄金的几个问题》，《史学月刊》2017 年第 6 期。
⑤ 后晓荣：《海昏侯墓出土文物研究三则》，载《纵论海昏——南昌海昏侯墓发掘暨秦汉区域文化国际学术讨论会论文集》，第 123 页。
⑥ 参见拙文《南昌海昏侯墓出土"海"字铜印考释》，《文博》2019 年第 1 期。

作业、竹编、草编、纺织业和制药业十种类型，其中可考证为海昏侯国手工业生产类型的则包含其中的金器冶炼业、青铜铸造业、漆器制造业、陶瓷制造业、纺织业和制药业六类。于此，笔者拟从出土器物特征入手，对海昏侯国各手工行业类型做一初步探讨。

（一）金器冶炼业

海昏侯墓出土金器分为马蹄金、麟趾金、金饼和金板四种。[①] 马蹄金、麟趾金铸于武帝太始二年（前 95），因"获白麟，有马瑞"，故改铸黄金如麟趾、马蹄形状，"以协嘉祉"。[②] 马蹄金、麟趾金赏赐的对象仅为诸侯王一级，列侯、官吏等无资格获得。[③] 显然，墓中随葬的 73 件马蹄金、麟趾金当为墓主刘贺或其父刘髆为昌邑王时所得，刘贺徙封海昏侯后从昌邑故国带至江南。[④]

与马蹄金、麟趾金不同，墓中出土编号为 M1：18219 - 37 金饼上刻有隶体"南藩海昏侯臣贺，元康三年酎金一斤"文字（图 1）。[⑤] 对该文字的释读，除在"南藩"（或"南海"）两字存在争议外[⑥]，"海昏侯臣贺，元康三年酎金一斤"几字已可确认。从"海昏侯臣贺"金文上看，墓中出土 385 枚金饼中至少有部分为刘贺就封海昏侯国后所铸，以为"酎金"之用。但因刘贺就国豫章时，宣帝令其"不宜得奉宗庙朝聘"，剥夺了他向宗庙祭祀及天子进献"酎金"的权力，故大量随葬于墓中。[⑦]

---

① 关于墓中出土马蹄金、麟趾金定名问题，可参见：黄盛璋：《关于马蹄金、麟趾金的定名、时代与源流》，《中国钱币》1985 年第 1 期；赵明：《南昌西汉海昏侯刘贺墓出土蹄型金的定名》，《中国国家博物馆馆刊》2018 年第 11 期；许宁宁：《汉代马蹄金与麟趾金考辨——兼论圆形金饼非麟趾金》，《北方文物》2009 年第 2 期；赵慧群等：《汉代金币的三个问题——从海昏侯墓出土的金币谈起》，《地方文化研究》2019 年第 5 期等。

② 《汉书》卷六《武帝纪》，第 206 页。

③ 黄今言：《西汉海昏侯墓出土黄金的几个问题》，《史学月刊》2017 年第 6 期。

④ 黄今言《西汉海昏侯墓出土黄金的几个问题》、刘瑞《海昏侯刘贺墓中多黄金的原因探析》、薛瑞泽《从海昏侯墓看豫章郡矿产与交通形式》等均持此观点。

⑤ 蒋波、周世霞：《黄金与海昏侯的命运》，《中国社会科学报》2017 年 7 月 20 日第 007 版。

⑥ 江西省文物考古研究所、首都博物馆编《五色炫耀——南昌汉代海昏侯国考古成果》（江西人民出版社，2016 年，第 122 页、第 199 页）释读该金饼文字为"南海海昏侯臣贺，元康三年酎金一斤"，后刘瑞《海昏侯刘贺墓中多黄金的原因探析》、耿庆刚《海昏侯墓"金板"小考》二文予以转引。王仁湘先生最早指出"南海"当作"南藩"（参见中国社会科学院考古所研究员：《秦牍文字"南海海昏侯"应为"南藩海昏侯"》，新华网 http：//news. xinhuanet. com /photo /2016 - 03/24/c_ 128831308. htm ［2016 - 03 - 24］），其后王子今《"海昏"名义续考》、黄今言《西汉海昏侯墓出土黄金的几个问题》、王泽文《试说"海昏"》、蒋波《黄金与海昏侯的命运》等皆采"南藩"之释读，"南藩海昏侯臣贺"释文也更多为学界所认可。（上述诸文见前引）

⑦ 信立祥：《陨落帝星的无限哀荣》，《文史知识》2016 年第 8 期。

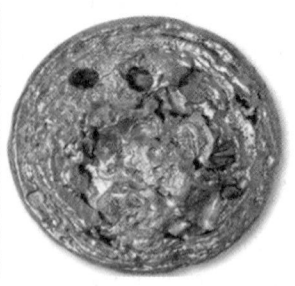

图 1 金饼正面（左）与背面（右）

（图片摘自杨军：《南昌市西汉海昏侯墓》，《考古》2016 年第 7 期）

金板不见于传统文献，但先秦秦汉墓多有出土，其中以楚国"郢爰"为最，多铸成两端凹入的长方形。[1] 板的正面打上若干方印或圆印，印内有地名文字。[2] 现知，刘贺墓出土的 20 块金板大小、厚度不一，无统一尺寸，板面粗糙，无任何文字等印记（图2）[3]，显然与楚国"爰金"不同，严格意义上不可称为"金版"，只是外形与"金版"类似。黄今言先生认为金板是墓主刘贺生前的备用金，或铸造自封地海昏侯国。[4] 目前这是最为合理的推断。海昏侯国所处豫章郡拥有丰富的矿产资源，特别是金矿存储量较大[5]，海昏周边之鄱阳、浔阳均有"黄金采"[6]，从资源储备上看，刘贺具备在海昏侯国冶炼铸造各类黄金器具的能力。

图 2 金板

（由作者拍摄自南昌西汉海昏侯墓遗址博物馆）

（二）青铜铸造业

青铜器是中国古代主要的手工业器具，也是重要的礼器和祭祀用具，是身份等级的象征。海昏侯墓出土青铜器数千件，大部分青铜器铭刻有"昌邑"年号（如铜鼎、提梁樽、编钟等），可断定为昌邑故国所造，其他无铭文青铜器物则难于确定具体铸造

① 安志敏：《金版与金饼——楚、汉金币及其有关问题》，《考古学报》1973 年第 2 期。
② 李祖德：《论秦汉的黄金货币》，《中国史研究》1997 年第 1 期。
③ 黄今言：《西汉海昏侯墓出土黄金的几个问题》，《史学月刊》2017 年第 6 期。
④ 黄今言：《西汉海昏侯墓出土黄金的几个问题》，《史学月刊》2017 年第 6 期。
⑤ 黄今言：《秦汉江南经济述略》，江西人民出版社，1999 年，第 41—54 页。
⑥ 《汉书》卷二八上《地理志》，第 1593 页。

地点。① 幸运的是，在刘贺墓中伴随"大刘记印"等三枚玉印出土的还有一方"海"字铜印（图3），为进一步探讨海昏侯国青铜铸造业提供了可能。

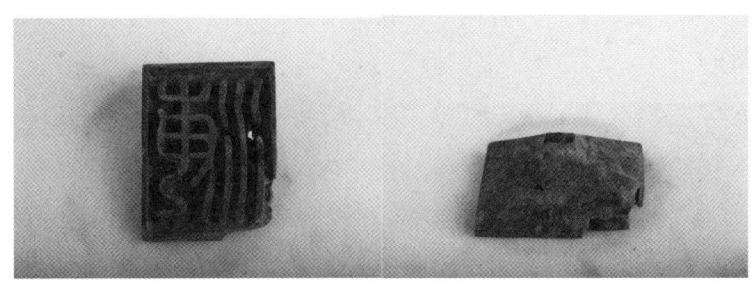

图3 "海"字铜印

（由作者拍摄自江西省博物馆）

对于这方"海"字铜印，有学者认为是一枚难得的汉代侯级别烙马印，是海昏侯实施马政管理之物。② 笔者以为下此论断尚需谨慎。烙马印，古玺印中一种专门用来烙马之用的印信，亦称火印，形体较大，传世稀少，属官印。③ 目前出土玺印所见，确定为烙马印的有六枚，分别是"日庚都萃车马"印（战国，7.0×7.0厘米，朱文，铜质）、"灵丘骑马"印（西汉，6.9×6.7厘米，朱文，青铜质）、"夏丘"印（西汉，9.2×4.9厘米，朱文，铜质）、"酋侯骑马"印（西汉，7.0×7.0厘米，朱文，铜质）、"常骑"印（西汉，7.0×7.0厘米，朱文，铜质）、"夏骑"印（西汉，8.5×7.2厘米，朱文，青铜质），疑是烙马印的有两枚，分别是"曲革"印（西汉，7.2×7.1厘米，朱文，铜质）和"邗骀"印（西汉，7.7×7.5厘米，朱文，铜质）。④ 据后晓荣先生介绍，刘贺墓"海"字铜印尺寸为6.5×4.5厘米⑤，也有人认为长达10厘米⑥，由于未公布确切信息，暂无法得知准确大小。从目前所知信息上看，"海"字铜印印义深峻、字口垂直，背部呈覆斗形，背顶部有不规则缺口，朱文，无印纽，异于汉通官印、明器印，也有别于先秦秦汉烙马印"印纽方形中空，上有方孔，以纳木柄，印文为与马密切相关字号"等显著特征，因此可断定该"海"字铜印非烙马印，属以地名

① 张仲立先生通过对比研究刘贺墓与巨野红土山西汉墓两座墓葬出土的大型青铜器，认为刘贺墓中出土的提梁樽、铜壶、刻漏等应来自昌邑故国（《刘贺墓与巨野红土山西汉墓关联研究》，《南方文物》2017年第1期）。

② 后晓荣：《海昏侯墓出土文物研究三则》，载《纵论海昏——南昌海昏侯墓发掘暨秦汉区域文化国际学术讨论会论文集》，第123页。

③ 孙家潭：《新发现"夏骑"烙马印考》，《中国书法》2012年第11期。

④ 关于烙马印介绍，详见庄新良、茅子良：《中国玺印篆刻全集》，上海书画出版社，1999年。

⑤ 后晓荣：《海昏侯墓出土文物研究三则》，载《纵论海昏——南昌海昏侯墓发掘暨秦汉区域文化国际学术讨论会论文集》，第123页。

⑥ 郑志刚：《海昏侯墓出土汉印四题》，《中国美术》2016年第4期。

入印之私印，或为墓主海昏侯刘贺进行行政文书档案管理之重要印信。[1] 从该铜印印文"海"字可推断出，这方铜印应为刘贺就国海昏后所铸。

此外，刘贺墓中还出土一件青铜豆，底足刻有"南昌"二字，很明显同样为海昏侯国所铸（图4）。[2]

图4 刻有"南昌"金文青铜豆
（由作者拍摄自南昌西汉海昏侯墓遗址博物馆）

综上，海昏侯国青铜铸造业虽因出土器具较少，难窥其全貌，但从可确定为海昏侯国所造的"海"字铜印及青铜豆两件青铜器可知，地处南方"障湿之地"之地的海昏侯国已具备青铜器一体浇铸技术，豫章郡丰富的铜矿资源则为海昏侯国青铜铸造业的发展奠定了坚实的基础。[3]

（三）漆器制造业

中国是最早开始制造和使用漆器的国家，早在商代遗址，就发现有漆器，虽已残破，但有些仍可看出器形。[4] 战国时期，漆器制造业如雨后春笋般迅猛发展；至秦汉，漆器制造工艺有了进一步发展。[5] 南方自古就是漆器的重要产地，湖北云梦、长沙马王堆、扬州凤凰河、安徽天长县等地都出土过大量精美漆器陪葬品。[6] 汉代，南方漆器的生产优于北方，形成了以长沙、扬州、成都等为中心的漆器生产重地。[7] 豫章郡比邻长沙，占有广阔的森林资源，漆器生产也取得了一定成就。[8] 如南昌老福山西汉木椁墓出土各类漆器70多件，占全部出土器物的57%，类型有羽觞、漆盘、扁壶、耳杯、漆盒

---

① 吴方浪：《南昌海昏侯墓出土"海"字铜印考释》，《文博》2019年第1期。

② 《搜狐新闻》：http://www.sohu.com/a/316700096_105772。

③ 黄今言：《秦汉江南经济述略》，江西人民出版社，1999年，第50页。

④ 李捷民等：《河北藁城县台西村商代遗址1973年的重要收获》，《文物》1974年第8期。

⑤ 宋治民：《汉代的漆器制造手工业》，《四川大学学报》1982年第2期。

⑥ 详细统计参见黄今言：《秦汉江南经济述略》，第149页。

⑦ 魏明孔主编：《中国手工业经济通史·先秦秦汉卷》，福建人民出版社，2005年，第588页。

⑧ 刘良群：《论汉代江西经济的发展》，《江西社会科学》1994年第3期。

等。① 海昏侯墓出土漆器 3000 余件（套），其中大部分刻有"昌邑"字样，可断定为昌邑故国所造，有些未刻文字者则难于断其出处。新近，随着更多的刘贺墓随葬漆器信息的公布，特别是孔子衣镜详细资料的刊发，为进一步审视海昏侯国漆器制造业提供了实物资料。

有关刘贺墓出土的孔子衣镜，学界已有一些研究，主要围绕画像诠释、文字释读、衣镜蕴意等方面展开考察，鲜有涉及衣镜制造年代、生产地域等问题研究（详见前文）。对器物制造年代及地域的探讨将更加有助于深入诠释孔子衣镜本身与刘贺跌宕身世，亦可从中窥探海昏侯国漆器生产大致状况。

从墓中出土孔子衣镜器物本身上看，尚无法判断其具体制造年代和地域，但刻于衣镜正反面的一些文字为我们考证衣镜的制作年代和地点提供了有效信息。王意乐《海昏侯刘贺墓出土孔子衣镜》对衣镜文字信息做了介绍，因墨书于铜镜正面的"衣镜赋"释文太长，于此只摘取与本文有关信息如下：

新就衣镜兮加以明，质得见请兮加以方……□□圣人兮孔子……②

"新就衣镜兮加以明"意思就是说这件衣镜是新做的，用以"明"身。"圣人兮孔子"，此处称孔子为"圣人"。"圣人"称号非始于孔子，先秦时已有称"圣人"者。《老子·道德经》曰："圣人不仁，以百姓为刍狗。"喻"圣人"为君王。《礼记·大传》云："圣人南面而听天下。"同样将君主喻作"圣人"。两汉以后，"圣人"成为匡扶正义之智者的统称。如《春秋繁露》云："行天德者，谓之圣人。"《史记·律书》曰："兵者，圣人所以讨强暴，平乱世，夷险阻，救危殆。"③"圣人"与孔子关联，始于司马迁。《史记·孔子世家》谓孔子为"圣人之后"，借"吴客"之口呼之为"善哉圣人""至圣"等。④ 但《史记》中"圣人"非独称孔子，除孔子外，伊尹、百里奚⑤、儒牛叔孙通⑥、淳于髡⑦等皆被称为"圣人"。而真正将"圣人"与孔子直接等同起来的则是班固，《汉书·古今人表》以"太昊帝"为第一位"圣人"，以仲尼为最后一位"圣人"，中间"圣人"还有炎帝神农、少昊帝金、颛顼、帝喾、尧、舜、禹、汤、周文王、周武王、周公旦等。⑧ 单纯从以"圣人"称呼孔子角度看，应不会早于司马迁或《史记》流传之前。

刘贺墓出土衣镜上所刻文字来源，内容上多摘自《史记》，这已成学界公论，不再

---

① 郭远谓：《江西南昌市老福山西汉木椁墓》，《考古》1965 年第 6 期。
② 见王意乐、徐长青、杨军、管理：《海昏侯刘贺墓出土孔子衣镜》，《南方文物》2016 年第 3 期。下文有关孔子衣镜文字释读均来自此文。
③ 《史记》卷二五《律书》，中华书局，1959 年，第 1240 页。
④ 《史记》卷四七《孔子世家》，第 1907 页、第 1913 页。
⑤ 《史记》卷六三《老子韩非列传》，第 2153 页。
⑥ 《史记》卷九九《叔孙通列传》，第 2724 页。
⑦ 《史记》卷七四《孟子荀卿列传》，第 2347 页。
⑧ 《汉书》卷二〇《古今人表》，第 866—894 页。

探讨。① 显然，刘贺在制造衣镜之前已接触到《史记》。据班固《汉书·司马迁传》记载，迁死后，"其书稍出，迁外孙平通侯杨恽祖述其书，遂宣布焉"②。考杨恽封平通侯为宣帝地节四年（前66），因告发霍禹谋反，与张章、董忠、史高、金安上等五人同时封侯，五凤二年（前56），平通侯杨恽坐前罪，免为庶人。③ 据此，《史记》正式流通于世的时间应在宣帝地节四年后。此时，刘贺尚处被监控于昌邑故国的"囹圄"之中，平常也只能使"廉吏一人为领钱物市买，朝内食物"，"它不得出入"。④ 不仅是刘贺的人身自由，就连市买物品亦处在严密监视之下。《史记》作为武帝以来之"禁书"，虽然"宣布"，流传却并不广泛，受朝廷严格控制，只因《史记》事涉军国权谋，不欲诸侯借此坐大，故即便普通诸侯宗室想要，也非易事。⑤ 刘贺在此境况下，想获得此书更是难上加难。为自身安全考虑，他也会在被监视期间尽可能的安分守己，远离《史记》此等"禁书"。虽然《史记》在昭帝朝已流出一些篇章，但乐于游逸、驰骋的昌邑王刘贺以儒家经典为衣镜赋的可能性当不大。如为昌邑工匠据《史记》所刻，也难于解释衣镜文字在抄刻时为何会出现如此众多错误，以致连孔子年龄都搞错了。⑥ 唯一合理的解释就是，该件孔子衣镜为刘贺就封海昏侯国，《史记》已正式流通后，于豫章海昏所制。⑦ 其目的或如邵鸿先生所言，"屏风和众多儒家典籍，只是处于朝廷严密监控下的刘贺不得不然的选择，甚至有可能是一件保护自己的道具"⑧。

再从器物本身论之，整个衣镜镜框为木质髹漆，漆为红色，镜掩与镜框通过左侧的两个铜合页连接，铜扣鎏金。而两汉漆器制作中髹漆工艺及鎏金铜扣的使用多见于江南地区⑨，如马王堆汉墓、广州南粤王墓及扬州汉墓多有类似漆器出土⑩。此外，刘贺在制作这方衣镜时，在其背面刻画有与孔子相匹配的弟子，除"四科"的四名弟子外，还增添了澹台灭明（堂诒子羽），合而为五，表现出刘贺欲借北人澹台灭明南渡江南的相似经历和心境抒发自己内心的不满与无言的抗辩。⑪ 从这一点上来说，孔子衣镜

———————————————————

① 详见邵鸿：《海昏侯墓孔子屏风试探》，《江西师范大学学报》2016年第5期；杨军、恩子健、徐长青：《海昏侯墓衣镜画传"野居而生孔子"考》，《江西师范大学学报》2018年第1期；何丹：《海昏侯墓"孔子画像"的文本考察》，《上海交通大学学报》2018年第5期。

② 《汉书》卷六二《司马迁传》，第2737页。

③ 《汉书》卷八《宣帝纪》，第266页。

④ 《汉书》卷六三《昌邑哀王髆传》，第2767页。

⑤ 黄觉弘：《〈春秋〉家与汉魏时期〈史记〉之流传》，《唐都学刊》2008年第4期。

⑥ 邵鸿：《海昏侯墓孔子屏风试探》，《江西师范大学学报》2016年第5期。

⑦ 何丹先生推定刘贺接触《史记》的时间在地节四年到封为海昏侯之间的时段。参见何丹：《从海昏侯墓"孔子画像"蠡测西汉〈史记〉的流传形式》，《中国文学研究》2019年第2期。

⑧ 邵鸿：《海昏侯墓孔子屏风试探》，《江西师范大学学报》2016年第5期。

⑨ 黄今言：《秦汉江南经济述略》，第152页。

⑩ 魏明孔主编：《中国手工业经济通史·先秦秦汉卷》，第593页。

⑪ 参见王刚：《海昏侯墓"孔子衣镜"的弟子选配旨趣及相关问题蠡测》，《地方文化研究》2019年第5期。

的制作年代也在刘贺就封海昏侯国，徙居江南之后了。

刘贺墓中出土其他未标年号的漆器，也有一些带有明显江南漆器典型制造特征者，如漆笥和金镶玉漆樽。漆笥胎质有木胎、夹苎胎，器形有圆形、方形、长方形，有钮银边、贴金饰、镶嵌宝石等装饰，内饰朱漆，绘云气纹，外饰黑漆；器座、器身、器盖均等距离钮银边；正、背及两侧嵌四个铜环；通体贴饰金片，题材有仙山、羽人、仙鹤、流云等图案（图5、图6）。漆器金钮、银钮、贴金镶边是江南漆器生产的典型特征之一，在出土于南方的汉墓中较为常见。① 如湖北光化五座坟5号墓银扣彩绘漆奁和银扣金平脱漆奁②、江苏盐城三羊墩东汉墓漆奁与鎏金铜扣漆盘③、安徽淮南刘家古堆东汉墓缕金铜饰漆耳杯④、江苏连云港东汉墓银箍漆扣⑤等。另一件金镶玉漆樽，器身等距离镶嵌金片和玉饰，金片上饰龙纹及其他动物纹，同样表现出明显的江南漆器制造金银平脱工艺特征。⑥ 此外，墓中出土的漆奁、漆盘、漆耳杯上大部分绘有云气纹、流云纹、动物纹、龙凤纹等纹饰，均与江南地区生产漆器所使用的针刻技术非常相似。⑦ 如安徽阜阳汉汝阴侯2号墓的彩绘几何图案和花纹银扣布平盘⑧、安徽天长汉墓出土的云气纹、动物纹、羽形纹、几何图案纹漆奁、漆盒和漆耳杯⑨等。近期，周逸航、王恺、管理等学者对海昏侯墓部分随葬漆木器材质进行实验分析，发现研究所选取的5件漆木器均为樟科木材，而樟树这一树种普遍生长于江西地区，反映出随葬漆木器木材具有地域性特点，可能为就地取材，本地生产。⑩

图5：漆耳杯
（由作者拍摄自南昌西汉海昏侯墓遗址博物馆）

图6：漆奁
（摘自杨军：《南昌市西汉海昏侯墓》，
《考古》2016年第7期）

---

① 黄今言：《秦汉江南经济述略》，第151页。

② 杨权喜：《光化五座坟西汉墓》，《考古学报》1976年第2期。

③ 袁颖、黎忠义：《江苏盐城三羊墩汉墓清理报告》，《考古》1964年第8期。

④ 李发林：《战国秦汉考古》，山东大学出版社，1991年。

⑤ 南京博物馆：《江苏连云港海州网疃庄汉木椁墓》，《考古》1963年第6期。

⑥ 关于江南漆器生产典型特征之一的"平脱工艺"，详见黄今言：《秦汉江南经济述略》，第153页。

⑦ 黄今言：《秦汉江南经济述略》，第153页。

⑧ 王襄天、韩自强：《阜阳双古堆西汉汝阴侯墓发掘简报》，《文物》1978年第8期。

⑨ 杨以平：《安徽天长县汉墓的发掘》，《考古》1978年第4期。

⑩ 周逸航、王恺、管理、吴昊、胡东坡：《海昏侯墓部分木质文物材种鉴定及用材分析》，《文物保护与考古科学》2019年第5期。

可见，南方海昏侯国漆器制造业在汉代漆器生产迅速发展的大背景下已取得显著发展，形成一定规模，产品种类丰富，在充分兼采、融合南北方漆器生产工艺的同时，形成了独具自身特色的漆器制造手工行业。

（四）陶瓷制造业

中国是最早制造和使用陶瓷器的国家，早在先秦时期，中国古代的陶器制造业已有一定成就，出现了原始青瓷。至秦汉，陶、瓷器生产规模及工艺技术进一步发展，取得了许多新的成就。① 江南地区的陶瓷制造业也在不断推陈出新，陶器种类丰富多样，其中以生活用具和建筑用陶为主，如鼎豆、钟、钫、鬲、瓮、陶瓦、陶井、陶管等等。东汉时期，瓷器烧制工艺较之西汉有明显进步，出现了立体堆塑烧瓷法，如杭州发现的青瓷飞鸟楼阁罐，罐上堆塑着各种动物及建筑模型，新颖有趣，这种新创的装饰方法前所未见，三国、两晋时更加流行。② 江西地区以丰富的高岭土储备为基础，陶瓷烧造技术也获得很大发展，驰名世界的景德镇陶瓷烧造就始于汉代，在南昌、新建、湖口、萍乡、南康等地发掘的汉墓中都有大量陶瓷器的出土。③

海昏侯墓共出土陶瓷器约500件，绝大部分产自本地，如陶罐、筒瓦、瓦当、青瓷壶等。陶罐、筒瓦等陶器的烧制工艺与江南陶器烧制工艺类似；青瓷壶与青瓷罐，瓷土细腻，胎质灰白致密，釉薄而均匀，色青黄，有云气纹装饰，是原始青瓷向青瓷过渡的典型之作。④ 从类型上看，墓中陶瓷器多以建筑用陶和日常生活陶瓷器皿为主，为汉墓常见陪葬品。

（五）纺织业

纺织业是汉代最为发达的手工业生产部门之一，分官营纺织业、私营纺织业和家庭纺织作坊三种类型。汉代官营丝织业就其机构划分而言，主要包含蚕室、东西织室、齐三服官、襄邑服官和郡国工服官五类，其中最为重要的当属东西织室、齐三服官和襄邑服官了。据发掘报告披露，海昏侯墓陪葬物中有纺织品，但均已腐烂难识。墓中发掘出的一方木楬（图7）上记载随葬丝织物的文字信息也证实这一点，但这些丝织物较大可能来自齐地，或为山东昌邑故国带来之物。⑤ 除出土签牌记载随葬丝织物外，墓中还可见其他一些纺织物遗迹（如位于墓主人遗骸之上的漆纱残片等⑥），因长年浸泡在水下，导致腐烂严重。⑦ 江南及淮河流域以生产麻、布为主，如淮布、越布、八稷

① 魏明孔主编：《中国手工业经济通史·先秦秦汉卷》，第533页。
② 邓白：《略谈我国古代陶瓷的装饰艺术》，《中国古陶瓷论文集》，文物出版社，1982年。
③ 黄今言：《秦汉江南经济述略》，第150—154页。
④ 刘良群：《论汉代江西经济的发展》，《江西社会科学》1994年第3期。
⑤ 吴方浪：《海昏侯墓新出木楬所见汉代丝织物初探》，《文博》2020年第2期。
⑥ 参见王丹、杨军：《从海昏侯墓出土漆纱残片小议西汉之大冠》，《南方文物》2019年第6期。
⑦ 杨军：《南昌西汉海昏侯墓》，《考古》2016年第7期。

布等①，这些纺织物有些或为豫章本地所产。

图 7　木楬
（由作者拍摄自南昌西汉海昏侯墓遗址博物）

（六）制药业

中国拥有悠久的中医药制药技术，其中中药炮制是中药入药的必经过程。中药炮制技术是根据中医药理论，依据临床需要和药物自身性质，选择适当工艺将原生药材加工，以便于临床应用的一项传统制药技术。② 在海昏侯墓 M1 椁室娱乐用具库一精美木质漆盒内盛有一种疑是冬虫夏草的植物遗存，经考古学家实验室鉴定，推测该植物遗存来源于玄参科地黄属 Rehmannia 植物的根（见图 8）。对该植物遗存取样再进行切片观察，发现该样品中部为植物层，外围包裹有一层辅料层，后分别对植物层、辅料层进行水装片观察，在辅料层横切面和粉末制片中均发现存在淀粉粒，并含有大量的蔗糖晶体，且可能经过了热水等处理，可能与中药炮制"矫味矫臭、利于服用"的作用有关。③ 中药炮制，最早可追溯到《黄帝内经》④，战国医书《五十二病方》将中药应用辅料进行药物炮制法分为酒渍、醋渍、药汁渍、酒煮、醋煮等数种⑤。东汉医学家张仲景在《伤寒论》《金匮要略》中也标记了多种炮制药物⑥，说明迟至东汉，中药炮制已引起医家重视。海昏侯墓出土的木质漆盒内提取的样品由植物根与其外的辅料层组成，是迄今发现最早的中药炮制品，其炮制工艺即取地黄属 Rehmannia 植物的根或

①　黄今言：《秦汉江南经济述略》，第 41—54 页。

②　杨明、张定堃、钟凌云、王芳：《对传统中药炮制文化与哲学的思考》，《中国中药杂志》2013 年第 13 期。

③　彭华胜、徐长青等：《最早的中药辅料炮制品：西汉海昏侯墓出土的木质漆盒内样品鉴定与分析》，《科学通报》2019 年第 9 期。

④　李今庸：《〈黄帝内经〉考义》，中国中医药出版社，2014 年，第 67 页。

⑤　尚志钧：《〈五十二病方〉药物注释》，皖南医学院科研科印，1985 年。

⑥　参见刘渡洲主编：《〈伤寒论〉校注》，湖南科学技术出版社，1982 年；何任：《〈金匮要略〉校注》，人民卫生出版社，1990 年。

与其他淀粉类辅料进行蒸或煮制，再裹以甘蔗汁和淀粉类等辅料。① 此地黄类中药炮制药物在墓葬中出现，应与墓主人海昏侯刘贺生前身患风寒湿"痹"症有一定关系。②

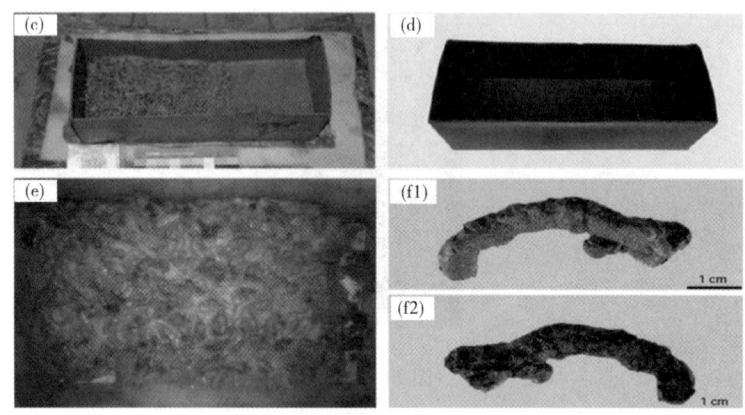

图 8　海昏侯墓出土地黄类炮制药
（摘自彭华胜、徐长青等：《最早的中药辅料炮制品：西汉海昏侯墓出
土的木质漆盒内样品鉴定与分析》，《科学通报》2019 年第 9 期）

要之，刘贺墓出土器物所见能确定为海昏侯国手工行业的有金器冶炼业、青铜铸造业、漆器制造业、陶瓷制造业、纺织业和制药业六种类型，其他如玉器制造业、车辆制造业等尚未见到能判断属于海昏侯国所生产的器物，故暂不列入海昏侯国手工行业类型之中。期待更多考古材料出土，以补海昏侯国手工行业之缺。

二、海昏侯国手工业生产特征

上文从豫章物产与海昏侯国手工行业分类两方面探讨了刘贺墓出土器物所见海昏侯国金器、青铜、漆器、陶瓷、纺织和制药六大手工业生产基本状况，可发现刘贺就封豫章期间，海昏侯国手工业生产表现出如下明显的地域生产特征。

其一，生产器物类型上，以日常生活用器和行政管理器物为主。如前所述，刘贺墓出土器物所见海昏侯国手工业产品大部分为日常生活用器。如漆器中的孔子衣镜、漆盘、漆奁，陶瓷器中的陶罐、筒瓦、青瓷壶等，皆为刘贺生前日常所用器物。海昏侯国手工业生产的另一大类则是刘贺为海昏侯时用于行政管理的信物，如"海"字铜印及作为"酎金"使用的金饼等。"事死如事生"一直以来都是古人流传和遵循的社

---

① 彭华胜、徐长青等：《最早的中药辅料炮制品：西汉海昏侯墓出土的木质漆盒内样品鉴定与分析》，《科学通报》2019 年第 9 期。

② 王刚：《身体与政治：南昌海昏侯墓器物所见刘贺废立及命运问题蠡测》，《史林》2016 年第 4 期。

会习俗，特别是作为权力和金钱所有者的达官贵族更是如此，海昏侯刘贺墓中陪葬大量的生活用品和行政管理器物正是汉代这一丧葬习俗的真实反映。

其二，器物生产工艺上，多为普通常见工艺产品，但亦不乏精美器物出土，不同手工行业发展表现出明显的不平衡性。以金器冶炼业为例，出土器物中确定为海昏侯国生产的金器有金饼和金板两种类型。从器物工艺上看，刘贺墓金饼与湖南长沙伍家岭、江苏铜山小龟山汉墓出土金饼类似，同属汉代常见Ⅱ式饼金。① 金板表面粗糙，大小、厚度不一，无统一尺寸，属未精细加工产品。陶瓷器中筒瓦、瓦当，饰以卷云纹，也属西汉以来流行的圆形瓦造型。② 刘贺墓所见海昏侯国手工业生产器物也可见工艺精美者，如"海"字铜印，印文字腔深峻、字口垂直、字底平净，为青铜一体浇铸，后又经深度打磨所制，代表着西汉先进的青铜铸造技术。再如孔子衣镜，衣镜由青铜镜、镜掩（盖）和镜框三部分组成。镜框、镜掩与框通过左侧两个铜合页连接，可开合；镜框背面彩绘有孔子及其弟子画像，内框四周边框正面绘有一圈神兽和仙人图案，左侧为白虎，右侧为青龙。③ 整个画像孔武有力，生动形象，与中间铜镜完美衔接在一起，表现出海昏侯国高超的衣镜与漆木器制造技术。

其三，刘贺墓出土器物所见海昏侯国手工业只见金器、青铜、漆器、陶瓷、纺织、制药业六类，而江南传统优势手工业如舟船、麻纺等并未有更多体现；某些手工行业生产器物的出土数量与工艺水平也低于长沙马王堆汉墓同类产品。以纺织业为例，海昏侯国纺织业目前所见种类仅有纨一种丝织品种，颜色也只见紫、绿两种④；长沙马王堆一号墓即出土各类丝织品100余种，颜色、花纹图案更是丰富多彩。⑤ 两者对比，差异明显。反观刘贺墓随葬大量精美器物，如青铜雁鱼灯、马蹄金、麟趾金、玉剑、车马器等，却皆为昌邑故国带来之物，少有海昏侯国自产者，从中也可反映出西汉王国（昌邑王国）手工业生产远胜于侯国（海昏侯国）的事实。

三、海昏侯国手工业发展水平评估

刘贺所经营的海昏侯国手工业到底处于一种什么样的水平？这是评估该地区手工业生产状况的一个重要指标。海昏侯刘贺墓出土器物有万余件，而真正可确定为海昏侯国生产的手工业器物较少，这就对评估海昏侯国手工业发展水平带来难度。虽如此，但我们还是可以从已确定为海昏侯国所生产器物的工艺水平、手工业生产发展规模、

---

① 安志敏：《金版与金饼——楚、汉金币及其有关问题》，《考古学报》1973 年第 2 期。
② 魏明孔主编：《中国手工业经济通史·先秦秦汉卷》，第 549 页。
③ 王意乐、徐长青、杨军、管理：《海昏侯刘贺墓出土孔子衣镜》，《南方文物》2016 年第 3 期。
④ 吴方浪：《海昏侯墓新出木楬所见汉代丝织物初探》，《文博》2020 年第 2 期。
⑤ 黄今言：《秦汉江南经济述略》，第 156—157 页。

手工业商品化生产程度等几方面对海昏侯国手工业发展水平做一初步评估。

（一）海昏侯国手工业生产工艺水平

前文在探讨海昏侯国手工业生产特征时已指出，刘贺墓出土的海昏侯国生产的各类器物采用的大部分为汉代其他地区常见的生产工艺，如金饼、筒瓦、瓦当、漆奁、漆盘、漆耳杯等均属江南流行的手工业产品制作方法制作而成。同时，出土器物所见，海昏侯国生产的金属器物多以青铜器为主（如"海"字铜印、青铜镜、青铜豆等），少见铁制器物，说明当时海昏侯国手工业生产大部分还可能处在青铜器时代，而铁制生产工具的制作和使用则是评估各地区生产力发展水平的一个重要标志。虽然西汉中后期铁制生产工具较东汉而言，工具体型薄小、效力不大，但铁制工具的生产制作已在各核心经济区普遍出现则是一个不争事实。① 于此可见，海昏侯国手工业发展水平总体上应该并不高。

诚然，海昏侯国手工业总体发展水平不高，但在个别行业的生产水平上或处于全国领先。如陶瓷器所见青瓷壶与青瓷罐，瓷土细腻，胎质灰白致密，釉薄而均匀，色青黄，有云气纹装饰，是原始青瓷向青瓷过渡的精美代表作。再如墓中出土的地黄类中药炮制药物，采用水煮、外层裹糖汁等炮制方法，与数百年后南北朝时《雷公炮炙论》记载的地黄炮制法"采生地黄去白皮，瓷锅上柳木甑蒸之，摊令气歇，拌酒再蒸，又令出干，勿令犯铜铁器"在工艺方面可谓异曲同工②，是迄今为止，我国发现年代最早的中药炮制品③，为中药炮制技艺的起源提供实证，奠定基础④。

（二）海昏侯国手工业生产规模

据刘贺墓已出土器物，海昏侯国手工业生产类型分为金器冶炼、青铜铸造、漆器制造、陶瓷制造、纺织和制药六种品类，其种类的丰富程度可占到整个墓葬出土器物类型的60%。但从数量上看，可确定为海昏侯国生产的出土器物只有金饼（少数几枚）、金板（尚属推测）、"海"字铜印（1方）、青铜豆（1件）、"孔子衣镜"（1套）、漆笥（部分）、漆樽（部分）、漆奁（部分）、漆盒（部分）、漆耳杯（部分）和绝大部分陶罐、筒瓦、瓦当、青瓷壶，再加上一盒地黄类中药炮制品、一些残存的麻纺织物等，占全部万余件（套）出土器物的1%不到。可见，作为第一代海昏侯，刘贺在其死后墓中所随葬器物来自本地的数量极少，这也反过来证明海昏侯国手工业虽行类相对齐全，但生产规模并未发展得很大，至少远小于刘贺此前经营的昌邑王国。

---

① 冉昭德：《关于汉代生产奴隶与生产力水平问题》，《历史研究》1958年第8期。

② ［刘宋］雷敩：《雷公炮炙论》，安徽科学技术出版社，1991年，第24页。

③ 《海昏侯墓中发现迄今为止最早的中药炮制品实物》，《中医健康养生》2020年第8期。

④ 彭华胜、徐长青等：《最早的中药辅料炮制品：西汉海昏侯墓出土的木质漆盒内样品鉴定与分析》，《科学通报》2019年第9期。

从整体上看，海昏国手工业生产也取得一定发展，某些手工行业开始渐趋规模化、细密化。汉代，在承袭秦代手工业生产基础上，进一步向前发展。就官营手工业而言，从中央到地方，按生产类别不同，分为将作（土木工程）、工官、铁官、服官等几个独立的生产部门，每个部门下都有庞大的机构和规模较大的手工业作坊，役使着众多的征发工匠及刑徒、奴婢进行精细化生产。这种全国范围内的规模化、细密化手工业发展大趋势在海昏侯国手工业中也有体现。如陶瓷制造业，海昏侯墓出土了各种类型的陶器（陶罐、陶壶、筒瓦、瓦当、陶俑等）和瓷器（青瓷壶、青瓷罐等），显示出该地区陶瓷生产已经出现了陶窑与瓷窑的分离，烧陶业与制瓷业已从一个生产部门分工为两个生产部门，即使是制陶业，也分成砖瓦烧制建材业、陶俑烧制业以及日常生活用品烧制业等不同分工类型。再看青铜铸造业，前文已述及，海昏侯国所铸"海"字铜印为预制印模或印范浇铸所制①，已具备进行规模化大批量生产的能力。此外，刘贺墓还出土大量不同种类的漆耳杯、漆盘、漆奁、漆笥、漆樽、漆盒等，工艺精美，分工细致，充分说明海昏侯国漆器生产已渐趋标准化、规模化和细密化。

（三）海昏侯国手工业商品化生产程度

汉代手工业按其所属性质，分为官营手工业、私营手工业和家庭手工业三种②，官营手工业所生产的商品一般只供给皇室和官府，很少作为商品在市场上流通；私营作坊手工业所生产的商品则基本上全部用于市场交换，以换取货币；家庭手工业生产的器物除大部分供给自用外，也会拿出少部分手工业产品用于交换，以换取所需③。从前文考证出的海昏侯国手工业产品性质看，标有"海昏侯"字样的金饼、"海"字铜印、底足刻有"南昌"二字的青铜豆、"孔子衣镜"应为海昏侯国的官营手工业所生产，供给对象仅限于历代海昏侯，不会进行商品化生产。漆笥、漆盘等部分漆器，发掘报告上虽未言器物上是否有文字，难于判断其官营、私营性质，但作为贵族用品，官营手工业生产的可能性较大。墓中出土同类器物中，同时也出土了很多昌邑王国生产的漆器，在有些漆笥和漆画盾上会出现漆书，如昌邑"九年笥"和昌邑"十一年笥"，器表上标有对制作原料、人工、总值、制造时间等信息，现摘录如下：

漆木笥（M1：34）：私府髹木笥一合，用漆一斗一升六籥，丹臾、醜布、财用、工牢、并，直九百六十一，昌邑九年造，卅合。

漆木笥（M1：668）：私府髹木笥一合，用漆一斗二升七籥，丹猶、醜布、财物、工牢、并，直六百九十七，昌邑十一年造，廿合。

① 郑志刚：《海昏侯墓出土汉印四题》，《中国美术》2016年第4期。
② 魏明孔主编：《中国手工业经济通史·先秦秦汉卷》，第76页。
③ 黄今言：《秦汉商品经济研究》，人民出版社，2005年，第54—78页。

漆丹画盾（M1：528）：私府髹丹画盾一，用漆二升十籥，胶筋、丹史、醜布、财用、工牢、并，直五百五十三，昌邑九年造，廿。①

据漆书文字，很明显这几批漆器当全部由昌邑王国"私府"所造，属于官营手工业。② "私府"，汉代诸侯王国主管王国财物的官署。《汉书·路温舒传》注引颜师古曰："藏钱之府，天子曰少府，诸侯曰私府。长者，其官之长也。"③《汉官六种·汉官仪》曰："私府长一人……秩皆六百石。"④ 由同类推测，作为列侯使用的漆器，或也由侯国内的官营手工业生产。

其他如陶罐、陶壶、筒瓦等陶瓷器、地黄类炮制中药、残存的麻纺织物等的官营、私营属性，则难于判断。总言之，仅就刘贺墓出土的海昏侯国手工业器物而论，海昏侯国手工业商品化生产程度尚处在较低水平。

综上，从刘贺墓出土器物工艺水平、手工业生产规模、手工业商品化生产程度三个角度去评估，刘贺在位期间，海昏侯国的手工业发展水平并不高，低于北方中原地区，如昌邑王国。因此，作为探讨海昏历史文化的研究者，在感慨出土器物之多、精美，惊叹刘贺墓自带王者气派的同时，也应该客观地看待刘贺徙封海昏为该地区所带来的经济发展的有限性。

四、从出土器物看刘贺对海昏侯国的经营

出土器物的数量、种类及工艺水平是反映一个地区经营状况的重要标志。随着对墓葬规制的进一步研究，将刘贺墓葬定位为西汉典型的列侯墓，"未逾制"的观点渐成学界主流。⑤ 再度考察海昏侯国手工业，虽然墓中出土大量精美器物，但大部分是刘贺为昌邑王时旧物，可判定为海昏侯国生产的只剩下金饼、金板、"海"字铜印、部分漆器、陶瓷器等，从器物类型上看，大都为日常生活用器和海昏侯国行政管理器物。如将之与同为南方列侯国的长沙轪侯墓（马王堆一号汉墓）出土器物进行类比，差距明显。详见如下表。

---

① 管理、杨军等：《江西南昌西汉海昏侯刘贺墓出土漆木器》，《文物》2018 年第 11 期。
② 夏华清、管理：《海昏侯墓出土木笥浅议》，《江汉考古》2019 年第 S1 期。
③ 《汉书》卷六八《霍光传》，第 2371 页。
④ ［清］孙星衍等辑：《汉官六种》，中华书局，1990 年，第 134 页。
⑤ 如信立祥：《西汉废帝、海昏侯刘贺墓考古发掘的价值及意义略论》，《南方文物》2016 年第 3 期；高崇文：《西汉海昏侯陵墓建制琐谈》，《南方文物》2017 年第 1 期；刘尊志：《西汉海昏侯刘贺墓的几个问题》，《中国史研究动态》2017 年第 1 期等。

表1　海昏侯国与长沙轪侯国手工业类型对照表

手工业类型	海昏侯国	长沙轪侯国（马王堆一号墓）
金器冶炼业	金饼385枚、金板20块	泥金
青铜铸造业	"海"字铜印1件、铜镜1件	铜镜1件、锡铃行器16件、环首刀3件、锯1件、
漆器制造业	漆耳杯、盘、奁、樽、盒、几案、托盘、床榻、仪仗架、围棋盘等3000余件（含昌邑王国器物）	漆鼎、漆钫、漆钟、漆盒、漆匕、漆卮、漆勺、漆耳杯、漆盘、漆奁、漆案、漆屏风等184件
陶瓷制造业	陶罐、青瓷罐、青瓷壶、漆皮陶壶、筒瓦、瓦当等500件	鼎、盒、壶、钟、钫、甄、豆、熏炉、瓿、釜、罐共51件
纺织业	目前所见各类衲上衣21件	锦袍、素纱单衣、白绢单衣等服饰21件，绣枕、枕巾、手套、香囊等31件，品种有锦、绢、纱、绮、罗，刺绣工艺有信期绣、长寿绣、乘云绣、朱萸纹绣、方棋纹绣和云纹绣6六种
制药业	地黄类中药炮制品	各类医书
木具加工业		男俑、侍女俑、舞女俑等162个
乐器制造业		瑟、竽各1具

据上表，海昏侯国手工业生产较之长沙轪侯国除在金器冶炼与陶瓷制造业生产上占绝对优势外（漆器由于无法准确判断产自海昏侯国的具体数量，暂不做对比），其他如青铜、纺织、乐器、木具加工等手工行业皆明显处于劣势。由于特殊的地理与矿土资源，陶器烧造自古就是江西地区特色手工业，领先长沙轪侯国不足为奇。金器出土方面，受西汉不同时期葬俗影响，西汉前期墓葬少有金器出土，中晚期以后随葬黄金器物方逐渐增多，马王堆一号墓（西汉前期）与海昏侯刘贺墓（西汉中晚期）出土金器数量的差异正好证实这一点。[①] 在两者均非特色产业（如青铜、纺织、木具、乐器）生产上，海昏侯国无论是行业类型、生产数量、发展规模还是工艺水平，均弱于长沙轪侯国。从手工业经济这一侧面，反映出刘贺为海昏侯期间，对海昏侯国的经营效果可能差于同地区其他侯国。造成这一差异的原因，或与海昏侯地理环境及刘贺特殊身世有关。

以外部环境而论，海昏侯国地处江南卑湿，地广人稀的特殊地理环境之中，限制了手工业的发展。从秦至西汉，江南地区虽然经过几次大的开发，但总体而言南方经济发展远低于北方中原地区，为不争事实。以工官和服官的设置为例，西汉中期先后设置铁官凡四十郡，大部分集中在中原地区，长江以南仅有桂阳、犍为、蜀郡分设少

---

① 郭伟民：《从马王堆看海昏侯墓》，《湖南日报》2016年4月29日第015版。

量铁官，豫章无一铁官。① 再看服官，两汉三大官营丝织业机构织室（长安）、齐三服官（临淄）、襄邑服官（襄邑）全部在北方，东汉以后蜀锦才逐渐兴起②，豫章地区逾两汉四百年均未见有设置工服官的任何记载。刘贺自宣帝元康三年（前 63）就封海昏侯，迁徙豫章，神爵三年（前 59）卒于南昌，执政侯国只有短短的四年时间。在江南经济发展较弱的外部整体环境下，刘贺难以在短时间内使得海昏侯国手工业取得显著发展。

就刘贺自身分析，自昌邑王到"嗣昭帝后"再到"废居故国"，最后就封豫章，刘贺经历了"过山车式"的跌宕起伏身世③，从最初"驰骋无度"的张扬外露，开始转为"深居简出"的力求自保④。加之外部又有扬州刺史、豫章地方官吏层层监视，封为海昏侯的四年时间里，刘贺生活的重心主要是围绕修身养病与"奏请"展开，其中又以"奏请"为主。近期公布的海昏侯墓出土"奏牍"充分证实了这一点。⑤ 据王文披露，"奏牍"分为两类，一类是海昏侯夫人"妾待"给太后的奏请，另一类就是刘贺自己给宣帝和太后的奏请。如：

……□□拜谨使陪臣行家□事仆□/……年酎黄金□□两/中庶子□□□臣饶□……/……/元康四年

南藩海昏侯臣贺昧死再拜上书言/□□□臣贺昧死再拜谨使陪□□□事仆臣饶居奉书昧死/再拜为秋请/皇帝陛下陪臣行行人事中庶……臣贺昧死……/皇帝陛下/……元康四年……

南藩海昏侯/臣贺昧死/再拜/上书/皇帝陛下

从"奏牍"内容看，有请求"入酎"宗庙、秋请及上书言事三种。据《汉书》，刘贺被废后，虽然宣帝"于贺甚厚"，封为列侯，但同时却剥夺了他作为宗室"奉宗庙朝聘之礼"的权力，这对于曾为"嗣昭帝后"的故昌邑王刘贺而言，无疑是严重打击。⑥ 心理上直接造成了刘贺作为宗室列侯，却对列侯群体身份认同感的缺失。⑦ 为弥补这种心理缺失，刘贺转而就将全部精力重心放到给皇帝及太后的"奏请"上，期盼借此重新获得宗室身份，奏请的频繁程度也为其他列侯所少见。⑧ 加之身体"疾痿"，

① 刘良群：《论汉代江西经济的发展》，《江西社会科学》1994 年第 3 期。

② 吴方浪：《汉代"蜀锦"兴起的若干原因考察》，《丝绸》2015 年第 9 期。

③ 孙家洲：《海昏侯刘贺"过山车式"政治生涯透露出啥》，《人民论坛》2016 年第 10 期。

④ 王刚：《身体与政治：南昌海昏侯墓器物所见刘贺废立及命运问题蠡测》，《史林》2016 年第 4 期。

⑤ 王意乐、徐长青：《海昏侯刘贺墓出土的奏牍》，《南方文物》2017 年第 1 期。本文简称"奏牍"。

⑥ 黄今言、温乐平：《刘贺废贬的历史考察》，《江西师范大学学报》2016 年第 2 期。

⑦ 吴方基：《西汉身份等级制度与刘贺身份认同困境》，《江西社会科学》2018 年第 6 期。

⑧ 黄今言：《从海昏侯墓出土奏牍看刘贺的举动与失落》，《史学集刊》2018 年第 5 期。

行步不便，精神"轻狂不惠"①，自然没有更多的精力放到海昏侯国经营上来，这也是造成海昏侯国手工业发展弱于周边其他侯国的重要原因。

虽然刘贺对海昏侯国的经营未能强于其他侯国，但也并非没有发展。刘贺在从山东昌邑就封豫章海昏过程中，定也有部分"昌邑故人"同行江南，作为来自"昌邑"的北方移民，其中相当一部分人具有较高的文化程度和特殊技艺、行政治理经验和经营管理能力，自然会把黄河流域先进的生活方式和生产方式带到豫章，带动和促进海昏侯国社会经济的发展。② 据梁方仲先生考证，西汉平帝到东汉顺帝 130 余年时间里，豫章郡户口增长了近 474%。③ 至三国时期，仅海昏县上缭壁人口就达五六千家，且"国富廪实"，"明珠大贝，被于帑藏"，即使蜀郡成都金碧之府，也"未能过也"。④ 这就是汉魏时期海昏地区经济快速发展的有力见证。⑤ 两汉江南海昏地区经济的快速发展，肯定离不开北方中原地区先进生产文化的输入。

综上所述，南昌海昏侯墓作为一座典型的汉代列侯墓，出土器物之多，实属罕见，但从器物类型及铭文上看，大部分是刘贺从昌邑故国带来之物，能确定为海昏侯国所产者仅有金饼、"海"字铜印、部分漆器、陶器、炮制中药及麻纺织物等少量器物，侯国的手工业发展水平不高，与同时期诸边地区发掘的其他汉墓相比，特别是与同为南方列侯国的长沙轪侯墓出土器物进行类比，劣势明显。从手工业经济这一侧面，反映出刘贺作为第一代海昏侯，对海昏侯国的经营与管理效果并不显著，差于同地区其他侯国。造成这一差异的原因，或与海昏侯国地处江南卑湿、地广人稀的特殊地理环境及刘贺自昌邑王到"嗣昭帝后"再到"废居故国"，最后就封豫章，短时期之内经历了"过山车式"的跌宕起伏的特殊身世有关，加之其身体"疾痿"，行步不便，精神"轻狂不惠"，自然没有更多精力放到海昏侯国的经营上来。虽然，海昏侯国的社会经济未能强于其他侯国，但刘贺在从山东昌邑就封豫章海昏过程中，带来了北方黄河流域先进的生活方式和生产方式、行政治理经验和经营管理人才，很大程度推动了海昏侯国社会经济的发展，至三国时期，海昏县仅上缭壁人口就达五六千家，且"国富廪实"，"明珠大贝，被于帑藏"，成为一个经济发达的江南富庶之地。

---

① 《汉书》卷六三《武五子传》，第 2768 页。

② 王子今：《海昏侯故事与豫章接纳的移民》，《文史知识》2016 年第 3 期。

③ 梁方仲：《中国历代户口、田地、田赋统计》，上海人民出版社，1980 年。

④ ［清］严可均辑：《全上古三代秦汉三国六朝文·全三国文·吴》，中华书局，1965 年，第 287 页。

⑤ 肖华忠、张敏、马英钦：《海昏县与海昏侯国及其相互关系刍议》，载《纵论海昏——南昌海昏侯墓发掘暨秦汉区域文化国际学术讨论会论文集》，江西教育出版社，2016 年，第 366 页。

·专题研究·

战国秦汉时期的"市""亭"铭刻考议

钱彦惠

（浙江农林大学马克思主义学院）

摘要：战国秦汉时期发现了大量带有"某亭""某市"的铭刻资料。一般认为，这里的"亭""市"是"市亭"的简称。但本文认为并不是所有带"亭"或"某亭"的铭刻都可作为"市亭"的代称。同为商品的"亭"器和"市"器也是有区别的：带"市"或"某市"铭记的器物，应是城中常设市内或其附近的手工作坊制作的，这类作坊应直接由"市"监管，属于市府管理；带有"亭"或"某亭"铭记的器物应是位于郊区或远离市场的手工业作坊生产的，这类作坊由所属都亭进行监管。这些作坊生产的器物都可作为商品在市场中出售。

关键词：战国秦汉；市亭；考议

"市""亭"铭刻①在战国秦汉时常见。俞伟超、吴荣曾②等认为，市内有市楼，市

---

① 李学勤较早使用了"题铭"一词，他指出，"我国著名'金石学'的学科，用现代术语来说，可称为'题铭学'"（李学勤：《战国题铭概述》，《文物》1959 年第 7 期）。陈世辉补充道，我国旧名的"金石学"与"题铭学"并不完全相同。以青铜器而言，"金石学"的研究范围包括铭文、形制、花纹、用途等。而"题铭学"的研究范围则是铭文。西方的"题铭学"本意为各种坚硬物体（石头、金属、骨头等）的铭文，其实应该叫"铭刻学"，而绢书当不包括在内（陈世辉：《读〈战国题铭概述〉》，《文物》1960 年第 1 期）。"铭刻学"为考古学的分支，其研究对象是铸、刻或书写于遗迹和遗物上的文字，与一般书籍文献不同。这一称谓也被中国考古学界普遍认同。而战国秦汉时期"铭刻"的主要研究范围应遍及青铜器铭文、货币文字、漆刻文字、玺印文字、陶文等。

② 俞伟超认为，"市亭"之称应因两汉时期市楼与旗亭二词可通用而得名。"汉代城邑内的市，一般都在市中建亭，作为市吏治所"。而"'某亭'陶文不是指乡里制度（乡下设亭，十里一亭）中的'亭'，也并非因亭下有时立市以'亭'字来代替'市'字。它所以称为'某亭'，实因市内的'市楼'在汉代又被称为'旗亭'"（俞伟超：《汉代的"亭"、"市"陶文》，《文物》1963 年第 2 期）。吴荣曾提出，在城邑内的门亭、街亭、市亭，都是指其建筑而言，门亭设在城门口，主其事者为城门亭长。设在城市中心者有街亭和市亭。市亭也如上所称市楼或旗亭（吴荣曾：《汉代的亭与邮》，《内蒙古师范大学学报》2002 年第 4 期）。

楼在汉代称"旗亭",故"市"可称为"市亭"或"亭"。鉴于这一认识,学界普遍把"亭""某亭"铭刻看作是"市亭"的简称。① 李学勤、袁仲一、佐原康夫、裘锡圭和后晓荣等都曾就这些"市""亭"器的制作情况和性质进行了考证,但观点不统一。本文拟在前辈学者研究的基础上,从铭记内容入手,对铭刻涵义及其制作管理情况进行再考察。有不当之处,敬请方家指正。

一、"市""亭"铭刻的发现概况

据笔者不完全统计,这类"市""亭""市亭"铭刻在战国秦汉时都有发现。笔者试以资料丰富的战国齐、战国秦至秦代、汉代的"市""亭"为对象,对这些铭文性质进行分析,旨在解读这一时期"市""亭"的设置和管理情况。

战国齐发现的量器铭文中多以"亭"文为主,如"华门陈棱叁左里敀亭豆""王孙陈棱立事岁左里敀亭区"等(见图 1)。② 据《左传》"昭公三年"条载,"齐旧四量,豆、区、釜、锺。四升为豆,各自其四,以登于釜,釜十则锺。陈氏三量皆登一焉,锺乃大矣"③。可知,齐国量器器型以豆、区、釜、锺为主。

其中"陈棱"是齐国著名的立事者,主管国家手工业机构,应为该器的督造者,因其为齐王后裔,故称"王孙";"华门"当为"句华门"④,为陈棱的居住之地;"叁"应为"叁立事岁"的省称;"右里""左里"应为齐国都城之内的里。魏成敏、朱玉德释"'敀'字多在某里之后,构成'某里敀'的格式。其前还常记有某人立事,

① 如袁仲一《关于"鼙亭"及"霸陵过氏瓿"陶文的诠释》提到,"市府这一官署机构的代称当时一称亭、一称市,或合称曰市亭。市府的主要职责除管理市井的事务外,亦兼营部分手工业作坊。如其辖属的制陶手工作坊,在其产品上压印上'某亭'或'某市'的印迹,表明该产品为某县邑市府制陶作坊,拿到市场上销售,带有商标的性质,以示诚信"(袁仲一:《关于'鼙亭'及'霸陵过氏瓿'陶文的诠释》,《秦汉研究》第八辑,陕西人民出版社,2014 年,第 3 页);宋治民《略论四川的秦人墓》认为"成亭"乃成都市亭的简称,在器物上打上"亭""×亭"或"×市"的印记文字,是战国乃至秦汉由市管理的官府手工业产品的标记,这种作法是由中原传到巴蜀地区的。"亭"乃市的管理机构名称(宋治民:《略论四川的秦人墓》,《考古与文物》1984 年第 2 期);罗开玉指出,大约在商鞅变法时,"乡"就分离出去,其楼成为专管治安、市场的机构办公所。以后该机构以其所在的楼得名为"亭"(罗开玉:《秦国乡、里、亭新考》,《考古与文物》1982 年第 5 期);王辉指出,"'亭'是市府官署的代称,主要管理商业活动。咸阳为秦都城,商业远较其它郡县发达,故'咸阳亭'之文多见"(王辉:《秦文字集证》,台湾艺文印书馆,1999 年,第 247 页);后晓荣认为,"市"为市署、市府,"亭"即市亭,二者性质相似。秦代"市""亭"设置可能因其所处县邑大小而定,又或者就称为"市亭"(后晓荣:《秦市亭陶文性质的新认识》,《考古学报》2019 年第 3 期)。

② 高明:《古陶文汇编》,中华书局,1990 年。

③ [清]洪亮吉撰,李解民点校:《春秋左传诂》,中华书局,1987 年,第 650 页。

④ 与发现在山东邹平县苑城村出土的一方"句华门陈棱再鄗廪均亭釜"相对照可知。参见陈根远、陈洪:《新出齐"陈棱"釜陶文考》,《考古与文物》1995 年第 3 期。

立事者均为陈氏。立事者即器物督造者，说明当时量器监制者皆为陈氏贵族及其后裔。在立事人陈氏监督下具体负责量器校正制造的为里敀，'敀'有可能为里的行政管理机构或其长官"①，还可能是制陶的匠师②。

①"华门陈棱叁左里敀亭豆"陶文　　②"王孙陈棱立事岁左里敀亭区"陶文

图1　陶文拓片（引自《古陶文汇编》）

由"平门内陈赏左里敀市亭区""平门内陈赏左里敀市亭□"③ 等陶文知，上述量器铭文中的"亭"可作"市亭"的省称，而这类"亭区""亭豆"器物应是由市中的官府作坊监制而成的。

战国齐量器中，除了刻有"陈氏立事岁"的铭文，还有不少带有"市""公""国""王"等的铭文。如1972年山东济南天桥区战国墓出土的两件齐国量器壁上，有"埰"字印文④；距离新泰一中官营制陶作坊762米的南关遗址附近，也曾采集到钤印"平阳市"的量豆⑤；《中国古代度量衡集》中载有两件"公豆""公区"的量器⑥。许淑珍指出，从诸城臧家庄战国墓地出土的这类"公"字豆，临淄桐林村出土的"国"字豆制作精美看，这类器物也当为官营作坊监造。⑦ 笔者赞同此说，并认为带有"公釜""王区""王豆"等印文⑧的量器，都应是官营作坊监造生产的。

由上可见，带"亭"量器上的铭文较为完整，内容丰富。而带"市"量器上的铭文较为简略，一般以"市豆"或"某市"的方式出现。"亭"铭较"市"铭更加规范与复杂。战国齐发现的一些非量器上的铭刻则多为"市"文。在一些情况下，"市亭"可简称为"亭"。

————————————————————

① 魏成敏、朱玉德：《山东临淄新发现的战国齐量》，《考古》1996年第4期。

② 李学勤：《燕齐陶文丛论》，《上海博物馆集刊》1992年第6期。

③ 李学勤：《燕齐陶文丛论》，《上海博物馆集刊》1992年第6期。

④ 于中航：《山东济南市天桥战国墓的清理》，《考古》1997年第8期。

⑤ 山东大学历史文化学院考古学系、山东博物馆、新泰市博物馆：《新泰出土田齐陶文》，文物出版社，2014年，第297页、第298页。

⑥ 丘光明：《中国古代度量衡》，中国国际广播出版社，2011年，第39页。

⑦ 许淑珍：《临淄齐国故城新出土陶文》，《考古与文物》2003年第4期。

⑧ 曹锦炎：《古玺通论》，上海书画出版社，1996年，第44页。

现已发现不少战国时期其他诸侯国的"市""亭"玺文,铭刻写作格式基本上没有太大差别,以"地名＋市"或"地名＋亭"的形式为主。这方面的研究集中在文字考释上。值得说明的是,楚国的带"市"陶文,不仅有"地名＋市"的形式,还有市官或市内人员的称谓,如"市人之玺""攻市"。

战国秦、秦代时,带"亭"铭记的器物进一步增加。其中,"市"器铭文的书写方式为"某市",其中"某"可代表地名,如"频市""杜市"等;亦可代表市场性质,如"铁市丞印""寺从市府""军市"等。

"亭"字铭刻的书写方式有两种:一种是"某亭"戳记,其中"某"多以地名的形式出现,如"杜亭""咸亭"等。另一种是"某亭某里某"戳记,如西安南郊秦墓出土的"咸亭完里丹器"① 陶文和秦咸阳故城遗址发现的"咸亭阳安驿器"②(见图2:①)、"咸亭沙寿□器"③ 等。除此之外,还发现数量不少省略"亭"字的"咸某里某"铭刻,如"咸郿里小有"(见图2:②)"咸郒里奢""咸郿里贝"等陶文,及一枚"咸郿里□"④ 陶印章。从书写体例上看,这类器物与"市"器有着明显的不同。

① "咸亭阳安县器"陶文　　　　　　　　② "咸郿 小有"陶文

图2　陶文拓片（《考古》1974 年第 1 期）

到汉代,带"市"铭记的器物仍有存在,但带"亭"铭记的器物却明显减少。

对于"市""亭"印文数量上的变化已有学者进行过分析,如裘锡圭指出,亭印

---

① 西安市文物保护考古所:《西安南郊秦墓》,陕西人民出版社,2004 年。

② 陕西省博物馆、陕西省文管会勘查小组:《秦都咸阳故城遗址发现的窑址和铜器》,《考古》1974 年第 1 期。

③ 秦都咸阳考古工作站:《秦都咸阳古窑址调查与试掘简报》,《考古与文物》1986 年第 3期;陈国英:《咸阳长陵车站一带考古调查》,《考古与文物》1985 年第 3 期。

④ 原报告释作"咸亭阳安驿器""咸里郿宦""咸郿小有""咸里郒奢"、"咸里郿贝"。印章文有"咸里郿□"。详参陕西省博物馆、陕西省文管会勘查小组:《秦都咸阳故城遗址发现的窑址和铜器》,《考古》1974 年第 1 期。

流行时间早于市印。亭印基本上是秦代使用的。市印虽在秦代已出现，但数量显然比亭印少。到了汉代，市印取代了亭印。① 但相关资料表明，此说尚有进一步探讨的空间。事实上，"市"印早在战国时就已流行，尤以齐国最为显著。另就笔者目前已掌握资料看，战国秦及秦代"市"印、"亭"印数量孰多孰少尚难确定。从数量变化角度上看，笔者赞同袁仲一的观点，即"某亭"印流行于战国晚期至秦王朝。到汉代"某市"印取代了"亭"字印的地位。西汉中期，"市"印陶文基本消失。②

综上，笔者认为战国秦汉时期一般器物铭刻中"市""亭"文在数量上的变化应是：战国齐国"市"印文数量远超"亭"文（量器除外）；秦（战国晚期至秦王朝）时，"亭"印大量出现，并在数量上与"市"印不相上下；西汉前期，"亭"印大大减少，"市"印取代了"亭"印的地位。

如果"亭"或"某亭"与"市"或"市亭"意义相同，那么上述所讲"市""亭"数量在秦汉之际出现如此大的变动便难以解释了。考古工作者还曾在多个遗迹中，发现有基本属于同一时期的"某亭""某市"器。如洛阳于家营秦墓 GM481 中，同时发现有"河市""河亭"戳记的陶片（见图 3：①②）③；河南三门峡刚玉砂厂秦人墓出土陶器上有"陕市""陕亭"戳记④；铜川城关柳湾同一墓葬中发现"频亭""频市"戳印文⑤；陕西淳化县十里塬马家山村出土陶器上发现有"云亭""云市"（见图 3：③④）戳印文，其中"云亭"多为倒置阳文方形戳记，"云市"多为阴文戳记⑥。另外，据《西安南郊秦墓》发掘报告载，潘家庄秦墓共出土"杜亭"陶文（见图 3：⑥）52 件，见于 43 件陶器上，这些陶文都是印文，其中阴文 41 件、阳文 11 件；潘家庄秦墓出土的"杜市"（见图 3：⑤）陶文有 33 件，见于 26 件陶器上，印文均为阴文。⑦ 袁仲一、刘钰据此指出，"杜市""杜亭"印文，当都是杜县市府制陶作坊的标志。杜县市府的制陶作坊可能不是一处，不同作坊产品分别押上市、亭印记，以资区别。但这类铭记均不见陶工匠名。⑧

① 裘锡圭：《啬夫初探》，《古代文史研究新探》，江苏古籍出版社，1992 年，第 488 页。

② 袁仲一：《关于'釐亭'及'霸陵过氏瓴'陶文的诠释》，《秦汉研究》第八辑，陕西人民出版社，2014 年。

③ 洛阳市第二文物工作队：《洛阳于家营秦墓发掘简报》，《文物》1998 年第 12 期。

④ 三门峡市文物工作队：《三门峡市司法局刚玉砂厂秦人墓发掘简报》，《华夏考古》1993 年第 4 期。

⑤ 薛东星指出，有关秦国陶文不同字样的戳记已有 140 种以上，"频市"戳记 20 世纪 60 年代就有发现，而"频亭"戳记则为首次发现。铜川城关柳湾同一墓葬出土的"频亭""频市"戳记陶器，证明了至少在战国晚期，"亭""市"两种戳记同时并用。"频亭""频市"当为频阳市府之标记。详参薛东星：《铜川博物馆藏秦戳记陶器》，《文博》1987 年第 4 期。

⑥ 姚生民：《淳化县出土秦、汉"市""亭"陶文陶器》，《考古与文物》1984 年第 3 期。

⑦ 西安市文物保护考古所编著：《西安南郊秦墓》，陕西人民出版社，2004 年。

⑧ 袁仲一、刘钰编：《秦陶文新编（上）》，文物出版社，2009 年，第 180 页、第 181 页。

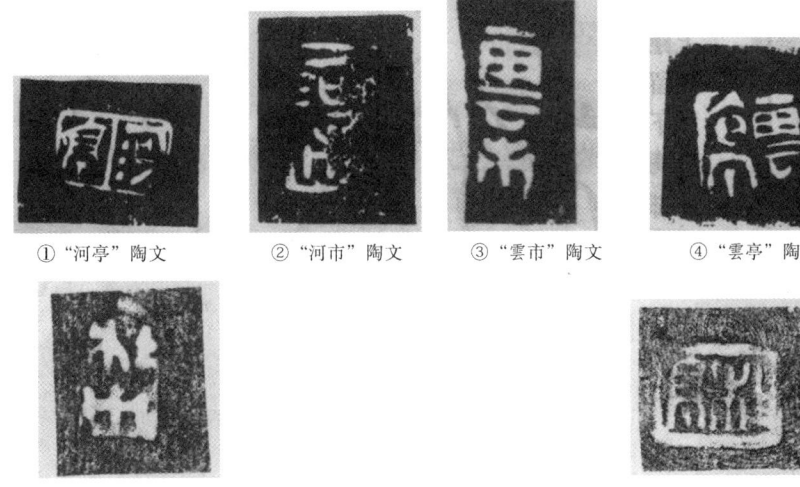

① "河亭"陶文　　② "河市"陶文　　③ "雲市"陶文　　④ "雲亭"陶文

⑤ "杜市"陶文　　　　　　　　　　　　　⑥ "杜亭"陶文

图3　陶文拓片

　　从"市""亭"铭记书写文例、秦汉之际两印数量变化过大和同地名的"市""亭"印文同出情况较多看，两种印文既有共性，又有差别。

二、"市""亭"字义的争论

　　对战国秦汉时发现的带"某市""某亭"和"某亭某里某"铭刻的考释工作，学界已取得不少成果，但众说纷纭，现辨析如下。

　　一般认为，"亭"器中的"亭"为"市亭"的简称。如俞伟超认为，一般在汉代城邑内的市中建亭，作为市吏治所。而陶文中的"某亭"就是因为市内的"市楼"在汉代又被称为"旗亭"。①

　　李学勤亦指出，"咸亭"是"咸阳市亭"的简称，"郿里某""阳安某""郊里某"等是制作陶器工匠的籍贯和名字。前面冠以"亭"是因为印有这种陶文的陶器是作为商品在市场上出售的，标出某地市亭，说明它由市亭批准可在该市场中销售。②

　　李文中的这一释解，把"某亭某里某"刻铭的涵义一分为二，"某亭"是商品的合格准卖证；"某里某"则为生产者标记。不过，更多资料表明，"某亭某里"是亭统里的一个重要表现。对于这一问题，宫崎市定按《汉书》《后汉书》中"十里一亭"的记载，并结合《水经注》卷十二"巨马河"条"涿县郦亭楼桑里（即刘备之旧里也）"和日比野丈夫引用的汉简名籍中"河东襄陵阳门亭长邮里郭彊"的资料，有力

---

　　① 俞伟超：《汉代的"亭""市"陶文》，《文物》1963年第2期。
　　② 李学勤：《秦国文物的新认识》，《文物》1980年第9期。

地论证了亭统属里的关系。① 所以，"某亭某里"是所处行政位置，而最后一个"某"当为人名。

从这些玺印文字印刻在陶坯上看，这些铭记应是制造时标记的，即"某亭某里某"应是制者标记。但李文中未涉及对这类标记器物生产作坊性质的探讨。

袁仲一《秦民营制陶作坊的陶文》中总结，官营制陶作坊的产品铭记，一般包括官署名和人名或仅有官署名，而不见亭名、里名。市府控制的制陶作坊产品上的铭记一般有市亭名或兼具市亭名、人名，而不见里居名。而"某亭某里某"陶文戳记，既不见中央的官署名，又不见市府名，所以可能是民间独立制陶手工业者的戳记。②

姚生民亦赞同袁说，并指出用较为广阔的地域概念来作为作坊标记，私人作坊是不可能的，所以"咸原少角"应该是咸阳市府官署制陶作坊的产品。③ 按照其说，铭记中地域宽泛，是市府官署制陶作坊的象征；而刻铭越详细，越应为民营制陶作坊。但事实上，在整理这些陶文时很容易发现，这批陶文中，同亭同里者不少，但同人名者却很少。如为民营作坊，雇佣如此多的陶工是很难想象的。故笔者认为，"某亭""某亭某里某"的器物应是官窑作坊的产品。

也如佐原康夫所讲，对于咸阳以外的"某亭""某市"的市亭印记，应因多数陶工持有相同印章，他们重视统辖他们的机构，故戳记上他们所属的机构。而咸阳周边则是"某亭某里某"器，这种"地名＋人名"的印记是咸阳特有的一种印记形式。它的出现应表明咸阳周边不仅有很多中央直辖的官窑作坊，还有自给自足生产官用器物的别种窑。这些从地方聚集到咸阳的陶工被配置到各种各样的官窑中，便导致了咸阳周边印记陶文的复杂。④

裘锡圭也指出，如果"亭"为"市亭"之省，那么当时人不会选择省掉"市"字，使"市亭"与"乡亭"相混。所以亭印中的"亭"就是指乡亭，表明在秦代由亭啬夫兼管"市"务，汉代用市印的场合，秦人用亭印。⑤ 他还进一步认为，在里名、人名上加"咸亭"或"咸"，表示这些陶工受兼管市务的咸阳都亭啬夫的管辖。这些陶工是有市籍，并受国家的严格控制。⑥ 仅有亭印、市印而没有"某里某"铭记的陶、漆器，可能既有亭、市直接役使所属工人制造的器物，也有亭、市管辖的有市籍的人制造的器物。"市府"印的漆器，可能都是市属之府直接役使工人制造的。⑦

———————————————————

① 〔日〕宫崎市定：《中国における聚落形体の变迁について》（中国聚落形态的变迁），载其著《亚洲史论考》中卷，朝日新闻社，1976 年，第 3—30 页。

② 袁仲一：《秦民营制陶作坊的陶文》，《考古与文物》1981 年第 1 期。

③ 姚生民：《汉云陵、云陵邑勘察记》，《考古与文物》1982 年第 4 期。

④ 〔日〕佐原康夫：《汉代都市机构の研究》（汉代都市机构的研究），汲古书院，2002 年，第337 页。

⑤ 裘锡圭：《啬夫初探》，《古代文史研究新探》，1992 年。第 488 页；

⑥ 裘锡圭：《啬夫初探》，《古代文史研究新探》，第 491—492 页。

⑦ 裘锡圭：《啬夫初探》，《古代文史研究新探》，第 491—492 页。

笔者基本赞同裘先生的说法。他的说法还可进一步理解为,"市"器当由市府管理下的手工作坊制造;"亭"器应由监管市务的亭管理下的手工作坊制造。这类手工作坊中的陶工,不论有无市籍,都当由"市""亭"管理。而对于有市籍的陶工,既可进入市亭管理的官营作坊,又可作为私营手工业者通过市籍的方式直接受控于官府。但对于那些带有里名、人名的"亭"器,当是由亭监管市务时,役使有市籍的陶工生产的。这是"物勒工名"制度在这一时期的真实反映。

三、"市""亭"的联系、区别考辨

在职能上,"亭"可以兼管部分市务,对此已有不少学者进行过说明。如罗开玉根据秦国发现的带有"亭"字陶文,认为秦国由亭巡市;周长山亦指出"亭的本职——防止盗贼、维持治安,对于市来说显然具有特殊的重要性。因此,由亭来兼管市务"。[1]

而亭监管市务的情况并不适用于城内外的所有市场。早在先秦时,一些大城市中的市已配备了较为完善的官吏体系,如《周礼·地官·司徒》载,专管市场的人员有司市、胥师、贾师、司虣、司稽、肆长、泉府、司门、质人、廛人等。[2] 秦汉时,市场的建设与管理在继承先秦旧制基础上,又有了进一步完善。这时负责主管市场的官员有市长、市令、市丞、市啬夫、市吏、市掾、市正、市门卒等。这些人员直接负责对市场的监管、征税、治安、检测商品、维护市场秩序等。这类机构完善的市应由市场管理人员进行监管的,而与"亭"没有太大关系。亭对城内"市"的功能应仅体现在它的治安防盗上,如《封诊式·盗马》篇所记:"市南街亭求盗才(在)某里曰甲缚诣男子丙,及马一匹,骓牝右剽;缇覆(複)衣,帛裹莽缘领褱(袖),及履,告曰:'丙盗此马、衣,今日见亭旁,而捕来诣。'"[3]

"亭下设市"是亭、市关系的另一重要表现。黄吉军、黄吉博提出"河亭"即为乡亭之下的"亭市"。[4] 这种亭下设市的情况在汉代多见,如桓谭《新论》载"扶风漆

---

① 罗开玉:《秦国乡、里、亭新考》,《考古与文物》1982年第5期;周长山:《汉代城市研究》,人民出版社,2001年,第179页。

② [清]孙诒让撰:《周礼正义·地官司徒》,中华书局,1987年,第1054—1081页。

③ 睡虎地秦墓竹简整理小组编:《睡虎地秦墓竹简·封诊式》,文物出版社,1990年。

④ 黄吉军、黄吉博指出:"'河亭'是'河南旗亭',还是乡亭之下的'亭市'?从戳形看,汉河南县城遗址出土的陶片和于家营秦墓出土的陶罐,其戳记凡'河市'者皆为竖戳,'河亭'皆为横戳,这种不同是偶然的巧合,还是别有用意?我们认为其含义可能不同,因此我们暂且认为,凡书'河市'者应是河南市井官府制陶作坊的戳记。又因秦汉时期乡下置亭,十里一亭,亭长下设亭父、求盗,分掌'关闭扫除'和'追逐盗贼'等事,乡下置亭,有的亭下也设'市',那么'河亭'应是河南近畿市井官府制陶作坊的戳记。"详参其文《谈"河市""河亭"和秦墓断代》,《中原文物》1998年第2期。

县之邹亭，部言本太王所处，其民有会日，以相与夜市，如不为期，则有重灾咎"①；《说文·邑部》注"邹"时曰："豳，美阳亭，即豳也。民俗以为夜市。"② 建宁二年（169）《史晨飨孔庙后碑》亦有"史君念孔渎颜母井去市辽远，百姓酤买不能得香酒美肉，于昌平亭下立会市。因彼左右，咸所愿乐"③ 的记载。由上亦可知，亭下所设的夜市、会市都应属于定期市，这类市应距城中的常设市较远。

对此，日本京都大学佐原康夫博士亦进行过系统阐释。他在《漢代都市機構の研究》（汉代都市机构的研究）一书中指出，汉代的地方都市中，不仅有都市内部或近郊的常设市，在稍远离都市的聚落中也存在发达的定期市。定期市是建立在亭这一交通要所上的市，这一点与长安的交通亭市和"僮约"中所说的"绵亭"有着共同的设立条件。加上亭在汉代地方行政中掌管地方的治安，不难推测定期市是亭吏监视和警备的对象。④

可见，佐原氏把战国的市分为由亭吏管理的定期市和由市吏管理都市内的常设市两种。⑤ 而"某亭"即指那些远离常设市，设于亭上的定期市，即如上文所讲的"会市"；"某市"则为城市内的常设市。"定期市"不是佐原康夫的独创，这一概念较早由加藤繁提出。他在《汉代国家财政和帝室财政的区别以及帝室财政的一斑》中指出，所谓的市，是有限定的商业区域。汉代除了有规定市场区域的市外，还有诸如军市一类的定时集合、进行买卖的定期市。在《唐宋时代的市》中，他又把每年几次、每月几次条件下的市，甚至每天定时举行的市叫作定期市。⑥

综上，生产"市""亭"器的手工作坊与城中市场在空间位置上表现为两种关系，一是手工作坊位于城中常设市内或附近，这一类作坊直接由"市"进行监管，生产的器物上多带有"市"或"某市"铭刻；另一种手工作坊位于远离常设市，由所属亭进行管理，生产器物上多带有"亭"或"某亭"铭刻。大量"某亭"陶文的发现说明，亭具有与市相同的监管手工业作坊的功能。裘锡圭指出，"某亭"中的亭应是所在县的都亭。⑦ 笔者赞同此说，按照当时制度，"都亭"拥有对辖内其他"离亭"的管理权，这样就使城内诸多位于市外的手工业区统一在都亭之下。这两类作坊内的成品又都可以商品的形式在城市的常设市中出售，这样同一遗址中同时发现"市"器和"亭"器便不奇怪了。

---

① ［汉］桓谭著：《新论》卷下《离事第十一》，上海人民出版社，1977年，第47页。
② ［汉］许慎撰：《说文解字》，中华书局，1963年，第132页。
③ ［清］王昶辑：《金石萃编》卷十三《史晨飨孔庙后碑》，中国书店，1985年。
④ 〔日〕佐原康夫：《漢代都市機構の研究》（汉代都市机构的研究），第289—290页。
⑤ 〔日〕佐原康夫：《漢代都市機構の研究》（汉代都市机构的研究），第291—294页。
⑥ 〔日〕加藤繁著，吴杰译：《中国经济史考证》（第一卷），商务印书馆，1959年，第43页、第45页、第278页。
⑦ 裘锡圭考证说，"邳亭"半通印文当为东海郡下邳县都亭啬夫之印。详参裘锡圭：《啬夫初探》，原载于《云梦秦简研究》，中华书局，1981年，第302—315页。

秦统一天下的原因新探

徐卫民

（西北大学文化遗产学院）

摘要： 战国七雄是战国时期实力最强的七个大国，除了韩国比较弱小以外，其他六国都具有统一天下的条件，然而其他国家非但没有完成统一，反而被秦所灭。这是一个值得认真研究的问题。笔者认为除了六国之间的不团结、钩心斗角以外，秦采取的一系列统一措施发挥了重要的作用。

关键词： 统一；邦交策略；远交近攻；秦国

> 秦王扫六合，虎视何雄哉。
> 挥剑决浮云，诸侯尽西来。
> 明断自天启，大略驾群才。
> 收兵铸金人，函谷正东开。

这是唐代大诗人李白对秦统一天下的高度概括。

经过春秋时期的长期兼并战争，到战国中后期只剩下势力强大的"战国七雄"，为秦国最后统一中国扫清了诸多障碍，然而"战国七雄"都有统一天下的雄心和实力，为何只有秦笑到了最后，实现了华夏一统？

秦人以顽强的毅力实现着自己的战略目标，完成了统一天下的壮举。自从秦襄公护送周平王东迁被封为诸侯以后，便以统一天下为己任。

秦的统治者从公到王，都是统一战争的支持者和推动者。从秦穆公开始，便"益国十二，开地千里，遂霸西戎"①，成为"春秋五霸"之一；秦孝公提出要"成帝王之业"；秦惠文王时，张仪劝惠文王"以成伯王之名"；秦武王时，"欲车通三川，以窥周室"；嬴政时"横成则秦帝，纵成即楚王"，秦始皇"奋六世之余烈，振长策而御宇内"，只用了 10 年时间便统一了天下，结束了春秋战国时期的长期分裂割据状态，建立了中国历史上第一个大帝国。由此可见，各代秦国君主，都是统一全国的矢志不移者，因此在制定邦交策略时便从统一的前提出发，采取不同的方针政策。

---

① 《史记》卷五《秦本纪》，中华书局，1959 年，第 194 页。

一、稳扎稳打，建立巩固的根据地

秦的统一战争以秦、赵长平之战为转折点。在此之前，秦的国力还不算强大，因此在制定策略时，稳扎稳打，以建立巩固的根据地。长平之战取得胜利后，秦的国力日益强盛，统一全国可谓指日可待，便开始实行了大胆的战略，东向而窥周室。

有了长远的奋斗目标，在制定战略决策时，便能作长远打算、深谋远虑。在统一战争的前期，秦虽有并吞天下的打算，但在外交上表现出的仍然是图谋称霸，在具体行动上并不大肆张扬。这样可以避免其他各国联合起来对付秦国，从而使自已处于被动地位，成为众矢之的。同时由于秦实行稳扎稳打的战略，先解除后顾之忧，建立巩固的根据地，也未引起其他大国的高度注意，从而得以迅速发展壮大。

秦建立巩固的后方根据地，包括向西霸西戎，向北灭义渠，向西南进攻巴、蜀、汉中，向东逼近黄河，与韩国、魏国争夺领土。同时，随着秦国向东方的扩展，以关中为中心的根据地向四方扩展辐射。

首先，从秦穆公开始，便向西扩展。"益国十二，开地千里，遂霸西戎"，从而使西边无后顾之忧。当然，秦对西戎的进攻也是经过长期准备的。秦穆公是秦国有作为的国君之一，他心胸开阔，雄才大略，立志图霸，改兹水为"霸水"，修宫殿名为霸宫，大胆启用别国人才为秦国服务，开明纳贤，唯才是举。特别是纳公孙枝于晋，求百里奚于宛，迎蹇叔于宋，还有由余、白乙丙、西乞术、孟明视等人，他们后来都是秦穆公独霸西戎的功臣。

其次，东向以制诸侯。春秋时期的秦国，东边紧邻晋国。后三家分晋，洛河以东、黄河以西地区是秦魏两国必争之地。正如商鞅讲的："秦之与魏，譬如人之有腹心疾，非魏并秦，秦即并魏。何者？魏居领阨之西，都安邑，与秦界河而独擅山东之利。利则西侵秦，病则东收地。今以君之贤圣，国赖以盛。而魏往年大破于齐，诸侯畔之，可因此时伐魏。魏不支秦，必东徙。东徙，秦据河山之固，东乡以制诸侯，此帝王之业也。"① 即秦魏两国谁得到河西，谁即可取得主动权。正因为如此，两国在此的拉锯战达数百年之久，但在秦献公以前，由于晋强秦弱，虽秦也曾数次获得河西，但又屡次被晋夺回，晋一直占上风。献公时，遂把国都从泾阳（今陕西泾阳西北）迁到栎阳（今西安市阎良区武屯），这样离前线较近，在古代交通、通讯落后的情况下，便于国君亲自指挥作战。孝公在栎阳实行了历史上有名的商鞅变法，使国富民强，发动了对河西的进攻，夺得了河西地，从而迫使魏国由过去对秦的进攻变为防守，被迫把国都由安邑（今山西夏县）迁往大梁（今河南开封）。秦巩固了河西地盘，为后来的东出函谷关奠定了良好基础。

────────────────────

① 《史记》卷六八《商君列传》，第2232页。

再次，向北进攻，消灭义渠戎。义渠是秦国北方一个游牧民族，原也为西戎的一支，在秦穆公霸西戎后，长时期未见于记载，说明其已归服于秦。但到战国初期，义渠戎又出现于秦国的北方。秦惠文王即位后，义渠势力增长，"筑城郭以自守"①。但秦按兵不动，等待机会，公元前 331 年，秦趁义渠戎发生内乱之机，派庶长"将兵定之"，并在此设县。然而义渠始终未臣服于秦，并讨好魏国，特别是当六国联合攻秦时，义渠趁火打劫，从后方进攻秦国，使秦国蒙受损失。因此不灭掉义渠，对秦始终是后患无穷，到秦昭王时，为了灭义渠，昭王母宣太后施用色相，与义渠王私通，趁其不备，杀义渠王于甘泉宫中，然后趁其国内混乱之机，发兵进攻义渠，彻底灭掉了义渠。在此地建立了行政区域，设置陇西、北地、上郡，从而解除了秦东面以制诸侯的后顾之忧。

最后，夺取巴、蜀。巴、蜀为秦西南方的两个小国，位于现在的四川盆地一带。巴、蜀地处成都平原，物产丰富，且战略地位十分重要。巴国北接汉中，南极黔涪，其地"土植五谷，牲具六畜，蚕、桑、麻、苎、鱼、盐、铜、铁、丹、漆、茶、蜜、灵龟、巨犀、山鸡、白雉、黄润、鲜粉，皆纳充之"②。蜀国"东接于巴，南接于越，北与秦分，西奄峨嶓，地称天府"，且"水旱从人，不知饥馑，时无荒年，天下谓之'天府'"。③

在战略上，巴、蜀是秦楚争夺的重点，因为秦要灭楚，必先灭巴、蜀，而楚国也一直对巴、蜀怀有野心。司马错云："其国富饶，得其布帛金银，足给军用。水通于楚，有巴之劲卒，浮大舶船以东向楚，楚地可得。得蜀则得楚，楚亡则天下并矣。"④秦夺得巴、蜀后，张仪曾对楚怀王讲："秦西有巴、蜀，大船积粟，起于汶山，浮江以下，至楚三千余里。舫船载卒，一舫载五十人与三月之食，下水而浮，一日行三百余里，里数虽多，然不费牛马之力，不至十日而距扞关。扞关惊，则从境以东尽城守矣，黔中、巫郡非王之有，秦举甲出武关，南面而伐，则北地绝。"⑤

但当时的机遇对秦有两个方面的选择，一是东攻韩国，二是南攻巴、蜀。于是秦惠文王便希望通过廷议来裁决，秦国的大臣们意见不一，以司马错为一方主张先伐巴、蜀，以张仪为首的则主张先伐韩，各有理由。通过争论，秦惠文王深知先伐巴、蜀的重大意义，于是决定派张仪、司马错率领秦军从褒城经石牛道入蜀，大军所指，势如破竹。攻文元，直趋蜀国，蜀王被杀，蜀亡。灭蜀后，乘胜灭掉巴国。

占领巴、蜀后，秦派官吏对巴、蜀进行改革，发展生产，特别是张若任蜀守时，移"秦民万家"于蜀，加强了秦人实力，从而巩固了秦对蜀的统治，他在任 40 年，修

---

① 《汉书》卷九四上《匈奴传上》，中华书局，1962 年，第 3747 页。
② ［东晋］常璩撰，刘琳校注：《华阳国志》卷一《巴志》，巴蜀书社，1984 年，第 25 页。
③ ［东晋］常璩撰，刘琳校注：《华阳国志》卷三《蜀志》，第 175 页、第 202 页。
④ ［东晋］常璩撰，刘琳校注：《华阳国志》卷三《蜀志》，第 191 页。
⑤ 《史记》卷七〇《张仪列传》，第 2291 页。

筑了著名水利工程都江堰，从而使蜀的经济、文化得到很大发展，蜀国的军队在军事上成为秦的一支重要力量，后来在灭楚及统一全国时，起了很大作用。"司马错率巴、蜀众十万，大舶船万艘，米六百万斛，浮江伐楚，取商於之地为黔中郡。"①

秦通过霸西戎、夺河西、攻义渠、灭巴、蜀，使秦的后方根据地得到了发展和加强，增强了秦国的实力，又通过在根据地进行改革，发展生产，兴修水利，繁荣经济，从而使秦的后方拥有了雄厚的物质基础，加速了秦统一全国的步伐。从此后，秦南出武关、东出崤函等的道路完全被打通，从而为下一步攻打东方和南方开辟了道路。与此同时，也解除了秦东进和南伐的后顾之忧。正像苏秦对秦王讲的："大王之国，西有巴、蜀、汉中之利，北有胡貉代马之用，南有巫山黔中之限，东有崤函之固。田肥美，民殷富，战车万乘，奋击百万，沃野千里，蓄积饶多，地势形便，此所谓天府，天下之雄国也。以大王之贤，士民之从，车骑之用，兵法之数，可以并诸侯，吞天下，称帝而治。"②

二、"远交近攻"，各个击破

远交近攻是由秦相范雎提出的，其意为先与远方的诸侯国搞好关系，集中精力攻打邻国。范雎向秦昭王讲道："大王越韩魏而攻强齐，非计也，少出师则不足以伤齐，多之则害于秦。臣意王之计欲少出师，而悉韩、魏之兵则不义矣。今见与国之不可亲，越人之国而攻，可乎？疏于计矣。昔者齐人伐楚，战胜，破军杀将，再辟千里，肤寸之地无得者，岂齐不欲地哉，形弗能有也。诸侯见齐之罢露，君臣之不亲，举兵而伐之，主辱军破，为天下笑，所以然者，以其伐楚而肥韩、魏也。此所谓藉贼兵而赍盗食者也。王不如远交而近攻，得寸则王之寸，得尺亦王之尺也。今舍此而远攻，不亦谬乎？"③ 其意即要昭王实行远交近攻的战略决策，只有这样才能实现统一全国的宏伟目标。

远交近攻之策是针对当时秦国有人提出要越过韩、魏而攻打齐国提出来的。从当时形势看，实行远交近攻显然是正确的。因为越过韩、魏去攻打齐国，一则道路遥远，对粮草的运输等均不利；二则即使韩、魏两国表面上同意借道，但暗地里也会趁机浑水摸鱼。因为当时的战国形势尔虞我诈时常发生，谁也难于估计，瞬息万变。不要说有机可乘，就是无机可乘，也会寻找机会达到自己的目的。

在战国时期错综复杂的国际形势下，各国之间为了自己的利益，相互之间尔虞我诈，你分我合，彼此争战，形势混乱，如何在这种情况下使自己立于不败之地？这是

---

① ［东晋］常璩撰，刘琳校注：《华阳国志》卷三《蜀志》，第 191 页。
② ［汉］刘向集录：《战国策·秦一·苏秦始将连横》，上海古籍出版社，1985 年，第 78 页。
③ ［汉］刘向集录：《战国策·秦三·范雎至秦》，第 190 页。

各国统治者必须深思熟虑的问题。秦国最终之所以立于不败之地，打败了其他国家，实现了全国的统一，这与秦成功地实行"远交近攻"的外交战略有很大的关系。

实际上，在范雎之前，秦就曾经实行过这种方针，只是没有像范雎这样提得更加明确和具体。所谓远交，即和离秦国距离较远的国家建立密切的外交关系，用以孤立距离秦国较近的国家，并予以攻击，从而形成分而打之、分而治之、统一天下的格局。具体来讲，就是要和与秦远距离的齐、楚、赵等国建立良好的攻守同盟关系，然后集中力量攻打韩、魏两国，以分化瓦解敌人。当把韩、魏等国灭亡后，齐、楚、赵也变成了进攻的目标。

韩、魏在战国晚期虽然是比较弱小的国家，但靠近秦国，一直是秦统一战争中的绊脚石，对秦国也是一种威胁。关于魏国对秦国的威胁前文中已谈过，韩国亦如此。正如范雎对昭王讲的："秦韩之地形，相错如绣。秦之有韩，若木之有蠹，人之病心腹，天下有变，为秦害者莫大于韩。"① 只有先灭掉韩、魏，秦再向东攻打其他国家才无后顾之忧，也能实现"得寸则王之寸，得尺则王之尺"的目的。实践证明，远交近攻战略当时对统一全国起了重要作用。公元前268年，秦攻打魏国的怀（今河南武陟西南），公元前266年，又攻取刑丘（今河南温县东）。魏国被削弱后，秦又攻打韩国，公元前265年，秦攻韩，占据了韩国的少曲（今河南路源东北）、高平（今河南孟县西）。公元前264年，又夺取韩的陉城（今山西曲沃东北），公元前263年，攻韩南阳（今河南南阳）。公元前262年，夺取韩野王（今河南沁阳），将韩国拦腰截为两段，韩国急忙派人到秦国献出上党郡以求和。

固守上党郡的冯亭不愿献上党郡给秦而给了赵国，其目的是想让秦攻赵国，从而使赵国与韩国联合，来达到共同对付秦国的目的。但韩国的如意算盘打错了。赵国虽然经过赵武灵王"胡服骑射"的改革，国力有所增强，但这时的秦国乘胜而进，于是战国时期规模最大的长平之战在秦赵两国之间开打了，由于秦国采取了正确的战略方针，打败了当时较为强大的赵国，坑敌四十余万人，也实现了范雎"毋独攻其地而攻其人"的方针，给赵国以致命打击。

从"广土"而言，远攻一般不如近攻，但即使近攻，也并不能绝对保证"得寸则王之寸，得尺则王之尺"。"广土"实质上是当时秦国的长远政策。据记载，秦为了分化瓦解敌人，曾数次有意识把已经占领的土地归还三晋，如秦惠文王十一年（前327），归还魏国的焦和曲沃。昭王在每一次作战前，必先与其邻国言和，结为盟友。公元前304年，秦伐魏时，先与楚怀王会盟于黄棘，归还楚上庸之地。公元前302年，欲伐楚时，则先与魏襄王、韩太子婴会于临晋，归还魏蒲阪。公元前293年，秦与韩、魏伊阙之战时，与楚言和。此后，秦势力强大，秦怕六国合纵抗秦，便和东方最强国齐并称东西二帝，以麻痹齐国。公元前279年，秦欲南伐楚时，便与赵作渑池之会盟。

---

① ［汉］刘向集录：《战国策·秦三·范雎至秦》，第192页。

从以上可以看出，秦并不以一时的寸土尺地为必争，争而必得，得而必据；相反，秦把一时土地的取舍当作达到战略目标的一种筹码。这种策略特别是在加剧和利用六国间的矛盾和冲突上发挥着奇妙的作用，有利于分化、孤立敌人，从而达到各个击破的目的。这叫放长线、钓大鱼。这样做的目的正是为了最后占有全部土地，即真正的"广土"。这种"将欲取之，必先予之"的方针，应该说是一种高明的战略决策。

秦在统一过程中，除了夺得土地、扩大根据地外，还非常注意消灭敌人的有生力量。范雎在提出"远交近攻"方针时，对秦昭王讲："有攻人者，有攻地者。穰侯十攻魏而不得伤者，非秦弱而魏强也，其所攻者，地也。地者，人主所甚爱也；人主者，人臣之所乐为死也。攻人主之所爱，与乐死者斗，故十攻而弗能胜也。今王将攻韩国陉，臣愿王之毋独攻其地而攻其人也。"① 实际上，秦虽然在总体上实行的是远交近攻，但有时也远攻近交，或近交近攻，远交远攻，即根据不同的实际情况，采取灵活机动的战略战术。秦在一段时间里对能够灭亡的国家先不灭亡，而是集中优势兵力逐个削弱各诸侯国的有生力量，避免其他国家的干预。到条件成熟时，才改蚕食为消灭。正由于此，秦才能只用 10 年时间便灭亡了六国，统一了全国。

三、连横破纵，分化瓦解六国力量

随着秦国的不断强大，对山东六国形成的威胁与日俱增，加之秦国统治者一以贯之的统一战略，使六国产生共同抵抗之意图。于是在战国时期便形成了合纵与连横两大阵营。平心而论，如果山东六国能齐心协力、团结一致对付秦国的威胁，秦要统一全国是根本不可能的。正是出于这一点，秦就不断地破坏六国合纵攻秦活动。

所谓合纵，即"合众弱以攻一强"。南北为纵，是以韩、赵、魏三国为中心，北连燕，南连楚，联合起来对付强国的侵略。最初抗秦时联合齐，抗齐时联合秦。连横是"事一强以攻众弱"，东西为横，是齐秦两国用武力迫使弱国听命，实现兼并其他弱国的策略。齐国在济西大战失败之后，实力明显下降，连横便成为秦国所专用的手段了。

由于关东六国中任何一国的力量都难于制止秦的东进和南进，因而只有采取合纵的办法，来对付秦国的频频进攻。若六国联合起来抵抗秦，那么秦国要统一中国就难了。后来秦之所以能统一全国，就在于秦国能用连横的办法拆散六国的合纵同盟，分化瓦解山东六国。当然，由于战国时期形势错综复杂，秦在实行连横政策时，采取的各种方法是不择手段的。但这在战国时期诸侯纷争的情况下是不足为奇的，而且当时谁能把混乱的中国统一起来就是对历史的重大贡献，因而是顺应潮流的。

秦为了拆散六国合纵联盟，对山东六国采取了联合、分化、声东击西、以敌弱敌、间谍、心理慑服、欲取先予、因势乘便等策略。正是由于采用了以上各种战略方针，

---

① ［汉］刘向集录：《战国策·秦三·秦攻韩国陉》，第 200 页。

才使得六国联盟名存实亡。这当然也与当时的山东六国的实际情况有关，由于山东六国之间都想兼并其他国家，因而各国实力的消长、地理因素的差别，就形成变幻不定、不同程度的与秦的冲突。所以，形式上虽然合纵，但是各怀异心，同床异梦，尔虞我诈。这也为秦的离间活动创造了机会。正如时人对赵王讲："三晋合而秦弱，三晋离而秦强，此天下之所明也。秦之有燕而伐赵，有赵而伐楚，有梁而伐赵，有楚而伐韩，此天下之所明见也。"①

秦正是不失时机地利用六国之间的矛盾，拉一方打一方，最后逐个消灭六国。公元前328年，张仪采用软硬兼施的手段欲迫使魏国附秦以攻楚，于是秦先派公子华和张仪围降了蒲阳之后又还给魏国，还将秦公子繇送到魏国作人质，随即张仪去见魏惠王，讲道："秦王之遇魏甚厚，魏不可以无礼。"② 从而迫使魏国将上郡十五县献给秦国。公元前327年，秦将焦和曲沃退还魏国。公元前324年，秦又攻魏占陕城。这样，秦在夺得具有战略地位的河西后又获得了上郡。即可以从东北方向威胁赵、魏，又在河东和河南控制了许多战略要地。秦魏的联合对许多国家不利，于是其他各国便起来支持公孙衍搞合纵。公元前318年，魏、赵、韩、燕、楚共推楚怀王为纵长，出兵攻秦，但最后真正出兵的只有韩、赵、魏三国，因而合纵军队只打到函谷关便被秦国所击败。公元前317年，秦又打败韩、赵、魏联军于修鱼，俘虏韩将申差，斩杀八万余人。

秦国为了对付强大的齐国，就必须拆散齐楚的联盟关系，因为齐楚当时都是大国。于是秦派张仪入楚，鼓动楚国背齐联秦，并许以商、於之地六百里给楚，以作为诱饵，利欲熏心的楚怀王便认为可以不战而得六百里土地，便欣然同意断绝和齐国的联盟。这样张仪拆散齐、楚联盟的目的达到了。于是张仪返回秦国后假装酒醉失足，诈病三月不出。楚怀王不知是张仪故设的圈套，还认为是张仪怪楚与齐断交不彻底，又派勇士北赴齐国咒骂齐王，齐王在大怒之下便转而和秦国结好。这时，张仪才告诉楚使者秦愿以六里之地给楚国。楚怀王听后大怒，欲出兵攻秦，这时陈轸劝说楚怀王，攻秦不是好计策，不如用土地贿赂秦国，然后与秦联合伐齐，这样虽然失地于秦，但能从齐国得到补偿。楚怀王不听，于公元前312年发兵攻秦，结果被秦国打败于丹阳，楚军被杀死七、八万，秦占领楚汉中郡，这样秦与巴、蜀连成一片，消除了楚对秦本土的威胁。楚失汉中后，怀王更怒，又征发全国兵力攻秦，秦又打败楚军于蓝田。与此同时，韩、魏两国乘楚国战败，趁火打劫，联兵攻楚于邓，楚才引兵而归，被迫割地与秦。楚一败再败，失去大片土地，从此国势大衰。

秦削弱了楚国后，联合韩、赵、魏、燕合兵攻打齐国。这是因为齐在公元前286年灭宋，各国对齐有所恐惧和气愤，秦便乘势联合其他国家攻齐。这次攻齐，以燕国

① ［汉］刘向集录：《战国策·赵一·谓赵王曰三晋合而秦弱》，第628页。
② 《史记》卷七〇《张仪列传》，第2284页。

为主，以乐毅为统帅，公元前 284 年攻入齐国，占领齐国七十余城，连齐国的都城临淄也被联军占领，使强大的齐国只剩下即墨和莒两个地方。后来虽然齐国收复了一部分失地，但这次五国攻齐，使齐国走向了衰落、一蹶不振。

齐国衰弱后，秦又集中兵力进攻楚国，而为了无后顾之忧，遂与赵国修好，以防出兵攻楚时赵国从背后袭扰秦国。公元前 278 年，秦派大良造白起率军攻楚，直逼楚都郢（今湖北江陵），楚只好迁都于陈（今河南淮阳县），秦便以郢为南郡。公元前 277 年，秦长驱深入，攻占巫、黔中，设立黔中郡。

秦国为了达到自己的目的，善于挑起山东各国之间的矛盾，然后浑水摸鱼，坐收渔翁之利。著名的"鹬蚌相争"的寓言故事，就是苏代对当时实际情况的总结。苏代对赵惠王云："今赵且伐燕，燕赵久相支，以弊大众，臣恐强秦之为渔父也。"① 公元前 248 年，秦乘赵、魏与燕大战之际，攻打并占领了魏、赵、韩今山西中南部部分地区，设立了太原郡。公元前 244 年，秦出兵攻占了韩、魏今河南的大部分地区，并在濮阳设立东郡，从而使秦与最东方的齐国相接。公元前 236 年，秦趁赵国与燕国正在交战之际，派王翦、杨端和等率兵向赵国进攻。王翦所率一路秦军顺利地攻取了赵的阏与（今山西和顺），杨端和取得赵的河间六城，接着又占了邺（今河北临漳）、安阳（今河南安阳）。

秦在统一战争中，善于利用间谍战，使敌人阵营混乱，以达到自己欲达而达不到的目的。间谍战作为战争的补充手段，对于战争的胜负起一定的促进作用。秦国素有用间谍战的传统，"秦王乃拜斯为长史，听其计，阴遣谋士赍持金玉，以游说诸侯。诸侯名士可下以财者，厚遗结之；不肯者，利剑刺之，离其君臣之计"②。早在长平之战时，秦就用离间战打败赵国，公元前 260 年，秦派王龁多次挑战，而廉颇令赵军固守不出，秦军长途远征最害怕持久战，于是秦军便采用离间计，到处散布廉颇容易对付，且有降秦之意，而秦国最害怕的赵国大将是赵括。赵国果然中计，用赵括代替廉颇为将，而赵括实质上只会纸上谈兵，他为将后，便改变了廉颇的固守不出的战略，轻易出击，秦军便采取诱敌深入的办法，同时派骑兵断绝赵国粮道，围困赵兵 46 天，终使赵军全军覆没。

吕不韦辅政时，秦又使用间谍战拆散了五国合纵攻秦。公元前 247 年，韩、燕、赵、魏、楚联合，在信陵君无忌的率领下，打败秦军。秦军夺回函谷关后，即派人以重金去魏国进行贿赂，诋毁信陵君。扬言说："公子亡在外十年矣，今为魏将，诸侯皆将属，诸侯徒闻魏公子，不闻魏王。公子亦欲因此南面而王，诸侯畏公子之威，方欲共立之。"③ 与此同时，秦又假装贺公子立为魏王。魏王经常听到诋毁信陵君的言论，

---

① ［汉］刘向集录：《战国策·燕二·赵且伐燕》，第 1115 页。
② 《史记》卷八七《李斯列传》，第 2540 – 2541 页。
③ 《史记》卷七七《魏公子列传》，第 2384 页。

不能不信。于是派人代替信陵君为将，这样魏失去"辅政之良相"。秦决定立即出兵攻魏，"拔二十城"。当时就有人指出"魏以不用信陵君，故国削弱以至于亡"。

秦王政执政后，秦国的国力已很强大。面对迅速强大起来的秦国，东方各国个个自危。这时尉缭来到秦国向秦王政进言，他认为从当时秦的国力来讲必能消灭六国，但若东方各国联合起来，合纵抗秦，结果就很难预料，他向秦王政献策，不要吝惜财物，向各国掌权的"豪臣"行贿，破坏其联合之策，离间其内部关系，这样做不用三十万金，就可以收到兼并各国的效果。顿弱也提醒秦王政不惜重金收买韩魏权臣，他指出天下不可能没有战事，只要发生战争，不是实行合纵，就是连横，如果连横成功，那么秦王称帝，如果合纵成功，就是楚王称帝。姚贾也在秦王政面前鼓吹以重金施离间计，他要求让其带一百辆车，金千斤，出使游说。秦王政在众臣的劝说下，施用间谍战，在统一六国过程中达到了不战而胜的效果。

公元前229年，秦对赵用兵，被赵国大将李牧、司马尚击败。靠强攻不行，秦王政派人用重金贿赂赵国重臣郭开，郭开受贿后，便向赵王诬告李牧、司马尚欲谋叛乱，赵王听信了谗言，派赵葱及齐人颜代替李牧、司马尚为将，李牧不愿交出兵权，赵王便暗地里派人逮捕李牧并处以死刑。李牧一死，赵国将士军心涣散，秦军如入无人之境，灭了赵国。

在向最后一个国家齐国用兵时，秦先用重金收买齐相后胜。齐王建本是一个年龄既大又昏庸腐朽的国君，在秦灭其他国家时，他不出兵帮助，后胜劝齐王建要和秦国修好。"后胜相秦，多受秦间金，多使宾客入秦。秦又多予金，客皆为反间，劝王去从朝秦，不修攻战之备，不助五国攻秦，秦以故得灭五国……故齐人怨王建不蚤与诸侯合纵攻秦，听奸臣宾客以亡其国。"[1] 齐实际上放弃了防备，所以当灭亡燕国的秦国大军南下攻齐国时，齐立刻土崩瓦解。

秦利用间谍战，"离其君臣之计"，加速了统一中国的进程，既节省了人力、物力、财力，又避免了大规模战争造成的伤亡。

为了拆散六国合纵，秦还以强大的国力威胁小国就范，使其团结在自己的周围。张仪曾对楚王讲：若以"秦兵之攻楚也，危难在三月之内，而楚恃诸侯之救，在半岁之外，此其势不相及也"[2]又对韩王讲："韩地险恶山居，五谷所生，非菽而麦，国无二岁之食，现卒不过二十万。秦被甲百余万，山东之士被甲蒙胄以会战，秦人捐甲徒裼以趋敌，左挈人头，右挟生虏。夫战孟贲乌获之士，以攻不服之弱国，无异垂千钧之重于鸟卵之上，必无幸也。大王不事秦，秦下甲据宜阳，塞成皋，则王之国分矣。桑林之苑，非王之有也。为大王计，莫如事秦以攻楚，以转祸而悦秦，计无便于此

---

① 《史记》卷四十六《田敬仲完世家》，第1902—1903页。

② ［汉］刘向集录：《战国策·楚一·张仪为秦破纵连横》，第506页。

者。"① 并威胁道: "先事秦则安矣,不事秦则危矣。"② 韩王不得已许以连横。在秦游说家的威胁下,许多国家只好事秦,由"合纵"中退出而加入到"连横"中来,削弱了山东六国抗秦的力量。

大量使用客卿也是秦国在统一过程中实行邦交策略的一个重要方面。著名的商鞅变法使秦富强起来,为统一奠定了基础。而商鞅原为魏国人,秦用商鞅既壮大了自己,又削弱了魏国的力量,遂使魏国多次被秦打败。不得不迁都大梁,转攻势为守势。类似这样的事例不胜枚举。形成"诸侯之士斐然争入秦"③。有为秦连横抗纵的杰出人物魏人张仪,提出"远交近攻"策略的魏人范雎,杰出的军事家梁人尉缭及楚人李斯、燕人蔡泽、卫人吕不韦等,这些杰出人才在当时秦统一战争中为秦国出谋划策,起到了十分重要的作用。

若六国联合起来对抗秦,对秦是有很大威胁的,因为力量悬殊太大。"以天下之地图案之,诸侯之地五倍于秦,料度诸侯之卒十倍于秦"。苏秦还断言,只要"六国为一,并力西向而攻秦,秦必破矣"④。然而秦能巧妙利用六国合纵中的弱点,以"连横而斗诸侯",分化瓦解六国力量,使山东六国互相激战,相互厮杀,相互削弱。当山东六国相割时,秦总不失时机地助上一臂之力,当山东六国相烹时,秦更添上大捆薪柴。秦有时不直接发动进攻,以免与山东六国之一形成正面对抗,而却善于捕捉时机,推波助澜,拉一方打一方,当双方打得都精疲力竭时,坐收渔人之利,以较小的代价获得巨大的成功。

由上所言,秦由于实行成功的邦交策略,才能在强手如林的战国时期立于不败之地,实现了统一全国的宏伟蓝图。

四、改善内政,顺应民心

春秋战国数百年的分裂与战乱造成社会的动荡不安,经济发展受到极大影响,人民生活水平也受到影响,统一是大势所趋、人心所向。

历来有"七分政治,三分军事"的说法。统一战争的胜利之本是成功的政治制度和政治方略。李斯曾告诫秦始皇切忌奉行"所轻者在乎人民"的政策。他指出: "是以太山不让土壤,故能成其大;河海不择细流,故能就其深。王者不却众庶,故能明其德。"⑤ 因此,君王要有"地无四方,民无异国"的胸襟,不要做"损民以益雠"的蠢事。尉缭也认为战争胜利的关键是内政修明,主张对占领地实行安抚政策。秦始皇在

---

① 《史记》卷七〇《张仪列传》,第 2293 页。

② [汉]刘向集录: 《战国策·韩一·张仪为秦连横说韩王》,第 935 页。

③ 《史记》卷一三〇《太史公自序》,第 3315 页。

④ 《史记》卷六九《苏秦列传》,第 2248 页。

⑤ 《史记》卷八七《李斯列传》,第 2545 页。

李斯、茅焦等人的辅佐下，改善国内政治，以缓和君臣、君民矛盾，调整占领政策，以瓦解敌国的士气，安抚被征服的敌方。

在内政方面，秦王政贯彻既定的各项法制及军功爵制度，做到令行禁止、赏罚分明，又以礼待李斯、尉缭、王翦等重臣大将，不惜高官厚禄，田宅园池，从而使谋臣竭智、将士归心、三军效命。他采纳李斯的建议而废止逐客令，听从茅焦的诤谏而善待太后，又减轻对嫪毐、吕不韦仆从的处罚，令一些流放者回归。这就在一定程度上缓和了统治集团内部的矛盾，改善了政治形象。他重视各种利国利民的基础建设，兴修水利，发展生产，以富国强兵，安定民生。从现存文献看，在统一战争期间，秦国内部的君臣、君民关系基本正常。除樊於期叛逃事件外，没有重大的内争、民乱。内政修则国家强，这是对外战争取得胜利的根本。

秦王政大力宣扬秦国发动战争的正义性和意义。他大造舆论，谴责诸侯或"倍盟"、或"畔约"、或"昏乱"、或"欲为乱"，声称自己是"兴义兵，诛残贼"，战争目的在于"兴兵诛暴乱""庶几息兵革"，结束"天下共苦战斗不休"的混乱局面。在当时的历史条件下，这些宣传措施有利于鼓舞士气，获取民心，赢得同情。与此同时，秦王政的占领政策也发生了一些变化。秦国以斩杀人首计算战功，一场大战动辄斩首数万、数十万。这种野蛮处置俘虏的政策，常常波及平民百姓，导致敌国军民同心顽强抗秦。启动统一战争以后，有关秦军斩首的记载减少，而迁徙六国贵族、豪民的记载增多。当时一批著名工商业主就是迁虏身份。这表明秦王政的占领政策有所调整，开始减少屠杀，实行迁虏政策。这种占领政策有利于瓦解敌军将士，减轻抵抗力度，安抚当地百姓。

五、中央突破，逐个歼灭

在军事上，秦国既善于准确地选择战略主攻方向，恰当地制定战略步骤，又善于根据具体情势，采取灵活机动的作战方针。秦国的军事战略既有连续性，又有所变化，在不同的阶段选择不同的战略重点和主攻方向。秦国的统治集团还善于根据不同的政治、军事态势采取相应的对策。

过去史学界通常将东方六国灭亡的次序排定为韩、赵、魏、楚、燕、齐。其实还可以有另外一种排列方法：若以国家彻底灭亡论，其序应为韩、魏、楚、燕、赵、齐。这一个序列更接近秦王政君臣当初的谋划，即先中间突破亡韩灭魏，拦腰斩断南北的联系，然后南灭强楚，北扫燕、赵，最后收拾齐国。

在秦王政正式发动统一战争之前，秦军连续大举进攻三晋，通过攻占韩、魏城池，将国土与齐国接壤，完成了中央突破，分割南北，切断山东六国合纵之脊的战略决策。接着又通过对赵国发动持续不断的进攻，大大消耗、削弱了赵国的实力，完成了破赵的战略目标。这些战略目标的实现标志着统一战争战略准备的完成。

在统一战争的第一阶段，秦军的主要战略目的是灭亡韩、魏。韩、魏地处中原，临近秦国，国势较弱，统一战争自然还要由近及远，从吞并韩、魏入手。

统一战争的第二阶段，秦军以中原为腹地，展开两翼进攻，征服楚国，平定南方；攻灭燕、赵，扫平北方。

统一战争的第三阶段，秦军大兵压境，不战而灭了齐国。至此，关东各国全部被征服。

统一战争的第四阶段，秦军马不停蹄，集中数十万兵力，分数路南进，平定百越。完成了南征任务后，又挥师北上，将匈奴驱逐出河套，赶到阴山以北地区。

秦始皇曾得意地宣称："异日韩王纳地效玺，请为藩臣，已而倍约，与赵、魏合从畔秦，故兴兵诛之，虏其王。寡人以为善，庶几息兵革。赵王使其相李牧来约盟，故归其质子。已而倍盟，反我太原，故兴兵诛之得其王。赵公子嘉乃自立为代王，故举世瞩目兵击灭之。魏王始约服入秦，已而与韩、赵谋袭秦，秦兵吏诛，遂破之。荆王献青阳以西，已而畔约，击我南郡，故发兵诛，得其王，遂定其荆地。燕王昏乱，其太子乃阴令荆轲为贼，兵吏诛，灭其国。齐王用后胜计，绝秦使，欲为乱，兵吏诛，虏其王，平齐地。寡人以眇眇之身，兴兵诛暴乱，赖宗庙之灵，六王咸伏其辜，天下大定。"① 统一天下以后，秦始皇常常以功德齐三皇、盖五帝、超三代自诩。就实现华夏国家空前统一而言，他的说法并非无稽之谈、虚夸之言。

---

① 《史记》卷六《秦始皇本纪》，第235页。

论秦穆公时代秦人称霸西戎的策略

杨曙明

（陕西省社会科学界联合会）

摘要： 2000 多年前，秦人在秦穆公的带领下，内修国政，外图霸业，奋发图强，采取了选贤用能，争取民心，秦晋联姻，东向攻晋，西向伐戎这五项策略，使秦国由一个戎狄小邦，一举成为西方霸主。秦穆公时代的秦人虽处西垂，但能"益国十二，开地千里"，称霸西戎，从而开创"春秋五霸"之雄图伟业，其进取精神也值得我们今人学习借鉴。

关键词： 秦穆公；称霸西戎；秦文化

秦穆公姓嬴，名任好，谥号穆（缪）。在位 39 年（前 659—前 621），为秦国历史上第九位国君，也是雍城为都期间第四位国君，秦始皇第十八代先祖。秦穆公即位时正值春秋中期，当时正处于礼崩乐坏、群雄崛起之时，周王朝所分封的 140 多个诸侯国已经相互兼并为十多个诸侯国，齐桓公率先称霸，周天子形同虚设，成为名义上的天下共主。秦国为当时的一个中等国家，但由于地处西北、交通不便、信息闭塞，很少与中原诸国来往，中原各国在举行诸侯会盟活动时很少邀请这个西北小国。

秦穆公即位后，锐意进取，力图使秦国与中原各国平起平坐，甚至有朝一日成为诸侯会盟的盟主。他在位期间，内修国政，外图霸业，推行富国强兵之策，发展军事，奖励生产，使秦国的经济实力和军事实力都有了显著增强。秦穆公曾将兴建的宫殿称为"霸城宫"①，并将秦都附近的雍水改称为"霸水"，"以章霸名"②，体现了秦人称霸的雄心壮志。在实现霸业方面，秦穆公先后采取了五项重要举措，分别是选贤用能、争取民心、秦晋联姻、东向攻晋、西向伐戎。

一、选贤用能

为政之要，首在人才。尚贤者，政之本也。秦穆公是一个非常重视人才建设的国

---

① 《史记》卷八《高祖本纪》，中华书局，1959 年，第 362 页。
② 《汉书》卷二八上《地理志上》，中华书局，1962 年，第 1544 页。

君，他执政期间，尚贤用能，大胆提拔重用非秦国的人才，开创了秦国起用外国人才的客卿制度。在选人用人方面，他采取"得其精而忘其粗，在其内而忘其外"①的相马之法，先后获得了公孙支、百里傒、蹇叔、丕豹、由余等优秀人才，在秦国形成了一个尊重人才、重用人才的良好用人环境，为其争霸天下奠定了良好的人才基础。

秦穆公选拔的能人贤士中最有名的是百里傒（一作百里奚），百里傒人称"五羖大夫"，之所以有这个称号，是因为他是秦穆公用五张黑色公羊皮从楚国赎回的。秦穆公娶晋献公的女儿穆姬为妻时，秦国大夫公孙支（一作公孙枝）在穆姬的陪嫁单上发现了百里傒，知道他是一位贤臣，便向志在图强的秦穆公极力推荐。

求贤若渴的秦穆公喜出望外，急忙去请，却得知百里傒不愿忍受奴隶的生活，趁人不备逃到了楚国。秦穆公想用重金把百里傒赎回来，又担心楚人怀疑，就听从建议出低价赎回，就用五张羊皮赎回了他。当百里傒被押送到秦国时，秦穆公亲自为他打开桎梏，与他商谈国事，两人"语三日，穆公大说（悦），授之国政"②。

百里傒看到秦穆公是个礼贤下士、知人善任的英明国君，又对穆公推荐了他的朋友蹇叔。他对秦穆公说，我的好朋友蹇叔的才能远远在我之上，我有好几次在危难之际，都幸亏他及时提醒才幸免于难。秦穆公让百里傒修书一封，让儿子公子縶去宋国请蹇叔。公子縶在请蹇叔时发现，蹇叔的两个儿子西乞术、白乙丙二人谈吐不凡，也是难得的人才，就索性将他们父子三人一齐请到了秦国。穆公向蹇叔请教了如何当好国君，如何使秦国迅速强大起来。蹇叔向穆公陈述了自己的主张，穆公大为佩服，高兴得竟然忘记了吃饭。次日，穆公拜蹇叔为上大夫。

可以看出，秦穆公是一位唯才是举、用人唯贤的国君，只要是人才就大胆选拔举用。孔子对秦穆公的用人策略给予了很高的评价："秦，国虽小，其志大；处虽辟，行中正。身举五羖，爵之大夫，起缧绁之中，与语三日，授之国政。以此取之，虽王可也，其霸小矣。"③ 在"西取由余于戎，东得百里傒于宛，迎蹇叔于宋，来丕豹、公孙支于晋"④ 后，秦穆公基本实现了自己的第一步战略目标，为开创霸业奠定了坚实的人才基础。

二、争取民心

"得民心者得天下"，秦穆公认识到要实现霸业，不仅要有人才，还得有民众的支持和拥护。秦穆公上台后，就实行了一些缓和阶级矛盾的措施，减轻了百姓的负担，深得秦国百姓的欢迎。《史记·秦本纪》记载了秦穆公"赐酒赦野人"的亲民爱民之

---

① 《列子·说符》，中华书局，2007 年，第 260 页。
② 《史记》卷五《秦本纪》，第 186 页。
③ 《史记》卷四七《孔子世家》，第 1910 页。
④ ［清］吴楚材、［清］吴调侯：《古文观止·谏逐客书》，中华书局，1963 年，第 168 页。

举。有一天，秦穆公一匹喜爱的战马不幸丢失了，被生活在雍城外的"野人"捉得，并把马吃掉了。当地的官吏抓住这些"野人"，准备严惩。秦穆公得知后说："君子不以畜产害人。吾闻食善马肉不饮酒，伤人。"①秦穆公不仅赦免了这些"野人"，还把军中美酒赐给他们解毒。这些"野人"叩头谢恩，分饮其酒，对秦穆公的不杀之恩非常感激。

秦穆公十五年（前645），秦国与晋国之间发生韩原（今山西河津与万荣之间的黄河东岸）之战，秦穆公与晋惠公都挂帅亲征。在战斗中，秦穆公看到晋惠公的马车陷入泥淖，便乘机带兵前去追击。不料，秦穆公刚刚追赶到晋惠公的战车前，就被晋国几位将领包围。正当秦穆公仰天长叹、感到绝望之时，突然一队"野人"飞驰而至，这些正是雍城外曾偷食秦穆公马肉的300余"野人"。这些"野人"的出现不仅使穆公得以解脱困境，而且还活捉了晋惠公。正是有了这些以死相报的"野人"相救，秦军才扭转了战局，获得战争的胜利。从韩原之战中我们可以看出，秦穆公在国内已经拥有了百姓的支持和拥护，而且关键时刻还有人为他拼命。

秦穆公认识到要谋取霸业，不仅要赢得国内臣民的拥护，还必须扩大秦国的影响力，得到近邻各国人民的支持。秦穆公十二年（前648），晋国遇到旱灾，粮食歉收，向秦国借粮，当时秦国的许多大臣极力反对，认为晋国言而无信，忘恩负义，不值得同情。更有人建议乘其饥荒，出兵讨伐。但秦穆公力排众议，他向群臣解释说："其君是恶，其民何罪？"②遂慷慨地援助了大量粟米给晋国救灾。当时的运粮船队，由汧河、渭河进入黄河，溯汾水，"以船漕车转，自雍相望至绛"③。其规模之大，犹如一场战争，史称"泛舟之役"。

从军事上讲，放弃一个攻打的良好战机，去援助自己的战略对手，看似愚蠢。但在秦穆公的眼中，要征服的不仅仅是一个晋惠公，而是整个晋国，整个天下的民心。"泛舟之役"这样的大型人道主义救灾义举，晋国的百姓看在眼里，把秦穆公的恩情记在心里，显然这也是一场争取民心的无形之战。通过"韩原之战"和"泛舟之役"，我们可以看出，秦穆公在国内、国外都赢得了百姓的支持，为开创霸业奠定了群众基础。

三、秦晋联姻

秦穆公是一个非常有政治头脑的国君，他认识到秦国国小势微，不被中原各国所重视，甚至被看不起，他就试图想方设法改变这种不利状况。秦穆公采取的一个重要

① 《史记》卷五《秦本纪》，第189页。
② 杨伯峻：《春秋左传注·僖公十三年》，中华书局，1981年，第345页。
③ 《史记》卷五《秦本纪》，第188页。

措施就是与诸侯通婚，而且是与强大的晋国通婚。

秦穆公四年（前656），秦穆公迎娶了晋献公的女儿穆姬为妻。穆姬的外祖父是齐桓公，这样一来，秦穆公不但成了晋献公的女婿，而且也成了齐桓公的外孙女婿，秦穆公不但与晋国结成了"秦晋之好"，还搭上了齐国这个强国的远亲，可算是一举两得。后来，秦穆公又把女儿怀嬴嫁给了晋惠公的儿子太子圉。

晋惠公韩原之战被俘后，秦国把晋惠公送回了晋国，把他的儿子太子圉留在秦国做人质。太子圉在秦国做人质期间，秦穆公认为其以后很有可能成为晋国的国君。所以，秦穆公就把自己的女儿怀嬴嫁给了太子圉。秦穆公把女儿嫁给太子圉，主要出于两点考虑：一是拉拢太子圉，二是监视太子圉。但几年后，公子圉借口父亲晋惠公病危，担心国君之位不保，就抛弃妻子怀嬴，独自潜逃回了晋国。第二年，晋惠公驾崩，太子圉就继承国君之位，即晋怀公。太子圉回国后没有迎怀嬴，当上国君之后也没有迎怀嬴，而且与秦国互不来往。

后来，秦穆公得知太子圉的二叔重耳正在楚国流亡，就派人把重耳接到了秦国。秦穆公见重耳贫困潦倒，非常狼狈，就谋划着把他包装一下，提高他的社会地位，好为其以后回到晋国继承君位打下良好的基础，其中一个重要举措就是想把自己的女儿怀嬴改嫁给他。但重耳认为，怀嬴是我侄媳妇，这样做不是有违人伦纲常吗！所以，他起初坚决不答应。此时有人劝他："你要是娶了怀嬴，你就是秦国的女婿，秦国就会帮你回国继位，为了回国继位大事，何必拘泥于礼数呢？"重耳一想，小不忍则乱大谋，成大事者不拘小节，于是就答应娶怀嬴为妻。后来重耳回国当上国君后，就亲自到黄河边"逆夫人嬴氏以归"①。逆是迎娶的意思，是接新娘子的高贵礼仪。按当时的惯例，最尊贵的新娘子一般由礼仪官去迎，然后送到王公房里。重耳亲自去"逆"，是将怀嬴当作正妻。虽然在重耳还没逃亡之前早就有了正妻，但怀嬴是最早一个被迎回晋国的。

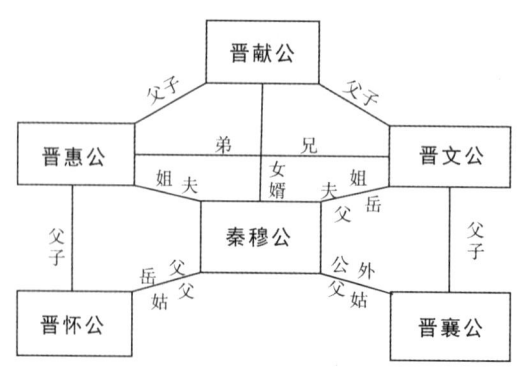

图1　秦穆公与晋国国君关系图

此时的秦穆公与晋文公的关系很复杂，既是他的姐夫，又是他的岳父。而且秦穆公与同时代的5位晋国国君都有亲戚关系，秦穆公是晋献公的女婿，是晋惠公和晋文

①　杨伯峻：《春秋左传注·僖公二十四年》，第415页。

公的姐夫，是晋怀公和晋文公的岳父，是晋襄公的姑父加外公。

当然，也正是这种复杂的关系，才使秦晋两国保持了长期的友好相处，而且通过联姻，秦穆公还开始干涉晋国内政，进而控制晋国国君的更迭，提升了秦国在中原各国的政治影响力，为开创霸业营造了良好氛围。

在秦穆公执政的大段时间内，秦晋两国利用相互联姻，基本停止了战事，双方都获得了喘息，保持了长时间的友好相处，秦晋两国的关系达到历史上最好的水平，史称"秦晋之好"。

四、东向攻晋

秦穆公认识到，联姻只能实现和平崛起，要想开创霸业还得靠军事实力，得通过战争来实现霸业。所以，秦穆公采取两手抓的策略，一手和，与晋国联姻；一手战，时刻作战争准备。要战，就得有战略对手，环顾秦国周围，西部和北部是戎人，秦国长年与之作战，如今西戎势力已经大减，不足为惧；南部是楚国，但有秦岭这个天险阻隔，两国之间来往较少，以当时秦国的实力还不足以越过秦岭攻打楚国；东邻的晋国，是个大国，也是个强国，能打败晋国，秦国也就当然地成为了强国。所以，秦穆公认为，秦国要实现霸业，东邻的晋国才是最大的竞争对手。为此，秦穆公审时度势制定了东向伐晋的战略。在东向伐晋过程中，秦穆公共与晋国发生五次较大的战争。

第一次是韩原之战，这次战争的原因是秦穆公十二年（前648），晋国发生灾荒，秦国给晋国借粮；秦穆公十四年（前646），秦国发生灾荒，向晋国借粮，晋国不但不借给秦国粮食，反倒乘机攻打秦国。得知晋惠公带兵攻打秦国，秦穆公亲率大军与晋军战于韩原（今山西河津），这就是前面提到的韩原之战。从当时秦晋两国的实力对比来看，晋国军队本来是很强大的，以秦国的实力根本打不过晋国，但由于晋惠公背德失义、不得人心，晋军人心涣散、士气低迷，所以战争的天平就倾向了秦国。

这场战争的结果是晋军大败、国君被俘。在得胜回国后，秦穆公准备杀晋惠公祭祀天帝。此时，秦穆公的夫人，也就是晋惠公的姐姐，听到弟弟要被杀的消息，穿白戴孝，领着几个儿女要挟秦穆公放了孩子的舅舅。秦穆公本来就是要吓吓晋惠公，要是真想杀晋惠公，早就在战场上杀了。

后来，两国举行会盟，秦国提出割地、质子两个条件，送晋惠公归国复位。割地就是兑现晋国原来许诺的河西诸城，质子就是让晋太子圉留在秦国作人质，这样，可使秦国既得实利，又避免两国更深的仇怨。晋惠公一看，秦国提出的条件也没有落井下石、乘人之危，就答应了秦国的条件。返回晋国后，晋惠公终于割让出了晋国黄河以西的土地。从这一年起，秦国开始在晋国黄河东部征收赋税，设置官员。三十二年前，秦穆公的父亲秦德公在迁都雍城时，曾占卜，希望"子孙饮马于河"①。秦德公不会想到，只过了三十多年，自己的小儿子秦穆公，就实现了秦国饮马黄河、眺望中原的战略目标。

第二次战争是护送重耳回国之战。秦穆公二十四年（前636），秦穆公以"革车五百乘，畴骑二千，步卒五万"护送重耳回国继承王位。因为有秦国的强大兵力护送，又有国内一批旧臣的暗中接应，加之身边的谋臣出谋划策，重耳回国后很快就夺取了王位，也就是后来的春秋五霸之一的晋文公。晋文公继位后派人把逃亡在高梁的晋怀公杀死。这时，晋惠公的旧臣吕甥和郤芮欲密谋害死晋文公，幸有寺人披向晋文公告密，晋文公就偷跑出国，在王城与秦穆公相会，以求得庇护。吕甥、郤芮等这时尚未发现晋文公已逃跑，就放火烧掉王宫，在得知晋文公并不在宫内之后，吕甥、郤芮等就追至河上。秦穆公用计把这二人诱来并杀死，重新护送重耳回国。晋文公执政期间，秦晋两国进入了一个短暂的蜜月期。

秦穆公二十五年（前635），周襄王被狄人赶出国都，逃难到郑国，派人到秦国、鲁国和晋国告难。这正是抢"勤王"旗帜、捞取争霸的政治资本的大好机遇。秦穆公闻讯后立即派兵等在黄河岸边，准备接周襄王到秦国。但晋文公听从大臣狐偃的建议，亲自率兵直接帮助周襄王复位，把"勤王"的旗帜抢到了手中。周襄王回国复位后，晋文公赶去觐见周王。周襄王为了报答晋文公，就以隆重的礼仪接待晋文公，并赐给晋国以阳樊、温、原、横茅等地。从此，晋国在中原称霸就取得了雄厚的政治资本。

秦穆公护送重耳回国，本想是扶植自己的势力，进而掌控晋国。但重耳当上国君后，很快就使晋国强盛了起来。秦穆公眼看着自己亲手扶植上来的晋文公重耳成为了"春秋五霸"之一，只得继续维持两国友好关系。

第三次战争，即崤（今河南省洛宁县西北）之战。秦穆公三十二年（前628），晋文公去世，秦晋两国由"秦晋之好"的友好阶段进入战争对抗阶段。当年，秦晋两国暴发了崤之战，这是春秋时期历史上的一次重要战役，这场战争爆发的根本原因是秦晋两国战略利益发生了冲突，直接原因则是秦穆公不听蹇叔等人的劝阻，执意派兵越过晋国偷袭郑国。

此战晋军有三大优势：一是国君身着丧服，亲自督战，形成了强大的政治优势；二是有善于山地作战的姜戎军队协助作战，占据地理优势，又有友军协同作战；三是以逸待劳，士气旺盛。反观秦军则有两大劣势：一是长途跋涉，人困马乏；二是孤军深入，士气低落。

此战晋军采取三条作战方针：一是诱，引诱秦军全部进入伏击地点；二是封，封锁峡谷两端；三是烧，突然发起猛攻、火攻。在战斗中，秦军则暴露出三大不足和缺陷：一是未查敌情，疏于戒备，尽管秦国天才的预言家蹇叔预言晋军会在崤山伏击秦

———————————————

① 司马迁：《史记》卷二八《封禅书》，第1360页。

军，但还是没有引起秦军的高度重视；二是进入了一个非常不利的作战地形，身陷峡谷，进退不能，只能被动挨打；三是遇到伏击后，惊慌失措，阵脚大乱。所以，此战晋军轻松获胜。这一仗为秦穆公时代影响最深远、最惨烈、最悲壮的一次战争，惨到什么程度，史籍载"三将被俘，全军覆没"。

战后，经秦穆公的女儿文嬴（即怀嬴，改嫁晋文公后又称文嬴）求情，晋襄公释放了孟明视等三位秦将。在这三位秦将归国时，秦穆公穿了素服，亲自到郊外迎接孟明视等三位将领，并举行了盛大的国君检讨活动。《尚书·秦书·秦誓》专门记载了秦穆公的这篇悔过誓言。这篇悔过誓言是秦国历史上有记载的第一个"罪己诏"。秦穆公的目的不仅是总结战争失败的教训，更重要的是把秦国君臣之间发生的裂痕重新弥合起来。

作为一国之君，不但能勇于承认自己的错误，而且敢于在臣子面前公开道歉，并以文告的形式发布，没有一定胸襟和远见是做不到的。面对秦穆公这样高风亮节的英明国君，孟明视等三位秦将心中既惭愧，又感激。从这里我们也能发现，从"三百野人"到"三位将领"，从"平民"到"将军"，都愿意为秦穆公效命，这就是秦穆公争取民心，任用贤才的结果。

殽之战后，秦晋联盟正式瓦解，秦国立即将所俘楚将斗克释放，与楚国结好，共同抗晋。秦晋双方从此展开了长期的争霸战争。

第四次战争，即彭衙之战（今陕西白水东北），爆发于秦穆公三十五年（前625）。如果说殽山之役，晋军是以偷袭取胜，那么彭衙之战则是两军的正面交锋。虽然史书对于这次交战记录得不太详细，但从两军会战的地点来看，秦军作为主攻一方，却被晋军逼入秦国境内的彭衙进行决战，这就说明秦军的开局很不理想。殽之战后，孟明视等曾说要向晋君"拜赐"，故晋人嘲讽这次秦军进攻为"拜赐之师"①。彭衙之战实际是殽之战的尾声，会战的结果是秦军再度大败而还，秦人东进之路再次被晋国牢牢地扼住，而晋国则成功地捍卫了霸主的头衔。

第五次战争为王官之战，爆发于秦穆公三十六年（前624）。两次战争接连失败后，秦穆公并没有灰心懈怠，而是继续操练军队，奋发图强。精心准备之后，秦穆公以孟明视为主将，亲率大军攻打晋国，王官之战遂打响。

此次战争是秦国的一次复仇之战，这一仗，秦军渡过黄河后攻城略地，很快就攻占了晋邑王官（今山西闻喜），紧接着又攻破了郊邑（今山西闻喜西）。晋国朝野看到秦军势如破竹，一片惊慌。晋国的赵衰曾评价当时的秦国军队"惧而增德，不可当也"，秦国的将领"念德不怠，其可敌乎"②。所以，晋国朝臣纷纷建议暂避锋芒，坚守城池，拒不出战。晋襄公无奈，只得命令晋军坚守不战。秦军求战不成，也不能总

---

① 杨伯峻：《春秋左传注·文公二年》，第519页。
② 杨伯峻：《春秋左传注·文公二年》，第521页。

耗下去，秦穆公见失地已经收复，也挫灭了晋国的威风，憋了数年的气今日总算出了，就带领大军，转而南下，在崤山古战场，掩埋了战死于此的秦军遗骨，全军"哭之三日"①，并积土立封，以志纪念。尔后，秦军班师回国。此役，秦军虽获胜，并深入晋腹地，但并未与晋主力决战。

秦穆公的时代，秦晋两国发生的五次大战，前两次和最后一次秦国都获胜了，崤之战和彭衙之战秦国大败。从秦晋两国的实力对比以及发展历史来看，秦国能做到这些，已经相当不容易了。通过这五次战争，特别是王官之战，秦穆公认识到秦国的国力、军力、物力还不足以与强大的晋国抗衡，更无力称霸中原，必须及时调整战略，采取向东亲晋、向西攻戎的战略来谋取霸业。

五、西向伐戎

在秦国西部和北部，即今陕甘宁一带，生活着许多戎狄部落和小国，他们统称为西戎。秦国的北方有胸衍、义渠、昆戎、乌氏，西方有翟、䝠、绵诸，东方有大荔，这些西戎部落中实力较强的是绵诸、义渠和大荔。其中，绵诸有王，实力最强，与秦国疆土相接。这些戎人生产生活落后，披发衣皮，居无定所，过着游牧生活，经常袭扰秦国边境，抢掠秦人的粮食、子女和牲畜，给秦国边境的百姓造成了很大的困扰。

秦穆公在东线的胜利，震惊了西戎各国，绵诸王感到非常惧怕，于是就派由余到秦国。由余的祖先是晋国人，因为躲避内乱而逃亡到了西戎，由余从小在西戎长大，深得戎王信任，在由余的协助下，绵诸国治理得井井有条。

秦穆公伐戎，总共采用了两个计谋：一是离间计，二是美人计。离间计主要针对由余，离间计分四步完成。第一步是待由余，也就是款待由余。由余来到秦国后，秦穆公热情地接待了由余，亲自陪同他参观了秦都雍城富丽堂皇的宫室建筑，由余在参观雍城之后感叹地说："使鬼为之，则劳神也；使人为之，亦劳民矣。"② 第二步是留由余，在由余出使秦国期满之后，秦穆公找出种种借口，挽留由余多住几天，尽量推迟由余返国的时间。由余迟迟没有归国，就引起了戎王的猜疑。

这时，秦穆公开始实施美人计，从秦国挑选一些年轻貌美、能歌善舞的女子，送给绵诸王享用。戎王一见这些女子，马上就被迷惑住了，整天不理朝政，花天酒地。

看到绵诸王沉溺于歌舞声色之中，秦穆公这才实施离间计的第三步：送由余，让人护送由余回到了绵诸国。由余回国后看到国内的变化非常着急，赶紧劝告戎王，不要再迷恋酒色，可此时的戎王根本听不进去，而且对由余大加责备。看到戎王不再信任由余，秦穆公又采取了离间计的第四步：请由余，数次派人到绵诸国劝其归秦，由

① 《史记》卷五《秦本纪》，第194页。
② 《史记》卷五《秦本纪》，第192页。

余左右为难，最后还是痛下决心，离开西戎，来到了秦国。由余归附秦国，穆公非常高兴，向他请教西戎的山川形势，商讨如何讨伐西戎的策略。

秦穆公三十七年（前623），秦穆公亲自率领大军出征西戎。由于秦军对西戎的山川地理、兵力虚实等情况了如指掌，又有由余这个高参指导，所以秦军所到之处，势如破竹，所向披靡，秦军迅速包围了绵诸，西戎军队仓促应战，一触即溃，戎王当时还醉酒未醒，秦军在酒樽之下活捉了绵诸王。在消灭绵诸国之后，秦穆公乘胜前进，接连征服了十多个戎狄部落，一举统一了西北地区，威胁秦国多年的西戎终于被秦穆公所征服。至此，秦穆公实现了自己即位时富国强兵的目标，达成"称霸西戎"的战略目标。①

秦穆公在位期间开创了"天子致伯、诸侯称贺"的一代霸业，被称为"春秋五霸"之一，被秦孝公称为"甚光美"②。在秦穆公时代，秦国才真正跻身诸侯强国之列，开创秦国的霸业之基。具体而言，秦穆公有四项重大贡献：一是实现了西北地区的局部统一，向东实现了秦人"饮马于河"的战略梦想，向西实现了"益国十二、开地千里"③的辉煌战绩，所以司马迁说"自穆公以来，稍蚕食诸侯，竟成始皇"④，把秦穆公的成就视为秦始皇统一大业的基础；二是在外交上，与晋国建立了"秦晋之好"的友好同盟关系；三是在文化上，开启了东西方文化传播交流的先河；四是促进了西部各民族之间的融合，为华夏民族的最终形成奠定了一定基础。

---

① 杨曙明：《雍秦文化》，中国文史出版社，2017年，第45页。
② 《史记》卷五《秦本纪》，第202页。
③ 《史记》卷五《秦本纪》，第194页。
④ 《史记》卷五《秦始皇本纪》，第276页。

论《诗经·秦风》中秦人的进取精神

郭 洁

（宝鸡青铜器博物馆）

摘要：《诗经·秦风》是收录于《国风》之中的十首秦国诗歌，主要涉及征战、车马、礼乐、田猎、锡命、赠别等事，反映出关陇大地上早期秦人在东进崛起过程中的发展脉络，是研究早期秦国崛起的重要文献。通过对《秦风》的解析，能够清晰地看到尚武精神与渐习周礼在秦国发展中的深度融合，折射出的是秦国东进征程中的进取精神，反映的是秦国崛起的文化动因。

关键词：《秦风》；进取精神；尚武；文化融合

引 言

《诗经》的三百零五篇中共收录了秦国诗歌十首于《国风》之中，分别是：《车邻》《驷驖》《小戎》《蒹葭》《终南》《黄鸟》《晨风》《无衣》《渭阳》《权舆》。南宋史家郑樵有语："风土之音曰风。"①《秦风》所讲为秦地秦人之风土，带有明显的地域文化特色，从中可窥知早期秦地的文化风貌，是研究早期秦文化重要的资料。纵观《诗经》，有国风十五，共一百六十篇。《左传·昭公二十八年》载："昔武王克商，光有天下，其兄弟之国者十有五人，姬姓之国者四十人。"②《诗经译注》中指出，春秋时期诸侯兼并频繁，所剩之国也有三十余个。可见并非所有诸侯国的诗歌均被收入其中，秦国诗歌能够被收入并流传下来，与秦襄公伐西戎以救周、护送平王东迁、始列诸侯、与诸侯通聘享之礼不无关系。我们认为，秦人久居西垂，与戎狄交往紧密，深受草原文化影响，兼容戎狄文化特征，在东进过程中对周文化不断吸收，并保持自身尚武之风，从某种程度而言是秦国国力发展壮大的表现之一。

---

① 程俊英译注：《诗经译注》，上海古籍出版社，1985年，第2页。
② 杨伯峻：《春秋左传注》，中华书局，1990年，第1494—1495页。

一、《诗经·秦风》与秦人东进之路

《诗经·秦风》十首所述的历史背景是从秦仲到康公，大致为西周至春秋早中期的秦文化风貌。《车邻》美秦仲，为秦仲诗也。《驷驖》《小戎》《蒹葭》《终南》序皆云襄公，是襄公诗也。《黄鸟》刺穆公，是穆公诗也。《晨风》《渭阳》《权舆》序皆云康公，是康公诗也。《无衣》在其中，明亦康公诗矣。①《秦风》涉及征战、车马、礼乐、田猎、锡命、赠别等事，这些以诗歌形式传承的秦地故事，反映出关陇大地上早期秦人在东进崛起过程中的发展脉络。他们长期与戎狄为邻，征战频繁，尚武善战，同时也受到周人和东方列国文化的影响，学文习礼。秦穆公在雍城见戎人使者由余时说"中国以诗书礼乐法度为政"②，正是表明了秦人在东进过程中受周礼的影响是不断加深的。《秦风》所述与《史记·秦本纪》中的记载相吻合，通过对《秦风》的进一步解析，亦可生动且较为清楚地展现秦人东进之路中的社会面貌。

《车邻》是十首中的首篇，有云"车邻，美秦仲也。秦仲始大，有车马礼乐侍御之好焉"③。秦自非子养马于汧水、渭水之间而有"马大蕃息"④，姬周以秦地封非子为附庸之君，号秦嬴，自始开启了秦人逐渐向国家形态过渡的新纪元。非子之孙秦仲被封为西垂大夫，与封地不足五十里的附庸之国相比，其国土变大、国力变强，已非昔比，因而有了彰显秦的车马礼乐侍御的仪制之诗。诗中所提及的"有车邻邻""有马白颠""寺人""鼓瑟""鼓簧"等，都是对秦车马数目众多、宴饮相安、鼓瑟吹笙场景的呈现。

第二首《驷驖》中云："美襄公也。始命，有田狩之事，园囿之乐焉。"⑤ 秦襄公时护送周平王东迁，因其护送有功且英勇善战，被封为诸侯，秦国自襄公而立，开始不断强大，此后迈出了东进的步伐。秦为诸侯之国，"乃得顺时游田，治兵习武，取禽祭庙"⑥，因此，田猎之事在此时开始合乎礼制，诗中"驷驖孔阜，六辔在手""四马既闲""辆车鸾镳"皆言马之良及车马仪制，一幅生机勃勃的秦马奔腾图跃然纸上，这是秦国养马繁荣的表现，良马也奠定了日后秦人发展壮大的基础。

---

① ［汉］毛亨传，［汉］郑玄笺，［唐］孔颖达疏，《十三经注疏》整理委员会整理，李学勤主编：《十三经注疏·毛诗正义·卷第六》，北京大学出版社，1999 年，第 408 页。

② 《史记》卷五《秦本纪》，中华书局，1959 年，第 192 页。

③ ［汉］毛亨传，［汉］郑玄笺，［唐］孔颖达疏，《十三经注疏》整理委员会整理，李学勤主编：《十三经注疏·毛诗正义·卷第六》，第 408 页。

④ 《史记》卷五《秦本纪》，第 177 页。

⑤ ［汉］毛亨传，［汉］郑玄笺，［唐］孔颖达疏，《十三经注疏》整理委员会整理，李学勤主编：《十三经注疏·毛诗正义·卷第六》，第 411 页。

⑥ ［汉］毛亨传，［汉］郑玄笺，［唐］孔颖达疏，《十三经注疏》整理委员会整理，李学勤主编：《十三经注疏·毛诗正义·卷第六》，第 411 页。

《小戎》依旧是赞美襄公的诗,所言之事与征战相关,"备其兵甲,以讨西戎。西戎方强,而征伐不休,国人则矜其车甲,妇人能闵其君子焉"①。"小戎"实为兵车之意,用一个普通秦国妇人的视角写出了秦国兵马精良、战车之盛、军备齐全以及秦军之勇,表现出秦人尚武善战的一面,同时诗歌中提到的车马形制也是当今对古代车马器具研究的重要资料。

《蒹葭》一诗"刺襄公也。未能用周礼,将无以固其国焉"②。襄公伐西戎救周后被赐予岐丰之地,这片区域为西周的王畿之地,所辖百姓所习周礼与秦人长期所习的戎俗差异极大。秦虽已为诸侯之国,但因其与戎为邻、与戎作战的历史久远而未能彻底举国以周礼为本,"所谓伊人,在水一方"等词句已表达出了对诗书礼乐的渴慕与追求之情。秦国直至穆公时期才一度以礼乐文化巩固国家,这样的发展流变是秦人东进发展强国之路的重要体现。

《终南》为"戒襄公也。能取周地,始为诸侯,受显服,大夫美之,故作是诗以戒劝之"③。结合《史记·秦本纪》中所言:"平王封襄公谓诸侯,赐之岐以西之地。曰:'戎无道,侵夺我岐、丰之地,秦能攻逐戎,即有其地。'与誓,封爵之。襄公于是始国,与诸侯通聘享之礼,乃用骝驹、黄牛、羝羊各三,祠上帝西畤。"④可知,秦襄公被封诸侯后,秦得以立国,得到了周王封地的许诺,并在礼制、聘享、祭祀等方面都享有了诸侯的待遇,与东方诸国有了同等地位。《终南》诗中"锦衣狐裘""颜如握丹""黻衣绣裳""佩玉将将"所言正是描述秦君受周王赐命之礼,着显服受赐而归的场景,秦君之威严体现得淋漓尽致,这都得益于秦被封诸侯后进入关中之地,收周余民、习周文化,遂迅速崛起有了东进之势。这里意图将秦君之威与终南之德比肩,戒秦君不要忘记周王的恩赐。

《黄鸟》为秦人对从死制度的反思之作,是为"哀三良也。国人刺穆公以人从死,而作是诗也"⑤。从《史记·秦本纪》中可以看到,秦武公时期"初以人从死"⑥,这是秦从死制度的开端,一直延续到秦献公"止从死"⑦,经历了二十位秦国国君。在此期间,大多数国君都有殉人的存在,如考古证实,凤翔秦公一号大墓就有大量人殉现

---

① [汉]毛亨传,[汉]郑玄笺,[唐]孔颖达疏,《十三经注疏》整理委员会整理,李学勤主编:《十三经注疏·毛诗正义·卷第六》,第414页。

② [汉]毛亨传,[汉]郑玄笺,[唐]孔颖达疏,《十三经注疏》整理委员会整理,李学勤主编:《十三经注疏·毛诗正义·卷第六》,第422页。

③ [汉]毛亨传,[汉]郑玄笺,[唐]孔颖达疏,《十三经注疏》整理委员会整理,李学勤主编:《十三经注疏·毛诗正义·卷第六》,1999年,第424—425页。

④ 《史记》卷五《秦本纪》,第179页。

⑤ [汉]毛亨传,[汉]郑玄笺,[唐]孔颖达疏,《十三经注疏》整理委员会整理,李学勤主编:《十三经注疏·毛诗正义·卷第六》,第427页。

⑥ 《史记》卷五《秦本纪》,第183页。

⑦ 《史记》卷五《秦本纪》,第201页。

象，深 24.5 米的秦公一号大墓，俯瞰有"临其穴，惴惴其栗"① 之感，大墓殉人 186 个，其中，"墓道里殉了 20 个人，椁室周围二层台上殉了 166 个人，椁室周围生土台阶上放置了 166 具殉人……"② "从死"现象在秦人文化中影响是非常巨大的，我们能够从中看到秦国早期从死制度的殉葬陋俗风貌。但并不是说秦武公之前和秦献公之后就没有人殉现象了，考古发掘证实，甘肃礼县大堡子山秦公墓葬中就有人殉现象，秦人进入关中地区，将此种葬俗保留；秦始皇陵的人殉资料显示秦的人殉现象一直都存在，这种制度的存在和延续或许与秦人的民族性格有关。《黄鸟》一诗中秦之良奄息、仲行、鍼虎三人从死以葬使国人哀之，刺秦人从死的恶习。《史记·秦本纪》有："缪公卒，从死者百七十七人，秦之良臣子车氏三人名曰奄息、仲行、鍼虎，亦在从死之中。秦人哀之，为作歌黄鸟之诗。"③《左传·鲁文公六年》有："秦伯任好卒，以子车氏之三子奄息、仲行、鍼虎为殉，皆秦之良也。国人哀之，为之赋黄鸟。"④ 此两篇文献记载与《黄鸟》内容相吻合。

《晨风》"刺康公也。忘穆公之业，始弃其贤臣焉"⑤。秦穆公知人善任，使秦国发展迅猛，重用西戎使者由余为谋士，"以客礼礼之"⑥，谋伐戎王，"益国十二，开地千里，遂霸西戎"⑦。随着战争的胜利、领土的扩大，戎人的良马源源不断地输入秦国，使秦更加如虎添翼，这都源于穆公霸西戎，秦国才得以进一步壮大，成为春秋五霸之一。在康公继位的十二年间，并未能将穆公取得的成就继续发扬，与晋相争不断，而又少贤者辅助。诗歌有三处说到"未见君子""如何如何，忘我实多"，正是表达了对君子忘己、弃己的情感。

《无衣》"刺用兵也。秦人刺其君好攻战，及用兵，而不与民同欲焉"⑧。"秦起西垂，多戎患，故其民朴实坚悍，尚气概，先勇力。"⑨ 诗歌所述之事充满了秦人的尚武之风。秦历来与戎为邻，征战频繁，从非子养马有功为附庸之国到秦襄公时为诸侯之国，与周王室之间的关系密不可分，周幽王为戎所杀，戎就是秦和周的"同仇"。秦军

---

① ［汉］毛亨传，［汉］郑玄笺，［唐］孔颖达疏，《十三经注疏》整理委员会整理，李学勤主编：《十三经注疏·毛诗正义·卷第六》，第 428 页。

② 梁云：《西垂有声：〈史记·秦本纪〉的考古学解读》，生活·读书·新知三联书店，2020年，第 29 页。

③《史记》卷五《秦本纪》，第 194 页。

④ 杨伯峻：《春秋左传注》，第 546—547 页。

⑤ ［汉］毛亨传，［汉］郑玄笺，［唐］孔颖达疏，《十三经注疏》整理委员会整理，李学勤主编：《十三经注疏·毛诗正义·卷第六》，第 429 页。

⑥《史记》卷五《秦本纪》，第 193 页。

⑦《史记》卷五《秦本纪》，第 194 页。

⑧ ［汉］毛亨传，［汉］郑玄笺，［唐］孔颖达疏，《十三经注疏》整理委员会整理，李学勤主编：《十三经注疏·毛诗正义·卷第六》，第 430 页。

⑨ 王蘧常：《秦史》，上海古籍出版社，2000 年，第 180 页。

高唱着这首《无衣》，慷慨激昂奔赴战场，誓与敌人决一死战，包含着保家卫国的决心。

《渭阳》"康公念母也。康公之母，晋献公之女。文公遭丽姬之难，未反，而秦姬卒。穆公纳文公，康公时为太子，赠送文公于渭之阳，念母之不见也。我见舅氏，如母存焉。及其即位，思而作是诗也"①。秦康公为太子时，曾在渭水边送别舅舅重耳归晋出任国君，康公送上"路车乘黄"和"琼瑰玉佩"以示珍重，更加强调了秦晋之好。

最后一首《权舆》"刺康公也。忘先君之旧臣，与贤者有始而无终也"②。这首诗歌与《晨风》都是刺康公不行穆公霸业，废穆公时期对贤德之人的政策，致使秦国在强兵、征战、富国等方面未有进展，从而有了衰落之势。诗歌以一个落魄贵族的视角回忆当年家族富足的兴旺之态，表达今不如昔的惆怅之情。

《诗经·秦风》所承载的历史背景是了解秦人东进之路的重要文献，时间线上跨越了秦人从附庸之地到诸侯之国，为秦人壮大发展至王国、最后建成中国历史上第一个大一统帝国打下基础；空间线上可以看到秦人自西向东的迁徙，都城也在随之东移，秦"九都八迁"（表1）的过程是主动寻找理想都城的过程，越过陇东，从汧到汧渭之会再到渭河沿岸，自然环境更利于农耕的发展，对外交通、文化交流也更加便利，为日后秦的成长壮大起到积极作用。

表1　秦都城的迁徙

都　城	《史记·秦本纪》和《史记·秦始皇本纪》中关于迁都的记载
秦　邑	《史记·秦本纪》："于是孝王曰：'昔伯翳为舜主畜，畜多息，故有土，赐姓嬴。今其后世亦为朕息马，朕其分土为附庸。'邑之秦……"
西犬丘	《史记·秦本纪》：秦先祖中潏"在西戎，保西垂"；"非子居犬丘"；"于是复予秦仲后，及其先大骆地犬丘并有之，为西垂大夫"；"庄公居其故西犬丘"；"文公元年，居西垂宫"。
汧　邑	《史记·秦本纪》："《帝王世纪》云秦襄公二年徙都汧，即此城。"
汧渭之会	《史记·秦本纪》："三年，文公以兵七百人东猎。四年，至汧渭之会。曰：'昔周邑我先秦嬴于此，后卒获为诸侯。'乃卜居之，占曰吉，即营邑之。"
平　阳	《史记·秦本纪》："宁公二年，公徙居平阳"；"武公元年，伐彭戏氏，至于华山下，居平阳封宫。"

① ［汉］毛亨传，［汉］郑玄笺，［唐］孔颖达疏，《十三经注疏》整理委员会整理，李学勤主编：《十三经注疏·毛诗正义·卷第六》，第433页。
② ［汉］毛亨传，［汉］郑玄笺，［唐］孔颖达疏，《十三经注疏》整理委员会整理，李学勤主编：《十三经注疏·毛诗正义·卷第六》，第434页。

续表

雍 城	《史记·秦本纪》："德公元年，初居雍城大郑宫。以牺三百牢祠鄜畤。卜居雍"。 《史记·秦始皇本纪》："康公享国十二年，居雍高寝"；"共公享国五年，居雍高寝"； "桓公享国二十七年，居雍太寝"；"景公享国四十年，居雍高寝"；"躁公享国十四 年，居受寝"。
泾 阳	《史记·秦始皇本纪》："肃灵公，昭子子也。居泾阳，享国十年。"
栎 阳	《史记·秦本纪》："献公元年，止从死。二年，城栎阳。"
咸 阳	《史记·秦本纪》："二十四年，献公卒，子孝公立……十二年，作为咸阳，筑冀阙， 秦徙都之。"

二、《诗经·秦风》中秦人进取精神的体现

从十首诗歌所述历史可知，秦人久居西垂，与戎相邻而处，西周末年到东周初年的戎人战争为之带来了东进的重大机遇。成为诸侯国的秦在周天子授意下，逐步把占领关中的戎人赶走，赢得了周王的赏赐之地，得以继续向东发展。可以说，接连不断的战事贯穿了秦发展壮大的始终，也强化了长期根植于秦的尚武精神。东进路上，秦人一边吸纳周余民，一边与东方诸国建立密切交往，积极学习先进文化，尚武精神与先进文化的融合为秦的崛起注入内生动力，是秦人进取精神的重要表现。

《汉书·地理志》载："天水陇西，山多林木，民以板为室屋，及安定、北地、上郡、西河，皆迫近戎狄，修习备战，高上气力，以射猎为先。"① 秦人久居西北偏远地带，长期与戎狄杂居并受其侵扰，自然条件恶劣，土地贫瘠，农耕发展滞后，逐水草而居，畜牧和狩猎是其主要的生活方式。艰苦的自然环境和频繁的战事，造就了秦人尚武好战的剽悍民风，兵强马壮、开疆拓土是当时历史背景下秦人生存的唯一选择。马文化在秦人尚武精神中表现非常突出，《史记·秦本纪》中对秦人与马的关系有很多记载，如"秦之先……大费拜受，佐舜调驯鸟兽，鸟兽多驯服"②，"非子居犬丘，好马及畜，善养息之"③，可见秦先人善驯养之术，尤善养马。秦人的兴盛与发展正是得益于养马的经验，长期与戎作战也使秦在骑兵培养和战车配备上远胜于中原诸国。现存北京故宫博物院石鼓馆的石鼓上有这样的诗句："吾车既工，吾马既同，吾车既好，吾马既阜"，这是秦人对自己车马精良的自信。纵观《诗经·秦风》诸篇，车与马基本都有出现，这与秦人对马的重视密不可分，《车邻》《驷驖》《小戎》《无衣》等均对战

---

① 《汉书》卷二八下《地理志下》，中华书局，1962 年，第 1644 页。

② 《史记》卷五《秦本纪》，第 173 页。

③ 《史记》卷五《秦本纪》，第 177 页。

争、田猎有较多描述，如"有车邻邻，有马白颠"① "驷驖孔阜，六辔在手"② "四牡孔阜，六辔在手，骐骊是中，骝骊是骖"③ 等，马与车在秦人生活中的特殊意义，体现了秦俗中独特的尚武精神。

春秋战国的秦墓中常见车马殉葬的现象，出土时车与马的放置呈现出驾乘状。1998年抢救性发掘的礼县圆顶山春秋秦墓曾有1座车马坑（编号：98LDK1），随葬车马五乘，自东向西分别为1—5号，车队前后相随，辕东舆西，其中第1、3、4为驷乘，第2、5为两匹马挽驾，第1乘还葬御奴1名④，还有部分车马器、车马饰、皮质络套等出土多达百件。2013年对毛家坪遗址D发掘点进行清理发掘，清理出车马坑1座（编号：K201），长10米、宽3米的车马坑共有三辆车，西部为三号车，中部为二号车，东部为一号车，其中，三号车车轼上绘有白底青黑色勾连蟠虺纹，车舆前发现铜环、铜泡、箭镞与弓的痕迹⑤；二号车车舆板外蒙牛皮，牛皮上髹棕黑色漆，再以红彩勾勒出虎、豹、马等动物图案，舆前发现两把左右交叉的铜戈，戈下有箭箙及箭镞，车舆前为两匹呈俯卧姿态的马，马身上发现大面积漆皮，饰红漆黑彩勾连蟠虺纹，马腹部外侧有数个大铜泡⑥；一号车的舆板内外侧饰有玉片，马头有络饰、衔镳⑦。可以发现，马均在东，车均在西，且马头和车辕朝东，还保持着驾乘的状态。二号车有两匹马，马身有带彩绘的皮甲胄，级别是三辆车中最高的。2003至2004年凤翔孙家南头春秋秦墓的发掘，清理出了3座陪葬车马坑，分别为一号车马坑（编号：CMK1）、二号车马坑（编号：CMK2）、三号车马坑（编号：CMK3），其中三号车马坑有三辆车马东西向排布，车前分别可见二匹、四匹、四匹的马骨，马头、车辕向东，车辆、马骨布局整齐，每辆车舆下方各有一座殉葬坑，坑内各殉葬一人。⑧考古发现的秦墓车马坑多有出土，在此我们仅用部分进行举例，不难发现秦墓中车马殉葬是非常重要的，基本所有的贵族秦墓都有车马坑遗存，且车与马呈现出纵向排列的状态。梁云先生说："墓坑里一般都不随葬车马器，驾乘状态、使用状态的车马，车马器应该出土在它使用的位置上。"⑨ 这一点在考古发现中被充分证实。

从以上考古发现的秦墓车马坑的埋葬方式、车马形制、系驾方式来看，与《小戎》

① 程俊英译注：《诗经译注》，第218页。
② 程俊英译注：《诗经译注》，第219页。
③ 程俊英译注：《诗经译注》，第222页。
④ 甘肃省文物考古研究所、礼县博物馆：《礼县圆顶山春秋秦墓》，《文物》2002年第2期。
⑤ 肖宇等：《秦文化探源：毛家坪遗址考古记》，《大众考古》2015年第2期。
⑥ 肖宇等：《秦文化探源：毛家坪遗址考古记》，《大众考古》2015年第2期。
⑦ 肖宇等：《秦文化探源：毛家坪遗址考古记》，《大众考古》2015年第2期。
⑧ 陕西省考古研究院、宝鸡市考古工作队、凤翔县博物馆：《陕西凤翔孙家南头春秋秦墓发掘简报》，《考古与文物》2013第4期。
⑨ 梁云：《西垂有声：〈史记·秦本纪〉的考古学解读》，第38页。

描述的车、马、兵、饰是吻合的，《小戎》中"小戎俴收"① 所言正是秦人的兵车车厢的造型，车厢由木板包围而成，纵深比较浅，自殷商以来流行的单辕双轮构造形式也被秦人保留下来。"五楘梁辀"② 体现了秦人车饰的坚固、美观，"游环胁驱，阴靷鋈续。文茵畅毂，驾我骐馵"③ 则是描述了乘驾具、挽马具、环状连接物、车垫以及车轮形制。"四牡孔阜，六辔在手，骐骝是中，騧骊是骖。龙盾之合，鋈以觼軜"④ 描述了四马拉一车、两骖两服、六根缰绳在手的驾乘状，与凤翔孙家南头车马坑 CMK3 和毛家坪遗址车马坑 K201 中的考古实物基本一致。"俴驷孔群，厹矛鋈錞"⑤，孔颖达正义曰："此国人夸兵甲之善。言我有浅薄金甲以被四马，甚调和矣。"⑥ 可见当时为彰显地位，秦人级别非常高的车马一般以金箔为装饰，装订或黏贴在甲胄上，这在大堡子山秦墓车马坑出土的金饰片用途中有了很好的佐证。秦人对车马的重视可见一斑，秦先祖世代驾车、养马，"造父以善御幸于周缪王，得骥、温骊、骅骝、騄耳之驷，西巡狩，乐而忘归……"⑦ "非子居犬丘，好马及畜，善养息之……"⑧《小戎》描绘的车马之盛、装饰奢华，与考古实物非常吻合，充分体现了秦国武力的强大，这是秦人尚武的文化性格的充分表达。

秦人东进不仅要依靠强大的武力支撑，还需要文化上的进步。长期以来，秦人被东方诸国视为戎狄，重武轻文。在东进征程中，秦人受到了周王的扶持并积极学习周礼，这是秦人进取精神的另一个重要表现。《诗经·秦风》中涉及《周礼》的内容非常多，秦人尚武，车舆马政之事不可或缺，其首篇《车邻》孔颖达正义曰"秦仲之国始大，又有车马礼乐侍御之好焉"⑨。《周礼·春官·巾车》中对车有这样的规定："王之五路：一曰玉路，锡，樊缨十有再就，建大常，十有二斿，以祀；金路，钩，樊缨九就，建大旂，以宾，同姓以封；象路，朱，樊缨七就，建大赤，以朝，异姓以封；

---

① ［汉］毛亨传，［汉］郑玄笺，［唐］孔颖达疏，《十三经注疏》整理委员会整理，李学勤主编：《十三经注疏·毛诗正义·卷第六》，第 414 页。

② ［汉］毛亨传，［汉］郑玄笺，［唐］孔颖达疏，《十三经注疏》整理委员会整理，李学勤主编：《十三经注疏·毛诗正义·卷第六》，第 414 页。

③ ［汉］毛亨传，［汉］郑玄笺，［唐］孔颖达疏，《十三经注疏》整理委员会整理，李学勤主编：《十三经注疏·毛诗正义·卷第六》，第 415 页。

④ ［汉］毛亨传，［汉］郑玄笺，［唐］孔颖达疏，《十三经注疏》整理委员会整理，李学勤主编：《十三经注疏·毛诗正义·卷第六》，第 418 页。

⑤ ［汉］毛亨传，［汉］郑玄笺，［唐］孔颖达疏，《十三经注疏》整理委员会整理，李学勤主编：《十三经注疏·毛诗正义·卷第六》第 419 页。

⑥ ［汉］毛亨传，［汉］郑玄笺，［唐］孔颖达疏，《十三经注疏》整理委员会整理，李学勤主编：《十三经注疏·毛诗正义·卷第六》，第 419 页。

⑦ 《史记》卷五《秦本纪》，第 175 页。

⑧ 《史记》卷五《秦本纪》，第 177 页。

⑨ ［汉］毛亨传，［汉］郑玄笺，［唐］孔颖达疏，《十三经注疏》整理委员会整理，李学勤主编：《十三经注疏·毛诗正义·卷第六》，第 408 页。

革路，龙勒，条缨五就，建大白，以即戎，以封四卫；木路，前樊鹄缨，建大麾，以田，以封蕃国。"① 车实则是礼制的象征，"有车邻邻，有马白颠"中的车也应为礼制的象征。从诗中我们无法看出当时秦所用的车是什么等级，但足以看出车之多、马之强。秦仲虽然在当时只是大夫，按照《周礼》的规定无法享用五路制度，但他因讨西戎有功而受赏拥有了周王赐予的车马礼乐。除此之外，《秦风》中还有多处体现《周礼》的内容，如周代贵族燕礼中必用乐，而《车邻》中描述有鼓瑟宴饮的生动场景。《周礼·春官·大宗伯》中"大田之礼，简众也"② 是五礼中军礼的重要内容；《驷驖》全篇讲田狩之事；《黄鸟》三良殉葬，当与《周礼·春官·大宗伯》中"以凶礼哀邦国之忧：以丧礼哀死亡"③ 相吻合；《权舆》中"每食四簋"是对周代有严格的饮食礼制的描述，"四簋"是大夫级别的标准。从《诗经·秦风》中随处可见的周代礼乐制度的表述，可以看到礼乐文化已经融入到秦人生活的方方面面。对先进文化的学习与吸纳，使秦与东方诸国的文化距离不断缩短，为其发展壮大注入了开放包容、勇于变革的文化力量。

三、结语

《诗经·秦风》诸篇的写作年代至今仍有争论，所述之事的历史背景大致从秦立国前后开始，记述了秦人东进崛起的历史。秦从诸侯之国到统一王朝，经历了600年左右的艰辛岁月，数百年中秦人一直保持着主动进取的姿态，无论是抵御戎狄还是统一战争，无论是学习先进文化还是寻求变法强国之路，他们坚忍不拔、开拓进取的精神都体现得淋漓尽致。从秦襄公立国，始封诸侯开始，到秦穆公成就春秋五霸之一，再到秦始皇"奋六世之余烈，振长策而御宇内"，实现大一统。秦人所取得的成就与其进取精神有着密切的内在联系，也是秦人迅速崛起乃至最后实现统一霸业的文化动因。

---

① 徐正英、常佩雨译注.《周礼》（上），中华书局，2014 年，第 564 页。
② 徐正英、常佩雨译注.《周礼》（上），第 405 页。
③ 徐正英、常佩雨译注.《周礼》（上），第 403 页。

秦长城西首起地在岷县原因探析

——兼议战国秦长城与万里秦长城西首起地的问题

张润平

（甘肃省岷县文化广电和旅游局）

摘要： 据史书记载，秦长城西首起地在古临洮，今岷县，与遗址考察结果完全吻合。经研究，秦长城西首起地在今岷县有 10 大理由。秦长城西首起地的防御不是简单的线性布防，而是具有高度整体性、层次性的防御系统。岷县是秦国最西部的门户县治、郡治所在地，西秦岭与岷山、昆仑山穿插交汇之地，秦国发源地礼县之西的紧邻，是秦国西部安全的命门之地，地理与地形特殊，位置要害，具有把控从西、北来犯之敌的统摄功能。而今临洮古狄道在岷县之北，不具有这样的把控功能。秦长城西首起地非岷县莫属。

关键词： 秦长城；西首起地；岷县；原因探析

岷县即战国至秦朝时期的陇西郡临洮县。秦长城西首起地在岷县的历史记载，如《史记》《汉书》《后汉书》《水经注》《隋书》《旧唐书》《新唐书》《通典》《括地志》《元和郡县志》《元丰九域志》《资治通鉴》《方舆胜览》《读史方舆纪要》等，各个不同时代的记载足够丰富。秦长城西首起地在岷县的遗址同样非常丰富，能够随地可见。我们的遗址考察研究成果《秦长城首起于岷县的文献梳理与调查考证》《秦国临洮县与陇西郡地望及秦长城西首起关系考》《秦国陇西郡郡治所在地考》《秦长城西首起遗址考》《"犬丘"考》分别发表在《丝绸之路》2019 年第 4 期、2020 年第 1 期、2020 年第 2 期，中国长城学会专业刊物《万里长城》2020 年第 2 杂志及《中国长城文化学术研讨会论文集》（中国书籍出版社，2020 年 8 月），受到中国长城学会肯定，由中国长城学会主编的《中国长城百科全书·岷县长城卷》一书也即将出版。那么，秦长城西首起地为什么要落脚在岷县而不是其他地方？

要搞清楚这一问题，首先要清楚秦国当时的西部边关地带是哪里，然后要清楚秦国在西部边关地带有没有必要设防，最后要清楚在西部边关地带最需要防范的是什么，最需要保护的是什么。这是大前提，必须要弄清楚。

具体综合考察秦长城西首起的防御布设，秦国的设计是以洮河为中轴，以白龙江源头与渭河源头区域为两翼，作为长城西首起的防御设置。崆峒山（今岷县十里镇大沟寨村五台山阳巅沟梁）控扼白龙江源头区域及更西向甘南草原西羌来犯之敌。崆峒山相关联的秦许乡阿阳西河桥、中堡，寺沟镇录沙村寨子梁，麻子川镇岭峰村均有防御设施。在岷县西北部的狄道（今临洮县），不仅管控着西北的狄羌，还有正北方渭水源头区域的狄人，这一带海拔稍低，属于黄土高原的南面边缘地带，农业经济发达，族群众多。狄道正北的黄河以北又是匈奴出没的核心地带，在狄道不能没有设防。整个洮河流域是秦人早期的势力范围，渭河流域是秦人获封诸侯国开始逐步向东一个一个兼并后的势力范围。二者有时间差。白龙江流域源头区域的把控应该稍迟于洮河流域的把控，早于渭水流域源头区域的把控。秦长城西首起的设置就是为了总摄这三条河流及相关联山脉、水系及人类的通道。秦人在未获封诸侯国之列之前就对这一带经营了数百年，可以说苦心孤诣。有了此牢不可破的基础，才有了秦人后期统一全国的力量。

具体分析，原因有十：

一是秦国的发源地在礼县，岷县相邻礼县之西，确保发源地安全，是秦国首要考量。岷县不保，紧邻岷县东面的秦人世代祖居地礼县唇亡齿寒，肯定也将不保。礼县不保，秦人的根基就会地动山摇。因此在岷县必须设防。

二是陇西郡治所在地就在当时的临洮，并非当时的狄道（今临洮）。狄道置陇西郡是汉代。在秦代，从战国至秦朝，狄道一直是当时临洮的边地附邑，郡治所在地不可能放在边地附邑——狄道的。岷县是秦国当时最西边门户县治，也是郡治所在地。岷县的西面是居无定所的湿地草原住民——西羌，岷县的北面是狄人和匈奴，均不得不防御。

三是岷县之西就是"羌中"，秦人不可能不设防。岷县是秦人最西面的门户县，陇西郡是秦人最西面的门户郡，门户所在地是长城设防的重中之重。秦长城西首起只能从最西面门户县治、郡治所在地修起。

四是秦岭是秦人的命脉，西秦岭是秦人的命脉之门。西秦岭的安全就是秦国的安全，就是秦朝的安全。确保西秦岭的绝对安全是长城西首起于岷县的不二选择。

五是岷县是雍梁二州的分水岭，地处咽喉位置，是西秦岭、昆仑山、岷山末端交汇穿插之地，也是三地所在居民交汇穿插之地，山大沟深，沟壑纵横，万山林立，在此设防，修筑长城，同样是秦人的不二选择。这一地理地貌特征决定了秦长城西首起建设的思路、格局和框架。

六是秦人设防的对象不仅是北狄，还有从蒙古高原穿越青藏高原入蜀的匈奴（又叫胡人），以及正西面类似于明代生蕃的羌人的入侵。岷县作为北面入蜀、西面入秦的咽喉之地，长城不能不在此首起。

七是由于西秦岭与昆仑山在岷县境内呈东西向穿插，洮河从西向东而来至岷县，又折而向北、向西、再向北进入黄河，根源就是两山撞击穿插所致。昆仑山在岷县东南向穿插而止，西秦岭在岷县西北向穿插而止，穿插深度近200百公里。这样在区域性临界草原湿地范围内，形成了若干段大致呈南北向的横断山体，能够起到防御上的拦截作用。秦长城就把这样的横断山体连接起来，修筑防御工事，能够起到事半功倍、一夫当关、万夫莫开的功效。这也正是秦长城为什么在洮河喇叭口的正西面修筑三道拦截工事的奥秘所在。

八是渭水为秦人母亲河，紧贴秦岭由西向东汇成巨流，其源头区域紧邻洮河峡谷地段的峡城位置，绝对是秦人长城西首起布防不得不考量的必然选项。渭水之源也是秦人的生命之源，与洮河之源具有同样的功能与意义，必须保护。这就是秦长城西首起，从东南方的岷县起步沿洮河流域西北方而下到达临洮，又东南下至渭源，再继续向东至陇西进行布防的原因所在，也是秦长城西首起布防的基本格局。

九是在洮河东部紧邻礼县的狼渡滩，海拔在2700—2800米之间，面积有90万亩，是秦人的西犬丘之地，牧马绝好的湿地草原，其价值类同于今天的国家军火库，一定要确保其绝对安全。因此在洮河以西设防、修筑长城，是秦人基本的考量。

十是洮河本身就是一道防御屏障，就是一道由水筑成的长长的墙体。其总流向是由南向北，在岷县进行了长达83.5公里的大转弯，再向北流去的，其开阔的张口面是正西向的广袤无垠的若尔盖湿地大草原，在临近草原的南北断面适当位置修筑壕堑、城障、烽燧等相关防御设施，形成若干段防御拦截面，才能确保洮河防御线的万无一失。

时狄道今临洮，在岷县的正北面，礼县的西北面，如果秦长城西首起于今临洮，那么秦人发源地的西边门户岷县就敞开给西羌，任由西羌自由穿梭来犯了。而这是绝对不允许的。

如果秦长城西首起于今临洮，那么其地理位置必须要求有一夫当关、万夫莫开的特点与功能。今临洮境内的西起点南屏村长城堡平缓低矮，一不险要，二不是关口，历史上也没有"关"的地名传承，不具有首起地的价值与功能，只能作为境内过路段的起点。长城的首起地，需要系统性综合设防。而在今临洮看不到系统性综合设防的布局，全是单纯线性布防，这正是过路段长城设防的特征。今临洮以西、以北是蒙古高原边缘带，是西秦岭北部末梢端的一个点，不具有"首"的捍领功能，不可能是首起地。

历代典籍特别强调秦长城的"西首起"，很多学者往往忽略"首"的含义。"首"绝不是一条线就能够解决的问题，如北京八达岭明长城的设置就是多角度、多层次布防，秦长城西首起，就是万里长城之首，肯定要能够承担和具备捍领与涵盖万里长城的体量和功能。通过研究，秦长城西首起的布防设置就具有这样的体量和功能。这说明长城不是线性墙体，而是具有高度整体性、层次性的防御系统。从首起地就是如此，顺着沿途直至终端的设置，无不如此。对于早期的秦长城来说，好多遗址已经毁损殆尽，只有断断续续的壕堑、关城、烽燧尚能够看见，特别是壕堑不容易毁损殆尽，还能清晰地看到其壮观的一面。

秦长城西首起的防御设置，是一种把洮河进行了全封闭式的防御。对"首"的防御，应该是全方位的。首起点，肯定是最要害的点。

明代充分利用秦长城的设施，再加以改进或者是补充完善，在两山间壕堑下方对接处或悬崖下夯筑的墙体便是，文物部门把这些墙体统叫"明代边墙"。而绵延不绝长达几十公里的壕堑则是秦长城的遗存，在明代依然具有防御功能，不然，这些边墙就不必修筑在两山的壕堑之下或壕堑的接口处了。

如果把秦长城西首起所在地比作龙首的话，崆峒山是龙首核心部位，从秦许二郎城分支的县城东北龙王台与麻子川岭峰村就是龙须，从岷县二郎山起直至今临洮县洮阳镇边家湾大崖头遗址，总为秦始皇万里长城西首起之"首"的组成部分。龙首的大致轮廓就是东面以洮河为界，西面以草原为界，这个范围内均为龙首部位，是岷山与西秦岭以北末梢端结合部，这个部位总摄了秦岭与岷山的核心。由此可以看出，秦长城西首起地的选址是煞费苦心又极其高明的，把东南西北族群的防御与互动总在这里，能够做到有效把控。岷县之地是秦国当时西部安全的命脉之地、命门之地，也是秦国整个大版图安全所系的命门之地。因此，秦长城西首起之地非岷县莫属。

下面再讨论一下战国秦长城与万里秦长城两个不同时期西首起地的问题。

早在1927年就完稿、于1933年出版的《中国长城沿革考》，作者王国良先生明确判断：

> 至于西头，诸说都说起于临洮，《括地志》且特指明起岷州（今岷县）西十二里；是秦长城西起于今甘肃岷县，自无疑虑……然则秦长城西起于今甘肃岷县，东行经狄道固原隆德等地，包六盘山而北走，再东经环县而入陕西境，东过绥德，渡黄河，历山西河北境，到山海关转向东北，横贯辽宁南部平壤县南可无疑了。以上，叙述秦长城的起讫……总之，秦筑长城，上承燕赵之旧，下立历代北防之基，工程之大，在古代实算首屈一指！近之苏彝士巴拿马诸工程，或可同他抗衡，余则望尘莫及了！[1]

成稿于1963年、出版于1979年的《中国长城建置考》，作者张维华先生也明确判断：

> 综上所述，秦昭王时所筑之长城，其所在方位，大体可寻出矣。首起于今甘肃岷县之西南，北行，经临洮、渭源之境，直达皋兰。再由皋兰东行，越陇山，入固原县境。复东北行，入合水县与环县之境。自此再东北行，入今陕西之鄜县境。再东北，经延安而入绥德县境。再东行，达于黄河西岸而止。[2]
>
> 至其内边，在西北部者有二：一为自今兰州东至包头，沿河而置之一边；一为因秦昭王时之长城而缮治者，起自今甘肃之岷县，东至今陕西绥德之东北达于

---

① 王国良著：《中国长城沿革考》，商务印书馆，1927年，第32页。

② 张维华著：《中国长城建置考》，中华书局，1979年，第118页。

黄河……此即始皇时长城之大概也。①

从这里可以看出，战国秦长城与万里秦长城的西首起地均在岷县并不是问题。但今天为什么还要讨论这一问题？因为由于之前在岷县发现的秦长城遗址没有被文物行政部门认定，导致《西北通史》《甘肃关隘史》与最新版《辞海》等的错误认识及国家文物局遗址认定上的缺失，负面影响不小。

2005 年出版的《西北通史》对战国秦长城西首起地的认识为：

> 秦汉临洮、狄道均城临洮水，既然今岷县无长城遗址，而今临洮所存长城遗址虽时断时续，一直可以向东北追溯，则长城起始点的临洮，不在今岷县，而在古狄道，即今之临洮县无疑。②

对秦始皇万里长城西首起地的认识为：

> 蒙恬于三十二年略取河南地后，立即"自榆中并河以东属之阴山，以为三十四县，城河上为塞"；"悉收河南地，因河为塞。""城河上为塞"或"因河为塞"的起点即"榆中"，榆中，在今甘肃兰州市境黄河南岸。从榆中沿黄河而下至阴山，充分利用了黄河天险，在津渡处筑航城设县，修筑了 34（或 44）座县城，派兵戍守。③

2011 年出版的《甘肃关隘史》对秦长城的认识为：

> 为区别于后来秦始皇时修筑的长城，通常把秦昭王时期所修的这段长城称作秦战国长城。该长城西起今甘肃临洮，经渭源、陇西、通渭、静宁，过宁夏又经镇原、环县、华池进入陕北后达内蒙古自治区准格尔旗托克托县黄河对岸，全长约 1250 公里，在甘肃境内历八县，达 800 多公里……秦统一全国后，其边界又向西北扩展，故甘肃境内以前所修战国长城就多在秦境以内，遂失去了原来的军事防御意义，便日渐废置。④

国家文物局《关于甘肃省长城认定的批复》文物保函【2012】941 号文件，只认定了战国秦长城"东起华池县，经环县、镇原县、静宁县、通渭县、陇西县、渭源县，西迄临洮县"，在对战国秦长城的认定上，岷县段的缺失和对万里秦长城认定上甘肃段的缺失，这两个段认定上的缺失是违背历史事实的。

2020 年 8 月出版的《辞海》第七版"长城"条：

> 秦长城遗址 秦始皇在北境修筑拒匈奴的军事防御线遗址。位于甘肃、宁夏、内蒙古、河北、辽宁等省区。秦始皇统一全国后，命大将蒙恬率 30 万众北逐匈奴，筑长城，长城"起临洮，至辽东，延袤万余里"。据调查，长城首起甘肃临洮，当经兰州北上，傍黄河至内蒙古临河，自临河以东进入狼山，过固阳后直插

① 张维华著：《中国长城建置考》，第 136 页。
② 刘光华：《西北通史》（第一卷），兰州大学出版社，2005 年，第 292 页。
③ 刘光华：《西北通史》（第一卷），第 308 页。
④ 边强著：《甘肃关隘史》，科学出版社，2011 年，第 85 页。

大青山北麓。比筑于大青山南麓的战国赵长城北移 50 余千米。长城继续东延，经卓资、察右中旗、察右前旗、丰镇、兴和、怀安、尚义、万全、张北、崇礼、沽源、赤城、丰宁、围场、赤峰、敖汉、奈曼、库伦，至辽宁阜新，据记载和考古迹象，可抵达朝鲜半岛，全长 5000 余千米。该长城大多数地段是利用和修缮了原秦昭王长城、赵北长城和燕北外长城。墙体有夯土筑、石砌或土石混砌，残宽 2—5 米，残高 0.3—6 米。在长城沿线设有烽燧和障城。为全国重点文物保护单位。

全然否定长城从岷县首起的历史记载。但在该书的"长城"条中却没有否定长城从岷县首起的事实：

> 春秋战国时各国为了互相防御，各在形势险要的地方修筑长城。《左传·僖公四年》"楚国方城以为城"，长城始见记载。战国时齐、楚、魏、燕、赵、秦和中山等国相继兴筑。秦始皇灭六国完成统一后，为防御匈奴南侵，于秦始皇三十三年（前 214）将秦、赵、燕三国的北边长城予以修缮，连贯为一。故址西起临洮（今甘肃岷县），北傍阴山，东至辽东，俗称"万里长城"，至今犹有遗迹残存。

"秦长城遗址"是本版次新增加的一个词条，显然，撰写学者并没有参照"长城"词条。辞书是具权威性的，不容出现自相矛盾的错误。这也反映出学术界对这一问题的困惑。

由此可见，对秦长城遗址的进一步研究与落实以及国家文物局的重新认定意义非凡，非常必要。事实上，经过我们考察，秦长城遗址在岷县以及至临洮的沿途过路段和西首起地所涉及临潭、卓尼、康乐三县均有丰富的遗址可供察看。

这里需要强调的是，以往那么多秦长城研究学者大都来过岷县考察，没有确定下遗址，原因何在？就在犯了经验性、常识性错误。他们能够看到的多是明长城或汉长城等，均有赫然醒目的长长的墙体，自然在心目中没有长长的墙体就说明此地没有长城。其实早期长城，不仅仅是秦长城如此，齐长城、楚长城等都有一个特点，就是以烽燧、障城、壕堑等为主，正如张维华先生所言：

> "长城"二字给人的概念，必是接连不断的一条城墙。其实古人设防，多是因地制宜，且因时而异；没有一定的方式。有的地方建筑长城，也有的地方仅仅设置了烽燧、斥堠、堡垒等类的防御工事。从当时防御工事整体上看，这些都是互相联系的，简称之曰长城，亦无不可。①

张维华的言论是中肯和正确的。从"堑"字来看，《史记》云"然后斩华为城，因河为津……"②，又云"因河为塞，……因边山险堑溪谷可缮者治之"③。《汉书》有"堑

---

① 张维华著：《中国长城建置考》，第 136 页。
② 《史记》卷六《秦始皇本纪》，中华书局，1982 年，第 281 页。
③ 《史记》卷一一〇《匈奴列传》，第 2886 页。

山填谷"① 之语，《晋书》有 "秦堑临洮之险"② 之句。

由此可知，显然，"河"是第一道防御屏障，"山"是第二道防御屏障，"堑"是第三道防御屏障。岷县的地理特征是沟壑纵横，山大沟深，呈现出来的是悬崖峭壁，根本无法建筑长长的墙体，而洮河本身就是长长的墙体。因此，只要在河、山天然险峻的基础上再于关键位置深挖壕堑，修建相配套的障城、关城、烽燧等，就足以抵御来犯之敌了。据上述分析可知，"堑"是秦长城的基本形制、基本特征。

顺着这一思路，岷县文广局曾组织考察组，成员为相关领域学者与县博物馆工作人员，由笔者亲自带队，于2019年4月至8月对岷县全境洮河流域及秦汉古道做了历时5个月的系统考察，并延伸到与此问题关涉的卓尼、临潭、康乐、临洮等地。经考察，这些地方均发现了这些形制的遗址，有些地段壕堑绵延数十公里，壮观醒目，而在与壕堑相关联的城障、烽燧遗址上，也都发现了秦瓦残片等文物标本，与文献记载完全吻合。也就是说，此次考察印证了史书的记载，战国秦长城西首起地与万里长城西首起地均在岷县无疑。

---

① 《汉书》卷二七《五行志下之上》，中华书局，1962年，第1472页。
② 《晋书》卷一○一《载记第一》，中华书局，1974年，第2643页。

论睡虎地秦简编年记的内容和性质

——兼论相关以年系事类出土文献

王婧凝

（北京师范大学历史学院）

摘要： 睡虎地秦简编年记以秦官方信息为底本编写而成，在此基础上有私人性质的删改，属于选录的结果。结合印台汉简《叶书》、松柏汉牍《叶书》、阜阳汉简大事记和胡家草场西汉简《岁纪》等相关编年记事类出土文献来看，"叶书"之义更多指向简牍形制，与谱牒类文献的关联应更加谨慎地考虑。编年记的实用性功能，与大事纪年存在区别。编年记蕴含着双重纪念意义，是秦国历史与喜的家族生命史合二为一的产物。历史记录是"大事"的系列组成，其内容选择存在着动态变化的过程，也存在着书写者个人的主观色彩。无论出土文献还是传世文献，所记录的"大事"只是一个个节点，远不能展现历史全景。接触更多层次的史料，有助于对历史图景产生更全面的认知。

关键词： 睡虎地秦简编年记；简牍形制；以年系事；大事记；历史记忆

睡虎地秦简编年记①出土于 1975 年，竹简发现于墓主头下，共 53 枚，根据出土位置图和简文内容，可以看出竹简原反卷成一卷。关于学界对其名称的讨论，陈伟有所梳理："大事记"之称在先，"编年记"为稍后的改称；受印台汉简《叶书》与松柏汉牍《叶书》的启示，李零称之为"叶书"②。何有祖认为，睡虎地秦简编年记与里耶秦简 16-9 号简 "《枼（世）》" 的时间当是最近的，具有共时性，二者可互相印证，因

---

① 《云梦睡虎地秦墓》编写组：《云梦睡虎地秦墓》，文物出版社，1981 年，第 12—15 页。"编年记"并非出土文献自名，因此在本文行文中，不以书名号标志；传世文献与考古报告提及出土文献自名者，皆以书名号标志。

② 陈伟：《秦汉简牍〈叶书〉刍议》脚注 1，《简帛》2015 年第 1 期。

此编年记应改称为《枼（世）》。① 此外，也有学者称之为"牒记"②。本文沿用"编年记"之称。

编年记的内容分为上下两栏，上栏是昭王元年（前306）至五十三年（前254），下栏是昭王五十四年（前253）至始皇三十年（前217）。黄盛璋、陈直、韩连琪、傅振伦以及藤田胜久等学者，结合传世文献记载与其他出土资料，对编年记的内容进行了整体研究和具体考证。③ 陈直、商庆夫和杨剑虹等学者围绕编年记的作者身份、思想意图和撰写目的展开讨论④，陈洪根据考古学信息推断，喜的父母即M9、M10的墓主是秦地到南郡的移民，喜本人则有可能出生于南郡。⑤ 刘向明和陈侃理对墓主喜的宦历以及秦代基层行政的相关问题进行了研究。⑥

从字体来看，编年记从昭王元年到秦王政（始皇）十一年（前236）的大事，大约一次写成。这一段关于喜及其家事的记载，和秦王政（始皇）十二年（前235）以后的简文，字迹较粗，可能是后来续补的结果⑦，这是目前绝大多数学者的观点。也有学者认为，编年记第一次编写时只写到秦昭王五十三年。⑧ 刘信芳对编年记的补书、续编和削改情况进行细化，认为若从内容来看，即便是同一人书写，因年代久远，书写者本人的字体有变化，因而前后文字风格也并不统一。⑨ 凌文超进一步指出，秦王政十六年（前231）以前的"十二月甲午鸡鸣时喜产""敢产""遬产""获产"均与"自占年"粗笔书写一致，而对应的纪年、国事笔迹均较细；十六年以后的"恢生""产穿耳"的笔迹与当年纪年、国事笔迹一致，即秦王政十六年以前所记的生年，均为秦

---

① 何有祖：《里耶16-9号简"枼"与秦汉简中的〈叶〉〈叶书〉》，武汉大学简帛研究中心简帛网，http://www.bsm.org.cn/show_article.php? id = 3206，2018年8月16日。

② 傅振伦：《云梦秦墓牒记考释》，《社会科学战线》1978年第4期。

③ 黄盛璋：《云梦秦简〈编年记〉初步研究》，《考古学报》1977年第1期；陈直：《略论云梦秦简》，《西北大学学报》（哲学社会科学版）1977年第1期；韩连琪：《睡虎地秦简〈编年记〉考证》，《中华文史论丛》1981年第1期；傅振伦：《云梦秦墓牒记考释》；〔日〕藤田胜久著，曹峰、广濑薰泽译：《〈史记〉战国史料研究》第一编第三章《〈史记〉战国纪年再探——以睡虎地秦简〈编年记〉为线索》，上海古籍出版社，2008年。

④ 陈直：《略论云梦秦简》；商庆夫：《睡虎地秦简〈编年记〉的作者及其思想倾向》，《文史哲》1980年第4期；杨剑虹：《睡虎地秦简〈编年记〉作者及其政治态度——兼与陈直、商庆夫同志商榷》，《江汉考古》1984年第5期；杨剑虹：《秦简〈语书〉窥测——兼论〈编年记〉作者不是楚人》，《江汉考古》1992年第4期。

⑤ 陈洪：《秦文化之考古学研究》，科学出版社，2016年，第237—238页。

⑥ 刘向明：《试释睡虎地秦简〈编年记〉所载"喜□安陆□史"》，《江西社会科学》2004年第3期；陈侃理：《睡虎地秦简〈编年记〉中喜的宦历》，《国学学刊》2015年第4期。

⑦ 睡虎地秦墓竹简整理小组：《睡虎地秦墓竹简》，文物出版社，1990年，第3页。

⑧ 马雍：《读云梦秦简〈编年记〉书后》，《云梦秦简研究》，中华书局，1981年，第18页。

⑨ 刘信芳：《关于云梦秦简编年记的补书、续编和削改等问题》，《江汉考古》1991年第10期。

王政十六年"自占年"时的补记，应与"自占年"同时书写。①

关于编年记的性质，学界讨论过它是否为个人年谱或家谱②，之后逐渐倾向于进行更加细致的分析。目前学界基本持以下几种观点：编年记是以秦王年纪年，兼记私家大事的私人记述，如孙瑞认为，它是秦国家族大事记③；藤田胜久认为，它属于在秦国公式纪年上加入墓主私事的个人年表④；陈伟认为，编年记以帝王年世为主干，兼记私家大事⑤。或认为是源于秦官方记录的历史读物，如曹旅宁认为，它是一部当时通行的来源于官修编年史的历史读物。⑥ 以李零为代表的观点，则将之归为谱牒。⑦

前辈学者对睡虎地秦简编年记已有多方面研究，但在其内容分析、性质判定等方面仍有可推进之处。本文将以睡虎地秦简编年记为中心，兼及相关以年系事类出土文献，在前人研究基础上对相关问题进一步探讨。

一、对睡虎地秦简编年记内容的考察

藤田胜久通过分析编年记的内容结构，指出睡虎地秦简虽然出土于云梦县，但其内容以秦国的东方为中心，更进一步地说，从地图分布上能明显看出，编年记所见军队是正好以关中为中心呈放射状出动的。⑧ 大体来看，《史记·六国年表》次序排列接近于记事频率的次序，或是和秦国相距远近的次序，表示着和秦国之间关系的强度。编年记中与秦国的战争有关的地名分布次序，与《六国年表》排列顺序大致相同，说明各国记事的多少和与秦国关系密切程度相关。⑨ 关于齐国的记事是一个明显的例证：宋王偃四十七年（前283），宋遭到齐、魏、楚联军灭国之后，楚的东北疆界与齐的西南疆界开始接壤。喜虽然是楚地生人，但编年记除"（昭王）卅七年，□寇刚"⑩ 外，未记与齐国相关的任何信息。齐国作为有实力与秦抗衡的东方大国，与秦国的往来不可谓不频繁，只是从地缘政治角度来看，齐国直接面对的政治敌手，除了楚国之外，还有赵国、燕国，及战国开始不久即先后退出政治舞台的越国和泗上十二诸侯等，并

① 凌文超：《秦代傅籍标准新考——兼论自占年与年龄计算》，《文史》2019年第3期。
② 谢巍：《睡虎地秦简〈编年记〉为年谱说》，《江汉论坛》1983年第5期；高敏：《〈编年记〉的性质与作者质疑》，《云梦秦简初探》（增订本），河南人民出版社，1981年第2版，第10—15页。
③ 孙瑞：《从〈睡虎地秦墓竹简〉看秦国家族大事记》，《档案学通讯》1998年第3期。
④ 〔日〕藤田胜久著，曹峰、广濑薫泽译：《〈史记〉战国史料研究》，第102页。
⑤ 陈伟：《秦汉简牍〈叶书〉刍议》，第89页。
⑥ 曹旅宁：《睡虎地秦简〈编年记〉性质探测》，《史学月刊》2010年第2期。
⑦ 李零：《视日、日书和叶书——三种简帛文献的区别和定名》，《文物》2008年第12期。
⑧ 〔日〕藤田胜久著，曹峰、广濑薫泽译：《〈史记〉战国史料研究》，第100页。
⑨ 〔日〕藤田胜久著，曹峰、广濑薫泽译：《〈史记〉战国史料研究》，第108—109页。
⑩ 睡虎地秦墓竹简整理小组：《睡虎地秦墓竹简》，第5页。

不包括秦国①，即使与秦国交战也多以合纵形式进行。因此，编年记记录的信息应是直接来源于秦，并非出自喜个人的收集和记录。

此外，秦汉时期的基层吏员难以看到官方历史档案，只能较为被动地接受从中央到地方的信息流动。② 与编年记同墓出土的文献还有《语书》，首句谓："廿年四月丙戌朔丁亥，南郡守腾谓县、道啬夫……"③，郡守对信息下行具有重要作用，郡属等吏员获知的秦地信息，大部分应该来自郡守。墓主所在地安陆附近的记事很多，和上段联系起来看，或许编年记的关注重点主要是与关中邻近的三晋地区，并随着战争局势的变化，存在一个从三晋逐渐向南方楚地过渡的过程。

后人对于秦统一前后的史事印象，很大一部分来源于司马迁所著《史记》。《史记》中的秦昭王时代，除了战争记事之外，还有与国内的宰相、诸侯、王后、封君相关的记事，以及昭王与其他国王的会见、外国来朝、国王之死、新王即位、质子派遣等丰富记载；但编年记几乎没有《史记》秦纪所见国内记事。除此之外，还可以发现一个特点，即编年记通篇不记秦国的"负面信息"④，如表1所示⑤：

表1

编年记	《秦本纪》/《秦始皇本纪》	《六国年表》
（昭王）二年（前305），攻皮氏。	二年，彗星见。庶长壮与大臣、诸侯、公子为逆，皆诛，及惠文后皆不得良死。	秦：彗星见。桑君为乱，诛。

① 赵鹏璞：《战国政治地理格局研究》，郑州大学2018年博士学位论文，第91页。

② 历史的记录书写一向为古人所重视，所谓"孔子作《春秋》而乱臣贼子惧"。秦汉时期，史书被官方谨慎地控制。秦恐诸生"不师今而学古"，"非秦记皆烧之"。西汉东平思王宇，曾"上疏求诸子及《太史公书》"，但因大将军王凤认为这些书"不宜在诸侯王"而遭拒。东汉和帝欲除窦宪，"将发其谋，欲得《外戚传》"，"又令庆传语郑众，求索故事"，足以说明史书重要的政治功能，自然不能轻易流传于世。

③ 睡虎地秦墓竹简整理小组：《睡虎地秦墓竹简》，第13页。

④ 本文所指的"负面信息"，是从秦人角度而言：秦国内外变乱，受到外来攻击，以及战败。藤田氏已发现编年记未记秦"受到外来攻击"，"（上段）其记事基本上都与攻战相关，但不见昭王十一年五国联军伐秦那样的他国攻击秦的记事"（〔日〕藤田胜久著，曹峰、广濑薰泽译：《〈史记〉战国史料研究》，第102页）。类似于"秦王遇刺"的事件，虽然体现了秦最高统治者遭遇外界"谋逆"的威胁，如秦始皇二十年（前227）荆轲刺秦王，以及秦始皇二十九年（前218）张良遣人刺杀秦始皇，但前者的悲壮之举只是加速了燕国的灭亡，在秦人看来，不如说是秦彰显武力、压服外国的一次强有力的展示。后者则是一次失败之举，在当时并没有对秦统治产生实质性的威胁。且编年记可从秦王政十一年（前236）作一划分，前后两段形成过程并不一样，后段经历了更为复杂的形成过程，因此不能与前段的内容等同视之。

⑤ 表格内容，暂不关注编年记在攻战城邑为《史记》所缺载、城邑名称与《史记》所记不同、《史记》所记攻战城名不一致，以及主要由年代历法而导致的记事差异。此表格仅集中摘录编年记未记《史记》所载，且以秦为主体所进行的重大事件。

续表

（昭王）十一年 （前 296）	十一年，齐、韩、魏、赵、宋、中山五国共攻秦，至盐氏而还。秦与韩、魏河北及封陵以和。彗星见。楚怀王走之赵，赵不受，还之秦，即死，归葬。	秦：彗星见。复与魏封陵。 韩：与齐、魏击秦，秦与我武遂和。 楚：怀王卒于秦，来归葬。
庄王三年（前 247），庄王死。	三年，蒙骜攻魏高都、汲，拔之。攻赵榆次、新城、狼孟，取三十七城。四月日食。王龁攻上党。初置太原郡。魏将无忌率五国兵击秦，秦却于河外。蒙骜败，解而去。五月丙午，庄襄王卒，子政立，是为秦始皇。	秦：王龁击上党。初置太原郡。魏公子无忌率五国却我军河外，蒙骜解去。 魏：无忌率五国兵败秦军河外。 韩：秦拔我上党。
（秦王政）九年 （前 238）	九年，彗星见，或竟天。攻魏垣、蒲阳。四月，上宿雍。己酉，王冠，带剑。长信侯嫪毐作乱而觉，矫王御玺及太后玺以发县卒及卫卒、官骑、戎翟君公、舍人，将欲攻蕲年宫为乱。王知之，令相国昌平君、昌文君发卒攻毐。战咸阳，斩首数百，皆拜爵，及宦者皆在战中，亦拜爵一级。毐等败走。即令国中：有生得毐，赐钱百万；杀之，五十万。尽得毐等。卫尉竭、内史肆、佐弋竭、中大夫令齐等二十人皆枭首。车裂以徇，灭其宗。及其舍人，轻者为鬼薪。及夺爵迁蜀四千余家，家房陵。月寒冻，有死者。杨端和攻衍氏。彗星见西方，又见北方，从斗以南八十日。	秦：彗星见，竟天。嫪毐为乱，迁其舍人于蜀。彗星复见。 魏：秦拔我垣、蒲阳、衍。 楚：李园杀春申君。

与《史记》比对，可发现编年记具有"信息选择性表述"的特征，最明显的例子，就是后人通过《史记》而熟知的秦王政平息嫪毐叛乱，而编年记对此只字未提。①此外编年记不记天象，而《秦本纪》《秦始皇本纪》的记述中共出现四次彗星记录、

① 编年记内容具有选择性表述特征的部分，均出自昭王元年（前 306）到秦王政十一年（前236）。秦王政十一年后，已经逐渐进入到秦统一战争末期，秦末再遭受来自六国的重大打击；秦国内局势在平息嫪毐叛乱、处理吕不韦后，也趋于平稳。因此在这一时期，关于秦的负面消息原本不多。昭王元年到秦王政十一年的记录一气呵成，之后字迹和内容开始出现与前段明显不同的特征，或许两部分依据的信息底本也有所不同。

一次日食记录，《六国年表》的记述中出现三次彗星记录。《史记·天官书》将彗星视为兵战之象，《正义》谓其"光芒所及为灾变，见则兵起"①。秦始皇之时，"十五年彗星四见，久者八十日，长或竟天……三十年之间，兵相骀藉，不可胜数"②，显示出彗星星象与人间战祸的天人对应。周代起日食已被认为与人事相关，汉代也认为日食在天文星占中是大凶之兆。史官身负掌记灾异之职，司马迁对彗星与日食的记录，从侧面反映出表中所列年份发生的大事并非积极正面，印证编年记对秦大事存在选择性表述的特征。

二、论睡虎地秦简编年记的性质——兼论"叶书"含义

（一）编年记性质推测

关于睡虎地秦简编年记的性质，前人意见多围绕谱牒或历史书记展开。既然编年记并非一次完成，而是两次甚至多次完成，那么内容结构就存在主次之分。分析编年记的字迹，进而探究编年记的性质，关键要看通篇字迹和文体出现明显变化的部分。从性质较为单纯的、昭王元年（前306）到秦王政十一年（前236）部分来看，喜的私人家事显然是补书，因此秦王年记事的部分应视为主体。秦王政十一年之后的部分，虽然形成过程较前段复杂，但依然遵循前段的书写原则。从秦王政二十五年（前222）开始，编年记再未记录攻战大事，而秦始皇二十八年（前219）的"今过安陆"，结合益阳兔子山汉简可知，原来重要政治人物巡视地方必记入当地官府官方文书中，类似今日新闻要闻。由此推知，喜在编年记中标注廿八年秦王政（秦始皇）南巡返咸阳过安陆当来自官方记录③，说明喜依然以秦王年记事的体例作为主体，只是下段的私人事务色彩比上段明显增加而已。

编年记的王年纪年提供了时间框架，在客观上使编年记具备了"年历"的作用，使用者可以将其当作年代参照依据，从而将私家大事对应记录其上。故整体来看，编年记以秦王年记事为主，喜及其家族的私人记事，则可视为使用者的个人行为。何有祖认为，类似于编年记的资料内容可分为三部分，其中第一、二部分内容诚然重要，但对于喜来说，只能算是基本历史认识，是记载其家事的基本参考或工具，不具有稀缺性，而各个家族前后几代成员的家事应该是重点，也是判断这些资料性质的根本依据。④ 然而结合同类材料来看，正是由于它们均对秦的基本历史进行了不同程度的记述，说明这些性质具有相似性的部分（何文中的第一、第二部分），才是编年记的主体所在。

---

① 《史记》卷二七《天官书》，中华书局，2014年，第1571页。
② 《史记》卷二七《天官书》，第1606页。
③ 曹旅宁：《益阳兔子山汉简与睡虎地秦简〈编年记〉"廿八年，今上过安陆"标注》，武汉大学简帛研究中心简帛网，http：//www.bsm.org.cn/show_article.php？id=3238，2018年10月22日。
④ 何有祖：《里耶16—9号简"枼"与秦汉简中的〈叶〉〈叶书〉》。

编年记的功用似不为计算年龄。凌文超指出，秦官方在计算庶民年龄时一般只有王在位年次的年份作为计岁依据，因此秦代官吏计算年龄最可行而简便的方法是，累计诸王纪年数，并在岁尽增年，得出的就是庶民的年龄。① 《左传》襄公三十年，师旷帮助绛县老人推算年龄的关键环节，是通过大事纪年确定生年，从而为年龄计算提供依据，但前提是事先不知道生年的王位纪年为何，才要通过大事来辅助界定。薛梦潇认为，大事纪岁可能不是与王位纪年并行的主流纪时法②，同理，在已经有王位纪年作为时间坐标时，就没有必要加以大事作为第二重时间坐标。且如果以大事作为时间坐标，官方必定要对此类大事的颁布进行统一和规范，否则会造成时间坐标的混乱。编年记类文献虽然大都存在各年的大事记录，但一方面均以王位纪年作为基本时间坐标，纪年已很明确，况且还存在仅标年不记事的情况；另一方面，通过比较编年记和胡家草场简《岁纪》可知，同年大事选录并不统一，说明官方没有统一颁布用于纪年的每年大事。且《岁纪》存在以月记事的情况，若欲以大事纪年，也没有必要具体到月。

（二）"叶书"含义新探

目前学界通常将睡虎地秦简编年记、印台汉简《叶书》以及松柏汉牍《叶书》大体视为同类文献，认为这类文献属于"牒书"，以李零为代表的观点将之归为谱牒③。阜阳汉简大事记和胡家草场西汉简《岁纪》与睡虎地秦简编年记形制相似，也可一并纳入讨论范围，而这批文献的性质是否可以归为谱牒，其功能是否类似，甚至是否能归为同类文献，都值得进一步斟酌。

印台汉简和松柏汉牍自名为《叶书》，而"叶"与"枼""牒"关系密切。叶德辉曾经讨论过"叶"和"牒"的关系，但并未过多注意其形制维度的内涵。从《说文》及段玉裁注来看，叶，本义为"艸木之叶也"，段注"凡物之薄者，皆得以叶名"④；枼，本义为"薄"，段注"凡本片之薄者谓之枼，故叶、牒、鍱、箑、偞等字皆用以会意"⑤；牒，本义为"札"，司马贞曰"牒，小木札也"，段注"厚者为牍，薄者为牒，

<hr />

① 凌文超：《秦代傅籍标准新考——兼论自占年与年龄计算》，《文史》2019年第3期。
② 薛梦潇：《早期中国的月令与"政治时间"》，上海古籍出版社，2018年，第237页。
③ 参见李零：《视日、日书和叶书——三种简帛文献的区别和定名》；陈伟《秦汉简牍〈叶书〉刍议》；何有祖：《里耶16-9号简"枼"与秦汉简中的〈叶〉〈叶书〉》。陈伟认为，秦汉时相关文献大致有三种形式，即由松柏《叶书》代表的仅记帝王年世的情形，由岳麓秦简0418号等代表的仅记个人大事的情形，以及由睡虎地《叶书》代表的二者并存的情形。由于岳麓秦简0418号等代表的私人记事也需要帝王纪年作为坐标，睡虎地《叶书》二者并存，其实与岳麓秦简0418号等代表的样式有着内在的联系。笔者认为，第一，这批相关文献的性质是否可以此归为同一类值得怀疑；第二，根据睡虎地秦简编年记、印台汉简《叶书》、阜阳汉简大事记、胡家草场汉简《岁纪》的情况来看，主体内容为以王年系国家大事，而非私人记事，下文将有具体论述。因此岳麓秦简0418号等简暂不列入讨论范围。
④ ［清］段玉裁：《说文解字注·艸部》，上海古籍出版社，1981年，第37页。
⑤ ［清］段玉裁：《说文解字注·木部》，第269页。

牒之言叶也。叶也，竹部箓义略同"①，可见三字均寓有书写载体形制方面的含义，即竹木制薄片；此外，叶、牒都可作竹木简牍的单位，"竹简一枚，木牍一枚，都叫'牒'"②。此外，段玉裁提到了"枼"与"世"之间的关系，"叶，世也。叶与世音义俱相通"，而"世"本义"三十年为一世"，段注"按父子相继曰世，其引申之义也"③，引出了世系更替的含义；刘钊、裘锡圭等学者则进一步阐明了"枼"与"世"的关系④。李零认为，"叶书"应读"牒书"，其实就是世表、年表和月表一类东西。⑤《史记》所说的"谍（牒）"之所以具有世系一类意涵，是从它所附着的《五帝系谍》《春秋历谱谍》一类文献中派生而来的，而非其固有之义。陈伟通过梳理秦汉简牍"牒书"记载，认为其含义比较广泛，一般不具备世表、年表一类特定含义，推断"叶书"的"叶"应读为"世"，指向帝王年世。⑥

谱牒的特征是什么？司马迁在《十二诸侯年表》序中提到"谱谍独记世谥"，可以看出，年数和世系是构成牒的要素，而以世系为主要内容。陈直指出谱牒最先起于帝王家谱，在汉代形式分为三种，一为横格制表，分格顺序写；二为以姓为单位，先叙得姓的起源，再叙世系及官位；三为一贯连叙。⑦ 于凯认为世系和历谱牒类史书属于专题史书，世系以世系人，历谱牒以时为序，历书以序时为主，谱乃布列其事，牒记是纪、系、谥之类的文献，主要特点是以时序主轴，载以年月，布列其事，辅以记事，时序详细，文辞简略。⑧ 如果按照这些标准审视以上五份出土文献，可发现睡虎地秦简编年记是以年系事，且在王年记事部分并非围绕时王本身，而是着眼于国家大事：前半段为秦的攻战大事，后半段为喜的家族大事，均与世系更替无关。胡家草场汉简《岁纪》与睡虎地秦简编年记体例相似，只在具体事件的记录与表述上有所出入。阜阳汉简大事记残损严重，据胡平生披露，大事记记事较详，如"八年发材官诣东垣"，记的是汉高祖八年（前199）刘邦亲率大军"东击韩王信余反寇于东垣"，体例显与年表不同⑨；此外，大事记书风粗犷奇崛，有别于年表字迹的俊逸秀美。⑩ 从整理者对二者的定名也能看出，其性质可能更类似于睡虎地秦简编年记。据整理者透露，印台汉简

---

① ［清］段玉裁：《说文解字注·片部》，第318页。
② 李零：《视日、日书和叶书——三种简帛文献的区别和定名》，第78页。
③ ［清］段玉裁：《说文解字注·世部》，第89页。
④ 季旭昇：《说文新证》卷三，福建人民出版社，2010年，第158页。
⑤ 李零：《视日、日书和叶书——三种简帛文献的区别和定名》，第77页。
⑥ 陈伟：《秦汉简牍〈叶书〉刍议》，第87—88页、第89页。
⑦ 陈直：《南北朝谱牒形式的发现和索隐》，《西北大学学报》（哲学社会科学版）1980年第3期。
⑧ 于凯：《早期古史书写及其体例的流变与分衍——以近40年新发现涉史类简帛为中心》，《社会科学战线》2018年第10期。
⑨ 胡平生：《阜阳汉简〈年表〉整理札记》注2，《文物研究》1991年第7期。
⑩ 胡平生：《阜阳汉简〈年表〉整理札记》，第392页。

《叶书》与睡虎地秦简编年记体例、内容相似①，那么意味着同样侧重于以年系事。据陈侃理透露，松柏汉牍《叶书》正面篇题后，列出秦昭王至汉武帝七年（前 134）历代帝王在位的年数，一代帝王为一行，背面则从汉文帝元年（前 179）开始，以一年为一行，形式不同，且世系的意义减弱。②

由此可见，以上五份出土文献与谱牒的特征难以相符，或可帮助我们重新考虑"叶书"的含义，即"叶"作为书写载体形制含义的维度。在这个维度上，"叶书"可读为"牒书"，但同样指向"牒"的形制含义。牒既可指单独简又可指编联简，材质可竹可木③，可与印台汉简和松柏汉牍的书写载体形制互相印证。此外，印台汉简与松柏汉牍虽然均自名《叶书》，但内容格式与简牍形制皆互不相似；胡家草场《岁纪》与印台汉简《叶书》均为汉初以年系事的记事简册，却有着不同自名，这些都能反映出，应谨慎将"叶书"视为一类具体的文献体例。陈侃理从文字学的角度指出，"枼"先引申出简札之"牒"，从"牒"又引申为"世"。一年一条的"叶书"应是由一年一牒的记录汇编而成，是一世一牒的记录复杂化的结果，可能受到《春秋》类文献的影响，编年为记，而淡化了世系的味道。此处的"叶"，语义重心转而在"牒"，不在"世"。④ 综上，"叶书"之义应更多指向形制含义，而无明显的世谱之义。

三、何为"大事"：前《史记》时代的大事记

（一）国之大事的选录

《周礼·大史》："正岁年以序事颁之于官府及都鄙。"⑤ 可见王朝对于记事以塑造国家记忆的重视。编年体史书的本质，就是以时间为序的大事记录。从这个角度来说，睡虎地秦简编年记已蕴含编年著录的某些元素，而《岁纪》则更是被认为可为编年类史书编纂体例研究提供可靠的范本。⑥ 在"常事不书"与"国之大事，在祀与戎"的

---

① 郑忠华：《印台墓地出土大批西汉简牍》，荆州博物馆编著：《荆州重要考古发现》，文物出版社，2009 年，第 207—208 页。

② 关于松柏汉牍的内容形制介绍，参见陈侃理：《"叶书"与"谍记"》，中山大学古文字研究所、出土文献与中国古代文明研究协同创新中心、中山大学中国语言文学系编，田炜主编：《文字·文献·文明》，上海古籍出版社，2019 年。

③ 对牍和牒形制的研究，参见〔日〕角谷常子：《论里耶秦简的单独简》，《简帛》2013 年。里耶简中存在"牍""牒"不分的现象，张荣强指出，讨论简牍的形制涉及两个不同的维度，形制的宽窄与书写的行数也并非完全正相关，因而不能把秦汉时期简牍形制的规定看得太死，不同级别的公文书执行规定的力度势必有很大差异，大致说来，行政机构级别越高执行就越严格。参见张荣强：《中国古代书写载体与户籍制度的演变》，《武汉大学学报》（哲学社会科学版）2019 年第 3 期。

④ 陈侃理：《"叶书"与"谍记"》，第 169 页。

⑤ 《周礼注疏》，阮元十三经注疏本，中华书局，1980 年，第 817 页上栏。

⑥ 李志芳、蒋鲁敬：《湖北荆州市胡家草场西汉墓 M12 出土简牍概述》，《考古》2020 年第 2 期。

书写传统下，历史的书写记录可谓为大事的系列组成，而何为"大事"却并没有明确标准，其选择存在着动态变化的过程，也存在着书写者仁者见仁、智者见智的主观色彩。可参考编年记、《岁纪》《史记·秦始皇本纪》与《史记·六国年表》对于同年大事的记述：

表2

编年记	《岁纪》	《秦始皇本纪》	《六国年表》
十四年，伊阙。	十四年，大胜韩、魏，获公孙喜伊阙。①	十四年，左更白起攻韩、魏于伊阙，斩首二十四万，虏公孙喜，拔五城。	秦：白起击伊阙，斩首二十四万。 魏：佐韩击秦，秦败我兵伊阙。 韩：秦败我伊阙二十四万，虏将喜。
十六年，七月丁巳，公终。自占年。	十六年，始为丽邑，作丽山。初书年。破韩，得其王，王入吴房。②	十六年九月，发卒受地韩南阳假守腾。初令男子书年。魏献地于秦。秦置丽邑。	秦：置丽邑。发卒受韩南阳地。 魏：献城秦。 韩：秦来受地。
廿九年	廿九年，正月，大索七日，行过比阳，掠琅琊。③	二十九年，始皇东游。至阳武博狼沙中，为盗所惊。求弗得，乃令天下大索十日。登之罘，刻石。其辞曰：……其东观曰：……旋，遂之琅邪，道上党入。	郡县大索十日。帝之琅邪，道上党入。

对比表中秦王政十四年（前233）、十六年（前231）和秦始皇二十九年（前218）的史事记载可知，编年记、《岁纪》《秦始皇本纪》和《六国年表》记录同年大事的核心要点基本一致。《岁纪》与纪、表叙事风格尤为相近。编年记为一年一事，《史记·六国年表序》云："秦既得意，烧天下诗书，诸侯史记尤甚，为其有所刺讥也……独有《秦记》，又不载日月，其文略不具。"④ 编年记中有关秦国大事，都只具年而不记月、日，其简略与司马迁所述"秦记"相似。这同样体现在《岁纪》记秦大事的文本结构

---

① 笔者根据红外线图版释读，图版见附录。
② 李志芳、蒋鲁敬：《湖北荆州市胡家草场西汉墓M12出土简牍概述》，第22页。
③ 简文"七日"与《史记》"十日"之异，应是隶书"七"与"十"形近讹误所致。参见肖雨，祁慧：《荆州新出楚汉简牍被公布为"考古中国"重大项目》，荆州新闻网，http：//news. jznews. com. cn/system/2019/05/06/011961056. shtml，2019年5月6日。
④ 《史记》卷一五《六国年表》，第836页。

中，并在书写载体的形制方面加以区分。① 《汉书·艺文志》有《汉大年纪》五篇，《汉书·高帝纪》等臣瓒注引有《汉帝年纪》，从书名上看或与《岁纪》相似，说明至少在西晋时期，学者仍能看到此类文献，但再往后便不见于《隋书·经籍志》。"自史官放绝，作者相承，皆以班、马为准"，且受经史分途影响，《经籍志》得入编年体史书之列的前《史记》时代史著只有《纪年》，足以说明汉唐时期众多历史著录在文本的竞争与遗忘中逐渐佚失。

除了出土文献与传世文献之间性质不同，其各自作者对"大事"的选录标准方面也存在明显差异。在《岁纪》的红外线图版中，有一枚简上书"二年"，此年包括十二月与正月的两个月大事，其中十二月的大事为"十二月，举孝弟力田"。"孝弟力田"为西汉首置，按《汉书》本纪，"孝弟力田"首见于汉惠帝四年（前191）春正月诏："举民孝弟力田者，复其身"②，而高后元年（187）春二月诏"初置孝弟力田二千石者一人"③、汉文帝十二年（前168）三月诏"孝悌，天下之大顺也。力田，为生之本也……其遣谒者劳赐三老、孝者帛人五匹，悌者、力田二匹，廉吏二百石以上率百石者三匹，及问民所不便安，而以户口率置三老孝悌力田常员，令各率其意以道民焉"④，皆无"二年十二月举孝弟力田"事。又如《岁纪》简37："高皇后元年，十月辛卯，以庸平贾予吏仆养。二月乙卯，赐天下户爵，·减老增傅。·太后立号称制。七月，令复五大夫。·钱八分乃行。"⑤ 所含信息具体而重要，但大多不见于传世文献，或为《岁纪》与传世文献对同年大事不同选录的结果。

与《赵正书》和益阳兔子山秦二世"奉遗诏"牍⑥相似的是，编年记和《岁纪》提供了秦汉之际不同于传世文献记录的记忆。可以肯定的是，这同样只是经过筛选的和有限的信息。无论出土文献还是传世文献，所记录的均远非历史全景。"大事"只是作为一个个节点，从不同层次折射出历史的侧面，这种节点的选取，又随着作者和时代的不同而发生变化。拜不同类型的史料所赐，我们可以得见历史更多层次的"大事"，它们串联起了人们已知的历史图景，也在不断更新着人们固有的历史认知。

---

① 《岁纪》简背多有刻线，秦昭王元年（前306）至秦始皇三十七年（前210）时的大事，每年一简，单栏书写，有的年份记月日，有的则不记月日，简长约27.5厘米、宽约0.3厘米；秦二世至汉文帝前元十六年（前164）时的大事，每年一简，按月分栏书写，简长约27.5厘米、宽约1厘米。参见李志芳、蒋鲁敬：《湖北荆州市胡家草场西汉墓M12出土简牍概述》，第21—22页。

② 《汉书》卷二《惠帝纪》，第90页。

③ 《汉书》卷三《高后纪》，第96页。

④ 《汉书》卷四《文帝纪》，第124页。

⑤ 李志芳：《十大考古候选项目：湖北荆州胡家草场西汉墓地发现大量秦汉简牍》，公众号"文博中国"，2020年1月13日。

⑥ 关于秦汉之际时人历史记忆问题的研究，可参见陈侃理：《〈史记〉与〈赵正书〉——历史记忆的战争》，日本中国史学会编：《中国史学》2016年第26辑。

（二）民众的记忆与纪念

睡虎地秦简编年记、印台汉简《叶书》、松柏汉牍《叶书》和胡家草场汉简《岁纪》，均以秦昭王元年（前306）作为记录的起始时间，显然不是巧合。《汉书·律历志》谓"秦伯五世"①，同样以秦昭王为秦世系起始，更加印证了秦昭王在秦汉时人印象中占据着重要历史地位。秦昭王是秦国在位时间最长的秦王，在位期间奠定了秦统一六国的基础。秦昭王五十二年（前255）灭周，"东西周皆入于秦，周既不祀"，《正义》谓"王赧卒后，天下无主三十五年，七雄并争"②，正式结束了周的历史，开启了群雄逐鹿的新纪元。对于秦人来说，秦昭王时代大概是一个里程碑式的开端，而这种影响可能一直延续至汉初。

如果仅通过阅读编年记来了解秦国历史，读者印象最深刻的，大概就是秦连续的对外出击和胜利，以及秦统一六国后再无战争的太平。薛梦潇认为，秦人攻城灭国的辉煌战绩，借助基层官吏在六国故地宣扬，有助于用秦的历史覆盖六国记忆，带着"亡其国而灭其史"的初衷，属于秦实现大一统中的重要一环。③ 编年记的信息选择性表述特征，既彰显了秦不断开疆拓土的辉煌战果，也使得秦最终统一天下的事实显得顺理成章，同时还以私人记述的方式展现了喜家族眼中的私家大事：家庭成员的出生与去世，喜的吏职迁转。有趣的是，即使是在私人记述部分，也可见秦国对个体在政治身份和日常生活中施加的深刻影响："自占年"和"今过安陆"，反映出国家形象塑造和巩固统治的努力无所不在。

显然，编年记蕴含着重要的纪念意义，这或许也是其信息选择性表述的原因。它既记录了秦国家的大事，也同样记录了以喜为中心出发的家族史大事，就纪念事件和纪念日来说，"大事"需要看相对于什么对象而言。书写者出于"后见之明"，筛选出各自心目中值得铭记的对象，我们可以从编年记一窥秦国家与秦人心目中"大事"的同与不同，由此编年记承载着双重的纪念意义，成为了秦国历史与喜的家族生命史合二为一的产物。最终，编年记作为随葬物放置在墓主头部，体现出它在墓主及墓主家人心中的重要地位。

四、结论

睡虎地秦简编年记并非秦官修史书，但其内容是以秦官方信息为底本编写而成。编年记在秦国家大事和喜家族大事部分，均具有"信息选择性表述"的特征，通过与

---

① 《汉书》卷二一下《律历志下》，第1022页。
② 《史记》卷四《周本纪》，第211—212页。
③ 薛梦潇：《早期中国的月令与"政治时间"》，第239页。

荆州胡家草场西汉简《岁纪》的对比，睡虎地秦简编年记在官方颁发的信息基础上有私人性质的删改，属于选录的结果。睡虎地秦简编年记、印台汉简《叶书》、松柏汉牍《叶书》、阜阳汉简大事记和胡家草场西汉简《岁纪》与谱牒的特征难以相符，而印台汉简《叶书》和松柏汉牍《叶书》虽自名相同，但内容格式与简牍形制却各不相同，结合"叶""牒"关于简牍形制的含义维度，推测"叶书"之义有可能只是"写于牒的文书"，与谱牒类文献的关联应更加谨慎地考虑。秦国家大事的记录是编年记的主体所在，以王年纪年则提供了时间框架，客观上使编年记具备了年历的作用，便于使用者个人私事的记录。编年记的实用性功能，与大事纪年存在区别，在以王位纪年作为时间坐标时，没有必要再加以大事作为第二重时间坐标。同年大事选录的不统一，说明官方没有统一颁布用于纪年的每年大事，而若欲以大事纪年，也没有必要具体到月。

编年记蕴含着双重纪念意义，在今天的读者看来，是秦国历史与喜的家族生命史合二为一的产物。在"大事"的书写传统下，历史的书写记录可谓为"大事"的系列组成，其选录存在着动态变化的过程，也存在着书写者个人的主观色彩。无论出土文献还是传世文献，所记录的"大事"只是节点，远不能展现历史全景。接触更多层次的史料，有助于对历史图景产生更全面的认知。

附录：

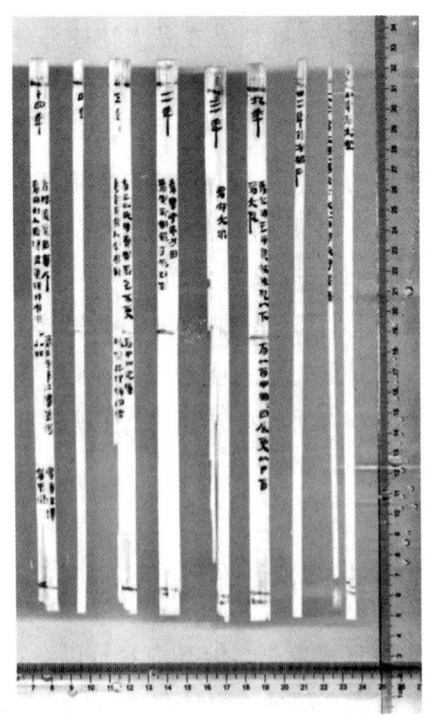

荆州胡家草场《岁纪》红外图版①

————————————————

① 肖雨、祁慧：《荆州新出楚汉简牍被公布为"考古中国"重大项目》，荆州市人民政府网2019年5月8日。

思想史研究应该恢复《论衡》的
人力资源本位

——兼与徐复观先生商榷

刘文瑞　李尧远

（西北大学公共管理学院）

摘要：王充与其著作《论衡》在古代思想史上影响很大。但现代学界的相关研究，多从哲学史和科学史角度入手考察，致使认知和辨析产生错位。徐复观感受到这种错位而做出不同于他人的结论，却没有把握住《论衡》的真正价值而产生错判，在对王充的评价上有所偏失。本文紧扣王充一生从事官吏管理这一基本史实，发掘《论衡》在人事管理方面的思想贡献，力图回归其人力资源本位；进而指出《论衡》的主题是君臣关系与人事问题，其内容集中于人之才能与事之功效的相关性、外显才能与内在品质的检测验证、儒与吏之间的群体匹配、人性与行为的关联程度、贤与佞的区别等方面。由此得出结论：王充在自然科学和哲学上的贡献并不突出，他是东汉时期人力资源理论的开创者，其思想贡献在于从随机性和不确定性角度讨论人力资源的作用机制，在宿命与偶合之间寻求用人之道。辨析徐复观在王充研究上的失误并与之商榷，有助于校正古代思想史研究中的某些常见偏向。

关键词：王充；《论衡》；人力资源；思想史；研究方法

王充是一位奇人，《论衡》是一本奇书。作为大半生在县、郡、州三级主管人事的官员，王充的《论衡》一书在人力资源方面有着超越前人的研究。后人对其人其书的评价褒贬不一，但无论褒贬，都没有对其人力资源思想给予足够的重视。《论衡》一书对人之才能与事之功效的相关性、外显才能与内在品质的检测验证、不同人才之间的群体匹配、人性与行为的关联程度等问题，都有着独特的见解。王充以命定与偶合的关系来讨论人力作用的机制，对"遇、幸、偶、适"进行了归纳和总结，是古代应用随机性和不确定性研究人力资源的先驱。在人性问题上，王充辨析了性与命的关系，强调人性的可变性，推崇教化的作用，又以先天禀赋和后天修炼来贯通人性研究，对人才测评落脚于相术。这些积淀，为他探讨人才群体结构和君臣关系奠定了基础。可以说，王充是东汉时期人力资源理论的开创者。而徐复观先生的《两汉思想史》，对王充与《论衡》的定位有所偏差，致使其论证出现了多处失误。类似徐先生的问题在思想史研究中比较常见，故值得展开讨论。

王充在建立自己的人力资源理论时，对儒吏关系进行了深入探讨，他注意到汉代政府重吏轻儒的缺陷，指出儒生和文吏两类官员的不同，提出"以儒生修大道，以文吏晓簿书"的设想，并对儒学群体中的儒生、通儒、文儒、鸿儒进行区分，批评俗儒向文吏的转化，进而对官场的人员结构和层级结构加以论证。他还对贤佞区别进行辨析，归纳佞人的各种表现，提出识别佞人的方法，从逻辑关系上批驳世俗的贤人标准，以或然性否定了人力资源管理中的必然性。他提出的"以欲察佞""观心定贤"，具有历史性的启发意义。从《论衡》的整体倾向看，王充在自然科学和哲学上的贡献并不突出①，而在人事管理的探索上达到了新的高度。

一、奇人王充与奇书《论衡》

东汉思想家王充，是一位在历史上充满争议的人物。关于他的争议，不仅有观点之争，而且还有史实之争。《后汉书》本传对他的记载相当简略，而王充《论衡》的最后一篇《自纪》则相当详细，可以补充本传之不足。近代的研究者，甚至按照《自纪》提供的线索整理出了他的年谱。然而，越是这种看起来清楚的地方，越有可能引发新的争论。例如，王充是否"受业太学"并"师事班彪"，本来是一个简单的史实问题。本传中有此记载，如果没有其他材料否定，一般来说不会有多少质疑。但是，由于王充《自纪》中的生平陈述没有写他的太学经历，反而引发了研究者的争论。著名学者黄晖、胡适等人，都肯定王充游学洛阳的记载；而著名学者徐复观则认为，王充好炫耀，如果有游学洛阳的经历，他在《自纪》中不会不说，所以本传的记载不实②。这几位学者，都是史学界名满天下的大家，他们尚且争论不休，普通读者只能莫衷一是。王充研究与《论衡》研究中，类似观点的针锋相对，比比皆是，足以说明此人此书之奇。

这种学术上的争辩，作为研究固然重要，但非专门考据者介入其中，则太费气力。很有可能，黄晖和胡适似乎说得太肯定了一点，而徐复观的推论又似乎太绝对了一点。

─────────────────────────

① 现代学界研究王充，多强调其在自然科学和哲学上的贡献，前者以胡适为代表，后者以侯外庐为代表。笔者认为，这两种观点都有偏向，详见后文。

② 参见徐复观：《两汉思想史》第二卷，华东师范大学出版社，2001年，第346—348页。对徐复观这一观点的反驳，可参见钟肇鹏、周桂钿：《桓谭、王充评传》，南京大学出版社，1993年，第87—112页。

好在《论衡》一书确能代表王充的思想，这一点，学界都没有争议。所以，按照《论衡》文本去分析论证王充的思想，要比考究他的生平更切实际，这亦已成为学界的共识。

王充字仲任，他的一生经历并不复杂。建武三年（27）出生于会稽上虞，永元年间去世。他曾先后在县衙担任功曹，在郡都尉和郡太守手下担任功曹，在扬州刺史手下担任从事，转为治中，章和二年（88）辞官回家著述。从二十多岁开始担任县功曹起，王充几次在家赋闲著述，又几次再被征聘，直到六十多岁彻底离职，可以说其生涯大半是在官场。但他的社会影响，却不是来自他的政绩而是来自他的著作。根据王充的《自纪》，他对趋炎附势、世态炎凉不满，写了《讥俗》；对政务失当、治理无方不满，写了《政务》；对文献虚妄、语多不实不满，写了《论衡》；老年则针对保健延年的需要，写了《养性》。流传后世的只有《论衡》一书。

当代学者对王充的赞许，以胡适、侯外庐为代表。胡适在相关讲演和文章中承认，王充是他喜欢的学者，是批判汉朝迷信虚妄的"一个最伟大的代表"；"用人的理智反对无知和虚妄、诈伪，用创造性的怀疑和建设性的批评反对迷信，反对狂妄的权威。大胆的怀疑追问，没有恐惧也没有偏好，正是科学的精神。'虚浮之事，辄立证验'，正是科学的手段"①。并多次指出："王充的哲学的动机，只是对于当时种种虚妄和种种迷信的反抗。王充的哲学的方法，只是当时科学精神的表现。"② 侯外庐在《中国思想通史》第二卷中有《王充的无神论和唯物主义思想》专章，认为王充的反谶纬、反宗教思想"毫无疑问地是中世纪思想史上第一个伟大的'异端'体系，是两汉以来反对'正宗'思想的与反对中世纪的神权统治思想的伟大的代表"③。但是，这种评价，基本上立足于哲学本体论（尤其是唯物与唯心之争）和科学方法论，都没有涉及本文所论的人力资源管理思想。凡是王充明确谈论人力资源管理的资料，在侯外庐和胡适的研究中都是作为唯物观点和科学观点的注脚而引用的，难免有所褊狭。究其原因，恐与陈寅恪所言以"自身之哲学史"评判古人的研究路径有关④，也正是克罗齐"一切历史都是当代史"⑤ 的学术写照。胡适与侯外庐，只是王充研究中的两个范例，类似

---

① 胡适：《中国哲学里的科学精神与方法》，载《胡适文集》第 12 册，北京大学出版社，1998 年，第 404 页。

② 胡适：《王充的哲学》，载《胡适文集》第 10 册，第 361 页。

③ 侯外庐、赵纪彬、杜国庠、邱汉生：《中国思想通史》第二卷，人民出版社，1957 年，第 248 页。

④ 陈寅恪言："今日之谈中国古代哲学者，大抵即谈其今日自身之哲学也。所著之中国哲学史者，即其今日自身之哲学史者也。其言论愈有条理统系，则去古人学说之真相愈远。此弊至今日之谈墨学而极矣。今日之墨学者，任何古书古字，绝无依据，亦可随其一时偶然兴会，而为之改移，几若善博者能呼卢成卢，喝雉成雉之比。此近日中国号称整理国故之普通状况，可为长叹息者也。"见陈氏《冯友兰〈中国哲学史〉上册审查报告》，载《金明馆丛稿二编》，三联书店，2001 年，第 280 页。

⑤ 克罗齐这句名言流传很广，然而也有诸多误解，其准确含义可参阅〔意〕克罗齐著，傅任敢译：《历史学的理论和实际》，商务印书馆，1982 年。

著述在学界比比可见。笔者认为，在王充的言论中寻找自然科学知识，相当于把茅盾的《白杨礼赞》和陶铸的《松树的风格》当作植物学著作；在王充的言论中寻找唯物论和无神论，相当于把高阳的《慈禧全传》和二月河的《康熙大帝》当作历史学著作。仅仅就知识而言，把《论衡》中所列举的资料，以天文学、气象学、物理学、医学和药物学、生物学、昆虫学归类而论（这种笔法相当普遍），用现代知识加以解释，其偏颇显而易见。

对王充的批评，以徐复观为代表。王充出身低微，没有当过高级别官员，这是确凿无疑的。正因为如此，所以徐复观认为其思想狭隘，没有见过世面，认知多有局限。而赞扬者认为，由于王充的底层经历，使他的思想充满了批判精神，代表了民间思想的兴起。这两种观点似乎都有偏差。王充担任的官职是否微不足道，恐怕不是那么简单。而王充长期在官场的经历，使他能否代表民间思想，亦成为一个问题。

徐复观对王充的批评，实际上主要是对两个方面不满：一是对王充"颂汉"有看法，认为王充写了太多的"歌功颂德的无聊作品"；二是对他的文辞浅薄有看法，认为王充不过是"一个矜才负气的乡曲之士"①。但是，徐复观的批评不无商榷之处。例如，王充一心想得到东汉王朝的重用，而且梦寐以求的是在中央朝廷当一个兰台令史。徐复观十分看不起王充的这一志向，称其为"受知于朝廷以后想做的官，乃是俸禄一百石的兰台令史的芝麻绿豆大的官"。对此，徐先生可能过于武断。官不在大小，而在职能。王充重视史学，尤其推崇司马迁和班氏父子，兰台正是朝廷保存档案秘籍、修史传世的重镇。以整档修史为志向，符合王充"疾虚妄、求诚实"的凤愿。也许，正是因为王充把班彪、班固列在司马迁之上，推崇班氏的"颂汉"，立志要"使至台阁之下，蹈班、贾之迹，论功德之实，不失毫厘之微"，尤其是"《春秋》为汉制法，《论衡》为汉平说"的定位（《论衡·须颂》），让徐先生反感，认为王充不过是为朝廷拍马溜须而已。②但徐先生是否考虑过，假如王充立志不是兰台令史，而是以辅政公卿自许，会不会更被人视为狂妄？

---

① 详见徐复观：《王充论考》，载《两汉思想史》第二卷，第344—392页。徐氏对王充的批评是该文的主题，本文简略撮其要而论之，下引徐文不再一一注出。

② 在这里，徐复观有两个明显的史料错误。由于王充明言愿到台阁之下，立志要做兰台令史，所以徐复观写道："上文的'台阁'二字，乃'兰台'二字之误。"（徐复观：《王充论考》，载《两汉思想史》第二卷，第351页）还有兰台令史的秩级，徐复观说成"俸禄一百石"。这两处均有错。首先，熟悉汉代官制机构的都清楚，台阁是对宫内机构而言，府寺是对宫外机构而言。台阁和府寺对称，前人已经有详细考证。尚书台、符节台、兰台均为台，而御史台是从兰台分化出来的，均在宫内。不能因为尚书台后来地位提高就贬低兰台，东汉"事归台阁"是对重用宫内官员的泛指，所以"台阁"二字绝不是"兰台"之误。其次，只要是令史，不管在哪个机构，都是二百石。一百石和斗食是专用于各衙门自行辟除的秩级，统称掾属。中央任命之官员（包括令史），最低从比二百石起步。徐复观对王充的误判，正是由这两个细节错误开始的。

徐复观在痛快淋漓地指责王充的时候，似乎忽视了《论衡》一书"疾虚妄，求诚实"的主旨。如果把颂誉正统王朝全都看作无聊文章，把春秋笔法全都看作史家曲笔，那么，历代正史恐怕统统难辞其咎。即便是像司马迁、董仲舒这样的学者，在谈及大汉王朝时也是难免要称颂一番的。中国史学的传统本来就是"事涉君亲，言多隐讳"，"略外别内，掩恶扬善"（刘知幾《史通·曲笔》），用这种方式追求正人伦、存名教的效果。王充在"颂汉"时注重求实，辨析其中的虚辞，应该说还是值得称道的。至于王充是否因为底层社会的局限妨碍了其视野，似乎也可见仁见智。最起码，王充读书之多，引用之广，在当时的学人中是罕见的。而且他具有自己的独立见解，尽力做到不人云亦云，涉猎儒墨道法、诸子百家而不盲从任何一家，矜才负气有之，斥其浅薄则似乎矫枉过正。

至于王充所任的官职大小，尚需对汉代制度稍加辨析。汉代实行辟除制，即机构长官直接任命部属，不经中央任命，衙门中的掾属都由长官直接征聘。而按照汉代的规定，比二百石级别以上官员，均须朝廷任命。所以，凡是长官直接辟除的下属，不管重要与否，级别一概都是百石或者比百石更低的斗食。衙门中比二百石以上的官员，因为属于朝廷任命，所以与长官的关系并不紧密，往往沦为虚置，反而是级别较低的百石斗食之职，因为是长官自选，更能得到长官的信任。例如，六百石的郡丞，因为是朝廷所派，其实权远远比不上郡太守自行辟除的百石功曹。郡丞为闲职，而功曹为要途。所以，才留下了赵温被任命为六百石的京兆丞后感叹"大丈夫当雄飞，安能雌伏"，并弃官而去的典故（见《后汉书·赵典传》）。王充恰恰在地方上一直担任功曹要职。所谓功曹，相当于今天的组织部长兼人事局长，主管一级官府的官员选拔和任免。县衙郡署，属于朝廷任命的官职不过三五个，而由功曹选任的数十上百。可以说，功曹可以替郡守县令当半个家，甚至可以名正言顺地在守令的委托下主持地方政务。当地方长官不想理事时，功曹往往理直气壮地代替长官行使权力，而朝廷正式委派的辅佐丞尉则不能插手。汉代有不少民谣，形容郡太守不管事务而由功曹号令郡内，说明功曹一职不可小觑。王充作为功曹，可以说是地方政府中的"实权人物"。他后来担任的州从事，同样是刺史直接聘任的百石之吏，其职权更为重要。各州按照下辖郡国分设的从事，负责直接监督郡国守相，每个从事盯着一个二千石的守相，只要有所行动就会震撼地方。"部郡国从事，每郡国各一人，主督促文书，察举非法，皆州自辟除，故通为百石云。"（《续汉书·百官四》）所以，汉代的州从事，绝不能以"小官"视之。王充担任的从事，不是监督一个郡而是监督丹阳、九江、庐江三个郡（扬州只有六个郡）。后来又以从事改任治中，所谓治中，就是州级的功曹，主管一州人事（把治中一职看作无关紧要的文书之职，属于误判。认为王充对担任这样的小官不得升迁而心怀不满，更是误判。治中是刺史或者州牧手下第一要职。《续汉书·百官五》本注载：州掾属"员职略与司隶同，无都官从事，其功曹从事为治中从事"。王充自称担任治中职务是"材小任大",可为旁证)①。东汉全国只有十三州,其中王充任职的扬州,主管东南地区。对于这样一位担任过相当于现代省区检察长兼反贪局长,后来又担任大区组织部长的人物来说,说他没见过世面或者身处底层,岂不荒唐?王充的唯一遗憾,不过是没有到中央机构任职而已(所以他愿为兰台令史)。正因为有这样的经历,王充的思想,与纯粹来自民间的王符就有了很大区别。如果说,王符代表了来自民间的批判思想,王充则是自觉地代表朝廷到民间采风;王符揭露朝政的黑暗,王充则颂扬大汉的光明;王符的论著不乏情感流露,王充的作品则注重学理辨析。②

另外,汉代的地方政府中,上下级关系与后来的情况迥然有别。当时地方衙门中自行辟署的掾属,并不是对"国家"负责,而是在长官与掾属之间形成君臣关系,掾属只对任用他的长官负责,长官对掾属的行为承担全部责任。这种君臣关系,对汉代掾属的影响非常之大,使得百石掾属与长官的关系,可以与三公九卿和皇帝的关系相匹。弄清这一点,对理解王充的思想不无帮助。

不过,徐复观的批评,有一点值得重视。由于王充对自己的学术有着充分的自信,形成了他那种重验证而不重传闻的世界观和人生观,他注重物理式观察和批判性思维,常常提出一些他人匪夷所思的新颖观点。自诩"其论说始若诡于众,极听其终,众乃是之"(《论衡·自纪》);史称"充好论说,始若诡异,终有理实"(《后汉书·王充传》)。后人往往看到了他思想中的点状闪光,而忽略了对他的整体观察。徐复观批评胡适"不曾从根源地、全面地去把握王充的思想,而只采用撷摘片段字句的方法,以建立自己的论点"③,还是切中要害的。至今,我们所看到的《论衡》研究,多有"语录式"的流弊,摘出其中只言片语,脱离当时的情境任意解释,赋予其跨越时空的含义,致使对王充的赞扬声中有过分拔高的倾向。例如,《论衡·效力》中论证"人有知学,则有力矣",有不少人拿出其中"知为力"的观点,声称王充早在东汉时期就已经

---

① 徐复观云:"王充的性格,颇好夸矜矫饰";"他一生最高的名位,要算他在六十一岁左右,当了郡刺史的治中,即是郡守的幕僚,他自以为'材大任小,职在刺割',等于郡守的总文案。"这段话无一不错。治中是刺史(州牧)的掾职,而非郡守的下属。州与郡的差别很明显,郡无治中而有功曹。所谓"总文案"云云,更是把治中之职误以为门下主簿记室之职。徐文已经有"职在刺割"的引用,却未明白"刺割"的职能含义,尤其是把《论衡·自纪》中王充自谦的"材小任大"错引为"材大任小",意思全反,绝非版本不同的文字差异,而是明显的错记错引。徐复观的治学,在其他地方还是相当严谨而且十分重视考证的,出现这种纰漏的地方极少。但既然有错,则不可不指出。在徐复观的学术批评文章中,对学界走"一条省力、取巧,以致流于虚浮诈伪的路"深恶痛绝(见徐氏《有关周初若干史实的问题》,载《两汉思想史》第一卷附录),足以为后学戒。对徐氏错谬的指正,正是对徐氏学风的传承。

② 《后汉书》以王充、王符、仲长统三人合传,后人有"东汉三贤"之称,导致人们多言三人之同,而忽略三人之异,故本文略加辨析。

③ 徐复观:《王充论考》,载《两汉思想史》第二卷,第352页。

提出"知识就是力量",比英国的培根早一千多年,全然不顾王充与培根思想内涵的不同。① 类似这种偏差,需要引起思想史研究者的高度警惕。另外,徐复观在评论王充时指出,作为思想家,影响其思想形成的因素有四:一是本人的气质,二是学问的传承与功夫的深浅,三是时代的背景,四是生平的遭遇。② 这几点,确实是思想史研究的门径。无论我们是否赞同徐复观对王充的点评,他所指出的研究路径,值得后学深思。

王充在启蒙阶段,就显示出他与别人的不同。按照他自己的说法,作为幼童,他不好与同伴嬉戏,六岁识字得到父母的赏识,八岁就学受到老师的赞扬。上百儿童中,别的小孩都因为过失受过各种惩戒,唯独他没有受过任何责备。王充自述这些时充满自豪感,然而,从他"六岁教书,恭愿仁顺,礼敬具备,矜庄寂寥,有巨人之志"来看,显然性格内向甚至有点自闭,孤寂而自负。"才高而不尚苟作,口辩而不好谈对。非其人,终日不言。"(《论衡·自纪》)正是"矜才自负"的写照。但读书多、肯思考、记忆强、善质疑,则正是他的优势。

王充后来在官场上的不得志,按照他自己的说法,是由于其耿介正直造成的。"不好徼名于世,不为利害见将。常言人长,希言人短。专荐未达,解己进者过;及所不善,亦弗誉;有过不解,亦弗复陷。能释人之大过,亦悲夫人之细非。好自周,不肯自彰,勉以行操为基,耻以材能为名。众会乎坐,不问不言;赐见君将,不及不对。在乡里,慕蘧伯玉之节;在朝廷,贪史子鱼之行。见汗伤,不肯自明;位不进,亦不怀恨。"("君将"在这里指地方长官;蘧伯玉、史子鱼的典故,见《论语·卫灵公》和《孔子家语·困誓》)"充为人清重,游必择友,不好苟交。所友位虽微卑,年虽幼稚,行苟离俗,必与之友。好杰友雅徒,不氾结俗材。俗材因其微过,蜚条陷之,然终不自明,亦不非怨其人。"(《论衡·自纪》)这些言辞是否自夸,可搁置不论,但起码可以看出,在汉朝的体制下,王充注定要被官场抛弃。前面说过,汉代的郡守县令,与其辟除的掾属要结成君臣关系。王充的"君",先后有县令、郡都尉、郡太守、州刺史。功曹一职,作为长官的倚重心腹,必须与长官取得思想与行动的一致才可履职用权。如果有不同见解,也必须得到长官的认可。按照汉代惯例,凡是功曹,肯定是以才能见长的文吏角色,而王充的自我定位,却是以思想见长的咨询角色,过于独立,所以会在实践中碰壁。正是这种碰壁,才会导致他对管理问题尤其是用人问题有更深刻的思考。很多研究者,都对《自纪》中的"汗伤""蜚条陷之"展开想象,认为王充是被人中伤陷害而离职,实际可能不尽如此。因为按照当时的君臣关系,只要长官信任,任何诬陷都没有关系;而一旦失去长官信任,即便众人全都拥戴也无济于事。假如有构陷,更大的可能是失去长官信任或者长官有所不满时的"墙倒众人推",或者

---

① 参见王举忠:《"人有知学则有力矣"——王充论"知识就是力量"》,《辽宁大学学报》1986 年第 4 期。同样的观点还可见钟肇鹏、周桂钿:《桓谭、王充评传》,第 413 页。

② 参见徐复观:《王充论考》,载《两汉思想史》第二卷,第 344 页。

是长官自己的疑虑与下面所泼的脏水互动。当然，长官的信任会受到其他掾属拥戴与否以及社会风评的影响，但这不具有决定意义。正是王充的任职与离职，使他对人事管理和君臣关系有了深刻的思考，更加重视"遭际"和"偶合"，形成了他的人才管理学说。

《论衡》一书的传播，也很有戏剧性。王充的著作在当时属于"大部头"，仅仅《论衡》一部，就达八十五篇（最初可能有上百篇），二十余万言。对于王充的学识，当时就有人给予很高的评价。按照谢承《后汉书》的记载，谢夷吾曾称道王充说："充之天才，非学所加，虽前世孟轲、孙卿，近汉杨雄、刘向、司马迁，不能过也。"（《后汉书·王充传》注引谢承书）然而，很少有人赞同这种评价，不了解他的人相当多，批评他的人也不少。《论衡》能够得到流传，得益于蔡邕的赏识。据说，《论衡》写成以后，仅仅在吴地流传，中原无人知道。作为文化名人的蔡邕偶然得到此书，觉得所言新颖，有助谈资，秘藏把玩，后来被同仁发现。另外一说是王郎担任会稽太守，得到《论衡》，回到许昌，言论大进，时人猜其"不见异人，当得异书"，追问缘故，方知是读《论衡》所得，遂使该书开始流传。① 可见，时人对该书只是以稗官野史视之。

三国时期的虞翻，论及会稽人物时说："有道山阴赵晔，征士上虞王充，各洪才渊懿，学究道源，著书垂藻，骆驿百篇，释经传之宿疑，解当世之槃结，或上穷阴阳之奥秘，下摅人情之归极。"（《三国志·吴书·虞翻传》注引《会稽典录》）但是，唐代之前，《论衡》的流传有限，即便在文士中也不普及。写了《后汉三贤赞》的韩愈，对王充只是重复本传中的说法，没有给予更多的评价，仅起到助其传播作用。② 刘知幾写《史通》，则把人与书分别评论。对王充之人，痛加鞭笞，认为其"述其父祖不肖"，是名教罪人。③ 而对《论衡》之书，则与扬雄《法言》、应劭《风俗通》等书并列，认为其有助于校正儒学传播中的偏失谬误。"儒者之书，博而寡要，得其糟粕，失其菁华。而流俗鄙夫，贵远贱近，传兹牴牾，自相欺惑，故王充《论衡》生焉。"（《史通·自叙》）真正重视王充思想价值的，是北宋杨文昌，他在整理了《论衡》后，在序言中引用了《后汉书》本传"释物类同异，正时俗嫌疑"的评价，接着感慨地说："订百氏之增虚，诘九流之拘诞，天人之际，悉所会通，性命之理，靡不穷尽，析

---

① 《后汉书·王充传》注引袁山松书："充所作《论衡》，中土未有传者，蔡邕入吴始得之，恒秘玩以为谈助。其后王朗为会稽太守，又得其书，及还许下，时人称其才进。或曰：'不见异人，当得异书。'问之，果以《论衡》之益，由是遂见传焉。"

② 韩愈《王充赞》："王充者何？会稽上虞。本自元城，爰来徙居。师事班彪，家贫无书，阅书于肆，市肆是游，一见诵忆，遂通众流。闭门潜思，《论衡》以修，为州治中，自免归欤。同郡友人，谢姓夷吾。上书荐之，待诏公车。以病不行，年七十余。乃作《养性》，一十六篇。肃宗之时，终于永元。"载《韩昌黎文集》卷一。

③ 《史通·序传》："又王充《论衡》之《自纪》也，述其父祖不肖，为州闾所鄙，而己答以瞽顽舜神，鲧恶禹圣。夫自叙而言家世，固当以扬名显亲为主，苟无其人，阙之可也。至若盛矜于己，而厚辱其先，此何异证父攘羊，学子名母？必责以名教，实三千之罪人也。"

理折中，此书为多。""撰《六帖》者，但摘而为备用；作《意林》者，止钞而同诸子。吾乡好事者，往往自守书椟为家宝。""其文取譬连类，雄辩宏博，岂止为'谈助''才进'而已哉，信乃士君子之先觉者也。"① 首次把王充摆在先知先觉的位置上。

明末清初的熊伯龙，针对历朝对《论衡》褒贬不一的情况，对该书进行了比较彻底的解读和删减整理。他说："余博览古书，取释疑解惑之说，以《论衡》为最。特摘其尤者，参以他论，附以管见，名曰《无何集》。"即把他认为"篇过冗长，辞多重复，醇疵参半，未尝深惬我心"的内容重新编排，形成新的"删节重编本"。熊氏认为原书中对孔孟不大尊敬的《问孔》《刺孟》，以及他认为有问题的篇章，一概判定为"小儒伪作"，摈弃不收；对各篇中有他认为的"小疵"，则"削而不录"。这种戏剧性的"古籍整理"，恰好反映出对《论衡》一书的评价冲突。不过，熊伯龙提出读《论衡》有直读、横读二法，值得借鉴。所谓直读，是指就《论衡》涉及的具体事项进行层层推理，"如剥蕉抽茧，其理层出不穷"，达到"由浅而深，由粗而精"的效果；所谓横读，是指对《论衡》尚未论证的事项触类旁通，举一反三，达到"以类而推，莫可终穷"的效果。"直推则就其文而读之，横推则在乎人之自思。直推、横推，格物致知之学也。知此，可与读《论衡》矣。"② 平心而论，熊伯龙的《论衡》删节，在今天看来不足取法，而他提出的读书要直读、横读二法，却没有过时，且不限于读《论衡》。

《论衡》在古代最被人诟病的，正是熊伯龙所删节的内容，主要是对孔孟的质疑。所以，古人对王充的批评，多是站在正统儒家的立场上追求"政治正确"，而学术批评并不多。例如，清朝学者钱大昕对王充就不大客气。他先是摭取《史通》旧辞，给王充戴上名教罪人的帽子："盖自居于圣贤，而訾毁其亲，可谓有文无行，名教之罪人也。"（《十驾斋养新录》卷六）再批评王充的学问为"小人而无忌惮者"，其罪名包括非孔刺孟、訾毁父祖、阿谀汉朝等。"观其《问孔》之篇，掎摭至圣；自纪之作，訾毁先人。既已身蹈不韪，而《宣汉》《恢国》诸作，谀而无实，亦为公正所嗤。"更重要的是，钱大昕认为《论衡》主张的命定论和偶然论，对后世政治的消极影响太过恶劣。他认为，王安石"三不足"之类观点，都是由王充的《论衡》发其端。"其尤纰缪者，谓国之存亡，在期之长短，不在政之得失，世治非贤圣之功，衰乱非无道之致。贤君之立，偶在当治之世；无道之君，偶生于当乱之时；善恶之证，不在祸福。呜呼！何其悖也？后世误国之臣，是今而非古，动谓天变不足畏，诗书不足信，先王之政不足法，其端盖自充启之。小人哉！"（《潜研堂文集》卷二十七《跋论衡》）钱大昕的这种批评，可看作传统学者抨击王充思想的代表。

古代对王充的官方评价，以《四库全书总目提要》为代表。它将《论衡》列入子

---

① 《宋庆历杨刻本序》，载黄晖：《论衡校释》，中华书局，1990 年，第 1313—1314 页。

② 《熊伯龙〈无何集〉叙录自述》，载黄晖：《论衡校释》，第 1330—1341 页。

部杂家类，称王充写作的动因是"内伤时命之坎坷，外疾世俗之虚伪，故发愤著书，其言多激"。其悖谬之处主要是倾轧圣贤，直言祖父之短；露才扬己，好为物先。但也承认《论衡》的说理和辨析有其所长。"然大抵订讹砭俗，中理者多，亦殊有裨于风教"；"儒者颇病其芜杂，然终不能废也"。有意思的是，《论衡》的名气之大，致使乾隆皇帝也为此发表了一番议论。乾隆说他曾经对《论衡》的"识博而言辩"很感兴趣，但没读过全书。因为四库全书的编校，才读了《论衡》全文，"乃知其背经离道，好奇立异之人，而欲以言传者也"。在乾隆眼里，王充的问孔刺孟，与明代的异端思想家李贽无异。所以他以皇帝身份谆谆教导世人："夫时命坎坷，当悔其所以自致坎坷耳，不宜怨天尤人，诬及圣贤。为激语以自表，则已有犯非圣无法之诛。既有龂其言者，亦不过同其乱世惑民之流耳，君子必不为也。"但乾隆尚未把《论衡》彻底打入另册，而是御批如下："读《论衡》者，效其博辩，取其轶才，则可；效其非圣灭道，以为正人笃论，则不可。"①

到了近代，对王充的肯定逐渐增加，赞扬王充者首推章太炎。他认为，后汉到曹魏的诸子，值得称道的只有王充、仲长统、刘劭三家。"后汉诸子渐兴，讫魏初几百种，然其深达理要者，辨事不过《论衡》，议政不过《昌言》，方人不过《人物志》，此三家差可以攀晚周，其余虽娴雅，悉腐谈也。"② 在《检论·学变》中又专门针对《论衡》评价说："华言积而不足以昭事理，故王充始变其术，曰：'夫笔箸者，欲其易晓而难为，不贵难知而易造；口论，务解分而可听，不务深迂而难睹也。'作为《论衡》，趣以正虚妄，审乡背，怀疑之论，分析百嵩。有所发摘，不避上圣。汉得一人焉，足以振耻。至于今，则憝有能逮者也。然善为锋芒摧陷，而无枢要足以持守。惟内心之不光颎，故言辩而无继。"③ 章士钊从逻辑学的角度肯定《论衡》的功绩，一反众人指责《论衡》重复芜杂琐细的问题，认为古代汉语为求表述简练，往往省略推理过程，曾国藩批评古文不适合辩理，正是出于这一原因。"此编看似碎细，然持论欲其密合，复语有时不可得避，一观欧文名著，自悟此理。邦文求简，往往并其不能简者而亦去之，自矜义法。曾涤生谓古文不适于辨理，即此等处。"而《论衡》一书，是古代逻辑推理的异数，以琐细的推理，体现逻辑的精神。"清初湖北熊伯龙以读八股文之法读《论衡》，妄事割截，别为编列，号《无何集》，是未明此窍之故。"由此，章士钊认为《论衡》"开东方逻辑之宗，尤未宜忽！"④ 还有前文已经论及的胡适以科学精神解读《论衡》，侯外庐以唯物史观解释王充，都对当代学术产生了广泛影响。总体上

---

① 《乾隆读王充〈论衡〉》，载黄晖：《论衡校释》，第 1245—1246 页。
② 章太炎：《国故论衡》，上海古籍出版社，2003 年，第 82 页。
③ 《章太炎全集》第三册，上海人民出版社，1984 年，第 444 页。
④ 章士钊：《答张九如》，原载《甲寅周刊》第一卷第四十一号，1914 年，转引自黄晖：《论衡校释》，第 1254 页。

看，近代以来的研究，多偏重于王充思想的一个方面，强调其学术之变、唯物、科学、逻辑等，均属于以古代之陈酿，浇当下郁积之块垒。

从管理思想角度看，因为王充有丰富的行政经历，尤其是人事管理的经历，而且加上君臣之间的离合，人才评价上的失真，使他对人之才能与事之功效的相关性、外显才能与内在品质的检测验证、不同人才之间的群体匹配、人性与行为的关联程度等问题都有了深刻的思考。例如，仅从任职到离职的反差来看，王充曾经多次就职又离任，"充升擢在位之时，众人蚁附；废退穷居，旧故叛去"（《论衡·自纪》），以往的研究者，多从王充的个人得失角度考虑这一问题，或者认为王充对官场上的失意耿耿于怀，或者认为王充对政治的黑暗萌生了更强的批判意识。这些观点，固然不无道理，但总觉隔靴搔痒。应该说，从要职到赋闲的经历，作为学者的自我定位和作为官员的在位离位，促使王充对人的本质、人的才能、社会与人、组织与人的关系进行研究。尽管他的《政务》已经遗失，而《论衡》虽是一部分析事理、矫正虚妄的著作，但其事例往往来自识人、用人。从《论衡》中提炼出王充对人力资源管理的思想和观点，可以弥补已有研究的某些不足。

二、人力作用的机制探索——命定与偶合

《论衡》一书，本来是针对各种文献的辨谬校正之作。"是故《论衡》之造也，起众书并失实，虚妄之言胜真美也。故虚妄之言不黜，则华文不见息；华文放流，则实事不见用。故《论衡》者，所以铨轻重之言，立真伪之平，非苟调文饰辞，为奇伟之观也。"（《对作》，以下引《论衡》只列篇名，其错讹遗漏从黄晖校勘本并参照刘盼遂解释）但其写作目的，却不是简单的文献考证，而是要为汉代的国家治理提供操作办法。所以，王充在辨析论证过程中，首先针对的并非文献谬误，而是对社会现象的认知偏差，为现实政治提供新的解释，即所谓"《春秋》为汉立法，《论衡》为汉平说"（《须颂》）。

一般认为，《论衡》的篇目顺序，出于王充自己编排，后代没有多大变动。由是观之，《论衡》的开篇是命运问题，由命运讨论引申到性情问题，由性情讨论扩展到认知活动中的虚妄辨析（这一部分篇幅最大，即"九虚""三增"到"谈天""说日"，其中最富批判精神的是《问孔》《非韩》《刺孟》诸篇），然后再回到人力资源的结构关系和评价识别，由人之本质和人事关系，到统治国家和治理社会，层层展开。其中关于自然观察、物理辨析、民俗纠谬、文献考证的篇章，服务于人力资源和政治现象的论述。尽管各部分有交叉重叠，但思想线索大体可寻。

当今研究《论衡》者，往往从"唯物主义""科学思想""反对谶纬""破除迷信"等角度总结其内容。这些都不算错，但总有以今度古、削足适履之嫌。如果回到王充的原意，不难发现，他的本意是为汉朝的现实政治服务，反对俗儒的厚古薄今。

《论衡》的主要篇目，都同汉代现实密切相关。总体上看，《论衡》涉及以下思想领域：以形神关系和性命关系为主题的人性论；以遇、幸、偶、适为主题的命运论；以道实证验为主题的知识论；以宣汉颂德为主题的政治论；以君臣关系为主题的贤佞论；以德才关系为主题的儒吏论。所有这些主题，都围绕人力资源展开。至于今人特别看重的唯物思想、科学记载等等，则是穿插在这些主题中的素材和资料。回归《论衡》的本意，我们不妨说，王充开创了中国古代人力资源研究的学术领域。

《论衡》讨论命运问题，着眼于个人如何在社会上发挥作用，人的作为要受何种因素制约，这些制约对人的成就有何影响。很有可能，正是王充长期担任功曹的职务经历，使他对人力资源有着特殊的感知。针对现实中存在的种种不尽如人意的现象，王充以《逢遇》《累害》《命禄》《幸偶》《偶会》等篇，大谈人生成败的偶然性，形成他的命运论。

王充认为，人是有命运支配的，而命运与人性是两回事，并进而以此解释人的主观努力和客观效果之间的耦合与背离。他说："夫性与命异，或性善而命凶，或性恶而命吉。"（《命义》）"故夫临事知愚，操行清浊，性与才也。仕宦贵贱，治产贫富，命与时也。"（《命禄》）涉及命运的事项，是人力不可为的。"命则不可勉，时则不可力，知者归之于天。"（《命禄》）并希望以此划出人力可为与不可为的界限，并对人的努力与社会回报之间的不对应给出自己的解释。"才高行洁，不可保以必尊贵；能薄操浊，不可保以必卑贱。"（《逢遇》）许多人都对王充的命运论不以为然，认为他否定了人的能动和努力的意义。实际上，王充的这种论点，恰恰是人力资源管理研究的基础。如果强调命运可以由自我努力改变，固然是一种积极向上的励志说法，然而，这种说法的最大漏洞在于其逆推理的荒谬，即命运不好来自于缺乏自我努力，从而否定社会的不公和管理的缺陷。只有在制度完全合理而且相关操作人员全知全能的假设前提下，个人的素质高低和努力程度才与其成就大小具有逻辑相关性。王充特别强调命运不由人，正是要揭示道德、才能、品行、行为与社会回报不相符的奥秘。正如孔子也承认生死有命，却并不因此否定个人努力的道理一样。

那么，为何会出现个人努力与所得回报的不对应？王充看到社会上存在大量类似现象。"命当贫贱，虽富贵之，犹涉祸患，失其富贵矣；命当富贵，虽贫贱之，犹逢福善，离其贫贱矣。故命贵，从贱地自达；命贱，从富位自危。故夫富贵若有神助，贫贱若有鬼祸。"（《命禄》）他给出的答案是：这些出自偶然。汉代儒者谈命，有"三命"之说，"一曰正命，二曰随命，三曰遭命"。正命是"不假操行以求福而吉自至"；随命是"戮力操行而吉福至，纵情施欲而凶祸到"；遭命是"行善得恶，非所冀望，逢遭于外，而得凶祸"。这种"三命"说表面上没有问题，但对应到实践中的具体个人则只有"一命"。王充指出，"三命"不并至，正命不需要个人努力，从个人努力的角度看，"言随命则无遭命，言遭命则无随命"（《命义》）。所以，三命之说并不能回答相关问题，必须弄清楚为何具体到个人会遭际不同的命运？由此，王充提出了自己的偶合观点，并在他对遇、幸、偶、适的论证之中展开讨论。

所谓"遇"，是指不靠自我努力的遭际。《论衡》的第一篇就是《逢遇》，说明王充认为"遇"在人力资源管理中占据首要位置。他说："操行有常贤，仕宦无常遇。贤不贤，才也；遇不遇，时也。"表现在人事管理上，遇与不遇有多种情况。"世各自有以取士，士亦各自得以进。进在遇，退在不遇。处尊居显，未必贤，遇也；位卑居下，未必愚，不遇也。"王充把不遇归纳为以下五种情形："或时贤而辅恶；或以大才从于小才；或俱大才，道有清浊；或无道德，而以技合；或无技能，而以色幸。"对于这些情形，王充都举出了相关事例加以说明。归纳起来，上下之间，合则遇，不合则不遇。合与不合，既有品行、道德、才能、技巧等因素，又有欲念、目标、言说、相貌等因素。"世主好文，己为文则遇；主好武，己则不遇。主好辩，有口则遇；主不好辩，己则不遇。文主不好武，武主不好文；辩主不好行，行主不好辩。"所谓"遇"，不是揣摩上意，投其所好，更不是见风使舵，主动适应。"遇"是自然而然，"揣"是迎合，"求"是努力，后二者都不是"遇"。"不求自至，不作自成，是名为遇。"由于"遇"是非人为的自然状态，所以，只看效果成就而赞誉"遇"或诋毁"不遇"，实际是"不能量操审才能"的表现。"遇难先图"，不可通过事先策划谋略来解决"不遇"问题（以上均见《逢遇》）。遇与不遇决定绩效，而不是贤与不肖决定绩效。"遇者，遇其主而用也。虽有善命盛禄，不遇知己之主，不得效验。"（《命义》）

所谓"幸"，是指不由自身行为带来的祸福。"修身正行，不能来福；战栗戒慎，不能避祸。祸福之至，幸不幸也。"所以俗语称："得非己力，故谓之福；来不由我，故谓之祸。"（《累害》）"幸者，谓所遭触得善恶也。获罪得脱，幸也；无罪见拘，不幸也。"（《命义》）王充突出论述的是不幸而不是幸。仕途停滞不进，操行遭到毁伤，声名被人贬低，罪过积于一身，不一定是当事人的自身过错。在很多情况下，这种遭际与当事人的才行智能无关，而是外来因素造成的。造成不幸的因素，有"三累三害"。所谓三累，一是交友不慎所累，"友同心恩笃，异心疏薄，疏薄怨恨，毁伤其行"。二是他人嫉妒所累，"人才高下，不能钧同，同时并进，高者得荣，下者惭恚，毁伤其行"。三是疏远他人所累，"人之交游，不能常欢，欢则相亲，忿则疏远，疏远怨恨，毁伤其行"。所谓三害，一是职位竞争所害，"位少人众，仕者争进，进者争位，见将相毁"。二是操守不同所害，"将吏异好，清浊殊操，清吏增郁郁之白，举涓涓之言，浊吏怀恚怨恨，徐求其过，因纤微之谤，被以罪罚"。三是被部下的不当行为所害，"将或幸佐吏之身，纳信其言；佐吏非清节，必拔人越次。迕失其意，毁之过度；清正之仕，抗行伸志，遂为所憎，毁伤于将"。王充指出，士人身处社会，会受三累；身处官府，会受三害。值得注意的是，王充强调，"三累三害"所危害的恰恰是圣贤俊杰。他赞同孔子的说法："君子有不幸而无有幸，小人有幸而无不幸。"（《幸偶》，这

句话在蔡邕《独断》中是引王充语，而非孔子语，当属王充假孔子之名述己见之言）
侥幸一词从来是针对小人的。只有清白无瑕，才会遭受污垢所累害。"论者既不知累害
所从生，又不知被累害者行贤洁也，以涂搏泥，以黑点缯，孰有知之？清受尘，白取
垢，青蝇所汙，常在练素。"所以，真正了解累害之谤，反而能够观察到贤洁之实。弹
琴者恨不得折断伯牙善琴之指，赶车者恨不得摧毁王良善御之手。无他，嫉妒心理使
然。真正的圣贤在这种情况下反而无以防身。"动身章智，显光气于世，奋志敖党，立
卓异于俗，固常通人所谗嫉也。"圣贤不追求虚名，不设防避害，所以最易被伤害；而
邪伪小人，"治身以巧俗，修诈以偶众"，所以人人称道，上司重用（《累害》）。由此，
王充提出了人力资源管理的一个重要方向：在流言毁伤中发现圣贤，在众口交誉中觉
察奸佞。

所谓"偶"，是指君臣之间的匹配。"俱欲纳忠，或赏或罚；并欲有益，或信或疑。
赏而信者未必真，罚而疑者未必伪，赏信者偶，罚疑不偶也。"（《幸偶》）"偶者，谓
事君有偶也。以道事君，君善其言，遂用其身，偶也；行与主乖，退而远，不偶也。"
（《命义》）同样的行为，君臣相偶，就能形成协同作用；君臣不偶，就会遭到排斥。

所谓"适"，是指自然相合。与偶连用，表示恰巧遇合。"故夫遭、遇、幸、偶，
或与命禄并，或与命禄离。遭遇幸偶，遂以成完；遭遇不幸偶，遂以败伤。"（《命
义》）凡是各种遭遇与命禄偶合，都属于"适"。人类与自然之间也有"适"，杞梁之
妻恰好因为怀念丈夫向城而哭，城墙恰好在此时崩塌，二者偶合，于是流传变为孟姜
女哭长城的故事。王充认为这就是一种"适"。"或时城适自崩，杞梁妻适哭"（《感
虚》）。由此可见，君臣之适，在王充眼里是可遇而不可求的。

那么，这种遭遇和偶合，是不是王充对自己仕途的感慨？到底对人力资源研究有
多大意义？许多学者认为，王充是因为自己的仕途受挫，才在命运问题上大发议论，
有些人干脆就把这种议论看作一种价值不大的牢骚。所以，大量研究《论衡》的著作，
都对其命运论着力甚少，或者简单提及，贴一个宿命论和偶然论的标签了事。本文认
为，王充的命运论，即关于命定和偶合关系的论证，是中国古代探讨人力资源作用机
制的重要篇章。宿命论完全排斥个人奋斗的意义，而因果论又无法解释善行不得善报、
贤能不得重用的不合理现象。古代的人力资源学说，不论是何家何派，都无法在学理
上跳出这一矛盾。王充则通过自己的分析，认为人的命运既是"自然之道"，又是"偶
适之数"，是既定之"命"通过不定之"偶"形成的随机关系，从而为跳出决定论思
路提供了可能。一方面，"贵贱在命，不在智愚，贫富在禄，不在顽慧"（《命禄》），
从而为孔孟这些圣贤也屡遭厄运、伍子胥和屈原等人为国尽忠反遭冤屈提供解释。另
一方面，人在命运面前不是无所事事，认知命运中的遭遇偶合可以增进主动，防范不
幸。可以说，王充首次把随机分析引进到人力资源领域，从而跳出线性因果关系的逻
辑局限，在论证方式上几乎接近于当代管理学家马奇的"垃圾桶理论"——人具有不

同的材质，面临不同的场景，上司有不同的需要，官场有不同的准则，能否取得积极的社会效应，全在于这些因素的际遇偶合。[①] 由此可见，《论衡》一书在人力资源管理上首开了随机性研究的先河。固然，王充在他所处的时代条件下，对随机性的理解偏于消极，但这种思路，仍然值得向纵深发掘。

再进一步，从随机因素的概率而言，管人者强调外在命运，被管者强调自我努力，有利于产生正面效应；而管人者强调命运在己，被管者强调外在际遇，就可能导致怨天尤人。批评王充者往往只看到他的仕途失意，而忽略他本来具有的功曹身份。理解这一点，对于评价《论衡》的人力资源思想至关重要。

三、人性、禀赋、骨相——需学界正视的问题

任何管理研究，都会遇到人性假设问题。王充对先秦以来的人性讨论进行了全面总结，并提出了自己的观点。

《论衡·本性》把先秦的人性观点归为四大类：一类为孟子的性善说，一类为荀子的性恶说，一类为告子的无善无恶说，一类为世硕的有善有恶说（宓子贱、漆雕开、公孙尼子同世硕有细微差异，但都属于这一大类）。在此基础上，王充进一步介绍了汉代以来陆贾的礼义为性说，董仲舒的性情阴阳说（性生于阳，情生于阴），刘向的性内情外说等。

王充基本同意世硕一派的观点。他感叹说："自孟子以下，至刘子政，鸿儒博生，闻见多矣，然而论情性竟无定是。唯世硕、公孙尼子之徒颇得其正。"（《本性》）在王充眼里，孟子说性善，符合中人以上的人性；荀子说性恶，符合中人以下的人性；告子说性无善恶，扬雄说性善恶混，符合随着教化改变的中人之性。他们都只把握了人性的一个侧面。

在性命关系上，王充强调，性有善恶，命有吉凶。性是可以改变的，而命是人力无法操纵的。"临事知愚，操行清浊，性与才也；仕宦贵贱，治产贫富，命与时也。"（《命禄》）"夫性与命异，或性善而命凶，或性恶而命吉。操行善恶者，性也；祸福吉凶者，命也。或行善而得祸，是性善而命凶；或行恶而得福，是性恶而命吉也。"（《命义》）从性与命的不同出发，王充指出人性是可以变化的。"论人之性，定有善有恶。其善者，固自善矣；其恶者，故可教告率勉，使之为善。凡人君父审观臣子之性，善则养育劝率，无令近恶；恶则辅保禁防，令渐于善。善渐于恶，恶化于善，成为性行。"（《率性》）善恶的渐染变化，体现了教化的力量。在这里，王充回归到儒家的治

---

① 垃圾桶理论是有限理性下的决策因素随机组合而形成决策的机制分析，指选择机会、问题、解决方法、决策者在管理活动中随机相遇，并因其耦合程度而做出不同选择。参见〔美〕马奇著，王元歌、张爱民译：《决策是如何产生的》，机械工业出版社，2013年，第155—161页。

理思想轨道，彰显人为的作用。王充认为，命运是人力不可为的，而善恶是人力可为的。如果不能改恶为善，治理就毫无意义。王良和造父以擅长驭驾得名，就是因为他们能够把驽马变成良骥。如果做不到这一点，那他们不过是平庸的驭手而已。孔门弟子，入门前都是常人，而经过教育，七十二贤均可出任卿相。子路本来是个狂徒，在孔子的教育下，名列贤哲。"世称子路无恒之庸人，未入孔门时，戴鸡佩豚，勇猛无礼；闻诵读之声，摇鸡奋豚，扬唇吻之音，聒贤圣之耳，恶至甚矣。孔子引而教之，渐渍磨砺，阖导牖进，猛气消损，骄节屈折，卒能政事，序在四科。斯盖变性使恶为善之明效也。"土壤有肥沃的，有贫瘠的。肥沃如同性善，贫瘠如同性恶。农人对贫瘠之地"深耕细锄，厚加粪壤，勉致人功，以助地力，其树稼与彼肥沃者相似类也"。铁锭是一样的，然而不同的工匠锻制的刀剑，有的价值一金，有的价值千金。"夫铁石天然，尚为锻炼者变易故质，况人含五常之性，贤圣未之熟锻炼耳，奚患性之不善哉？"教化可以化恶为善，进而使善者更善。"不患性恶，患其不服圣教，自遇而以生祸也。"（《率性》）徐复观对王充多有批评，唯独在王充的人性论上持肯定态度："王充的性论，按照其形成的格架看，善恶也和命的吉凶一样，是宿定而不可移易的。但在正面论到人性时，除中人之性可善可恶，固须教化而成以外，并在《率性篇》中为性恶也开出一条自立之路，这在他全盘的思想中，固然显得突出而不调和。但正赖有此一突出，使我们可以承认他的思想家的地位。"①

但是，在不同的篇章中，王充所说的命又有两种含义。"凡人禀命有二品，一曰所当触值之命，二曰强弱寿夭之命。"（《气寿》）王充把这二者的差别，称之为禄命和寿命的差别。禄命即遭际遇合之命，寿命即强弱寿夭之命。寿命又等同于生命意义上的性，即本性。由此，他分辨了两种命运的不同。贵贱贫富之命，同际遇偶适相关，而生死寿夭之命，同禀气薄厚、体质强羸相关。在这一意义上，王充称："禀得坚强之性，则气渥厚而体坚强，坚强则寿命长，寿命长则不夭死。禀性软弱者，气少泊而性羸窳，羸窳则寿命短，短则蚤死。故言'有命'，命则性也。"（《命义》）这种禀赋之性，实际就是生命之"生"。所以，王充所说的人性，有先天禀赋和后天修炼两个方面。在王充看来，善恶不仅来自后天修炼，而且也与先天禀赋有关。"小人君子，禀性异类乎？譬诸五谷皆为用，实不异而效殊者，禀气有厚泊（薄），故性有善恶也。残则受仁之气泊，而怒则禀勇渥也。仁泊则戾而少慈，勇渥则猛而无义，而又和气不足，喜怒失时，计虑轻愚。妄行之人，罪故为恶。人受五常，含五脏，皆具于身。禀之泊少，故其操行不及善人，犹酒或厚或泊也，非厚与泊殊其酿也，麴蘖多少使之然也。是故酒之泊厚，同一麴蘖；人之善恶，共一元气。气有少多，故性有贤愚。"（《率性》）所以，人性善恶，不独同后天教化相联系，而且同先天禀赋相联系。由此，王充

---

① 徐复观：《两汉思想史》第二卷，391 页。

特别看重"骨相"。

从春秋到秦汉，相术有着很大发展。以相貌取人，是古代管理的一个重要方面，并由此形成了相关的面相和骨相学说。荀子曾经对相术进行了尖锐的批判，称："相人之形状颜色，而知其吉凶妖祥，世俗称之。古之人无有也，学者不道也。故相形不如论心，论心不如择术。形不胜心，心不胜术。术正而心顺之，则形相虽恶而心术善，无害为君子也；形相虽善而心术恶，无害为小人也。"（《荀子·非相》）然而，到了王充这里，由于他把人性善恶同先天禀赋连接起来，把性与命连接起来，所以相信相术。他专门写有《骨相》，声称："人曰命难知。命甚易知。知之何用？用之骨体。人命禀于天，则有表候见于体。察表候以知命，犹察斗斛以知容矣。表候者，骨法之谓也。"在《命义》《吉验》等篇中，类似论述相当多，说明王充是从内心推崇相术的。汉代有专门的"相工"，承担人才鉴别任务。王充对此深信不疑，说："是故知命之人，见富贵于贫贱，睹贫贱于富贵。案骨节之法，察皮肤之理，以审人之性命，无不应者。""故知命之工，察骨体之证，睹富贵贫贱，犹人见盘盂之器，知所设用也。善器必用贵人，恶器必施贱者，尊鼎不在陪厕之侧，飑瓜不在堂殿之上，明矣。""非徒富贵贫贱有骨体也，而操行清浊亦有法理。贵贱贫富，命也；操行清浊，性也。非徒命有骨法，性亦有骨法。惟知命有明相，莫知性有骨法，此见命之表证，不见性之符验也。"（《骨相》）可见，王充对相术深信不疑，在面相与骨相二者之间更看重骨相。

对于王充迷信相术，简单地批评其"比荀子的'非相'说倒退了一大步"[1] 无济于事。应该认识到，这种对相术的推崇，恰恰反映了当时人力资源管理的相应方法。在缺乏人才测评科学方法的古代，使用相术实属正常。与王充同时代的王符，尽管富有批判精神，但关丁面相、骨相也十分赞赏，对相法有着不亚于王充的说明。王符说："人之相法，或在面部，或在手足，或在行步，或在声响。面部欲溥平润泽，手足欲深细明直，行步欲安稳覆载，音声欲温和中宫。头面手足，身形骨节，皆欲相副称。此其略要也。""夫骨法为禄相表，气色为吉凶候，部位为年时□，德行为三者招，天授性命决然。表有显微，色有浓淡，行有薄厚，命有去就……非聪明慧智，用心精密，孰能以中？"对骨相，王符还专门说道："人之有骨法也，犹万物之有种类，材木之有常宜。巧匠因象，各有所授，曲者宜为轮，直者宜为舆，檀宜作辐，榆宜作毂，此其正法通率也。若有其质，而工不材，可如何？故凡相者，能期其所极，不能使之必至。十种之地，膏壤虽肥，弗耕不获；千里之马，骨法虽具，弗策不致。"对相术的使用，王符也有自己的见解："然其大要，骨法为主，气色为候。五色之见，王废有时。智者见祥，修善迎之，其有忧色，循行改尤。愚者反戾，不自省思，虽休徵见相，福转为灾。于戏君子，可不敬哉！"总括而言，王符认为："是故人身体形貌皆有象类，骨法

---

① 如周桂钿就认为："王充相信骨相说是他的哲学的机械性所导致的结果。他比荀子的'非相'说倒退了一大步。"见钟肇鹏、周桂钿：《桓谭、王充评传》，338 页。

角肉各有分部，以著性命之期，显贵贱之表，一人之身，而五行八卦之气具焉。""经曰：'近取诸身，远取诸物。''圣人有见天下之至赜，而拟诸形容，象其物宜'。此亦贤人之所察，纪往以知来，而著为宪则也。"（《潜夫论·相列》）管理思想史的研究，需要对这种识人品人的方法给出符合当时情境的评价。

相比之下，西方一直到20世纪初泰罗的科学管理时期，笔迹学和颅相学依然是人事测评的基本方法，说明其具有普遍性。即便在现今科学知识已经十分发达的情况下，由于人的认知局限，影响事业成败、声誉名望的因素有太多的未知成分和复杂关联，导致有人明里暗里推崇并使用相术，恐怕今天也不少见。学术研究对此视而不见或者有意回避，以其"不科学"而一言以蔽之，或者简单贴个标签式评价，不但对社会无益，而且会导致学术向屠龙之术的方向发展。尤其是面向实用的管理学和心理学，更应该对此展开论证。

四、儒吏关系——人才群体的组合

《论衡》在人力资源思想上有一个特殊贡献，就是对儒吏关系的辨析。在中国古代，这一辨析开了人才群体问题研究的先河。在《程材》《量知》《谢短》《效力》《别通》《超奇》《状留》诸篇中，王充对如何考察、衡量、使用儒生与文吏两类人员，进行了独到的论证。

吏是最早进入官场的群体。它从"史"发展而来。吏、史、事，三字本为一源。所谓史，就是官府中的下层办事人员。商周有大量的史，他们最主要的活动是处理文书，执行事务。其具体工作包括制作竹简木牍、抄写公文、执行上司指令，即所谓"刀笔吏"，后来统称文吏。《水浒》中的押司宋江，就是文吏的艺术典型。这些人熟悉公文，精通法令，善于察言观色，谙熟衙门惯例。秦王朝的"以法为教"和"以吏为师"，使刀笔吏成为政坛主宰。汉初相国萧何，出身于秦吏，由于他的显赫业绩，被后代供奉为文吏的职业神。一直到明清的县衙，文吏还在他们办公地点之外设一个小龛，塑有萧何像，烧香膜拜。

吏：　　　　史：　　　　事：

《说文解字》中的吏、史、事三字①

汉代建立后，吸取秦王朝单一重吏的教训，开始用儒生给官吏队伍"掺沙子"。到

---

① "吏""史""事"三字的详解，可参见《古文字诂林》，上海教育出版社，2001年。"吏"字见第一册第31页，"史"字见第三册第462页，"事"字见第三册第481页。

了汉武帝独尊儒术后，儒生在官府中的比例迅速上升，历史进入了儒吏并用的时代。不过，就整个两汉时期而言，由于吏是构成政权金字塔基座的主体，在官吏的数量上一直是文吏占优势。从西汉到东汉，基本政策是"霸王道杂之"，所以在人事上也是"儒吏兼用之"，而且文吏往往占据要职。此后，儒开始吏化，以同过去占据要津的文吏争夺地位；吏也开始儒化，以适应朝廷指导思想的转变。

王充认为，汉代人事政策的偏差是重吏轻儒。官场上多数人认为，文吏办事利便，儒生不通实务。王充决心纠正这种认知偏差。他强调，儒吏各有所长，问题出在官场的评价尺度以文吏为基准上。将（地方长官）忙于政务，事务繁多，文吏凸显其长，所以"世俗常高文吏，贱下儒生"。对文吏评价高，对儒生评价低，源自长官自身能力不足，眼界不够。如果仅仅从办事能力来看，儒生当然不如文吏。"文吏理烦，身役于职，职判功立，将尊其能。儒生栗栗，不能当剧；将有烦疑，不能效力。力无益于时，则官不及其身也。将以官课材，材以官为验，是故世俗常高文吏，贱下儒生。"但从决策咨询和教化社会来看，文吏则远不如儒生。"志在修德，务在立化，则夫文吏瓦石，儒生珠玉也。夫文吏能破坚理烦，不能守身；不能守身，则亦不能辅将。儒生不习于职，长于匡救；将相倾侧，谏难不惧。案世间能建蹇蹇之节，成三谏之议，令将检身自勅，不敢邪曲者，率多儒生。阿意苟取容幸，将欲放失，低嘿不言者，率多文吏。"二者比较的结论是："文吏以事胜，以忠负；儒生以节优，以职劣。二者长短，各有所宜；世之将相，各有所取。取儒生者，必轨德立化者也；取文吏者，必优事理乱者也。"（《程材》）那些事务缠身的官员往往偏向文吏，而谋虑深远的官员则往往看重儒生。王充指出当时的评价偏差，强调追求事功，则优先文吏；追求修德教化，则优先儒生。在总体上王充认为，选拔人才，儒与吏不可偏废，相比之下还要优先用儒。儒者长在价值导向，文吏长在事务处理。"以儒生修大道，以文吏晓簿书。"（《谢短》）

王充指出，儒与吏两个群体的不同特点，是通过不同的培养方式形成的。儒学的传承，靠的是熟读经典。而传世的儒学五经，渗透了伦理思想和道义准则。儒生耳闻目染，培养的是一种非功利习惯，提倡的是一种箪食瓢饮的精神风貌，追求的是一种以道治天下的责任担当，颂扬的是一种"说大人则藐之"的大丈夫气概。这种训练方式，有可能形成固执甚至迂腐的做派，但通常不会见风使舵、阿谀苟且。文吏的成长，是从文字的认知写作和实际运用入手，秦汉时期要求识字九千，熟悉小篆。秦代基本教材是李斯、赵高等人的文字范本和朝廷现行的法律政令，东汉后则以《说文解字》为教科书，侧重于文字的书写和修改功力，以及行政运作的技能训练。他们要掌握的是文字技能，读律讽令，熟悉官场程式，明了运作技巧。文吏所习所练，处处从实用出发，提倡察言观色，追求的是精明干练的务实操作。这种训练方式，有可能形成逢迎巴结甚至寡廉鲜耻的人格缺陷，但其熟悉公务、干事利落、深文苛察，为行政所需，尤其是能够顺应"治剧"的要求（汉代的衙门按照事务难易分"剧"和"平"，类似于明清的"繁"和"简"。"治剧"就是能够应对艰难困窘的棘手事务，汉代选官专门有"治剧"科目），其行政能力为儒生所不及。

汉代的官吏选拔有四条标准："丞相故事，四科取士。一曰德行高妙，志节清白；二曰学通行修，经中博士；三曰明达法令，足以决疑，能案章覆问，文中御史；四曰刚毅多略，遭事不惑，明足以决，才任三辅令。皆有孝悌廉公之行。"（《续汉书·百官一》注引应劭《汉官仪》）这四条中的前两条针对儒生，后两条针对文吏。由此，形成了官吏群体的两大集团。历代正史列有循吏传和酷吏传，这一分类，恰恰是在两汉形成的。大体上，循吏多出于儒，而酷吏多出于吏。所谓循吏，是"奉职循理之吏"。这类人物通常都重视教化，操守出众。"上顺公法，下顺人情"，是忠厚长者，如西汉之文翁、黄霸。"所居民富，所去见思，生有荣号，死见奉祀，此廪廪庶几德让君子之遗风矣。"（《汉书·循吏传》）所谓酷吏，"皆以酷烈为声"，令行禁止，深峻苛刻，以能著称，世人喻为苍鹰乳虎，如西汉之郅都、宁成。"吏治若救火扬沸，非武健严酷，恶能胜其任而愉快乎？"（《汉书·酷吏传》）循吏往往不能"治剧"，面对严峻急迫的行政事务束手无策。而酷吏往往操守可疑，面对政治对手和下层民众刻薄寡恩。汉代的人事政策是两种人都要用，以儒生来树立并坚守朝廷倡导的价值观念，矫正酷吏的急峻；以文吏来快刀斩乱麻处理棘手事务，弥补儒生的能力不足。"文吏、儒生皆有所志，然而儒生务忠良，文吏趋理事"（《程材》），这种组合方式，对此后各个王朝的官吏结构产生了重大影响。

儒和吏的信念不一，行为趋向不一。从道义上讲，后人往往会批评文吏的操守，然而在汉代，官员多从现实需要出发拔高文吏而贬低儒生。"论者以儒生不晓簿书，置之于下第。法令比例，吏断决也。文吏治事，必问法家。县官事务，莫大法令。必以吏职程高，是则法令之家宜最为上。"（《程材》）之所以如此，是因为汉代选人的评判标准是官场需求而不是道义优先。王充说，评价人才，一定要先看以什么为标杆。例如，以种田优劣为标杆，自然农夫胜过商贾，而以贸易流通为标杆，自然商贾胜过农夫。从衙门实务来看，文吏当然优于儒生，而从社会教化来看，儒生肯定优于文吏。所以，人力资源管理，首先要确定的是评价尺度。汉代官场的通病，是过于看重官场的操作需要，以官场的规矩（条品）和惯例（故事）作为选人标准。"五曹自有条品，簿书自有故事，勤力玩弄，成为巧吏，安足多矣？"王充认为，要矫正这种偏失，在评价人才上一定要看到儒生之长和文吏之短。"儒生之性，非能皆善也。被服圣教，日夜讽咏，得圣人之操矣。文吏幼则笔墨，手习而行，无篇章之诵，不闻仁义之语。长大成吏，舞文巧法，徇私为己，勉赴权利。考事则受赂，临民则采渔，处右则弄权，幸上则卖将。一旦在位，鲜冠利剑。一岁典职，田宅并兼。性非皆恶，所习为者，违圣教矣。故习善儒路，归化慕义，志操则励变从高，明将见之，显用儒生。"王充告诫人们，即便是以法令为标准，文吏熟悉的是具体法令条文，而儒生掌握的是法令精神渊源。五经为汉代立法，律令要体现《春秋》大义。以此推论，儒生高于文吏。"然则儒生所学者，道也；文吏所学者，事也。假使材同，当以道学。如比于文吏，洗浣泥者以水，燔腥生者用火。水火，道也，用之者，事也，事末于道。儒生治本，文吏理末，道本与事末比，定尊卑之高下，可得程矣。"（《程材》）"以儒生修大道，以文吏晓簿书，道胜于事，故谓儒生颇愈文吏也。此职业外相程相量也，其内各有所以为短，未实谢也。"（《谢短》）

王充还以汉文帝时张释之的解释为例，进一步说明儒生高于文吏的道理。汉文帝曾到上林苑视察，张释之随行。在上林苑的虎圈旁边，文帝询问上林尉圈养的禽兽数量情况，连续问了十几个问题，上林尉支支吾吾回答不出来，而下属虎圈啬夫代上林尉回答，数据翔实，有问必对，口齿伶俐，应答得体。文帝就发了火，说："吏不当若是邪？尉无赖！"让张释之草拟文件，任命虎圈啬夫为上林令。张释之抗命不从，对文帝解释说，单纯以口齿伶俐、应对巧辩选官，很有可能出现偏差。"秦以任刀笔之吏，吏争以亟疾苛察相高，然其敝徒文具耳，无恻隐之实。以故不闻其过，陵迟而至于二世，天下土崩。今陛下以啬夫口辩而超迁之，臣恐天下随风靡靡，争为口辩而无其实。且下之化上疾于景响，举错不可不审也。"（《史记·张释之冯唐列传》）说服文帝收回成命。王充引用张释之事例并进一步发挥说："将相知经学至道，而不尊经学之生，彼见经学之生，能不及治事之吏也。牛刀可以割鸡，鸡刀难以屠牛。刺绣之师能缝帷裳，纳缕之工不能织锦；儒生能为文吏之事，文吏不能立儒生之学。文吏之能，诚劣不及；儒生之不习，实优而不为。"（《程材》）所以，用人应该把儒生排在文吏之上。

但是，儒生是不是都像王充所言，道义在握，品行高洁，见识深远？对此，王充有相应的分类。单纯就知识和学问而言，王充把儒者分为以下几类："能说一经者为儒生，博览古今者为通人，采掇传书以上书奏记者为文人，能精思著文连结篇章者为鸿儒。故儒生过俗人，通人胜儒生，文人逾通人，鸿儒超文人。"（《超奇》）儒生是儒学的初入门者，以五经中学通一经为标准。通人也称通儒，指学通五经，博览群书，不仅掌握儒学理论，而且兼知百家诸子。具体标准是："通书千篇以上，万卷以下，弘畅雅闲，审定文读，而以教授为人师者，通人也。"文人也称文儒，又比通儒高一个层次，不仅学通古今，而且通而能用，可以针对现实提出对策，运用儒术解决实际问题。具体标准是："杼其义旨，损益其文句，而以上书奏记，或兴论立说、结连篇章者，文人鸿儒也。好学勤力，博闻强识，世间多有；著书表文，论说古今，万不耐一。然则著书表文，博通所能用之者也。"最高层次是鸿儒。"故夫鸿儒，所谓超而又超之者。以超之奇，退与儒生相料，文轩之比于敝车，锦绣之方于缊袍也，其相过，远矣。"鸿儒能够创立学说，意境深远，影响巨大。就像山丘到处都是土石，偶尔还有铜铁，十分罕见的是金玉。"然鸿儒，世之金玉也，奇而又奇矣。"（《超奇》）在王充眼里，司马迁、董仲舒尚未达到鸿儒水准，扬雄、桓谭庶几近之。相比而言，鸿儒是能够提出治国思想、形成原理法则的稀世之才，就像孔子作《春秋》那样，成为社会的泰山北斗。官场常用的人物，是较为高层的文儒和较为下层的儒生。

社会上常见的多是一般儒生。由于汉代官场看重文吏，导致儒生向文吏转化。王充认为，上之所好，下必趋之。儒生中的聪慧敏捷者，往往会放弃儒学立场，随时变化，学习吏事，把自己变为文吏，却依然顶着儒生的名号，这是俗儒。"有俗材而无雅度者，学知吏事，乱于文吏，观将所知，适时所急，转志易务，昼夜学问，无所羞耻，期于成能名文而已。"对于俗儒，王充也是看不上的。但是，不与世俗同流合污的儒生，则耻于学习吏事而被官场排斥。"其高志妙操之人，耻降意损崇，以称媚取进，深疾才能之儒，汩入文吏之科，坚守高志，不肯下学。"这种不肯转变为文吏的儒生，或因实际干事不够敏捷，或因直言不讳遭到忌恨，或因不谙法令而违反规制，"故世俗轻之，文吏薄之，将相贱之"（《程材》）。这是儒学的悲哀。所以，王充站在儒学的立场上，为儒生鸣不平，强调儒与吏各有所长，而且儒高于吏。他要求官场应该改变选人尺度。所谓"程材"，就是衡量人才的标尺和方法，王充以自己从事人事管理的实践总结出，只有在衡量标尺上把儒放在吏之上，才可在实践中收到儒吏并用的效果。也就是说，在道德操行标准和办事能力标准之间，坚持道义优先，才能形成人才评价的平衡。如果认识不到道为本、事为末，就可能会以事功损害道义。

王充的这种思想，在后代被归纳为"以德为先""德为才之帅"。文吏的官方评价从此逐渐降低。唐人刘晏认为，士与吏相比，在名利上追求不同，所以用法不同。"常以为：办集众务，在于得人，故必择通敏、精悍、廉勤之士而用之；至于句检簿书，出纳钱谷，必委之士类；吏惟书符牒，不得轻出一言。常言：'士陷赃贿，则沦弃于时，名重于利，故士多清修；吏虽洁廉，终无显荣，利重于名，故吏多贪污。'"（《资治通鉴》卷二二六，建中元年七月）到了明代，文吏的社会评价一路下滑。永乐七年（1409），吏部奏请任命张循理等二十八人为御史，明成祖考察其出身，发现其中二十四人为进士或监生，四人为文吏。"上曰：用人虽不专一途，然御史，国之司直，必有学识，达治体，廉正不阿，乃可任之。若刀笔吏，知利不知义，知刻薄不知大体，用之任风纪，使人轻视朝廷。"遂将这四人黜降他官。"谕：自今御史勿复用吏"（《日知录》卷十七《通经为吏》）。可见，王充对儒吏关系的辨析，是从人力资源管理角度落实"独尊儒术"的人才评价理论，奠定了后代人才评价尺度的基本走向。

由于儒者可以分为不同的层次，而长官的眼界也有高低之分，所以，儒者在官场的遇与不遇就有了不同的组合。王充认为，官场的正常层级结构，应当是儒者在上而文吏在下，能不能形成这样的结构，则取决于领导人（将）的眼力和价值观（道）的导向。"将明道行，则俗吏载贤儒，贤儒乘俗吏。将闇道废，则俗吏乘贤儒，贤儒处下位。"（《状留》）王充认为，汉代人事的主要弊端，是贤儒沉滞下位，俗吏超迁居上。造成这种现象的原因有两个方面：一是领导人能否当伯乐。王充说，过去曾经有过让良骥拉盐车的事情，只有伯乐、王良这样的识者，才可解除良骥的盐车之轭，令其奔驰千里。"今贤儒怀古今之学，负荷礼义之重，内累于胸中之知，外劬于礼义之操，不敢妄进苟取，故有稽留之难。无伯乐之友，不遭王良之将，安得驰于清明之朝、立千里之迹乎？"（《状留》）二是儒者的不同类型影响其官场前程。王充指出，贤儒和俗吏相比，以木材为喻，俗吏是枫桐之类的速成树木，生长虽快却木质不坚，贤儒是檀栾之类的优质树木，生长极慢却细密坚挺。快速成长者往往引人注目，而缜密厚重者往往宝货难售，随风飘扬的是鸡毛草芥，狂飙吹不动的是巨石金铁。大儒往往需要多年修炼，品行方正；方正近钝，难以脱颖而出。小儒往往浅尝辄止，粗粝尖锐；尖锐易现，能够快速见效。"由此言之，贤儒迟留，皆有状故。状故云何？学多道重，为身累也。"（《状留》）所以，对领导者而言，要当"活水""洋风"，造就不湍沙石、不扬毛芥的情境。对儒者而言，要自我把持，锐意于道，不为功利所动。

儒与吏各有所长，当然也就各有所短。王充的思想，强调儒与吏的合理搭配，暗含着儒与吏之长不可兼得的观点。但是，随着官场上儒的吏化和吏的儒化，有不少人试图把二者之长结合起来，让儒接受吏的训练，让吏接受儒的熏陶，集儒吏的优点于一身。建安名士王粲的《儒吏论》，可谓倡导儒吏合流的代表。"士同风于朝，农同业于野，虽官职务殊，地气异宜，然其致功成利，未有相害而不通者也。至乎末世，则不然矣。执法之吏，不窥先王之典；搢绅之儒，不通律令之要。彼刀笔之吏，岂生而察刻哉？起于几案之下，长于官曹之间，无温裕文雅以自润，虽欲无察刻，弗能得矣。竹帛之儒，岂生而迂缓也？起于讲堂之上，游于乡校之中，无严猛断割以自裁，虽欲不迂缓，弗能得矣。先王见其如此也，是以博陈其教，辅和民性，达其所壅，祛其所蔽，吏服训雅，儒通文法，故能宽猛相济，刚柔自克也。"（《艺文类聚》卷五二）王粲的这种想法确实很美，但现实却不尽如此。很有可能，儒吏结合不是二者之长相得益彰，而是二者之短互长为恶。王充不谈二者的结合，只谈二者的差异，正是他具有丰富人事管理经验的老到之处。王粲之论，不过是文人论政的一厢情愿而已。但不可忽视的是，在历代的人力资源管理思想中，类似于王粲的观点还大有人在，对现实有相当大的消极影响。从历史事实看，儒吏合一的结果，是儒的乡愿化和吏的虚伪化。所以，重新思考王充的论证，以和而不同的观点看待人才结构，即便在当今也是具有启迪意义的。

还有一点也应当提及，王充已经看到重吏轻儒的官场风气对儒学的负面影响。出于利禄引诱，学问开始变成仕宦入场券，导致学术变成不学有术。"是以世俗学问者，不肯竟经明学，深知古今，忽欲成一家章句，义理略具，同趋学史书，读律讽令，治作情奏，习对向，滑习跪拜，家成室就，召署辄能。徇今不顾古，趋雠（售）不存志，竞进不案礼，废经不念学。是以古经废而不修，旧学闇而不明，儒者寂于空室，文吏哗于朝堂。"（《程材》）后来的仕进之途，学饰其表而俗浸其里，著书只为稻粱谋，沿着这条路越走越远。

五、贤佞辨析——老调新弹中的学术思考

古代用人最重要的是区分贤佞。几乎所有人都知道应该选贤与能，但问题出在什么是贤、什么是佞的判断上。以春秋时期的齐桓公为例，易牙烹子、竖刁自宫、开方弃亲，管仲认为这三人的行径背离了人的正常情感，属于大奸大慝，而齐桓公认为这三人效忠于己，才能难得。最后，齐桓公死在这三人手里，后来历代都把这三人作为佞臣的典范。宋代苏洵在《辨奸论》中总结道："凡事之不近人情者，鲜不为大奸慝，竖刁、易牙、开方是也。"（《嘉祐集》卷九）然而，人事管理中一直存在一个重大问题，即凡属奸佞，都在其得志时被上司看作贤能，如果君主能够事先发现奸佞，奸佞就无法得势。所以，如何在早期区分贤佞，是历代治理国家的难点。针对这一问题，王充对贤佞之辨进行了深入的讨论。

王充在《答佞》篇中，对奸佞现象进行了反复说明。他指出，期望高官厚禄是人之常情，贤者也追求富贵。贤佞的区别在于：贤者取之有道，佞者以欲害义。"富贵皆人所欲也，虽有君子之行，犹有饥渴之情。君子则以礼防情，以义割欲，故得循道，循道则无祸。小人纵贪利之欲，逾礼犯义，故进得苟佞，苟佞则有罪。"君子与小人的区别，就在于能不能以礼义约束自己。以道义克制情欲，就是君子；为情欲违反道义，就是小人。"存天理，灭人欲"的逻辑，在王充这里就已经萌生。

具体到小人，王充认为，小人有谗人和佞人的区别。"谗与佞，俱小人也，同道异材，俱以嫉妒为性，而施行发动之异。谗以口害人，佞以事危人；谗人以直道不违，佞人依违匿端；谗人无诈虑，佞人有术数。"（《答佞》）正是这种区别，往往导致君主能够远谗而不能别佞。有人认为，佞人喜好毁人，王充认为这种说法不确。他指出，喜好毁人，只能算谗人，不能算佞人。佞的目的是求利，"苟利于己，曷为毁之？苟不利于己，毁之无益。"佞人危害别人的方式不是毁人，而可能是誉之赞之。特别重要的是，如果毁人，人亦毁之，与他人为敌，会使自己得不到利益。所以，佞人不会做这等傻事。判断佞人有一个重要尺度，就是看他如何谋利。那种害人不利己的行为尽管可恶，但不属于佞人。还有人觉得，佞人可能不在一般场合毁人，但会在上司那里毁人。王充认为，这种观点也有问题。佞人害人的方式是要为自己谋利，所以，他们往往以赞誉对方来损毁对方，以麻痹对方来制造危机。假如佞人要害某个非常杰出的贤人，他会大力赞扬他。当众人向长官推荐时，他会轻描淡写地向长官挑明该人"志高则操与人异，望远则意不顾近"，令上司对自己能否驾

斁这样的人才产生疑虑。然后佞人会站在体谅上司难处的角度建议说:对于这样的大才,"屈而用之,其心不满,不则卧病。贱而命之,则伤贤,不则损威。"(《答佞》)总之,佞人排斥他人,是顺着上司,说着好话,绝不轻易开罪于他人,表面上处处替他人着想,实际上处处为自己谋利。

王充认为,尽管人才能不能发挥作用出自偶然,但贤佞是可以察明的。"在人君位者,皆知九德之可以检行,事效可以知情,然而惑乱不能见者,则明不察之故也。人有不能行,行无不可检;人有不能考,情无不可知。"所谓九德。出自《尚书·皋陶谟》,指"宽而栗,柔而立,愿而恭,乱而敬,扰而毅,直而温,简而廉,刚而塞,强而义"九种德行。行为是可以考察的,佞人的一个重要表现,就是"言合行违,名盛行废",要看其行为的善恶,而不能只看言论和名声。但是,佞人为恶,同普通的恶人不一样。佞人并不做出人人都讨厌的恶行,"诸非皆恶,恶中之逆者,谓之无道;恶中之巧者,谓之佞人"(《答佞》)。由此可见,佞人往往是讨人喜欢的,尤其是能讨上司喜欢。

以善恶区分贤佞,必须推鞫动机。人非圣贤,孰能无过,"聪明有蔽塞,推行有谬误"。所以,判断人之善恶要看其错误是出于故意还是过失。这一点,正如《尚书·康诰》所说的那样,"人有小罪,非眚,乃惟终,自作不典,式尔,有厥罪小,乃不可不杀。乃有大罪,非终,乃惟眚灾,适尔,既道极厥辜,时乃不可杀"。虽有小罪,却是故意所犯者,不可不杀;虽有大罪,却是过失而犯者,则可赦免。即《尚书·大禹谟》所言:"宥过无大,刑故无小。"另外,人的主观努力和实际功效往往不对应。张仪、苏秦的纵横捭阖也可以建立奇功,而大禹、皋陶也可能遇到大水大旱。所以,判断贤佞必须原心省意,查其起因,而不能只看成效。再进一步,是否采用权变之术同样不能作为贤佞的区分标准。贤人用权,是为事为国;佞人用权,是为己为家。区分贤佞的标准,要看他的动机是什么。把动机判断放在效果判断之上,体现着中国古代人事评价的特色。

佞人还有一个重要特征,即不"养名作高"。王充认为,佞人凡事都从利益出发,不会为了名声而牺牲利益。那些在权势面前不屈膝阿谀者,才是真正的"养名自高"。佞人的名声,不是来自品行,而是来自权势。所以,以"高名"判断人,要看这个"高名"是君子的评价还是小人的评价。"佞人贪利专权,不养名作高。贪权据凡,则高名自立矣。称于小人,不行于君子。何则?利义相伐,正邪相反。义动君子,利动小人。"(《答佞》)

王充特别指出,佞人有大佞和小佞,一般来说,"大佞易知,小佞难知"。就像江洋大盗很好辨识,而小偷小摸难以分辨一样。才能高强的佞人,所谋者大,且多能得手,容易发现;才能拙劣的佞人,所谋者小,且往往无效,很难觉察。但是,在具体的情境下,上层和下层对佞人的判断难易是不一样的。"上知之大难小易,下知之大易小难。"对君主而言，高明的佞人道貌岸然，论说丽美，善于迎合，举止恰当，还能顺应和助长君主的威势，所以，君主往往不能发现其奸佞所在，即便发现也觉得不宜责备，或者过分喜欢而不忍排斥。而拙劣的佞人，言谈多有谬误，行事并不严密，所以能引发君主警惕。对下层乃至民众而言，佞人的危害就像屋漏，漏得厉害则下面感触深，漏得轻微则下面感触浅。最重要的判断尺度是利益分配上的偏向："损上益下，忠臣之说也；损下益上，佞人之义也。"搜刮民财的佞臣，君主往往看不到他们的危害，而民众会感到切身之痛。由此分辨，佞人是可以认知的，不过高层易于觉察小佞，而下层易于觉察大佞。

对于辨别佞人，王充主张以出自《大戴礼记》的《文王官人法》为据，"推其往行，以揆其来言，听其来言，以省其往行。观其阳以考其阴，察其内以揆其外。是故诈善设节者可知，饰伪无情者可辨，质诚居善者可得，含忠守节者可见也。"就是观察人的言行是否一致，有无特意讨好上司。佞人往往说的与做的不一样，在朝与在家不一样。"考乡里之迹，证朝廷之行，察共亲之节，明事君之操，外内不相称，名实不相符，际发会见，奸伪觉露也。"(《答佞》) 只要君主保持清醒头脑，佞人不难察觉。

如何辨别贤人，王充也有自己的看法。在《定贤》篇中，王充一口气驳斥了二十多种世俗的贤人标准。这种驳斥，对于理顺人力资源管理的逻辑关系，具有重要价值。

王充认为，"仕宦得高官身富贵"，不能作为贤的尺度，因为富贵贫贱由命不由人。"事君调合寡过"，也不能作为贤的尺度，因为这往往来自揣摩上司意图，甚至以貌美献媚取悦上司，这是典型的佞幸之徒。"朝廷选举皆归善"，人人称道，并不是贤。因为推荐选拔存在着"德高而举之少，或才下而荐之多"的现象，以此为贤，会导致"广交多徒，求索众心"；而为人正直，刚正不阿，"清直不容乡党，志洁不交非徒，失众心者，人憎而毁之"。齐威王时，治理有方的即墨大夫在朝堂没人说好话，而贪赃枉法的阿大夫却人人赞誉。"人众所归附、宾客云合者"，也不是贤。尽管战国四公子门下都有宾客数千，而汉代名将卫青、霍去病门下却无一宾客，宾客之有无并不妨碍他们的贤能。"居位治人，得民心歌咏之"，照样不是贤。得民心与得宾客实际是同样性质。齐田成子大斗贷、小斗收以取悦民心，但其目的是独揽齐国之政；越王勾践吊死扶伤深得民喜，但其目的是为自己雪会稽之耻。有些领袖人物讨好民众，实际上别有用心。"居职有成功见效"，也不是贤。因为居职的成功有很多是机遇和情境造成的。时运不对，尧舜也治不了国；命尽当死，扁鹊也治不了病。农业丰收，很有可能是风调雨顺，而不是治理有方；盗贼蜂起，很有可能是社会瓦解，而不是长官非贤。"孝于父、弟于兄"，同样不是贤。只有父兄不慈，才会彰显孝悌。舜的孝行，是因为有一个为恶的瞽瞍父亲相对比。同理，"忠于君"也不是贤。关龙逢、比干之忠，正是夏桀、殷纣之恶造成的。这个道理，实际上晏婴已经讲得很清楚。晏婴认为，忠臣事君要

"有难不死，出亡不送"，因为"言而见用，臣奚死焉？谏而见从，终身不亡，臣奚送焉？若言不见用，有难而死，是妄死也；谏而不见从，出亡而送，是诈伪也。故忠臣者能尽善于君，不能与陷于难"。能保全自己，"全身免害，不被刑戮"，照样不是贤。能否免于受害，是命禄所致，同贤否无关。公认的圣贤人物，文王曾被拘羑里，孔子曾厄于陈蔡，就是明证。"委国去位，弃富贵就贫贱"，更不是贤，如伯夷、叔齐让国，是情势所致；而管仲在经商中多拿多占，执政后追求奢华，不妨碍管仲为贤。"避世离俗，清身洁行"，也不是贤，这同放弃王位性质一样，与情境遭遇有关。长沮、桀溺避世隐居，不是他们的本意，不过是因现实所迫无法实现他们的抱负罢了。"恬憺无欲，志不在于仕，苟欲全身养性"，这种人是老聃之徒，与贤无关。所谓贤人，是忧世济民者，为此，孔子栖栖，墨子遑遑。背离孔墨，追慕黄老，正是对贤的放弃。"举义千里，师将朋友无废礼"，也不是贤，义举需要财力支撑，礼仪需要物质条件。家贫无隔夜之粮，财少无行礼之器，不见得就不是贤。"经明带徒聚众"，同样不是贤，明习经书，只能说属于儒者，如果儒者只能传教文句，没有思想，不过是一种与邮驿传播、门人转达类似的职业而已。"通览古今，秘隐传记无所不记"，也尚未达到贤，如司马迁和刘向，虽有博览通达之名，实为主领书记之职。"权诈卓谲，能将兵御众"，则与贤不相关，属于韩信之徒，"有攻强之权，无守平之智，晓将兵之计，不见已定之义，居平安之时，为反逆之谋"，显然不是贤。"以辩于口，言甘辞巧"，属于子贡之徒。子贡口才超群，孔子却把他排在颜渊之后。口才胜过行为，正是张释之不以为然的虎圈啬夫之类。"以敏于笔，文墨两集"，也不算贤，笔墨好等同于口才好，"口辩，才未必高；然则笔敏，知未必多也"。更有甚者，敏于官曹之事，则莫过于张汤，深文周纳，流于酷吏，与贤背道而驰。"敏于赋颂，为弘丽之义"，属于司马相如、扬雄之类，虽然文如锦绣，言辞华丽，如果不能明辨是非，推进崇实之化，依然不是贤。"以清节自守，不降志辱身"，可以称为避世高人，但这类人"清其身而不辅其主，守其节而不劳其民"，无益于社会，也难以称贤。

列举了这么多，难道王充心目中就没有一个贤者？实际上，王充还有一个更严苛的标准。他以孔子评价其弟子为例，说明其中的道理。孔子认为，自己仁不如颜渊，辩不如子贡，勇不如子路。但是，孔子自有学生比不上的地方。"丘能仁且忍，辩且讷，勇且怯。以三子之能，易丘之道，弗为也。"也就是说，孔子知道如何适应情境。王充感慨道："有高才洁行，无知明以设施之，则与愚而无操者同一实也。"由此再推论，人人都有不足。"夫如是，皆有非也。无一非者，可以为贤乎？"王充直截了当说道，人人都赞扬，似乎没有缺点的人，正是孔孟都深恶痛绝的"乡原"，不但不是贤，而且是"德之贼也"（《定贤》）。

那么，如何识别贤者？如果按照世俗眼光，看到其人才高能茂，办事可以成功见效，就认定属于贤人，那么，识人也就太容易了。王充引《尚书》称："知人则哲，惟帝难之。"① 世人却把辨别贤佞看得太容易，这是人事管理的一大误区。王充认为，知贤、用贤说难非常之难，说易也相当容易。会者不难，难者不会。如果掌握了识别贤人的道理，那么，普通人也可以辨析贤佞。用人不当的问题，就出在以世俗眼光判断人才上。"俗士以辩惠之能，据官爵之尊，望显盛之宠，遂专为贤之名。贤者还在闾巷之间，贫贱终老，被无验之谤。"王充给出的解决方案是，观察人的善心，作为评判贤否的终极标准。"必欲知之，观善心也。夫贤者，才能未必高也而心明，智力未必多也而举是。"用现在的话说，就是以价值观评价人。那么，善心作为一种心理状态，如何观察？王充认为，价值观是通过言论和行为表现出来的。有善心就有善言，有善言就有善行。以心论言，以言察行。有善心，则"言行无非，治家则亲戚有伦，治国则尊卑有序"；无善心，则"白黑不分，善恶同伦，政治错乱，法度失平"。王充断言道："故心善，无不善也；心不善，无能善。心善则能辩然否。然否之义定，心善之效明，虽贫贱困穷，功不成而效不立，犹为贤矣。"（《定贤》）所以，治国不谋功绩，关键在于求是；行事不责效果，关键在于务正。王充认为，孔子杀少正卯，正是遵循这一准则。

王充关于如何识别贤人的论证，在古代的人力资源认知上是划时代的。他采取的基本方法是列举出人才评价上的或然关系，并以这种或然关系打破人们的必然成见。在人力资源管理上，人们从经验总结和现实感受的角度，通常认为人员才能与组织绩效、官员廉洁与政治清明、用人得当与治国有方、君臣贤明与社会安定有着必然联系，而王充偏偏要打破这种定见，他通过自己的观察和推论，以比较极端的方式否定所谓的"必然"。有才能不见得就能做出绩效，廉洁不见得就能带来清明，贤能在位不见得就可以达到国泰民安。诚然，王充的某些话语可以找到不少漏洞，尤其是在逻辑关系上，他不承认必然，却夸大了偶然。如果按照王充的逻辑推导下去，很有可能会走向极端，否定人类自身努力的积极作用。但是，王充的否定式，并非是真正的全盘否定，而是借助否定世俗标准来推导他提出的"善心"标准的合理性。至此，王充的论证就有了积极意义。他不过是用一连串的否定来说明"不一定"，从而引发对人才判别、人事管理的许多问题进行重新考虑。例如，是不是多数人赞扬的人就是好人？是不是绩效突出的人就特别能干？类似的问题，实际上一直在困扰着人们。时至今日，人们在人力资源评价上，依然存在众多误区，如可测量指标与不可测量指标的关系，大数概率与必然因果的关系等等。有很多今天仍然常见的偏差，是王充早就以否定夸张的方式指出过的问题。王充不过是用古代的语言，说明了当今人嘴里"台风来了猪也会飞"

---

① 《尚书·皋陶谟》原文为："皋陶曰：'都！在知人，在安民。'禹曰：'吁！咸若时，惟帝其难之。知人则哲，能官人。安民则惠，黎民怀之。能哲而惠，何忧乎驩兜？何迁乎有苗？何畏乎巧言令色孔壬？'"

的感慨。即便从人力资源管理的思路看，王充提出的"以欲察佞""观心定贤"，至今不失启发意义。就以企业经营而论，现代从一味强调利润和绩效，一步步走到强调文化和价值观，从以成败论英雄，一步步走到看重愿景和使命，似乎依然在验证着王充的先见之明。

六、王充的天道与人道——对《论衡》的再定位

《论衡》一书，有着大量斥责虚妄的辨析。在这些辨析中，王充有一个很有意思的贡献，就是以对自然现象和社会现象的论说，提供了人力资源研究的思路和逻辑。过去，很多研究者都重视王充在自然领域和哲学领域的贡献，例如关于他的气论，关于地震的观察，关于自然灾害的陈述，关于日月星辰的记载等等，甚至有人要把王充拉到自然科学一边，称他为伟大的科学家。但如果真正读通《论衡》，不难发现，王充始终说的是人事。《论衡》字面写的是自然现象，隐含的认知是人力研究。

例如，王充关于天文、关于地理、关于日食月食、关于动植物、关于"气"等方面的论说，固然有其自然科学的价值，《九虚》《三增》诸篇，固然有其文本辨析和破除迷信的价值，然而，如果在这一方面过分拔高，反而有可能贬低其真正的思想史意义。徐复观在《两汉思想史》第二卷中对王充的批评，不能说没有道理。如王充对众所周知的事件文本夸大其词，板起脸来严肃驳斥，被徐复观指为"毫无幽默"；王充对历史记录中的矛盾冲突简单处理（如关于武王伐纣血流漂杵和兵不血刃的冲突），被徐复观指为"过于武断"；王充以自然现象同人类现象之异比较推论，被徐复观指为"幼稚可笑"。就事论事而言，徐复观的批评是有道理的，而且直指胡适拔高王充的偏失和不当之处。确实，王充作为自然科学家是肤浅的，作为哲学家也远不及先秦诸子。但是，徐复观似乎忽略了王充借自然以说人事的手法。如果还原王充本来的真实面貌，既不以自然科学家也不以哲学家的角度考察，这种批评就大有商榷余地。

平心而论，王充作为自然科学家是低档次的，与战国到秦汉的自然科学成就并不相称。王充作为哲学家也是有不足的，与先秦诸子的哲学思维相比明显欠缺开创性。论天道比不上老子，论伦理比不上孔孟，论逻辑比不上荀子、韩非。但是，王充说的是人事，对人力资源的认知，对人事管理的探索，王充则是先秦诸子所比不上的。

王充在论说自然时，实际上陈述的是识人、用人的道理。他的自然天道和气论，不过是给他关于人事遭遇偶适关系提供依据；他对各种文本传说的纠谬，不过是给他论证人事谬误提供参照。正因为自然是自在的，所以人事才是偶然的。正因为自然没有目的性，人的努力和成就之间才没有因果性。从这一角度展开，方可看出王充思想的真正价值。

再进一步，王充疾虚妄、纠谬误，实际要矫正的，是识人上的虚妄，用人上的谬

误。许多文本存在大量的夸大现象，王充正是要借此指出人才评价上的晕轮效应；历史故事中有不少因众成事的记载，王充将其拿过来说明用人上的从众效应。当然，王充的时代没有晕轮效应和从众效应这些现代词汇，但相应的观感和逻辑是存在的。孟姜女哭倒城墙的故事，是城墙偶崩、杞梁妻偶哭的"偶适"，官场上人的才能和功绩之间也是"偶适"。所以，王充一方面在关于自然的论述中展开识人、用人之道，一方面又在关于人事的论述中用了大量自然现象做比喻，如以金银玉石喻贤人，以沙土毛芥喻俗人和小人等等。正是出于论人的需要，这位在细节上讲求逻辑辩驳谬误的奇人，却在宏观上常常犯逻辑错误。像一方面批判天人感应的神学目的论，一方面又高度肯定汉代的祥瑞，就是一例。理解了他是为说人事而讲逻辑，就能够看出造成这种错失的根源。最明显的就是他在《言毒》篇中说了蝮蛇蜂虿各种动物之毒、巴豆野葛各种植物之毒后，直接就讲"其在人也为小人，故小人之口，为祸天下"，无疑是借动物说人事的明证。真的要据此把王充当作生物学家来讨论，难免买椟还珠。

有意思的是，王充的有些论证，他自己也未曾料到，可为后代考察两汉人事提供参照。例如，他的《遭虎》篇，批评术士把猛虎食人与功曹为奸联系在一起，恰好给后代留下了汉代功曹地位重要的证据。"变复之家谓虎食人者，功曹为奸所致也。其意以为，功曹众吏之率，虎亦诸禽之雄也。功曹为奸，采渔于吏，故虎食人，以象其意。"王充本来要说的是老虎吃人与功曹的行为没有关联，后人从中看到的恰恰是功曹位居众吏之上，以及功曹作恶的危害之大。他的《商虫》篇，批评术士把虫害与官吏联系到一起，恰恰给后代留下了官民关系的证据。"变复之家谓虫食谷者，部吏所致也。贪则侵渔，故虫食谷。身黑头赤，则谓武官；头黑身赤，则谓文官。使加罚于虫所象类之吏，则虫灭息，不复见矣。"显然，"適虫"同"遭虎"的性质一样，王充本来要说的是虫害发生与官吏没有关联，后人从中看到的恰恰是官吏凌驾于百姓之上，以及官吏侵渔百姓之烈。就事论事说王充关于虎患、关于虫害的认识多么到位，是一种研究的错位。而从中看到王充特别注重自然与人事关联的民间传说，才可发现他在潜意识里对人事管理的念念不忘。

对王充和《论衡》的研究，已经有了许多成果，但是，从对人自身的认知、人力资源评判、人事管理的方法等角度展开，有可能会对王充的思想发掘更深。有些问题，王充的答案不见得正确，然而，在思路上仍然对今天能带来启迪。例如，贤能的评价，是春秋以来就困扰人们的问题。孔子曾经与子贡进行过讨论。子贡问曰："乡人皆好之，何如？"子曰："未可也。""乡人皆恶之，何如？"子曰："未可也。不如乡人之善者好之，其不善者恶之。"（《论语·子路》）王充推究了孔子这段话的可行性。按照孔子的标准，人们都说贤，就不是贤；毁誉参半，则贤在其中（《定贤》）。但随之带来的问题是，又如何判定毁誉者的善恶？如果誉者善而毁者恶，评价对象为贤；如果誉者恶而毁者善，评价对象则为佞。由此，会产生对"乡人"再评价的连锁反应。所以王充认为孔子的办法不可行，而他提出的"观心定贤"才是可行的。以后人的眼光看，"观心"难道就没有失误？观心定贤和乡人毁誉哪个失误的概率更大？王充自己当然不可能再回答这个问题，却给后人留下了可以讨论的空间。

关于个人努力与事功效果的关系，古人留下了"谋事在人，成事在天"的老话。王充关于人力资源管理的论证，以偶然性和随机性对"成事在天"进行了深入的发掘，但对"谋事在人"没有展开研究。尽管他也写了一些事例，如周长生那样的文史，以掾属之力改变州郡长官的命运（详见《超奇》），但类似事例及其展开论证的分量明显不足。这种理论上的偏颇，我们可以理解为矫枉过正。而这种过正，正好彰显出王充在人事管理偶然性上的贡献。

总体来看，实事求是地恢复王充其人和《论衡》的人力资源定位，讨论其古代人力资源管理思想，不仅可以对《论衡》研究产生新知，而且有助于校正思想史研究中以今度古的某些偏差。

论应劭的史学思想

郑先兴

（南阳师范学院汉文化研究中心）

摘要： 应劭是活跃于东汉灵帝、献帝时期的思想家，其对史学的发展也有着全面而深刻的论述。应劭将自古至今的历史事实作为研究对象，其任务就是揭示其中发展规则，即所谓"审其事而建其论"；又将各种历史观点予以比较分析，找准其中哪些是符合历史规律的真理性认识，即所谓"董其是非而综其详略"；并阐述历史学的功用一是记述历史发展的详细进程，即所谓"备其始终"，二是揭示历史发展的规律，为人们指明走向真理的路径，即所谓"唯尧则之""载籍昭皙"。应劭将历史看作是人们的活动，其进步与否，则完全取决于人们自身的选择与创造。当其选择符合历史规律，那么，将推进历史的进步；否则，将促退历史的发展。应劭认为历史认识的旨趣当是求真求实，摒弃虚妄；历史认识当以儒家的礼治为鹄的，分析判断历史人物、历史事件与礼治要求是否相吻合。应劭的研究方法论，就是今天学者们所推崇的名物考释、问题答疑。

关键词： 应劭；史学思想；《风俗通义》

应劭，字仲远，又写作仲援或仲瑗，汝南郡南顿县（今河南项城县）人。应劭生卒时间大约在东汉桓帝永寿二年（156）至献帝建安十年（205），年约50岁左右。其历史活动主要是在汉灵帝、献帝时期。应劭生活在一个官僚世家。其高祖应顺，曾经做过河南尹、将作大匠；其曾祖父应叠，曾做过江夏太守；其祖父应彬曾为武陵太守，其父应奉曾为司隶校尉。灵帝熹平二年（173），应劭被举孝廉为郎，辟车骑将军何苗掾，曾做萧令；中平六年（189），改迁为营陵令，不久又升任太山太守。献帝初平二年（191），作为太守的应劭镇压入境的黄巾军立下了功劳。兴平元年（194），徐州牧陶谦派遣轻骑袭杀了前来太山郡的曹操父亲曹嵩及其弟弟曹德父子，应劭担心曹操以迎接不力追责于己，于是弃官投奔冀州牧袁绍。建安二年（197），朝廷下诏，任命应劭为袁绍军谋校尉。从此，应劭再也没有离开冀州，基本上脱离了官场。案《后汉书》本传记载，应劭"少笃学，博览多闻"；即入仕途，应劭学以致用，常常根据实情献计献策。如作《驳议》30篇；"删定律令为《汉仪》，建安元年乃奏之"；"作《春秋决狱》二百三十二事，动以经对，言之详矣"；"辄撰具《律本章句》《尚书旧事》《廷尉板令》《决事比例》《司徒都目》《五曹诏书》及《春秋断狱》凡二百五十篇。"又据本传所载：

> 时始迁都于许，旧章埋没，书记罕存。劭慨然叹息，乃缀集所闻，著《汉官礼仪故事》。凡朝廷制度，百官典式，多劭所立。初，父奉为司隶时，并下诸官府郡国，各上前人像赞，劭乃连缀其名，录为《状人纪》。又论当时行事，著《中汉辑序》。撰《风俗通》，以辩物类名号，释时俗嫌疑。文虽不典，后世服其洽闻。凡所著述百三十六篇。又集解《汉书》，皆传于时。

应劭一生著述甚丰，除了《汉官仪》外，其中的大部分论著，都产生于汉灵帝时期。由此，探究桓灵时期的思想，应劭是一份重要的资料。可惜的是，因董卓之乱，应劭的大部分著作被付之一炬，能够流传下来的《风俗通义》，也是残缺不全。尽管如此，管中窥豹，还是可以了解其思想之一二的。

对应劭的研究，学者注目于应劭的风俗、礼俗与文献学方面的贡献。如有关风俗、礼俗研究的，有史树青的《从〈风俗通〉看汉代礼俗》[1]，党超的《"辩风正俗"：应劭对风俗与政治关系的新思考》[2]，潘超的《应劭〈风俗通义〉汉代风俗述略》[3]，冯华周的《应劭及其社会批判思想研究》[4]，等等；有关文献学方面研究的，有仓修良的《应劭和〈风俗通义〉》[5]，许殿才、毛英萍的《应劭与〈风俗通义〉》[6]，王忠英的《应劭著述考论》[7]，等等。从史学方面予以研究应劭的，只有孙福喜的《论应劭的"经世致用"学术思想》[8]，郭浩的《论汉应劭的史学成就及其历史地位》[9]。可见，全面深入探究应劭的史学思想，还是非常有意义的，也是有必要的。

一、"审其事而建其论，董其是非而综其详略"的史学论

《风俗通·皇霸》开宗明义就讲了历史学的研究对象及其任务：

> 盖天地剖分，万笠萌毓，非有典艺之文，坚基可据，推当今以览太古，自昭昭而本冥冥，乃欲审其事而建其论，董其是非而综其详略，言也实为难哉！故《易》记三皇，《书》叙唐、虞，惟天为大，唯尧则之，巍巍其有成功，焕乎其有

---

① 史树青：《从〈风俗通〉看汉代礼俗》，《史学月刊》1981 年第 4 期。
② 党超：《"辩风正俗"：应劭对风俗与政治关系的新思考》，《民俗研究》2015 年第 3 期。
③ 潘超：《应劭〈风俗通义〉汉代风俗述略》，东北师范大学 2011 年硕士学位论文。
④ 冯华周：《应劭及其社会批判思想研究》，安徽师范大学 2011 年硕士学位论文。
⑤ 仓修良：《应劭和〈风俗通义〉》，《文献》1995 年第 3 期。
⑥ 许殿才、毛英萍：《应劭与〈风俗通义〉》，《中国社会科学院研究生院学报》2009 年第 3 期。
⑦ 王忠英：《应劭著述考论》，山东师范大学 2010 年硕士学位论文。
⑧ 孙福喜：《论应劭的"经世致用"学术思想》，《内蒙古师范大学学报》1999 年第 1 期。
⑨ 郭浩：《论汉应劭的史学成就及其历史地位》，《河南广播电视大学学报》2005 年第 3 期。

文章。自是以来，载籍昭皙。然而立谈者人异，缀文者家殊，斯乃杨朱哭於歧路，墨翟悲於练素者也。是以上述三皇，下记六国，备其终始，曰皇霸。

应劭认为，历史学的研究对象及其研究任务，有两个层面：一个层面就是将自古至今的历史事实作为研究对象，其任务就是揭示其中发展规则，即所谓"审其事而建其论"；另一个层面就是将各种历史观点予以比较分析，找准其中哪些是符合历史规律的真理性认识，即所谓"董其是非而综其详略"。由此，历史学的功用也体现在两个方面，一方面是记述历史发展的详细进程，即所谓"备其始终"；二是揭示历史发展的规律，为人们指明走向真理的路径，即所谓"唯尧则之""载籍昭皙"。

《风俗通义·序》：

> 风者，天气有寒暖，地形有险易，水泉有美恶，草木有刚柔也。俗者，含血之类，像之而生，故言语歌讴异声，鼓舞动作殊形，或直或邪，或善或淫也。圣人作而均齐之，咸归于正。圣人废，则还其本俗。

王利器先生在注解这段话时，引用了班固与刘昼的相关话语，可以更清晰地认识和理解应劭的意思：

> 《汉书·地理志下》："凡民函五常之性，而其刚柔缓急，音声不同，系水土之风气，故谓之风；好恶取舍，动静亡常，随君上之情欲，故谓之俗。孔子曰：'移风易俗，莫善于乐。'言圣王在上，统理人伦，必移其本，而易其末，此混同天下一之虖中和，然后王教成也。"

> 《新论·风俗章》："风者，气也；俗者，习也。土地水泉，气有缓急，声有高下，谓之风也。人居此地，习以成性，谓之俗焉。风有厚薄，俗有淳浇。明王之化，当移风使之雅，易俗使之正。"

据此，应劭、班固与刘昼皆认为，"风"就是指由山川、土壤、气候等所构成的地理环境，自然条件；"俗"则是指在这一环境与条件下生活的居民及其习性。儒家的始祖孔子认为，政治的宗旨就是用舞乐、人伦等方式丰富人们的物质与精神生活，即通过移风易俗的方式，实现政治教化，促使人们健康的生活。由此，在应劭等人看来，历史学研究的内容，主要在于：一是人与自然环境之间的适应性、和谐性；二是人与人之间的依存性、互助性；三是两者的沿袭传承问题，即考察前二者是否合乎自然的规律，促进人们健康的生活。这用应劭的话说，即所谓的"辨风正俗"；而用今天的话说，就是揭示人与自然、人与人之间的互动规律，从而促进其符合、适应其要求。

由此，历史研究的本质，其实就是国家治理。也就是说，历史学实际上就是政治学。显然，将历史学看作是政治学，这是古代普遍的观念，应劭作为汉末的政治家与史学家，当然也概莫能外。

在应劭看来，作为政治的历史学，其功能在于"辨风正俗"，而其功用何在呢？《风俗通·正失》：

> 孔子曰："众善焉，必察之；众恶焉，必察之。"孟轲云："尧、舜不胜其美，

桀、纣不胜其恶。"传言失指，图景失形，众口铄金，积毁消骨，久矣其患之也。是故"乐正後夔有一足"之论，"晋师己亥渡河"有"三豕"之文。非夫大圣至明，孰能原析之乎？《论语》："名不正则言不顺。"《易》称："失之毫厘，差以千里。"故纠其谬曰《正失》也。

社会舆论往往会出现一边倒的情况，这就难免出现违背历史真实的现象，是非颠倒，抹杀真善美，助长假恶丑。虽然其初衷未明，但是长此以往的传说下去，就会导致谬误的显现。由此，历史学的剔除谬误，求真求实的任务，还是非常必要的。《风俗通义》的编撰初衷，即源于斯。《风俗通义·序》：

> 昔仲尼没而微言阙，七十子丧而大义乖。重遭战国，约从连横，好恶殊心，真伪纷争；故春秋分为五，诗分为四，易有数家之传，并以诸子百家之言，纷然殽乱，莫知所从。汉兴，儒者竞（兴）复，比谊会意，为之章句，家有五六，皆析文便辞，弥以驰远。缀文之士，杂袭龙鳞，训注说难，转相陵高，积如丘山，可谓繁富者矣。而至于俗间行语，众所共传，积非习贯，莫能原察。今王室大坏，九州幅裂，乱靡有定，生民无几。私惧后进益以迷昧，聊以不才，举尔所知，方以类聚，凡三十一卷，谓之《风俗通义》。言通于流俗之过谬，而事该之于义理也。

> 《尚书》："天子巡狩，至于岱宗，觐诸侯，见百年，命大师陈诗，以观民风俗。"《孝经》曰："移风易俗，莫善于乐。"传曰："百里不同风，千里不同俗，户异政，人殊服。"由此言之，为政之要，辨风正俗，最其上也。

> 昔客为齐王画者，王问画孰最难，孰最易。曰："犬马最难，鬼魅最易。犬马旦暮在人之前，不类不可，类之故难；鬼魅无形，无形者不见，不见故易。"今俗语虽云浮浅，然贤愚所共咨论，有似犬马，其为难矣。并综事宜于今者。孔子称"幸苟有过，人必知之"，俾诸明哲，幸详览焉。

据此可知，《风俗通义》撰写的宗旨，一是因为儒家思想在传播中因为理解的差异而产生了众多的流派，需要辨真去伪。因此，通过历史的考察，寻找各种传说的原始之真实及其谬误的原型，从而揭示历史发展的规律。希望能够通过历史学的研究和梳理，使人们了解历史的真实，实现思想意识的一致性；二是借鉴历史经验，政治的基本职责就是以祭祀、乐舞为抓手，正风敦俗；三是政治的世俗化特征是以讹传讹化，人们喜欢以虚妄的东西来麻醉自己，而不愿意面对现实，面对真实，所以，必须通过"辨风正俗"，纠正社会的弊病。由此，应劭通过对自己编撰《风俗通义》初衷的叙述，从而说明了历史学研究的必要性（考察历史发展，梳理其真实的进程）、可能性（正风敦俗，统一思想，这是历史上政治家的基本职责与使命，也是史学政治化的基本旨趣）与紧迫性（虚妄流行，真伪难辨，所以需要历史学予以澄清说明）。可见，《风俗通义》的编撰，隐含着时代背景下应劭提醒汉献帝振作有为、讽刺曹操等军阀"挟天子以令不臣"的劝诫史学理念，同时也折射着史学学术中应劭的丰富而又深刻的史学思想。

二、"圣人作而均齐之，咸归于正"的历史观

把"辨风正俗"看作是历史学的职责，其本质则是将历史看作是人们自身的活动。应劭认为，历史是人们的活动，其进步与否，则完全取决于人们自身的选择与创造。当其选择符合历史规律，那么，将推进历史的进步；否则，将促退历史的发展。《风俗通义·正失》：

> 九江多虎，百姓苦之。前将募民捕取，武吏以除赋课，郡境界皆设陷井。後太守宋均到，乃移记属县曰："夫虎豹在山，鼋鼍在渊，物性之所托。故江、淮之间有猛兽，犹江北之有鸡豚。令数为民害者，咎在贪残，居职使然。而反逐捕，非政之本也。"坏槛井，勿复课录，退贪残，进忠良。後虎悉东渡江，不为民害。

> 谨按：《尚书》"武王戎车三百两，虎贲三千人，擒纣于牧野"，言猛怒如虎之奔赴也。《诗》美南仲"阚如哮虎"，《易》称"大人虎变其文炳，君子豹变其文蔚"。

> 《传》曰："山有猛虎，草木茂长。"故天之所生，备物致用，非以伤人也。然时为害者，乃其政使然也。今均思求其政，举清黜浊，神明报应，宜不为灾。

> 江渡七里，上下随流，近有二十余虎。山栖穴处，毛鬣婆娑，岂能犯阳侯、凌涛濑而横厉哉！俚语："狐欲渡河，无奈尾何。"舟人楫棹，犹尚畏怖，不敢迎上与之周旋。云悉东渡，谁指见者？尧、舜钦明在上，稷、契允懿于下。当此时也。宁复有虎耶？若均登据三事，德被四海，虎岂可抱负相随，乃至鬼方绝域之地乎！

这篇名为"宋均令虎渡江"的文字，非常鲜明地体现了应劭的历史观。老虎作为一个生物，以其凶猛著称，所以，人们经常用来形容人的形象，如武王的战士如虎奔赴战场，南仲吼声如虎等等。宋均做九江太守，老虎渡江而去，原意是说其为政清廉，感动老虎不忍为害。其实，则是宋均采取了遵循自然规则，不在人为的祸害老虎，让老虎自然地到森林中去生活；让人们围绕着田地生产生活，各按其序。这样，老虎回归山林，好像是"神明报应"。退一步说，老虎渡江而去，以长江的深度、宽度与水流湍急，既是船夫划船渡江，尚且提心吊胆，何况老虎，怎能渡江呢？再说，谁亲眼看见了？在这里，老虎渡江的真伪是另外的话题，关键在于，应劭认为，历史是人们尤其是从政者所创造的，其功过是非，完全取决于执政者的作为，即所谓"乃其政使然也"。如上所引，应劭说："圣人作而均齐之，咸归于正"；"为政之要，辨风正俗，最其上也。"这就是说，执政者的职责就是把握历史大势，将其引向符合规律、满足人们健康需要的方面发展，并剔除那些荒谬的、影响历史进步的现象。这是执政者最重要的任务。

据此，应劭给执政者提供了历史上圣君明王的典范，参见表1。

表1 《风俗通义·皇霸》的圣君明王表

圣王	文献来源		创制的文明
三皇	运斗枢	伏羲、女娲、神农	三皇垂拱无为，设言而民不违，道德玄泊，有似皇天，故称曰皇
	礼号谥	伏羲、祝融、神农	
	含文嘉	伏戏	始别八卦，以变化天下，天下法则，咸伏贡献，
		燧人	始钻木取火，炮生为熟，令人无复腹疾，有异于禽兽，遂天之意
		神农	始作耒耜，教民耕种，美其衣食，德浓厚若神
	《易》	伏羲氏	仰则观象于天，俯则观法于地，始作八卦，以通神明之德，以类万物之情。结绳为网罟，以田以渔。
		神农氏	斫木为耜，揉木为耒，耒耜之利，以教天下。日中为市，致天下之民，通其变，使民不倦，神而化之，使民宜之
	应劭	遂人	功重于祝融、女娲，文明大见
五帝	《易传》《礼记》《春秋》《国语》《史记》	黄帝	始制冠冕，垂衣裳，上栋下宇，以避风雨，礼文法度，兴事创业。
		颛顼	言其承文易之以质，使天下蒙化，皆贵贞悫
		帝喾	言其考明法度，醇美誉然，若酒之芬香也
		帝尧	言其隆兴焕炳，最高明也。
		帝舜	言其推行道德，循尧绪也
三王	礼号谥	夏禹	禹者，辅也，辅续舜后，庶绩洪茂，自尧以上王者也。子孙据国而起，功德浸盛，故造美论
		殷汤	汤者，攘也，昌也。言其攘除不轨，改亳为商，成就王道，天下炽盛，文武皆以其所长
		周武王	武王戎车三百两，虎贲八百人，擒纣于牧之野。惟十有三祀，王访于箕子。
五伯	《春秋》	齐桓、晋文、秦缪、宋襄、楚庄	伯者，长也，白也。言其咸建五长，功实明白也。或曰：霸者，把也，驳也。言把持天子政令，纠率同盟也。
六国	《战国策》《史记》	楚、燕、韩、魏、赵、陈	秦孝公据崤、函之固，拥雍州之地，君臣戮力，以窥周室. 有席卷天下，囊括八荒之意。及至始皇，承六世之遗烈，抗长策而御宇内，吞二周而亡诸侯，履至尊而制六合，兼帝皇而威四海
汉			由是二世绝祀，以成大汉之资。高祖践祚，四海乂安。世宗攘夷境，崇演礼学，制度文章，冠于百王矣。

由此表看，应劭简明扼要地叙述了远古以来的历史进程，其中蕴含的则是文明历史是由英雄豪杰所创制的观点，十分鲜明。显然的，应劭是借以鼓励其时的君臣奋然努力，创造新的文明历史。

翻阅历史，应劭发现，文明历史的创制并不是一帆风顺的，而是曲折复杂的。关键是人们要顶住压力，矢志不渝，才能最终赢得人生的成功，推进历史的发展。《风俗通义·穷通》：

　　《易》称："悬象著明，莫大乎于日月。"然时有昏晦。《诗》美"滔滔江、汉，南北之纪"，然时有壅滞。《论语》"固天纵之，莫盛于圣"，然时有困否。日月不失其体，故蔽而复明；江、汉不失其源，故穷而复通；圣人不失其德，故废而复兴。非唯圣人俾尔亶厚，夫有恒者亦允臻矣。是故君子厄穷而不闵，劳辱而不苟，乐天知命，无怨尤焉。故录先否后喜，曰："穷通"也。

　　据此，应劭列举一系列历史故事，如"孔子困于陈蔡之间""孟子拜见梁惠王""虞卿著'春秋'"等等，说明"先否后喜""穷而后通"的规律，激励人们勇于担当，用于奋进。由此而言，在应劭心目中，由英雄豪杰所创制的文明历史，其动力在于英雄豪杰所拥有的创造历史的精神。无疑的，应劭所谓的历史精神，当是儒家"修齐治平"的政治理想与抱负。这样说来，应劭的历史观，最终还是回到了儒家的道统上了。此亦毋庸赘言。

三、"不为礼，无以立"的历史认识论

　　"辨风正俗"既是史学的基本旨趣，又是政治的职责所在。那么，在历史认识论方面，自然就存在着双重的价值诉求。

　　一方面，就史学而言，如上所述，历史认识的旨趣当是求真求实、摒弃虚妄。《风俗通义·正失》篇中有"封泰山禅梁父"条："俗说：岱宗上有金箧玉策，能知人年寿修短。武帝探策得十八，因到读曰'八十'，其后果用耆长。武帝出玺印石，裁有兆朕，奉车子侯即没其印，乃止。武帝畏恶，亦杀去之。"应劭经过详细的考究，指出：

　　车驾前后五至祠，以元鼎六年告封，改为元封，武帝已年四十七矣，何缘反更得十八也？就若所云，明神祸福，必有征应。权时倒读，焉能诞招期乎？奉车子侯，骖乘弄臣，不预封事，何因操印，没石乃止？暴病而死、悼惕无已。又言武帝与仙人对博，棋没石中，马蹄迹处，于今尚存。虚妄若此，非一事也。

　　予以空伪承之东岳，悉素六载，数经祈祠，咨问长老贤通上泰山者云，谓玺处克石，文昧难知也；殊无有金箧玉牒探筹之事。《春秋》以为"传闻不如亲见"，亲见之人，斯为审矣。

　　另一方面，就政治而言，历史认识当以儒家的礼治为鹄的，分析判断历史人物、历史事件与礼治要求是否相吻合。谈到礼治，众所周知的，孔子讲究的是"中庸"，"过犹不及"是孔子所不赞同的。

　　《风俗通义·愆礼》："夫圣人之制礼也，事有其制，曲有其防，为其可传，为其可继。贤者俯就，不肖跂及。是故子张过而子夏不及，然则无愈；子路丧姊，期而不除，仲尼以为大讥。况于忍能矫情，直意而已也哉！《诗》云：'不愆不忘，帅由旧章。'《论语》：'不为礼，无以立。'故注近世苟妄，曰：《愆礼》也。"

《风俗通义·过誉》："孔子称：'大哉！中庸之为德，其至矣乎！'又曰：'君子之道，忠恕而已。'至于讦以为直，隐以为义，枉以为厚，伪以为名，此众人之所致誉，而明主之所必讨。盖观过知仁，谓中心笃诚，而无妨于化者，故覆其违理，曰：《过誉》也。"

在应劭看来，现实生活中不符合礼治的事情，主要表现在两个层面：其行为层面是超越礼制规范，僭越了礼制的要求。如九江太守、武陵人陈子威，早岁丧母，从洛阳街头捡了个老太太，作为亲生母亲予以供养；又如山阳太守、汝南人薛恭祖的老婆去世，薛恭祖坚持不痛哭，直到入殓，却爬到棺材上面大叫说：结婚40余年了，共享俸禄，哺育子女长大成人，现在没有遗憾了！应劭认为，这两个人的行为，都超出了礼制的规范。

其精神层面则是姑息养奸、牟取美誉，毁坏了礼治的精髓。年终宴会上，太守司徒欧阳歙拉帮结派，举杯盛赞繇延"天资忠贞，禀性公方，典部折冲，摧破奸雄，不严而治"。其时，长沙太守、汝南人郅恽立马跪请，谴责繇延实际上是"资性贪邪，外方内圆，朋党构奸，罔上害民，所在荒乱，虚而不治，怨讟并作，百姓苦之"。于此，应劭认为，繇延固然有罪，但是郅恽不该不分场合地直怼欧阳歙，有失于礼治的鉴戒策略。而且，作为同乡的汝南人，应劭指责说，郅恽造成了乡里人的坏脾气："汝南，楚之界也，其俗急疾有气决。然自君章之后，转相放式，好干上忤枝，以采名誉，末流论起于爱憎，政在陪隶也。"又如司空、颍川人韩稜，年轻时曾经做郡主簿，其时太守葛兴患痛风，常常头昏眼花，于是韩稜就代为处置各种政务，长达两年之久，并且没有出现差错。后来葛兴因儿子要迁升外地，不听韩稜的劝阻，事情败露，葛兴被免官，韩稜被禁锢，直到汉章帝时才被赦免。于此，应劭予以了严厉的谴责：

汉典"吏病百日，应免"，所以恤民急病，惩俗遁愿也。今兴官尊任重，经略千里，当听讼侍祠，班诏劝课，早朝盱食，夕惕若厉，不以荣禄为乐，而以黔首为忧。位过招殃，灵督其瞀，风疾恍忽，有加无瘳。稜统机括，知其虚实，当听上病，以礼选引。何有上欺天子，中诬方伯，下诳吏民！扶辅耄乱，政自己出，虽幸无阙，罪已不容于诛矣。为人谋而不忠，爱人而以姑息，凡人不可，况于君子乎？上令兴负贪昧之罪，子被署用之愆，章问汹赫，父子湮没。执事如此，谓礼义何？稜宜禁固终身，中原非是。

在这里，"以黔首为忧"，表明应劭的以礼治为尺度的历史评论，展现了传统儒家的民本思想与执政为民的理念。

四、"辩物类名号，释时俗嫌疑"的史学方法论

关于历史学研究的方法论，应劭在《风俗通义》编撰时，已经予以了充分的展现。《后汉书》本传说应劭："撰《风俗通》，以辩物类名号，释时俗嫌疑。文虽不典，后

世服其洽闻。"据此，在范晔看来，应劭的研究方法论，就是今天学者们所推崇的名物考释、问题答疑。这种史学研究旨趣，其价值在于，一是有利于时代的文化建设，"凡朝廷制度，百官典式，多劭所立"；二是有利于后人阅读和理解史书典籍。如仓修良先生说：

> 至于应劭为《汉书》所作集解，一般不大为人们所注意，其实这也是他对史学界一大贡献。众所周知，《汉书》是一部十分难读的史书，因为作者班固不仅好用古字，而且许多列传又引用大量诗赋，典故迭出，所以就在东汉时，该书刚刚流传，一般士人竟无人能读通它，只有班昭才能通解，著名学者马融方且要伏于阁下，从昭受读，其难度之大，于此自然可以想见。而应劭能够替它作集解，足见其确实是位博学多识之士。这部集解虽未能流传下来，但唐代历史学家颜师古在注《汉书》时，已将其成果作了大量的征引，从所征引内容来看，真是上自天文，下至地理，职官典制、名物训诂、历史典故等，有时还带有议论，内容非常广泛。需要指出的是，到颜师古注《汉书》之前，为《汉书》作注者已达二十五家之多，颜师古自然吸取了众家的注释成果，而应劭注文为颜氏所征引者则居于前列，其注学术价值之高，于此可以想见。为了说明问题，不妨举例表述之。如卷六《武帝纪》，"二年冬十月，御史大夫赵绾坐请毋奏事太皇太后，及郎中令王臧皆下狱自杀"。这些人为什么请求不要向太皇太后奏事，又为什么都下狱自杀，文中都未交代，读者自然不得其解。应劭注曰："礼，妇人不豫政事，时帝已自躬省万机。王臧儒者，欲立明堂辟雍。太后素好黄老术，非薄'五经'。因欲绝奏事太后，太后怒，故杀之。"这就告诉人们，矛盾冲突是由治国之道分歧所引起，继续用黄老之术还是用儒家思想，已经成了统治层中争论焦点，而权又是斗争的表现，大臣们要维护年轻皇上的权力，太后岂肯轻易放权。通过注释，事情原委就十分清楚。①

毫无疑问，名物考释与问题答疑属于知识论的问题。因此，其方法论的要求，首先是史学研究者必须具备丰富的知识，才能解答繁茂芜杂、纷至沓来的问题。可以说，这些知识涉及社会历史的方方面面。《风俗通义》现今流传下来的十卷，其篇目为：《皇霸》《正失》《愆礼》《过誉》《十反》《声音》《穷通》《祀典》《怪神》《山泽》。而其散佚的二十卷篇目，据北宋苏颂的《苏魏公集》与清代学者陆心源的《风俗通义篇目考》为：《心政》《古制》《阴教》《辨惑》《析当》《恕度》《嘉号》《徽称》（陆文作《秽称》）《情遇》（陆文作《恃遇》）《姓氏》《讳篇》《释忌》（陆文作《释忘》）《辑事》《服妖》《丧祭》《宫室》《市井》《数纪》《新秦》《狱法》。单从这些篇目来看，内容涉及的范围非常广泛，从不同侧面反映了当时社会生活状况和文化思想面貌，可为我们研究当时社会历史、典制、民风习俗等方面提供丰富的资料。

──────────────────

① 仓修良：《应劭和〈风俗通义〉》，《文献》1995 年第 3 期。

其次，因为学术受制于历史时代，每个时代都有自己的名物与精神特色，因此，其名物的考释与问题答疑，则需要不断地更新与创制，所以，历史知识的传承自然就受到限制、散佚，甚至丢弃。《风俗通义》在《隋书·经籍志》中被记载为三十一卷，《旧唐书·经籍志》与《新唐书·艺文志》仍记载有三十卷。可见，到北宋初年，其传承保存还是完好的。但是到了宋神宗时，苏颂所看到的，也就是今天我们所看到的十卷本了。其中的三分之二已经散失了。

最后，名物考释与问题答疑的方法论，作为史学研究方法，致力于考释、考据，与社会生活的关系相对有所断裂与脱节；作为历史知识论，兼有碎片化、边缘化的特点，因此，很难予以归类整理和传承。仓修良先生曾说：

> 《风俗通义》是一部很有意义的古籍名著，但长期以来却少为人所重视，主要原因在于它的内容广泛，体例庞杂，作为史籍来说，似乎无类可归，它既不是编年、纪传之体，又不是政书、学术史著，因而打开诸多的历史要籍介绍论著，和解放前后所出版的十多种史学史著作，全都没有谈及该书，唯张舜徽先生主编的《中国史学名著题解》将它列入'杂史类'，看来很有见解，因为它是一部反映时代风尚的重要著作，对于研究东汉社会历史、文学（小说）、民俗学乃至方志学的发展都有了重要的作用。①

在我们看来，造成这种情况的原因，主要是应劭史学思想的性质，因其徘徊于官方史学与民间史学之间而已。言其官方史学，是因为应劭曾做过太山太守、军谋掾，其中的诸多编注是为皇家而作的；言其民间史学，是因为跟随袁绍之后，再没有步入官场，实际上已经成为隐士。其所撰著，只是借助于之前的阅读及其官场历练的心得，随性而为而已。仅此而言，与荀悦相比，其官方史学色彩暗淡很多；与王符相比，其民间性质更是逊色至极；与王充相比，其论析问题的深度、力度，可以说望尘莫及。由此，应劭论著的散佚，也算是势所难免的了。当然，这对于古典历史文化的承继与研究来说，不能不说是一个大的损失。

---

① 仓修良：《应劭和〈风俗通义〉》，《文献》1995 年第 3 期。

法术、儒术与道术的互补融铸

——《淮南子》汉代黄老"治术"思想要诠*

高　旭

（安徽理工大学楚淮文化研究中心）

摘要：《淮南子》从"治国之术"与"为君之术"两个方面着眼，以道家"道术"为核心，兼融儒家"儒术"和法家"法术"，为西汉统治阶层提供一种多元会通、务实灵活的黄老新统治术。《淮南子》对"法术"与"儒术"都既批判，也汲取，但对两者均有不同程度的黄老化改造，使其能为道家"道术"所兼融，成为具有道、儒、法三者互补融铸的理论内涵及特点的新"治术"。《淮南子》融贯多元，推尊道家的黄老"治术"理念，历史性总结了秦汉王朝发展的"治术"实践经验，赋予其更为务实成熟的政治伦理内涵及导向，进而为西汉统治阶层形成"霸王道杂之"的"治术"思维与传统，发挥出极为重要的开拓推进作用。

关键词：《淮南子》；黄老；治道；治术；道术；儒术；法术

经历秦亡汉兴的历史剧变，以及汉初七十余年黄老政治的探索发展，西汉统治阶层在实践上已逐步形成自身一套行之有效的"治术"理念及方式，以此与其黄老民本"治道"相适应和配合，进而实现王朝大一统政治的不断进步发展。在西汉前期的思想家中，以淮南王刘安为代表的"淮南学派"，因其极为突出的黄老道家的学术文化特质，故能从"百川异源而皆归于海，百家殊业而皆务于治"[②] 的博大视野与胸襟出发，以群体化的理论智慧与力量，通过汲取先秦诸子思想资源，以及深刻反思与总结秦汉王朝政治发展的实践经验，在其所著《淮南子》一书中对汉代"治术"理念进行黄老化的历史探索与新发展。从根本上看，《淮南子》对先秦以来中国古代"治术"的理

---

* 2020 年度安徽省高校人文社会科学研究重大项目"《淮南子》道家性命哲学研究"（项目编号：SK2020ZD19）；2020 年度安徽省社会科学规划一般项目"《淮南子》道家体育养生思想及现代价值研究"（项目编号：AHSKY2020D76）；2019 年度安徽省高校人文社会科学研究重点项目"西方汉学视域中的《淮南子》英译研究"（项目编号：SK2019A0086）。

② 何宁：《淮南子集释·氾论》，中华书局，1998 年，第 922 页。

论认识，不仅深刻体现出"以道观术，以德驭术"的汉代黄老政治精神，而且还充分显示出兼综融贯道、法、儒三家"治术"思想的理论意图与实践，为西汉王朝大一统政治发展提供其所需的更为宏阔包容、务实通变的新"治术"，发挥出极富历史创造性的推进作用，成为武帝之后西汉统治阶层奉行"霸王道杂之"的统治术的重要思想源头。

就现有的"淮南子学"研究成果而言，对《淮南子》政治思想从"治术"视角进行深入的探讨，虽已有一些成果，但较为分散，且缺乏明确的"治术"概念意识①，尤其是对其"治术"理念所具有的黄老化的"道术""法术"与"儒术"的复杂理论构成、特点及政治意义，更少有专题性的学术关注和深细剖论。鉴于此，本文试图从《淮南子》关于"治道"与"治术"的政治思辨出发，围绕"道术""法术""儒术"三者的动态化的思想会通与整合，对刘安及"淮南学派"所试图构建的汉代黄老新"治术"理念，进行具体系统的揭示和阐明。

一、"治术"的双重内涵及与"治道"关系

在西汉前期思想论著中，《淮南子》对秦汉王朝政治发展的理论探讨，具有最为明确的"治道"与"治术"意识，不仅试图从先秦以来的古典治国经验及理念出发，寻求西汉王朝新"治道"的理想实现内涵及构建途径，而且意图在多元化的理论继承中，与自身汉代黄老化的"治道"理念相一致，探寻出一种适合西汉大一统政治发展现实需求的更具包容性、灵活性、实效性的新"治术"，亦即具有鲜明汉代黄老特色的新道家"统治术"。于《淮南子》而言，这种汉代黄老"统治术"实际上表现为两个方面的重要内涵，并且二者极为紧密地交错融合在一起。

---

① 学界现有成果中，关涉《淮南子》"治术"理念者主要有：一是探讨"无为"思想中的"治术"内涵，如张运华：《〈淮南子〉的"无为"理论》，《西北大学学报》1996 年第 2 期；雷健坤：《论〈淮南子〉对道家无为观的创造性诠释》，《中共中央党校学报》2002 年第 2 期；戴黍《〈淮南子〉中的"无为"及其思想史意义》，《哲学研究》2006 年第 3 期；蔡家玮：《〈淮南子〉与〈老子〉无为观念转变之探讨》，《辅大中研所学刊》2001 年第 11 期；李增：《淮南子哲学思想研究》，洪叶文化事业有限公司，1997 年，第 299—342 页等。二是探讨"因""权"思想的"治术"意蕴，如戴黍：《"因循"与"治道"——〈淮南子〉中"因"的四重涵义》，《江淮论坛》2005 年第 2 期；戴黍：《试析〈淮南子〉关于"权"的思想》，《孔子研究》2006 年第 4 期；刘爱敏：《〈淮南子〉道论研究》，山东人民出版社，2013 年，第 143—160 页；雷健坤：《综合与重构——〈淮南子〉与中国传统文化》，开明出版社，2000 年，第 138—174 页；陈丽桂：《秦汉时期的黄老思想》，文津出版社，2000 年，第 120—122 页等。就现有研究成果来看，大都未能明确"治术"的概念，并从此视角出发，更为深入系统地阐释《淮南子》"治术"思想的复杂构成、内涵及特点，因此研究中缺少必要的综合性、整体性，无法更准确地揭示出《淮南子》"治术"思想在秦汉思想史上的重要性和特殊意义。对《淮南子》"治术"思想展开专题性的剖探，有助于促进其他相关议题的进一步探讨，深化学界对《淮南子》政治思想体系的现有认识。

一是从国家治理发展意义出发的"治具"论，即现实中大一统王朝政治赖以稳定有序发展的制度方式、手段措施及具体途径，换言之，就是"治国之术"。《淮南子》"治具"论所关注的政治对象，与其说是大一统政治中的至高权力拥有者——皇帝，毋宁说是其所代表的大一统的王朝国家，更多地倾向于和体现出非人格化的政治主体内涵，强调整体性的王朝国家的政治运行条件及方式。因此，《淮南子》明确区分出"治道"与"治具"的政治差异，认为前者是王朝政治"所以为治也"的内在根由和规律内涵，而后者则是以"法制礼义"为主要内容的工具化的国家治理方式和实践手段。在此认识基础上，《淮南子》多次提出和使用治国之"具"的重要概念，并将其具体表达为"治之具"或"治人之具"：

> 故法者，治之具也，而非所以为治也，而犹弓矢，中之具，而非所以为中也。①

> 圣人所由曰道，所为曰事。道犹金石，一调不更；事犹琴瑟，每弦改调。故法制礼义者，治人之具也，而非所以为治也。②

《淮南子》认为，"法制礼义"等"治具"如同工匠从事技术活动所凭借的"规矩钩绳"，只是工具化的治国手段及方式。一方面，尽管只有借助于这些制度化的现实条件，并进而对其进行优化发展，统治者才能有效治理国家，推动王朝走向长治久安，正所谓"好弋者先具缴与矰，好鱼者先具罟与罘，未有无其具而得其利"③；但另一方面，不论"法制礼义"等"治具"的实际作用多么重要，根本上只是实现治国目的的具体手段及方式，而无法取代统治者治国实践得以实现理想目的与状态的内在规律之"道"："若夫规矩钩绳者，此巧之具也，而非所以巧也"④。从《淮南子》对"治术"的总体认识来看，这种偏重于国家治理发展意义的"治具"论，因其主要指向王朝政治发展的外在的制度化条件、手段及方式，所以可视其为《淮南子》"治术"思想的广义内涵。

二是从政治核心主体意义出发的君人南面之"术"，即大一统王朝政治发展中作为至高权力拥有者的"皇帝"所应具备的权谋化的驭下之"术"。换言之，便是如同韩非所言"藏之于胸中以偶众端，而潜御群臣者也"⑤的"为君之术"。在西汉前期思想家中，淮南王刘安作为著名的地方诸侯王，其对深刻影响王朝政治稳定发展的专制君主主体因素，有着比陆贾、贾谊、贾山、晁错等人更为深刻自觉的理论反思和探讨，这从《淮南子》中专门著有《主术》一篇可以获得清楚认识。从思想实际来看，《淮

---

① 何宁：《淮南子集释·泰族》，第1400页。
② 何宁：《淮南子集释·氾论》，第927页。
③ 何宁：《淮南子集释·说山》，第1148页。
④ 何宁：《淮南子集释·齐俗》，第802页。
⑤ ［清］王先慎：《韩非子集解·难三》，中华书局，1998年，第380页。

南子》所言"主术"作为"君人之事也"①，具有汉代黄老道家"内圣"与"外王"的不同指向及具体意涵：在前者而论，《淮南子》强调黄老化的"心术"，主张王朝统治者"治身"为先，"原心术，理性情"②，重视自身的主体化的修身之道，突显出合理的政治伦理价值；在后者而论，《淮南子》则重在指出统治者兼用政治权谋与制度化的手段方式，对国家官僚系统进行现实的有效控制，既确保"君权"的绝对优势地位及稳固存在，也确保王朝政治发展的稳定有序：

> 所以因作任督责，使群臣各尽其能也。明摄权操柄，以制群下，提名责实，考之参伍，所以使人主秉数持要，不妄喜怒也。其数直施而正邪，外私而立公，使百官条通而辐辏，各务其业，人致其功。此主术之明也。③

从中可见，《淮南子》对"为君之术"的政治思考，表现出远较西汉前期其他思想家更为复杂深刻的理论内涵，而且其"术"论主张并未仅仅局限于政治主体因素的考虑，而是突出和强化了政治客观条件与政治主体因素之间的密切关联性，使汉代黄老君人南面之"术"更具有制度化实现的政治趋向及特点，并对其走向极端权谋化的消极可能产生一定的制约和弱化作用。作为君人南面之"术"的"治术"论，因其主要表现在统治者自身的政治主体因素上，所以与"治国之术"相较，实际上属于《淮南子》"治术"思想的狭义内涵。

虽然《淮南子》中的"治术"具有"治国之术"与"为君之术"的双重意涵，但是对二者的理论反思和探讨，在《淮南子》而言，不仅始终都是在其根本的汉代黄老"治道"理念前提下进行与展开的，而且还由此形成三方面的特定认识：

第一，"治道"对"治术"具有优先性、决定性。"圣人所由曰道，所为曰事"，《淮南子》认为"治术"所表现出的即是统治者在国家政治发展中的具体"所为"，而决定此种"所为"及其结果之"事"的根由则在于"治道"。不论是对"治国之术"，还是"为君之术"的政治思考，《淮南子》都坚持以"治道"对其进行理论观照。在其看来，"治术"本质上是形而下的国家治理手段及方式，在现实政治中必然表现为特定的实践形式，或是制度化的"法制礼义"，或是主体化的"君人之道"，而归根到底，其实践方向及现实效果仍然决定于王朝政治发展的根本性质与内在规律。因此，《淮南子》指出，对于表现为"帝道"或"君事"的"治术"，尽管"其言有小有巨，有微有粗，指奏卷异，各有为语"，但"今专言道，则无不在焉，然而能得本知末者，其唯圣人也"④。也就是说，"治道"与"治术"二者之间具有"本""末"不同的理论关系，并且"治术"的实践情况根本上取决于其所具有的"治道"内涵，而这也是《淮南子》在提出"权事而立制，度形而施宜"的"治术"主张中，尤为强调"原道

---

① 何宁：《淮南子集释·要略》，第 1445 页。
② 何宁：《淮南子集释·要略》，第 1452 页。
③ 何宁：《淮南子集释·要略》，第 1445—1446 页。
④ 何宁：《淮南子集释·要略》，第 1454 页。

之心"① 的根本原因。

第二，"治术"的优良有效与否，直接影响到"治道"的实现状态。《淮南子》认为"治术"的不同选择，对统治者进行国家治理能够产生出差异性的影响，使其"治道"实践或"通"或"塞"，最终效果截然相反。《淮南子》以"法制"为中心的"治国之术"为例，具体指出：

> 为惠者，尚布施也。无功而厚赏，无劳而高爵，则守职者懈于官，而游居者亟于进矣。为暴者，妄诛也。无罪者而死亡，行直而被刑，则修身者不劝善，而为邪者轻犯上矣。②

在其看来，统治者进行国家治理，必须严格制度化的法律原则与要求，以功罪的实际情况来实施赏罚，始终将"法制"作为一种严肃公正的"治国之术"来对待，避免"无功而厚赏，无劳而高爵""无罪者而死亡，行直而被刑"的不当施政行为，防止形成"为惠者生奸，而为暴者生乱"的"奸乱之俗，亡国之风"③，保障现实中官僚系统的有效运作，促使王朝政治稳定发展。因此，《淮南子》将此种"法制"为中心的"治国之术"提升到"治道"高度来审视，认为："得道者，不为丑饰，不为伪善，一人被之而不褒，万人蒙之而不褊。是故重为惠若重为暴，则治道通矣。"④ 着眼于君人南面之"术"，《淮南子》同样强调："主精明于上，官劝力于下。"认为统治者只有坚持"言事者必究于法，而为行者必治于官"的"法术"手段，才能充分实现"上操其名，以责其实，臣守其业，以效其功"⑤ 的国家治理状态。反之，《淮南子》指出，现实政治中如果产生"群臣党而不忠，说谈者游于辩，修行者竞于住""为智者务于巧诈，为勇者务于斗争，大臣专权，下吏持势，朋党周比，以弄其上"的严重弊端，也必然是由于统治者忽视"治术"的合理选择与运用，以致"治道之所以塞"⑥ 的内在原因所导致的。《淮南子》对"治术"现实作用于"治道"的理论重视和思考，反映出其在秦汉历史条件下，将王朝发展之"治道"进一步向实践具体推演和落实，试图在"道""术"有机结合中寻求理想之"治"的政治要求。这种理论实践既是对汉代政治思维所具有的历史深度的充分显示，也是对《淮南子》作为黄老政治思想论著所具有的现实品格的重要展现。

第三，"治术"与"治道"不可分离，合二为一。不论"治国之术"，抑或"为君之术"，《淮南子》都明确认识到其并非是王朝稳定发展的根由所在，而只是统治者必须要有效掌握的重要条件和手段。"治术"在《淮南子》中，始终体现出强烈的形而

---

① 何宁：《淮南子集释·要略》，第 1462 页。
② 何宁：《淮南子集释·主术》，第 632 页。
③ 何宁：《淮南子集释·主术》，第 632 页。
④ 何宁：《淮南子集释·主术》，第 631 页。
⑤ 何宁：《淮南子集释·主术》，第 644—645 页。
⑥ 何宁：《淮南子集释·主术》，第 645—647 页。

下的实践功能性，因此其政治存在意义及价值只能与现实政治发展紧密结合起来考虑，而无法被视为王朝政治历史演进所依据的终极因由。因此，"治之具也"与"所以为治也"，二者之间实际上反映出来即是"术"与"道"的复杂关系，而后者对于王朝政治发展而言，更具有内在的规律性，也更具有突出的理论优先地位。与此同时，《淮南子》认为，尽管"治术"有其独特性、重要性，但对于王朝的"为治"实践而言，其却要服从和体现出"治道"的本质内涵，成为"治道"的现实表现形式，与后者在实践中统一起来，由此成为内外合一的特定的王朝政治发展模式。对此，《淮南子》有言："言道而不言事，则无以与世浮沉；言事而不言道，则无以与化游息。"① 由于"治术"在现实中必然会表现为纷繁复杂的"君事""人间之事"，所以"事"与"道"的有机统一，也即是"术"与"道"的紧密融合。对"治术"始终进行"治道"理念的思想观照，坚持以"道"驭"术"，追求实现"道""术"合一，自然就成为《淮南子》政治思想的根本理念与原则，而这也是其所言"纪纲道德，经纬人事"②的重要理论意蕴所在。

质而言之，《淮南子》对"治术"的理论认识具有"治国之术"与"为君之术"的双重意涵。二者虽都突显出强烈的治国实践功用，是王朝政治发展中不可或缺的工具化手段，但也须看到，二者仍各有其特殊的表现，实际的功能及作用有所区别。从整体意义的"治术"来说，《淮南子》尤为强调其实践形式背后隐藏的"所以为治"的"治道"内因，更注重以"治道"理念为观照，对"治术"进行汉代黄老化的思想阐释和政治规设，促使其更适合西汉大一统的皇权政治的现实发展需求。

二、对秦政及法家"法术"的批判反思

在《淮南子》对"治术"的理论思考中，一方面其已较为明确地意识和区分出"治国之术"与"为君之术"的不同意涵，以此进行汉代黄老"治道"视域下的更为复杂深入的"术"论探讨，试图为西汉大一统王朝政治提供一种更加成熟，并且务实灵活，较为富有弹性的新"统治术"；另一方面，从现实具体的理论构建出发，《淮南子》通过对先秦以来道、儒、法三家各具特色的"治术"理念以及秦汉王朝的"治术"实践进行系统化的反思和总结，力求在扬长避短、优势互补中，最终探索和形成一种突出具有汉代政治思维特色，并能充分适应西汉统治阶层政治性格的黄老新"治术"思想。

由于秦亡汉兴的特定历史因由，《淮南子》在其新"治术"思想的理论探索中，首先尤为注重对先秦法家及秦王朝以"法术"为中心的"治术"理念及实践有所深刻

---

① 何宁：《淮南子集释·要略》，第 1439 页。
② 何宁：《淮南子集释·要略》，第 1437 页。

审思和借鉴。在某种意义上，这种法家化的"治术"思想资源以其具有的极为突出的反向历史作用，成为刺激和促动《淮南子》在汉代历史条件下，重新思考大一统王朝政治发展与"治术"选择运用关系的重要原因。显而易见，秦王朝"二世而斩"的迅速败亡，不仅是基于其"治道"理念的根本弊端所致，而且同样与其王朝政治发展中"治术"的选择错误及消极实践密不可分。正是在极端功利畸形的"治道"与"治术"的交互作用下，秦王朝积弊日深，最终难以自治其病，自矫其失，只能走向覆灭之途。

在《淮南子》而言，先秦法家及秦政的"寄治乱于法术"的"法术"理念，不论是在国家治理发展意义上，还是在为君之道意义上，其"治术"功能的发挥虽然能起到"托是非于赏罚，属轻重于权衡"① 的有利作用，但也因其有着内在的严重偏差和弊端，极易于带来消极性的结果。具体而言：

第一，法家及秦政主张治国重"法"，但也易于纵"法"伤民。

以"法"治国是先秦法家的核心理念，从商鞅到韩非，法家思想家都坚持认为"法令者，民之命也，为治之本也"② "法者，宪令着于官府，刑罚必于民心，赏存乎慎法，而罚加乎奸令者也"③，强调"法令"在国家治理发展中的制度功能及其重要性，并提出"善为国者，官法明"④ "明主之道忠法"⑤，要求统治者在现实政治中善于运用"法令"手段，充分发挥其安定社会政治秩序的实际效用。但是，先秦法家及秦政中的以"法"治国，在理论和实践中，都明显存在着"尊君践民、有法无人"的理念弊端，其以"法"为治国之术后的历史发展，从商鞅至韩非的法家思想的逻辑演进中都无不对此有深刻反映，而以法家政治理念为核心圭指的秦政发展，从战国时期秦国走向大一统的秦王朝的过程中，同样以特殊的实践形式对此显示出历史证明。《淮南子》对先秦法家及秦政这种以"法"为治国之术的利弊有着极为理性且清楚的认识。一方面，《淮南子》接受先秦法家以"法"治国的基本主张，也强调"法者，天下之度量而人主之准绳也"⑥，肯定"法"作为为"治之具也"在国家治理发展中的制度意义，认为其具有"便国佐治"的积极效用；但另一方面，《淮南子》基于秦王朝以"法"治国实践中曾经出现的严重弊端，又明确指出"法令察而不苛"⑦ "民众者教不可以苛"⑧，要求统治者"除刻削之法，去烦苛之事""不喋喋苛事也"⑨，反对极端化的"法"作为治国之术所具有的工具化内涵及效用，使其在实践中被滥施错用，产生

————————————————

① ［清］王先慎：《韩非子集解·大体》，第 209 页。
② 蒋礼鸿：《商君书锥指·定分》，中华书局，1986 年，第 144 页。
③ ［清］王先慎：《韩非子集解·定法》，第 397 页。
④ 蒋礼鸿：《商君书锥指·农战》，第 22 页。
⑤ ［清］王先慎：《韩非子集解·安危》，第 201 页。
⑥ 何宁：《淮南子集释·主术》，第 659 页。
⑦ 何宁：《淮南子集释·主术》，第 658 页。
⑧ 何宁：《淮南子集释·泰族》，第 1396 页。
⑨ 何宁：《淮南子集释·览冥》，第 497 页。

"以苛为察，以切为明，以刻下为忠，以计多为功"① 的任法残民的恶性结果。《淮南子》进而提出"法"在为"治之具也"意义上得以存在运用的根本前提，即"法生于义，义生于众适，众适合于人心，此治之要也"②。在其看来，"法"的工具性效用的发挥，只能以有利于广大民众的生存发展为基础和前提，而非相反。这是确保"法"作为治国之术，不偏离其推动王朝发展长治久安的正确方向的关键所在。

第二，先秦法家及秦政主张治国严"刑"，极易于在苛法基础上加剧残民求治的负面效应。

先秦法家在主张以"法"治国的同时，也提出以"刑"辅"法"，认为"法制明则民畏刑"③，试图以"刑治"作为以"法"治国的重要补充和延伸手段。在其看来，"以刑治则民威，民威则无奸，无奸则民安其所乐"④ "赏厚而重，刑重而必。是以其民用力劳而不休，逐敌危而不却，故其国富而兵强"⑤，所以"王者以赏禁，以刑劝，求过不求善，藉刑以去刑"⑥。也即是说，与"法"相表里，治国重"刑"成为国家治理发展中必不可缺的题中应有之义。将苛"法"严"刑"视为国家治理的工具化手段，《淮南子》认为这是秦政历史发展中的积弊所在。既与秦国社会风俗、政治传统紧密相关："秦国之俗，贪狼强力，寡义而趋利，可威以刑，而不可化以善，可劝以赏，而不可厉以名"⑦，更与商鞅变法以后秦统治阶层日益极端化以"法""刑"的工具化功能，严重弱化其应有的"义政利民"的政治伦理内涵难逃干系。《淮南子》指出，"刑"与"法"的恶性交错发展，不但让法家的"法术"治国理念在实践中发生畸变，而且更致使秦政发展在"凿五刑，为刻削"中成为空前的历史暴政，产生出"争于锥刀之末，斩艾百姓，殚尽太半，而忻忻然常自以为治"⑧ 的政治悖论。就此而言，《淮南子》认为法家及秦政以"法""刑"为治国之术，是"察于刀笔之迹，而不知治乱之本也"⑨，根本上偏离了"治术"理应具备的"治道"导向，成为"亡秦"暴政最终形成的重要动因。

第三，先秦法家及秦政主张君主以"法术"驭臣，但尊君而不礼臣，对君臣关系进行极端利益化、矛盾化的认识，易于形成权谋化的君臣关系，促成君臣相嫉的消极恶果。

在先秦法家思想家中，韩非对"法术"作为"帝王之具"的内涵及应用，有着最

① 何宁：《淮南子集释·道应》，第903页。
② 何宁：《淮南子集释·主术》，第662页。
③ 蒋礼鸿：《商君书锥指·君臣》，第130页。
④ 蒋礼鸿：《商君书锥指·开塞》，第56页。
⑤ ［清］王先慎：《韩非子集解·定法》，第398页。
⑥ 蒋礼鸿：《商君书锥指·开塞》，第58页。
⑦ 何宁：《淮南子集释·要略》，第1462页。
⑧ 何宁：《淮南子集释·览冥》，第498—499页。
⑨ 何宁：《淮南子集释·泰族》，第1430页。

为深入的论述。在其看来，一方面，"法"对于统治者而言，不仅具有治国方面的工具意义，而且也能发挥出一定的政治权术功能，成为驾驭臣下的重要手段；另一方面，"法"与"术"又能紧密结合，相辅相成，发挥出更显著的综合效应，有效达到控制臣下的目的，因此韩非"往往法术二字联用"，显示其"君要使臣以行法，便必能有术以制臣"① 的主张。从明察臣下而言，韩非强调为君者应以"法术"观人，而不以好恶取人，认为"明主观人，不使人观己。明于尧不能独成，乌获不能自举，贲、育之不能自胜，以法术则观行之道毕矣"②；从现实用人而言，则更是反复阐言"法""术"相结合的驭臣之法：

> 明君之蓄其臣也，尽之以法，质之以备。故不赦死，不宥刑。③

> 明王不举不参之事，不食非常之食；远听而近视，以审内外之失；省同异之言，以知朋党之分；偶参伍之验，以责陈言之实；执后以应前，按法以治众，众端以参观。士无幸赏，无蹿行，杀必当罪不赦，则奸邪无所容其私。④

> 人主不能明法而以制大臣之威，无道得小人之信矣。人主释法而以臣备臣，则相爱者比周而相誉，相憎者朋党而相非，非誉交争，则主惑乱矣。⑤

而关于如何运用政治权术来驾驭臣下，不竭余力地维护和捍卫专制君主的权威利益，这更是韩非在其论著中反复阐明的核心内容之一。在韩非眼中，专制主义政治体系中的君臣关系存在着根本性的利害冲突，因此在"尊君卑臣"的同时，统治者必须要时刻警惕、提防和控制一切异己的政治力量，不论是自己的亲人、近属，还是群臣百姓，而其中尤以重臣权贵为首要对象，所谓"主用术则大臣不得擅断，近习不敢卖重"⑥。为此，韩非极为深细地研究和探讨了所谓"凡人臣之所道成奸者"⑦ 的政治内容，试图建构出一种高度权谋化的"为君之术"，为统治者提供重要参考和指导，使后者在现实政治发展中成为拥有绝对主控能力和优势地位的权力核心。

历史地看，韩非此种"君人南面之术"有其一定的合理性。如其所言："任人以事，存亡治乱之机也。无术以任人，无所任而不败。"⑧ 对于专制政治中官僚体系的稳定运行具有重要作用。但也要看到，由于韩非对君臣关系持有极为冷酷的利益至上主义立场，因此其对"君人南面之术"的认识，完全建立在"臣尽死力以与君市，君垂爵禄以与臣市，君臣之际，非父子之亲也，计数之所出也"⑨ 的功利化观念的基础上。

---

① 王静芝：《韩非思想体系》，辅仁大学学院，1979 年，第 73 页。
② ［清］王先慎：《韩非子集解·观行》，第 198 页。
③ ［清］王先慎：《韩非子集解·爱臣》，第 25 页。
④ ［清］王先慎：《韩非子集解·备内》，第 116 页。
⑤ ［清］王先慎：《韩非子集解·南面》，第 118 页。
⑥ ［清］王先慎：《韩非子集解·和氏》，第 96 页。
⑦ ［清］王先慎：《韩非子集解·八奸》，第 53 页。
⑧ ［清］王先慎：《韩非子集解·八说》，第 423 页。
⑨ ［清］王先慎：《韩非子集解·难一》，第 352 页。

这让韩非对"为君之术"的政治探讨和设计,陷入充斥工具性伦理内涵,却又严重缺失道义性伦理内涵的现实困境中,从而根本上决定了其"为君之术"的实践易于产生极端工具化的内在弊端,现实的消极性只会与日俱增,而无法消除。正因对韩非以"法术"驭臣理念的信奉实践,秦始皇及秦二世在秦政发展中对臣下采取极为猜忌防范的态度,并痴迷于以权术操控后者,以致形成"君臣相欺""君臣相怨"的消极关系,使之成为促使秦王朝统治集团"上下离心"加速崩溃的重要原因。

第四,先秦法家及秦政主张以"法术"用人,好用兴利之臣,虐民从君,难以任人唯贤,辅君以德。

先秦法家从商鞅、韩非以来,就极力主张统治者应以"法"或"法术"驾驭群臣,有效控制专制君主政治的官僚系统机器,因为"明主观人……以法术则观行之道毕矣"。在其看来,衡量群臣政治效能的根本标准在于其是否能兴"利"致"功",带来有利于统治者的工具性的政治结果,而这种操"法术"用人的统治术才是统治者必须在治国上充分掌握和体现的重要手段:"君子操权一政以立术,立官贵爵以称之,论劳举功以任之,则是上下之称平。上下之称平,则臣得尽其力,而主得专其柄。"① 韩非甚至认为唯有依靠彻底工具化的"法术"手段,方可在现实中避免由于统治者主体因素的变动而造成的用人不当、治国失宜的政治难题。其云:

> 释法术而心治,尧不能正一国;去规矩而妄意度,奚仲不能成一轮;废尺寸而差短长,王尔不能半中。使中主守法术,拙匠守规矩尺寸,则万不失矣。君人者,能去贤巧之所不能,守中拙之所万不失,则人力尽而功名立。②

对"法术"的这种重要性,韩非还进一步反复强调:"今不行法术于内,而事智于外,则不至于治强矣"③"操法术之数,行重罚严诛,则可以致霸王之功。"④ 在其看来,"立法术,设度数,所以利民萌,便众庶之道也"⑤,统治者对"法术"作为一种高度工具化、功利化的"君人南面之术"的掌握运用,在政治上并无任何可质疑之处,相反,却是后者治国实践中的应有之义,更是一种必须具备的政治主体素养。先秦法家这种将"法术"完全定位在工具性手段的政治逻辑和功利化取向的价值默认,虽然在现实政治中曾有助于秦政发展,甚至推动秦统治者最终实现兼并六国、统一天下的宏伟目标,但其中所产生的历史痼弊同样极其突出而难以克服,并由此根本上造成秦王朝"二世而斩"的悲剧命运。对此,《淮南子》在秦亡汉兴的背景下,表达出极为深刻的批判性反思。《淮南子》明确指出:"申、韩、商鞅之为治也,挬拔其根,芜弃其本,而不穷究其所由生。"认为这种工具化的"法术"理念在秦政发展中体现出来,

---

① 蒋礼鸿:《商君书锥指·算地》,第 50 页。
② [清] 王先慎:《韩非子集解·用人》,第 205 页。
③ [清] 王先慎:《韩非子集解·五蠹》,第 454 页。
④ [清] 王先慎:《韩非子集解·奸劫弑臣》,第 150 页。
⑤ [清] 王先慎:《韩非子集解·问田》,第 396 页。

就是统治者完全信用商鞅、李斯等"兴利之臣",在"凿五刑,为刻削""争于锥刀之末,斩艾百姓"中极端片面地维护和实现自身利益,而彻底"树怨"于广大民众的恶性发展。也正是在此种"法术"为用,不及其余的政治逻辑作用下,最终造成"秦王赵政兼吞天下而亡……商鞅支解,李斯车裂"①的必然结果。在《淮南子》看来,"忠臣者务崇君之德,谄臣者务广君之地"②,商鞅、李斯所代表的极端工具化、功利化的法家"法术"路线,内在体现出"弃义以取利"③的根本歧向,其对秦政产生出极为消极的政治误导作用,以致后者只能在"以利害义"中走向彻底败亡。反言之,《淮南子》认为,以"秦王赵政"为代表的秦统治者,在治国上以"法术"用人,迷信法家所言"以富厚相利,以威势相惧"的功利性君臣观念,这也让秦政难以实现任人唯贤、辅君以德的良治发展,而只能在畸形扭曲的君臣关系基础上,走上君臣逐利、同苛百姓、"积怨在于民也"④的暴政歧途。

第五,先秦法家及秦政的"法术"思想坚持片面化的君权至上立场,易于形成极端尊君与极端践民的政治悖论,并在"君欲""民生"的现实利益冲突中,激发产生出"与民为仇"的严重恶果。

先秦法家在"治术"上强烈推崇任"法"尚"术"的功利性政治路线,成为诸子百家之中将"法""术"的工具性内涵发挥到极致者。究其根本,就在于商鞅、韩非所代表的先秦法家,理论的立场及实质始终都是极端化的君权至上主义,因此其所鼓吹和提倡的法家"治术"在"法术"上表现出来,就成为一种唯君权利益是务、视道义如无物的赤裸裸的"工具理性"。在其眼中,"人臣之于其君,非有骨肉之亲也,缚于势而不得不事也"⑤,专制君主作为至高无上的政治主体,与其他一切臣民都存在着根本的权力差异和利益悬殊,二者之间无法建立起世俗伦理道德基础上的信任关系,"人主之患在于信人,信人则制于人"⑥,因而只能形成完全依赖功利化的物质资源输送基础上的"互利"关系。在此政治逻辑作用下,"法"与"术"也就彻底转化为具有强烈的非道德特征的政治工具,其现实功能作用的发挥始终被限定在片面实现与维护君权利益的根本基点上,而非其他,即如韩非所言:"君无术则弊于上,臣无法则乱于下,此不可一无,皆帝王之具也。"⑦至于这种"法术"在治国上,抑或驭臣上,是否能具备与合乎应有的政治道义内涵,则成为可以被轻视,甚至被否定和抛弃的对象。换言之,在商鞅、韩非等人将"法术"作为法家"治术"的工具性内涵与道义性内涵

① 何宁:《淮南子集释·人间》,第1255页。
② 何宁:《淮南子集释·人间》,第1273页。
③ 何宁:《淮南子集释·人间》,第1274页。
④ 何宁:《淮南子集释·兵略》,第1065页。
⑤ [清]王先慎:《韩非子集解·备内》,第115页。
⑥ [清]王先慎:《韩非子集解·备内》,第115页。
⑦ [清]王先慎:《韩非子集解·定法》,第397页。

有意识地切割开来，并明确重前抑后的时候，就已决定了"法术"在秦政发展中的历史表现及可能产生的消极作用。在"法术"的工具性越得到突出展现的过程中，其道义性却在日益萎缩。与此同时，伴随秦王朝大一统政治的兴亡浮沉，极端尊君与极端践民的政治悖论，也在"君欲"和"民生"的猛烈冲突中，彻底显现为刺目的冰冷现实。对秦政及"法家"在"法术"理念与实践上的这种根本痼弊，《淮南子》在西汉历史条件下，有着深刻的理性反思和政治借鉴。也因此，其反复明确指出："商鞅为秦立相坐之法，而百姓怨矣"①"今商鞅之启塞，申子之三符，韩非之孤愤，张仪、苏秦之从衡，皆掇取之权，一切之术也。"② 强调法家的统治术在实践中短视功利，极易于走向极端，适得其反，并严厉贬斥其是"察于刀笔之迹，而不知治乱之本也"③，绝"非治之大本，事之恒常，可博闻而世传者也"④。对《淮南子》来说，如何取鉴与规避秦政及法家"法术"理念及实践的政治偏差，协调平衡"君欲""民生"之间的现实关系，就成为其探索汉代黄老新"治术"的重要促动和内容。

总的来说，《淮南子》对先秦法家及秦政以"法术"为中心的"治术"思想，在西汉历史条件下，抱有务实理性的批判态度。在其看来，尽管这种"法术"理念有着一定的制度化、工具化的合理性，但却在根本上缺失理应具有的"重民限君"的政治内涵，因此极易于在现实中发生畸变，变成片面的用来镇压民众，强化君权，维系专制统治的暴力手段和工具。《淮南子》认为，对先秦法家及秦政的"法术"治国思想，西汉统治阶层不但应秉持强烈的"过秦"精神，进行批判性的借鉴与汲取，而且更应在汉代黄老"道治"思想的观照下，重新审思其作为大一统王朝"统治术"的可能性、适用性，明确其理应具备的正义性及实践方向。

三、对儒家"儒术"的理论撷取及融铸

与对待秦政及法家的"法术"理念不同，《淮南子》在"治术"问题上，对先秦以来儒家的"治术"理念，即"儒术"，表现出更多的理性认同，并在思想上，着重对后者推重礼乐、举贤纳谏、修诚反己的政治内涵进行更为深入务实的理论借鉴和撷取，试图将其所具有的政治教化与良序构建功能，在汉代黄老政治的历史条件下，给予充分的整合和阐发。对儒家"儒术"的政治认识，《淮南子》也具有"治国之术"与"为君之术"的双重审视和论思，而且在二者之间始终贯穿着"仁义为本，德治为先"的儒家"治道"理念，形成一种内在的整体性的"治术"导向原则，使儒家的"儒术"远较法家的"法术"更能获得"理念"与"实践"上的一致性、融洽性，也

---

① 何宁：《淮南子集释·泰族》，第 1430 页。
② 何宁：《淮南子集释·泰族》，第 1424 页。
③ 何宁：《淮南子集释·泰族》，第 1430 页。
④ 何宁：《淮南子集释·泰族》，第 1430 页。

更易于在现实中发挥出稳定、良性的政治效用。

就治国方面而论，《淮南子》对儒家"儒术"的理论认识和汲取主要表现在：

一则，《淮南子》尽管在思想上对儒家礼乐有所批评，但从政治、社会的实际发展着眼，又对前者采取了实用主义的接受态度，主张将"礼乐"作为必不可少的治国工具和手段来运用，以此达到教化和控制广大民众的目的。

"礼乐"是先秦儒家用以治理国家社会的基本方式和制度手段，从孔子以来就在儒家政治思想体系中占据着极为重要的地位，被"视为为政和修身的基本原则"①，其所承载和体现的"礼制秩序"成为儒家赖以"实现一种非强制性手段维持的社会组织方式"，而其本质上也是追求构建一种理想的"人伦和谐的'伦理法'秩序"，试图将"现实社会秩序的建立"与"人之内在精神秩序的培育"贯通结合起来，与"仁"的价值核心相表里，形成先秦儒家所独有的"仁礼合一"政治哲学系统和国家治理模式。② 孔子曾云："天下有道，则礼乐征伐自天子出；天下无道，则礼乐征伐自诸侯出。"③ 在其眼中，"礼乐"作为统治者治理国家社会的工具、手段，有着其他方式无法替代的象征性功能，能够充分显示出儒家"尊王"政治的核心理念及实质。基于此，孔子还明确指出，与"刑罚"的刚性化手段不同，"礼乐"代表的是教化为先、注重人心的柔性化治理方式，因此二者虽然同为统治者不可或缺的"治术"，但仍存在着先后主次之分，所谓"礼乐不兴，则刑罚不中；刑罚不中，则民无所措手足"④。孟子、荀子等人继承和坚持了孔子关于"礼乐"作为"儒术"的基本理念，既强调"礼乐"在国家治理中的特殊地位，认为"无礼义，则上下乱"⑤"礼者，政之挽也；为政不以礼，政不行矣"⑥，甚至主张"国之命在礼"⑦；又进一步论证"礼乐"与儒家"仁义"政治哲学的内在一致性，突出"礼乐"工具性载体背后所内含的丰富的儒家"治道"意蕴，认为"城郭不完，兵甲不多，非国之灾也；田野不辟，货财不聚，非国之害也。上无礼，下无学，贼民兴，丧无日矣"⑧"仁义礼乐，其致一也。君子处仁以义，然后仁也；行义以礼，然后义也；制礼反本成末，然后礼也；三者皆通，然后道也"⑨。需要看到的是，先秦儒家视阈中的"礼乐"可谓是一种特殊的"治术"，因为其不仅体现出现实的工具性特点，重在于政治性、社会性的教化功能与管制作用，而且也与儒

---

① 汤一介、李中华主编：《中国儒学史》（先秦卷），北京大学出版社，2011年，第60页。

② 赵明：《先秦儒家政治哲学引论》，北京大学出版社，2004年，第140—141页。

③ 黄怀信：《论语汇校集释·宪问第十四》，上海古籍出版社，2008年，第1465页。

④ 黄怀信：《论语汇校集释·子路第十三》，第1154页。

⑤ ［清］焦循：《孟子正义·尽心章句下》，《诸子集成》（第1册），上海书店，1986年，第572页。

⑥ 梁启雄：《荀子简释·大略》，中华书局，1983年，第368页。

⑦ 梁启雄：《荀子简释·强国》，第208页。

⑧ ［清］焦循：《孟子正义·离娄章句上》，《诸子集成》（第1册），第287页。

⑨ 梁启雄：《荀子简释·大略》，第368页。

家自孔子以来就追求实现的"仁政"理念及理想紧密相融,并从中获得了某种超越工具性限制的政治哲学意义,使"礼乐"成为极不同于法家"法术"的政治存在,具有更能深入人心、安定社会的伦理秩序构建功能。

对待儒家的"礼乐",《淮南子》的思想认识表现出一定的复杂性:一方面是有所批评,甚至是批判,认为"礼乐"作为"儒术"的现实功能作用有限,并不是最为理想的国家治理手段,在现实中不仅易于因其繁文缛节而造成"旷日烦民"的消极结果,而且更重要的是,还易于扰乱原本淳朴简易的民性民风,带来虚伪巧诈、智愚争斗的社会流弊,"立仁义,修礼乐,则德迁而为伪矣。及伪之生也,饰智以惊愚,设诈以巧上"①;但另一方面,则又从现实政治发展着眼,认为"礼乐"具有一定的"治术"功能,虽不是达到"通治之至也"的理想方式及途径,但也具有"可以救败"的治理作用,能够"以治人伦而除暴乱之祸",发挥出稳定社会伦理秩序的积极影响,因而"考乎人德,以制礼乐,行仁义之道"②,也是西汉统治者必须在治国上高度重视和体现的内容。深入而论,"礼乐"在《淮南子》看来,实则是其"经纬人事"的必要手段和工具而已,其"治术"意义是极为明显的。但也因此,导致"礼乐"在《淮南子》政治思想中,内在削弱了其在先秦儒家那里所具有的"治道"蕴涵,只是成为前者"纪纲道德"的具体实现形式之一,无法取得其在先秦儒家政治思想中象征性、标志性的理论地位。《淮南子》对儒家"礼乐"的这种复杂性认识,受到淮南王刘安所处政治地位及特定政治环境的深刻影响。汉初以来,时至文景,随着大一统皇权政治的日益强势崛起,"儒家仁义礼仪的宗法思想,逐渐兴盛,成为一股势力",更成为汉廷中央迫"使诸侯王就范的武器",在此情势之下,淮南王刘安"身处逆境,对仁义礼仪的压力的感受,比别人更深刻一些,因此对仁义礼仪的反抗较一般人要早得多,强烈得多"。③从《淮南子》对儒家"礼乐"既贬又用的"治术"化认识来看,也可窥见淮南王刘安在政治上倾向于道家,推崇黄老"无为而治"的根本原由。

二则,《淮南子》虽受先秦道家影响,在治国上也主张"不尚贤",反对"以智为治"④,但更多的时候仅是将此作为理想化的政治主张来看待。相反,从现实的治国需求出发,《淮南子》对儒家"任人唯贤,纳谏听治"的"儒术"理念,有着更为具体的理论吸收和阐发。

从孔子以来,先秦儒家就主张"举贤才"⑤"信仁贤"⑥"尚贤使能而饶其盛"⑦,

---

① 何宁:《淮南子集释·本经》,第 570 页。
② 何宁:《淮南子集释·泰族》,第 1388 页。
③ 那薇:《汉代道家的政治思想和直觉体悟》,齐鲁书社,1992 年,第 70 页。
④ 何宁:《淮南子集释·览冥》,第 461 页。
⑤ 黄怀信:《论语汇校集释·子路第十三》,第 1145 页。
⑥ [清]焦循:《孟子正义·尽心章句下》,《诸子集成》(第 1 册),第 572 页。
⑦ 梁启雄:《荀子简释·臣道》,第 178 页。

将"任贤而治"视为最重要的治国方式和途径之一，并在此基础上，强调"君必听谏"的政治要求，甚而提出"君有大过则谏，反复之而不听，则易位"①，试图以此促使专制君主政治向理想的善政发展。儒家这种"任贤而治"的理念，在现实政治中体现出来，实际上成为统治者赖以治国理政的重要"治术"内容，而其所谓"贤才"，也自然成为专制君主政治得以发展的"人治"载体，能够形成和发挥出特有的工具性的政治效用。

《淮南子》尽管在思想上表现出一定的"非贤"观念，认为"治在道，不在圣"②"贤不足以为治"③，但此种"非贤"主张主要是基于其"道治"理想提出的。因为在《淮南子》看来，"人治"无论在何种程度上，都无法超越和媲美"道治"，二者在治政的理想实现上有着根本的差别。从治国实际出发，《淮南子》并没有固守其"非贤"主张，反之，更多的时候却是明确要求统治者应该"举贤良，赏有功"④ "赏贤而罚暴"⑤ "尊其秀士而显其贤良"⑥，认为能否坚持"举贤而用，以贤为治"的政治路线，对国家政治发展的稳定与否影响显著："故守不待渠堑而固，攻不待冲降而拔，得贤之与失贤也。故臧武仲以其智存鲁，而天下莫能亡也；璩伯玉以其仁宁卫，而天下莫能危也。"⑦ 在此，"得贤之与失贤"，被《淮南子》看作是国家政治发展中的关键要务，成为统治者必须重视和认真对待的重大问题。可见，《淮南子》从汉代政治现实出发，对儒家"任贤而治"的"儒术"理念，有着深刻的理性认识和接受。正是出于这种认识，《淮南子》明确指出"仁知，人材之美者也。所谓仁者，爱人也；所谓知者，知人也。爱人则无虐刑矣，知人则无乱政矣"⑧，将显示出儒家思想内涵的"爱人"与"知人"的政治主张结合在一起，使儒家的"治术"与其"仁义为本"的"治道"得到有

---

① ［清］焦循：《孟子正义·万章章句下》，《诸子集成》（第 1 册），第 430 页。
② 何宁：《淮南子集释·原道》，第 45 页。
③ 何宁：《淮南子集释·主术》，第 643 页。
④ 何宁：《淮南子集释·天文》，第 226 页。
⑤ 何宁：《淮南子集释·主术》，第 621 页。
⑥ 何宁：《淮南子集释·兵略》，第 1048 页。
⑦ 何宁：《淮南子集释·泰族》，第 1404 页。
⑧ 何宁：《淮南子集释·泰族》，第 1434 页。

机统一。① 由此也可看出，《淮南子》对儒家"儒术"的接受，并不是单纯技术性、工具性的，而是建立在对后者"治道"理念的深层汲取的基础上，这与《淮南子》对法家"法术"的批判性融摄，表现出根本的区别。

与对儒家"任贤而治"观念的接受相一致，《淮南子》在"纳谏听治"的政治主张上，也表现出对"儒术"理念的理论呼应。先秦以来，儒家就坚持"道高于君"的精神理念，在政治上以能言敢谏为贵，既突出为臣者的进谏职责和义务，更强调为君者的纳谏态度与方式，并将此"听治"实践视为后者治国理政的重要的"治术"内容。故此，儒家一方面认为"谏争辅拂之人，社稷之臣也，国君之宝也，明君之所尊厚也"②，要求为臣者应该"忠信而不谀，谏争而不谄"③，并推崇"比干谏而死"的典范行为，认为其为"殷有三仁"④ 之一；另一方面则要求统治者"谏行言听，膏泽下于民"⑤，采纳臣下善言，行利国利民之政，防止产生"拒谏饰非，愚而上同，国必祸"⑥ 的消极结果。对儒家这种"纳谏听治"的"儒术"主张，《淮南子》在思想上是认同的。在其看来，"骄溢纵欲，拒谏喜谀，憍悍遂过，不可正喻"是为君者的政治大忌，结果必然是"大臣怨怼，百姓不附"⑦，只能让为君者走向彻底败亡，而历史上的夏桀、殷纣、吴王夫差、秦二世等即是如此。反之，《淮南子》指出："尧置敢谏之鼓，舜立诽谤之木，汤有司直之人，武王立戒慎之鼗，过若豪厘而既已备之也。夫圣人之于善也，无小而不举；其于过也，无微而不改。"⑧ 以儒家所推崇的尧、舜、汤、武等圣贤君主为例，认为为君者只有善于"纳谏听治"，从善去恶，才能"坦然天下而南面焉"。尽管《淮南子》对"纳谏听治"的理论认识，其思想来源并不仅仅局限于儒家，但无可否认，后者在治国上对政治谏议的重视，对君主"听治"的强调，都成为《淮南子》进一步探讨"主术""君事"的重要理论基础。

---

① 《淮南子》这里对"爱人"与"知人"的阐述，反映在《泰族》的文末，这在思想意义上具有一定的特殊性。而《泰族》一般又被学者认为是《淮南子》一书带有总结性的篇章，"是全书精要内容的大总结"（许匡一：《淮南子全译》，贵州人民出版社，1993 年，第 1176 页），甚至被视为"由儒家所作的全书的总结"（徐复观：《两汉思想史》二，九州出版社，2014 年，第 246—248 页）。这种充分反映儒家"治道"与"治术"的思想观念出现在《淮南子》书中的特定之处，也深刻说明《淮南子》在"治术"思考上，对"儒术"有着不同于法家"法术"的特殊关注和汲取，而且这种理论融合，与其在秦汉历史条件下的"治道"反思密切结合，内在显露出《淮南子》根本的道、术合一的政治理念。对《淮南子》中儒家思想因素从"治术"层面给予适当的厘清和剖探，这也是现有学界研究成果中易于忽视的地方。
② 梁启雄：《荀子简释·臣道》，第 177—178 页。
③ 梁启雄：《荀子简释·臣道》，第 179 页。
④ 黄怀信：《论语汇校集释·微子第十八》，第 1602 页。
⑤ ［清］焦循：《孟子正义·离娄章句下》，《诸子集成》（第 1 册），第 322 页。
⑥ 梁启雄：《荀子简释·成相》，第 343 页。
⑦ 何宁：《淮南子集释·兵略》，第 1479 页。
⑧ 何宁：《淮南子集释·主术》，第 691—692 页。

　　同治国方面既有联系，又有区别，《淮南子》还从"君人南面之术"的层面，进一步阐发了"儒术"对统治者作为政治核心主体的作用及影响。

　　其一，"诚"在先秦儒家那里，不仅是一个伦理哲学的核心概念，被认为是"诚者，天之道也；思诚者，人之道也"①"君子养心莫善于诚"②，而且在政治哲学上，也被先秦儒家提升和诠释为一个关键性的概念，成为统治者治理国家的重要前提和条件。荀子即反复言之："君上为尊矣，不诚则卑"③"上端诚，则下愿悫矣"④"不诚则不能化万民。"⑤ 基于此，先秦儒家还进而主张为君者在治国上要能"反身而诚"，认为"反求诸己，其身正而天下归之"⑥。这种"修身以诚，反己正人"的政治思想，实际上成为儒家所特有的"君人南面之术"，也是其用以指导、教化和规范统治者治国行为的政治伦理要求和标准。在《淮南子》"治术"思想中，先秦儒家这种伦理化的"儒术"理念也得到较多的重视和体现。《淮南子》同样既主张"圣人养心，莫善于诚，至诚而能动化矣"，突显出"诚"对于政治主体的伦理修养的重要性，也进而将其推展到治国领域，强调圣王政治就是"推其诚心，施之天下"⑦ 的理想发展。而且，《淮南子》还受先秦儒家感应政治思维的影响，认为"同令而民化，诚在令外也"⑧，要求统治者应该内修其"诚"，做到"诚中者也"⑨，以此获得"圣人在上，民迁而化"的良好施政效果。对"诚"的思想汲取，也使《淮南子》对先秦儒家"反求诸己"的"儒术"理念进行了吸收发挥，并借助"舜"的理想圣王形象，反复强调"舜不降席而王天下者，求诸己也"⑩"舜不降席而天下治，桀不下陛而天下乱，盖情甚乎叫呼也。无诸己，求诸人，古今未之闻也"⑪。从中可见，不论是"推其诚心"，还是"求诸己也"，都深刻反映出《淮南子》在"君人南面之术上"对"儒术"试图深层融铸的理论意图。而在此亦可窥见，"以儒补道、道儒相融"，确为《淮南子》一书在政治思想上极为显著的重要特征。

　　其二，尤须指出的是，《淮南子》还突破了"礼乐"作为"儒术"在政治上的工具运用范围，将其扩展和延伸到"为君之术"的意义上，明确提出"以礼禁君"的进步主张。在《淮南子》而言，"礼乐"的实际应用，不仅是针对广大臣民，而且更应

---

① ［清］焦循：《孟子正义·离娄章句上》，《诸子集成》（第 1 册），第 299 页。
② 梁启雄：《荀子简释·不苟》，第 29 页。
③ 梁启雄：《荀子简释·不苟》，第 30 页。
④ 梁启雄：《荀子简释·正论》，第 233 页。
⑤ 梁启雄：《荀子简释·不苟》，第 30 页。
⑥ ［清］焦循：《孟子正义·离娄章句上》，《诸子集成》（第 1 册），第 290 页。
⑦ 何宁：《淮南子集释·泰族》，第 1382—1383 页。
⑧ 何宁：《淮南子集释·缪称》，第 718 页。
⑨ 何宁：《淮南子集释·缪称》，第 733 页。
⑩ 何宁：《淮南子集释·缪称》，第 712 页。
⑪ 何宁：《淮南子集释·缪称》，第 717—718 页。

体现在对为君者政治行为的约束和规范上。《淮南子》认同孔子所言"其身正，不令而行；其身不正，虽令不从"① 的思想主张，更进一步提出"禁胜于身，则令行于民矣"② 的观点③，强调"礼乐"在制约专制君权方面的制度化功能，要求为君者在治国上应该自觉地率先垂范，以"礼仪"要求来约束自身。作为秦亡汉兴背景下产生的思想论著，《淮南子》一书对秦王朝统治者无限制地滥用君权、空前残苛民众的惨痛教训有着极为深刻的反思，而其作者们也充分意识到通过制度化的方式来有效制约专制君权的必要性和重要性，因此才会明确主张"法籍礼仪者，所以禁君，使无擅断也"④，将柔性制度的"礼仪"与刚性制度的"法籍"相提并论，一同视为"禁君"的必不可少的政治条件，认为这是解决专制君主易于"擅断"问题的重要途径。《淮南子》对"礼乐"的"为君之术"意义上的理论阐释，特别是对统治者制度化"自禁"实践的强调，反映出汉代思想家在专制君权使用问题上有着超越前人的思考深度，而这也是《淮南子》对先秦儒家"儒术"理念有所时代性深化发展的理论结果。

要论之，对先秦以来儒家"儒术"的理论反思和撷取，在《淮南子》而言，并非是简单的"拿来主义"的生搬硬套，更不是无所主导的肢解拼凑，而是始终在汉代黄老的理论观照下，在"治术"意义上重新进行着融铸整合。因此，从《淮南子》对"儒术"的思想论述来看，黄老化的改造原则和印记是显而易见的。换句话说，《淮南子》中吸纳与包含的"儒术"理念，根本上服从于《淮南子》对汉代黄老统治术的阐释需要，其内在的理论气质和先秦儒家相比，已经发生了重要的变化，有着内在的不同之处。

四、对黄老"道术"的理论阐新及发展

不论是对秦政及法家的"法术"进行批判性反思，还是对儒家的"儒术"进行深层的理论汲取和融铸，《淮南子》始终都是在坚持黄老"道术"理念的基础上展开的，并且试图对前两者在不同程度上实现黄老化的理论渗透、影响与改造，使之更好地适应于自身对汉代黄老"治术"思想的新的构建与阐释。因此，以"无为""因循"为

① 黄怀信：《论语汇校集释·子路第十三》，第 1166 页。

② 何宁：《淮南子集释·主术》，第 663 页。

③ 《淮南子》这种"禁胜于身"的主张，源于《管子》，受其《法法》一篇"道法"家思想的深刻影响。《管子》将"法令"既视为统治者的"大宝"，也视为"民之父母"，在治国上主张唯"法""令"是从，坚决反对因为君主或臣民的主体原因，对前者造成制度性的破坏。因此，《管子》所主张的"法治"对专制君权具有一定的制约意义，其所言"不为君欲变其令，令尊于君"，即是如此。《管子》以"法""令"兼治君、民的"道法"家理念，为《淮南子》深入认同和接受，并与儒家的"身正"思想结合起来，成为汉代黄老化的新的君权制约主张。从中可见，《淮南子》对先秦诸子的政治思想确是广采博收、会通融铸的，而且能在西汉历史条件下，推陈出新，赋予其新的政治意涵。

④ 何宁：《淮南子集释·主术》，第 661 页。

核心要义和根本原则，兼及"虚静""柔弱""不争""执后"等具体内容的黄老"道术"，就成为《淮南子》"治术"思想的理论主干，而"法术""儒术"则在《淮南子》道、法、儒思想的内在会通中，成为其"道术"理念的重要补充，形成总体性的以道为主、兼用儒法的理论结构。《淮南子》这种道、儒、法思想共存、相渗、互补与融铸的"道术"理念，既是对先秦以来道家"治术"思想的进一步深化发展，也是对汉初以来统治阶层"治术"实践经验的历史性总结。如就其理论的实际内涵而言，《淮南子》对自身黄老"道术"理念的时代性构建和阐发，主要表现在四个方面。

第一，对道家"无为"的"治术"核心要义的新阐释。

先秦道家从老子以来，就极力主张"无为而治"的核心政治理念，提出"为无为，则无不治"①，并将此作为统治者实现"爱国治民"状态的理想方略。也正是从老子起，"无为"不仅作为一种道家的整体性的治国理念来阐发，而且初步具有了特定的道家"治术"内涵，成为一种带有技术性、工具性的治国为君的方法策略。因此，从"治国治术"的意义上，老子主张"道常无为而无不为。侯王若能守之，万物将自化"②"我无为，而民自化；我好静，而民自正；我无事，而民自富；我无欲，而民自朴"③，明确认为统治者治国理政应坚持"无为""无事"的根本原则，并将此具体表现在自身"好静""无欲"的政治主体修养及实践上。老子这种"无为自化"思想使先秦道家的"无为"从一开始就"不只是一种理想的社会状态，更是达到这种状态的方法"，成为特殊的"'为'的一种方式，是君主施政的最高原则"。④ 而从"为君之术"的意义上，老子实际也已赋予"无为"特定的政治谋略内涵，使其成为统治者采取治国行为的理论指导，如其所云："圣人处无为之事，行不言之教"⑤ "为者败之，执者失之。是以圣人无为故无败；无执故无失。"⑥ 也正基于此，老子才进而从"虚静""柔弱""不争""执后"等具体方面阐明其特殊的"君人南面之术"。在先秦道家那里，毫无疑问，老子是以"无为"来论述和阐释"治术"理念的先驱者，而其后的庄子学派、稷下道家等都在不同程度上受其深刻影响。在汉代道家中，《淮南子》是最能充分继承和阐扬老子"无为"治术理念者，甚至在此方面，为庄子学派、稷下道家所不及。

《淮南子》作为汉代道家的代表性论著，其对老子"无为而治"的政治理念有着全面深入的继承和发挥，特别是从汉代黄老政治实践的基础上，更进一步地将"无为而治"推向实践性的理论思考，让其成为对西汉统治阶层具有较强现实操作性的政治

---

① 陈鼓应：《老子注译及评介》，中华书局，2009年，第293页。

② 陈鼓应：《老子注译及评介》，第203页。

③ 陈鼓应：《老子注译及评介》，第275页。

④ 詹石窗、谢清果：《中国道家之精神》，复旦大学出版社，2009年，第204—205页。

⑤ 陈鼓应：《老子注译及评介》，第60页。

⑥ 陈鼓应：《老子注译及评介》，第296页。

方案，而并非只是停留在理论层面上。对此，具体表现出来就是《淮南子》也如老子一样，实际从"治国"与"为君"两个方面，对"无为"展开更为具体的"术化"阐释：一方面，《淮南子》始终将"无为"看作是统治者进行国家治理的基本方式和途径，认为这是减少不必要的行政成本以及乱政可能性的根本保障，因为"上好取而无量，下贪狼而无让，民贫苦而仇争，事力劳而无功"①"上多故则下多诈，上多事则下多态，上烦扰则下不定，上多求则下交争"②。也即是说，过度"有为"的政治发展不但易于扰乱正常的社会生产生活秩序，而且易于加剧社会性的利益冲突，造成政治结构关系的不稳定。《淮南子》对"无为"所进行的"治国之术"意义上的考虑，决定其从农业生产、赋税徭役、宫室建筑、生活饮食等实际的政治层面，对西汉统治阶层在"无事""少为"基础上提出"善为"的具体要求③，促使统治者将"无为"作为具有突出实践性的治国方略来贯彻和施行；另一方面，《淮南子》将先秦道家的"无为"理念与"君人南面之术"进行了更为紧密的结合，既将其渗透进为君者治国行为

---

① 何宁：《淮南子集释·主术》，第 613—614 页。
② 何宁：《淮南子集释·主术》，第 614 页。
③ 从老子以来，先秦道家的"无为"就其本质而言，是一种特殊形式的"为"，而并非是绝对性的"无事"或"不做为"，换言之，即是政治主体在治国与治身方面都能有所"善为"，亦即：能在轻重本末的理性区分与选择中，根本解决制约事物发展变化的实质矛盾，最终达到合乎自然主义政治要求的行为目的。《淮南子》对老子这种"道常无为而无不为"的"善为"思想，在汉初以来黄老政治的实践基础上，有着极为深切的体认，因此其所言"无为"大都指向西汉统治阶层既"有所作为"，更"有所善为"的思想意义。如关于民生与社会经济发展："是故人君者，上因天时，下尽地财，中用人力，是以群生遂长，五谷蕃殖，教民养育六畜，以时种树，务修田畴，滋植桑麻"；关于国家赋税徭役的征发："人主租敛于民也。必先计岁收，量民积聚，知饥馑有余不足之数，然后取车舆衣食供养其欲""夫民之为生也，一人蹠耒而耕，不过十亩，中田之获，卒岁之收，不过亩四石，妻子老弱，仰而食之，时有涝旱灾害之患，无以给上之征赋车马兵革之费"；关于宫室享受："高台层榭，接屋连阁，非不丽也，然民有掘穴狭庐所以托身者，明主弗乐也。肥醲甘脆，非不美也，然民有糟糠菽粟不接于口者，则明主弗甘也"，等等。从中可见，《淮南子》对先秦道家的"无为"治术的认识，其实际的治国内涵表现出充分的形而下的实践特征，并非是空有其言的理论表达，而是有着深厚的政治现实基础。在此意义上，也可显示出《淮南子》一书确为西汉前期黄老政治经验的历史性总结者的理论品质。

的各个方面（如治身、驭臣、听治、用人、用众等）①，也进一步在充分汲取儒、法思想的基础上，对其原有的道家"治术"内涵有所深化拓展，促使后者实现方向性与工具性之间的内在协调，成为良性推动王朝政治发展的内在合理、外用有效的新"统治术"。由此而言，《淮南子》对先秦道家"无为而治"理念的理论发展，不仅有着"治道"意义上的丰富内涵，而且同样具有"治术"意义上的重要体现。正是通过对"无为而治"在"治国"与"为君"两方面的"术化"阐发，《淮南子》充分揭示出"道"所具有的实际的为治功能，并经此"突出'无不为'中'因物之所为'的含义，大大强调了'无为'与现实的'物'与'行为'之间的联系"，从而让汉代道家的治国之"道"，在"'道'与'事'得以紧密结合"的过程中，愈发显示出自身所具有的强烈的"事功取向"。②

第二，对道家"因循"的"治术"根本原则的新突显。

在先秦道家中，老子虽然没有明确使用"因"或"因循"的概念，但实际上在其"道法自然"③ "常自然"④ 的思想中，已用道家自然主义的思维方式表达出初始的"因循"观念。在老子而言，对"道"的顺应，对自然发展规律的符合，这让人类社会事务的处理解决，能够根本上体现出"无为而治"的内涵要求，实现较为理想的现实状态。在老子之后，庄子和稷下道家先后明确将"因"作为道家思想的重要概念来使用，并分别突显出其在道家生命哲学与政治思想中的特殊意义和功用。但总的来看，先秦道家对"因"的思想诠释仍然缺少较为明确的"治术"指向和意义，而且"因"所具有的理论内涵的多维性、丰富性，以及治政经验的实践性，都尚未能充分得到展开和体现。先秦道家的这种理论不足，在西汉前期的《淮南子》中得到了极大的弥补。作为汉代黄老的总结性论著，《淮南子》不仅明确赋予"因"或"因循"以道家"治术"的特定意义，使其成为汉代道家"治术"的根本原则，而且着眼于"治国之术"

---

① 《淮南子》对道家"无为"理念进行"君人南面之术"的阐论，最有代表性者即是《主术》。在该篇中，《淮南子》从多个方面系统论述了以"无为"为中心的"为君之术"，如：主张"人主之术，处无为之事，而行不言之教。清静而不动，一度而不摇，因循而任下，责成而不劳"，强调为君者坚持"无为而治"的"治术"原则和主体认识，成为道家化的治术主体；主张"君臣异道则治，同道则乱"，要求为君者以"虚无因循，常后而不先也"的黄老"无为"治术来驾驭臣下；坚持"言不得过其实""并用周听"的治国主张，要求为君者应善于"听治"纳谏，以此达到"号令能下究，而臣情得上闻"的目的；主张"贤主之用人也，犹巧工之制木也……无小大修短，各得其所宜"，要求为君者任贤用材，在治国上能"得用人之道，而不任己之才也"，进而体现出君"无为"而臣"有为"的黄老精神；还主张"乘众势以为车，御众智以为马"，将"用众"与"用贤"结合起来，充实和拓展为君者"无为"治国的理论内涵，使黄老"无为"获得较先秦道家更为深广的政治基础。可以说，《淮南子》从"为君之术"意义上对"无为"理念的阐发运用，十分具体务实，深细灵活，其理论思考带有较强的实践针对性，对西汉统治阶层的指导意识也极为突出。

② 戴黍：《〈淮南子〉中的"无为"及其思想史意义》，《哲学研究》2006 年第 3 期。

③ 陈鼓应：《老子注译及评介》，第 159 页。

④ 陈鼓应：《老子注译及评介》，第 254 页。

与"为君之术"的双重视角，对"因"或"因循"进行了多方面的理论阐释。

就"治国之术"而论，首先是因自然以治人事。《淮南子》充分继承先秦道家的"法自然"思想，并进一步明确提出"因其自然而推之"①的主张，将因顺"自然"视为自身黄老"治术"的理论要旨和基础。在《淮南子》而言，"自然"与"人事"应该是相互适应、有机协调的关系，而非相反。或者说，"人事"的良好解决必须以尊重"自然"为首要前提，因为"万物固以自然，圣人又何事焉"②。由此，一方面，《淮南子》强调天地万物都有其"形性不可易，势居不可移"③的固有属性和规律，而这是人类主观愿望所无法任意改变的客观事实；另一方面，《淮南子》又认为人类可以发挥主观能动性，积极地顺应和利用天地万物的衍生规律，使其对人类社会的存在、发展产生有利的推动作用，所谓"禹凿龙门，辟伊阙，决江浚河，东注之海，因水之流也。后稷垦草发菑，粪土树谷，使五种各得其宜，因地之势也"④。出于此种"因天地之自然"的道家立场和认识，《淮南子》要求统治者采取"上因天时，下尽地财，中用人力"的治国举措，主动因顺自然规律，"教民养育六畜，以时种树，务修田畴，滋植桑麻，肥饶高下，各因其宜，丘陵阪险不生五谷者，以树竹木。春伐枯槁，夏取果蓏，秋畜疏食，冬伐薪蒸，以为民资"⑤，从而促使社会发展在"人事"与"自然"之间实现合理协调，最终取得利国益民的良好效果。显而易见，《淮南子》这种"因自然"的主张，比先秦道家"法自然"的思想表现出更加积极主动的政治倾向，其"治术"意义上的事功目的性也更为突出。

其次是因材质以用贤能。《淮南子》在治国上不仅坚持先秦黄老的"君臣异道"思想，继续强调"君无为而臣有为"的主张，而且进一步将"因循"思想与统治者的"用人之道"结合起来，使其具有更为丰富的黄老"治术"内涵。与西汉前期统治阶层的用人实践相一致，《淮南子》在治国上主张"总海内之智，尽众人之力"⑥的用人理念，认为"夫乘众人之智，则无不任也；用众人之力，则无不胜也"⑦，表现出广阔包容的政治气度。在实际的用人理念上，《淮南子》提出"因物以识物，因人以知人"⑧的观点，既要求统治者能"循名责实""因循而任下，责成而不劳"，确保所用人才发挥出切实的行政绩效，但更强调统治者要善于因资用人，因材任职：

> 贤主之用人也，犹巧工之制木也：大者以为舟航柱梁，小者以为楫楔，修者

---

① 何宁：《淮南子集释·原道》，第23页。
② 何宁：《淮南子集释·原道》，第38页。
③ 何宁：《淮南子集释·原道》，第41页。
④ 何宁：《淮南子集释·泰族》，第1386页。
⑤ 何宁：《淮南子集释·主术》，第685—686页。
⑥ 何宁：《淮南子集释·主术》，第658页。
⑦ 何宁：《淮南子集释·主术》，第636页。
⑧ 何宁：《淮南子集释·主术》，第627页。

以为棺椟，短者以为朱儒枅栌。无小大修短，各得其所宜，规矩方圆，各有所施。天下之物，莫凶于鸡毒。然而良医橐而藏之，有所用也。是故林莽之材，犹无可弃者，而况人乎?①

基于这种"人无弃才""因其资而用之"的认识，《淮南子》还将庄子"齐物"的思想精神引入其"用人之道"中，进而明确提出"兼而用之"的主张：

> 聋者可令嚼筋，而不可使有闻也；瘖者可使守圉，而不可使言也。形有所不周而能有所不容也。是故有一形者处一位，有一能者服一事。力胜其任，则举之者不重也；能称其事，则为之者不难也。毋小大修短，各得其宜，则天下一齐，无以相过也。圣人兼而用之，故无弃才。②

在《淮南子》看来，统治者在治国上并非是无才可用，相反，却经常是知人不明，用人失宜。要么是"有大略者""责以捷巧"，要么是"有小智者""任以大功"③，甚至于出现"不肖主举其所与同"④ 的消极情况。因此，《淮南子》认为尽管"圣人制其剟材，无所不用矣"⑤，但关键仍在于"毋小大修短，各得其宜"。也就是说，统治者必须娴熟掌握"因资用众"的黄老"治术"，能够将"知人""用人"与"责人"有机结合起来，由此形成一种务实有效的用人方略。与先秦道家相比，《淮南子》充分体现"因循"思想的"用人之道"，显然具有更为丰富成熟的政治内涵。

再次是因礼俗以行教化。《淮南子》在治国上极为重视社会治理问题，追求构建稳定良性的社会秩序，主张因礼乐以教化民众，因民风以成美俗。虽然《淮南子》站在西汉前期诸侯王国的立场上，坚持和推崇先秦以来道家的"无为而治"理念，对儒家的"礼治"思想有所批评和保留，但作为汉代黄老的政论著作，《淮南子》并没有完全否定儒家礼乐的社会教化与秩序构建的重要功能，而是认为"仁义礼乐者，可以救败"，并明确指出"夫仁者所以救争也，义者所以救失也，礼者所以救淫也，乐者所以救忧也"⑥。在《淮南子》看来，"圣人之治天下，非易民性也，拊循其所有而涤荡之，故因则大，化则细矣"⑦，统治者要构建起有利于国家政治发展的社会秩序，就必须能够因民性以制礼乐，因礼乐以行教化，充分利用和发挥儒家礼乐的社会治理功能。对此，《淮南子》从治国上做出具体细致的阐明：

> 民有好色之性，故有大婚之礼；有饮食之性，故有大飨之谊；有喜乐之性，故有钟鼓管弦之音；有悲哀之性，故有衰绖哭踊之节。故先王之制法也，因民之

---

① 何宁：《淮南子集释·主术》，第653—654页。
② 何宁：《淮南子集释·主术》，第639—640页。
③ 何宁：《淮南子集释·主术》，第654页。
④ 何宁：《淮南子集释·泰族》，第1408页。
⑤ 何宁：《淮南子集释·缪称》，第712页。
⑥ 何宁：《淮南子集释·本经》，第569页。
⑦ 何宁：《淮南子集释·泰族》，第1384页。

所好而为之节文者也。因其好色而制婚姻之礼，故男女有别；因其喜音而正《雅》《颂》之声，故风俗不流；因其宁家室、乐妻子，教之以顺，故父子有亲；因其喜朋友而教之以悌，故长幼有序。然后修朝聘以明贵贱，飨饮习射以明长幼，时搜振旅以惯用兵也，入学庠序以修人伦也。①

《淮南子》还强调，经由"制礼乐，行仁义之道"来构建社会良序，根本上代表着国家政治的发展进步，其最终结果是"以治人伦而除暴乱之祸"。就此意义来看，《淮南子》认为因礼乐以"匠成"民众的治国方式，甚至有着"治之纲纪也"②的重要性。

以儒家礼乐来教化社会民众，这只是《淮南子》构建社会良序的基本方式之一，与此相应，《淮南子》还特别重视通过社会风俗的整齐混一，来推动形成有利于西汉大一统政治发展的民风美俗，使"风俗之治"成为实现王朝长治久安的重要条件。在如何塑造良风美俗的政治思考中，《淮南子》同样将道家"因循"思想予以深入地阐明和体现，反映出自身独特的黄老"治术"思维及内涵。《淮南子》认为在西汉大一统的政治前提下，社会风俗虽然应该有所"整齐"，但却绝非是简单粗暴的"统一"，而应是多元包容的"混一"，既要承认不同地域与民众在社会风俗上的现实差异性，认识到：

羌、氐、僰、翟，婴儿生皆同声，及其长也，虽重象狄騠，不能通其言，教俗殊也。今三月婴儿，生而徙国，则不能知其故俗。由此观之，衣服礼俗者，非人之性也，所受于外也。③

也要能"入其国者从其俗"，对其表现出应有的尊重和包容。因为一方水土养一方人，风俗的形成是特定地域环境、民族文化与人民习性共同塑造的结果，受到本土民众生存发展中"自然"的"形性"与"势居"的综合作用：

九疑之南，陆事寡而水事众，于是民人被发文身，以像鳞虫，短绻不绔，以便涉游，短袂攘卷，以便刺舟，因之也。雁门之北，北狄不谷食，贱长贵壮，俗尚气力，人不驰弓，马不解勒，便之也。故禹之裸国，解衣而入，衣带而出，因之也。④

而且，尽管各地风俗的表现形式有所不同，但其实际表达出的文化目的性，却往往殊途同归，有着相通之处：

胡人弹骨，越人契臂，中国歃血也。所由各异，其于信，一也。三苗髽首，羌人括领，中国冠笄，越人劗鬋，其于服，一也。⑤

---

① 何宁：《淮南子集释·泰族》，第 1386 页。
② 何宁：《淮南子集释·泰族》，第 1389 页。
③ 何宁：《淮南子集释·齐俗》，第 774—775 页。
④ 何宁：《淮南子集释·原道》，第 38—40 页。
⑤ 何宁：《淮南子集释·齐俗》，第 779—780 页。

　　四夷之礼不同，皆尊其主而爱其亲，敬其兄。①

　　在《淮南子》看来，也正由于现实中社会风俗的差异性和相通性，决定了统治者治理社会风俗的理想方式应该是：因性理俗，因俗而治和因时化俗。《淮南子》认为民性如水，而社会风俗的良好治理，其基础就在于对民众日常习性的因势利导，使之向善去恶，立正除邪：

　　　　水之性，淖以清，穷谷之污，生以青苔，不治其性也。掘其所流而深之，茨其所决而高之，使得循势而行，乘衰而流，虽有腐髊流渐，弗能污也。其性非异也，通之与不通也。风俗犹此也。诚决其善志，防其邪心，启其善道，塞其奸路，与同出一道，则民性可善，而风俗可美也。②

　　对不同地域的原有风俗，《淮南子》主张包而容治，因而用之，充分发挥其有利于王朝政治发展的积极因素，达到因俗而治的根本目的。《淮南子》也清楚认识到，社会风俗的形成发展不是一成不变的，而是"世异则事变，时移则俗易"③，因此统治者对于社会风俗的治理也不应墨守成规，而是能"应时耦变，见形而施宜者也"④。《淮南子》对社会风俗治理的变化革新观念，植根于其既重"因循"，又贵"推移"的黄老治国精神，这也让《淮南子》因礼俗以行教化的"治术"思想具有较大的政治弹性，能够切近治国现实，灵活应对大一统王朝政治发展中更具复杂性的社会风俗难题。

　　除对"因循"思想进行"治国之术"意义上的阐释外，《淮南子》还将其反映在"君人南面之术"中，主张统治者因君势而理治政，试图让其体现为落实"无为而治"的君道理念的根本原则和具体措施。《淮南子》认同先秦法家的"君势"思想，也主张"权势者，人主之车舆"⑤，将此看作是为君者治国理政的根本前提。但是，《淮南子》比先秦法家更为强调为君者对"君势"的有效运用问题。在其看来，如何借助"君势"的政治优势，提升驭臣治民的国家治理效能，更好地维护君权利益与王朝秩序，才是关键所在。因此，在"为君之术"上，《淮南子》一方面要求统治者善于因势行权，充分发挥出专制君权的行政效力，做到"因循而任下，责成而不劳"⑥；另一方面，也要求统治者能够因法驭臣，因众为治，为"君势"提供更为深厚的"众势"基础，使"君势"与"众势"密切结合在一起，形成相互作用、相互补充的更为合理的政治结构。《淮南子》对"君势"的这种汉代黄老新认识，实际上隐含着深刻的历史意义。在其看来，秦汉王朝的迅速更替，已充分证明专制君权的实际效力的有限性，

---

① 　何宁：《淮南子集释·齐俗》，第 781 页。
② 　何宁：《淮南子集释·泰族》，第 1402—1403 页。
③ 　何宁：《淮南子集释·齐俗》，第 796 页。
④ 　何宁：《淮南子集释·齐俗》，第 794—795 页。
⑤ 　何宁：《淮南子集释·主术》，第 647 页。
⑥ 　何宁：《淮南子集释·主术》，第 605 页。

为君者"专己之能"①"专用其心，则独身不能保也"②。换言之，拥有"君势"的有利条件，并不意味着统治者在国家治理中可以用权无忌，专断妄为，因为如果缺失了体现贤能政治和民本政治精神的"众势"的辅助补充，统治者的"君势"与"君权"都必将重蹈亡秦覆辙，在极端化的畸变中丧失存在的合理基础，走向彻底破产。由此可见，《淮南子》对"因循"思想在"为君之术"上的阐释，在某种程度上显示出弱化和限制专制君权的政治倾向，这也让《淮南子》在"治术"方面表现出与先秦法家截然不同的理论旨趣。

第三，对道家"虚静""柔弱""不争""执后"等"治术"主张的新运用。

在黄老"道术"理念上，《淮南子》不仅对"无为"思想、"因循"思想有着深入具体的理论阐发，而且对先秦以来道家特有的"虚静""不争""执后"等思想主张在汉代历史条件下，也进行了新的政治阐释和运用。从老子以来，"虚静""不争""执后"就已成为道家重要的理论概念，开始具有政治思想与生命修养的特定内涵及意义。在稷下道家那里，"虚静""不争""执后"的治国意义不断得到增强，其黄老化的理论特色也有着较为显著的反映。在先秦道家的基础上，《淮南子》对汉代黄老"治术"的理论探索中，"虚静""不争""执后"仍然成为重要的理论阐发对象，而且其作为"治国之术"和"为君之术"的思想内涵都得到了较先秦道家更为丰富深刻的理论展现。需要指出的是，尽管对"虚静""不争""执后"等思想主张，《淮南子》主要是从"无为而治"的道家视角下展开论述，但其中所反映出的经世有为的理论意识和倾向，已使这些思想主张实际上成为其汉代黄老"治术"的基本主张和实践手段。

对"虚静""不争""执后"等道家理念的黄老"治术"阐释中，《淮南子》虽然也有着"治国之术"与"为君之术"的双重意涵，但主要还是将此三者运用到"君人南面之术"的论思上。在先秦道家中，老子最初提出"致虚极，守静笃"③的思想，既将其作为道家生命哲学与修身工夫的特有概念，也将其与自身"无为而治"的治国理念相结合，使之成为道家自然主义政治观的重要内容。而且，老子这种"虚静"自守的思想也成为其阐述"不争""执后"的理论基础，三者有着极为紧密的内在关联。此种特点，在庄子、稷下道家与黄老帛书的思想中都有不同程度的反映，如庄子云："是以足而不争，无以为故不求。"④《管子》云："正静不争，动作不贰。"⑤"其所处者，柔安静乐，行德而不争，以待天下之溃作也。故贤者安徐正静，柔节先定。行于不敢，而立于不能，守弱节而坚处之。"⑥ 而黄老帛书则表述出与《管子》一脉相承的

---

① 何宁：《淮南子集释·主术》，第 625 页。
② 何宁：《淮南子集释·主术》，第 635 页。
③ 陈鼓应：《老子注译及评介》，第 121 页。
④ [清] 郭庆藩：《庄子集释·盗跖》，中华书局，1961 年，第 1011 页。
⑤ 黎翔凤：《管子校注·势》，中华书局，2004 年，第 885 页。
⑥ 黎翔凤：《管子校注·势》，第 888 页。

思想认识："故安静正德，好德不争。立于不敢，行于不能。战示不敢，明示不能。守弱节而坚之，胥雄节之穷而因之"①"诸阴者法地，地德安徐正静，柔节先定，善予不争。此地之度而雌之节也。"② 同《管子》不同的是，黄老帛书中对"不争"思想的阐发更为突出先秦道家的"柔弱""守雌"理念，并且也能对道家的诸种思想因素进行有机的融会贯通，使其更能体现出黄老"道术"的经世治国的理论功用。《淮南子》正是在先秦道家对"虚静""不争""执后"等思想进行治术化诠释的基础上，进一步着重围绕"君人南面之术"的意义，使其得到更为具体的理论阐发。《淮南子》强调为君者在治国上不仅要"清静无为""处静以修身"③，而且更要"清静而不动，一度而不摇""静漠而不躁"④，善于以"静"制动，以术驭臣，始终掌握政治的主导地位和主动权。在《淮南子》看来，为君者只有在此条件下，才能进而充分运用和发挥出"虚无因循，常后而不先也"的治国权术，在"听治"上"虚心而弱志，清明而不暗"⑤，在"用人之道"上"清虚以待，不伐之言，不夺之事，循名责实"⑥，实现有效控制专制君主政治赖以存在发展的官僚系统的现实目的。因此，《淮南子》实则认为不论是"虚静""不争"，还是"柔弱""执后"，其实际的政治表现，无一不显示出为君者在治国上试图将道家"无为"理念从"治道"具体转化和落实为"治术"的内在倾向，正所谓"无为制有为，术也；执后之制先，数也。放于术则强，审于数则宁""后之制先，静之胜躁，数也"⑦。《淮南子》这种对"虚静""柔弱""不争""执后"等道家思想因素在"君人南面之术"上的阐发运用，反映出先秦道家的"道术"理念作为一种重要的"治术"理论资源，已经充分得到西汉统治阶层的重视、发掘和利用，而且从实践到理论，也都表现出愈发融合通贯、务实灵活的时代特点。因此，先秦道家的"无为"理念不再主要局限在理论化的"治道"层面，而是形成了较为成熟的"治术"表现形式，这从根本上意味着《淮南子》代表的汉代黄老对先秦道家"无为"理念有着更为切合现实治国需求的新发展。与其说"无为"在《淮南子》中仍然是道家的理想化的治国学说，毋宁说"无为"已被《淮南子》从"治道"到"治术"，全面推向了高度事功化的实践发展，在很大程度上折射出西汉前期黄老政治的发展现实。

第四，对法家"法术"与儒家"儒术"的黄老化改造和融铸兼用。

虽然《淮南子》在"治术"上对道家"道术"、法家"法术"与儒家"儒术"有着多元化的理论汲取和融合，但也要指出，"法术"与"儒术"并非保持原有学派的

---

① 陈鼓应：《黄帝四经今注今译·顺道》，商务印书馆，2007 年，第 329 页。
② 陈鼓应：《黄帝四经今注今译·称》，第 394 页。
③ 何宁：《淮南子集释·主术》，第 649 页。
④ 何宁：《淮南子集释·主术》，第 633 页。
⑤ 何宁：《淮南子集释·主术》，第 634—635 页。
⑥ 何宁：《淮南子集释·主术》，第 671 页。
⑦ 何宁：《淮南子集释·诠言》，第 1030—1031 页。

思想内涵而毫无变化的为《淮南子》所接受，相反，二者实际上都已在不同程度上受到《淮南子》"道术"理念的深刻影响，其思想内涵都表现出一定的黄老化改造的历史特点，成为反映和体现《淮南子》"无为而治"治国学说的有机组成。但如具体而论，"法术"与"儒术"被《淮南子》黄老化改造的情形又有所差异。从先秦以来，道家黄老之学便与法家思想结下不解之缘，二者之间有着深刻的理论交流、互动及融合。无论是代表北方黄老的稷下道家，抑或是反映南方黄老的黄老帛书，都内在实现了道、法两家政治思想的历史沟通与整合，从而使先秦道家突破了老、庄以来强于政治哲学与理论思维，而弱于制度条件和治政手段的不足，在整体上成为一套完全能够与儒家、法家相颉颃的治国学说。先秦黄老的这种"道法家"的思想特质，在《淮南子》中不仅得到充分的继承，而且实现更加深化的理论发展。尤其是《淮南子》"治在道，不在圣"的"道治"理念的提出，"预示着一种与传统的'圣治''人治'路线不同的思路"，标志着中国政治思想在"道、法趋于合流，形成了以黄老之学为代表的道法家"的基础上，"被推进到一个新的高度"。① 与此相一致，《淮南子》在其"治术"思想上也表现出"道术""法术"兼用的理论取向，以汉代黄老的新形式再一次对"道法家"的历史存在及影响有所深刻展现。因而，《淮南子》在论及"治国之术"与"为君之术"中，无不一方面充分肯定"势""法""术"等法家"法术"思想的重要性，另一方面则从秦汉历史条件出发，以体现强烈民本精神的"无为而治"的治国理念，对其易于极端唯君化、工具化、功利化的内在弊端有所矫正和防范，使"法术"的理论阐释与实践运用能够确保"治国有常，而利民为本"② 的正确方向。和对待"法术"不同，《淮南子》对"儒术"的批评主要在于道德教化功能的"有为"性，认为其带来的现实效果无法达到"无为而治"的理想效果，不及道家自然主义的政治发展状态。但从现实方面着眼，《淮南子》清楚地看到，以推重礼乐、举贤纳谏、修诚反己为基本内容的"儒术"，仍然是统治者用以"救败"的不可或缺的治术手段，而且由于其内在受到儒家"仁义"为本的"治道"理念的制约，故此并不存在类似于"法术"的弊端，能够与"道术"在"无为而治"的民本主义政治发展精神协调统一，进而发挥其对"道术"的辅助性的理论功能。基于此，《淮南子》中的"道术"与"法术""儒术"形成极为复杂的理论互补结构，其"道术"作为汉代历史条件下的新"治术"，也无法继续保持先秦道家的理论形态，而是在黄老化改造"法术""儒术"的过程中，同样受到来自"法术""儒术"的深刻作用，成为理论内涵上更加包容多元、互融互补的黄老新"道术"。《淮南子》"治术"思想对道、法、儒三家因素的融会整合，意味着先秦以来的中国古代"治术"受秦汉大一统政治的历史促动，实现了

① 王四达：《"治在道，不在圣"——一个失落的传统：道法家政治哲学发微》，《哲学研究》2013年第6期。
② 何宁：《淮南子集释·氾论》，第921页。

一次十分深刻的革新发展，其理论内涵已经从"单一主导"向着"多元互补"的方向发生根本转变，而这也成为《淮南子》之后西汉王朝"治术"发展的大势所在。

以上四个方面就是《淮南子》黄老"道术"理念的主要内涵。从中可知，《淮南子》对汉代黄老"道术"理念的理论阐发，其重要性与其说是在于对先秦以来道家"治术"思想的深入继承，毋宁说是在于立足秦汉大一统王朝的发展现实，以更为务实、灵活、包容、通变的态度，对道家"治术"思想进行了历史性的深化拓展，使之在道、法、儒的理论会通过程中，实现了黄老化的根本转向，由此构建和形成一种具有显著汉代特色的黄老新"治术"思想。而且，在《淮南子》这种黄老"道术"理念中，实际上已可窥见后世所谓"汉家自有法度，本以霸王道杂之"[1] 的思想源头和理论内容。不夸张地说，尽管汉武帝中期以后，统治阶层在"治术"理念及实践上最终选择以"儒术"为主，而弃黄老"道术"于边缘，但其从西汉前期《淮南子》以来就形成的儒、道、法互补的多元化的结构特征和政治思维，并没有发生根本的改变。如果要说有变化，则主要体现在主导思想因素的置换上，即从"以道为主，兼用儒法"，变为"以儒为主，兼用道法"。而与此相应，西汉王朝"治术"理念及实践所体现出的黄老无为精神，也被更加积极有为的儒家经世精神所取代。

五、《淮南子》黄老新"治术"的汉政要求

《淮南子》在"治术"思想上对"道术""法术"与"儒术"的历史性的整合兼用，一方面是着重于三者之间的理论会通与互补，试图从统治者的实际治国需求出发，实现多元化的"治术"因素的优势互补，形成工具性与方向性协调一致的合理发展内涵；但另一方面，更有其出于西汉王朝大一统政治发展全局的整体思考，意欲着眼于黄老"道治"的根本视阈，深层探讨和阐明汉政"治术"所应具有的新的发展要求，而非仅仅狭隘于具体"治术"因素的汲取融合上。换言之，在《淮南子》关于黄老新"治术"的理论阐思中，从"以道观术""以德驭术"走向最终的"道术合一"，才是其根本性的历史要求。也是因此，《淮南子》在西汉思想家中的"治术"视野最为宏阔通达，"才能将儒、道、法三家的思想因素作为君主统治的有益资源而进行一种创造性的有机综合"，使之在"不同的观念层次上"，"更有效地发挥一种对君主统治富有帮助的互补作用。"[2]

首先，《淮南子》在"治术"思想上坚持"以道观术"的道家本位要求。

在西汉前期的思想论著中，《淮南子》虽然广览博收，兼采百家，但其总体的取向仍然是坚持根本的道家立场，"以'道'通论一切，并对先秦诸子百家思想相容并蓄之

———————————————————

① 《汉书》卷九《元帝纪第九》，中华书局，1962 年，第 277 页。

② 刘泽华主编：《中国政治思想通史》（秦汉卷），中国人民大学出版社，2014 年，第 165 页。

立场观之","与司马谈所论之'道家'特点甚为契合，实为反映汉初黄老学之道家类著作"。① 由此也决定了《淮南子》的"治术"思想同样是选择"持以道德"的内在立场，坚持从"道"的视阈出发，去审视和衡量一切先秦的"治术"思想资源，进而对其展开汉代黄老化的理论改造和融铸，以使其符合"无为而治"的道家精神要求，成为能够充分体现和反映西汉前期黄老政治发展现实的理论内容。受此深刻影响，《淮南子》不论是对先秦法家的"法术"、儒家的"儒术"，抑或是道家的"道术"，都毫无例外地重新进行了秦汉大一统政治条件下的理论审思，试图以汉代道家的眼光，对其中有利于西汉王朝现实发展的思想因素有所继承、汲取、转化和融合，而非是对所有的思想因素都无所区别地接受和容纳。正是在这种带有显著立场取向的思想选择中，《淮南子》促使先秦法家的"法术"、儒家的"儒术"都在不同程度上向着道家"道术"靠拢，即使是保留原有的基本观点不变的情况下，也都内在发生了精神气质的变异，显露出屈从和适应于汉代黄老治国理念的倾向。因而，在"治术"意义上来说，"以道观术"成为《淮南子》显示其道家本位立场的内在要求，也成为其以"无为而治"的道家理念重新审思和择取融合一切"治术"理论资源的根本准则。与此同时，"以道观术"也让《淮南子》对汉政"治术"的理论认识，能够突破先秦学派的门户局限和历史藩篱，真正从一种宏阔通达的"大道"视阈着眼，对西汉王朝发展所需的新的大一统"治术"进行更具多元化、也更为大胆的理论探索。

其次，《淮南子》在"治术"思想上强调"以德驭术"的价值伦理要求。

作为汉代黄老的代表论著，《淮南子》在"治术"思想上对秦亡汉兴的历史剧变有着极为深刻的理论反思，也对先秦法家"法术"的内在积弊有着极为理性的批判认识，因此，虽然《淮南子》一方面强调"有术则制人，无术则制于人"②，但是另一方面却没有像先秦法家及秦政一样，将"术"的运用推向唯君权是从的极端地步，而是在肯定"治术"的工具效用的同时，更加重视其应有的"义政"内涵，进而突显出"以德驭术"的政治价值要求。这在《淮南子》对君臣关系的"术"论认识中表现得最为明显。与韩非相同，《淮南子》也认为为君者必须在治国上能够"以术用人"，做到"因任而授官，循名而责实，操杀生之柄，课群臣之能者也"③，绝对掌握君臣关系上的政治主导权。但与前者存在根本差异的是，《淮南子》强调君臣之间并非仅仅是利益交换关系，而是有着"道义"与"恩泽"的政治伦理内涵，所谓"君不能赏无功之臣，臣亦不能死无德之君。君德不下流于民，而欲用之，如鞭蹄马矣"④。因此，"治术"对为君者而言，就成为无法不计条件而能任意使用的工具性手段，其在驾驭臣下

---

① 张鸿恺：《先秦至汉初〈老子〉思想之发展与变迁》，台北万卷楼图书股份有限公司，2009年，第398—399页。

② 何宁：《淮南子集释·主术》，第668页。

③ ［清］王先慎：《韩非子集解·定法》，第397页。

④ 何宁：《淮南子集释·主术》，第648页。

的现实效用上也显然有着难以避免的现实局限性。在《淮南子》看来，"魏两用楼翟、吴起而亡西河，愍王专用淖齿而死于东庙"，虽是"无术以御之也"① 的消极表现，但如"秦任李斯、赵高"一样的唯"术"是从，也只能带来更加严重的政治恶果。从这种认识出发，《淮南子》对西汉统治者提出"义"为"术"要、以"德"驭"术"的政治主张，明确将"治术"的价值伦理要求提到治国层面上来强调，以此确保汉政"治术"的合理内涵与正义方向，防止其重蹈秦王朝"治术"失败的震辙。历史地看，《淮南子》这种"以道德兼采仁义的伦理大整合"的"治术"理念探索，不仅让西汉统治阶层拥有了更具"伦理准则和施治规范"的黄老新统治术，为其"对于秦代事功型政治的拨乱反正和向伦理型政治转轨过程中，提供了有力的学术支撑和精神依据"，而且也为西汉大一统政治的进一步发展成熟"作出了不可替代的贡献"。②

最后，《淮南子》在"治术"思想上推崇"道术合一"的汉政黄老要求。

如果说"以道观术""以德驭术"分别是对《淮南子》"治术"思想的道家本位要求和政治价值要求的彰显，那么"道术合一"则是《淮南子》对其"治术"思想所赋予的根本的黄老汉政的理想要求。"治道"与"治术"如何在大一统政治中实现有机的协同统一，这是秦汉王朝现实政治发展中产生的重大议题。对此，秦王朝以其"法术"为主的"治术"实践曾获得过严重挫败的历史教训。事实证明，"治道"与"治术"的不协调，以及"治术"本身的工具性和方向性的不一致，都会在实践中造成二者之间的内在矛盾与冲突，加剧"治术"趋向于极端功利化的发展歧途。究其本质而言，"治术"的存在根本上决定于"治道"，因此"术"与"道"之间在国家政治中形成何种合理的关系结构，就成为《淮南子》在新的历史条件下必须给予解决的重要问题。《淮南子》最终选择从道家本位的立场出发，着眼其汉代黄老新"道治"的理论认识，重新衡定"治道"与"治术"的特定关系，并进而表达出自身对"道术合一"的"治术"发展取向的内在肯定和追求。因为在其看来，"术"与"道"的关系问题，实则能够显示出王朝政治内在的道义基础和发展方向，进而影响和决定统治者在现实中的治国行为模式。作为西汉前期黄老政治发展的理论总结者，《淮南子》深刻意识到"术"与"道"在王朝为"治"中的不可分离性，意识到"术"实质上就是"道"的演生物和体现者，故此理想"治术"的真正形成与运用，只能在与"治道"的完全契合中才能实现。《淮南子》在"治术"思想上对"道术合一"的推崇，反映出西汉统治阶层历经半个多世纪的黄老政治实践，终于找到一条既能有力发挥"治术"的工具性，又能牢牢确保其不脱离正确"治道"方向的治国道路。这对中国古代大一统政治的早期探索发展而言，不啻一个极其重要且有益的政治经验。

———————————

① 何宁：《淮南子集释·氾论》，第 938—939 页。

② 王健：《整合与开新——黄老政治伦理衍进的理论向度与学术趋势》，《中国文化研究》2008 年第 1 期。

总括以上所论，关于西汉王朝大一统政治的"治术"问题，这始终是《淮南子》深切关注和深刻探讨的重大理论议题，也是其构建和阐论自身汉代黄老新"道治"理念的重要思想构成。在西汉前期思想论著中，《淮南子》对"治术"的思考不仅显示出内在强烈的理论自觉，而且具有极为丰富的理论内涵，表现出博采百家、通变整合的多元化特点。其中道家"道术"、法家"法术"与儒家"儒术"，共同成为《淮南子》"治术"思想的主要理论渊源和基础，但三家"治术"理念对于《淮南子》所起到的实际影响又有所不同。先秦法家及秦政所体现出的"法术"理念，从理论和实践上，虽为《淮南子》深刻批判，但却成为其重新审思汉代黄老"治术"问题的重要历史前提；先秦儒家的"儒术"以其突出有力的政治教化功能与作用，也成为《淮南子》阐论"治术"问题不可或缺的理论资源；而先秦以来道家的"道术"，则是《淮南子》在"治术"思想上最为重视和依赖的核心内容所在，但《淮南子》对其也进行了复杂深刻的理论反思和重整，以此为根本骨干来构建其充分体现汉政黄老特色的道家新"治术"思想。正是在兼综贯通道、儒、法三家"治术"理念的过程中，《淮南子》形成特定的"道、儒、法互补结构"，并力求在黄老化的融铸整合中，使自身成为一种"治道"与"治术"内在契合、有机统一的新"治术"，以此来充分适应和满足西汉大一统政治的现实发展需求。从历史而言，《淮南子》黄老新"治术"思想的最终形成，不但意味着西汉统治阶层在"治术"探索上取得了一次重大的理论收获，而且也意味着其已初步拥有了具有自身特色的较为成熟的"治术"思维和传统。尽管《淮南子》在"治术"思想上仍然处于多元融合的探索阶段，其对"法术""儒术"与"道术"的会通融合并非是毫无瑕疵，但是毫不夸张地说，《淮南子》以自身创造性的理论综合实践，为其后汉代统治阶层打开了一扇探索大一统王朝理想"治术"的思想之门。经此，《淮南子》"治术"思想也成为中国古代政治思想史上具有特殊价值与影响的历史遗产。

汉三陵的文化内涵及历史影响

陈正奇　魏　兴

（西安文理学院长安历史文化研究中心 西安美术学院设计艺术学院）

摘要：汉文帝的霸陵与其母薄太后南陵、窦皇后陵合称"汉三陵"，两千年来，形成了独特的汉三陵文化。汉文帝崇尚节俭，仁孝治国，形成了以仁孝文化、廉政文化、节俭文化为核心的文化内涵，也涌现了大量关于汉文帝、薄后、窦皇后的民间传说、故事，可见民众对他们的热爱与怀念。汉三陵产生了及其深远的历史影响，汉文帝也被后世史家称为三代以来第一贤君，汉文帝也是仁政、廉政的典范，汉文帝本人也是仁孝的典范，薄太后和窦太后是和谐婆媳关系的典范，汉文帝陵开创了因山为陵的先例，对后世的帝陵修建影响深远。

关键词：汉三陵；文化内涵；历史影响

一、汉三陵及其历史文化

霸陵，亦作"灞陵"，因灞水而得名，墓址位于今西安市东郊白鹿原东北角，在今霸桥区席王街办毛窑院村，因其地势形似凤凰展翅，被称为"凤凰嘴"①，又名"青风山"。文帝死后其母薄太后尚在世，文帝驾崩前曾告诫窦皇后要善待其母，替他尽孝道；并告诉窦后要将薄太后的陵墓葬在自己陵墓的南方，仿佛自己背着母亲，将窦后葬在自己陵墓的东北角，仿佛将妻子顶在自己的头上，这就是"顶妻背母"墓葬形制的来源。南陵北望霸陵，西望长陵，正所谓"东望吾子，西望吾夫"，当地很多人也将南陵称为"望子冢"。

白鹿原汉三陵是"文景之治"的历史见证，薄后、文帝的崇尚节俭、推行仁政、吏治廉明也是我国廉政文化的瑰宝；文帝本人亲尝汤药，孝敬母亲，将中国传统孝文化发扬光大；霸陵的薄葬文化也吸引着历代文人墨客的吟诵，形成了独特的霸陵薄葬

---

① 现考古证据证实，凤凰嘴可能并不是霸陵所在地，"江村大墓"可能是真正的墓址。见赵争耀：《霸陵迷踪》，http：//www.sohu.com/a/234745546_336604。

文化。汉三陵所体现的仁孝文化、廉政文化、节俭文化，广泛而深远地影响着灞桥境域乃至整个中华大地，成为今天西安精神的重要组成部分。

（一）仁孝文化

中国古代伟大的教育家、思想家、儒家学派的创始人孔子，最早提出了"仁"的概念。"仁"是儒家思想文化的核心，其内涵就是"仁者爱人"。孟子把孔子的"仁"思想进一步发展为"仁政"，他在《孟子·梁惠王上》中对"仁政"做了详细的阐释："王如施仁政于民，省刑罚，薄税敛，深耕易耨，壮者以暇日，修其孝悌忠信，入以事其父母，出以事其长上，可使制梃以挞秦楚之坚甲利兵矣。"① 在这里，孟子希望统治者能够给老百姓施以仁政，慎用刑罚，轻徭薄赋，鼓励农耕，再辅之以仁义孝悌，假以时日，这样的国家就可以与秦楚两国的重甲精兵相抗衡。此后，历代帝王都希望自己可以做到孟子所说的"仁政"。可是历史上能达到孟子所说的"仁政"境界者，却凤毛麟角。而汉文帝刘恒就是中国历史上第一个做到"仁政"的皇帝。

汉文帝"仁政"的核心是：以农为本，与民休息。文帝认为：农业是天下的根本，他还带头耕作，以为天下的表率。他说："农，天下之本也，开其籍田，朕亲率耕，以给宗庙粢盛米。"还说："今勤身而有租税之赋，是为本末者毋以异，其于劝农之道未备，其除田之租税。"② 意思是：农民辛苦劳作，还要缴纳租税，因此，要减免农田的赋税。文帝一朝，不仅把原高祖朝十五税一减到了三十税一，还连续十二年免去田税。这正是孟子"薄税敛，深耕易耨"的具体化。汉文帝借此政策，促进了社会生产力的提高和经济的发展。

文帝在位期间，废除了汉初以来的肉刑等残酷刑罚。文帝前元四年（前176），在长安发生了山东人淳于意之女缇萦舍身救父③一事。文帝为缇萦的爱父之情和孝敬之举所感动，由此推及天下有罪之人，大发慈悲之心，当年即废除黥、劓、趾等肉刑。这一事件，是文帝成为"仁君"的典型事例。

图 1

---

① 万丽华、蓝旭译注：《孟子》，中华书局，2006年，第9页。
② 《汉书》卷四《文帝纪》，中华书局，1962年，第117页。
③ 缇萦救父一事，出自《史记·扁鹊仓公列传》。

汉文帝还废除了"连坐"制，即本人犯罪，不再牵连父母妻子。这是孟子"省刑罚"的具体落实。汉文帝废除肉刑、连坐制，有利于犯人改过自新，维护了人的尊严。这是中国法制史的一大进步。

孝文化是中国传统文化的核心之一，也是仁政的发端，《孝经》说："教民亲爱，莫善于孝。"要想让民众百姓亲爱，最好的办法就是推行孝道。汉文帝是中国孝文化的典型代表，"二十四孝"中的"亲尝汤药"说的就是汉文帝。

据说汉文帝的母亲生病了，而且一病就是三年，卧床不起，这可急坏了汉文帝，文帝亲自为母亲熬制汤药，常年侍奉在母亲床前。目不交睫，衣不解带，等到母亲睡后，趴在母亲床边睡一会。母亲的汤药他都要亲口尝过之后才敢放心给母亲服用。汉文帝的仁孝之名天下皆知，他真正做到了《孝经》中所说的"天子之孝"，即"爱敬尽于事亲，而德教加于百姓，刑于四海"。唐代大诗人杜牧评价汉文帝："以德化人汉文帝，侧身修道周宣王。"① 汉代的皇帝也一直延续着仁孝治国的传统，除汉高祖和光武帝外，其余的皇帝谥号前都加一个"孝"字，强调孝治天下。

清人汤谐评价汉文帝说："孝文为三代以后第一贤君，史公在孝武时作《孝文纪》，故尤极无穷慨慕也。二十余年，深仁厚泽，纪中排缵不尽，止举其大要，而余者令人悠然可思，正是史公画龙点睛妙手。"②

（二）廉政文化

汉文帝在位期间施行仁政，吏治清廉，是中国古代廉政文化的典范。文帝一朝，留下很多廉政的实例。

文帝时，十分重视法制建设，重视官吏清正廉明。他提出"贵廉洁，贱贪污"③的总体认识，认为"廉者，民之表也"，即廉吏是百姓的表率。武帝时明确诏令："不举孝，不奉诏，当以不敬论；不察廉，不胜任也，当免"④；对于不廉洁的官吏，要罢其官，免其职，还明确规定："赃吏三世禁锢。"就是说贪官污吏的后代三世不得做官，这一点，今天看来也是十分严厉的。当然对于廉吏也实行赏赐，"廉吏二百石以上率百万者三匹"⑤。

文帝朝惩治不法权贵，实施廉政案例颇多，斩杀舅父薄昭一例，堪为后世楷模。薄昭为汉文帝立下了汗马功劳，文帝还为代王的时候与母亲薄姬、舅舅薄昭相依为命，当周勃等人平定诸吕之乱，形势不稳，暗流涌动之时，又是薄昭冒险深入长安打探消息，为代王继位保驾护航。文帝即位后，薄昭被封为轵侯，车骑大将军。但薄昭不知

---

① 见杜牧《皇风》诗。全诗为："仁圣天子神且武，内兴文教外披攘。以德化人汉文帝，侧身修道周宣王。远蹑巢穴尽窒塞，礼乐刑政皆弛张。何当提笔侍巡狩，前驱白旆吊河湟。"

② ［清］汤谐：《史记半解·孝文本纪》，商务印书馆，2013 年，第 51 页。

③ 《汉书》卷七二《王贡两龚鲍传·禹贡传》，第 3077 页。

④ 《汉书》卷六《武帝纪》，第 167 页。

⑤ 《汉书》卷四《文帝纪》，第 124 页。

自重，反而认为自己的功劳大，又是皇帝的亲舅，太后的亲弟，故而张扬霸道，目无法纪，收受贿赂，甚至诛杀朝廷使者，以为谁都奈何不了他！

文帝征求百官意见，很多人为薄昭求情，文帝大怒：朕如果任由皇亲国戚肆意践踏法律，大汉的江山就坐不稳了。文帝杀心已定，便召丞相张苍、大夫贾谊前来商议，问他们如何能够既明法度，又不破坏自己的仁孝之名。贾谊谏言：车骑大将军薄昭大逆不道，斩杀天子使者，按照王朝法度，理应处死。但是陛下如果念及往日功勋和骨肉亲情可以设宴，招其前来赴宴，席间向其说明，劝其自裁，舍生取义。文帝说：我跟薄昭感情很深，不忍心和他当面诀别，你们就去他家中，跟他明说情况，劝他自刎。

薄昭杀人后，起初还不以为意，觉得文帝肯定不会杀亲舅舅。他也多次去薄太后那里求情，请薄后向文帝求情，网开一面，但薄后都以病推脱。当贾谊和张苍来府上说明来意后，他不愿自裁，仍然等着文帝改变心意。薄昭跪地痛哭：请皇上念在太后的面上，饶我一命。贾谊大声呵斥道：你目无王法，斩杀使者，你若明事理就该立即自刎，岂能因此辱没国法。汉文帝也觉得为难，内心也开始动摇，想要赦免薄昭，但是一想到大汉江山的稳固便又坚定决心。文帝见薄昭迟迟不肯自杀，便命朝臣穿上丧服，去薄昭府哭丧。薄昭看到这种情形，明白了文帝的坚定决心，遂立即自尽。这件事，震动朝野，再也无人敢明目张胆地去触犯法度了。

（三）节俭文化

文帝一生，厉行节俭原则。生前"以示敦朴，为天下先"[1]，死后，以山为陵，践行薄葬。这种始终如一的节俭精神，给后世留下了一笔丰厚的精神财富。

据《汉书》记载，文帝前元二年（前178），名士贾山上书论述治乱兴亡之道，他详细论述了皇帝本人的节俭与国家安危的关系，他说："秦皇帝以千八百国之民自养，力罢不能胜其役，财尽不能胜其求。一君之身耳，所以自养者驰骋弋猎之娱，天下弗能供也。劳罢者不得休息，饥寒者不得衣食，亡罪而死刑者无所告诉，人与之为怨，家与之为仇，故天下坏也。"[2] 秦始皇本人挥霍无度，不惜民力，使百姓得不到休息，饥肠辘辘，死后数月，天下群雄并起，"奋六世之余烈"建立起的大帝国瞬间烽烟四起，最终宗庙灭绝。

汉文帝对贾山的上书深感为宜，经常以此告诫自己，践行"以敦朴为天下先"的准则。《五行志》记载汉文帝"履不藉以视朝"，"不藉"指草鞋。汉文帝时草鞋是平民们穿的鞋，达官贵人都可以穿上布鞋，汉文帝穿草鞋上朝议事，就是为了做好节俭的表率。汉文帝勤政爱民，崇尚节俭，实为后世帝王之典范。《汉书·文帝本纪》说，文帝当上皇帝以后，平时穿衣都是黑色的厚丝衣，穿着草鞋上朝，即使是皇宫嫔妃，文帝也要求她们身着素衣，同时还要求她们参加织布等生产活动，就连最受宠爱的慎

---

① 《汉书》卷四《文帝纪》，第134页。
② 《汉书》卷五一《贾邹枚路传·贾山传》，第2332页。

夫人，也是"衣不曳地"。孝文皇帝，一年四季"帷帐无文绣，以示敦朴，为天下先"。史载："孝文皇帝即位二十三年，宫室、苑囿、车骑、服御无所增益。有不便，辄弛以利民。"①

有人建议在霸陵对岸的骊山之巅修建一座露台，经工程人员预算，需要黄金百斤。文帝说："百斤，中人十家之产，吾奉先帝宫室，常恐羞之，何以台为!"② 于是，把这项营建计划取消了。后来老百姓感念孝文帝不劳民伤财的厚德，在此地修了仁宗庙，以示纪念。汉唐时期，这里还有一个露台乡，再后来这里又演变为伏羲女娲兄妹成婚的"人祖庙"了。

汉文帝崇尚节俭的事迹也成为后世君王的典范。唐代魏徵经常用汉文帝的事迹来鞭策唐太宗。唐太宗励精图治，开创了贞观之治，认为自己的功劳可以与三皇五帝、秦皇汉武等人相提并论，一直想要去泰山举行封禅大典。魏徵一直反对，劝诫太宗要爱惜民力，太宗最后放弃了封禅的念头。太宗告诫群臣说："卿辈皆以封禅为帝王盛事，朕意不然。若天下乂安，家给人足，虽不封禅，庸何伤乎。昔秦始皇封禅，而汉文帝不封禅，后世岂以文帝不及始皇耶。且事天扫地而祭，何必登泰山之巅，封数尺之土，然后以展其诚敬乎。"③ 他认为汉文帝虽然没有举行过封禅大典，但是他的功绩比秦始皇还要大。

汉武帝时，东方朔向武帝讲述文帝的功绩，他说文帝"以道德为丽，以仁义为准。于是天下望风成俗，昭然化之"④。在文帝的仁孝、节俭表率之下，汉代的社会风气也为之大变，人们都在效仿文帝。宋代大儒朱熹评价文帝："三代以下，汉之文帝，可谓恭俭之主。"

文帝生前节俭，死后薄葬。他反对当时盛行的厚葬之风，给自己修建陵墓的时候不建封土，下诏"治霸陵皆以瓦器，不得以金银铜锡为饰，不治坟，欲为省，毋烦民"⑤。要求陪葬品不要用金银器，全部用陶器和瓦器，为了不劳民伤财，不动用大量民力来建封土，直接把山凿开，将棺椁放进去。在临终前文帝又下诏："当今之时，世咸嘉生而恶死，厚葬以破业，重服以伤生，吾甚不取……其令天下吏民，令到出临三日，皆释服。毋禁取妇嫁女祠祀饮酒食肉者。"明令只举行三天的丧礼，治丧期间不禁止婚嫁、祭祀、饮酒食肉。修建霸陵墓区仅用了三万余人，与秦始皇陵动用 70 余万人相比，简直是天壤之别。

汉文帝的节俭与薄葬，多为后世传颂。唐代关中十八陵几乎都采用"依山为陵"的形制，可见其影响之深远。

---

① 《汉书》卷四《文帝纪》，第 134 页。
② 《史记》卷一〇《孝文本纪》，中华书局，1959 年，第 433 页
③ ［宋］司马光：《资治通鉴·唐纪十》，第 6093 页。
④ 《汉书》卷六五《东方朔传》，第 2858 页。
⑤ 《汉书》卷四《文帝纪》，第 134 页。

二、汉三陵传说

（一）汉文帝的传说、故事

1. 汉文帝与元宵节

每年的农历正月十五是元宵节，元宵节的来历与汉文帝有很大关系，传说元宵节是汉文帝时确立的，意在纪念平定诸吕之乱。

高祖刘邦死后，吕后擅权，大肆分封诸吕。诸吕借势嚣张跋扈，排挤刘氏宗室和汉初功臣，诸王和功臣们敢怒而不敢言；他们等待时机，意图荡平诸吕。吕后病死后，诸吕惶惶不可终日，密谋夺取汉室江山，幸为周勃、陈平等汉初功臣平定。诸吕之乱平定后，刘氏宗族与功臣集团拥立刘邦中子代王刘恒为帝，是为汉文帝。汉文帝深感继位之难，太平盛世来之不易，便将平定诸吕之乱的正月十五定为纪念日，京城家家张灯结彩，以示庆祝。这便形成了传统节日——元宵节。

汉代的元宵节只有一天，到唐代改为三天，宋代改为五天，明代更是长达十天，从正月初八直到正月十七。赏灯是元宵节的主要内容，到了清代又增加了舞龙、舞狮、跑旱船、踩高跷、扭秧歌等活动，元宵节的内涵越来越丰富。

2. 汉文帝与邓通

汉文帝与邓通的关系一直很耐人寻味，这其中也有不少野史传说。邓通本是朝廷掌管行船的小官，因汉文帝的梦而飞黄腾达。有一晚，汉文帝梦见自己登天，可怎么也上不去，幸好有一年轻人在后面推他，他才上去。后来文帝见到邓通，与他梦中的少年长得一模一样，便对他万分宠幸。相传曾经有一个术士给邓通看过面相，说邓通以后会活活饿死。汉文帝不相信，赐给邓通一座铜山，允许他自己开采铜矿、铸造铜钱，邓通富可敌国，这样就不会饿死。

邓通最终还是饿死了，这要从邓通与文帝太子刘启结怨说起。汉文帝与邓通关系密切，相传汉文帝背后长有毒疮，疼痛万分，文帝疼得死去活来，邓通看到后，二话不说，就用嘴把文帝毒疮里的浓毒吸出来，文帝感到非常的舒服，疼痛也缓解了不少。邓通连着给文帝吸了几日后，文帝的病慢慢好起来了。有一天，太子刘启来看文帝，文帝也让刘启给自己吸毒疮，太子勉为其难，才吸了一口就呕吐不止，文帝大为不悦。后来太子知道，邓通受重用是因为给文帝吸毒疮而获得的，因此，太子对邓通极为反感，甚至怨恨在心。刘启即位后，立即收回文帝赐予邓通的铜山，将其革职，没收所有家产。邓通无依无靠，最终活活饿死。正好应了那个术士所说的话。

3. 汉文帝"开仓验贪"

在整治官员贪腐方面，汉文帝有自己独特的方法。刘恒刚继位，就做了一件让人瞠目结舌的事，他命人在国库的后面建了一条光滑的缓坡。等到坡建好的时候，文帝带着文武群臣去参加竣工典礼。众臣到齐后，他下令打开国库大门，告诉众臣：朕给这条坡命名为"功德坡",你们可以从这个坡进入国库搬运国绢,搬下的都是你们的。群臣听后,都非常高兴,兴冲冲地就去搬国绢。颁布诏令后汉文帝就回到皇宫。大臣们见文帝走了,更加有恃无恐,肆无忌惮地争抢国绢,不到半天,国库就被搬劫一空,功德坡也狼藉一片。晚上太医来向文帝禀报大臣们搬国绢的受伤情况。原来功德坡非常滑,大臣们搬了那么多东西,有不少摔了胳膊、摔断腿,闪了腰。

文帝看着这些大臣,露出了诡异的笑容。第二天,他宣布将这些受伤严重的大臣全部革职。退朝后,有大臣很不解,问文帝缘由,文帝说:这些大臣贪得无厌,为了几尺国绢居然摔成这样,可见他们贪婪没有节制,以后肯定不是值得信赖的人。这道功德坡原来是文帝考核、检验大臣贪欲的标准。

4. 凤鸟衔陵

在霸陵地区有凤鸟衔陵的传说。相传薄太后的南陵本来选址在今址的东北,等陵墓建成后,有一只凤凰落在了陵上,短暂停留后,又向陵址西南方向飞去,直到今陵址才停下,然后大鸣三声。人们认为凤凰鸣叫的地方是一块福地,于是便将陵址迁到此地。

5. 莫陵庙

莫陵庙也称没灵庙。相传,汉文帝死后,送葬的灵柩抬到此处刚落地,忽然来了一阵狂风,风过后文帝的灵柩就不见了,所以此地称为没灵。按照文献记载和考古发掘,霸陵不修坟不起冢,以山为陵,故也是没陵。后来,人们根据谐音,将此地称为莫陵村、莫陵庙。也有一说此地原为霸陵庙,后讹传为莫陵庙。

(二)薄太后的传说、故事

1. 薄太后与娘娘滩

在陕西、山西、内蒙古三省交界处的黄河中有两座小岛,是黄河中唯一有人居住的河中小岛,有"天下黄河第一滩"之称。"九曲黄河十八湾,最美莫过娘娘滩"。这个小岛因王母娘娘而得名,又因汉文帝和他的母亲薄太后而闻名。

相传,娘娘滩的两个河心小岛是王母娘娘巡游黄河时,倒鞋底里的土而形成的。泥沙是王母娘娘所倒,因而具有灵性,自然聚拢,越积越多,渐渐地形成了两个河心岛。河神看到河中的小岛,涨水要将小岛淹掉。眼看河水就要淹没小岛,王母娘娘将自己的碧玉簪扔到小岛上,这样河水一涨,小岛也跟着涨,永远也淹没不了小岛。河神不仅没有淹没小岛,反而得了头疼,万般无奈,只能派两个鱼仙女向王母娘娘求情,王母娘娘才拔掉了碧玉簪,于是也留下了"水涨岛也涨"的奇观。

相传刘邦去世后,惠帝继位,吕后摄政,大肆屠戮刘邦的后宫嫔妃和刘姓诸王。此时身怀六甲的薄姬害怕遭到吕后的毒手,迫切希望逃出长安。在三位大将和众多勇士的护送之下,秘密出皇宫,一路辗转,北逃至汉匈边界,他们被黄河阻断了去路。但天无绝人之路,他们发现大河中横亘着两个小岛,别无他法,只好暂时躲在一个小岛上。薄姬在岛上生下刘恒后,还是心有余悸,害怕吕后杀害自己的孩子,便将刘恒安置在河中的另一个小岛上，薄后过去或者随从将刘恒抱来给孩子喂奶，以防不测。薄姬和刘恒在这个岛上生活了十二年。而当年保护他们的三位大将就是李广、李文、李功。刘恒继位三年后，将母后薄姬接回皇宫，将这两座河心岛及周边四十余里的地方分封给李氏三兄弟。

虽然传说和正史差异非常大，但这也反映出当时的社会现实，也掺杂了人们很多美好的愿望。直至今日，在山西忻州的娘娘滩还流传着这样的一句民谣："娘娘滩，太子滩，水长它长两只船。"说明这两座河心岛一直存在，也说明此地与薄后和文帝结下了不解之缘。

2. 淳化县薄太后庙

咸阳市西北的淳化县，是秦汉重要的行宫所在地，现存林光宫和甘泉宫遗迹，除此之外，这里还有很多其他秦汉时代的遗迹。在淳化县固贤镇小豆村有一座薄太后庙，庙内现存清代文人宋振麟撰写的《重建薄太后庙记》："况甘泉泰畤，当文帝幸祀时，安知后不从而至，后所至殁而魂魄恋此，即为俎豆之乡可也。"汉文帝居住在甘泉宫的时候，来到这里祭祀，薄后没有通告便和文帝一起来了，薄后对这个地方非常喜欢，死后魂魄仍然对这里念念不忘，文帝便在此立庙祭祀薄后。[①]

汉代时，薄后、文帝"仁孝"治天下，他们的仁德为百姓所铭记，淳化县固贤镇小豆村建庙祭祀薄后也就不足为奇。传说农历三月十八是薄太后的生辰，所以不知从何时开始，每年的农历三月十八日，小豆村都会举行庙会，以前为期三天，现在延长到十余天。小豆村的庙会影响很大，不仅淳化县，连周边耀县、三原、泾阳、礼泉等地的游客也前来祈神还愿、祈稼、祈祥、祈子。此外，还有很多的大戏、木偶、杂耍、曲艺等形式的演出。每年淳化县政府都会安排大量警力做好庙会期间的交通和安保工作。

3. 薄太后与"望母塔"

汉文帝是出了名的大孝子，身为皇帝的他在母亲病重期间，一直陪伴左右，亲尝汤药。相传汉文帝在全国修建了很多庙来纪念自己的母亲，今咸阳市礼泉县烽火镇薄太后村现存一座寺庙，名为"香积寺"，在香积寺中有一座塔，名叫"香积寺塔"，也被称为"望母塔"。

望母塔被列为陕西省第三批重点文物保护单位，香积寺旁，传说还有薄后住过的行宫——红觉院。红觉院原址已于1972年拆毁，礼泉县人民政府于1992年5月在寺院原址旁为"望母塔"和薄太后行宫遗址立碑两块。汉代的望母塔早已没有踪迹，现在看到的塔是唐文宗大和八年（834）重修的，宋代进行过修葺，随着时间的流逝，寺庙渐渐损毁，但宝塔一直存在。望母塔为青砖结构，砖缝用黄胶泥填充，平面方形，塔身共七层，高36米，为空心阁楼式。

---

① 材料出自淳化县政府网站，http：//www.snchunhua.gov.cn/chwh/3406.jhtml。

薄太后村原名许张村，相传薄太后入刘邦后宫后，很快就生下了汉文帝，为了躲避吕后的嫉恨，刘邦在离咸阳以北50里外的许张村安排行宫让薄姬居住。在文帝出生后不久，薄太后就带着汉文帝到许张村定居下来。在薄太后来之前，这里的村民还不会纺织，薄姬在这里一边教育文帝，一边教当地百姓纺织。薄姬白天教村民务棉，夜晚教妇女们纺织、刺绣。相传吕后曾经来许张村看过薄姬。她看见薄姬在池塘教村民染布，认为薄姬对她已经没有威胁，感叹道：薄姬"真是个织女而已"。于是薄姬母子得以平安。后来，薄姬又跟随刘恒来到了代地，即今天的太原。

刘恒继位后，视许张村人为自己的舅家人，将许张村改名为薄太后村。其后，人们在村中建香积寺，刘恒为了纪念母亲在寺中建塔，这就是薄太后塔的来历。

4. 富平薄太后庙

在今天富平县老城附近，温泉河与顺阳河交汇处有一条疙瘩塬，沿着温泉河，依次建造有三座祭祀薄太后的庙宇，分别称之为上庙、中庙和下庙。这三座庙曾经香火旺盛，游客络绎不绝，但随着时间的消逝，只留下一些残存的遗迹。

上庙位于今淡村镇亭子村北隅的浮塬西端，俗称疙瘩庙。《富平县志》记载："汉薄太后庙在浮山西邱，山南薄台川，故温泉河名曰薄台河，县川曰薄台川。宫妆类与一……山南麓，创建甚古，不审俑者谁氏。徽宗政和间旱，县令居仁往祷，岁果大熟。百姓德甚，营廊庙总一百楹，为宁神殿，为荐献亭，后为环翠亭，而风云雷雨师毕备，望之焕然。居仁即纪事而勒诸石中。先是，邑令文林，屡旱屡祷，应若桴鼓。节度推官赵公，亦记碑。神之福姓，来者远矣。嘉靖间庙貌颓，一望瓦砾。万历间知县兑令修之，以为民祈福。"可见此碑说的是宋代以来上庙破败到万历年间重修上庙的情形。

中庙位于城关街道办窦村堡内，俗称"窦村大庙"，即今富平县人民政府所在地。目前已无迹可寻。

下庙的存世时间最长、保留最为完好，毁于20世纪70年代，现仅存其名。下庙应建于明朝中叶，庙中曾出土"万历丙子"钟文。清末，庙内房舍焚毁殆尽。光绪十年（1884），下庙得以重修。庙内建有戏楼、"三官庙""马王庙""药王庙""观音菩萨庙""薄太后正殿、寝殿""圣母殿""圣母行宫"及禅房、客房等建筑。薄太后正殿为下庙最主要的建筑，规模最大，气势雄伟，大殿中间挂"德惠万民"的牌匾。薄太后寝殿中有薄太后坐像，重彩汉装，装饰精美。可惜这些都只剩遗迹。虽然富平三庙已不存在，但人们纪念薄太后的庙会一直还在进行。

5. 河南的薄太后祠、庙

除陕西外，河南很多地方也有薄太后的相关遗迹。在河南省登封市颍阳镇河东岸的颍东村也有一座薄太后庙。薄太后庙是登封市第三批重点文物保护单位，俗称疙瘩庙，是为纪念薄太后所建。薄太后庙现存晚清大殿两座，厢房、耳房十余间，石碑十余座，正殿内祀薄姬太后像一尊，殿对面建有戏楼一座。

在河南偃师邙山上有一座建于明末的薄太后庙。相传，西汉时关中大旱，蝗虫成灾，汉文帝东巡洛阳，薄太后也跟随前往，她带领百姓灭蝗，并带头食用蝗虫，结果因噎而死。当地百姓为感念其恩德，将薄太后奉为蠱母娘娘，以求庄稼不再遭受蝗灾。现存薄太后庙为明末所建。乾隆四十五年（1780）的《偃师县志·祀典志》记载每年六月六日祭祀薄太后，有祭文为证："惟神女中尧舜，汉代母仪，辅帝德以坤元，勤传织室，普祥风于稼穑，害戢螟蝗。万姓歌仁，一方蒙惠。宜崇秩祀，以奉灵祠。爰陈蠲洁之仪，冀报在天之爽。尚飨。"

薄姬在河南灭蝗的传说，流传甚广，在河南省孟津县麻屯镇薄姬岭村北部也建有一座薄姬庙，也是为纪念薄姬灭蝗所建。相传薄姬体恤百姓，亲自督促灭蝗工作，住在当时蝗灾最为严重的山岭上，亲自指挥，日夜不停地驱除蝗虫。后来人们便在此地建庙祭祀薄姬，祠庙称为"薄姬庙"。

河南南阳市宛城有一座云朝寺，与白马寺、少林寺、相国寺并称为中原四大名寺。云朝寺原名薄姬祠，相传薄姬曾在距今云朝寺西北六里的地方，带领民众植桑养蚕，教人耕织。薄姬在这里乐善好施，恩泽乡里，人称鲁义姑，深受百姓爱戴。景帝前元三年（前154），薄姬辞世，百姓感其恩德，在瀼水之畔，高丘之上（后经勘测此地为南阳盆地之太极点）建祠供奉，尊之为神。元顺帝至正九年（1349），改祠建寺，因奠基修建时天气炎热，酷暑难耐，忽有白云飘然而至，遮日成荫，彩云朝佛，故名"云朝寺"。寺内现存多通薄太后的石碑石刻。有"母兼师训"石碑和"薄姬育子"石雕。

此外，在洛阳东关通巷现存一座明代祭祀薄太后的庙。

6. 薄太后与丁丁面

今天，在薄太后生活过和埋葬地的白鹿原，还流行着一种叫丁丁面的吃食，相传与薄姬有很深的渊源。秦末农民起义中，刘邦曾驻军霸上，刘邦的姬妾薄姬温良俭让，十分贤惠，她听说当地民间流传着一种非常好吃的面食——丁丁面，就找人来做，吃完后连连称赞。现在的白鹿原上还流传着丁丁面。传说薄姬通过丁丁面喜欢上了白鹿原的风土人情，请死后将她葬在白鹿原上。此外，现在的白鹿原上还有薄太后肉夹馍等饮食。

7. 唐传奇里的薄太后

唐代中后期，李唐王朝遭遇重大政治危机，牛李两党相互倾轧，互相攻讦。相传李德裕的门人韦瓘作《周秦行记》，攻击牛党首领牛僧孺。

《周秦行记》以牛僧孺的口吻展开自述，牛僧孺在贞元年间进士落地，心情沉闷，经洛阳返回宛、叶，途径鸣皋山时，夜色渐晚，为异香所吸引，就这样进入了薄太后庙。薄太后的亡灵召唤来了很多前朝和当代的帝王后妃，有戚夫人、王昭君、潘妃、杨贵妃等等。牛僧孺与他们宴饮赋诗。席间，薄后问当今皇上是谁？牛僧孺回答说是德宗。杨贵妃将德宗称作"沈婆儿"，因德宗为代宗沈后之子。宴罢，薄后又要求王昭君与牛僧孺就寝。第二天早晨，牛僧孺辞行离开，回头一看，这个地方非常荒蛮破败，不是途径的人可以看得见的。

这本唐传奇主要是李党用来攻击牛党领袖牛僧孺的,说他在梦中辱骂当朝圣上德宗,在梦中与前朝众嫔妃荒淫无度。但在其中也可见薄后地位之高,及人们对薄后的尊敬之情。

(三) 窦皇后的传说、故事

文帝窦皇后,本是赵国清河观津(今河北武邑县)人,出身贫寒,年轻时被选美官选中,送入长安为宫女。在吕后专权时期,被选为"良家人"派到刘恒身边,名为赏赐,实为监视。窦姬到来后,刘恒独宠窦姬,窦姬也为刘恒剩下两子一女。在代王刘恒王后和王子死后,窦姬晋升为代王后。文帝去世后,窦姬的儿子刘启即位,是为景帝,景帝在位16年后,子刘彻继位,窦姬被尊为太皇太后。

1. 窦氏青山

据史料记载,窦姬的父亲窦清是清河观津(今河北武邑县)人,在打鱼时不幸落水身亡。窦姬当了皇后,为纪念她的父亲,追封其父为安成侯,其母为安成夫人。当窦姬成为皇太后,又为其父扩建墓冢,为了能够"西望长安",将封土不断提高,并修建了庙宇。相传窦太后为表孝心,告诫修陵人说:我要在长安就能看见父亲的坟冢,要在观津城里看见墓上的青松。窦氏青山墓今高22.9米,周长490米,占地面积3万平方米。墓地原立"窦氏青山"墓碑一通,现仅存"青山"二字。窦氏青山墓1982年被河北省列为省级重点文物保护单位。

2. 美人心计

窦姬的传奇经历也为众多电视剧所改编,热播电视剧《美人心计》就是根据窦姬的经历改编。在电视剧中窦姬又名窦漪房,原名杜云汐,本是吕后安排在代王身边的细作。但窦姬到代国后却倒向刘恒。已有王后的刘恒允诺:今生今世只爱窦漪房一人。窦漪房在代国生子刘启、女馆陶,刘恒即位后,窦漪房称窦皇后,子刘启被立为太子。由于窦漪房长期对刘恒隐瞒了真实身份,使得刘恒心存芥蒂,转而宠爱慎夫人。后来刘恒与窦后解开心结,刘恒冷落慎夫人,慎夫人为争宠频频对窦后下手,并使窦后的亲信雪鸢吞金而死,窦后终于不再仁慈,硬起手腕对付慎夫人,并答应在慎夫人死后善待其子刘武。之后,文帝刘恒与窦后感情笃深,文帝甚至下令:遣散六宫,专宠窦后一人。

三、汉三陵及其历史影响

汉文帝是中国古代贤君明主的杰出代表,他所推行的仁政也成为后世历代帝王学习的榜样,其本人"亲尝汤药"也是"二十四孝"行为之一。两千多年来,深深地影响着民间老百姓。汉文帝作为皇帝仁孝治国,作为儿子孝敬母亲,作为丈夫关心妻子,死后一家三口葬于霸陵,形制独特。文帝霸陵素有"顶妻(窦皇后北陵)背母(薄太后南陵)"之说。其首创的"因山为陵"影响了众多后世帝王的陵墓,开依山建陵的先河。

（一）汉文帝是三代以来第一贤君

汉文帝刘恒在汉初波谲诡秘的政治环境中登上皇帝位，他长期与百姓生活在一起，深知百姓生活之不易，因而在位期间，轻徭薄赋，与民休息，采取了一系列仁政措施，史载"汉文帝即位，以德化民，躬修俭节，思安百姓"①。历代史学家、帝王均对汉文帝有极高的评价。

太史公司马迁用孔子的话来评价汉文帝："孔子言'必世然后仁。善人之治国百年，亦可以胜残去杀'。诚哉是言！汉兴，至孝文四十有余载，德至盛也。廪廪乡改正服封禅矣，谦让未成于今。呜呼，岂不仁哉！"② 司马迁高度赞扬了汉文帝的仁政，认为他做到了孔子所说的仁。他在《太史公自序》中又说道"汉既初兴，继嗣不明，迎王践祚，天下归心；蠲除肉刑，开通关梁，广恩博施，厥称太宗。"③ 司马迁用短短几句话概括了文帝即位，天下归心；即位后又广施恩德。班固评价汉文帝："太宗穆穆，允恭玄默，化民以躬，师下以德，农不共贡，罪不收帑，宫不新馆，陵不崇墓，我德如风，民应如草，国富刑清，登我汉道。"④ 可见文帝功绩之卓著。

汉文帝也是历代帝王颂扬的榜样，魏文帝曹丕、前赵刘渊、唐太宗李世民都对汉文帝有过很高的评价。曹丕评价汉文帝"刘恒慈孝，宽仁弘厚，躬修玄默，以俭率下，奉生送终，事从约省，美声塞于宇宙，仁风畅于四海"；前赵开国皇帝匈奴人刘渊评价汉文帝"太宗孝文皇帝重以明德，升平汉道"；唐太宗李世民更是将汉文帝作为自己学习的榜样，"昔汉文帝将起露台，而惜十家之产。朕德不逮于汉帝，而所费过之，岂谓为民父母之道也"⑤。

古代文人对汉文帝的评价更是不胜枚举。很多文人都把汉文帝作为三代以来第一明主。曹植评价汉文帝："孝文即位，爱值怀民。殆至刑错，万国化淳。"⑥ 宋代钱时说："至于文帝，乃始以朴俭先天下，务农重谷，省刑罚，薄税敛，而遂措斯世于休养生息之地。三代而下未之有也。"南宋朱熹评价说："三代以下，汉之文帝，可谓恭俭之主。"北宋邱濬说："三代以下，称帝王之贤者刘恒也……吁，若刘恒者，可谓百世帝王之师矣。"谢肇淛和汤谐直接就说汉文帝是三代以下第一贤君。谢肇淛言："三代以下之主，汉文帝为最。"汤谐言"孝文为三代以后第一贤君。"曾国藩评价汉文帝："盖其德为三代后仅见之贤主，而其心则自愧不称帝王之职而已矣。"

从上面的评价可以看出，历代文人墨客、帝王将相都在浓墨重彩地推崇汉文帝的

---

① 《汉书》卷二四上《食货志上》，第 1127 页。
② 《史记》卷一〇《孝文本纪》，第 437 页。
③ 《史记》卷一三〇《太史公自序》，第 3303 页。
④ 《汉书》卷一〇〇下《叙传下》，中华书局，第 4237 页。
⑤ ［唐］刘昫：《旧唐书·本纪第二太宗上》，中华书局，1975 年，第 35 页。
⑥ 见《艺文类聚》卷十二·帝王部二。

仁孝之风、仁政治国，很多人将汉文帝视为三代以来第一贤君，看来不是妄加虚言。

（二）汉文帝是仁政、廉政的典范

汉文帝施行仁政，以德怀民、以德化民，是后世仁政、廉政的典范。文帝在位23年，始终践行仁政、廉政，他废除肉刑、连坐等制度；减免赋税，三十税一，轻徭薄赋；提倡节俭，反对铺张；孝敬父母，亲尝汤药。《论语》曰："君子之德风，小人之德草，草上之风，必偃。"汉文帝的行为为天下百姓树立了榜样。

汉文帝非常注重廉政，曾有人送给他千里马，他拒绝接收，同时还下诏书说："朕不受献也，其令四方毋求来献。"① 他认为自己要给百官做好表率，只有示天下以节俭、清廉，才能号召百官。文帝一朝，拥有众多廉吏、能臣。很多大臣出身低微，文帝都能不拘一格，提拔他们，书生贾谊、太子家令晁错、廷尉张释之、丞相申屠嘉、治军严明的周亚夫，他们都是汉代廉吏的代表。文帝一直想重用太后的弟弟窦广国担任丞相，窦广国本人品行贤德，但他怕天下人认为因私偏爱，一直弃之不用。正是因为文帝以德治国，廉洁从政，在与民休息政策的指导下，短短二十年，就开创了"海内安宁，家给人足，后世显能及之"② 的文景之治。

汉文帝的仁政、清廉、节俭也体现在他的薄葬上。为了给人民减轻负担，不起陵，陪葬品全部用瓦器。汉文帝的薄葬受到后人的称颂，刘备死后，诸葛亮援引汉文帝薄葬的例子，废除了刘备葬礼的繁复丧礼，下令天下吏民三日后即除去丧服。魏文帝曹丕也效仿汉文帝，遗令国内只服丧三日。

（三）汉文帝是仁孝的典范

汉文帝"亲尝汤药"，被后世列为"二十四孝"之第二孝。因此，他是仁孝的典范，也是全天下百姓学习的榜样。汉文帝的母亲，卧床三年，文帝常伴左右，亲尝汤药。文帝不仅自己孝顺，对国内的老人也非常照顾，他规定国内凡80岁的老人，都可以每月到县衙领取米、肉、酒等物品；90岁的老人，还可以额外得到帛、棉絮等衣料。这些措施在文帝之前是绝无仅有的，充分体现了文帝的仁孝治国精神。汉文帝废除肉刑，也是为缇萦对父亲的孝道所感动，而联想到天下犯罪之人，果断下令，废除肉刑的。

刘恒先于母亲薄后离世，他非常地孝敬母亲，害怕自己死后，母亲伤心，并对让母亲"白发人送黑发人"的"不孝"抱憾。他告诫窦皇后一定要替自己尽未尽的孝道，如果窦皇后能够尽孝道，就把窦皇后葬在他的陵墓头顶的位置，将薄后葬在他陵墓背部的位置，这就是汉三陵"顶妻背母"形制的由来。

（四）薄太后和窦太后是和谐婆媳关系的典范

据正史记载或者传说，窦皇后与薄太后的关系是非常好的。传说窦皇后原本是不

———————————

① ［宋］司马光：《资治通鉴》，第443页。

② ［宋］司马光：《资治通鉴》，第508页。

识字的，薄太后经常亲自教她写字。窦皇后和薄太后年轻时的经历也有相似之处，所以，她们有一定的共同语言，经常在一起交流。他们一起辅佐文帝，开创了我国历史上的第一个封建盛世——文景之治。

窦姬成为皇后时，他的双亲都已经去世，并埋葬在观津。薄太后便下诏命有司追封窦皇后的父亲为安成侯，母亲为安成夫人。同时还命令清河郡为其双亲设置二百户的园邑，由长丞侍奉看守，一切礼法皆按薄太后为父亲灵文侯所置灵文园的制度规模行事。

从汉三陵"顶妻背母"的形制可以看出，正是因为窦皇后对薄太后尽了孝道，所以才会出现这样的形制。薄太后和窦皇后和谐的婆媳关系也成为后世典范。

（五）汉文帝陵开创了因山为陵的先例

汉文帝霸陵"因山为陵"的形制对后世影响深远，后世很多朝代的帝王陵墓都采用这种形制。特别是唐代，十八皇陵几乎都是因山为陵，将这种形制发挥到极致。

1. 汉文帝陵跳出祖制，影响了杜陵的选址

汉文帝和汉宣帝都不是嫡长子而登上皇位的人，因此他们的陵墓都不在西汉传统的渭河以北的咸阳原上。

汉代帝陵遵循严格的昭穆制度。按照制度，始祖居中，左昭右穆。惠帝安陵位于高祖长陵之西，但是文帝与惠帝同辈，按照昭穆制度就没法执行。因此文帝跳出祖制，将陵墓选建在白鹿原上。另有一说，文帝的母亲薄后因为是刘邦的姬妾，按照祖制，死后要埋入长陵，只能以侧室的身份进入。文帝当然不愿如此，因而只有在给自己选择陵址时，也给母亲选一块地方，这样母亲就可以和自己埋在一起了。

汉宣帝刘询是汉代第二位以非嫡长子身份登上皇位的人，他的经历跟文帝有点相似。宣帝将墓葬选在杜陵，跟他年少时"周徧三辅""尤乐杜、鄠之间，率常在下杜"[1] 有很大的关系，况且其父母均葬在长安城东南。宣帝杜陵不遵祖制，可以看作是文帝霸陵选址的延续。

2. 汉代诸侯王墓葬多因山为陵

文帝采用的因山为陵的墓葬形制，虽在其后西汉帝陵中没有采用，但是对于汉代富庶地区的诸侯王陵墓的影响却非常大，很多诸侯王几乎都是采用这种墓葬形制，如满城中山靖王陵、河南永城汉墓、九龙山崖墓群等，都沿用"因山为陵"的形制。

满城汉墓是中山靖王刘胜的墓葬，位于保定城西北21公里处满城区陵山。西汉中山靖王刘胜和其妻窦绾葬于此。满城汉墓是中国目前保存最完整、规模最大的山洞宫殿。举世闻名的"金缕玉衣""长信宫灯""错金博山炉""朱雀衔环杯"就出土于此。刘胜是文帝的孙子，其墓葬形制是文帝霸陵的继续，当无疑义。

---

① 《汉书》卷八《宣帝纪》，第236页。

长信宫灯   错金博山炉   朱雀衔环杯

图2

水城汉墓群位于河南省芒砀山，是西汉梁孝王的陵墓，是目前中国所发现的年代最早、规模最大的汉墓群。梁孝王刘武是文帝的小儿子。梁孝王墓"斩山作廓，穿石为藏"，是典型的因山为陵，其工程浩大、结构独特、布局对称，被后世称为"天下石室第一陵"，是因山为陵的墓葬中的精品。

山东曲阜的九龙山崖墓群也是效仿文帝霸陵修建的，其墓葬形制为依山开凿墓道、开挖山洞成室的崖墓，东西并列，墓门向南，形制大体相同。位于山东曲阜城南9公里处，崖壁上东西并列5个南向古墓，为西汉时鲁王陵墓。

文帝霸陵除影响到汉代诸侯王的墓葬形制外，还影响到了汉代的一般墓葬形制，如徐州邳县白山故子的东汉画像石墓、徐州铜山大泉东汉墓，这些都是用高处平地的土墩依山而葬。① 霸陵这种因山为陵的形制也影响到了周边的少数民族和边远地区，比如四川的崖墓等。

图3

3. 文帝因山为陵对后世的影响

此外，因山为陵的形制影响了其后很多朝代的帝陵，如东汉帝陵，魏晋帝陵和隋唐帝陵。

———————————

① 周学鹰：《"因山为陵"墓葬探源》，《中原文物》2005年第1期。

　　东汉帝陵都建在洛阳北部邙山之上，当地有谚语："生在苏杭，葬在北邙。"葬在北邙山上的东汉帝陵，可以看作是霸陵形制的延续。魏晋时期，也有很多帝陵采用因山为陵，《三国志·魏书》中记载曹丕的陵墓："寿陵因山为体，无为封树，无立寝殿，造园邑，通神道。"① 曹丕将文帝视为自己效仿的榜样，不仅学习文帝的施政措施，在陵墓建制上也模仿文帝的霸陵。隋唐的帝陵更是将因山为陵发挥到极致，特别是唐太宗的昭陵，更是因山为陵的典范。

---

① ［晋］陈寿：《三国志·魏志·文帝纪》，中华书局，1964 年，第 81 页。

组织或是协调：吴蜀丧葬的"汉制"再现

——兼论"晋制"之滥觞

焉鹏飞

（沧州文庙管理中心）

摘要：丧葬本为国家礼仪要务，由此形成的制度则可体现政治集团的利益。"汉制"作为刘氏家族维系政权有序运行的黏合剂，培育了大量信徒，既有刘备这样的宗室苗裔，也有孙权这样的忠臣后裔。在"汉制"遭遇危机时，他们各自扮演了"破立者"的角色，时而竞争，或模仿前世辉煌来协调当世州治丧葬之争端，或继承先代训志来组织时下都城丧葬之格局；时而合作，在协调中重视丧葬定位、在组织中强调丧葬象征，却因局势所限终未能修成正果而归结于"晋制"。

关键词：汉制；组织；协调

丧葬"汉制"虽经两汉时期之阶段性调整，总体看趋向未变，其以家族化理念指导葬事，试图将生前之物质、精神所享带至死后世界。此得益于三点：一来汉祚世情颇稳，权贵豪强依赖大地主制和儒家天道观支撑政局；二来汉"世以厚葬为德"，葬风德化深入人心；三是汉代已形成表达与思维方式、宇宙观、核心价值观相对稳定的文化体系。[①] 然自桓灵始，"汉道凌迟，世失其序"，且"天厌汉德久矣"，汉礼恐因丧失社会根基而难以维系，正谓"自汉末剥乱，旧章乖弛"；国之丧葬体系亦遭不测，洛阳诸帝陵为董卓发掘。为应对世情之变，"总御皇基"的曹魏政权另立"魏制"以纠"汉制"之阙，其势已越后者之上；而西通巴蜀的蜀汉和自擅江表的孙吴政权"东西相赖"、互为唇齿，鉴于"魏制"僭上，对失势之汉家葬制又待作何？

北魏高闾曾言："僭拟之属，远如孙权、刘备，近若刘裕、道成，事系蛮夷，非关中夏。"不可否认，蜀汉与孙吴所据地域皆有蛮夷根系。然刘备为"帝室之胄"，孙权亦受汉家锡命，其所奉信条必与蛮夷之俗有不合之处，需考验含礼仪在内的汉文化之调适能力。况汉王朝对身处中夏边缘之蛮夷或剿或抚，多不易通教化，蛮夷"类有土居，

---

① 段清波等：《帝国体制下独立陵园制的发展演变》，《考古》2019 年第 10 期。

连涉荆、交之区，布护巴、庸之外，不可量极……故关守永昌，肇自远离"①。蜀汉虽有"西和诸戎，南抚夷越"之国策，也不免"南征四郡"；孙吴也曾"讨武陵蛮夷"，在无中夏浩威之境况下，蜀汉与孙吴恐皆难行礼教于外族。因此，吴蜀立国面临两大难题：一来需重典旧章，"蜀朝则孟光、许慈创理制度"，诸葛亮等众臣"建立礼仪"以"祚于汉家"，"吴则太史令丁孚拾遗汉事"；二来汉礼难以在辖域内通行，如丹杨山越"不能羁也"；总之汉代旧礼恐无法再被复制。根据霍德的理论，可将汉文化传统概括为汉人的知识、信仰、价值观，无论汉代宗教还是知识均可在墓葬中得到揭示，考古学也将汉文化归结为彰显世人道德观、世界观的丧葬表象②，也就是说，墓葬所承载的丧葬礼俗是汉文化的重要表现形式。而国礼变动势必引发作为周官五礼组成部分的葬之凶礼的调适，进而带来丧葬礼俗意识层面的重新整合，彰显于墓葬物质遗存中。那么在"汉制"没落之背景下，吴蜀丧葬文化建构又会体现怎样的观念呢？

一、蜀汉丧葬之"变"：于师古、任己中协调

自汉代至蜀汉时期，川地墓葬遗存分崖墓和砖室墓两大系统。前者非汉文化固有表现形式，或为川地蛮夷酋领为族人设置之葬穴；依物象分析其更可能为当地汉族显贵为家室营建之阴宅③；抑或两者兼具，出现"涵化"现象，即某一群体采用另一群体的墓葬习俗时所产生的文化变化，体现了社会中特定的文化信息交流④。考古学中所定义的"文化传统"可在促成文化演变方面发挥积极作用，若生态环境、技术、外来影响能对文化演变产生重要影响，那么文化传统也会对这些影响起促进或抵制作用。巴蜀多山，且以砂岩质为主，汉代横穴墓开凿技术亦可能通过人口迁徙传入蜀地，加之汉王朝对西南夷施加的政治军事压力，都可能成为影响崖墓产生和演化之要素，蜀地外迁汉人及以定居农业为传统之夷人均可能采纳之；但恪守汉文化传统的汉人或也会抵制以崖作墓而仍以砖砌行之，以区分"族群边界。"⑤流寓汉、川之蜀汉政权在处理丧葬事宜时便要面对如此双向选择。

蜀汉国礼之操定依托两个依据，一是"夫汉者，高祖本所起定天下之国号也，大王袭先帝轨迹，亦兴于汉中也"，且"大王出自孝景皇帝中山靖王之后，本支百世"，"宜即帝位，以纂二祖，绍嗣昭穆"；二是"今天子玉玺神光先见，玺出襄阳，汉水之

① 《后汉书》卷八六《南蛮西南夷列传》，中华书局，1965年，第2860页。

② 俞伟超：《考古学中的汉文化问题》，《古史的考古学探索》，文物出版社，2002年，第188—189页。

③ 罗二虎：《四川崖墓的初步研究》，《考古学报》1988年第2期。

④〔英〕肯科达著，刘文锁等译：《理论考古学》，岳麓书社，2005年，第217页、第218页。

⑤ 王明珂：《华夏边缘：历史记忆与族群认同》，社会科学文献出版社，2006年，第204页。

末，明大王承其下流，授予大王以天子之位"①，遂立国祚以定礼制，此特定事件的"意义"取决于先主的身世和经历，也定然与立国意图有关②，因而蜀汉国礼至少会吸纳前汉及襄阳地域元素。"昭穆"虽指代宗庙秩序，但丧葬礼仪也要执行，以葬制看，前汉便有穿土为圹和凿山为藏两个系统，诸如高祖长陵、景帝阳陵是将陵寝建在封土墓冢侧方，"秦始出寝起于墓侧，汉因弗改"，外藏系统主要置于土圹中；也有前汉诸侯王选取山崖开凿墓冢主藏，将外藏同置于崖穴中③，昭烈先祖中山靖王刘胜陵墓就是如此建制。川地崖墓葬俗恰可与"治成都"的刘备之宗族丧葬文化传统相对应，且先主于汉中建国时，"所署置依汉初诸侯王故典"，而署置与陵墓亦可属单一的连续统一体④，接受崖墓符合蜀汉礼制的订立策略和实施意图。这时期出现了诸如涂井蜀汉 M5 这样的高规格崖墓，其前后墓室中分布大量陶明器，包括车马器、庖厨、侍从、乐舞、武士等多类人俑、动物俑、房屋等，几乎囊括了西汉诸侯王崖陵中的外藏部分，较后者言其形制虽显简薄但内涵并不逊色，说明蜀汉时期仍有彰显汉代贵族风范之崖墓存在。昭烈惠陵建制情况无从得知，依武侯"遗命葬汉中定军山，因山为坟"分析，诸葛亮就很可能借用山崖之体作坟丘之墓，作为昭烈"股肱"之臣，武侯墓冢建制或可反映蜀汉勋贵的丧葬主流意识。因此，崖墓既可重现宗室王侯丧葬之本源，也可彰显功臣显贵后事之素志。另裨将军霍峻卒，"还葬成都，先主甚悼惜……亲率群僚临会吊祭，因留宿墓上"⑤，显然霍峻墓园有可供祭奠人行礼、所居之寝、便室，墓前用于行丧的建筑较为完备，此一如前汉丧葬规制，而非后汉上陵露祭之礼。

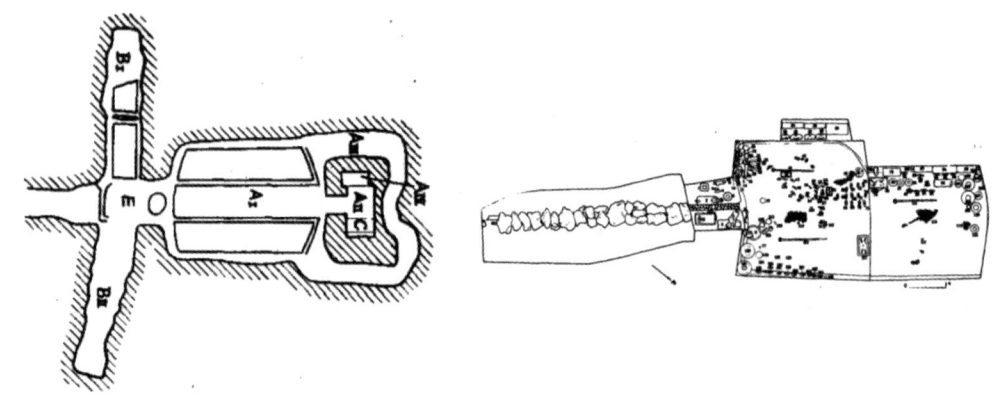

图 1-1　满城汉墓平面示意图　　　　图 1-2　涂井崖墓 M5 示意图

①　《三国志》卷三二《先主传》，中华书局，1971 年，第 888 页。

②　〔英〕伊恩·霍德等著，徐坚译：《阅读过去》，岳麓书社，2005 年，第 142—144 页。

③　俞伟超：《汉代诸侯王与列侯墓葬的形制分析》，见《先秦两汉考古学论集》，文物出版社，1985 年，第 119—123 页。

④　〔英〕杰西卡·罗森著，邓菲等译：《祖先与永恒——杰西卡·罗森中国考古艺术文集》，生活·读书·新知三联书店，2011 年，第 293 页。

⑤　《三国志》卷四一《蜀书十一》，第 1007 页。

在献玺之时，正值“关羽围樊、襄阳”之际，一时间“羽威震华夏”，致使“曹公议徙许都以避其锐”，并“自洛阳南征羽”①；曹、刘围绕襄阳展开政治竞争，试图获得和操控地位象征和礼仪②。前“曹公南征表，先主屯樊”，后“（先主）过襄阳，诸葛亮说先主攻琮，荆州可有”，可见处于国都洛阳与荆州间的襄阳战略地位之重要。曹公入江陵时便“下令荆州吏民，与之更始”，并“论荆州服从之功，引用荆州名士”，然不久“至赤壁与备战，不利”，后“备遂有荆州”，曹操得荆襄后虽有广揽人心之举，但在立足未稳、礼教未定之际便遭赤壁之败，袭得荆州的刘备持“济大事必以人为本”之理念，对先前所拥荆襄之“大众”广施恩德教化，正如其言“今人归吾，吾何忍弃去”；且刘表曾“以上宾礼待”刘备，“荆州豪杰归先主者日益多”，后先主“不忍”攻刘琮，又使“琮左右及荆州人多归”，刘备在荆襄不仅地位确立，同时也具有一定操控力。凭借“梁、郏、陆浑群盗……为（羽）之支党”时势，应襄阳地俗时礼，如此对于“窃居神器”之曹魏政权便产生强大震慑，利于扭转“汉祚将湮于地”之趋势。从武侯“跨有荆、益，保其岩阻”之谋划，先主取蜀时“留诸葛亮、关羽等据荆州，将步卒数万人入益州”，庞统献言“于会所袭璋”，先主以“不可仓卒”拒之，并与璋“相见甚欢”，仍行“仁覆积德，爱人好士”之风以获取地位和礼仪之操控，以致益州“有志之士，无不竞劝”。

从考古发现看，川地自后汉晚期才出现横列式砖室墓以行合葬③，这时期疑为刘表墓冢的襄阳东街 M1，襄樊菜越三国墓 M1，均县双冢 M1、M2，襄樊长虹南路 M16 均出现同室合葬现象；而如襄樊松鹤路 M20、襄阳王坡 M172、襄樊菜越三国墓 M1 也有横列或近横列墓室存在，川地砖墓之变化很可能受荆襄地区影响。一是“吴终不能越荆有蜀”，孙吴之文化影响不应存在；二是益州牧刘焉遣张鲁“住汉中”，后“璋杀鲁母及弟，遂为仇敌”，汉中道教文化影响也可排除；三是刘焉父子治益州时，内“欲立威刑以自尊大”，致使“士民皆怨”，且“不能禁制，旧士颇有离怨”，“父子在州二十余年，无恩德以加百姓”④，益州民风礼俗自然不会受其影响。另外，刘璋曾“率众击刘表”，此时益州必不接受荆州礼俗文化。唯刘备率荆襄人士入川地，与益州人士接触后，荆襄丧葬礼俗才可能跨越空间进行传播。而此时川地崖墓规建也开始出现横列后室配置⑤，可从侧面反映出崖墓或已被纳入蜀汉丧葬文化体系中。可以说蜀汉丧葬或以汉风显著之崖墓作为疏通前汉、蜀汉两代之文化情愫；或以家化突出之砖墓作为联结荆襄、汉川两地之文化纽带。

---

① 《三国志》卷三六《蜀书六》，第 941 页。
② 〔英〕肯科达著，刘文锁等译：《理论考古学》，第 116 页。
③ 罗二虎：《四川汉代砖室墓的初步研究》，《考古学报》2001 年第 4 期。
④ 《三国志》卷三六《蜀书六》，第 869 页。
⑤ 罗二虎：《四川崖墓的初步研究》，《考古学报》1988 年第 2 期。

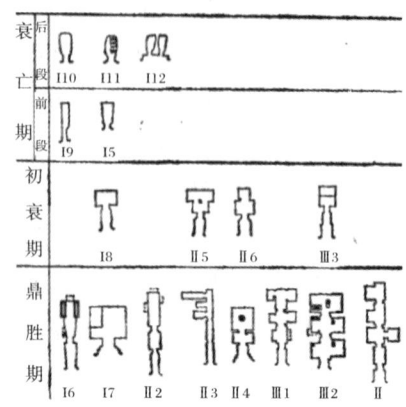

图 2-1　四川崖墓演变示意图（出自罗二虎《四川崖墓的初步研究》）

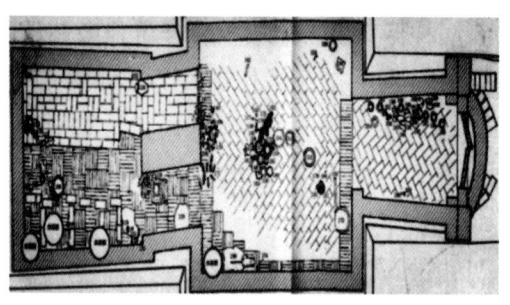

图 2-2　襄樊菜越三国墓示意图

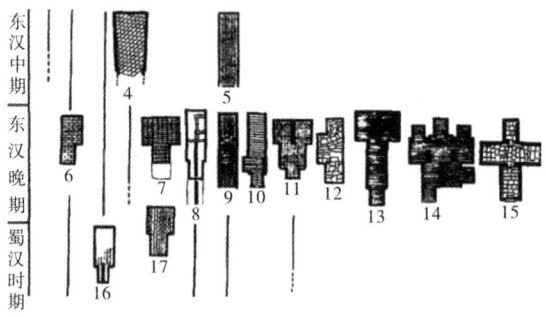

图 3　四川砖墓演变示意图（出自罗二虎《四川汉代砖室墓的初步研究》）

　　就葬风而言，先主遗诏："满三日除服，到葬期复如礼，其郡国太守……三日便除服。"① 其葬礼之简更甚于魏武遗令。不仅如此，蜀汉贵族地下墓葬规模也大为简化，如武侯墓"冢足容棺，不须器物"；另如西昌东汉晚期 M4 还是带纵向前室的并列双后室墓，至建兴五年（227）墓前后两室间几乎分辨不出界限，墓室规模有明显缩减。可以说蜀汉俭葬风气始于昭烈，成于后主。一来此与世情变化有关，"汉以后，天下送死

―――――――――

　　① 《三国志》卷三一《刘二牧传》，第891页。

奢靡"，魏武"以天下雕弊，下令不得厚葬"，昭烈亦深知"匡主济民"之道，正如曹公言"今天下英雄，唯使君与操耳。"显然刘备亦识时务，恐不认可厚葬之风；二来社会观念有所转变，鉴于"汉室凌迟，海内倾覆"，儒家思想趋于衰弱，一些名士倾向将丧葬之个人心境寄托于道家人生观[1]，如卢植"临困，敕其子俭葬于土穴，不用棺椁"，刘备年少时曾学于卢植，行事之思绪必受其教化；再者与武侯个人之素志颇有关联，其曾表后主"臣在外任，无别调度，随身衣食，悉仰于官，不治别生，以长尺寸。若臣死之日，不使内有余帛，外有赢财"[2]，病卒后后主伤悼、"黎庶追思"，武侯之俭或可引领时风；最后与时局有关，一则"孙权袭杀羽，取荆州"，蜀汉据地尽归孙吴，先主忿之，"遂帅诸军伐吴"，却遇猇亭之败未能复夺荆州，蜀汉国家文化基因遭破损亟待调整；后"先主病笃"时有黄元举兵，国势不稳，葬事不宜铺张。二则"后主袭位于成都"后，蜀汉益州等郡多叛，诸葛亮先遣使"固好于吴"，再"内平南越"，蜀汉国之定位此时或有改变，建兴五年（227）"亮出屯汉中"、七年（229）与吴"共交分天下"，"今日灭叡，禽其徒党，非汉与吴，将复谁任"，正式退出荆襄争夺而改据汉中，仍称汉号。陕西城固蜀汉墓为单室砖砌建置，墓室面积不足 3 平方米，却有铜弩机 9 件、定平百钱三百余枚，可能是葬于汉中的蜀汉将军墓，其规模符合武侯"冢足容棺"之遗命。或许蜀汉单室砖墓正自汉中兴起，因诸葛亮之严明使益州吏民"风化肃然"，继而接纳之。川西五道渠蜀汉墓和川东巴县蜀汉后期墓均为单室，崖墓亦然，涂井崖墓就可直观反映出蜀汉前后期这种形制变化，后期崖墓陶明器数量减少，吴地风格的瓷器开始增多，汉显贵之风消失殆尽。

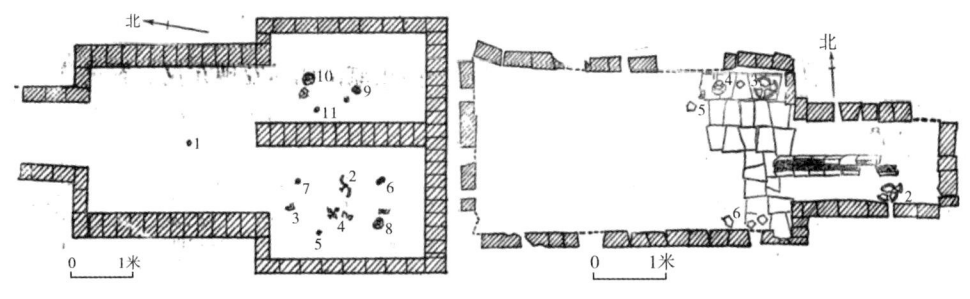

图 4-1　西昌东汉晚期 M4 示意图　　　图 4-2　西昌南坛蜀汉墓示意图

　　综上，刘备借前汉宗王崖陵之气象与后汉荆襄砖墓之地俗重构丧葬"汉制"，并"招纳（武陵）五溪蛮夷"以通荆襄、益州之风俗流传，于葭萌"厚树恩德"以解汉中、益州之民心隔阂，以蜀汉之"汉制"协调不同地域葬俗，效果显著，处于荆、益之间的万州蜀汉墓虽呈刀形却为横列合葬墓室，也可为证。鉴于世情所变，诸葛亮以个人素俭之志"效忠贞之节"，于汉中调适丧葬"汉制"，精简葬规，虽影响甚大但未

---

① 蒲慕州：《汉代薄葬论的历史背景及其意义》，《历史语言研究所集刊》，1990 年，第 61 本。
② 《三国志》卷三五《诸葛亮传》，第 927 页。

成气候，"自亮没后，兹制渐亏"。保山蜀汉延熙十六年（243）墓 BHM1 有前后两室，前室近方形、后室呈长方形，为单人葬，总面积超 10 平方米，其墓砖有"官吏建"字样，证明墓主可能是地方官，如此建制恐不合蜀汉葬礼。在经历先主师古且任己、武侯任己而适用两次丧葬变革后，蜀汉葬礼却因后主"昏暗"而无法定制，终因蜀中"死丧狼藉"，"后主举家东迁"而灰飞烟灭。

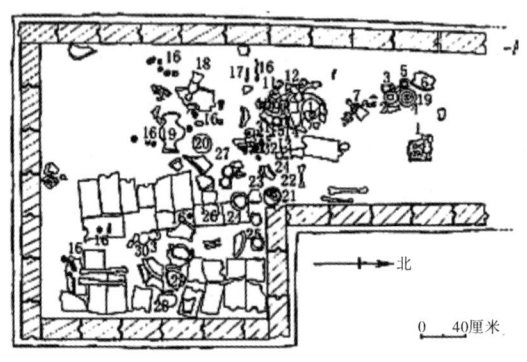

图 5　万州蜀汉墓

二、孙吴丧葬之"变"：于任己、适用中组织

经考古发现，长江中下游等地孙吴墓葬以砖墓系统为主，分为坑穴砖室墓（包括砖柱墓）和土墩砖室墓两类，以前者为大宗，形制多样，有十字形墓、吕字形墓、弧壁两室墓和少量不同形制的单室墓，东汉晚期江东砖墓系统已成气候，恐已摆脱地域传统束缚而入"汉制"窠臼。究孙吴宗室贵族丧葬礼制渊源，孙坚曾因"前后功"于汉朝获封乌程侯，董卓"焚烧雒邑"后，孙坚"入至雒，修诸陵，平塞卓所发掘"，可见其忠于"汉制"，史载太元元年（251）"大风，江海涌溢，拔高陵树二千株，石碑蹉动"[1]，孙坚高陵碑树物象也可佐证这点。及策力"并江东"获封吴侯，以其"欲袭许，迎汉帝"之举看，孙策倾向承父志，且孙策虽善"与天下争衡"，却不善"举贤任能，各尽其心"，其在礼制上恐无创举。至孙权初，内"镇抚山越""徙治秣陵"，外"伐黄祖""破曹公""征合肥""分荆州"以保江东，至"定荆州"之际，孙权仍"奉贡于汉"。孙氏并未因政治地位提升而越汉礼自居，丧葬或一如旧制，如偏将军周瑜"丧事费度，一为供给"，仍循厚葬之风。

孙权于黄初二年（220）始"城武昌"时因虑危而"谦约"，"自魏文帝践祚，权使命称藩"，曹丕策命孙权曰"君化民以德，礼教兴行；宣导休风，怀柔百越"，可见孙权于吴所施礼教谨慎得当，形成了具有合理规则的制度。武昌一地至东汉后期始有

————————————————

① 《宋书》卷三四《五行五》，岳麓书社，1998 年，第 555 页。

砖墓出现，丧葬处于转型期①，此时将丧葬"汉制"的正当性运作于武昌易被当地人认可服从，便以通之礼俗，以黄武元年（222）道士郑丑墓为例，其采用近似十字形的双耳室前后两室墓，葬品以釉陶、瓷器、铅器为主，仅一道士便有如此规格之丧葬，显然受汉制之厚葬风气影响，侧面反映武昌礼教令行得当。黄龙元年（229），孙权于武昌"南郊即皇帝位"，是年秋再次迁都建业，仍留"陆逊辅太子登掌武昌留事"，武昌孙吴之教化得以延续。先于武昌为孙吴治所的建业与前者类似，"处身疆畔"，有被曹魏攻侵之险，孙权"作濡须坞"拒之；归吴前建业所在的丹杨等郡为扬州刺史刘繇所据，后袁术"图为僭逆，攻没诸郡县"，"汉命加繇为牧"与袁术相拒，后严白虎群盗"屯聚"诸郡，至孙策平定江东止，自汉末建业所在郡域就是各方诸侯权争之地；且扬州等地"蛮夷多未平集，内难未弭"，正谓"深险之地犹未尽从"，且"未有君臣之固"，建业等地礼制恐因指令不定而未形成具有合理规则的"汉制"，因而无法行"妥当性"权力②，难依托汉礼教化于民。

鉴于"兵久不辍，民困于役"，二都建业时期孙权始变革汉之葬礼，嘉禾六年（237）诏曰："故圣人制法，有礼无时则不行，遭丧不奔非古也，盖随时之宜，以义断恩也……国家多难，凡在官司，宜各尽节。"又胡综议："丧纪之礼，虽有典制，苟无其时，所不得行"③，以"内外多事"为由孙权定"长吏遭丧，皆不得去"之规，是弃旧礼行任己所为，对此令却"数有犯者"，后以"大辟"强制手段绝之，葬礼因时从俭遂被吸纳至孙吴礼制。孙权行此权宜一来有亲身经历，"策薨，权哭未及息，张昭谓权曰'今奸宄竞逐，乃欲哀亲戚，顾礼制，是犹开门而揖盗'乃改易权服，使出巡军"；二来与太子孙登直谏有关，"虑卒，权为之降损，（登）谏曰'方今朔土未一，减损大官殽馔，过于礼制'，权纳其言"④。此时不仅丧葬礼仪受到削弱，死者葬事安排亦有俭化取向，如张昭"遗令幅巾素棺，敛以时服"；吕蒙"救主者命绝之日皆上还所得金宝诸赐，丧事务约"；吕岱"遗令殡以素棺，葬送之制，务从约俭"；诸葛瑾"遗命令素棺敛以时服，事从省约"，是仪亦"遗令素棺，敛以时服，务从省约"。废止奔丧，加之勋贵力主俭葬，或能起到移风易俗作用，这时期建业地区墓葬横列前堂趋于缩短，耳室系统趋于简化，如年代在赤乌年间的唐家山吴墓近方形前室仅附一小耳室，大司马朱然墓甚至无耳室，为前室近方形的两室墓，表明丧祭人数规模受限，葬事从俭，吕字形墓正式主导建业丧葬体系，直至孙吴晚期。

① 龚良：《汉—孙吴时期我国南方地区砖室墓形制类型初探》，《东南文化》1986年第2期。
② 〔德〕马克斯·韦伯著，康乐等译：《支配社会学》，广西师范大学出版社，2010年，第19页。
③ 《三国志》卷四七《吴主传》，第1141页。
④ 《三国志》卷五九《吴主五子传》，第1364页。

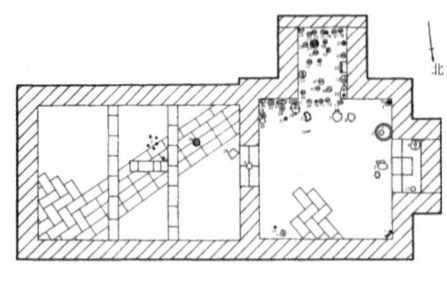

图 6-1　唐家山吴墓示意图

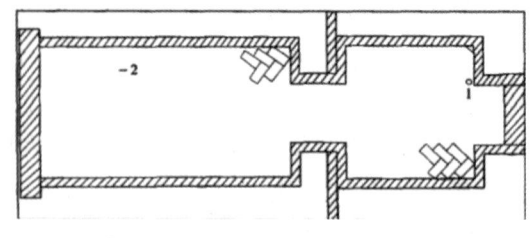

图 6-2　仙鹤山 M4 示意图

孙吴陪都武昌亦接受嘉禾六年（237）诏令，"吴令孟宗丧母奔赴，已而自拘于武昌以听刑"，然武昌墓形制度并未一如建业，虽有吕字形墓出现却非主流，鄂钢饮料厂M1 吴宗室孙邻墓仍是附带双耳室的前后两室墓，不过双耳室并列于甬道两侧，与墓室中轴线平行，此设置虽也可缩减前室跨度以应葬礼之俭，却未从实质上改变墓室规模。同为宗室墓葬的马鞍山宋山墓亦如此形制，孙邻亡于赤乌十二年（249），宋山墓年代也可能在赤乌年间，均受嘉禾六年令所约束，或也说明孙权仅是对葬礼做出强硬制约，而对地下葬规并无强制性规定，恐也无意遏制厚葬风俗，陆逊卒时"家无余财"或只是个人行为。后武昌再次出现孙将军墓、莲溪寺永安五年（262）墓这样的十字形大墓，前者葬品几乎全为青瓷器（孙邻墓瓷器比重不足五成），似又回归旧制。景帝孙休永安元年（258）有诏："自建兴以来，时事多故，吏民颇以目前趋务，去本就末，不循古道，夫所尚不惇，则伤化败俗……以隆风俗。"① 此诏矫嘉禾六年令之漏，以古礼正时俗所失，十字形墓在武昌的复归或与此有关。然孙皓即位后"粗暴骄盈"，"逼杀景后朱氏，亡不在正殿，于苑中小屋治丧"，众人"莫不痛切"，皓做出此"伤化"之举，至后期"上下离心"，礼制恐难推行。时国祚衰微，外"晋受禅……形势方强"，内山贼聚乱至建业，礼制恐亦不振，如江宁"天册元年"墓、南京仙鹤山孙吴 M4 这样的贵族墓形制局限、规模有限。武昌因"危险而塉确，非王都安国养民之处"，政治地位下降，丧葬礼制恐亦难寻往日之辉煌。

另如鄂钢饮料厂 M1、孙将军墓（后室两侧壁略有弧凸）、宋山墓、当涂"天子坟"墓、江宁上坊大墓后室墓壁均略有弧凸现象出现。孙吴弧壁墓形源地在吴郡，苏州虎丘路新村土墩孙吴墓 M1 前后两室墓壁均向外弧出，既是土墩建制，说明此墓墓主很可能是吴人，吴郡人士或也认可将弧形墓壁用于丧葬规建。然至孙吴中后期此墓形才被宗室贵族普遍吸纳，颇令人费解。孙氏本就出自吴郡，孙坚为吴郡富春人，青旸地孙坚、孙策衣冠冢就未使用弧形墓壁，且建业吴墓也罕见此墓形，仅上坊大墓有之，这可能与孙吴中期以后的礼制变革有关。前述孙坚父子均恪守"汉制"，至嘉禾六年始有调整，赤乌十年（247）孙权"作太初宫"，次年诏："古者圣王积行累善，修身行道，

————————————

① 《三国志》卷四八《三嗣主传》，第1158页。

已有天下，故祥瑞应之，所以表德也。"① 孙权至此时恐才正式立国祚，应是鉴于"平山越事毕"，且孙权因"民物劳瘁"不"猥割土地以丰子弟"，并"诏开仓廪以赈贫穷"，又"赦死罪"，呈现出孙吴内政安定之象。太元元年（251），孙权"幸曲阿，祭高陵"，并"祭南郊"，可视作定礼制之举措；孙皓将其父"改葬明陵"时亦"使丞相陆凯奉三牲祭于近郊"，前"顾雍奏宜修郊庙社稷，以承天意，诏答未可"，依此推断，孙权这次郊祭非同小可，恐也与改葬其父有关，"权末年所郊，坚配天也"②。或许直到此时（赤乌十一年至太元年间），以弧壁作墓才正式被纳入皇室丧葬规制中，以区别于"汉制"，但从孙氏宗室墓墓壁弧凸程度看，此变革谨小慎微。

吴郡等地弧壁墓的使用或与当地豪族势力强大有关③，这时期吴郡陆氏、顾氏权势煊赫，陆逊辅太子"董督军国"，并特加礼节，"诸军振旅过武昌，权令左右以御盖覆逊，入出殿门，凡所赐逊，皆御物上珍，于时莫与为比"④；顾雍"为相十九年"，"至德忠贤，辅国以礼，朕甚慼之"，以丧葬物象礼遇功在社稷之勋贵，或也得当。之后吴会地区出现金坛方麓永安三年墓、余姚虞氏墓这样风格较开放的弧壁墓，此既不违礼制，也可能是永安元年（258）诏令"隆风化"的具体体现。

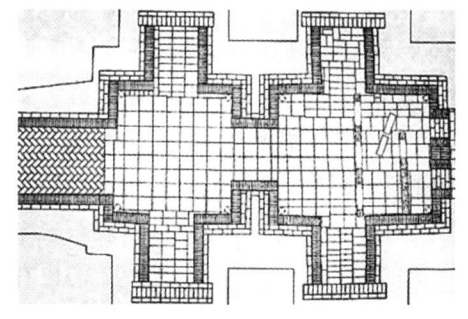
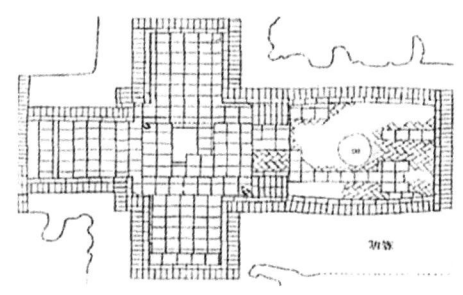

图 7-1　上坊孙吴大墓示意图　　　　　图 7-2　当涂天子坟吴墓示意图

以孙权为代表的孙吴贵族因时局之变试图重组丧葬礼制，不经意间的任己所为却因适用而产生实效，而经意间的任己所行却因对适用性的疑虑而无太大作为，经历景帝、末帝两代矫作，终未彻底摒弃"汉制"。正如孙权遣蜀使臣郑泉言："曹操父子凌轹汉室，终夺其位，陛下（刘备）托以宗室，有维城之重，不荷戈执殳为海内率先，而因是自名，未合天下之义，是以寡君未复书耳。"⑤ 此言恰可反映，在"天下未定"之时孙吴始终有辅振汉室之略，也就可以理解孙吴丧葬改革的保守性了。

①　《三国志》卷四七《吴主传》，第 1147 页。

②　《宋书》卷一六《礼三》，吉林人民出版社，1995 年，第 247 页。

③　〔美〕丁爱博著，李梅田译：《六朝文明》，社会科学文献出版社，2013 年，第 129 页。

④　《三国志》卷五八《陆逊传》，中华书局，1971 年，第 1349 页。

⑤　〔唐〕许嵩撰，张忱石校：《建康实录》，中华书局，1986 年，第 23 页。

三、"晋制"始自于襄阳?

无论曹操、刘备还是孙权,虽"绍世而起",却仍奉汉为正朔,丧葬"汉制"在三国时期虽形式多变却终未陨落。魏武躬行"汉制",安阳高陵可以为证;而刘备的复古型、诸葛亮的朴素型、孙权的保守型丧葬变革也未根本脱离"汉制"框架,曹丕虽立激进色彩厚重的丧葬"魏制",然汉礼仍被认可,献帝逊位仍"以天子车服郊祀天地、宗庙、祖、腊皆如汉制"。不可否认,晋制最终形成于中原地区,然由"汉制"走向"晋制"恐并非只有"魏制"一个过渡期,孙吴中后期墓葬中祭奠空间的压缩也使得墓室构造趋于简化,此或可视作另一个过渡阶段①,长江流域汉魏时丧葬形式是否也对晋制的出现产生过影响呢?应该说,魏、蜀、吴丧葬制度是以"汉制"为出发点进行的跨越、协调、组织操作的,"汉制"衰微并非始于三国境内,或也可说"晋制"萌芽也非生自魏、蜀、吴地域。

自"灵帝政化衰缺,四方兵寇,(刘)焉以为刺史威轻,乃建议改置牧伯,镇安方夏……州任之重,自此而始"②,刘焉选择任益州牧是因私语"京师将乱,益州分野有天子气",正是他始践汉祚。而此时刘表也"理兵襄阳,以观时变",并"欲卧收天运",也有不臣之心。可见汉魏之际,益州、荆襄地区很可能率先摆脱汉制羁绊,刘表墓采用弧壁墓形或就是表现,这时期襄阳均县双冢 M1、襄樊长虹南路 M16、王坡 M172 均是弧壁单室墓。这几座墓的年代被认为在汉魏前期,应是刘表治时,"表招诱有方,威怀兼洽,大小咸悦而服之",丧葬事宜存在趋同性看似合理;且刘表墓三个墓室都有葬人,耳室与甬道相连,似无专门用于祭奠的"前堂"存在,这种结构也在同时期的长沙晋墓 M24 中出现,甬道两侧对称分布的小耳室,并无前堂存在空间,汉制在荆襄等地恐遭遇危机。

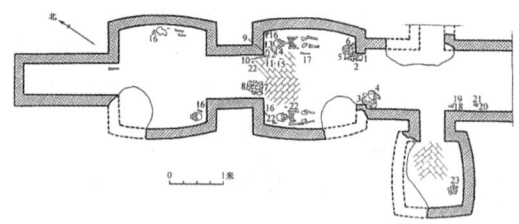

图 8-1　襄阳城东街 M1 示意图

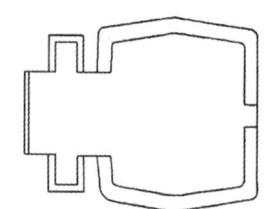

图 8-2　长沙晋墓 M24 示意图

自"操军到襄阳,琮举州请降"后,襄阳便归属曹魏。襄樊菜越 M1 年代为三国早期,其横列前室中部、后部有铜盘、冼、铁钩、鱼骨鸭骨等物,应是祭奠场所,可能是当地一位将军墓,此墓显然不同于刘表时的襄阳风格,前堂复归表明其已接受汉

---

① 赵娜:《孙吴宗室墓葬的考古学研究》,山东大学 2020 年硕士论文,第 69 页。
② 《后汉书》卷七五《刘焉袁术吕布列传》,第 2431 页。

制影响。鉴于时局，襄阳成为曹魏与吴蜀间的政治竞争据点，正如司马懿言："襄阳水陆之冲，御寇要害，不可弃也。"先有刘备治荆州时因"天下知名，曹操所惮"，周瑜也曾谋划"与将军据襄阳以蹙操，北方可图也，权许之"，后有孙权"兵西过"时因"新破关羽"为文帝所惮。襄阳虽被曹魏一时焚弃，后"（曹）仁讨之，遂入襄阳"，其复归曹魏，自文帝始曹魏对襄阳的管控力度可能更甚于前。其丧葬文化或受"魏制"影响，墓中祭奠色彩有所削弱，诸如襄樊贾巷 M5 前室近方，两室间仅过道连接；襄樊松鹤路 M20 为双近方形的前后两主室墓。"及（孙权）遣其将诸葛瑾、张霸并攻襄阳，（宣）帝督诸军讨权，走之，进击，败瑾"；太和元年（227），"天子诏帝屯于宛，加督荆、豫二州诸军事"①，后虽有陆逊攻襄阳时因"施设变术"为敌军所惮，又"朱然围樊，魏太傅司马宣王救樊"，至曹魏中后期荆襄军务为司马懿所掌控。司马氏或继续对襄阳等地施行礼教，枣阳王湾 M1、M2 为三国后期贵族墓，前者为附带双耳室的前后室相连墓形，后者为带侧室的单室墓，这两种形制体现了两室墓向单室墓的过渡变化，"晋制"雏形在襄阳出现。长沙地区也经历相似变化，刘表时期弧壁单室墓业已存在，后蜀与吴分治荆州，长沙东属孙吴，之后该地区时局相对稳定，丧葬礼制也不应产生剧变。既留有襄阳风格明显的前后室侧壁外弧墓，也有孙吴晚期长沙晋墓 M22 此类附带双耳室的弧方形单主室墓出现，似也可看到单室墓的发展趋向。与襄阳弧形墓自曹魏始开始没落不同，长沙的弧壁墓形却一直未有消亡趋势，弧凸程度甚至更胜前代，只不过自西晋始诸如刘弘墓、金盆岭晋墓这样的弧壁单室墓才开始占据主导地位。

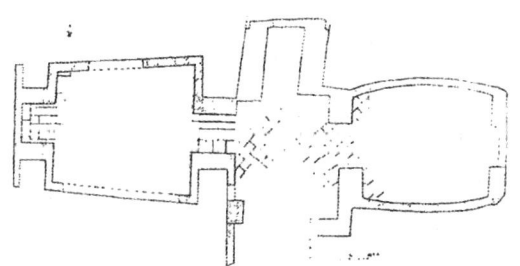

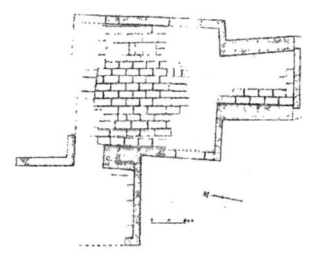

图 9-1　枣阳王湾 M1 示意图　　　　图 9-2　枣阳王湾 M2 示意图

至晋平吴，襄阳及吴地葬制再次迎来调整期，一些规格相对较高的两室墓崭露头角。如襄阳城东街 M8 为方形前堂、长方形后室墓，前室堂有狗骨架，应是祭物；鄂城西晋墓 M2174 形制与其类似，较孙吴治鄂时期的墓室规模已有明显简化，其前室有祭台，说明这两座墓仍行墓中设祭。此与魏晋时期中原地区葬室中淡化的祭奠功能形成鲜明对比，可能与西晋优待孙吴士族有关，太康末陆机入洛，"（张）华素重其名"并"荐之诸公"。可以说这时期襄阳、长沙与长江流域出现近方形前室两室墓与近方形单室墓并列的墓室建制格局，后者并未一家独大，这与中原晋墓整体上的形制分布状态相类

---

①　《晋书》卷一《宣帝纪》，中华书局，1974 年，第 4—5 页。

似，恰可说明西晋时襄阳等长江以南地区丧葬"晋制"已初步形成。

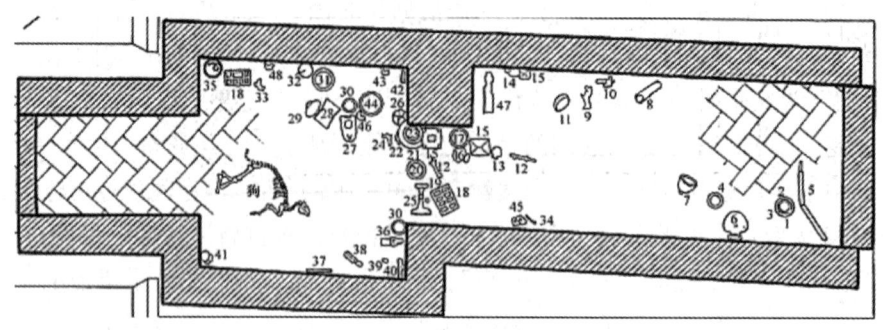

图 10　襄阳东街 M8 示意图

从考古发现看，曹魏后期中原地区高级墓葬仍行两室建制，前后室间有明显间隔。诸如过道、甬道这样的间隔符号并非最初于中原消失，这时期在长安（如西安三国纪年墓）、襄阳均发现前后两室相连建制的高规格墓葬，似有将墓室合二为一之苗头。这或与历史背景有关，自曹魏明帝始，司马懿先后屯兵于宛、长安以据吴、蜀，在宛"劝农桑、禁浮费，南土悦服焉"；凉之"武都氐王符双率其属六千人来降"，至正始二年（241）解樊城之围，"帝勋德日盛，而谦恭愈甚"，司马氏在荆襄、雍凉等地的影响力与日俱增。如洛阳、南阳[1]等地墓葬由两室向单室转变是以前堂规模的逐渐缩小为方式，仍属于"魏制"框架内的调适；而襄阳、长安此类转变方式倒可视作"晋制"系统萌生前的征兆，很大程度上是司马氏礼教的物质化体现。如上所述，汉晋时期襄阳地区之葬制经历了地俗强化、汉制规化、魏制潜化几个阶段，直至晋制之发微，较长安地区相对突兀的葬制更易，襄阳地区葬制之变更具合理性、正当性。司马懿曾言："（樊）边城受敌而安坐庙堂，疆场骚动，众心疑惑，是社稷之大忧也。"[2] 他认为稳定基业不可只顾内政，解边疆敌患、安边城民心亦为必须，正应其"肃清万里、总齐八荒"之志，襄阳成为"晋制"之发祥地便有充足理由。

四、结语

三国时期政治竞争激烈，魏、蜀、吴彼此间都存在以暴力形式获取政治利益之状态，且存在使用诸如礼仪操控在内的非暴力形式，此类竞争能促成暴力，刘备曾上书"臣播越失据，忠义不果，遂得使操穷凶极逆……虽纠合同盟，历年未效"，丧葬礼制的组织协调或也因竞争而运行。如魏蜀间的对抗，以继承汉祚自居的刘备重"思靖百姓"，然其"权机干略，不逮魏武，是以基宇亦狭"；以北定中原自任的诸葛亮善"治

---

① 张卓远：《南阳魏晋墓葬》，《华夏考古》1998 年第 1 期。
② 《晋书》卷一《宣帝纪》，第 14 页。

戎理民"，然其"奇谋将略，不及对敌，故使功业陵迟"，蜀汉疆土内之礼俗虽易调控，却因战争竞争乏力而无法获得礼制支配权。正如司马懿所言："亮志大而不见机，多谋而少决，好兵而无权，已堕吾画中，破之必矣。"善于权机的司马懿凭暴力竞争的优势掌控荆襄等地的礼俗建设，促成"晋制"产生。当然，战争也能被制度化，从而影响社会文化变更，孙吴建都边陲使得战争之暴力手段趋于常态，其如丧葬之礼制变革也受此波及，此略显被动的组调却赋予战争更多的象征和礼仪色彩，当暴力手段停息后，这种象征性就会凸显，因而孙吴后期的丧葬制度的变动也必然会考虑军事政治集团的影响力。较曹魏与蜀汉为争夺正统地位进行的暴力竞争，孙吴温和的处理方式使得他们失去了礼仪竞争力，最终为晋所代。

"禁不得祠，明星出西方"问题与
学术史构建

印志远

（复旦大学语言文学所）

摘要：《史记·秦始皇本纪》"禁不得祠，明星出西方"问题在清代开始被学者关注并给予阐释，到了中华民国时期臻至极盛。辛德勇在前人研究的基础上提出秦始皇三十三年（前214）事应当断为"禁不得祠明星出西方"。实际上，"禁不得祠"与"明星出西方"本为两件事，前者与秦代的政治氛围以及社会文化息息相关，后者则是一条并不为人看重的异常天象记载。"禁不得祠，明星出西方"问题本身的意义并不十分突显，其重要性是在学术史的阐释中被构建出来的：清代以来，学者们对这个问题给予了极高的关注，从而使得这个问题成为学界公案。

关键词：太白；明星；禁不得祠；学术史；构建

《史记·秦始皇本纪》载秦始皇三十三年（前214）"发诸尝逋亡人、赘婿、贾人略取陆梁地，为桂林、象郡、南海，以适遣戍。西北斥逐匈奴，自榆中并河以东，属之阴山，以为三十四县，城河上为塞。又使蒙恬渡河，取高阙、阴山、北假中，筑亭障以逐戎人，徙谪，实之初县，禁不得祠。明星出西方"①。实际上，历来学者都将"禁不得祠"与"明星出西方"视为两件事，但都没有对文本内容做出合理解释。到了清代，这个问题开始被学者关注，钱坫和姚范对这个问题提出了不同的看法。中华民国时期，日本学者藤田丰八提出"不得"即"佛陀"的一音之转，从而引发了中华民国时期学者们对此问题的大规模讨论。直到当代，辛德勇撰写《秦始皇禁祠明星事解》，这一问题再次进入学术界的视野。辛德勇在文章中对学术史做了详细梳理，指出藤田丰八、刘节、岑仲勉、杨宪益等学者的说法都存在问题，并进一步提出了自己的解读。辛德勇认为《秦始皇本纪》"禁不得祠，明星出西方"应当断为"禁不得祠明星出西方"，"明星"即"太白"，秦国的分野学说以秦始皇二十六年（前221）为分界线，在此之前秦国乃西陲之邦，太白西出利于秦国的军事行动，而秦统一天下之后转

---

① 《史记》卷六《秦始皇本纪》，中华书局，1959年，第253页。

变为东方之国，太白西出对其不利。① 辛德勇的断句方式已为中华书局的新版《史记》所采用，可见，学术界对其说法颇为接受，几乎成为定论。其后，胡文辉撰写《〈史记〉"禁不得祠明星出西方"问题再议》一文，专就辛德勇的观点提出商榷。胡文辉认为"明星"就是"太白星"，这句话叙述的是灾异天象，断成"禁不得祠，明星出西方"才是正确的。② 梳理史料，可以发现辛德勇的说法并不正确，"禁不得祠"与"明星出西方"本为两件事，前者与秦代的政治氛围以及社会文化息息相关，后者则是一条并不为人看重的异常天象记载。"禁不得祠，明星出西方"之所以重要，并不在于问题本身，而是在于学术史的阐释中，其附加意义被不断突显，而参与讨论的学者又多是史学界的巨擘，于是致使这一问题成为一桩学术公案。

一、《秦始皇禁祠明星事解》的论点症结

辛德勇提出的观点在"禁不得祠，明星出西方"问题的学术史中最能自洽，但学者们又并未提出有力反证，所以首要的工作是厘清辛文的论证缺漏。辛德勇《秦始皇禁祠明星事解》："马王堆出土帛书《五星占》记有秦始皇三十三年至三十四年（前213）间金星的运行状况，谓始皇三十三年'正月与营室晨出东方，二百廿四日，以八月与角晨入东方。浸行百廿日，以十二月与虚夕出西方，取廿一于下'。翌年的天象，为金星'与虚夕出西方，二百廿四日，以八月与轸晨出东方……'因为当时是以十月为岁首，既然先从正月讲起，后面的十二月实际上应当隶属于下一年，也就是秦始皇三十四年的第三个月，从而可知《史记·秦始皇本纪》在始皇三十三年末尾记述的这一禁令，应当是直接针对即将到来的第二年十二月至七月这次'明星出西方'天象而颁布的。"③ 辛德勇引用马王堆出土的《五星占》，认为秦始皇三十四年（前213）的时候会发生金星出西方的天象。这个观点有四个问题：一是《五星占》以秦始皇元年（前246）正月为始，这与《秦始皇本纪》中的纪年方式是一致的，所以并不存在历法上的差别。因而，如果按照《五星占》推算，金星在西方出现应当就是在秦始皇三十三年，而不是秦始皇三十四年。二是按照辛德勇的观点，秦始皇三十四年会有太白星在西方出现的天象，于是秦始皇下令禁止祠祀太白星出西方。实际上，祝祷于不同的星星乃是为了不同的事宜，非必要见到真正的天象才实行祭祀，并且普通民众也并不具备推算天象的能力，更无从未卜先知。三是秦始皇三十三年下达的"禁不得祠"的命令乃是应用于徙谪之地，即"自榆中并河以东，属之山阴"地区④，并不是放诸四

---

① 辛德勇：《秦始皇禁祠明星事解》，《文史》2012年第2辑。
② 胡文辉：《〈史记〉"禁不得祠明星出西方"问题再议》，《中国文化》第44期。
③ 辛德勇：《秦始皇禁祠明星事解》，《文史》2012年第2辑。
④ 《史记》卷六《秦始皇本纪》："徙谪，实之初县。禁不得祠，明星出西方。"司马贞《索隐》："徙有罪而谪之，以实初县，即上'自榆中属阴山，以为三十四县'是也。"（第253页）

海的禁令。四是辛德勇以马王堆《五星占》中的金星运行记载，衡量《史记·秦始皇本纪》中"明星出西方"，是有偏差的。秦汉虽然大一统，但是传天数之家历来各有差异，《史记·天官书》："昔之传天数者：高辛之前，重、黎；于唐、虞，羲、和；有夏，昆吾；殷商，巫咸；周室，史佚、苌弘；于宋，子韦；郑则裨灶；在齐，甘公；楚，唐眛；赵，尹皋；魏，石申。"① 各家传天数的学说并不相同，而测出的金星运动的周期规律也是不同的，详见表1。

表 1

汉初各家学说	金星运动周期
《史记》卷二七《天官书》②	626 日
《淮南子·天文篇》③	635 日
《五星占》④	584.4 日

现今金星的运动周期是 583.92 日，《五星占》中金星的数据值与之相差甚小。但是，如此精确的《五星占》并没有成为学术主流，反而随历史被掩埋在了马王堆中。而相对粗疏的金星数据值，一直保存在《史记·天官书》和《淮南子·天文篇》中，这个资料直到《汉书·律历志》的时候，才精确为 $584\frac{1295352}{9977337}$。《五星占》中的金星运动周期与《史记·天官书》中的并非一致，以此来考虑《史记·秦始皇本纪》中的记载，便有失偏颇了。

其次，"明星出西方"不等于"太白出西方"。将"明星"视为"太白"是很多学说的立论点。也基于这样的默证，阐释"太白"为何成了解开问题的关键，而间接撇开了"明星"为何的问题。但"明星"是否确为"太白"，则需仔细审查，这是因为"太白"为金星是毋庸置疑的，而"明星"是否为太白却并不绝对，《史记·天官书》："太白，大臣也，其号上公。其它名：殷星，太正，营星，观星，宫星，明星，大衰，终星，大相，天浩，序星，月纬。"⑤ 可以看到，"明星"只是太白金星众多称谓中的一种，与之相类的说法也见于《开元占经》引《石氏星经》："太白者，大而能白，故

---

① 《史记》卷二七《天官书》，第 1343 页。

② 《史记》卷二七《天官书》："太白……其出行十八舍二百四十日而入。入东方，伏行十一舍百三十日；其入西方，伏行三舍十六日而出……其纪上元，以摄提格之岁，与营室晨出东方……凡出入东西各五，为八岁，二百二十日，复与营室晨出东方。"（第 1322—1323 页）

③ 《淮南子·天文篇》："太白元始以正月建寅，与荧惑晨出东方，二百四十日而入，入二十日而夕出西方，二百四十日而入，入三十五日而复出东方。"（刘文典：《淮南鸿烈集解》，中华书局，1997 年，第 90—91 页）

④ 马王堆《五星占》："【其纪上元】，【摄】提格以正月与营室晨出东方，二百廿四日晨入东方，浸行百廿日，【夕】出【西方】，【二百廿四日夕入】西方，伏十六日九十六分日，晨出东方。五出，为日八岁而复与营室晨出东方。"（刘乐贤：《马王堆天文书考释》，中山大学出版社，2004 年，第 58 页）

⑤ 《史记》卷二七《天官书》，第 1327 页。

曰太白，一曰殷星，一曰大正，一曰营星，一曰明星，一曰大衣，一曰大威，一曰太皞，一曰终星，一曰大相，一曰大器，一曰爽星，一曰大皓，一曰序星。"①虽然金星可以称为"明星"，但是这种特殊的称谓是有具体条件的：

《开元占经》引《石氏星经》："太白……上公之神，出东方为明星。"②

《开元占经》引《荆州占》："太白出东北为观星，出东方，若东南为明星，出西方为太白也。"③

"明星"又被称为"启明"：

《诗·小雅·大东》："东有启明，西有长庚。"《传》："日旦出，谓明星为启明；日既入，谓明星为长庚。"④

《尔雅》："明星谓之启明。"注："太白星也。晨见东方为启明，昏见西方为太白。"⑤

《开元占经》引《荆州占》："出东方为启明。"⑥

从以上记载可见，在黎明的时候，东方天空出现的金星被称为"明星"或"启明"。这种情况下的金星，只是普通的天象，预示着是黑夜即将过去，白天即将到来。而在史书的叙述模式中，只要金星出自西方，其称谓皆如《荆州占》所言，"出西方为太白"：

《汉书·天文志》："（汉高祖）三年秋，太白出西方，有光几中，乍北乍南，过期乃入。"⑦

《汉书·谷永杜邺传》："太白出西方六十日，法当参天，今已过期，尚在桑榆之间，质弱而行迟，形小而光微。"⑧

《后汉书·窦何列传》："至八月，太白出西方。刘瑜素善天官，恶之。"⑨

从上述的文献记载可以得知，金星出自东方，称为"明星"或"启明"，通常用于正常天象，而"启明星"的说法也至今保存在习惯用语中。金星出自西方，称为"太白"，在史书惯用的叙述模式中，"太白出西方"意味灾异天象。但是在《秦始皇本纪》三十三年的记载是"明星出西方"，与上述两种情况的叙述模式大相径庭。并且，在古代天文学的语汇中，不同的事物常有同样名称，比如"辰"，北辰、辰星、日

① ［唐］瞿昙悉达：《开元占经》，九州出版社，2012 年，第 451 页。
② ［唐］瞿昙悉达：《开元占经》，第 451 页。
③ ［唐］瞿昙悉达：《开元占经》，第 451 页。
④ ［东汉］郑玄：《毛诗笺》，中华书局影印本，1998 年版，第 96 页。
⑤ ［西晋］郭璞：《尔雅注》，中华书局影印本，1998 年版，第 58 页。
⑥ ［唐］瞿昙悉达：《开元占经》，第 451 页。
⑦ 《汉书》卷二六《天文志》，中华书局，1962 年，第 1302 页。
⑧ 《汉书》卷八五《谷永杜邺传》，第 3457 页。
⑨ 《后汉书》卷六九《窦何列传》，中华书局，1965 年，第 2243 页。

月交会之所等都可以简称为"辰"。"明星"也是如此，因为岁星、龙星①、女嬬②等星宿亦有此称呼。并且，史书中的一些天象必须通过互文才能见义，如《汉书·武帝纪》："（建元六年）秋八月，有星孛于东方，长竟天。"③ 按照史书的叙述惯例，"有星孛于东方"往往指彗星，但是参看《汉书·武五子传》，则并非如此："建元六年，蚩尤之旗见，长竟天。"④ "蚩尤之旗"并非彗星，只是形态与彗星类似，《史记·天官书》和《汉书·天文志》都记载了"蚩尤之旗，类彗而后曲"，而"蚩尤之旗见"则意味着"见则王者征伐四方"⑤。由于"明星"的指代模糊，以及《史》《汉》二书中的记载独此一例，所以很难断言"明星"到底是什么，与其相关的占辞亦不得而知。

辛文还谈到："'明星出西方'特别有利于秦国统一局面，到秦始皇二十六年（前221）统一战争完成之后，开始发生根本性变化……与西北边境之外的'狄'人亦即匈奴等族相比，秦国的地位已经变换成了'阳国'，亦即东方之国……在这种情况下，再继续祠祀作为西方之国瑞应的西出太白，只会给自己带来破军杀将的厄运。"⑥ 辛德勇认为，秦国在统一前后的星占分野说有明显的区别：在秦始皇二十六年之前，秦国是西陲之国；秦始皇统一之后，秦国转变为东方之国。但是这种说法，只是推论之辞，在史书中并无记载。按照星占分野学说，与太白金星对应的地区一直就是秦地，这种说法在秦汉时期没有发生过重大变化，《汉书·天文志》："（汉高祖）三年秋，太白出西方，有光几中，乍北乍南，过期乃入。辰星出四孟。是时，项羽为楚王，而汉已定三秦，与相距荥阳。太白出西方，有光几中，是秦地战将胜，而汉国将兴也。辰星出

---

① 《论衡·祭意篇》："春雩之礼废，秋雩之礼存，故世常修灵星之祀，今不绝。故世人不识；礼废不具，故儒者不知。世儒案礼，不知灵星何祀；其难晓而不识说，缘明星之名，说曰'岁星'。……《月令》祭户以春，祭门以秋，各宜其时。如或祭门以秋，谓之祭户，论者肯然之乎？不然，则明星非岁星也，乃龙星也。"（刘盼遂：《论衡校释》，中华书局，1990年，第1063页）

② 《说文解字》："嬬。《甘氏星经》曰：'太白上公妻曰女嬬，女嬬居南斗，食厉，天下祭之曰明星。'"（[东汉]许慎：《说文解字》，中华书局，1963年，第260页）辛德勇以为"甘氏所说，仅此而已，文中并没涉及秦汉时期祠祀明星的事情。案《甘氏星经》谓太白之妻'女嬬'为明星，与前述《石氏星经》以及《史记·天官书》所说不同，系因当时各占星之家时有异词，不足为怪……上面列举的杨氏第二项依据，意谓陈仓此地既然建有明星祠堂，当时自然会有祭祀明星的行为。"辛德勇认为陈仓地的明星祠就是太白祠，这是有问题的。太白祠不能与明星祠等同，历来学者都没有搞清楚这个问题。《汉书·地理志》："陈仓，有上公、明星、黄帝孙、舜妻育冢祠。"上公即太白，是天上星宿的人格化，《史记·天官书》："太白，大臣也，其号上公。"陈仓四祠祭祀的对象，都有人与神的双重属性，黄帝孙和舜妻育冢属于古帝王亲属，本身就人神不分。上公与明星既是天上的星宿，也是人间的配偶，陈仓的明星祠就是《说文解字》中的"嬬"。而太白祠属于五星祠系统，地点往往在三辅之地，如秦代在右扶风，汉宣帝时在京兆尹。总而言之，明星祠和太白祠是不能等同的。

③ 《汉书》卷六《武帝纪》，第160页。

④ 《汉书》卷六三《武五子传》，第2770页。

⑤ 《汉书》卷二七下《五行志下》，第1517页。

⑥ 辛德勇：《秦始皇禁祠明星事解》，《文史》2012年第2辑。

四孟，易主之表也。后二年，汉灭楚。"① 汉高祖三年（前204），刘邦还定三秦，发生了太白出西方的天象。根据星占分野学说，太白主秦地，出西方有利于秦地用兵，所以这个天象是有利于刘邦的。汉高祖三年去秦亡未远，解释天象的星占学说也并没有剧烈变动。

综上所述，可得出这样的结论：一是《五星占》和《天官书》中的太白运动周期，属于两个系统，不能等量齐观；二是将"明星出西方"解释为"太白出西方"，无论从称谓上还是史书体例上而言，都不能成立的。三是太白金星主管秦地的星占学说在秦汉之际没有发生过重大变化。

二、"禁不得祠"与秦代的政治和社会

《史记》秦始皇三十三年之事的句读不当断为"禁不得祠明星出西方"，裴骃《集解》注"明星出西方"引徐广曰"皇甫谧云彗星见"②，《册府元龟》卷一百九十一"政令"条引秦始皇三十三年事作"初县，禁不得祠"③，可见，"禁不得祠"与"明星出西方"一直被视为两件事。然而，"禁不得祠"问题一直以来并没有得到很好的解决，如宋代魏了翁《古今考》"《史记·秦始皇本纪》见匈奴条"，直接截去"禁不得祠"④；清代沈家本并不认为"禁不得祠"与秦代法律有关，其《历代刑法考》"谪戍"条也并未将"禁不得祠"录入⑤。

秦对于民众迁徙有明确规定，《商君书·垦令》："使民无得擅徙，则诛愚乱农之民无所于食而必农。"⑥ 秦法规定人民不得擅自迁徙，是为了使"愚心躁欲之民壹意"⑦，从而"农静"，"农静"就可以使人民专心务田，开垦荒土。虽然就秦法而言，人民擅自迁徙不利于耕作，但是秦始皇三十三年下令大规模征发谪戍之人充边，并不违背农战思想。这一年的拓疆不仅仅需要动用逋亡人、赘婿、贾人等作为生力军，更需要这些人在战后继续留守，一则防止异族或者敌人动乱，二则是在新设置的行政区划中耕作开垦，以巩固和加强对当地的统治。对攻占区设县，并不始于秦始皇三十三年，《史记·秦本纪》："（秦武公）十年伐邽、冀戎，初县之。十一年，初县杜、郑……（秦厉公）二十一年，初县频阳。"对于邽、冀戎、杜、郑等地，秦国君王并未特意下达政

---

① 《汉书》卷二六《天文志》，第1302页。
② 《史记》卷六《秦始皇本纪》，第253页。
③ 《册府元龟》，中华书局，1960年，第2305页。
④ 《续修四库全书》第877册，上海古籍出版社，2002年，第121页。
⑤ 《文渊阁四库全书》第853册，商务印书馆，1983年，第462页。
⑥ 蒋礼鸿：《商君书锥指》，中华书局，2012年，第13页。按，原文作"使民无得擅徙，则诛愚乱农民无所于食而必农"，据蒋礼鸿校注改。
⑦ 蒋礼鸿：《商君书锥指》，第14页。

令，而秦始皇三十三年对高阙、阴山、北假等初县之地却额外颁布了"禁不得祠"的法令，这个举动不仅在秦国的历史上没有前例，并且也与当时秦始皇对偏远郡县的政策截然不同，《史记·封禅书》载："郡县远方神祠者，民各自奉祠，不领于天子之祝官。"① 实际上，《封禅书》与《秦始皇本纪》中命令下达的对象是有区别的，《封禅书》中的记载是仅针对秦国庶民而言的，而古书语境中的"禁不得"多是对身份卑下者的禁令，《秦始皇本纪》的"禁不得祠"乃是针对逋亡人、赘婿、贾人等身份卑贱之人。根据秦代法律，逋亡人、赘婿、贾人之属是可以通过战功抵罪的，《睡虎地秦简·军爵律》："欲归爵二级以免亲父母为隶臣妾者一人，及隶臣斩首为公士，谒归公士而免故妻隶妾一人者，许之，免以为庶人。工隶臣斩首及人为斩首以免者，皆令为工。其不完者，以为隐官工。"② 逋亡人、赘婿、贾人等开边拓土，在初县地区垦荒耕种，可以说有功于秦王朝，但仍有"禁不得祠"的限制。这不仅是因为逋亡人、赘婿、贾人等身份卑贱而被派遣谪戍，他们还有一个重要的共同点，就是不事生产，这与秦的立国思想背道而驰，所以秦始皇对这一群体的制裁尤为严酷。

秦国对于民间祠祀其实自有制度和规范，《韩非子·外储说右下》记载了这样一件事："秦昭王有病，百姓里买牛而家为王祷。公孙述出见之，入贺王曰：'百姓乃皆里买牛为王祷。'王使人问之，果有之。王曰：'赀之人二甲。夫非令而擅祷，是爱寡人也。夫爱寡人，寡人亦且改法而心与之相循者，是法不立；法不立，乱亡之道也。不如人罚二甲，而复与为治。'"③ 秦昭王生病，百姓买牛为其祷祠，但这在秦昭王看来，是触犯法律的行为，依旧惩处了涉事人员。百姓祷祠超出了秦法范围，被罚款二甲，在睡虎地出土的《法律答问》中可以清楚地看到，此类逾越行为被称为"奇祠"："擅兴奇祠，赀二甲。可（何）如为奇？王室所当祠固也，擅有鬼位也，为奇，它不为。"④ "奇祠"本就是法律明文规定不得祭祀的，所以不必在"徙谪，实之初县"之后格外强调，"禁不得祠"所禁止的内容当是正常范围内的祠祀活动。胡文辉认为："（禁不得祠）反映的是政治法律方面的内涵……上古社会，尤其是上层社会，是以宗族为单位的，若宗族成员涉罪，往往会株连整个宗族，此即所谓'族刑'；而'族刑'的要点之一，是毁灭此族的宗庙，剥夺其成员祭祀祖先的权利，即所谓'绝祀'……'禁不得祠'应是特别针对那些被流放到边疆的罪人而言的，意思是禁止他们进行或参与祭祀活动——也许，包括了公、私两种性质的祭祀活动。"⑤ 胡文辉认为，私人层面、对象为人鬼的祠祀活动是秦始皇所禁止的，但并没有对公共层面的祠祀活动展开充分讨论。并且，秦始皇的禁令对象是初县的徙谪群体，公共层面的意义指向则尤为明显。

---

① 《史记》卷二八《封禅书》，第 1377 页。
② 《睡虎地秦墓竹简》，文物出版社，1990 年，第 55 页。
③ ［清］王先慎：《韩非子集解》，中华书局，1998 年，第 335—336 页。
④ 《睡虎地秦墓竹简》，第 131 页。
⑤ 胡文辉：《〈史记〉"禁不得祠明星出西方"问题再议》，《中国文化》44 期。

　　秦始皇三十三年用兵南方和西北，大量征发逋亡人、赘婿、贾人等身份卑下之人徙谪戍边，并通过武力在边界地区站稳了脚跟。但武力只能解决一时的问题，并不是长久的对策，所以秦始皇依仿先例，在战胜区设置行政单位。"禁不得祠"是对徙谪群体私人或者公共层面祠祀活动的禁令，一是在宗教方面限制其祠祀权利，二是在政治层面否认他们的社会地位。就客观层面而言，虽然徙谪之人有功于秦王朝，但就主观层面而言，秦王朝对这些不事生产的窳惰之民一直抱有极大偏见，所以仍对他们区别看待。

三、"明星出西方"与秦汉天象

　　秦始皇三十三年的"明星出西方"可能与当年"西北斥逐匈奴"有关，但实际的意义指向很难确知。这是因为在史料记载中，秦朝的异常天象记载多关乎国家命脉，这些天象要么有明确的释义，要么能够在星占书中找到占辞，要么为史书典策反复征引。至于"明星出西方"，在《史记》《汉书》等史书中仅此一见，说明这一异象并不为人看重。司马迁自叙作《史记》的一大原由为"究天人之际，通古今之变"，故而对前朝发生的一系列异常天象格外注意。《史记·秦始皇本纪》除了"明星出西方"，还记载了以下天象：

　　彗星见："（秦始皇）七年（前 240），彗星先出东方，见北方，五月见西方……彗星复见西方十六日。"①

　　"九年（前 238），彗星见，或竟天……彗星见西方，又见北方，从斗以南八十日。"②

　　"十三年（前 234）……正月，彗星见东方。"③

　　荧惑守心："（秦始皇）三十六年（前 211），荧惑守心。有坠星下东郡，至地为石，黔首或刻其石曰'始皇帝死而地分'。"④

　　《秦始皇本纪》中关于"彗星"的记载可以与《天官书》对照参看，《天官书》记载："秦始皇时，十五年彗星四见，久者八十日，长或竟天。"⑤《天官书》中的"久者八十日，长或竟天"即《秦始皇本纪》"九年，彗星见，或竟天……彗星见西方，又见北方，从斗以南八十日"，虽然此次彗星既见于西方，也见于北方，但因为出现时间之长，太史公将此次算作一次。加上《秦始皇本纪》七年的"见北方"和"复见西方"，以及十三年的"见东方"，正是《天官书》中的"彗星四见"。《天官书》给出四

---

① 《史记》卷六《秦始皇本纪》，第 224 页。
② 《史记》卷六《秦始皇本纪》，第 227 页。
③ 《史记》卷六《秦始皇本纪》，第 232 页。
④ 《史记》卷六《秦始皇本纪》，第 259 页。
⑤ 《史记》卷二七《天官书》，第 1348 页。

次彗星的时间范围是十五年，与《秦始皇》十三年第四次彗星出现的时间范围是吻合的。《史记·秦始皇本纪》中的天象记载亦见于《汉书·天文志》，而在《汉书》的记载中，秦代的天象记载除了"彗星四见"和"荧惑守心"，又多出几条，《汉书·天文志》："始皇之时，十五年间彗星四见，久者八十日，长或竟天。后秦遂以兵内兼六国，外攘四夷，死人如麻。又荧惑守心，及天市芒角，色赤如鸡血。始皇既死，嫡、庶相杀，二世即位，残骨肉，戮将相，太白再经天。"①《汉书·楚元王传》："秦始皇之末至二世时，日月薄食，山陵沦亡，辰星出于四孟，太白经天而行，无云而雷，枉矢夜光，荧惑袭月……长人见临洮，石陨于东郡，星孛大角，大角以亡。"② 在这些记载的异象中，天市芒角、太白再经天、辰星出于四孟、荧惑袭月、星孛大角等不见于《史记》记载。通过对比其他的记载，可以推测这些天象发生的大致时间。

天市芒角：《汉书·天文志》："又荧惑守心，及天市芒角，色赤如鸡血。"③ 这段记载说明，"荧惑守心"发生之后，随即有"天市芒角"的天象，而根据《史记·秦始皇本纪》的记载，"荧惑守心"是秦始皇三十六年（前211）的事，可知"天市芒角"的时间大约在秦始皇三十六年。

太白经天：此为秦汉之际最重要的天象之一，《说苑·辨物》记载："二世立，又重其恶……太白经天而行，无云而雷，枉矢夜光，荧惑袭月。"④ 又见于《汉纪》："是时吴广别围荥阳不能下，将军田臧等谋曰：'假王骄，不可与计谋。'乃矫陈王命，诛吴广，进兵而西。是岁太白再经天。占曰：'法为大兵，天下易王。'"⑤ 根据《汉书》《说苑》以及《汉纪》的记载，可以推测出，太白经天大约发生在秦二世二年（前208）左右。

辰星出于四孟：《汉书·天文志》："（高祖）三年秋，太白出西方，有光几中，辰星出四孟。是时项羽为楚王，而汉已定三秦，与相距荥阳……辰星出四孟，易主之表也。后二年汉灭楚。"⑥ 可知，"辰星出四孟"发生在汉高祖三年（前204）。

枉矢夜光、荧惑袭月：《汉书·楚元王传》："秦始皇之末至二世时……枉矢夜光，荧惑袭月。"⑦《史记·天官书》记载："项羽救巨鹿，枉矢西流。"⑧ 此年为秦二世三年（前207），"枉矢夜光"和"荧惑袭月"的时间应当也在这左右。

星孛大角：《汉书·楚元王传》："秦始皇之末至二世时……长人见临洮，石陨于东

---

① 《汉书》卷二六《天文志》，第1301页。
② 《汉书》卷三六《楚元王传》，第1964页。
③ 《汉书》卷二六《天文志》，第1301页。
④ 向宗鲁：《说苑校证》，中华书局，1987年，第445页。
⑤ 《两汉纪·汉纪》，中华书局，2002年，第4页。
⑥ 《汉书》卷二六《天文志》，第1302页。
⑦ 《汉书》卷三六《楚元王传》，第1964页。
⑧ 《史记》卷二七《天官书》，第1348页。

郡，星孛大角，大角以亡……项藉之败，亦孛大角。"① 《汉书·五行志下之下》："秦
项之灭，星孛大角。"② 星孛大角在秦汉之际发生过两次："石陨于东郡"乃是秦始皇
三十六年发生的"始皇帝死而地分"一事，可知第一次"星孛大角"的时间范围当为
秦始皇三十六年左右，第二次是在项羽被打败之时。

通过梳理，可以将秦代的天象分为四个部分：第一，秦始皇统一六国前，彗星四
见。秦始皇前期，彗星出现每一次，当年政治必然有大事发生。"春秋二百四十二年之
间，日蚀三十六，彗星三见"，而"始皇之时，十五年间彗星四见"，在如此短暂的时
间，彗星频繁出现，预示着中国将有翻天覆地的剧变，所以太史公认为彗星四见"其
后秦遂以兵灭六王，并中国，外攘四夷，死人如乱麻，因以张楚并起，三十年之间兵
相骈藉，不可胜数。自蚩尤以来，未尝若斯也"③。第二，秦统一后，秦始皇三十三年
发生"明星出西方"的天象。第三，秦始皇将死的前一年，即三十六年发生的"天芒
市角""荧惑守心"和"星孛大角"。秦始皇三十六年灾异频出，各地涌现的谶言预示
秦始皇寿命将尽，这年的怪异星象也都是上天的警告。第四，秦汉之际的"辰星出于
四孟""枉矢夜光""荧惑袭月""太白经天"和"星孛大角"。"辰星出于四孟"意味
着天下大乱，甚至改朝换代，《开元占经》卷五十三引巫咸曰："辰星出四仲以正四时，
出孟，天下大乱，更王。""枉矢夜光"和"荧惑袭月"反映的是巨鹿之战，"太白经
天"则预示秦朝将要灭亡，"星孛大角"意味着项羽战败，这五个天象无一不与当时中
国的命运走向息息相关。

总计归纳上述四个阶段，可以看出，每当中国有重要的政治事件发生的时候，异
常天象的记载则极为丰富，且往往直接指示或者间接预示着某些重大历史事件。而在
这四个阶段中，"明星出西方"这一天象的意义并不突显，且并不为人看重，这背后的
原因也是多层次的：首先，在秦汉时期的大文学中，灵星、太白星、女媪、岁星、龙
星皆有"明星"的称谓，而"明星"可以被理解为上述星宿的任何一种。从"明星出
西方"的记述来看，当时负责记录天象的秦朝史官就已经无法确知秦始皇三十三年出
现的"明星"到底是什么星星了，只是因为其在西方的夜空中格外耀眼，所以笼统地
称呼为"明星"。其次，太史公利用秦代历史档案撰写《秦始皇本纪》，对于秦始皇时
期发生的重要天象又在《天官书》中反复申述，但对秦始皇三十三年的"明星出西
方"这一天象却未置一词。第三，汉儒十分重视前朝异象与政治之间的关系，所以在
《汉书》《说苑》《汉纪》等文本中，关乎秦朝国运的异常天象被转相征引，而"明星
出西方"却不见于其中。"明星出西方"在秦汉文本中的意义缺失，可能是因为时人对
于这一天象缺少合理的术语解读，但更重要的是，"明星出西方"这一异象对于秦汉时

① 《汉书》卷三六《楚元王传》，第1964页。
② 《汉书》卷二七下《五行志下》，第1518页。
③ 《史记》卷二七《天官书》，第1348页。

期中国命运的走向并没有任何影响。

四、学术史中的"禁不得祠,明星出西方"问题

就所见史料而言,在清代以前,只有西晋时期的皇甫谧对"禁不得祠,明星出西方"有所关注,他认为"明星"应该是"彗星",之后南朝刘宋的徐广、唐代的裴骃、南宋的魏了翁等学者都是持此观点。到了清代,"禁不得祠,明星出西方"开始受到更多的学者关注,姚范《援鹑堂笔记》:"'禁不得祠,明星出西方':'按,明星即灵星,《封禅书》令天下立灵星祠,当是前洞而秦皇废之也。'出'上脱一星字,故《注》引皇甫谧以证星为彗星也。'"① 姚范的观点来自于《史记·封禅书》:"其后二岁,或曰周兴而邑郢,立后稷之祠,至今血食天下。于是高祖制诏御史:'其令郡国县立灵星祠,常以岁时祠以牛。'"② 稍晚其后的学者钱坫在《新斠注地理志》中提出:"(陈仓)有上公明星:《说文解字》:《甘氏星经》曰:'太白上公妻曰女嬬,居南斗,食厉,天下祭之曰明星。'《史记·始皇本纪》'三十三年禁不得祠明星'。"③ 清末学者王先谦撰写《汉书补注》,于《地理志》"有上公、明星、黄帝孙"下引了钱坫的说法,而在《郊祀志上》"立灵星祠"的注释中没有用姚范观点④,至于王先谦的遴选理由则不得而知。姚范以为此句当作"禁不得祠明星,星出西方",钱坫则径直忽略"出西方"三字,以为此句当作"禁不得祠明星",而实际上,两家学者的解释原理都是相同的,即以"明星"为关键词,在古籍中找寻与之相同的称谓,然后给出对应解释。由以上可知,截至清代,学者们对于"禁不得祠,明星出西方"的句读有了新的看法,并由"明星"的解读出发,进而生成了两种不同的观点。

"禁不得祠,明星出西方"问题到了中华民国时期,有一个很大的转折,1927 年日本学者藤田丰八在《东洋学报》第十六卷第二号上发表了《支那に於ける刻石の由来——附"不得祠"とは何ぞや》一文,藤田并没有参考姚范和钱坫的观点,其以为"不得"的古音是"Pu‒tuk",与"Bu‒duk"相近,即梵语佛陀"Buddha"的对音。⑤ 这一观点的提出,也导致了"禁不得祠,明星出西方"问题的转变,即从"明星"问题转移到了"不得"上,并引发了佛教何时传入中国的问题。"国内最先响应藤田丰八之说的,是马元材所著《秦时佛教已流行中国考》……马元材此书是 1943 年

---

① 《续修四库全书》第 1148 册,2002 年版,第 584 页。

② 《史记》卷二八《封禅书》,1380 页。

③ 徐松:《新斠注地理志集释》,中华书局,1955 年,第 1040 页。

④ 王先谦是看到姚范《援鹑堂笔记》一书的,《汉书补注·杜周传》下引姚观点"言'不穷竟其事耳'十字一句读",这段话即出自于姚范的《援鹑堂笔记》。

⑤ 藤田丰八:《支那に於ける刻石の由来——附"不得祠"とは何ぞや》,《东洋学报》1927 年第 16 卷第 2 号,第 173—174 页。

4月设在安徽临泉的鲁苏豫皖边区临时政治学院石印的一本小册，岑仲勉从友人处借读一过，于同年10月写了《秦代已经流行佛教之讨论》一文"①，不仅马元材和岑仲勉认可藤田丰八的观点，陈寅恪在《读书札记》中也引用了藤田丰八的观点。对于"不得"为"佛陀"的观点，季羡林在《读马元材〈秦史纲要〉》指出："远在1927年日本学者藤田丰八就写过一篇论文……中外学者们对这篇文章的反应差不多一致，他们认为这学说不能成立。"② 赞同藤田丰八观点的岑仲勉，对"禁不得祠"问题则心系一生，曾多次修改自己的学术观点，第一次修改是在其《春秋战国时期关西的拜火教》一文中："我的意见跟藤田氏相同，自始就认为'不得祠'是一种非东方产物，惟秦代史料太过贫乏，以前又未通过深入钻研，故而看法也随时改变……1946年秋，在李庄史语所学术探讨会上，才确定'不得'并非佛教而应为伊兰之火教。"③ 然而，岑仲勉第二次修改观点，对于"不得"的解释依旧是通过声音上的训转，以迁就己意。岑仲勉第二次修改观点亦见于陈槃《"禁不得祠明星出西方"之诸问题》："于阗文的Ksa-ma-utitiä，本为状况词，义是禁戒。但汉语动、状、名往往互通……则Ksamatij之音即与禁毋得切韵Kiam Miu Tak无异。是知'禁毋得'为关中成语。獂允是于阗种族，东侵后大部住落关中，前头已有说明，无怪乎'禁毋得'之辞颇为通用。"④ 岑仲勉对于"禁不得祠"的问题又有两个转向，直到最后一次，才将"不得"二字看成秦汉时期的成语。但是岑仲勉的学术核心始终没有改变，一是从语音的角度来考查"不得"一词，每次的学术结论必依赖拟音，并以之为坚实的佐证；二是岑仲勉的关注点是"不得"，但其背后的学术关怀是秦汉之际的民族交通，由此关怀而引发出三种不同的结论。

由于岑仲勉对于"不得"的解说过于天马行空，甚至引发了当时史语所所长傅斯年的震怒。而早在1938年商务印书馆出版的《汉魏两晋南北朝佛教史》中，汤用彤就明确反驳了佛教在秦朝时传入中国的观点，并指出："日人某谓'不得'为'佛陀'之对音，所禁者乃佛祠也……按'不得'为虚字，非实字，乌能指为佛陀。钱穆先生曰，秦始皇盖禁人民私祠出西方之明星。徐广曰：'皇甫谧云彗星见。'今按谧说非也。《汉书·地理志》，'陈仓有上公明星祠'。钱坫曰：《说文解字》：《甘石星经》曰：'太白上公妻曰女媊，居南斗，食厉，天下祭之，曰明星。'《史记·始皇本纪》三十三年'禁不得祠明星。'又按《诗·大东》毛传：'日且出，谓明星为启明。日既入，谓明星为长庚。'然则《史》言明星出西方，正指日既入之长庚言，其为太白无疑。据《天官书》，太白主兵事，故秦人禁民间私祀。"⑤ 钱穆和汤用彤的看法是清代钱坫观点

① 容甫：《关于"不得"的后话》，《书品》2010年第3辑。
② 刘建编：《中国文化与东方文化》，新世界出版社，2015年，第41页。
③ 岑仲勉：《两周文史论丛》，中华书局，2004年，第185—186页。
④ 陈槃：《旧学旧史说丛》，上海古籍出版社，2010年，第102页。
⑤ 汤用彤：《汉魏两晋南北朝佛教史》，上海书店出版社，1992年，第8页。

的引申，而"禁不得祠，明星出西方"的问题开始向"明星"为何的问题上聚焦，并且，在汤用彤的解读下，"明星"也有了"太白"的解释。延续这一思路，王叔岷在《史记斠证》中说到："案'明星'即'太白'，《御览》七引《天官星占》云：'太白，位在西方，白帝之子，大将之象也。一名明星。'《开元占经》五十引郗萌云：'太白，秦国之星也。''太白'在西，主西方秦国，又为'白帝之子'。而《封禅书》称秦襄公、献公并祠'白帝'，至秦始皇盖竟以白帝子自居，故刘邦斩白蛇，遂有赤帝子斩白帝子之附会（详《高祖本纪》）。然则出西方之'明星'，乃至尊之象，不许民间私祠之矣。况民间私祠，其为诅祝。始皇阴忌，故'禁不得祠'耳。"① 在默认"明星"即"太白"的前提下，王叔岷又在此基础上将"太白"解释为"白帝子"。王叔岷不仅直接将"明星"与"太白"画上等号，还混同了星宿分野和五德终始这两种学说。在星官分野学说中太白固然主秦地，但是在五德终始学说中，太白象征五行中的金，秦朝尚黑，为水德，辰星才是禁忌所在。同样基于"明星"为"太白"的思路，辛德勇《秦始皇禁祠明星事解》中的观点实是来源于钱穆、汤用彤和王叔岷等人的观点。

从以上的学术史梳理可以看出，"禁不得祠，明星出西方"问题作为学术公案，其实是被逐步构建出来的。无论是"禁不得祠"还是"明星出西方"，《史记》的叙述就已经含糊不清了，而遍考其他典籍也无从得知其确切含义。清代以前，学者们都跟从皇甫谧的说法认为"明星"是"彗星"，认为这只是秦始皇三十三年的一次异常天象，是上帝对于人间帝王的示警。清代以后，学者试图在古书中寻找与"明星"相关的天文学名词，并根据找到的名词来阐发秦始皇三十三年发生的事件。中华民国时期，日本学者藤田丰八提出"不得"为"佛陀"的观点是"禁不得祠，明星出西方"问题的转折点。藤田氏以语音上的近似来解释古书中的词句，从而辗转相训得出结论。藤田氏推论虽然有误，但其关注点在于中西文化的交流与佛教何时传入中国，因而"禁不得祠，明星出西方"问题的重要性与内涵也就被无限放大。虽然藤田氏的观点在学术争论中被否定，但是许多著名学者都因为这一问题而波及其中，从中华民国时期的陈寅恪、岑仲勉、钱穆、汤用彤、邓广铭、陈槃等，再到当下的辛德勇，皆是如此。因此，"禁不得祠，明星出西方"问题在现代学术中被赋予了超越问题本身的内涵，从而成了中华民国史学界的一桩公案。在这场学术公案中，中华民国时期的学者对于故籍中宗教和民族交流问题的关怀，以及海外学者对中国固有学术的冲击和影响，都使得"禁不得祠，明星出西方"问题在近代史学中体现出非凡的意义。

─────────────

① 王叔岷：《史记斠证》，"中央研究院"历史语言研究所专刊之七十八，1988年，第214页。

《中国历史地图集》西汉雁门郡
所辖地望校补

杨年生

（朔州市委党史研究室）

摘要： 由已故著名历史地理学家谭其骧先生主编的《中国历史地图集》自 1974 年问世以来已成经典之作，迄今依然是非常重要的基础工具书。但囿于当时的科研条件，有些已无法适应现阶段学术发展的需要。从空间维度考量西汉雁门郡所辖地望有善无、中陵、平城、楼烦、繁畤、洼陶、剧阳、疆阴、埒九处县治存有不同程度的方位偏差；另有秦汉马邑县北乡与剧阳阴城两处基层城邑地望需要补入。而从时间维度考量则至少有善无、平城、楼烦、繁畤、洼陶、疆阴、剧阳、埒、埒阳九处县名需补入战国雁门郡所辖范畴。

关键词：《中国历史地图集》；西汉雁门郡；剧阳；埒

一、西汉雁门郡所辖地望校补

《中国历史地图集》西汉雁门郡所辖 14 县中有 9 县地望存有不同程度的偏差。其中善无、中陵、平城、楼烦、繁畤五县地望已经相关考古发掘报告所确认。如下图《西汉雁门郡古城遗址调查概况表》① 所示：

表1　西汉雁门郡古城遗址调查概况表

编号	名称	位置	调查时间	调查人	调查方式或资料出处
1	善无	右玉县旧城关	1984 年	张畅耕 胡生	文物普查
2	中陵	右玉县威远堡村东南	1974 年	戴尊德 胡生支配勇	《文物季刊》1989 年第 1 期，《右玉常门铺汉墓》

---

① 支配勇、雷云贵、张海啸、支建平：《怀仁日中城即汉剧阳城代公新平城考》，《黄河文化论坛》2003 年 4 月第九辑。

续表

3	武州	左云县城东古城村	1974 年	张畅耕支配勇	《大同火山群活动时代的考证》,《地理知识》1976 年第 1 期
4	平城	大同市城区	1996 年	张畅耕等	《魏都平城考》
5	马邑	朔州市城区	1984 年	信立祥雷云贵屈盛瑞	《山西朔县秦汉墓发掘简报》,《文物》1987 年第 6 期
6	楼烦	朔城区梵王寺村西	1986 年	张畅耕雷云贵	文物普查
7	阳馆	朔城区里仁村西南	1950 年	阎文濡	《雁北文物勘查团报告》《广武和古城堡的汉墓》
8	崞县	浑源县西北"古城洼"	1973 年	张畅耕胡生解廷琦	《山西浑源毕村西汉木椁墓》,《文物》1980 年第 6 期
9	繁畤	应县城东张寨村北	1986 年1982 年	张畅耕白高奎李卓智	文物普查考古调查

(摘自支配勇、雷云贵、张海啸、支建平《怀仁日中城即汉勷阳城代公新平城考》)

善无 《中国历史地图集》将善无县城定在距离今右玉县城不远的威远镇古城村一带,估计与威远镇古城村东 300 米处发现的约 56 万平方米的汉遗存或将古城村附近的辽金古城误认①有关;但此处汉遗存规模远逊于右卫镇处,且形制亦被考古工作者定为聚落址,更重要的是与《水经注》卷三中陵水条"西北流,径善无县故城西"之描述不符,故善无县位于右卫镇处已为不争之事实。所以《中国历史地图集》《山西古今地名词典》等认为,善无县故址在今威远堡镇古城村均应修正。

中陵 《中国历史地图集》将其定在今平鲁旧县城(据谢鸿喜老师解读),应校正为今右玉县威远镇中陵村东②,古城平面呈长方形,东西长约 800 米,南北宽约 700 米,占地面积约 56 万平方米;1986 年被山西省人民政府列为省级文物保护单位。

平城 《中国历史地图集》将其定位于今大同市御河(如浑水)东,应校正为大同市区御河(如浑水)西操场城一带。汉平城县故城在《水经注》《元和郡县志》等文献中均有记载,是大同市城区城建史上有确切史料记载的最早城址;北魏、唐、辽、金、明等各朝代,在其基础上均有建设,地面现存遗址主要分布在大同市区御河西岸,

---

① 《全国第三次文物普查右玉县不可移动文物名录》(内部资料),朔州市三晋文化研究会,2012 年 6 月,第 37 页。

② 《全国第三次文物普查右玉县不可移动文物名录》(内部资料),朔州市三晋文化研究会,2012 年 6 月。

今操场城至大同火车站一带，文化层厚 0.2—1.5 米。在操场城东、北、西三面及府城北墙中段的墙体中，发现有早、中、晚三期墙体相靠叠压现象。早期墙体在地表基宽 1.5—4 米，残高 2—5 米，夯土层厚约 0.07—0.20 米。采集遗物有绳纹釜、钵、碗等陶器残片及云纹瓦当、绳纹瓦等。2003 年 5 月在操场城东侧大同四中北发现北魏大型夯土台基建筑遗址，夯土台基下发现有汉代地层。据《山西通志》记载，西汉平城县，属雁门郡，新莽改名平顺县，东汉复名平城，建安末年废。①

而据黄锡全先生考证：尖足布币"平城"……出自山西北部……文字不太清晰，见到此品时未留下摹本。根据当时所见，似为"平城"。② 按此则很可能早在赵武灵王时期平城便已是战国赵雁门郡的辖县之一。

楼烦 《中国历史地图集》将其定于宁武县城附近。据张畅耕、雷云贵二位先生考证，应校正为今朔城区梵王寺村北。备注：不少学者③认为，今宁武苗庄遗址应为秦汉楼烦县故城地望，但按刘琨所迁"陉北"五县中有楼烦④，故西汉楼烦县城位于陉北是不争之事实，而苗庄遗址则无法满足"陉北"的校验，显然颇具规模的梵王寺汉城址更具说服力。梵王寺汉城址，位于朔城区窑子头乡梵王寺村西北约 500 米。城址平面呈长方形，地表现存北墙残长约 370 米，西墙残长约 1330 米，基宽约 1.3 米，残高 1.6—1.9 米。墙体夯筑，夯层厚 0.07—0.10 米。采集有云纹瓦当、绳纹筒瓦、板瓦河绳纹砖等。⑤

繁畤 《中国历史地图集》将其定位于今应县大临河一带，应校正为今应县镇子梁乡城下庄村东北之古城处。繁畤古城遗址位于应县镇子梁乡城下庄村东北，系汉代遗存，城址平面呈长方形状，东西长约 1120 米，南北宽约 720 米，现存城墙残长约 350 米，基宽 2—3 米，残高 0.5—2 米，墙体夯筑。采集有灰陶盆、豆、罐及绳纹板瓦等残片。明万历《应州志》载，两汉时置繁畤县，属雁门郡，新莽改名当要，东汉复旧，后废。⑥

除上述五城需校正外，西汉雁门郡尚有洼陶、劖阳、疆阴、埒四县故城地望有待进一步明确。

笔者在对《水经注》卷十三㶟水（桑干河流域）及卷三树颓水流域的系统探究的

———————————

① 山西文物局：《山西文物地图集》（中），2006 年，中国地图出版社，第 76 页。

② 黄锡全：《平首尖足布新品数种考述——兼述尖足布有关地名》，北京大学考古文博学院编：《考古学研究》（五），科学出版社，2003 年，第 723 页。

③ 参见王杰瑜：《秦至西晋楼烦县治所考》，《晋阳学刊》2002 年第 6 期。

④ 《魏书·帝纪第一·序纪》："帝以封邑去国悬远，民不相接，乃从琨求句注、陉北之地。琨自以托附，闻之大喜，乃徙马邑、阴馆、楼烦、繁畤、崞五县之民于陉南，更立城邑，尽献其地，东接代郡，西连西河、朔方，方数百里。帝乃徙十万家以充之。"（中华书局，1979 年）

⑤ 山西文物局：《中国文物地图集·山西卷》（中），中国地图出版社，第 144 页。

⑥ 山西文物局：《中国文物地图集·山西卷》（中），中国地图出版社，2006 年，第 173 页。

基础上，对洰陶、勴阳、疆阴、埒四县地望进行了初步梳理，现撮述如下：

图 1　西汉雁门郡所辖十四县图
（摘自《中国历史地图集》西汉并州朔方刺史部）

洰陶与勴阳　关于西汉雁门郡洰陶、勴阳故城地望相关最珍稀的文献记载当属《水经注》卷十三漯水条：

> 桑乾枝水又东流，长津委浪，通结两湖，东湖西浦，渊潭相接，水至清深。晨兔夕雁，泛滥其上，黛甲素鳞，潜跃其下。俯仰池潭，意深鱼鸟，所寡惟良木耳。俗谓之南池，池北对漯陶之故城，故曰南池也。池水又东北注桑乾水，自下为漯水，并受通称矣……漯水又东流四十九里，东迳巨魏亭北，又东，崞川水注之。水南出崞县故城南，王莽之崞张也。县南面玄岳，右背崞山，处二山之中，故以崞张为名矣。其水又西出山，谓之崞口，北流迳繁畤县故城东，王莽之当要也。又北迳巨魏亭东，又北迳勴阳县故城西，王莽之善阳也。按《十三州志》曰：在阴馆县东北一百三里。其水又东注于漯水。

从 Google earth 鸟瞰，桑乾枝水（"又东流"）河道与今木瓜河下游大致重合；而"又东流"时通接了南池的两湖。

《山西古今地名词典》认为，"南池"在今山阴古城镇附近的南、北盐池村一带。但按注文方位描述，"南池"是桑干河在流经山阴河头村（黄瓜堆南）后又汇合了两条支流后方出现的，与南盐池村相去远矣；而《山西古今地名词典》等显然是将南盐池村与南池混为一谈了。当然，此处南池位置通过逆推其实更易明确，因为南池之水在注入桑干水后则通称为漯水，而池水注入的位置大致在今桑干河应县西朱庄大桥一带；按此"南池"应位于西朱庄大桥之西，今桑干河与黄水河之间。而今应县栗家坊一带的低洼湿地正当其位。（"池水又东北注桑乾水，自下为漯水，并受通称矣。"）

洼陶故城　按上述郦注方位描述比对《山西文物地图集》等考古资料综合考量，颇疑与今应县栗家坊遗址有关。栗家坊遗址位于应县大黄巍乡栗家坊村东北约 200 米处，系新石器时代、汉遗存，位于桑干河东岸台地上，面积约 12 万平方米，文化层厚0.4—1.4 米。断崖上暴露遗迹有灰坑、墓葬等。采集龙山时期的泥质灰陶篮纹罐、夹砂灰陶篮纹瓮和绳纹罐；汉代的泥质灰陶折沿盆、卷沿罐及夹砂灰陶绳纹釜等残片。①

首先，从方位考量，栗家坊遗址位于古南池（按郦注所述古南池约位于今桑干河与黄水河之间的应县大黄巍乡栗家坊村北秋汇地及其附近的低洼地带）之北，大致符合注文"池北对洼陶之故城，故曰南池也"的方位描述。

图 2　古南池的位置初步推析约位于今应县大黄巍乡栗家坊村北秋汇地（今"天鹅湖"）一带
摘自应县的"天鹅湖"——栗家坊村北秋汇地，到底有多美！朔州市广播电视台，2020 年 11 月 18 日）

其次，附近的应县水磨汉墓群②等亦为此提供了进一步的佐证。

其三，鉴于应县大黄巍乡栗家坊村北一带再未发现其他颇具规模之汉代遗存，故暂定洼陶于此；当然仍需微观层面的进一步细校。

勮阳故城　按注文"又北迳勮阳县故城西"的方位描述，结合相关考古资料综合考量，即今怀仁县河头乡东昌城村东之古城址。

东昌城汉城址，位于怀仁县河头乡东昌城东约 500 米，平面呈方形，边长约 1000米。地表现存南墙残段，残长约 100 米，基宽约 6 米，残高约 1 米。墙体夯筑。采集有泥质灰陶弦纹盆、罐及绳纹板瓦、筒瓦等残片。曾采集"千秋寿城"瓦当一件③。其规模形制与汉边疆地域县一级城邑大致相当，且在其西约 7 公里处分布着颇具规模的海北头汉墓群④。

此处需要指出的是，上述《山西文物地图集》东昌城条对所谓"千秋寿城"瓦当的释读是错误的，朔州姚鑫华等将其校释为"千秋万岁"瓦当则是正确的。如图 3所示。

---

① 山西文物局：《中国文物地图集·山西卷》（中），中国地图出版社，2006 年，第 188 页。
② 山西文物局：《中国文物地图集·山西卷》（中），第 171 页。
③ 山西文物局：《中国文物地图集·山西卷》（中），第 181 页。
④ 山西文物局：《中国文物地图集·山西卷》（中），第 171 页。

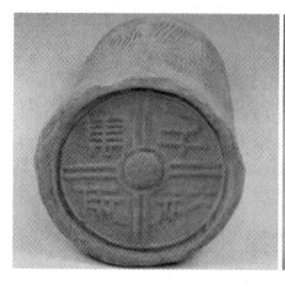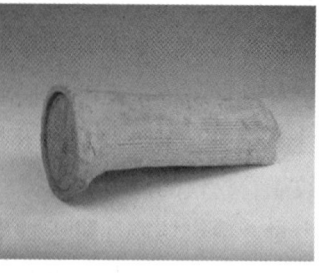

图3 汉劋阳县故城出土的"千秋万岁"绳纹筒瓦（上述二图由朔州姚鑫华提供）

此外，近年来李丽娟、安孝文在《怀仁战国古城考——浅谈汉代雁门郡所辖劋阳城、阴城的地理位置及始建年代》① 一文中对汉雁门郡劋阳城、阴城地望进行了较为详尽的论述，文中亦将劋阳城判定为今怀仁县河头乡东昌城东之古城。注：阴城地望，笔者以为值得商榷，有待另撰文探讨，此处不再赘述。

疆阴 关于疆阴地望最重要的典籍是《汉书·地理志》：

> 疆阴，诸闻泽在东北。莽曰伏阴。

此"诸闻泽"可视为疆阴地望最重要的方位参考。

关于诸闻泽，目前国内权威的说法当以谭其骧先生主编的《中国历史地图集》为准，即诸闻泽大致相当于今黄旗海及其附近的沼泽区。注：本文的诸闻泽地望亦基本采纳《中国历史地图集》。

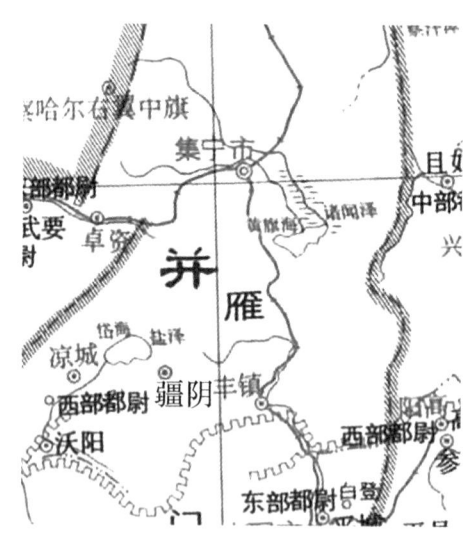

图4 摘自谭其骧《中国历史地图集》西汉雁门郡所辖疆阴等地望部分

但如图4所示，《中国历史地图集》将疆阴故城定位于距岱海较近而距黄旗海（即《中国历史地图集》所谓"诸闻泽"）较远处，笔者以为值得商榷。

———————————————

① 李丽娟、安孝文：《怀仁战国古城考——浅谈汉代雁门郡所辖劋阳城、阴城的地理位置及始建年代》，《文物世界》2010年第2期。

因为岱海当时叫盐泽（《中国历史地图集》亦如此认定），不大符合《汉书·地理志》所载"疆阴，诸闻泽在东北"的记载；图中疆阴距盐泽太近，若此班固在《地理志》中表述为"疆阴，盐泽在西北"更确切些，但班氏没有；显然在疆阴地望的处理上，《中国历史地图集》与《地理志》所载"疆阴，诸闻泽在东北"明显有偏差。

笔者以为西汉雁门郡疆阴地望，当按《汉书·地理志》所载，在诸闻泽（即今黄旗海）的西偏南地域范畴，结合考古资料等进行系统梳理并综合考量，才能够较好地满足《汉书·地理志》"诸闻泽在东北"的记载。

起初笔者通过比对《内蒙古文物地图集》（2003 版）相关文普资料，推析内蒙古察右前旗颇具规模的大卜子城址比较符合《地理志》的方位描述，可能是西汉雁门郡疆阴故城。但内蒙古自治区文物考古所所长张文平博士看到拙文初稿后，提出异议：他认为大卜子遗址没有汉代故城，《内蒙古文物地图集》（2003 版）的资料有误。

故笔者对诸闻泽（按《中国历史地图集》约今黄旗海一带）西南地域的相关文普资料进行了重新梳理，发现位于察右前旗口子村的口子城址，从方位上考量更符合"诸闻泽在东北"的记载。该城址位于内蒙古察右前旗呼和乌素乡口子村内；城址分为内城、外城。外城平面呈方形，边长 230 米，在城四角有方形角楼址，边长约 30 米。内城位于外城的西北角，平面呈方形，边长约 100 米，四角有方形角楼址，边长 14—18 米，残高 1.9—3.2 米。内城、外城城墙均为夯筑，墙基宽约 11 米，残高 2—3 米，夯层厚 7—12 厘米。城门位置不详。采集有汉代绳纹砖、瓦，灰陶斜折沿盆以及辽代白瓷片等 。故按汉志所述方位及相关文普资料综合考量，西汉雁门郡疆阴故城很可能与察右前旗呼和乌素乡的口子汉遗城址有关。

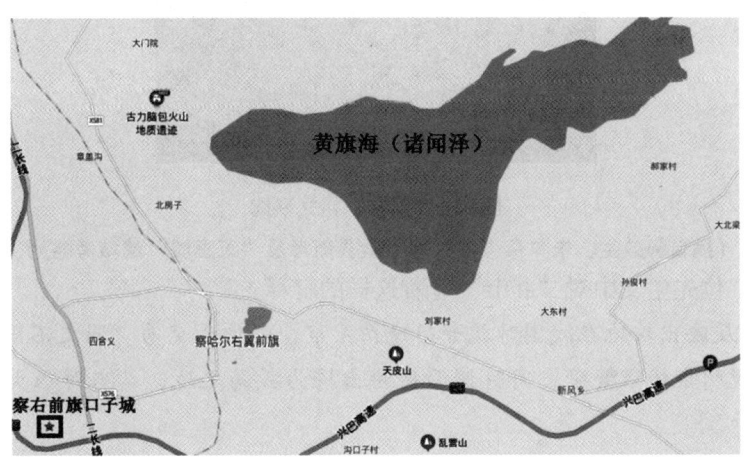

图 5　内蒙古察右前旗呼和乌素乡口子城址与黄旗海（约《中国历史地图集》诸闻泽）方位示意图

埒县　《中国历史地图集》将埒县标注于今神池县东北。[1]　笔者先前曾揣测神池

---

① 谭其骧：《中国历史地图集》第 20，地图出版社，1982 年。

县北沙城遗址为西汉雁门郡埒县故城。北沙城汉遗址位于神池县长畛乡北沙城村北约100米处，平面呈现方形，边长约2000米。城墙基宽约2—3米，残高约0.3米，墙体夯筑，采集有绳纹瓦残片，曾出土五铢钱、铁铃铛及泥质灰陶罐等。① 笔者与谢鸿喜老师进行了商榷，谢老参阅相关文物普查资料后亦初步认同北沙城汉城址为埒县故城。

然而，其后与"埒"县相关的出土陶器铭文"郭市"的出现，则为我们探索埒县地望提供了直接的依据。

近期，五寨县当地学者郭效生与朱和森在《古"埒"置县新考及"五王城"建城考略》一文中提供了关于"埒"县的重要线索：

> 2013年，在五寨县东秀庄乡后五王城村五王城遗址古城内村民捡到一块陶片上有陶文。经复旦大学博士生导师、著名古文字研究专家施谢捷老师和著名篆刻家、古钤印收藏家吴砚君老师辨认为是"郭市"，属战国钤印铭文……2015年乡下朋友又在同地捡到一小块陶片上有陶文"郭市"，这个比上次那块陶片小得多但文字较完整，这个印文也是印压阴文，文字没有变化，只是不是一个印所压。2016年，有乡下老乡又有捡到带铭陶片，同样也是"埒市"，有三块陶铭出于同一古城遗址，这些带有"郭市"铭文的出土陶片说明山西五寨县五王城遗址当属"郭"（埒）地。也说明：五王城最晚在赵武灵王时置县，是赵武灵王旧城，清代《五寨县志》中就称武王城，现代人省为五王城。②

图6 "郭市"铭文残陶
（摘自郭效生、朱和森《古"埒"置县新考及"五王城"建城考略》）

郭、朱二位先生文中对"郭市"有着这样的解释：

"郭市"反映出埒地在战国时就专门建立互市，以便于交易。同文不同模官印不止一个，说明市场很繁荣，同时侧面反映出埒为戎马之地，是当时很大的马等畜物交易之地。③

① 山西文物局：《中国文物地图集·山西卷》（下），第173页。
② 郭效生、朱和森：《古"埒"置县新考及"五王城"建城考略》，山西文博网2018年06月01日。
③ 郭效生、朱和森：《古"埒"置县新考及"五王城"建城考略》，山西文博网2018年06月01日。

笔者以为上述关于"郭市"的揣测虽然有些道理,但不乏可商榷之处。

比对"郭市",笔者想起了当年朔州秦汉墓中出土陶器上的"马邑市"戳印。按当年平朔考古队信立祥、雷云贵、屈盛瑞等在《山西朔县秦汉墓发掘简报》中称,在 10 余件陶壶、罐上发现了"马邑市"篆文戳印,说明这些陶器是汉初马邑县官府制陶作坊的产品。① 按此则与"郭市"相关的陶器亦应为战国时雁门郡埒县官府制陶作坊的产品。

图 7　朔州秦汉墓中出土陶器上的"马邑市"戳印

(摘自平朔考古队:《山西朔县秦汉墓发掘简报》,《文物》,1987 年第 6 期)

另据郭、朱二位先生文中称:

事实上,该遗址历来出土钱币颇丰,经了解村民在过去平田整地、修渠修坝时多次出土战国布币。历年下大雨冲刷,每次都有村民捡到者,从春秋时针首刀;到战国离石、蔺环钱、大小尖足、方足布币、三孔布、战国半两;到秦半两;到汉五铢;到新莽六泉十布均有出土,其中山上较多的当属战国时布币和西汉五铢,王莽布币出土数量很小,到三国时大泉五百、大泉五千偶有出土,数量极少,唐之后的钱币出土就基本没有了,可见此城建城较早,最繁华阶段当属战国时期—西汉,王莽之后渐渐衰落,到三国时五王城基本上退出了历史舞台。②

此外,据山西省第四批省重点文物保护单位公布的资料:五王城遗址(东周—汉),位于忻州五寨县杏岭子乡前五王城村和东秀庄乡后五王城村之间,距县城约 20 公里处,遗址平面环山,城墙依山而建,东西长约 2.5 千米,南北宽约 1.5 千米,周长约 8 千米。城内有一条东西走向的季节河流将城分为南北两部分,四周均系丘陵,城址坐落于沟壑盆地中。城墙残高 0.5—7 米,底宽约 6.5—10 米,顶宽 1.5—4 米不等,夯层 8—10 厘米,夯窝直径 5—6 厘米。沿城墙四周共建有六个瓮城,瓮城平面呈半圆

---

① 平朔考古队:《山西朔县秦汉墓发掘简报》,《文物》1987 年第 6 期。

② 郭效生、朱和森:《古"埒"置县新考及"五王城"建城考略》,山西文博网 2018 年 06 月 01 日。

形。城内的建筑集中于城南，发现有半地穴式白灰面房址等。在遗址断面上有约 2 米的文化层，发现有陶器、石器、骨器等。可辨器形有豆、鬲、罐、壶、瓶、钵、石镰、石锛、石斧、石球、骨针、骨铲等。在城西北发现有大片墓地，面积约 1.5 平方公里，从地表看发现有口大底小的方坑墓，深度可达 7 米以上。出土有铜戈、铜剑、铜镜、陶器及秦半两、汉五铢、大泉五十、大泉五百、大泉五千、开元通宝等钱币。

若按上述考古资料（仍有待进一步更详尽的考古发掘细探甄别），则五寨县五王城遗址面积竟然达到令人咋舌的 375 万平方米，连秦汉马邑城与西汉雁门郡治所善无城都无法与之比拟。故此作为一个县级治所的五王城遗址的规模之大令人颇感意外。

而郭、朱二先生在文中又称："实地查勘五王城遗址地形，四面环山，城墙依山而建，地形四周均系丘陵，城址坐落于沟壑盆地之中，城内有一条东西走向的季节河流将城分为南北两部分……并认为如五王城是埒，那么'埒阳'极可能与埒同城，埒阳指河分开城南之地。"①

按郭、朱二先生上述实地踏勘，笔者亦初步赞同他们的推论：很可能"埒"与"埒阳"二城以中间的那条季节性河流为界，共同构成了规模庞大的五王城。

当然需要校正的是，按《穀梁传》僖公廿八年："水北为阳，山南为阳。"李吉甫《元和郡县志》："山南曰阳，山北曰阴；水北曰阳，水南曰阴。"则郭、朱二先生文中"埒阳指河分开城南之地"的说法需要校正："埒阳"应为"河北之城"。

故此我们可以做出初步的论证：战国雁门郡"埒"与"埒阳"共同构成了今规模庞大的五王城；而"埒阳"未出现在班固的《汉书·地理志》中，则颇疑是在西汉周勃定代后被省。注：按《汉书·周勃传》："定雁门郡十七县、云中郡十二县。"但《汉书·地理志》所载西汉雁门仅十四县，按此则有三县地望颇疑在周勃定代后被省；而其一很可能为"埒阳"。

另外值得注意的是，随着"埒县"地望的明确，《中国历史地图集》西汉雁门郡所辖范畴亦应随之向南延伸，至山西五寨县、岢岚县交界一带。

秦汉马邑县北乡城 多年前雁北考古队队长张畅耕先生曾推测今朔城区祝家庄城址可能为秦马邑古城，而《中国文物地图集·山西卷》也基本承袭了这一观点。注：今朔城区祝家庄村西北，传为秦马邑古城。平面形状不详。地表现存西墙残段，残长约 210 米，基宽约 2 米，残高 1—2 米，墙体夯筑，夯层厚约 0.10 米。②

但祝家庄秦汉城址究竟是什么城？《水经注》亦未提及。

笔者在梳理相关文普资料时无意中发现：1984 年朔城区祝家庄村附近的平朔铁路取土场 4 号汉墓曾出土"北乡"印一枚，长方形，桥钮，长 1.9 厘米、宽 1.4 厘米、

———————————————————

① 郭效生、朱和森：《古"埒"置县新考及"五王城"建城考略》，山西文博网 2018 年 06 月 01 日。

② 山西文物局：《中国文物地图集·山西卷》（中），第 144 页。

高 1.7 厘米，阴文"北乡"二字。地方考古学者推测墓主应是马邑北乡啬夫一类的乡官。①

笔者以为恰恰是这方"北乡"印的出土，为祝家庄秦汉城址指明了身份。

从方位考量，祝家庄秦汉城址位于秦汉马邑故城的东北方向约 16 里处，大致符合其位于马邑故城北的方位表述，而结合附近汉墓出土的"北乡"印综合考量，我们基本可以确定朔城区祝家庄秦汉城址就是秦汉马邑县北乡城。《中国历史地图集》《山西历史地图集》再版时，应将秦汉马邑县北乡地望补入。

图 6 "北乡印"

（雷云贵《山西朔州出土古印选介》，《收藏》2007 年第 6 期）

勰阳阴城 郭勇在《山西省右玉县出土的西汉铜器》一文中有"勰阳阴城胡傅铜温酒樽"② 的铭文。勰阳即今怀仁县河头乡东昌城村东古城址；而阴城初步推析在西汉时可能已沦为勰阳县的一个乡，但阴城地望究竟何处，尚不明确。另外，阴城地望是否与《玺汇》0068 的"阴口司寇"官印有关，也是值得深入探讨的。

综上所述，从空间维度考量，西汉雁门郡所辖地望需要校正的有：善无、中陵、平城、楼烦、繁畤、涅陶、勰阳、疆阴、埒九处县级治所；而需要补入的地名则是两处基层城邑：秦汉马邑县北乡城与勰阳阴城。

二、战国雁门郡所涉部分地名校补

埒 传世战国赵兵器有元年埒令戈，铭文："元年埒命（令）夜会，上库工帀（师）口，冶淤。"③ "埒"，地名，战国时赵国尖足布币有"埒"布。黄盛璋认为《汉书·地理志》"雁门郡下有埒县，此戈中'埒'自是雁门郡的埒县"。又"汉雁门郡来自秦，而秦雁门郡又来自赵，《史记·匈奴列传》说赵武灵王'北破林胡、楼烦，筑长城，自代并阴山，下至高阙为塞，置云中、雁门、代郡'。赵置此三边郡，为加强防

---

① 摘自雷云贵：《山西朔州出土古印选介》，《收藏》2007 年，第 6 期。

② 郭勇：《山西省右玉县出土的西汉铜器》，《文物》1963 年第 11 期。

③ 于省吾：《商周金文录遗》，科学出版社，1957 年，第 111 页。

御，设官置县，铸造兵器，也铸货币。从上述兵器铭文和布币可证，战国时赵国雁门郡置堉县。其地如上述所论即今五寨县五王城遗址。注：初步推证，战国时"堉"应为五王城中那条季节性河流河南之城，而"堉阳"则应为河北之城。

　　洴陶　传世战国时期的三晋古玺中，赵玺印有"洴陶右司工"①。《汉书·地理志》雁门郡属县有洴陶。秦汉雁门郡显然是沿袭了战国赵雁门郡，则"洴陶右司工"应为战国赵雁门郡洴陶县属官吏之官印②。按此，战国赵雁门郡已置洴陶县，约今应县栗家坊汉遗址一带。

　　繁畤　黄锡全先生对战国赵尖足布币中的"繁寺"，有着较为详尽的解读："繁寺"，尖足布币，目前发现有三枚。一枚见于《中国历代货币大系·先秦货币》1000号，此枚通高5.1厘米、肩距2.4厘米、足距2.9厘米，有学者释读为"繁止"，即"繁寺"。其实，"止"下模糊，可能就是"寺"。铭文为"传形"。此枚实物不知现在何处。另一枚也是一位钱币爱好者收藏，据说出自山西北部，通高5.6厘米、肩距2.7厘米、足距3.2厘米，重5.38克，铭文很清晰（见图7）。三个"繁"字写法略有区别，根据字形，无疑是"繁寺"，读"繁畤"。繁畤隶《汉书·地理志》雁门郡，在今山西浑源县西南，战国属赵。③　注：此处黄锡全先生参考《中国历史地图集》认为繁畤在今山西浑源县西南，需校正为繁畤即今应县镇子梁乡城下庄村东北之古城处。④

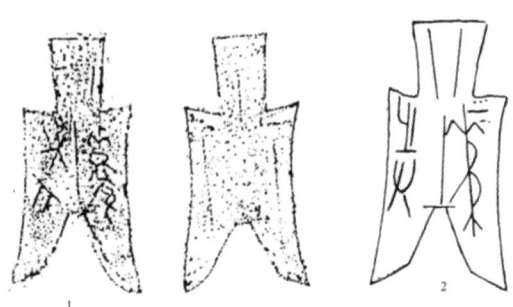

图9　尖足布币中的"繁寺"

（摘自黄锡全《平首尖足布新品数种考述——兼述尖足布有关地名》）

　　善无　黄锡全先生称尖足布币"善往"就是"善无"。"善往"此品为钱币爱好者收藏，出自山西北部，与"繁寺"、楼烦尖足布同出，通高5.3厘米、肩距2.6厘米、足距3.1厘米，面部铭文二字，分书左右。见图8：

---

　　①　罗福颐主编：《古玺汇编》，文物出版社，1981年，第16页。
　　②　备注：司工即司空。战国司工官分左、右。三晋官印有"右司工"官名。《古玺汇编》第九一号："汪匋右司工。"参考《中国历史大辞典·上卷》。
　　③　黄锡全：《平首尖足布新品数种考述——兼述尖足布有关地名》，《考古学研究五》，第720页。
　　④　山西文物局：《中国文物地图集·山西卷》（中），第173页。

图 8 尖足布币"善往"

（摘自黄锡全《平首尖足布新品数种考述——兼述尖足布有关地名》）

黄锡全先生解读，右面一字为"善"字简省形，与下列古玺类同①：

汇2983	汇2984	汇2985

　　左面一字为"往"字，下部横笔借用了裆线。这种借用裆线和边线者，先秦货币中不乏其例。② 古地名中不见"善往"。我们以为善往就是"善无"。因此，善无可作善亡，本作善往。秦置善无县，隶《汉书·地理志》雁门郡，其地在今山西右玉县东南，战国时属赵。注：黄锡全先生参考《中国历史地图集》将善无县城定在今右玉县东南是错误的，应校正为今右玉县右卫镇处。

　　右玉县右卫镇张宏世老先生曾委托笔者辨识．残缺的陶器铭文，比对赵尖足布币"善往"，笔者推析这个残陶器的铭文很可能为"善往"；但因左面一字笔画残缺较多，尚不能定论。

图 10 疑为"善往"的残陶铭文（由右玉县右卫镇张宏世提供）

---

① 罗福颐主编：《古玺汇编》，文物出版社，1981 年。
② 王辉：《古字通假释例》，艺文印书馆，1993 年，第 144 页。

楼烦 黄锡全先生先后见到两枚内容相同而文字书写小别的尖足布币"娄番"。一枚已入藏中国钱币博物馆，通高5.6厘米、肩距2.6厘米、足距2.9厘米，重5.39克（图11）。

图11 尖足布币"娄番"
（摘自黄锡全《平首尖足布新品数种考述——兼述尖足布有关地名》）

另一枚为钱币爱好者收藏，出自山西北部，与上列"繁寺"布同出，通高5.7厘米、肩距2.7厘米、足距3.1厘米（图12），当时临写可能不够准确。

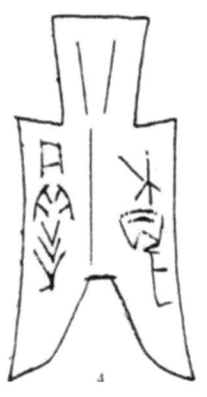

图12 尖足布币"娄番"
（摘自黄锡全《平首尖足布新品数种考述——兼述尖足布有关地名》）

黄先生认为，根据铭文判断，两枚应当是同一品种。娄番，应该就是娄烦或楼烦。裘锡圭先生认为第二字也可能是"弁"字，借为烦。①

平城 尖足布币亦为钱币爱好者收藏，出自山西北部，与上列诸布同出。文字不太清晰，见到此品时未留下摹本。根据当时所见，似为"平城"。秦置平城县，隶《汉书·地理志》雁门郡，治所在今山西大同市东北古城。② 注：黄锡全先生参考《中国

---

① 黄锡全：《平首尖足布新品数种考述——兼述尖足布有关地名》，《考古学研究五》第721页。
② 黄锡全：《平首尖足布新品数种考述——兼述尖足布有关地名》，《考古学研究五》第723页。

历史地图集》将平城定在今大同市东北古城处，应校正为今大同市操场城一带。

崞　黄锡全先生文中称有尖足布币一枚字，出土于山西离石西柳林一带，据说此处曾出土三四千枚平首尖足布，均散失。此枚是其中之一，被一位钱币爱好者收藏，通高 5.2 厘米、肩距 2.8 厘米、足距 3 厘米，重 4.8 克。布面左边有一字，黄先生认为此字与下列古玺、古陶、古兵器文字类同。

古玺

古陶

古兵

朱德熙先生释古玺上的字为"停"字，作为姓氏则读为郭。停字所从的"享"乃城郭之郭的简省形。尖足平首布的停当读为崞。秦汉置崞县，因崞山得名，隶《汉书·地理志》雁门郡，孟康曰崞"音郭"，其地在今山西浑源县西。秦汉地名多沿袭战国，此地战国时属赵。①

埒阳　赵国尖足布币中有"埒阳"②。如前文所论，即今五寨县五王城之北半侧遗址。注：规模庞大的五王城遗址疑由"埒"与"埒阳"两城构成，"埒"应为那条季节性河流河南之城，而"埒阳"应为河北之城。

疆阴　何琳仪、冯胜君在《燕玺简述》一文中认为：（战国玺印）有疆阴都司徒（0011）、疆阴都清左（0215）等，（战国雁门郡）疆阴其地在今内蒙古凉城东。③

阴馆（城）《玺汇》0068 有"阴□司寇"④ 官印。或释为"阴馆"，在今山西省朔州市朔城区夏关城村东，《汉书·地理志》中为雁门郡 14 县之一，战国时为赵雁门郡之地。但《水经·㶟水注》中的阴馆县曾为楼烦县的一个乡（详《水经·㶟水注》新考）。吴良宝认为，玺文"阴馆"的释读方面还可以再考虑，战国时期赵国是否有阴馆县目前尚不能确定。⑤ 另外，郭勇在《山西省右玉县出土的西汉铜器》一文中有"勮阳阴城胡傅铜温酒樽"的铭文。勮阳即今怀仁县河头乡东昌城村东古城址；初步推断，阴城在西汉时可能已沦为勮阳县的一个乡。阴城地望是否与《玺汇》0068 的"阴□司寇"官印有关，也是值得深入探讨的。

勮阳　何琳仪、冯胜君在《燕玺简述》一文中认为：（战国玺印）有"柜阳都左司马"（0051）；柜阳，读剧（勮）阳。柜、剧（勮）均见纽鱼部字，古音极近。剧

---

① 黄锡全：《平首尖足布新品数种考述——兼述尖足布有关地名》，《考古学研究五》第 724 页。
② 汪庆正主编：《中国历代货币大系·先秦货币》，上海人民出版社，1988 年，第 1194 号。
③ 何琳仪，冯胜君：《燕玺简述》，《北京文博》1996 年第 3 期。
④ 罗福颐主编：《古玺汇编》，文物出版社，1981 年。
⑤ 吴良宝：《〈中国历史地图集〉战国部分地名校补》，《中国历史地理论丛》2006 年第 21 卷第 3 辑。

（勮）阳，见《汉书·地理志》雁门郡，地在今山西应县东北。① 按《水经·灅水注》
"又北迳勮阳县故城西"的方位描述，结合相关考古资料综合考量，勮阳即今怀仁县河
头乡东昌城村东之古城址。该城址规模形制与汉边疆地域县一级城邑大致相当；此外，
故城西约 7 公里处分布着颇具规模的海北头汉墓群。② 地方考古工作者认为，勮阳城址
系战国晚期所建。③ 而按战国玺印"柜阳都左司马"等可大致推析，勮阳、繁峙、洼
陶均为赵武灵王胡服骑射北逐楼烦、林胡后所设雁门郡之辖县。公元前 307 年起，赵
武灵王推行胡服骑射，十余年间"北破林胡、楼烦。筑长城，自代并阴山下，至高阙
为塞。而置云中、雁门、代郡"④。

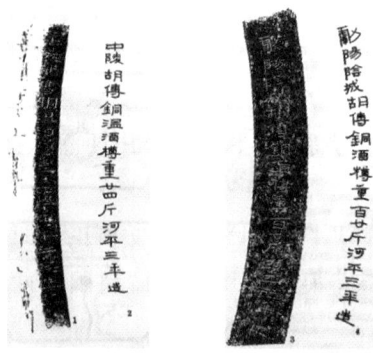

图 13

（摘自郭勇《山西省右玉县出土的西汉铜器》，《文物》1963 年第 11 期）

此外，吴良宝老师在《〈中国历史地图集〉战国部分地名校补》一文中认为，《中
国历史地图集》应补充的战国时赵国地名涉及雁门郡的至少有六县：洼陶、埒、善往
（无）、娄弁（楼烦）、郭（崞）、繁寺（繁峙）。⑤

综上所述，本文认为，《中国历史地图集》应补充的战国雁门郡的至少有善无、平
城、楼烦、繁峙、洼陶、疆阴、勮阳、埒、埒阳九县。注：规模庞大的神池北沙城战
国秦汉城址颇疑也应为战国雁门郡辖县之一，但因地名已佚无法明确。此外，若《玺
汇》0068 的"阴口司寇"官印被释为"阴馆"的话，则阴馆也很可能为战国赵雁门郡
辖县，同时阴馆亦极有可能为周勃定代时"雁门郡十七县"⑥ 之一。当然，若释为
"阴城"，则依然为战国赵雁门郡所辖，但具体地望无法确定。

_____

① 何琳仪、冯胜君：《燕玺简述》，《北京文博》1996 年第 3 期。

② 山西文物局：《中国文物地图集·山西卷》（中），第 111 页。

③ 李丽娟、安孝文在《怀仁战国古城考》（《文物世界》2010 第 2 期）一文中将勮阳城（今怀
仁河头乡东昌城东之古城）断代为战国晚期。

④ 《史记》卷一一〇《匈奴列传》，中华书局，1959 年，第 2885 页。

⑤ 吴良宝：《〈中国历史地图集〉战国部分地名校补》，《中国历史地理论丛》2006 年第 21 卷
第 3 辑。

⑥ 详见《汉书》卷四〇《周勃传》，第 2053 页。

渤海湾西岸西汉海侵事件研究述评

冯晓多

（西安工业大学马克思主义学院）

摘要： 天津市文化局考古发掘队与谭其骧先生认为，渤海湾西岸于西汉中后期存在海侵现象。对此，陈雍据该区遗迹年代提出质疑，并认为不应将海侵等同于海溢。之后，王守春通过文献资料，以莱州湾来论证渤海湾海侵；而商志文则从地质学方面证实了海侵存在的事实。通过对各方观点、论争过程的总结，对"海侵""海溢"的释名，及遗迹年代的考古学分析，结合地质学与当时气候背景等，可知西汉中晚期渤海湾西岸确有海侵，且属"水动型海平面升降"。

关键词： 渤海湾西岸；西汉海侵；东汉遗迹；水动型海平面升降

渤海湾西岸在西汉中后期是否发生过海侵的问题，最早由韩嘉谷在其执笔的《渤海湾西岸古文化遗址调查》[①] 及天津市文化局考古发掘队在《渤海湾西岸考古调查和海岸线变迁研究》[②] 二文中提出。韩氏依据考古资料，讲到"天津郊区、黄骅北部和宁河南部，仅见战国和西汉遗存，不见西汉晚期和东汉遗存，再迟的就是唐宋时期的遗物，在年代上不连续，中间有一个突出的割裂现象"，据此断定存在海侵，但并未对

---

① 天津市文化局考古发掘队：《渤海湾西岸古文化遗址调查》（韩嘉谷执笔），《考古》1965 年第 2 期。

② 天津市文化局考古发掘队：《渤海湾西岸考古调查和海岸线变迁研究》，《历史研究》1966 年第 1 期。

其与海岸线变迁间的关系做出解释。后谭其骧①、韩嘉谷②、陈雍③、王守春④及商志文⑤等诸位先生均对此问题展开论辩。⑥ 本文意在梳理诸方学说观点，并以多种方法对此进行综合分析，以重新明确其内涵本质及其背后的历史信息。不妥之处，敬请方家指正。

一、渤海湾西岸西汉中后期海侵事实论争的缘起

天津市文化局考古发掘队的两篇文章，分别为《渤海湾西岸考古调查和海岸线变迁研究》与韩嘉谷执笔的《渤海湾西岸古文化遗址调查》，均指出渤海湾西岸古文化遗存在西汉后期的断裂问题。尤其是前文对渤海湾西岸南部的海岸线利用贝壳堤遗迹，复原出三道海岸线，并指出其年代。而渤海湾西岸北部的海岸线，是依据古文化遗址与地貌特征做出的推测。同时利用文献分析（包括以碣石论海）与考古遗存指出：西汉晚期到东汉时期文化遗存缺失的原因乃地质构造运动造成的海侵，并指出其大致范围。⑦

谭其骧早在《〈汉书·地理志〉选释》渤海郡条目下依据大河、虖池河、泒河、滱河、治水和沽河分别入海，以及当时县治分布与六大河河口位置认为：西汉时，在

---

① 谭其骧：《历史时期渤海湾西岸的大海侵》（原载《人民日报》1965 年 10 月 8 日），收入谭其骧：《长水集》（下册），人民出版社，2009 年，第 91—101 页。

② 韩嘉谷：《西汉后期渤海湾西岸的海侵》，《考古》1982 年第 3 期；《再谈渤海湾西岸的汉代海侵》，《考古》1997 年第 2 期。

③ 陈雍：《渤海湾西岸东汉遗存的再认识》，《北方文物》1994 年第 1 期；天津市历史博物馆考古部：《天津市考古五十年》（陈雍执笔），载文物出版社编：《新中国考古五十年》，文物出版社，1999 年，第 28—39 页；陈雍：《渤海湾西岸汉代遗存年代甄别——兼论渤海湾西岸西汉末年海侵》，《考古》2001 年第 11 期。

④ 王守春：《公元初年渤海湾和莱州湾的大海侵》，《地理学报》1998 年第 5 期。

⑤ 商志文：《渤海湾西岸西汉先民用海的新发现及对"西汉海侵"的启示》，《地质论评》2015 年第 6 期。

⑥ 关于西汉中后期渤海湾西岸的海侵问题存在两个争论，一是当年谭其骧先生和李世瑜先生文章的先后导致的误以为剽窃之学术公案问题。此案由韩嘉谷在其《关于〈历史时期渤海湾西岸的大海侵〉的一桩公案真相说明》（《中国史研究动态》1998 年第 8 期）一文中对葛剑雄在其《关于〈历史时期渤海湾西岸的大海侵〉的一桩公案》（《中国史研究动态》1997 年第 3 期）一文的误解的基础上，通过披露当年谭先生回复天津市文化局考古发掘队的两封信及当时事实的过程叙述，已经将事实因果讲清。二是陈雍根据海侵的文化遗存证据提出否定的观点。另，为行文方便，后文涉及诸位学者，一概省去尊称。

⑦ 文中关于海侵的原因未做详细考订，只是简单地依史料对该区地震和海溢记载较多为根据而做出推断。

渤海湾西部存在一个小海湾。① 随后又在《历史时期渤海湾西岸的大海侵》一文中利用文献资料与考古证据，论证历史时期（西汉中晚期）渤海湾西岸发生过的由陆变海过程。② 该文首先由《汉书·沟洫志》对王莽时王横所言海侵为引进行讨论，认为王横所言海侵时间上限为《禹贡》时代。论证过程是将《禹贡》即春秋战国时与王横时代的海岸线位置进行比较，来验证王横所言正确与否。虽旧有学者根据《水经注》之提法：《禹贡》有"夹右碣石，入于河"一语，而汉代碣石沦入海中，再依宋以来经学家对郦说的推阐，来断定王横所言不虚。即碣石以西，《禹贡》时为陆地，王横时变为海。③ 谭先生认为郦说滦河口海陆之变可能为真，但滦河口距九河之地甚远，且其只是根据《禹贡》所述之解释④，尚不能证王横所说之事。对于该处春秋战国时代海岸线的位置应由古文化遗址与贝壳堤的位置来推测，并得出在宁河南—白沙岭—泥沽—邓领子—上沽林—马棚口—歧口—黄骅县贾家堡以南一线，即白沙岭贝壳堤。⑤ 西汉中晚期的海岸线，依据对《汉书·地理志》所载渤海湾西岸的水道分别入海及县治分布状况，得出相较于春秋战国，已出现新海湾，证明王横时的海侵。最后谭先生根据文献、地貌资料指出，海河平原海拔四米的等高线为西汉中晚期海岸线，该线东至白沙岭的贝壳堤即为王横所言之海侵范围（见图1）。⑥ 同时利用考古资料，即古文化遗址不见有西汉晚期至南北朝时期的遗存来进一步验证海侵的发生，并指出其发生年代应从西汉中期开始。⑦ 最后据《水经注》与《汉志》，至东汉中期后海水褪去，东汉末恢复往日面貌，但遗留有泻湖与沼泽致使长期内人口与文化遗存稀少。

① 谭其骧：《〈汉书·地理志〉选释》，载侯仁之主编：《中国古代地理名著选读》第一辑，科学出版社，1959年，第55—95页。
② 谭其骧：《历史时期渤海湾西岸的大海侵》（原载《人民日报》1965年10月8日），收入谭其骧：《长水集》（下册），人民出版社，2009年，第91—101页。
③ 关于碣石之位置与变化，可参考谭其骧：《碣石考》，《学习与批判》1976年第2期。
④ 《禹贡》所述之二语为"夹右碣石入于河""（九河）同为逆河入于海"。
⑤ 春秋战国时代渤海湾海岸线的推测，因文献记载少，故依据实地调查、钻探和发掘来实现。谭先生依据的是李世瑜：《古代渤海湾西部海岸遗迹及地下文物的初步调查研究》，《考古》1962年第12期；王颖：《渤海湾西部贝壳堤与古海岸线问题》，《南京大学学报》（自然科学版）第8卷第3期；天津市文化局考古发掘队：《渤海湾西岸古文化遗址调查》，《考古》1965年第2期。
⑥ 谭其骧先生据1947年希腊地质学者克雷普陀《华北平原之生成》（载《中国地质学会志》第27卷，第299—320页）一文的地貌资料。克雷普陀认为四米等高线代表2500年前海岸线，对此侯仁之先生曾在《历史时期渤海湾西部海岸线的变迁》（载于《地理学资料》1957年第1期）一文中认为，将四米等高线作为2500年前海岸线，天津以南接近事实，天津以北值得怀疑。因为无法解释天津以北该海岸线以内出现战国遗迹的事实。细读谭其骧先生的论述，即存在战国时代海岸线，后西汉中期时发生海侵。故此问题实已解决。克氏的最大贡献是提出了四米等高线的意义。
⑦ 见韩嘉谷执笔，天津市文化局考古发掘队：《渤海湾西岸古文化遗址调查》，《考古》1965年第2期。谭先生的考古学资料依据的是韩嘉谷及天津市文化局考古发掘队的资料，因此引发一段学术公案。但经由当事人之一韩嘉谷先生的澄清，事实情况已然明了。参见韩嘉谷：《关于〈历史时期渤海湾西岸的大海侵〉的一桩公案真相说明》，《中国史研究动态》1998年第8期。

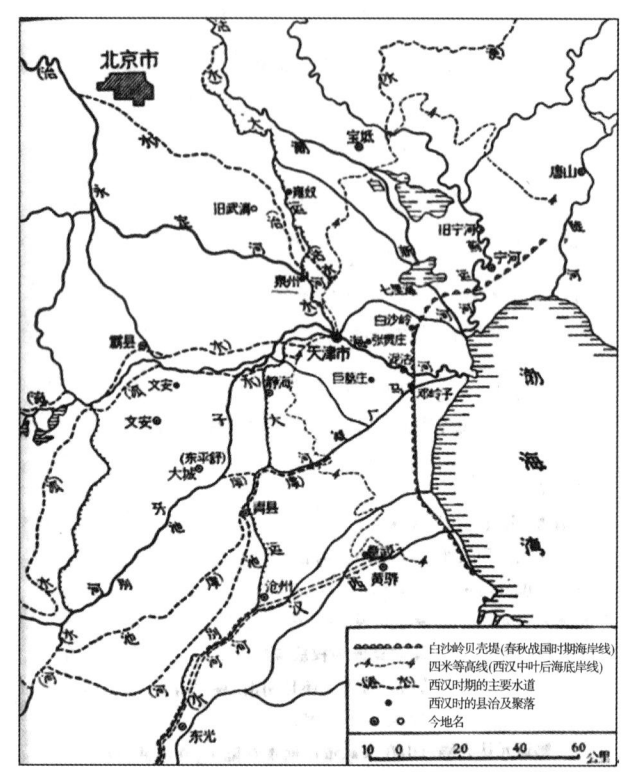

图 1　渤海湾西岸大海侵示意图

（摘引自谭其骧《历史时期渤海湾西岸的大海侵》，原载《人民日报》1965 年 10 月 8 日，

收入谭其骧《长水集》下册，人民出版社，2009 年，第 91—101 页）

韩嘉谷在《西汉后期渤海湾西岸的海侵》一文中对前述文章之观点基本赞同，只是在具体问题上，如海侵的性质、规模、原因方面进行进一步论说。① 韩氏肯定了海侵的存在，但是依据考古遗存（东汉时瓮棺葬及随葬品五铢钱）、贝壳堤、水浸黑土层形成的论证、文献关于平虏渠的记载，以及讹误的县治、河流入海口位置、贝壳堤的形成及海河水系入海形式等，归结西汉后期的海侵实为一次猝发的海溢，并用文献的记载作为旁证。其原因归结为高海面与向岸风造成的风暴潮。② 而谭其骧认为暴风雨引起的海啸只能影响濒海地带暂时受袭击，不可能使广袤数百里的大陆长期"为海所渐"③。而韩文利用古城遗址，结合文献发现的其他地区的记载，得出当时海面升高一

_____

① 韩嘉谷：《西汉后期渤海湾西岸的海侵》，《考古》1982 年第 3 期。

② 另见翟乾祥，李凤林，王强：《据历史文献及考古资料论证 5000 年以来渤海湾西、北海岸线变迁》，见国际地质对比计划第 200 号项目中国工程组编：《中国海平面变化》，海洋出版社，1986 年，第 70—80 页。

③ 谭其骧：《历史时期渤海湾西岸的大海侵》（原载于《人民日报》1965 年 10 月 8 日），收入谭其骧：《长水集》（下册），人民出版社，2009 年，第 91—101 页。这里需要明确的是，风暴潮是由暴风雨引起的暂时性海潮，而海啸的原因是海底地震造成海面发生高低错落所致。

米左右，造成平原内潴成沼泽相地貌，加之不是一般的风暴潮造成了海溢。高海面加之海溢使沿海数百里为水所浸，县治内迁，同时所淹区域地势低平，时而为洪水所患，致使迟迟不能恢复。至于海溢的时间，据文化遗存的年代认定为从西汉中期一直到魏晋以前。

至此可见，天津市文化局考古发掘队与韩嘉谷的观点由早期的地质构造造成的海侵转变为特大风暴潮导致的猝发海溢。谭其骧论证海侵发生的事实，并对其范围和时间进行推定。可以说谭其骧与韩嘉谷一开始就此问题基本达成一致，但韩氏对海侵性质与原因稍有修正。

二、关于渤海湾西岸西汉中后期海侵的论争

进入 20 世纪 90 年代，陈雍在其《渤海湾西岸东汉遗存的再认识》[①] 一文中根据 20 世纪 60 年代天津市文化局考古发掘队《渤海湾西岸古文化遗址调查》一文所提及的 24 处汉墓分为西汉墓和东汉墓进行辨证，认为东汉墓实存。并结合 20 世纪 70 年代至 80 年代的最新考古资料得出：渤海湾西岸分布多处东汉遗存，且自战国直到隋唐从未中断，进而提出西汉中晚期的海侵得不到考古学方面的证实。

随后韩嘉谷在《再谈渤海湾西岸的汉代海侵》[②] 中对此做出回应，通过对问题及其经过的梳理、文物年代的辨证，并提出若干新证据，如 1981 年对田庄坨、大海北遗址及 1992 年对宁河县桐城、复查田庄坨及宝坻县和武清县遗址的调查发现海相孔虫沉积痕迹（地层证据）。同时再次通过其他沿海地区，如东海和南海沿海平原在西汉中期后亦缺失遗迹作为旁证。再次表明其肯定立场，即文物年代割裂现象的确存在，海侵确实发生过。韩氏再次肯定海侵发生的同时，对于其性质与原因似乎又回到先前的认识上。

进入 21 世纪，陈雍再次就此做出讨论，在《渤海湾西岸汉代遗存年代甄别——兼论渤海湾西岸西汉末年海侵》一文中，对年代有争议的天津宁河田庄坨、原西郊区体育学院、原南郊区万家码头、原东郊区务本二村、务本三村、西南堼和河北黄骅李官庄、北辛庄、北王曼等遗存进行讨论。该文将田庄坨遗迹定为东汉早期，原西郊体育学院汉墓定为西汉晚期，原南郊区万家码头遗存定为新莽时代至东汉早期，务本二村遗存最晚为东汉末至曹魏时期，务本三村遗存应为东汉遗存，西南堼遗存认定为东汉晚期至曹魏时期，至于李官庄、北辛庄与北王曼遗址与《渤海湾西岸东汉遗存的再认识》一文结论相同。紧接着该文讨论了西汉后期海侵古代遗址的空间分布特点、遗存年代割裂现象和遗存的海拔高度，最后对海侵的概念进行讨论。陈氏称，不应将历史文献

---

① 陈雍：《渤海湾西岸东汉遗存的再认识》，《北方文物》1994 年第 1 期。

② 韩嘉谷：《再谈渤海湾西岸的汉代海侵》，《考古》1997 年第 2 期。

的"海溢"等同于海洋地质学的"海侵",认为历史文献中的"海溢",多指海啸、风暴潮一类的自然现象,不是科学意义上的"海侵",并据《辞海》无"海侵"只有"海进"条目,将之解释为:"由于各种原因引起陆地相对海平面下沉,并使海水侵入陆地的现象。"该文据《中国大百科全书·海洋科学》"海平面变动"条目:海平面变动分为长期变动和短期变动。长期变动即地质历史时期的变动,幅度大,范围广,结果是引起海进和海退,其原因是全球性构造运动,第四纪以来多为冰川作用。而短时期的变动,幅度小,多为局部的,原因主要与波浪、潮汐、大气压、海水温度、盐度、风暴和海啸等有关。因此,该文认为渤海湾西岸西汉的海侵应为局部升降,且当为升降幅度小的短期海平面变动,即历史文献的"海溢",并非地质学的"海侵"。文章观点虽与其《渤海湾西岸东汉遗存的再认识》一文基本相同,但似有与韩嘉谷20世纪80年代的《西汉后期渤海湾西岸的海侵》一文观点靠近之嫌疑。

相较于前文,该文在论说时对"海侵"与"海溢"等概念进行了辨析,显然更进一步,但对该区古遗迹的年代不能做出肯定之结论,因此焦点即是文化遗存的年代与分布的讨论。其逻辑就是遗存的年代决定是否存在"年代割裂现象",进而对渤海湾西岸西汉中晚期的海侵事件做出判定。

此期间,王守春行文亦讨论了海侵事件,肯定了西汉晚期海侵发生的事实。[1] 王氏利用文献记载,得出西汉时莱州湾沿岸诸县在东汉被废弃,并对比得出东汉时期渤海西部和南部沿海地区诸郡国所属县人口居全国之首,以及《水经注》中记载的事实,以莱州湾来论证当时海侵事件的发生。该文同时对海侵的时间和范围进行进一步的修正,即海侵应从公元2年前后持续到东汉后期,持续约140多年。海侵的范围"可能达到4米等高线甚至更高,但不等于海侵后的海岸线位置达到4米等高线的高度"。[2]

此后直至2015年,商志文等在《渤海湾西岸西汉先民用海的新发现及对"西汉海侵"的启示》一文中对"西汉海侵说"进行了地质学的论证。[3] 商文利用的材料为新发现的西汉遗址(位于渤海湾西岸大港穿港路采土场的地层剖面),方法为地质学的古环境重建、AMS14C测年与考古资料的厘定,发现大港穿港路采土场贝壳质河口沙坝海滩层上的西汉先民短暂居停遗址上覆盖约700—800年的1.6米厚的海相层,同时遗址上的网坠和微地貌特征表明,少量西汉先民在此从事海水捕捞活动。该文指出,全新世海退后形成五道贝壳堤,每一道形成时均构成当时之海岸线,并指出上林古—齐家阜堤—岭岸线形成于战国—西汉时期,岸线后的大面积洼地直至东晋—北魏时期曾频繁地被高水头海水淹浸,而穿港路西汉遗址则直接被海相层覆盖。故商氏据海水影响的时空特征推测,"西汉海侵"存在无疑。此文相较于谭其骧、韩嘉谷及陈雍所论,不

---

① 王守春:《公元初年渤海湾和莱州湾的大海侵》,《地理学报》1998年第5期。
② 王守春:《公元初年渤海湾和莱州湾的大海侵》,《地理学报》1998年第5期。
③ 商志文等:《渤海湾西岸西汉先民用海的新发现及对"西汉海侵"的启示》,《地质论评》2015年第6期。

仅依据文献与考古资料，更利用现代地质学的证据与方法，对西汉的海侵进行了肯定的论证。

三、对渤海湾西岸西汉海侵事件的思考

至此，谭其骧认定西汉中晚期渤海湾西岸确实发生海侵。[1] 韩嘉谷最初观点与谭其骧一致，但其在 20 世纪 80 年代认为乃较大的风暴潮导致的猝发之海溢。其后又在与陈雍争议时又认为是海侵无疑。陈雍一直根据文化遗存的时间来判断没有发生过海侵，但问题是对遗址的年代不能十分确定。从其文末的对"海侵"与"海溢"的概念辨析来看，其观点似有转向为"海溢"之嫌。商志文等根据地质材料确定为海侵无疑。故可将争议之症结归为以下几点：一是"海侵"抑或"海溢"？[2] 二是有无发生；三是古遗存之年代。历史问题从来都不是简单表象化的，要看到其背后深层次与多方面的原因，只有依据多种证据、多方论证才能得出较为可信的结论。因此，以下试从概念辨析、文献记载、考古学资料、地质学手段并结合当时之气候背景加以分析。

（一）"海侵"与"海溢"

为更好地区分，先引文献记载之原文，以助理解。据《汉书·沟洫志》载：

> 王莽时，征能治河者以百数……大司空掾王横言："河入勃海，勃海地高于韩牧所欲穿处。往者天尝连雨，东北风，海水溢，西南出，浸数百里，九河之地已为海所渐矣。"[3]

这里需要对溢、浸、渐等再作进一步理解。"溢"，《新华字典》释为"充满而流出来"，《说文解字》为"器满也"，《尔雅》为"盈也"。据《现代汉语词典》，"浸"，泡在液体里或液体渗入。《辞海》注释也有被水渗入之意。"渐"，《新华字典》释为慢慢地、一点一点地，《广雅》为"渍"也。而《辞海》与《现代汉语词典》中对"侵"的解释是侵入、侵犯、侵蚀之意。又据美国《地质辞典》："海侵，海在陆区上的展布或扩展以及这种前进所造成的证据。也指其他任何变化，它使典型深水环境的远岸移到以前被典型浅水条件的近岸所占据的地区；或者把海相或非海相沉积间的界线或沉积与剥蚀间的界线从海盆地中心向外推移。"是否可说明深水环境代替浅水环境即为海侵，或可表达为浅水环境不能定义为海侵。而且，海侵强调的是海水侵入陆地的过程或动作，故而其过程应该是迅速的，规模与范围较大。海浸强调的是一种状态，指海水渗透进陆地。所以"海侵"与"海进"同义，反义是"海退"，其与"海浸"

---

[1] 海侵的存在为谭其骧先生论碣石提供了基础。参见谭其骧：《碣石考》（原载于《学习与批判》1976 年第 2 期），收入谭其骧：《长水集》（下册），人民出版社，2009 年，第 102—109 页。

[2] "海侵"与"海溢"的概念区别就是其原因的区别，这又决定了其影响的范围与时间的长短。

[3] 《汉书》卷二九《沟洫志》第九，中华书局，1962 年，第 1696—1697 页。

应为不同。① 故而对于概念应作辨析理解。此处再来看文本，其言"往者，天尝连雨，东北风，海水溢，西南出，浸数百里，九河之地已为海所渐矣"。单看文本描述，原因很明显是连续性降水与东北风所致。九河之地位于河口低地，地势地平，坡度比较小，连续性降水导致河水与海水增多，河口处海面升高，再加以少有之向岸风吹拂，故而发生"海水溢……浸数百里，九河之地已为海所渐矣"。明显描述的是海溢，但问题是海溢能否上侵数百里？古人之定性描述多有夸张，是否可信？只能说海平面上升，沿海低地被湮没的事实，但还不足以确定其性质。

（二）文物遗迹的考古学分析

关于渤海湾西岸的海岸线问题，李世瑜曾在 1957 年开始调查海岸遗迹及地下文物的工作，调查从 1957 年至 1959 年，调查地点包括天津郊区及塘沽、宁河、黄骅和静海等地。② 通过调查，李氏确定了三条贝壳堤，其中第一条贝壳堤以泥沽为中心，北起宁河县芦台镇北的闸口，南迄南郊区的上沽林，全长 76 千米。经过发掘与采集，可知遗址、墓葬和文物年代大部分属唐宋时期，如军粮城内刘家台子的唐代墓葬、刘家台子中学操场的宋代墓葬、泥沽村南墓葬及在小双坨子采集到的宋代遗物等。据韩嘉谷所言，此堤上另有战国、秦及西汉早期墓葬，则此堤存在年限一目了然。又，韩嘉谷在《西汉后期渤海湾西岸的海侵》一文中明言发现有东汉瓮棺葬，只是十分稀少而已，并提出汉代前后地面没有明显下沉，并指出海侵范围内的部分地区为沼泽相沉积，同时对谭其骧所言的西汉以后该区存在小海湾的主要依据进行论证，认为应将海侵修正为突发的规模较大的海溢。可见亦可将其认为是一次较大的自然灾害。同时韩氏用文献记载、古城内迁以及对其他地区海溢的记载作为旁证。问题是海溢一般为局部地区的海面上升，既然有其他地区的海溢现象，说明这应不是一次普通的局部地区现象，反而印证了海侵的事实。东汉的瓮棺葬稀少，说明海侵退却后有少量的东汉先民在此活动。当然也有海侵不可能湮没 4 米等高线范围内的所有陆地的可能。

（三）地质证据

渤海湾西岸是淤泥质海岸，海岸线由黄河、海河等泥沙堆积形成。据海岸线上各个时代贝壳堤的位置可确定海岸线，由此可确定海侵是否发生以及其发生的范围。吕先进等根据碳 14 测定，渤海湾西岸经历了四次海岸相对稳定时期，第三次距今约 2500—1100 年，此时海岸线位于张巨河—歧口—上古林—军粮城—白沙岭一线，并形成宽 200 米、相对高度 5 米的贝壳堤。③ 据此则时间难以对应，且吕氏将此期间海岸称为稳定期。而陈吉余论述渤海湾西岸的"第二道贝壳堤形成的年代，据考古资料，在它北段发现多处战国时期的遗址……它的南段则见唐宋时期的文物"，显然其证据当来

---

① 关于"海侵"与"海浸"的区别可参考赵锡文：《关于"海侵"与"海浸"》，《地质论评》1980 年第 5 期。

② 李世瑜：《古代渤海湾西部海岸遗迹及地下文物的初步调查研究》，《考古》1962 年第 12 期。

③ 吕先进、翟乾祥：《渤海湾西及西北部海岸的变迁》，《海洋通报》1991 年第 4 期。

自于天津市文物考古发掘队。陈氏云，经测年资料反映，"这条贝壳堤南段的歧口附近，下层距今 2020 ±100 年，上层距今 1080 ±90 年，北段与白沙岭附近则距今 1460 ± 95 年。据此，这条贝壳堤经过一千年左右的时间塑造而成"①。

图 2　渤海湾海岸历史变迁图
（摘引自陈吉余《中国历史时期的海岸变迁》，载陈吉余、王宝灿、虞志英等著
《中国海岸发育过程和演变规律》）

可见贝壳堤的下层均形成于西汉末年至东汉初年，而北段的上层形成于隋唐时，南段上层形成于约北宋时，时间上与韩嘉谷和谭其骧论证的时间不谋而合。② 只不过可以理解为距今 2020 ±100 年左右的西汉中后期发生过一次海侵，随后南段于距今 1080 ±90 年左右的五代时期再次发生海侵，而北段于距今 1460 ±95 年的南北朝时期再次发生过海侵。

再有，李元芳等据该区微体古生物的研究，发现在七里海北岸大海北村的汉代文化层内发现有大量孔虫壳体，其种类可能代表了一个较为稳定的沼泽和泻湖环境。③ 此或可认定为海侵发生后，海水褪去在陆地上形成沼泽与泻湖环境。加之原本地处河口低地，湿地广布，故而不适宜大规模的人类定居活动，因此遗存较少。但仍有少量人类活动与东汉遗存，或可作为解释东汉瓮棺葬及少量西汉先民具有捕捞特征的短暂居

① 陈吉余：《中国历史时期的海岸变迁》，载陈吉余、王宝灿、虞志英等著：《中国海岸发育过程和演变规律》，上海科学技术出版社，1989 年，第 1—17 页。

② 贝壳堤南北段上层的形成时间的差异取决于黄河口位置与来沙量多少。又，陈吉余所言之第二道贝壳堤北段泥沽至大沽段的上层，李世瑜先生估计大约形成于宋代。参见李世瑜：《古代渤海湾西部海岸遗迹及地下文物的初步调查研究》，《考古》1962 年第 12 期。

③ 李元芳、高善明、安凤桐：《天津北部全新世海侵》，载《地理集刊》（第 18 号），科学出版社，1987 年，第 88—98 页。

停遗址的理由。① 同时不排除东汉以后频繁的海侵或海溢，以及连续性的降水与低地环境本身固有的特点。

（四）气候背景分析

据葛全胜等人研究认为，中国东部公元元年至公元 200 年为一个相对温暖期，气温比 1951 年至 1980 年的平均值高 0.14℃。② 同时，满志敏认为战国至西汉初的寒冷气候大约在西汉中叶开始回暖，且回暖的过程很可能带有突变性质。③ 当然，满氏并没有就气温回暖突变与海侵的关系做出直接证明，只是认为二者之间的密切关系还有待论证。满氏同时认为华北地区在公元前 30 年到公元 80 年为一个偏涝期，指数差的峰值为 2.8，是个连续的涝期。④ 可见华北地区的涝期持续时间将近 110 年，且峰值较高。综合该时期降水与气温的变化特点，可以归结为气温回暖，降水增多。假如此时中国东部的气候有较大范围的指示意义，那么可能意味着较大范围的融冰与水量增多而致使海洋水位较高。华北此时期降水较多且持续时期长，也可意味着注入海洋的陆地水量增多而导致海面升高。这在局部地区因为水体分布变化而改变了局部重力场，引起大地水准面的重新调整，造成"水动型海平面升降"。⑤ 据威廉斯的研究认为，第四纪海平面变化的主导因素应是陆冰的增长与消融⑥，这里应再加上降水与风的因素。而地质原因引发的"构造型海平面升降"，诸如海盆本身体积与容量的变化，包括地质构造造成的海陆抬升等引起的海平面变化，特点是变化幅度大，波动慢。⑦

通过以上分析，可见西汉中晚期渤海湾西岸确发生过海侵事件，只不过应属于"水动型海平面升降"，原因应为以上多方面导致。谭其骧与商志文等做出的论证判断是符合历史事实的。

---

① 商志文等：《渤海湾西岸西汉先民用海的新发现及对"西汉海侵"的启示》，《地质论评》2015 年第 6 期。

② 葛全胜、郑景云、方修琦：《过去 2000 年中国东部冬半年温度变化》，《第四纪研究》2002 年第 2 期。

③ 满志敏：《中国历史时期气候变化研究》，山东教育出版社，2009 年，第 146 页。

④ 满志敏：《中国历史时期气候变化研究》，山东教育出版社，2009 年，第 326 页。在华北地区两千年旱涝序列图中，公元前 30 年至公元 80 年的涝期指数峰值仅低于 1520 年至 1580 年这一阶段，但持续的时间却为后者的近两倍。

⑤ 〔澳〕M. A. J. Williams、D. L. Dunkerley、P. De. Deckker、A. P. Kershaw、T. J. Stokes 著，刘东生等编译：《第四纪环境》，科学出版社，1994 年，第 50 页。

⑥ 〔澳〕M. A. J. Williams 等著，刘东生等编译：《第四纪环境》，第 52 页。

⑦ 波动幅度可达 ±500m，速度常在数千万年时间尺度上出现。参见〔澳〕M. A. J. Williams 等著，刘东生等编译：《第四纪环境》，第 52 页。

西汉同姓诸侯王教化问题探论*

沈　刚

（吉林大学古籍研究所）

摘要： 武帝之前，汉廷对诸侯王尚未有系统的教化，诸侯王知识素养的形成还处于自发状态。武帝统治早期，对同姓诸侯王教化表现出向制度化、规范化过渡特点。昭帝之后，对儒家经典与经义的掌握已成为判断诸侯王知识素养高下的标准之一。西汉教化同姓诸侯王与西汉学术发展的内在理路和中央对诸侯国统治加强有关。傅、相是诸侯王教化的直接责任人。西汉早期，对相或傅的知识与素质并无定规。景帝之后诸侯王太傅几乎皆出身儒生。西汉中央教化同姓诸侯王方式与模式的演变，和中央与诸侯王国之间的博弈过程关系密切。西汉文化与学术的发展也与教化有一定关联。国家对诸侯王教化能够在一定程度上对后者起到控制作用，但其效果也不宜估计过高。

关键词： 西汉；诸侯王；教化

汉初剪除异姓诸侯王，分封同姓诸王，其目的是"惩戒亡秦孤立之败"，但诸侯王国拥有巨大的独立自主权力，与中央集权体制在制度上存在着天然的不可调和的矛盾。因而汉廷从制度、甚至军事角度限制、消解诸侯王权力，这也是历代史家关注西汉王国问题的着眼点。与政治解决诸侯王国问题相联系，是对诸侯王思想控制方式的变化，而其中最重要的措施就是设置职官，进行教化。这也是观察中央和王国问题的一个方面。目前对这一问题的研究成果主要体现在秦汉官制著作中对涉及负责王国教化的职官的介绍①；在研究汉代教育史的著作中，涉及诸侯王教育问题，只将其作为汉代学制的组成部分作概述②，而作为一个专题研究者并不多见。③ 有鉴于此，本文拟从西汉中

---

* 国家社会科学基金冷门绝学研究专项学术团队项目"秦至晋简牍所见地方行政史料汇编与研究"成果（项目编号：20VJXT020）。

① 安作璋、熊铁基：《秦汉官制史稿》，齐鲁书社，1984 年，第 243—249 页。

② 姜维公：《汉代学制研究》，中国文史出版社，2005 年，第 70—73 页；郝建平：《教育与两汉社会的整合研究》，中华书局，2014 年，第 76 页。

③ 目前所见，仅有韩仲秋博士学位论文《汉代皇族管理研究——以专职职官为中心》（山东大学，2013 年）中第四章第三节《皇族诸侯王的教育》略有述及。

央对王国政策变化的角度梳理诸侯王教化问题概况。

一、西汉中央对同姓诸侯王的教化

从汉初开始，中央通过各种手段来解决王国问题，包括褫夺诸侯王政治、军事权力，侵蚀其封地，仅保留其衣食租税的特权等。武帝时期就基本解决了诸侯王国的威胁。在这个过程中，中央对同姓诸侯王教化的内容和制度也产生了相应的变化。

武帝之前，汉廷对诸侯王尚未有系统的教化，诸侯王知识素养的形成还处于自发的状态。对诸侯王的教化制度没有固定的程式，教化内容没有稳定的价值取向。皇帝对诸侯王教化的影响表现出的是个人行为，而不是制度约束。王国中设有太傅一职，掌管诸侯王教化，比如贾谊在这一时期曾两次出任诸侯王国太傅。先为长沙王太傅，"廷尉（吴公）乃言谊年少，颇通诸家之书。文帝召以为博士……于是天子后亦疏之，不用其议，以谊为长沙王太傅"①；后来又做了梁怀王太傅，"乃拜谊为梁怀王太傅。怀王，上少子，爱，而好书，故令谊傅之，数问以得失"②。贾谊这次出任太傅，是因为他本人"颇通诸家之书"，而怀王为"上少子，爱，而好书，故令谊傅之"。怀王好书，贾谊通诸家书，正好与之契合，故文帝让贾谊傅之。在这个过程中，贾谊做诸侯王太傅虽然是汉文帝的意思，但原因并不是对太傅素养有制度化规定，而是根据需要的随机事件。从诸侯王角度来说，也没有自觉接受规定教化内容的需求，而是根据好恶来选择相应的知识，楚国的例子就很能说明问题：

> 元王既至楚，穆生、白生、申公为中大夫。高后时，浮丘伯在长安，元王遣子郢客与申公俱卒业。文帝时，闻申公为《诗》最精，以为博士。元王好《诗》，诸子皆读《诗》。③

> 初，元王敬礼申公等，穆生不耆酒，元王每置酒，常为穆生设醴。及王戊即位，常设，后忘设焉。穆生退曰："可以逝矣！醴酒不设，王之意怠，不去，楚人将钳我于市。"称疾卧。④

汉初，楚元王初立国，因其好《诗》，史称"好书，多材艺。少时尝与鲁穆生、白生、申公俱受《诗》于浮丘伯。及秦焚书，各别去"⑤。故礼遇其同好，并让"诸子皆读《诗》"。然而，这并没有成为楚王国的传统。到其孙戊时，对于前朝儒生已不甚礼遇。这一变化说明，西汉前期诸侯王国没有一以贯之的教化传统，而是和王的兴趣相关，有很强的随机性。楚元王学习儒学渊源有自，尽管如此，还是三世而斩。不仅是

---

① 《汉书》卷四八《贾谊传》，中华书局，1962 年，第 2221—2222 页。
② 《汉书》卷四八《贾谊传》，第 2230 页。
③ 《汉书》卷三六《楚元王传》，第 1922 页。
④ 《汉书》卷三六《楚元王传》，第 1923 页。
⑤ 《汉书》卷三六《楚元王传》，第 1921 页。

儒学，其他知识也是如此，比如枚乘"复游梁，梁客皆善属辞赋，乘尤高。孝王薨，乘归淮阴"①。

其实，即使具体到某一位诸侯王，有意识地崇信某一学说，但放置到当时知识背景中，也只是诸多知识之一，也显示不出其太多意识形态意义。如河间献王：

> 河间献王德以孝景前二年立，修学好古，实事求是。从民得善书，必为好写与之，留其真，加金帛赐以招之。繇是四方道术之人不远千里，或有先祖旧书，多奉以奏献王者，故得书多，与汉朝等。是时，淮南王安亦好书，所招致率多浮辩。献王所得书皆古文先秦旧书，《周官》《尚书》《礼》《礼记》《孟子》《老子》之属，皆经传说记，七十子之徒所论。其学举六艺，立《毛氏诗》《左氏春秋》博士。修礼乐，被服儒术，造次必于儒者。山东诸儒多从而游。②

刘德崇尚儒学，既传抄古书，也亲身实践，在当时的文化背景下，和兼收并蓄的杂家刘安并称。其所抄写古书，虽多为儒家经典，但更是当时所能见到众多先秦古文献中的一类，还无法上升到思想意识形态的高度。与其说河间献王信仰儒学，毋宁说是佞爱古书。如果放宽眼光，还可以看出，当时这些诸子学说，对诸侯王来说和辞赋等一样，只是众多知识的一种，并非是具有天然的优越性。如"会景帝不好辞赋，是时梁孝王来朝，从游说之士齐人邹阳、淮阴枚乘、吴严忌夫子之徒，相如见而说之，因病免，客游梁，得与诸侯游士居"③。梁孝王身边聚集的邹阳、枚乘等，皆为善辞赋的游士，与"景帝不好辞赋"相对，梁王大概好辞赋，这和河间献王好儒学是一个概念。诸侯王选择不同的知识素养，是因为朝廷对诸侯王控制松弛，其自主权较大，"汉兴，诸侯王皆自治民聘贤"④，与战国以来的养士之风余绪有着密切关系。比如，梁孝王"招延四方豪桀，自山东游士莫不至，齐人羊胜、公孙诡、邹阳之属。公孙诡多奇邪计，初见日，王赐千金，官至中尉，号曰公孙将军"⑤。《司马相如传》中"游说之士"和这里的"游士"一样，都为诸侯王所豢养，会影响到诸侯王的思想意识，甚至政治决策。这些战国以来的士人给诸侯王提供多种知识来源，也成为诸侯王可选择不同知识的文化土壤。

武帝时期通过推恩令及左官律等，削减了王国疆域，降低了诸侯王的政治地位，同时开始对诸侯王实施有目的的教化。在武帝统治早期，儒学还未成为诸侯王主流的知识来源，比如：

> 淮南王安为人好书，鼓琴，不喜弋猎狗马驰骋，亦欲以行阴德拊循百姓，流名誉。招致宾客方术之士数千人，作为《内书》二十一篇，《外书》甚众，又有

---

① 《汉书》卷五一《枚乘传》，第 2365 页。
② 《汉书》卷五三《景十三王传》，第 2410 页
③ 《汉书》卷五七上《司马相如传上》，第 2529 页。
④ 《汉书》卷五一《邹阳传》，第 2338 页。
⑤ 《汉书》卷四七《文三王传》，第 2208 页。

《中篇》八卷，言神仙黄白之术，亦二十余万言。时武帝方好艺文，以安属为诸父，辩博善为文辞，甚尊重之。每为报书及赐，常召司马相如等视草乃遣。初，安入朝，献所作《内篇》，新出，上爱秘之。使为《离骚传》，旦受诏，日食时上。又献《颂德》及《长安都国颂》。每宴见，谈说得失及方技赋颂，昏暮然后罢。①

《淮南子》罗列众说，被归之于杂家。并且是"宾客方术之士数千人"所为，是其个人有意识的行为，而非来自汉廷。其知识体系杂乱无章，与治国并无必然联系，还是之前遗风。不过，武帝时期开始尊崇儒术，虽然"方好艺文"，迎合刘安，但总体来说，儒学逐渐成为武帝时的意识形态主流。"是时，上方乡文学，汤决大狱，欲傅古义，乃请博士弟子治《尚书》《春秋》，补廷尉史，平亭疑法。"② 作为廷尉，张汤对皇帝推崇的思想比较敏感，故以研治儒家经典的博士弟子作为僚属，应和汉武帝的意指。这时汉廷也开始注意诸侯王是否具备儒学修养，选择广川王时，下诏曰："广川惠王于朕为兄，朕不忍绝其宗庙，其以惠王孙去为广川王。""去即缪王齐太子也，师受《易》《论语》《孝经》皆通，好文辞、方技、博弈倡优。其殿门有成庆画，短衣大绔长剑，去好之，作七尺五寸剑，被服皆效焉。"③ 在考虑广川惠王继承人时，选择刘去的一个因素是因为他通数种儒家经典。当然这只是其所通技艺之一种，所以此时也仅显示出一种倾向性。虽然尚无武帝时期以儒家经义教化诸侯王的直接例证，但如果把武帝一朝前后情形相对比，就显现出武帝时代对诸侯王教化向制度化、规范化过渡特点。

从文献记载看，昭帝之后，儒家经典与经义已成为中央判断诸侯王知识素养高下的标准之一。这可从以下几个方面说明：

一是诸侯王的经学素养已成为其必备素质。东平王有过，天子诏有司曰："盖闻仁以亲亲，古之道也。前东平王有阙，有司请废，朕不忍。又请削，朕不敢专。惟王之至亲，未尝忘于心。今闻王改行自新，尊修经术，亲近仁人，非法之求，不以奸吏，朕甚嘉焉。传不云乎？朝过夕改，君子与之。其复前所削县如故。"④ 东平王能够被赦免以前的处罚，其原因之一是"尊修经术，亲近仁人"，在思想上信奉儒家学说，这和不干预政事同样重要。诏书所言冠冕堂皇，至少说明昭帝之后，在知识结构上具备儒学素养，已成为中央塑造诸侯王的标准之一。元帝时，发给东平王的傅相诏书有"自今以来，非五经之正术，敢以游猎非礼道王者，辄以名闻"⑤。反过来看，"五经之正术"才是诸侯王应该掌握的知识。

---

① 《汉书》卷四四《淮南王传》，第 2145 页。

② 《汉书》卷五九《张汤传》，第 2639 页。

③ 《汉书》卷五三《景十三王传》，第 2428 页。

④ 《汉书》卷八〇《宣元十三王传》，第 3323—3324 页。

⑤ 《汉书》卷八〇《宣元十三王传》，第 3323 页。

在日常政治实践中，儒家思想已成为对诸侯王教化或惩戒的标准与内容。元帝时，派王骏处理淮阳王意图干乱朝政事，在玺书之外，骏谕指曰："礼为诸侯制相朝聘之义，盖以考礼壹德，尊事天子也。且王不学《诗》乎？《诗》云：'俾侯于鲁，为周室辅。'今王舅博数遗王书，所言悖逆。王幸受诏策，通经术，知诸侯名誉不当出竟。"所谓指，颜师古说："玺书之外，天子又有指意，并令骏晓告于王也。"① 元帝对淮阳王批评的理论根据，是《诗经》中相关诗句所引申出来的对于诸侯王的行为规范，并且淮阳王刘钦也熟知这些，因为所谓"通经术"，如淳认为是"经术之义，不得内交"。也就是说，儒家经义在汉代是君臣上下都彼此熟知的。

中山王和定陶王于成帝元延四年（前10）入朝，"（定陶王）尽从傅、相、中尉。时成帝少弟中山孝王亦来朝，独从傅。上怪之，以问定陶王，对曰：'令，诸侯王朝，得从其国二千石。傅、相、中尉皆国二千石，故尽从之。'上令诵《诗》，通习，能说。他日问中山王：'独从傅在何法令？'不能对。令诵《尚书》，又废。及赐食于前，后饱；起下，袜系解。成帝由此以为不能，而贤定陶王，数称其材"②。成帝分别令中山王和定陶王诵读《诗经》和《尚书》，似为随机而为，但可以说明对诸侯王教育是以儒家经典为基本内容，将是否通习经典作为判断其能力高下的标准。另外，考察其朝觐法律的内容，说明诸侯王对法律的了解可能更偏重礼仪化方面。

将教化诸侯王的内容限制在儒家学说，除了对西汉学术发展的内在理路发生作用外，还与加强统治有关，《汉书·宣元六王传》：

> 后年来朝，上疏求诸子及《太史公书》，上以问大将军王凤，对曰："臣闻诸侯朝聘，考文章，正法度，非礼不言。今东平王幸得来朝，不思制节谨度，以防危失，而求诸书，非朝聘之义也。诸子书或反经术，非圣人，或明鬼神，信物怪；《太史公书》有战国从横权谲之谋，汉兴之初谋臣奇策，天官灾异，地形阨塞：皆不宜在诸侯王。不可予。不许之辞宜曰：'《五经》圣人所制，万事靡不毕载。王审乐道，傅相皆儒者，旦夕讲诵，足以正身虞意。夫小辩破义，小道不通，致远恐泥，皆不足以留意。诸益于经术者，不爱于王。'"对奏，天子如凤言，遂不与。③

东平王刘宇求诸子及《太史公书》，朝廷拒绝的根本原因是这些书"皆不宜在诸侯王"，即不能给他们提供这样的知识。此时诸侯王已经无力以武力反抗汉廷，但是西汉中央还是要从思想上对其进行约束，以确保彻底消除其威胁。另外在简牍书写时代，古书传抄流传不易，这些收藏于中央的诸子与《太史公书》，诸侯王自然不易见到。他们所能获取知识资源的途径主要还是从傅、相、儒者所传授的五经。所以即使宣帝自

---

① 《汉书》卷八〇《宣元十三王传》，第3317页。
② 《汉书》卷一一《哀帝纪》，第333页。
③ 《汉书》卷八〇《宣元十三王传》，第3324—3325页。

己"不甚从儒术，任用法律"，但他对诸侯王的教化仍以儒术为先。尽管刘宪"好经书法律，聪达有材"而被属意为太子，但当刘宪为王时，宣帝还是让"经明行高"的韦玄成为"淮阳中尉，欲感谕宪王"。①

儒学对诸侯王发生影响，还表现在任命具有儒学素养的王国官员对诸侯王施加影响。西汉中后期，汉代官吏选任已经开始重视其儒学修养，此时王国置吏权已经收归中央，所以同帝国的其他官员一样，经明行修也是其特点之一。刘贺为昌邑王时，王吉为昌邑中尉，"王好游猎，驱驰国中，动作亡节，吉上疏谏"②。王吉本人"兼通五经，能为驺氏《春秋》，以《诗》《论语》教授，好梁丘贺说《易》，令子骏受焉"③。从后面的劝谏内容看，也引用《诗经·甘棠》。刘贺因为国内屡有怪异，询问原因，（郎中令）遂叩头曰："臣不敢隐忠，数言危亡之戒，大王不说。夫国之存亡，岂在臣言哉？愿王内自揆度。大王诵《诗》三百五篇，人事浃，王道备，王之所行中《诗》一篇何等也？"④"王之所行中《诗》一篇何等也"，颜师古解释为"言王所行，皆不合法度。王自谓当于何《诗》之文也"。也就是说，昌邑王的行为应该以《诗经》的标准来衡量。这是王国上下皆要遵守的法则，经学成为管理诸侯王的理论武器。

二、傅、相等王国官员在诸侯王教化中的作用

由上述可知，汉廷在诸侯王教化方面经历了由放任到控制的过程，在政策转变过程中，王国内具体执行中央政策的官员是傅和相。因为汉初设置傅、相的初衷，是作为中央牵制诸侯王的主要职官，如文帝时贾谊说："大国之王幼弱未壮，汉之所置傅相方握其事。数年之后，诸侯之王大抵皆冠，血气方刚，汉之傅相称病而赐罢，彼自丞尉以上偏置私人，如此，有异淮南、济北之为邪！"⑤淮南厉王反，爰盎谏曰："上素骄淮南王，不为置严相傅，以故至此。"⑥在汉初，相是中央为王国设置的主要职官，傅则为实施教化的主要职官，都是中央控制诸侯国需要怙恃的力量。当时诸侯王有治民权，所以诸侯王成年后，傅、相制衡诸侯王的主要手段还是规劝进谏。《汉书·文三王传》载梁王刘立因杀人事辩解称："立少失父母，孤弱处深宫中，独与宦者婢妾居，渐渍小国之俗，加以质性下愚，有不可移之姿。往者傅相亦不纯以仁谊辅翼立，大臣皆尚苛刻，刺求微密。谗臣在其间，左右弄口，积使上下不和，更相眄伺。"⑦刘立将

───────────────

① 《汉书》卷八〇《宣元十三王传》，第3311页。
② 《汉书》卷七二《王吉传》，第3058页。
③ 《汉书》卷七二《王吉传》，第3066页。
④ 《汉书》卷六三《武五子传》，第2766页。
⑤ 《汉书》卷四八《贾谊传》，第2233页。
⑥ 《汉书》卷四四《淮南王传》，第2143页。
⑦ 《汉书》卷四七《文三王传》，第2219页。

其过错部分地归咎于王国官员。傅、相与大臣并立，身份不等同于王国其他臣僚，其职责是以道德仁义来辅佐诸侯王。因而如果诸侯王犯法，傅、相连坐，比如元帝初元中，"东平王以至亲骄奢不奉法度，傅相连坐"。师古曰："前任傅相者频坐以王得罪。"① 这在西汉为时人熟知的事实。龚遂作为昌邑王刘贺的郎中令，对刘贺违反礼法，"内谏争于王，外责傅相，引经义，陈祸福，至于涕泣，蹇蹇亡已"②。从龚遂的行为来看，傅、相是教化诸侯王的直接责任人。

当然，虽然傅、相均有辅王的职责，但是二者还有所区别。傅主要职责是教化，而相掌教化只是作为地方官职能的一部分，代表中央行事。比如在西汉后期，制衡诸侯王的职官中，与傅、相并列的还有中尉。"哀帝建平中，立复杀人。天子遣廷尉赏、大鸿胪由持节即讯。至，移书傅、相、中尉曰：'……傅、相、中尉皆以辅正为职，虎兕出于匣，龟玉毁于椟中，是谁之过也？'书到，明以谊晓王。敢复怀诈，罪过益深。傅、相以下，不能辅导，有正法。"③ 之所以如此，可能是因为"成帝绥和元年省内史，更令相治民，如郡太守，中尉如郡都尉"④。王国的相和中尉从职权角度已经取得与汉郡太守、都尉同等地位，所以称"傅、相、中尉皆以辅正为职"。

在教化诸侯王方面，傅、相之间的另一个区别是，教化诸侯王是傅最基本的职责。傅的身份还有战国时期主客关系的遗风，设置的目的是以其道德和知识感化诸王。文帝窦皇后与其迷失兄弟相认，绛侯、灌将军等曰："'吾属不死，命乃且县此两人。两人所出微，不可不为择师傅宾客，又复效吕氏大事也。'于是乃选长者士之有节行者与居。"⑤ 师傅与王国太傅，都有"傅"之名⑥，其素质为"选长者士之有节行者"，诸侯国太傅的素养与身份或可与此类比。《百官公卿表》："有太傅辅王，内史治国民，中尉掌武职，丞相统众官。"⑦ 所以诸侯王犯罪后获得减免刑罚时，一个重要借口就是"无良师傅"。如武帝时梁平王襄有罪被告发，天子下吏验问，有之。公卿请废襄为庶人。天子曰："李太后有淫行，而梁王襄无良师傅，故陷不义。"⑧ 常山王勃有罪，"上以修素无行，使税陷之罪，勃无良师傅，不忍诛"⑨。这种职责已经制度化，刘贺被废后，朝廷追责，王式为昌邑王师，系狱当死，治事使者责问曰："师何以亡谏书？"式

---

① 《汉书》卷七六《王尊传》，第3230页。
② 《汉书》卷八九《循吏龚遂传》，第3637页。
③ 《汉书》卷四七《文三王传》，第2218页。
④ 《汉书》卷一九上《百官公卿表上》，第741页。
⑤ 《史记》（修订本）卷四九《外戚世家》，中华书局，2014年，第2394—2395页。
⑥ 在不需要严格界定其官职时，诸侯王的太傅甚至也称为"师傅"，如《汉书·宣元六王传》，诏书又敕傅相曰："……今王富于春秋，气力勇武，获傅之教浅，加以少所闻见，自今以来，非《五经》之正术，敢以游猎非礼道王者，辄以名闻。"
⑦ 《汉书》卷一九上《百官公卿表上》，第741页。
⑧ 《史记》（修订本）卷五八《梁孝王世家》，第2538—2539页。
⑨ 《史记》（修订本）卷五九《五宗世家》，第2557页。

对曰："臣以《诗》三百五篇朝夕授王，至于忠臣孝子之篇，未尝不为王反复诵之也；至于危亡失道之君，未尝不流涕为王深陈之也。臣以三百五篇谏，是以亡谏书。"[1] 师傅不仅要有口头劝诫，而且还需要形成书面材料，即所谓"谏书"，以备查验。并且到了西汉后期，中央为诸侯王选定的太傅也来源于博士，"博士选三科，高为尚书，次为刺史，其不通政事，以久次补诸侯太傅"[2]。此时博士皆为儒生，这与西汉教化诸侯王内容的转化同步。国相统领百官，后又兼并内史的治民权，因此教化诸侯王只是其职责之一，而非其基本职掌。此外，与太傅教化的手段相比，相主要表现在劝谏。景帝时，田叔为鲁相，"鲁王好猎，王辄休相就馆舍，相出，常暴坐待王苑外。王数使人请相休，终不休，曰：'我王暴露苑中，我独何为就舍！'鲁王以故不大出游"[3]。田叔以自己的行为对鲁王出猎进行劝谏。又，"吴楚反，赵王遂与合谋起兵。其相建德、内史王悍谏，不听"[4]。

我们将西汉一代诸侯王国的傅与相任职者按照时间顺序进行梳理，从其自身素养来观察傅、相人选与西汉诸侯王教化关系。为方便说明，列制成表格。

表1　西汉王国相表

时间	相名	个人出身或素养	任职国	事迹	特点	出处
惠帝	曹参	功臣	齐		其治要用黄老术	《汉书·曹参传》
吕后	召平		齐	齐王起兵被杀		《史记·齐悼惠王世家》
文帝	窦婴	外戚	吴			《史记·魏其武安侯列传》
景帝	灌夫	功臣后	代			《史记·魏其武安侯列传》
景帝	张尚		楚	七国乱，王戊起兵，劝谏被杀		《史记·楚元王世家》
景帝	赵夷吾		楚	七国乱，七国乱，王戊起兵，劝谏被杀		《史记·楚元王世家》
景帝	建德		赵	七国乱，王遂起兵，劝谏被杀		《史记·楚元王世家》

---

[1] 《汉书》卷八八《儒林王式传》，第3610页。
[2] 《汉书》卷八一《孔光传》，第3353页。
[3] 《史记》（修订本）卷一〇四《田叔列传》，第3361页。
[4] 《史记》（修订本）卷五〇《楚元王世家》，第2416页。

续表

景帝	爰盎	虽不好学，亦善傅会，仁心为质，引义忼慨	齐			《汉书·爰盎传》
景帝	爰盎	直谏	吴	阻止吴王造反		《汉书·爰盎传》
景帝	爰盎		楚			《汉书·爰盎传》
景帝	张释之	守法	淮南			《汉书·张释之传》
景帝	冯唐		楚			《汉书·冯唐传》
景帝	石奋	君子欲讷于言而敏于行、恭敬履度				《史记·万石张叔列传》
景帝	嘉		江都			《史记·孝景本纪》
景帝	嘉		赵			《史记·孝景本纪》
景帝	田叔	学黄老	鲁			《史记·田叔列传》
武帝	董仲舒	儒者	江都	以礼谊匡正，王敬重焉		《汉书·董仲舒传》
武帝	卜式	朴忠	齐			《汉书·卜式传》
武帝	卜式	朴忠	齐			《汉书·卜式传》
武帝	主父偃	纵横家	齐	齐王内淫佚行僻		《史记·平津侯主父列传》
武帝	郑当时		江都			《史记·郑当时列传》
武帝	即墨成	《易》	城阳			《史记·儒林列传》
武帝	褚大	董仲舒弟子，通五经	梁			《史记·儒林列传》
武帝	边通	学长短，刚暴强人	济南			《史记·酷吏列传》
武帝	汲偃					《汉书·汲黯传》
武帝	赵禹	酷吏，年老	燕			《汉书·酷吏赵禹传》
宣帝	张敞	张敞衎衎，履忠进言，缘饰儒雅，刑罚必行，纵赦有度，条教可观	胶东	胶东，明设购赏，开群盗令相捕斩除罪		《汉书·张敞传》
成帝	假仓	儒生	胶东			《汉书·儒林传》

表2　西汉王国太傅表

时间	太傅名	个人出身或素养	任职国	在任期间事迹	特点	出处
文帝		楚人，轻悍，又素骄	吴			《汉书·荆燕吴传》
文帝	卫绾	醇谨无它，忠实无它肠	河间			《汉书·卫绾传》

续表

景帝	赵夷吾			楚	七国乱，王戊起兵，劝谏被杀		《史记·楚元王世家》
文景	辕固	儒者		清河			《汉书·儒林传》
景帝	韩婴	孝文时为博士		常山			《汉书·儒林传》
武帝	卜式	朴忠		齐			《汉书·卜式传》
武帝	夏侯始昌	通五经，以《齐诗》、《尚书》教授		昌邑			《汉书·夏侯始昌传》
昭宣	王式			昌邑			《汉书·儒林传》
宣帝	庆普	儒生		东平			《汉书·儒林传》
宣帝	戴德	儒生		信都			《汉书·儒林传》
元帝以后	公孙文	儒生		东平	徒众尤盛		《汉书·儒林传》
成帝	张无故	儒生		广陵			《汉书·儒林传》
成帝	师丹	治《诗》，事匡衡		东平			《汉书·师丹传》
彭宣	彭宣	治《易》，事张禹，举为博士		东平			《汉书·彭宣传》
哀帝	伏理	匡衡弟子，儒生		高密		家世传业	《汉书·儒林传》
哀帝	陈翁生	儒生		信都		家世传业	《汉书·儒林传》

从上面两表可以看出：西汉早期，对相或傅人选的知识与素质并无定规。从汉廷的角度，如陈苏镇先生所指出，是任用厚重少文的长者作为王国傅相，并且由于黄老学说的流行，汉初"长者"又染上了浓重的道家色彩。① 在具体的实践中，未能贯彻到底。《汉书·荆燕吴传》："孝文时，吴太子入见，得侍皇太子饮博。吴太子师傅皆楚人，轻悍，又素骄。"② 汉朝对诸侯王及继承人的教育有意识的塑造，似乎并没有达到预期效果。但是从景帝之后，能够充任诸侯王太傅的人几乎皆为儒生出身，这比汉武帝开始尊崇儒术的时间还要早，这主要是因为"景武之际，尊儒已成为不可阻挡的历史潮流"③；另一方面，具体到王国问题，景帝时的吴楚之乱，已切实威胁到中央政权，儒家的教义至少在思想上有利于统一，将其贯彻到诸侯王国，在某种程度上可以起到控制诸侯王思想的作用。儒生作为太傅，至少保证这些诸王日常习得儒学知识，而他们在规劝诸侯王时也可以用儒家学说作为依据。

诸侯国相来源复杂，也承担了部分教化职能，但是作为总理一国行政事务的官员，

---

① 陈苏镇：《汉代政治与〈春秋学〉》，中国广播电视出版社，2001 年，第 198 页。
② 《汉书》卷三五《荆燕吴传》，第 1904 页。
③ 陈苏镇：《汉代政治与〈春秋学〉》，第 197 页。

并不像太傅那样需要专业的儒学素养。他们知识来源庞杂，虽然有儒生，但也有黄老、纵横家等，不似太傅那样整齐划一。就其出身看，更强调其个人性情：或者朴忠，或是刚暴。因此，从教化诸侯王的角度看，与太傅相比，他们主要以劝谏为主，针对具体事务临时而为，比如吴楚七国之乱时相关国相的表现。

三、影响教化的因素及效果

西汉中央教化同姓诸侯王是对其控制的一个方面，教化方式与模式的演变，和中央与诸侯王国之间的博弈过程关系密切，中央与诸侯国之间势力对比也影响到教化方式的转变。西汉初年，分封同姓诸王，其有权"掌治其国"①，没有根本改变王国与汉廷的关系，因而还主要是利用政治手段来处理诸侯王国问题，比如利用相权来消解王权。曹参用黄老之术治齐，"相齐九年，齐国安集，大称贤相"②。"赵幽王死，吕后徙恢王赵，恢心不乐。太后以吕产女为赵王后，王后从官皆诸吕也，内擅权，微司赵王，王不得自恣。王有爱姬，王后鸩杀之。王乃为歌诗四章，令乐人歌之。王悲思，六月自杀。"③ 在中央和诸王对立的政治格局下，直接控制比起迂阔的说教更直接有效。即使到了武帝时期，诸侯王治国的观念依然存在，中山王刘胜为人乐酒好内，有子百二十余人。常与赵王彭祖相非曰："兄为王，专代吏治事。王者当日听音乐，御声色。"赵王亦曰："中山王但奢淫，不佐天子拊循百姓，何以称为藩臣！"④ 刘彭祖反驳刘胜的理由是"不佐天子拊循百姓，何以称为藩臣"，反过来看帮助天子"拊循百姓"是诸侯王天然的义务。尽管在制度上已丧失了治民权，但这种政治观念还有市场，还可以堂而皇之地宣扬，这反映了汉朝中央尚未从意识形态上彻底征服诸侯王，而此时诸侯王的教化内容中，国家规定的儒家思想也未完全取得支配地位。武帝时期，逐渐消解了诸侯王权力，比如新设置的州刺史就有监督诸侯王职能。宣帝时，张敞为冀州刺史，"既到部，而广川王国群辈不道，贼连发，不得。敞以耳目发起贼主名区处，诛其渠帅。广川王姬昆弟及王同族宗室刘调等通行为之囊橐，吏逐捕穷窘，踪迹皆入王宫。敞自将郡国吏，车数百两，围守王宫，搜索调等，果得之殿屋重轓中。敞傅吏皆捕格断头，县其头王宫门外。因劾奏广川王"⑤。所以"齐孝王孙刘泽交结郡国豪桀谋反，欲先杀青州刺史"⑥。随着对诸侯王控制力度的加强，诸侯王教化完全以儒学为标准，王国太傅的身份也固化为儒生。在西汉后期，"诸侯大者乃食数县，汉吏制其权柄，不

---

① 《汉书》卷一九上《百官公卿表上》，1962 年，第 741 页。

② 《汉书》卷三九《曹参传》，第 2108 页。

③ 《汉书》卷三八《高五王传》，第 1990 页。

④ 《汉书》卷五三《景十三王传》，第 2425 页。

⑤ 《汉书》卷七六《张敞传》，第 3225 页。

⑥ 《汉书》卷七一《隽不疑传》，第 3036 页。

得有为，亡吴、楚、燕、梁之势。百官盘互，亲疏相错"①。其地位"至于哀、平之际，皆继体苗裔，亲属疏远，生于帷墙之中，不为士民所尊，势与富室亡异"②。此时儒学成为中央和诸侯王都认可和遵守的共识，没有任何政治上的干扰。

中央与王国关系的变化影响到教化内容与方式的改变。除此以外，西汉文化与学术的发展也和教化有着密切联系。汉初文化方面面临的形势为，"秦拨去古文，焚灭《诗》《书》，故明堂石室金锁玉版图籍散乱"③。因此，不仅在制度上没有目的明确的教化内容之规定，而且当时也无法提供合适的知识来源。武帝时儒学发展，所以经书已成为诸侯王知识结构的一部分，"（刘）旦壮大就国，为人辩略，博学经书杂说，好星历数术倡优射猎之事，招致游士"④。这和汉代学术发展的理路基本吻合。"经书杂说"和"星历数术"混合，大小传统相杂，经书和数术这类日常使用的生活技艺混合到了一起。1973 年定县中山怀王刘修墓出土竹简的内容有《论语》《儒家者言》《哀公问五义》《保傅传》《太公》《文子》《日书》等⑤，就是一条佐证。

国家对诸侯王教化能够在一定程度上起到控制诸侯王的作用。宣帝时张博遗王书曰："博幸得肺腑，数进愚策，未见省察。北游燕赵，欲循行郡国求幽隐之士，闻齐有驷先生者，善为《司马兵法》，大将之材也，博得谒见，承间进问五帝三王究竟要道，卓尔非世俗之所知。"⑥ 张博向淮阳王举荐齐地驷先生，因其"善为《司马兵法》"，反过来说明淮阳王对《司马兵法》这类兵书已不甚了了。此时为宣帝时期，利用儒学进行教化诸侯王已经成为固定模式，这限制了他们对其他知识的了解。不过，与政治、军事手段相比，教化手段毕竟还缺少硬性约束，有时也难以达到在思想上控制诸侯王的初衷。⑦ 诸侯王自身的性格等因素也限制了教化功能的发挥，"赵敬肃王彭祖以孝景前二年立为广川王。赵王遂反破后，徙王赵。彭祖为人巧佞，卑谄足共，而心刻深，好法律，持诡辩以中人"⑧。当时尚未有整齐统一的教化内容，赵王能够选择的知识多样，他根据自己喜好，有针对性使用，意图干预王国行政，与汉廷争夺王国的控制权。即使在完全以儒家学说教育诸侯王的时代，其效果也不能估计过高，宣帝时广川王"去年十四五，事师受《易》，师数谏正去，去益大，逐之……后益为违法之事"⑨。因而教化并没有起到应有的作用。

———————————

① 《汉书》卷八五《谷永传》，第 3451 页。
② 《汉书》卷一四《诸侯王表》，第 396 页。
③ 《汉书》卷六二《司马迁传》，第 2723 页。
④ 《汉书》卷六三《武五子传》，第 2751 页。
⑤ 河北省文物研究所：《河北定县 40 号汉墓发掘简报》，《文物》1981 年第 8 期；定县汉墓竹简整理组：《定县 40 号汉墓出土竹简简介》，《文物》1981 年第 8 期。
⑥ 《汉书》卷八〇《宣元六王传》，第 3313 页。
⑦ 韩仲秋也对此做了必要的分析，参看韩仲秋：《汉代皇族管理研究——以专职职官为中心》，山东大学 2013 年博士学位论文。
⑧ 《汉书》卷五三《景十三王传》，第 2419 页。
⑨ 《汉书》卷五三《景十三王传》，第 2431 页。

政法之间：汉代廷尉治狱考

闫强乐

（西北大学法学院）

摘要： 廷尉是秦汉帝国最高司法长官，主要审理地方郡国报请的上诉疑难案件和以皇帝名义下诏审理的"诏狱"。诏狱的犯罪主体涉及诸侯王、公卿大臣、地方郡守、军事将领、皇亲国戚。汉代廷尉治狱程序关键在于廷议环节，其中廷尉属吏发挥重要作用，汉代的审判制度是"狱吏主导型"模式。同时廷尉治狱遵循不成文之惯例，包括杂治诏狱、谒者诏诣、地方郡守谒辞、京兆尹（河南尹）审判廷尉。

关键词： 疑狱；诏狱；廷议；惯例

传统学术下的官制撰写与秦汉廷尉研究，以《汉书·百官公卿表》[①] 与《续汉书·百官志》[②] 为基础，之后历代学者考证研究廷尉，无出其右。刘令舆《秦汉之廷尉制度》（1977）[③]，安作璋、熊铁基《秦汉官制史稿》（1984）[④]，美国学者毕汉思《汉代官僚制度》（1980）[⑤]，张晋藩主编、徐世虹编《中国法制通史·战国、秦汉》（1999）[⑥]，沈刚《汉代廷尉考述》（2004）[⑦] 皆论述了汉代廷尉的职掌与设置问题，为学术研究奠定了坚实的基础。地不爱宝，新时期出土的大量秦汉简牍文书，其中包含大量的司法文书，为我们进一步动态地考察廷尉治理狱讼的过程，提供了重要的参考。本文在前贤研究的基础上，综合利用汉代传世史料与出土史料，进一步考证廷尉治狱的类型、程序及惯例，并提出学术思考，不当之处，还望学界前辈批评指教。

---

① 《汉书》卷一九《百官公卿表》，中华书局，1962 年，第 730 页。
② 《后汉书》卷三六《百官志》，中华书局，1965 年，第 3582 页。
③ 刘令舆：《秦汉之廷尉制度》，《华冈法粹》1997 年第 7 期。
④ 安作璋、熊铁基：《秦汉官制史稿》，齐鲁书社，1984 年，第 149 页。
⑤ Hans Bealunstine, *The Bureaucracy of Han Times*, Cambridge University Press, 1980, pp38—39.
⑥ 张晋藩主编，徐世虹编：《中国法制通史》，法律出版社，1999 年，第 172 页、第 515 页。
⑦ 沈刚：《汉代廷尉考述》，《史学集刊》2004 年第 1 期。

一、汉代廷尉治疑狱考

廷尉是秦汉帝国最高司法长官，审理地方郡国奏谳的疑狱。汉初，廷尉审理地方奏谳疑狱案件的审判惯例逐渐法定化，后期成为汉代的正式制度，延续 400 余年。《汉书·刑法志》载："高皇帝七年，制诏御史，'狱之疑者，吏或敢决，有罪者久而不论，无罪者久系不决。自今以来，县道官狱疑者，各谳所属二千石官，二千石官以其罪名当报之。廷尉所不能决，谨具为奏，傅所当比律令以闻'。"① 汉景帝后元元年（前143）春下诏："狱，重事也。人有智愚，官有上下。狱疑者谳有司。有司所不能决，移廷尉。有令谳而后不当，谳者不为失。欲令治狱者务为宽。"

汉初廷尉审理疑狱案件，出土简牍文献中记载有大量的相关信息，其中以张家山汉简《奏谳书》为主，《奏谳书》正是这种议罪案例的汇集②，《奏谳书》记载有汉初12件廷尉审理地方郡县报送疑狱案件③，其中 1—5 案例属于县道奏谳至郡的疑难案件，郡守不能审理，郡守需将这些疑难案件报送中央司法官廷尉审理，廷尉给出最后的判决结果。6—12 案例属于郡守直接向廷尉奏谳疑难案件，即郡守司法管辖范围之案件，由廷尉审判，给出最后的判决结果。

武威出土西汉中期简牍亦载有当时廷尉审理地方疑狱的案例：

河平元年，汝南西陵县昌里，先年七十受王杖，部游徼吴赏使从者殴击先，用诉，地太守上谳，廷尉报：罪名明白，赏当弃市。④

汝南太守谳廷尉，吏有殴受王杖主者，罪名明白。制约谳何？应论弃市。⑤

此案件记载汝南郡西陵县小吏吴赏指使人殴打持有王杖的七十岁高龄老人，汝南太守报送廷尉，廷尉审判吴赏判处弃市死刑。

汉成帝鸿嘉元年（前20），"定令，'年未满七岁，贼斗杀人及犯殊死者，上请廷尉以闻，得减死'。合于三赦幼弱老眊之人。此皆法令稍定，近古而便民者也"⑥。汉成帝时，儒学正式成为汉帝国的政治意识形态指导思想，法律逐渐儒家化，相关法律条文吸收儒家思想，如此条汉令规定，年逾八十岁之刑犯减刑，未满七岁的刑犯上请廷尉审理，此亦可谓廷尉审理疑狱案件之特定法律案件。

---

① 《汉书》卷二三《刑法志》，第 1106 页。

② 张家山汉墓竹简整理小组：《江陵张家山汉简概述》，《文物》1985 年第 1 期。

③ 张家山二四七号汉墓竹简整理小组编：《张家山汉墓竹简（二四七号墓）》，文物出版社，2001 年，第 218 页。

④ 中国科学院考古研究所、甘肃省博物馆编：《武威汉简》，文物出版社，1964 年，第 140 页。

⑤ 武威县博物馆：《武威新出土王杖诏令册》，载甘肃省文物工作队、甘肃省博物馆编：《汉简研究文集》，甘肃人民出版社，1984 年，第 35—36 页。

⑥ 《汉书》卷二三《刑法志》，第 1106 页。

王莽时期，汉代的法律制度虽遭到一定的破坏，但廷尉（王莽称"作士"）仍负责地方郡县报送的疑狱案，出土简牍有所证明：

> 爵，疑者，谳作士，督赃者考察，毋令有奸。圣恩宜以时布县。廏置驿骑行诏书，臣稽首以闻。①

东汉时期，廷尉仍负责审理地方疑狱，《续汉书·百官志》所言"凡郡国谳疑罪，皆处当以报"②。《汉官解诂》所言"廷尉当理疑狱"③。

在有汉一代廷尉审理地方疑狱的过程中，廷尉府设置奏谳掾、廷尉平、治书侍御史等属吏，专门处理地方疑狱。汉武帝时期，严刑峻法，廷尉府设置属吏奏谳掾，《汉书·倪宽传》载："（张）汤由是乡学，以（倪）宽为奏谳掾，以古法义决疑狱，甚重之。"④ 汉宣帝时期，设置廷尉平，"遣廷史与郡鞠狱，任轻禄薄"⑤，廷尉平可以直接到郡县处理地方的疑狱。东汉时期，设置治书侍御史，"治书侍御史二人，六百石。本注曰：掌选明法律者为之。凡天下诸谳疑事，掌以法律当其是非"⑥。

二、汉代廷尉治诏狱考

两汉史料中多次见到"廷尉诏狱"的记载。"诏"为皇帝命令。《史记·秦始皇本纪》记"臣下建言：天子自称为'朕'，命为制，令为诏"⑦。沈家本谓"是凡下廷尉者并谓之诏狱"，可见"廷尉诏狱"即为以皇帝名义下诏要求廷尉审理的狱讼案件。本节穷尽两汉史料，分析"廷尉诏狱"的类型。

（一）涉及诸侯王的"诏狱"

以皇帝名义下诏要求廷尉审理的第一类狱讼案件的犯罪主体为诸侯王及其亲属、下属。汉代时期，分封诸侯王，诸侯王的权势较大、地位颇高，若是诸侯王犯罪，只能采取下"廷尉诏狱"的形式进行审判。

汉武帝元朔六年（前123），衡山王刘赐谋反事发，"廷尉治验……王闻，即自刭杀……诸与衡山王谋反者皆族，国除为衡山郡"⑧。元狩二年（前121），江都王刘建谋反事发，"有诏宗正、廷尉即问（刘）建"⑨。汉昭帝元凤元年（前80），燕王刘旦谋

---

① 甘肃省文物考古研究所编，薛英群、何双全、李永良注：《居延新简释粹》，兰州大学出版社，1988年，第97页。

② 《后汉书》卷三六《百官志》，第3582页。

③ ［清］孙星衍等辑，周天游点校：《汉官六种》，中华书局，1990年，第15页。

④ 《汉书》卷五八《倪宽传》，第2629页。

⑤ 《汉书》卷二三《刑法志》，第1102页。

⑥ 《后汉书》卷三六《百官志》，第3599页。

⑦ 《史记》卷六《秦始皇本纪》，中华书局，2013年，第236页。

⑧ 《史记》卷一一八《衡山王列传》，第3097页。

⑨ 《汉书》卷五三《景十三王传》，第2417页。

反事发，"下廷尉"①。汉宣帝五凤四年（前54），广陵王刘胥诅咒汉宣帝，"天子遣廷尉、大鸿胪即讯……以绶自绞死"②。甘露年间，河间王刘元"取故广陵厉王、厉王太子及中山怀王故姬廉等以为姬……事下廷尉"③。汉哀帝建平年间，梁王刘立复杀人，"廷尉赏、大鸿胪由持节即讯"④。建平三年（前4），东平王刘云遭息夫躬、孙宠诬陷，"廷尉梁相与丞相长史、御史中丞及五二千石杂治东平王云狱"⑤。汉章帝建初年间，阜陵王刘延、刘鲂（刘延子）造逆谋者，"有司奏请槛车征诣廷尉诏狱"⑥。汉和帝永元五年（93），梁节王刘畅不道，"有司请征畅诣廷尉诏狱"⑦。汉和帝永元八年（96），北海王刘威坐诽谤，"槛车征诣廷尉"⑧。

（二）涉及公卿大臣的"诏狱"

以皇帝名义下诏要求廷尉审理的第二类狱讼案件的犯罪主体为公卿大臣，举凡三公诸卿，中央各级官署官员，无所不包，述例如下。

廷尉审理涉及三公的诏狱。汉高祖十二年（前195），丞相萧何受贾人财物，"下相国廷尉，械系之……使使持节赦出相国"⑨。汉武帝元鼎二年（前115），御史大夫张汤与鲁谒居为大奸，"事下廷尉"⑩。汉哀帝太初元将元年（前5），丞相朱博得罪，"假谒者节召丞相诣廷尉诏狱"⑪。汉章帝元和三年（86），太尉郑弘因漏泄密事罪，"自诣廷尉"⑫。汉灵帝光和二年（179），太尉段颎"会日食自劾，有司举奏，诏收印绶……诣廷尉……时司隶校尉阳球奏诛王甫，并及颎，就狱中诘责之，遂饮鸩死，家属徙边"⑬。

廷尉审理涉及诸卿的诏狱。汉宣帝时，太仆戴长乐"非所宜言……事下廷尉"⑭。汉宣帝本始二年（前72），大司农田延年贪污受贿，"使者召延年诣廷尉"⑮。汉元帝初元四年（前45），光禄勋杨恽得罪，大逆不道，"章下廷尉案验"⑯。汉哀帝建平元年（前6），司隶校尉鲍宣"坐距闭使者，亡人臣礼，大不敬，不道……下廷尉狱……抵

① 《汉书》卷六〇《杜周传》，第2662—2664页。
② 《汉书》卷六三《武五子传》，第2761—2762页。
③ 《汉书》卷五三《景十三王传》，第2411—2412页。
④ 《汉书》卷四七《文三王传》，第2218—2219页。
⑤ 《汉书》卷八六《武王嘉师丹传》，第3499页。
⑥ 《后汉书》卷四二《光武十王列传》，第1444—1445页。
⑦ 《后汉书》卷五〇《孝明八王列传》，第1676页。
⑧ 《后汉书》卷一四《宗室四王三侯传》，第558页。
⑨ 《史记》卷五三《萧相国世家》，第2020页。
⑩ 《史记》卷一二二《酷吏列传》，第3142页。
⑪ 《汉书》卷八三《朱博传》，第3407—3408页。
⑫ 《后汉书》卷三三《郑弘传》，第1156页。
⑬ 《后汉书》卷六五《段颎传》，第2154页。
⑭ 《汉书》卷六六《公孙刘田王杨蔡陈郑传》，第2891页。
⑮ 《汉书》卷九〇《田延年传》，第3656页。
⑯ 《汉书》卷六六《公孙刘田王杨蔡陈郑传》，第2898页。

宣罪减死一等，髡钳"①。汉安帝建光元年（121），大司农朱宠上书言切得罪，"自致廷尉……诏免官归田里"②。延光四年（125），卫尉阎景得罪权臣阎显，"送廷尉狱"③。汉顺帝永建元年（126），司隶校尉虞诩得罪，"自系廷尉"④。是时，将作大匠翟酺"前与河南张楷等谋反……逮诣廷尉"⑤。汉灵帝建宁二年（169），太常张奂"又与尚书刘猛等共荐王畅、李膺可参三公之选，曹节等弥疾其言，遂下诏切责之……自囚廷尉……以三月俸赎罪"⑥。

廷尉审理涉及中央各级官署官员的诏狱，汉宣帝地节二年（前68），天官张赦、石夏得罪，"事下廷尉"⑦。本始二年（前72），长信少府夏侯胜、丞相长史黄霸"非议诏书大不敬、阿从不举劾……皆下廷尉，系狱当死……积三岁乃出"⑧。汉成帝时，御史中丞陈咸坐漏泄省中语，"下廷尉狱"⑨。汉元帝时，"（冯）野王部督邮掾祋祤赵都案验，格杀并……事下廷尉"⑩。汉哀帝太初元将元年（前5），黄门待诏夏贺良"执左道，乱朝政，倾覆国家，诬罔主上，不道……光禄勋平当、光禄大夫毛莫如与御史中丞、廷尉杂治"⑪。汉光武帝时，侍中戴凭"为前太尉西曹掾蒋遵伸冤，帝怒……自系廷尉，有诏敕出"⑫。汉明帝永平八年（65），给事中郑众数上书与汉明帝争论，"系廷尉"⑬。汉安帝元初四年（117），尚书郎张俊私书与（袁）敞子"下（廷尉）狱……当死。俊自狱中占狱吏上书自讼，书奏而俊狱已报。廷尉将出谷门，临行刑，邓太后诏驰骑以减死论"⑭。汉桓帝延熹二年（159），弘农五官掾杜众"伤（李）云以忠谏获罪，上书愿与云同日死。帝愈怒……下廷尉……死狱中"⑮。延熹五年（162），议郎皇甫规因边郡余寇不绝，"坐系廷尉……论输左校"⑯。

（三）涉及地方郡守的"诏狱"

以皇帝名义下诏要求廷尉审理的第三类狱讼案件的犯罪主体为地方郡守。其中，

---

① 《汉书》卷七二《鲍宣传》，第3093—3094页。

② 《后汉书》卷四六《邓禹传》第617页。

③ 《资治通鉴》卷五一，中华书局，1956年，第1638页。

④ 《后汉书》卷五八《虞诩传》，第1870—1871页。

⑤ 《后汉书》卷四八《翟酺传》，第1605页。

⑥ 《后汉书》卷六五《张奂传》，第2141页。

⑦ 《汉书》卷六八《霍光传》，第2955页。

⑧ 《汉书》卷八九《循吏传》，第3627—3631页。

⑨ 《汉书》卷八三《朱博传》，第3398页。

⑩ 《汉书》卷七九《冯奉世传》，第3302页。

⑪ 《汉书》卷七五《眭两夏侯京翼李传》，第3193—3194页。

⑫ 《后汉书》卷七九《儒林列传》，第2553页。

⑬ 《后汉书》卷七八《郑众传》，第1225页。

⑭ 《后汉书》卷四五《袁安传》，第1524页。

⑮ 《后汉书》卷五八《李云传》，第1851—1852页。

⑯ 《后汉书》卷六五《皇甫规传》，第2135页。

西汉时期都城在长安，属京兆尹管辖，京兆尹犯罪，当由廷尉审理。汉宣帝地节三年（前67），京兆尹赵广汉"坐贼杀不辜，鞠狱故不以实，擅斥除骑士乏军兴数罪……下廷尉狱"①。汉成帝河平四年（前25），京兆尹王章以为"比上夷狄，欲绝继嗣之端；背畔天子，私为定陶王……致大逆罪……遂下章（廷尉）吏"②。

廷尉审理涉及地方郡守的诏狱，汉昭帝时，河南太守魏相用武库令事得罪，"遂下相廷尉狱"③。汉明帝永平五年（62），会稽太守第五伦坐法，"征诣廷尉……帝幸廷尉录囚徒，得免归田里"④。永平十四年（71），吴郡太守尹兴因与楚王英有系，"诣廷尉狱"⑤。汉和帝永元年间，桂阳太守许荆"尝行春到耒阳县，人有蒋均者，兄弟争财，互相言讼。荆对之叹曰：'吾荷国重任，而教化不行，咎在太守。'……上书陈状，乞诣廷尉"⑥。是时，丹阳太守马棱坐盗贼事，"当诣廷尉"⑦。汉顺帝永建元年（126），武威太守任嘉赃罪千万，"征考廷尉"⑧。是时，豫章太守王永、吴郡太守徐参因奏事中官、在职贪秽，"并征诣廷尉"⑨。汉桓帝延熹二年（159），济阴太守单匡犯赃罪，"下廷尉"⑩。延熹八年（165），山阳太守单迁以罪系狱，"廷尉冯绲考致其死"⑪。延熹九年（166），太原太守刘瓆"到官收其（豪强，中官亲戚）魁帅杀之，所赃匿主人悉坐伏诛……征诣廷尉……以瓆宗室，不忍致之于刑，使自杀"。同年，南阳太守成瑨答杀桓帝美人外亲张子禁，"诣廷尉……下狱死"⑫。是时，河东太守史弼遭诬陷为诽谤罪名，"下廷尉诏狱"⑬。汉灵帝建宁元年（168），永昌太守乐巴"以功自劾，辞病不行，上书极谏，理陈、自杀窦之冤。帝怒，下诏切责……收付廷尉"⑭。建宁二年（169），太山太守苑康遭侯览诬陷与兖州刺史第五种及都尉壶嘉诈上贼降，"征诣廷尉狱"⑮。是时，南阳太守陈球以纠举豪右，为执家所谤，"征诣廷尉抵罪"⑯。中平二年

---

① 《汉书》卷七六《赵广汉传》，第 3204 页。
② 《汉书》卷九八《元后传》，第 4023 页。
③ 《汉书》卷七四《魏相丙吉传》，第 3134 页。
④ 《后汉书》卷四一《第五伦传》，第 1397 页。
⑤ 《后汉书》卷八一《独行列传》，第 2682—2683 页。
⑥ 《后汉书》卷七六《循吏列传》，第 2472 页。
⑦ 《后汉书》卷八二《方术列传》，第 2716—2717 页。
⑧ 《后汉书》卷七九《儒林列传》，第 2564 页。
⑨ 《后汉书》卷六七《党锢列传》，第 2213 页。
⑩ 《后汉书》卷九六《陈蕃传》，第 2171 页。
⑪ 《资治通鉴》卷五四，第 1764 页。
⑫ 《后汉书》卷三〇《襄楷传》，第 1077 页。
⑬ 《后汉书》卷六四《史弼传》，第 2111 页。
⑭ 《后汉书》卷八二《方术传》，第 1842 页。
⑮ 《后汉书》卷六七《党锢列传》，第 2214 页。
⑯ 《后汉书》卷七七《陈球传》，第 1832 页。

（185），乐安太守陆康被"谮援引亡国，以譬圣明，大不敬……槛车征诣廷尉"①。汉献帝初平三年（192），"李傕等欲即杀（王）允，惧二郡为患，遂俱就征左冯翊宋翼、右扶风王宏，下廷尉"②。

汉武帝时期，设刺史，察行郡国，若刺史犯罪，廷尉亦当审理涉及刺史的诏狱。汉桓帝永兴元年（153），冀州刺史朱穆因发墓为罪，"征诣廷尉"③。延熹八年（165），益州刺史侯参累有赃罪，暴虐一州，"槛车征诣廷尉"④。同年，交趾刺史张盘因中郎将度尚伪上言苍梧贼入荆州界，"下廷尉"⑤。汉灵帝中平二年（185），豫州刺史王允因它罪被捕，"槛车征至廷尉……以减死论"⑥。

县令犯罪自应由所在郡守审理，但沈刚认为事涉京畿地区的县令也归属廷尉掌管⑦，此观点不尽完善。汉章帝建初八年（83），洛阳令周纡因整治贵戚窦笃等亲属得罪，"送廷尉诏狱"⑧。东汉洛阳地区为京畿地区。汉桓帝建和元年（147），"裴优遂行雾作贼，事觉被考，引（张）楷言从学术"，长陵令张楷"坐系廷尉诏狱"⑨。汉桓帝延熹二年（159），白马令李云上书惹怒皇帝，"中常侍管霸与御史、廷尉杂考之"⑩。可见，廷尉审理事涉京畿地区的县令的诏狱以及与皇帝有涉的县令犯罪狱案。

（四）涉及军事将领的"诏狱"

以皇帝名义下诏要求廷尉审理的第四类狱讼案件的犯罪主体为军事将领。汉代军队中设有专职司法官——军正，处理军队中的犯罪行为。若是遇到特别重大军事将领犯罪案件，皇帝会下廷尉诏狱，即以皇帝名义下诏要求廷尉审理。如军事将领作战不利，对战局影响较大，一般会由廷尉审理。汉武帝元光二年（前133），将屯将军王恢因在对匈奴的战争中得行军逗留罪，"下（王）恢廷尉……廷尉当恢逗桡，当斩"⑪。元光六年（前129），骑将军公孙敖、骁骑将军李广在对匈奴的战争中，失师而还，"下廷尉"⑫。汉安帝永初四年（110），骑都尉任仁与羌战累败，而兵士放纵，"槛车征诣廷尉"⑬。汉桓帝延熹八年（165），中郎将度尚因伪卜言苍梧贼入荆州界，"诏书征

---

① 《后汉书》卷三一《陆康传》，第1113页。
② 《后汉书》卷六六《王允传》，第2177页。
③ 《后汉书》卷四三《朱晖传》，第1470页。
④ 《后汉书》卷七八《宦者列传》，第2523页。
⑤ 《后汉书》卷三八《度尚传》，第1286—1287页。
⑥ 《后汉书》卷六六《王允传》，第2172—2173页。
⑦ 沈刚：《汉代廷尉考述》，《史学集刊》2004年第1期。
⑧ 《资治通鉴》卷四六，第1494页。
⑨ 《后汉书》卷三六《张楷传》，第1243页。
⑩ 《后汉书》卷五八《李云传》，第1852页。
⑪ 《汉书》卷五二《窦田灌韩传》，第2404—2405页。
⑫ 《汉书》卷六《武帝纪》，第165—166页。
⑬ 《后汉书》卷八七《西羌传》，第2889页。

到廷尉"①。汉灵帝光和二年（179），护匈奴中郎将张修坐不先请而擅诛杀单于呼征，"槛车征诣廷尉"②。

廷尉亦审理军事将领的贪污罪以及地方军事长官的狱讼案件。汉安帝元初五年（118）十二月，中郎将任尚坐断盗军粮，"槛车征诣廷尉"③。汉安帝建光元年（121），居延都尉范邠犯赃罪，"诏下三公、廷尉议……司徒杨震、司空陈褒、廷尉张皓议依光比。太尉刘恺独以为《春秋》之义……太尉议是"④。

（五）涉及"帝室"相关的"诏狱"

以皇帝名义下诏要求廷尉审理的第五类狱讼案件的犯罪主体并不确定，但其都与"帝室"有所相涉，如皇亲国戚、宫廷宦官以及平民百姓。皇亲国戚者，如汉武帝建元三年（前138），隆虑公主、帝女夷安公主之夫昭平君因醉杀主傅，狱系内官，"以公主子，廷尉上请请论"⑤。宫廷宦官者，如汉安帝建光元年（121），长乐太仆蔡伦因受窦后讽旨诬陷宋贵人，"帝敕使自致廷尉"⑥。亦有民人者，其犯罪多涉及皇帝事宜，如汉文帝前元三年（前177），民人渭桥惊文帝乘舆马，民人盗窃高庙座前玉环，"属廷尉治问"⑦。汉昭帝始元五年（前82），平民成方遂等诬罔不道，"廷尉验治、廷尉逮召乡里识知者张宗禄等"⑧。

三、汉代廷尉治狱程序考

（一）廷议

汉代廷尉治狱过程中，廷尉下属官吏在其中发挥着重要的作用，集中体现在"廷议"与"廷报"两个阶段。⑨《张家山汉简〈奏谳书〉》杜泸女子甲和奸案⑩详细记载"廷议"的过程。

此案为汉初时期案件⑪，杜沪县官吏对此案疑不能决，奏报朝廷，由廷尉处理。考之，参与此案件的官员有廷尉毃、廷尉正始、廷尉监弘、廷尉史武等30人，共同讨论

① 《后汉书》卷三八《度尚传》，第1286—1287页。
② 《后汉书》卷八九《南匈奴列传》，第2964页。
③ 《后汉书》卷四六《邓禹传》，第616页。
④ 《后汉书》卷三九《刘般传》，第1308—1309页。
⑤ 《汉书》卷六五《东方朔传》，第2851—2852页。
⑥ 《后汉书》卷七八《宦者列传》，第2514页。
⑦ 《汉书》卷五〇《张冯汲郑传》，第2310—2311页。
⑧ 《汉书》卷七一《隽疏于薛平彭传》，第3038页。
⑨ 蔡万进：《张家山汉简〈奏谳书〉研究》，广西师范大学出版社，2006年，第149页。
⑩ 《张家山汉墓竹简（二四七号墓）》，第227页。
⑪ 陈治国：《张家山汉简〈奏谳书〉"杜泸女子甲和奸"案年代探析》，《中国历史文物》2009年第5期。

女子甲的定罪量刑问题。此案中廷尉初次"廷议"，参照法律关于"置后"顺序的规定，认为"甲当完为春"，但廷尉史申徭因公外出后回来，并不同意廷尉初次"廷议"的论断，详细论述相关具体法律条文，认为此判决太重，经过廷尉史申徭与廷尉嗀的多番讨论，结果廷尉等人认为之前的判决不当，修改了之前的判决。

但有时廷尉府内"吏议"意见不能统一，廷尉及其属官遇到自己所不能判决的奏谳疑案，当报送给皇帝，"廷尉所不能决，谨具为奏，傅所当比律令以闻"，廷尉及其属官将尉府内"吏议"的结果，包括判决意见、分歧意见以及相关法律条文等整理，报送皇帝裁决。皇帝之后根据廷尉报送具体内容，做出最终的裁决。之后皇帝的判决意见多以"制"的形式下传到廷尉手中，如上文列述的武威王杖十简"王杖诏书令"所云：

> 汝南太守谳廷尉：吏有殴受王杖主者，罪名明白。制曰：谳何？应论弃市。①

在汝南太守奏谳廷尉的疑难案件中，皇帝给出最终的判决意见"应论弃市"，其以"制"文的形式下发廷尉，《史记·秦始皇本纪》曰"命曰制，令曰诏"，制即为皇帝的命令的成文化体现，在廷尉奏谳皇帝的疑难案件审判中，皇帝以"制"文对奏谳疑案进行判决回复。

在廷尉判决地方郡县奏谳案件之后，或廷尉收到皇帝以"制"文对奏谳疑案进行判决的回复之后，廷尉将相关判决结果回复给所奏谳之地方郡县官员，是为"廷尉报"，即"廷报"，如张家山汉简《奏谳书》所载廷尉审理的地方郡县奏谳案例，廷尉以"廷报""廷以闻"等形式将相关判决结果回复给所奏谳之地方郡县官员。

（二）汉代廷尉治狱中的"属吏"

此当为汉代廷尉治狱时，廷尉府官吏集体"廷议"狱讼案件，当为汉代廷尉治狱的惯例，廷尉史申徭与廷尉嗀的多番讨论，修改廷尉判决结果，足见廷尉属吏在廷尉治狱中发挥重要作用。

廷尉、廷尉正、廷尉监、廷尉史等"廷议"狱案，亦可见于《汉书·朱博传》。

> （朱博）迁廷尉，职典决疑，当谳平天下狱。博恐为官属所诬，视事，召见正监典法掾史，谓曰："廷尉本起于武吏，不通法律，幸有众贤，亦何忧！然廷尉治郡断狱以来且二十年，亦独耳剽日久，三尺律令，人事出其中。掾史试与正监共撰前世决事吏议难知者数十事，持以问廷尉，得（为）诸君覆意之。"正监以为博苟强，意未必能然，即共条白焉。博皆召掾史，并坐而问，为平处其轻重，十中八九。官属咸服博之疏略，材过人也。②

① 武威县博物馆：《武威新出土王杖诏令册》，载甘肃省文物工作队、甘肃省博物馆编：《汉简研究文集》，甘肃人民出版社，1984年，第35—36页。
② 《汉书》卷八三《朱博传》，第3404页。

朱博新任职廷尉，不熟悉廷尉事务，恐被廷尉属吏诬陷，于是召见廷尉正、廷尉监、廷尉典法掾史等属吏。廷尉掾史与廷尉正、廷尉监"共撰前世决事吏议难知者数十事，持以问廷尉"，"共条白焉"，可能是将之前廷尉府"廷议"的部分，即审判结果隐去，让廷尉朱博重新审理，以此考验廷尉朱博的业务水平，朱博"为平处其轻重，十中八九"，即朱博的审理结果与之前廷尉府廷议决事的结果大多相合。可见汉成帝时期，廷尉府"廷议"的处理狱案模式，当继承汉初的惯例。

从上述关于廷尉属吏的考证中，我们可以看出，秦汉时期的廷尉审判的运作程序遵循"下僚起案，上官裁决"①的原则。即在廷尉治狱的过程中，前期的诊问、听取供述、援引律令、提出草案之例以及整理相关治狱材料，均由廷尉属吏完成，只有当狱案事实关系明确之后，廷尉长吏才开始出面。② 廷尉及相关长吏、属吏将之前已经做好的供述记录汇总起来，进行廷尉府"廷议"，由廷尉主导，进行最终的裁决，上文《张家山汉简〈奏谳书〉》杜泸女子甲和奸案已经完整地展现廷尉府"廷议"的过程。汉成帝时朱博任职廷尉，"博皆召掾史，并坐而问，为平处其轻重，十中八九"③，此亦是明证。

皇帝在听取廷尉上奏的疑狱案件时，亦是廷尉属吏廷尉史"奏谳疑事，必豫先为上分别其原"④，日本学者宫宅洁认为，从听取供述到诘问由"下僚"承担，诘问以后的程序则由"上官"负责，这种分工在各级审判中应当具有一定程度的共性⑤，廷尉治狱亦当如然。

籾山明在进一步分析出土简牍中所见狱讼案件的基础上，认为汉代的审判制度可以称之为"狱吏主导型"或"小吏主导型"的审判，这种审判模式处于从上级二千石到中央廷尉、再到皇帝这一金字塔式官僚制度的末端⑥，这一观点非常具有启发意义。汉代廷尉治狱的过程中，廷尉属官在其中发挥的作用极为重要。汉文帝时期，丞相周勃下廷尉诏狱并且接受廷尉属吏的讯问，之后以冤枉而被释放，出狱后他感慨所言

---

① 〔日〕滋贺秀三：《清代中国の法と裁判》，创文社，1984年，第132页。

② 〔日〕宫宅洁著，徐世虹译：《秦汉时期的审判制度——张家山汉简〈奏谳书〉所见》，载杨一凡、〔日〕寺田浩明主编：《日本学者中国法制史论著选（先秦秦汉卷）》，中华书局，2016年，第294页。

③ 《汉书》卷八三《朱博传》，第3404页。

④ 《史记》卷一二二《酷吏列传》，第3139页。

⑤ 〔日〕宫宅洁著，徐世虹译：《秦汉时期的审判制度——张家山汉简〈奏谳书〉所见》，载杨一凡、〔日〕寺田浩明主编：《日本学者中国法制史论著选（先秦秦汉卷）》，第295页。

⑥ 〔日〕籾山明著，李力译：《中国古代诉讼制度研究》，上海古籍出版社，2009年，第101页。

"吾尝将百万军，安知狱吏之贵也！"①，这亦证明汉代廷尉治狱中廷尉属吏的作用。

四、汉代廷尉治狱惯例考

惯例者，中国古代司法活动中客观存在却不见于律典明确规定，为官方和民众普遍认同的各类习惯性规则。② 有汉一代，廷尉在审理诏狱的过程中，由于诏狱案件的特殊性，多涉及王公贵族及公卿官吏，故廷尉的审理方式多遵循不成文之惯例。

（一）廷尉"杂治"诏狱

廷尉在审理诏狱的过程中，有时皇帝任命其他公卿官员与廷尉一起，组成联合法庭，共同审理相关狱讼。关于"杂治"研究，虞云国全面分析了汉代时期"杂治"的事例，认为杂治是皇帝对谋反不道或犯有其他不赦重罪的王侯后主、公卿大臣及罪涉不道的吏民要犯，指派公卿大臣或其副贰和重要属官以及相关邻近的州郡长吏进行会审的司法制度。③

考诸汉代史料所见廷尉"杂治"诏狱 9 例（参见《两汉廷尉杂治"诏狱"案例表》），与廷尉参与"杂治"诏狱的官员主要有宗正、大鸿胪、少府、太傅、谏大夫、光禄勋、光禄大夫、御史中丞、丞相长史、郡太守、中常侍、御史，主持"杂治"人员身份并不确定。但其中宗正、大鸿胪出现参与"杂治"诏狱较多，因诏狱多涉及诸侯王及皇亲国戚，主管皇族事务的宗正、大鸿胪参与较多。同时，"杂治"的惯例与汉代政治发展密切相关，如东汉时期，宦官专权，"杂治"诏狱，宦官亦得参与，如汉桓帝延熹二年（159），中常侍与廷尉、御史"杂治"白马令李云诏狱案。主持"杂治"之人员并无定员，有两人、三人、五人、七人等不同情况。

关于"杂治"审判的地方，有时在中央，又有移系地方的情况，如廷尉"杂治"赵王太子刘丹诏狱，移系魏郡，即"杂治"是在地方进行的审判。若是移系地方审判，地方郡守亦参与"杂治"诏狱的审判工作，刘丹诏狱案即是明证。

廷尉"杂治"诏狱参与人员无定员、不确定，审判地方亦不确定，并无相关制度性规定，可见廷尉"杂治"诏狱只是审判惯例，并不是有定制的司法制度，陈玺认为"杂治"即以诉讼惯例样态长期存续，多应君主临时差遣进行，其运行模式并无定制可循④，是观点当为准。

---

① 《汉书》卷四〇《周勃传》，第 2056 页。
② 陈玺：《诣台诉事惯例对唐御史台司法权限的影响》，《湘潭大学学报》2011 年第 1 期。
③ 虞云国：《汉代杂治考》，《史学集刊》1987 年第 3 期。
④ 陈玺：《唐代杂治考论》，《法律科学》2017 年第 2 期。

表1　两汉廷尉杂治"诏狱"案例表

时间	被告人	罪状	杂治人员
汉武帝元狩二年（前121）	江都王刘建	谋反	有诏宗正、廷尉即问（刘）建。
汉武帝太始三年（前94）	赵王太子刘丹	同产姊及王后宫奸乱，交通郡国豪猾，攻剽为奸，吏不能禁。	移系魏郡诏狱，与廷尉杂治。
汉昭帝元凤元年（前80）	桑弘羊子桑迁	逃亡，过父故吏侯史吴。	廷尉王平、少府徐仁杂治反事
汉宣帝五凤四年（前54）	广陵王刘胥	诅咒汉宣帝	天子遣廷尉、大鸿胪即讯
汉元帝初元二年（前47）	刘向	涉嫌上书诉事	太傅韦玄成、谏大夫贡禹与廷尉杂劾
汉哀帝太初元将元年（前5）	黄门待诏夏贺良	执左道，乱朝政，倾覆国家，诬罔主上，不道。	光禄勋平当、光禄大夫毛莫如与御史中丞、廷尉杂治
汉哀帝建平年间（前6—前3）	梁王刘立	杀人	廷尉赏、大鸿胪由持节即讯
汉哀帝建平三年（前4）	东平王刘云	遭息夫躬、孙宠诬陷。	廷尉梁相与丞相长史、御史中丞及五二千石杂治东平王云狱。
汉桓帝延熹二年（159）	白马令李云	上书使帝怒	中常侍管霸与御史、廷尉杂考之①

（二）谒者诏诣廷尉

　　廷尉诏狱是皇帝下诏要求廷尉审理的狱讼案件，对于犯罪的官员或者王公贵族，皇帝遣谒者逮捕犯罪人员，"召诣廷尉"，是为"谒者诏诣廷尉"之惯例。

　　　　宦官弘恭、石显僭诬大臣萧望之、周堪、刘更生等，请谒者召致廷尉。时上初即位，不省"谒者召致廷尉"为下狱也，可其奏。后上召堪、更生，曰：系狱。上大惊曰："非但廷尉问邪！"②

西汉晚期，宦官弘恭、石显诬陷萧望之等人，"请谒者召致廷尉"，即下萧望之等人廷尉诏狱。可见，在汉宣帝时期或以前，此当为惯例存在。汉元帝初即位，不知此惯例之情况，惊问群臣。后弘恭、石显等又僭望之，请下狱。上乃可其奏。"显等封以付谒者，敕令召望之手付，因令太常急发执金吾车骑驰围其第。使者至，召望之。"③ 此次

————————————————————

　　① 《后汉书》卷五七《李云传》，第1852页。"诏尚书都护剑戟送黄门北寺狱，使中常侍管霸与御史廷尉杂考之，"点校有误，应为"诏尚书都护剑戟送黄门北寺狱，使中常侍管霸与御史、廷尉杂考之。"

　　② 《汉书》卷七八《萧望之传》，第3286页。

　　③ 《汉书》卷七八《萧望之传》，第3288页。

下萧望之诏狱事件，封以付谒者令付望之者，当为下萧望之廷尉诏狱之诏书，可见，此奏章亦是遣谒者召某人至廷尉受审。

汉代此类使者诏诣廷尉史例还有如下：

光禄大夫都成侯金钦得罪，"谒者召钦诣诏狱"。①

数日，使者召延年诣廷尉。闻鼓声，自刭死。②

请谒者召嘉诣廷尉诏狱……有诏假谒者节，召丞相诣廷尉诏狱。使者既到府……嘉遂装出，见使者再拜受诏……随使者诣廷尉。③

参以同产相坐，谒者承制召参诣廷尉，参自杀。④

左将军彭宣等劾奏丞相朱博、御史大夫赵玄及傅晏曰"……臣请诏谒者召博、玄、晏诣廷尉诏狱"……假谒者节召丞相诣廷尉诏狱。⑤

谒者为光禄勋的属官，《汉书·百官公卿表》："谒者掌宾讚受事，员七十人，秩比六百石，有仆射。"⑥《后汉书·百官志》："常侍谒者五人，比六百石。本注曰：主殿上时节威仪。谒者三十人……本注曰：掌宾赞受事，及上章报问。将、大夫以下之丧，掌使吊。"⑦ 谒者为主掌殿中礼仪秩序之官，负责迎接宾客以及呼唤来宾之官爵与姓名，往来送达。

召诣犯罪官员至廷尉，本非谒者之职责，可能初期只是为临时的差遣，后期变为惯例⑧，为谒者所遵习。可见，有汉一代，谒者诏诣廷尉，当为汉代之惯例。

（三）地方郡守谒辞廷尉

两汉时期，朝廷官员在外派之前要"谒辞"相关机构和相关人员。

先是时，卫司马在部，见卫尉拜谒，常为卫官繇使市买。宽饶视事，案旧令，遂掦官属以下行卫者。卫尉私使宽饶出，宽饶以令诣官府门上谒辞。尚书责问卫尉，由是卫官不复私使候、司马。候、司马不拜，出先置卫，辄上奏辞，自此正焉。⑨

窦宪兄弟各擅威权，鸿上封事曰：'……大将军虽欲敕身自约，不敢僭差，然而天下远近皆惶怖承旨。刺史二千石初除谒辞，求通待报，虽奉符玺，受台敕，不敢便去，久者至数十日。⑩

① 《汉书》卷六八《金日磾传》，第 2965 页。
② 《汉书》卷九〇《酷吏传》，第 3666 页。
③ 《汉书》卷八六《王嘉传》，第 3501—3502 页。
④ 《汉书》卷七九《冯奉世传》，第 3307 页。
⑤ 《汉书》卷八三《朱博传》，第 3407—3408 页。
⑥ 《汉书》卷一九《百官公卿表》，第 727 页。
⑦ 《后汉书》卷三六《百官志》，第 3578 页。
⑧ 廖伯源：《使者与官制演变：秦汉皇帝使者考论》，文津出版有限公司，2006 年，第 237 页。
⑨ 《汉书》卷七七《盖宽饶传》，第 3243—3244 页。
⑩ 《后汉书》卷三七《丁鸿传》，第 1265—1266 页。

冀爱监奴秦宫，官至太仓令，威权大震，刺史二千石皆谒辞也。①

汉代"谒辞"有"公辞"与"私谒"之区分，盖宽饶任职左司马，卫尉派遣盖宽饶外出做事，盖宽饶依据制度谒辞相关部门"官府门上"，此为"公辞"之例证。东汉时期，窦宪、梁冀先后为权臣，威权利势，刺史二千石官员任职，一般都要谒辞二者，此为"私谒"之例证也。

有汉一代，有关地方郡守"谒辞"廷尉的相关史料记载，或当为地方郡守"谒辞"廷尉的惯例。述列如下：

征拜东海太守，谒辞廷尉于定国。②

徙为颍川太守……是时颍川钟元为尚书令，领廷尉，用事有权。弟威为郡掾，赃千金。并为太守，谒辞钟廷尉，廷尉免冠为弟请减死罪一等，愿蚤就髡钳。并曰："罪在弟身与君，律不在太守。"元惧，驰道遣人呼弟。③

上述尹翁归、何并新任职地方郡守，谒辞廷尉，如果是"公辞"的话，当理解为地方郡守的犯罪案件一般归廷尉审理，朝廷一般要求郡守新任职地方之前拜访廷尉，起到一种自律廉洁的警示作用，颇类似于现在参观廉政建设展览的意味。若是为"私谒"，当与地方郡守与廷尉之间有着司法监督审查方面的关系。有汉一代，廷尉颇有权势，汉武帝时期，"先是下邽翟公为廷尉，宾客亦填门，及废，门外可设爵罗。后复为廷尉，客欲往，翟公大署其门曰：'一死一生，乃知交情；一贫一富，乃知交态；一贵一贱，交情乃见'"④，可谓明证。廷尉权势威大，可推论：郡守谒辞廷尉，当为有汉一代不成文之惯例。⑤

（四）京兆尹（河南尹）审判廷尉

在这里还有一个重要的问题需要讨论，廷尉是九卿之一，汉代中央政府的最高司法官员，它若是犯罪，应该由什么机构审判呢？荷兰著名学者何四维给出的答案是廷尉犯罪由廷尉府审判⑥，这一观点应该是错误的。

汉代关于廷尉被审判的事例有四，述列如下：

李种坐诬罔下狱弃市。⑦

---

① 《后汉书》卷三四《梁冀传》，第 1181 页。
② 《汉书》卷七六《尹翁归传》，第 3207 页。
③ 《汉书》卷七七《何并传》，第 3267—3268 页。
④ 《汉书》卷五〇《汲黯传》，第 2325 页。
⑤ 宋杰：《汉代的廷尉狱》，《史学月刊》2008 年第 1 期。
⑥ "It is perhaps fitting to terminate this survey with a few cases, where the Commandant of Justice was not the judge, but where he was himself judged." A. F. P. Hulsewé: *The functions of the Commandant of Justice during the Han Period*, Charles Le Blanc and Susan Blader: *Chinese Ideas about Nature and Society: Studies in Honour of Derk Bodde*, Hong Kong University Press, 1987, pp249—264.
⑦ 《汉书》卷一九《百官公卿表》，第 792 页。

　　刘平坐纵道匿谋反者下狱弃市。①

　　坐侍中邢元下狱风吏杀元弃市。②

　　正月旦，百官朝贺，光禄勋刘嘉、廷尉赵世各辞不能朝，高赐举奏："皆以被病笃困，空文武之位，阙上卿之赞，既无忠信断金之用，而有败礼伤化之尤，不谨不敬！请廷尉治嘉罪，河南尹治世罪。"议以世掌廷尉，故转属他官。③

前三则材料中，廷尉犯罪，并没有说明审判机构是哪里。后一则材料，见诸《后汉书·百官志》下注，刘昭引蔡质《汉仪》。考刘嘉孙为刘虞，汉灵帝中平元年（184）任甘陵相，故其祖父刘嘉任职廷尉当在汉桓帝、汉灵帝时，故赵世亦当在汉桓帝、汉灵帝时期任职廷尉。时廷尉赵世违背上朝礼仪，被弹劾，其"河南尹治世罪"，即赵世被河南尹审理，蔡质"以世掌廷尉，故转属他官"，可见东汉时，廷尉犯罪，由河南尹审理。由此情理推之，在西汉时，廷尉犯罪，当由京兆尹审理，此亦当为两汉之惯例矣。

五、结语

　　本文通过考证汉代廷尉治狱案例，认为廷尉治狱的类型主要包括主地方郡国报请的上诉疑难案件和以皇帝名义下诏审理的"诏狱"。诏狱的犯罪主体涉及诸侯王、公卿大臣、地方郡守、军事将领、皇亲国戚。汉代廷尉治狱程序关键在于廷议环节，其中廷尉属吏发挥重要作用，汉代的审判制度是"狱吏主导型"模式。同时廷尉治狱遵循不成文之惯例，包括杂治诏狱、谒者诏诣、地方郡守谒辞、京兆尹（河南尹）审判廷尉等。同时，笔者认为对于汉代廷尉治狱的考证可以引申出与中国法律史研究有密切关系的问题——职官研究与法律史的结合。

　　职官之研究，历代为历史学界所重，著名史学家邓广铭先生将职官与目录、年代、地埋作为史学研究的四把钥匙。在帝制中国时期，职官与律令似应处于同等重要的地位，职官的职掌与具体运作，会对古代法的制定或运行产生重要影响，我们对于历代职官的"活的制度史"的考察，其职官之职权与运行，背后所反映的正是帝制中国法律权力的运行逻辑。所以说，以职官制度为连接点，考察职官的动态运行历程，以"活的制度史"的角度来考察帝制中国法律秩序的运行逻辑，这或许将成为中国法律史研究的新增长点。

---

① 《汉书》卷一九《百官公卿表》，第794—795页。
② 《汉书》卷一九《百官公卿表》，第797—798页。
③ 《后汉书》卷三六《百官志》，第3582页。

试论西汉前期王国丞相任免的变化

张春红

（云南大学历史与档案学院）

摘要： 西汉前期王国丞相①的任免发生较大的变化。"汉独为置丞相"缘起于刘邦任命曹参为齐国丞相。随着刘邦封诸子为王，"汉独为置丞相"逐渐在同姓诸侯国中确立起来，是刘邦解决"私忧"和辅佐同姓诸侯王的重要举措。汉惠帝、吕后时期，同姓诸侯国的发展及其与汉朝中央之间矛盾的凸显，中央政府有意识地扩大王国丞相的职权以加强对诸侯国政局的控制。汉文帝初年，形成汉朝中央为诸侯国设置丞相和二千石官吏的稳定制度。"七国之乱"后，汉景帝通过官制改革废除诸侯王的"治民权"，通过剥夺同姓诸侯王"自置相、二千石"的特权使王国丞相任免回归常轨，汉朝中央牢固掌握了王国官吏的任免权。在西汉前期中央集权不断强化的背景下，"汉独为置丞相"演变为"天子为置吏"，诸侯国已类同郡县。个别同姓诸侯王"自置相、二千石"是特定时期诸侯国政策发展的结果，无法上升为一般现象，非"法制之疏"所致。

关键词： 王国丞相；"汉独为置丞相"；诸侯国政策；中央集权

王国丞相在西汉诸侯国官吏群体中占有重要地位，《汉书·百官公卿表》列举王国官吏云："有太傅辅王，内史治国民，中尉掌武职，丞相统众官，群卿大夫都官如汉朝。"②《汉书·何武传》则说："相总纲纪辅王。"③ 王国丞相类似汉朝中央之丞相，总领纲纪，位高权重。

关于王国丞相的任免，《汉书·高五王传》谓："时诸侯得自除御史大夫群卿以下众官，如汉朝，汉独为置丞相。"④ 结合《汉书·百官公卿表》所记诸侯国"群卿大夫

---

① 在西汉不同的历史时期，王国丞相有不同称谓。汉惠帝元年（前194）之前称"相国"，和中央政府的称谓相同，汉惠帝元年至汉景帝中元五年（前145）期间称"丞相"，此后一直称"相"。本文为叙述方便，统称为"王国丞相"。

② 《汉书》卷一九上《百官公卿表》，中华书局，1962年，第741页。

③ 《汉书》卷八六《何武传》，第3485页。

④ 《汉书》卷三八《高五王传》，第2002页。

都官如汉朝"，故王国丞相等王国官吏的任免似可以推测为：汉朝中央仅为王国设置丞相，而御史大夫和位在御史大夫之下的所有王国官吏，无论大小均由诸侯王自行设置。① 然而，其他相关史料的记载却不能完全证实这一看法。从汉文帝时贾谊的上书可知，汉朝中央不仅为诸侯国设置丞相，还设置有太傅，② 这在官制史研究中已得以厘清。汉文帝初，薄昭责备淮南王刘长说"汉法，二千石缺，辄言汉补"③，据此可知，"汉独为置丞相"大概在汉文帝初，年就已经不存在了，汉朝中央不仅为诸侯国设置丞相，还设置二千石级别的官吏。④ 此外，汉初王国丞相的任免要注意异姓诸侯国和同姓诸侯国的区别⑤，"汉独为置丞相"仅是关于同姓王国丞相任免的制度，西汉前期王国丞相任免的实态也非"汉独为置丞相"所能概括。下文将结合传世文献和已有研究成果，对西汉前期王国丞相的任免做进一步分析。

---

① 关于"诸侯得自除御史大夫群卿以下众官"，清朝学者赵翼据《汉书·淮南王传》中"今诸侯子为吏者，御史主；为军吏者，中尉主；客出入殿门者，卫尉大行主；诸从蛮夷来归谊及亡名数自占者，内史县令主"的记载，认为"诸侯王有此等官以主诸事矣"。但赵翼引如淳注（"御史以下，皆王官也"）则为明显的错误，如淳原注为："主御史也。自此以下至县令主皆谓王官属。"赵翼认为自御史以下的王国官吏都由诸侯王自行任免，"诸侯王有此等官以主诸事"。参见《汉书》卷四四《淮南王传》，第2139页、第2140页；[清] 赵翼著，王树民校证：《廿二史札记校证》卷二"汉初诸侯王自置官属"，中华书局，1984年，第37页。

② 汉文帝时，贾谊上言："然而天下少安者，何也？大国之王幼在怀衽，汉所置傅相方握其事。"据安作璋、熊铁基先生的研究，"太傅之设，多由于王年纪幼小，故天子代为置师傅，以匡辅之。"依此推测，在刘邦大封同姓时期，王国太傅的设置就已经相当普遍。在汉十二年（前195）的九个同姓诸侯王中，除楚王刘交（高祖胞弟）、吴王刘濞（高祖侄）和齐王刘肥（高祖庶长子）外，其余六个都未成年。该年五月汉惠帝刘盈即位，时年十七，赵王刘如意十三岁，代王刘恒八岁，淮南王刘长约四岁，淮阳王刘友、梁王刘恢、燕王刘建年岁不详，但肯定会更小，符合中央政府为他们设置太傅的条件。此外，《汉书·贾谊传》记载贾谊在汉文帝时被委任为梁王太傅，其时梁王刘揖岁数亦不大。故由汉朝中央为诸侯国设置丞相、太傅，应当是汉初大封同姓时普遍推行的制度。参见[汉] 贾谊撰，阎振益、钟夏校注：《新书校注》卷一《宗首》，中华书局，2000年，第25页；《汉书》卷四八《贾谊传》，第2230页；安作璋、熊铁基：《秦汉官制史稿·地方官制》，齐鲁书社，2007年，第243页；唐燮军、翁公羽：《从分治到集权：西汉的王国问题及其解决》，浙江大学出版社，2012年，第118页。

③ 《汉书》卷四四《淮南王传》，第2137页。

④ 关于这个问题，杨鸿年、陈苏镇先生认为，在汉文帝初，汉朝中央已经收回诸侯国二千石官吏的任免权。参见杨鸿年：《汉魏制度丛考》，武汉大学出版社，2005年，第404页；陈苏镇：《汉文帝"易侯邑"及"列侯之国"考辨》，《历史研究》2005年第5期。

⑤ 如赵翼在探讨这个问题时就没有注意区分异姓诸侯国和同姓诸侯国，在论述汉初诸侯王自置官吏时，把异姓诸侯国和同姓诸侯国的情况混为一谈。参见《廿二史札记校证》卷二"汉初诸侯王自置官属"，第37页。

一、"汉独为置丞相"的缘起与王国丞相职权的强化

在《汉书·高五王传》的结尾，班固赞曰：

> 悼惠之王齐，最为大国。以海内初定，子弟少，激秦孤立亡藩辅，故大封同姓，以填天下。时诸侯得自除御史大夫群卿以下众官，如汉朝，汉独为置丞相。自吴楚诛后，稍夺诸侯权，左官附益阿党之法设。其后诸侯唯得衣食租税，贫者或乘牛车。①

班固在此总述西汉一代同姓诸侯国的兴衰命运，所述并不涉及西汉前期的异姓诸侯国，故"汉独为置丞相"不关涉异姓王国丞相的任免。关于王国官吏任免，《汉书·高五王传》的叙述过于简练，不甚准确，故有必要依据其他史料记载来探讨"汉独为置丞相"问题。汉文帝时，贾谊上言：

> 然而天下少安者，何也？大国之王幼在怀袵，汉所置傅相方握其事。数年之后，诸侯王大抵皆冠，血气方刚，汉之所置傅归休而不肯往，汉所置相称病而赐罢，彼自丞尉以上遍置其私人，如此有异淮南、济北之为耶？②

贾谊告诫汉文帝，当时天下稍稍安定是因为诸侯王"幼在怀袵"和王国丞相、太傅"方握其事"。所谓"握其事"，是说以王国丞相、太傅为代表的诸侯国高官控制了王国的政局，是汉朝中央控制王国政局、防止诸侯王叛乱的一个手段。③ 贾谊所说，特别是"汉所置傅相方握其事"是否反映当时的情况？笔者梳理西汉前期的王国丞相事迹，发现当诸侯国政局发生动荡，或与汉朝中央关系紧张时，由汉朝中央设置的王国丞相大多站在中央一边，维护汉朝中央的利益。④ 由此可见，贾谊所说应为当时的真实情况。

接下来，把问题溯源到刘邦统治时期（前202—前195）。在汉帝国建立后的七年时间里，刘邦逐步剪除异姓诸侯，大封同姓，至汉十二年（195）五月，共分封了九个同姓诸侯王，异姓诸侯王则只剩实力弱小的吴氏长沙国。在汉惠帝即位初，九个同姓诸侯王中有六个都未成年，这一情况使得贾谊的看法（即汉朝中央将设置王国丞相、太傅作为控制王国政局的措施）多少有些不合时宜。

————————————————

① 《汉书》卷三八《高五王传》，第2002页。

② 《新书校注》卷一《宗首》，第25页。

③ 沈刚先生认为，利用王国中的高级官吏制衡诸侯王的权力，是中央政府加强对宗室诸王的控制比较重要的方法。参见沈刚：《汉代国家统治方式研究：列卿、宗室、信仰与基层社会》，社会科学文献出版社，2017年，第77页。

④ 当诸侯国政局发生动荡，或与汉朝中央关系紧张时，由中央政府任命的齐相召平、赵相建德、楚相张尚和淮南相张释之都站在中央的一边，维护汉朝中央的利益。陈苏镇先生认为，"王国相由中央任免，自然不会再听诸侯王的摆布"。参见陈苏镇：《〈春秋〉与"汉道"：两汉政治与政治文化研究》，中华书局，2011年，第80页。

汉六年（前201），刘邦将有谋反嫌疑的楚王韩信废为淮阴侯，并"以长子肥为齐王，而以（曹）参为相国"①。综合《汉书》各处的记载来看，刘邦任命曹参为齐国丞相，主要考虑了这两个因素。其一，刘肥封王时虽已成年，但是没有可以依靠的亲信力量，且他和吕后、吕氏外戚关系较为紧张。② 其二，刘邦立刘肥为齐王时，齐地虽已平定，但是长期盘踞于此的齐国田氏贵族的力量依然强大。③ 在天下未定的情况下，刘邦任用军旅出身、能征善战的曹参担任齐国丞相，显然是为齐王刘肥保驾护航，并进而稳定齐地。

刘邦任命周昌为赵国丞相大概也出于同样的考虑，《汉书·周昌传》记载：

> 是岁，戚姬子如意为赵王，年十岁，高祖忧万岁之后不全也。……尧进请问曰："陛下所为不乐，非以赵王年少，而戚夫人与吕后有隙，备万岁之后而赵王不能自全乎？"高祖曰："我私忧之，不知所出。"尧曰："陛下独为赵王置贵强相，及吕后、太子、群臣素所敬惮者乃可。"高祖曰："然。吾念之欲如是，而群臣谁可者？"尧曰："御史大夫昌，其人坚忍伉直，自吕后、太子及大臣皆素严惮之。独昌可。"高祖曰："善。"于是召昌谓曰："吾固欲烦公，公强为我相赵。"昌泣曰："臣初起从陛下，陛下独奈何中道而弃之于诸侯乎？"高祖曰："吾极知其左迁，然吾私忧赵，念非公无可者。公不得已强行！"于是徙御史大夫昌为赵相。④

汉九年（前198），刘邦听取赵尧的建议，任命"吕后、太子、群臣素所敬惮"的御史大夫周昌为赵国丞相，其目的意在保护赵王如意。汉十一年（前196）春，刘邦平定陈豨叛乱，立刘恒为代王，以阴陵侯傅宽为代国丞相。刘恒"年八岁立为代王"⑤，且代国"北边匈奴，与强敌为邻，能自完则足矣"⑥。刘恒尚未成年，以及代国与强国匈奴为邻应当是刘邦为代国设置丞相的原因。可见，刘邦为齐王、赵王、代王设置王国丞相，主要是出于对"弱子"的担忧，并不是贾谊说的控制王国政局，防止诸侯王叛乱。

"汉独为置丞相"作为防止诸侯王叛乱的一种措施是从惠帝、吕后时期开始的。惠

---

① 《汉书》卷三九《曹参传》，第2017页。

② 《汉书·高五王传》记载，汉惠帝二年（前193），齐王刘肥入朝，与惠帝燕饮于吕后前，惠帝待刘肥如家人礼，置之上座。吕后极为愤怒，私下令人上毒酒欲害刘肥。此外，更重要的是吕后杀三赵王和封王吕氏，造成吕氏与刘氏之间关系的紧张。参见《汉书》卷三八《高五王传》，第1987—1988页。

③ 汉朝建立后，统治者继承秦朝的政策，迁徙"齐楚大族昭氏、屈氏、景氏、怀氏、田氏"到关中居住，以加强控制。刘肥立为齐王时，旧齐国田氏贵族及其宾客仍然很有势力。《汉书·田儋传》记载故齐王田横率领其宗族、宾客五百余人逃亡海中。刘邦认为"齐人贤者多附焉，今在海中不收，后恐为乱"，于是派使者到海中招降田横。旧贵族势力严重影响汉初社会的安定，这应当也是曹参被任命为齐国丞相的一个重要原因。参见《汉书》卷一下《高帝纪》，第66页；卷三三《田儋传》，第1851页。

④ 《汉书》卷四二《周昌传》，第2096页。

⑤ 《汉书》卷九七上《外戚传》，第3941页。

⑥ 《汉书》卷四八《贾谊传》，第2260页。

帝时期，异姓诸侯国只剩力量弱小的吴氏长沙国，西汉政权得到进一步巩固；与此同时，西汉上层统治集团之间的矛盾也发生了变化，同姓诸侯国逐渐发展，与汉朝中央的矛盾日益凸显，双方关系日渐紧张。关于惠帝、吕后时期中央与王国的关系，除传世文献记载的吕后封王吕氏、杀三赵王导致吕氏与刘姓宗室关系紧张外，我们还可以从出土简牍中看出端倪。张家山汉简《二年律令·贼律》记载：

> 以城邑亭障反，降诸侯，及守乘城亭障，诸侯人来攻盗，不坚守而弃去之若降之，及谋反者，皆要（腰）斩。其父母、妻子、同产，无少长皆弃市。其坐谋反者，能偏（徧）捕，若先告吏，皆除坐者罪。①

《二年律令》是吕后二年（前186）施行的法律，律文中的"诸侯"指汉初分封的诸侯②，《贼律》对汉朝直辖郡中"降诸侯""不坚守"和谋反行为进行严酷的处罚。尽管在吕后生前汉朝中央与同姓诸侯国没有爆发直接的冲突，但是透过律文我们看到当时双方紧张、对立的关系。③ 吕后八年（前180），以周勃、陈平为首的军功贵族集团发动诛吕安刘政变，对皇位跃跃欲试的齐王刘襄被灌婴率领的军队阻挡在荥阳，直到军功贵族成功控制中央政局后，让他立即罢兵。军功贵族对齐王刘襄的猜忌、提防态度，其实是汉朝中央与同姓诸侯国之间处于对立状态的一个缩影。

汉朝中央与同姓诸侯国逐渐走向对立，这也促使中央政府调整王国政策，加强对诸侯王国的控制。《汉书·高五王传》记载：

> 高后崩。赵王吕禄为上将军，吕王产为相国，皆居长安中，聚兵以威大臣，欲为乱。章以吕禄女为妇，知其谋，乃使人阴出告其兄齐王，欲令发兵西，朱虚侯、东牟侯欲从中与大臣为内应，以诛诸吕，因立齐王为帝。齐王闻此计，与其舅驷钧、郎中令祝午、中尉魏勃阴谋发兵。齐相召平闻之，乃发兵入卫王宫。魏勃绐平曰："王欲发兵，非有汉虎符验也。而相君围王，固善。勃请为君将兵卫王。"召平信之，乃使魏勃将。勃既将，以兵围相府。召平曰："嗟乎！道家之言'当断不断，反受其乱'。"遂自杀。④

齐王刘襄与亲信魏勃等人趁吕后之死，准备发兵夺位，齐相召平发兵围困王宫，欲阻止齐王的行动。依此可见，吕后时期的王国丞相掌握王国发兵虎符，在制衡诸侯王权力方面发挥着关键的作用。

---

① 张家山二四七号汉墓竹简整理小组编著：《张家山汉墓竹简（二四七号墓）》（释文修订本），文物出版社，2006年，第7页。

② 《张家山汉墓竹简（二四七号墓）》（释文修订本），第7页。

③ 臧知非先生根据张家山汉简《二年律令》《奏谳书》的记载，分析"七国之乱"前汉朝中央政府和诸侯国的关系，认为"在七国之乱以前，无论在主观认识上，还是在制度上，诸侯王国与朝廷都是国与国的关系，或者说是特殊的国与国的关系，而不是中央和地方的关系"。参见臧知非：《张家山汉简所见汉初中央与诸侯王国关系论略》，周天游主编：《陕西历史博物馆馆刊》第10辑，三秦出版社，2003年，第308—314页。

④ 《汉书》卷三八《高五王传》，第1992—1993页。

接下来，对贾谊在汉文帝时上言的背景做一考察。关于贾谊上言之事，《汉书·贾谊传》并没有记载具体的时间，根据上言中"如此有异淮南、济北之为耶？"的说法，可知贾谊上言的时间当在汉文帝前元六年（前 174）后不久。汉文帝前元三年（前 177），因诛吕政变后利益分配不均，济北王刘兴居趁匈奴入寇之机举兵谋反。汉文帝前元六年，淮南王刘长伙同棘蒲侯柴武谋反。虽然两起宗室谋反很快就被汉朝中央扑灭，但是青年政治家贾谊却认为当时的天下形势不容乐观，故上言规劝汉文帝。

通过对贾谊上言背景的考察，并结合前面的分析，可以确定依靠王国高级官吏控制王国政局、防止诸侯王叛乱，不是刘邦统治时代的情况，而是汉惠帝、吕后以来，尤其是吕后统治时期，随着汉朝中央和诸侯国之间处于紧张、对立的态势之下，汉朝中央相应的举措。

关于王国丞相掌握发兵虎符，《史记》《汉书》的记载多有分歧。《史记·孝文本纪》记载："九月，初与郡国守相为铜虎符、竹使符。"① 《汉书·文帝纪》记载："九月，初与郡守为铜虎符、竹使符。"② 关于此事的记载，《史记》《汉书》的系年时间相同，都在汉文帝前元二年（前 178）九月，差异在于班固的记载较司马迁少了"国相"，即本文所论王国丞相。③ 但是，从前述齐国丞相召平的事迹可知，在吕后时期，王国丞相就已经握有发兵虎符。《史记》叙述召平事迹有两处，其一为《吕太后本纪》，记载比较简略。④ 其二为《齐悼惠王世家》，其记载和《汉书·齐悼惠王传》如出一辙。班固在修撰《汉书》时因袭《史记》之文⑤，《汉书·齐悼惠王传》的文本来源是《史记·齐悼惠王世家》。笔者以为，班固发现司马迁关于王国丞相握有虎符的记载前（吕后八年的齐国丞相召平事迹）后（汉文帝二年九月的规定）冲突，于是在《汉书·文帝纪》中删除了"国相"，使得叙述更为严谨。此外，《史记·惠景间侯者年表》《汉书·高惠高后文功臣表》均记载召平之子召奴因父亲的事迹而被封侯⑥，召奴得以封侯，显然是因为其父在齐国丞相任上坚定地站在汉朝中央一边，为制止诸侯王叛乱而以身殉职的缘故。

综合上述分析，可以确定在吕后时期王国丞相具有控制王国政局、防止诸侯王叛

---

① 《史记》卷一〇《孝文本纪》，中华书局，1959 年，第 424 页。

② 《汉书》卷四《文帝纪》，第 118 页。

③ 杨树达先生等前贤进行了相关的考证，但没有质疑此时期王国丞相持有虎符。杨树达：《汉书窥管》，上海古籍出版社，2013 年，第 30—31 页。

④ 《史记·吕太后本纪》记载："齐王欲发兵，其相弗听。八月丙午，齐王欲使人诛相，相召平迺反，举兵欲围王，王因杀其相，遂发兵东"。参见《史记》卷九《吕太后本纪》，第 406 页。

⑤ 清朝学者赵翼说："《汉书》武帝以前纪传多用《史记》原文，惟移换之法别见剪裁。"参见《廿二史札记校证》卷二 "《汉书》移置《史记》文"，第 28 页。

⑥ 《史记·惠景间侯者年表》记载："犁（侯），以齐相召平子侯，千四百一十户。"《汉书·高惠高后文功臣表》记载："犁顷侯召奴，以父齐相侯。师古曰：'召平之子也。召读曰邵。'"参见《史记》卷一九《惠景间侯者年表》，第 1005 页；《汉书》卷一六《高惠高后文功臣表》，第 627 页。

乱的作用，王国丞相掌握王国发兵虎符说明其职权得到了强化。① 在汉景帝中元五年（前145）改革王国官制之前，诸侯国中由诸侯王自己设置的王国官吏在数量上远远多于由中央政府设置的官吏，王国官吏中代表中央政府利益的力量弱于代表诸侯国利益的力量。② 因此，扩大王国相的职权，尤其是军事方面的权力，有利于加强中央对王国的控制。

依上述分析，"汉独为置丞相"起源于汉六年（前201）刘邦任命曹参为齐国丞相。此后，随着刘邦封诸子为王，"汉独为置丞相"逐渐在同姓诸侯国中确立起来，是刘邦解决"私忧"和辅佐幼子的重要举措。贾谊在汉文帝时的上言，所说大致是汉惠帝、吕后以来的情况，当时同姓诸侯国与汉朝中央之间的矛盾日渐激化，汉朝中央有意识地扩大王国丞相的职权以加强对诸侯国的控制。

二、从"汉独为置丞相"到"天子为置吏"

"汉独为置丞相"是随着刘邦剪除异姓诸侯王，大封同姓而逐渐展开的，与汉朝中央为诸侯国设置丞相同时进行的，还有王国太傅的设置。到吕后时期，随着汉朝中央和同姓诸侯国之间的关系走向对立，应当就出现了贾谊说的王国丞相、太傅控制王国政局，防止诸侯王叛乱的情况。接下来要探讨的问题是，在西汉前期中央集权不断强化的背景下，"汉独为置丞相"发生了怎样的变化。

汉惠帝即位时，除力量弱小的吴氏长沙国外，西汉前期分封的异姓诸侯王全被剪除。与此同时，随着同姓诸侯王实力的增长，同姓诸侯国和汉朝中央的矛盾逐渐凸显出来。从文献记载看，汉惠帝即位后就开始从制度建设层面抑制同姓诸侯国势力的发展。《汉书·曹参传》记载：

> 孝惠元年，除诸侯相国法，更以参为齐丞相。③

至迟在汉惠帝元年（前194），已经存在与王国丞相相关的法律。为凸显汉朝中央与诸侯国在官吏等级上的尊卑秩序，汉惠帝从法律上把王国丞相的称谓由"相国"改为"丞相"，中央政府的"相国"称谓则维持不变。此外，曹参在汉惠帝元年（前194）再次被任命为齐国丞相，直到汉惠帝二年（前193）到中央政府接替萧何担任中央政府

————————————————————

① 日本学者纸屋正和通过对西汉前期郡国行政的分析，认为"在高祖时期，诸侯王国的军事权由异姓诸侯王掌握着，到吕后时期出现了向丞相转移的趋势"。参见〔日〕纸屋正和著，朱海滨译：《汉代郡县制的展开》，复旦大学出版社，2016年，第83—84页。

② 在汉武帝颁布"左官律""附益法"之前，有大量汉朝直辖郡的士人、豪侠和亡命之徒汇聚至诸侯国，成为诸侯王违制抗命、阴谋作乱的重要依靠力量。诸侯王有意识地任用他们，并以之对抗王国丞相、太傅等由中央任命的王国官吏。故在"左官律""附益法"颁布之前，王国官吏中代表中央政府利益的力量弱于代表诸侯国利益的力量。参见张鹤耀：《简论"七国之乱"后西汉诸侯国官制演变的特征》，《齐鲁学刊》2015年第1期。

③ 《汉书》卷三九《曹参传》，第2018页。

的丞相。汉惠帝和睦宗室，待齐王刘肥如家人礼，班固赞曰："孝惠内修亲亲，……优宠齐悼、赵隐，恩敬笃矣。……可谓宽仁之主。"① 虽说如此，但在关涉汉朝中央权威的王国丞相任免问题上，汉惠帝丝毫没有让步。

从汉文帝即位到汉景帝前元三年（前154）"七国之乱"爆发之前，是西汉前期诸侯国和汉朝中央关系最为紧张的时期。汉文帝时代，先后发生济北王刘兴居、淮南王刘长谋反事件，吴王刘濞也多有不臣之迹，但是当时的局势相对稳定。汉文帝虽大体秉持以"和"为主的王国政策，但是加强中央集权，抑制诸侯国的动向愈发明显。《汉书·淮南王传》记载薄昭责备淮南王刘长：

> 汉法，二千石缺，辄言汉补，大王逐汉所置，而请自置相、二千石。②

《汉书·百官公卿表》中没有记载丞相的秩俸，阎步克先生认为，在汉景帝中元五年（前145）官制改革以前，王国丞相同中央政府丞相一样都是无秩的。③ 丞相无秩，也可以表示其一人之下、万人之上的尊崇地位。王国"二千石缺"必须"辄言汉补"，那么，地位在二千石之上的王国丞相必须由汉朝中央任免，并载入"汉法"，当是毫无疑问的事。依此可知，在汉文帝初，"二千石缺，辄言汉补"和中央政府为诸侯国设置丞相已经上升到法律的高度，是"汉法"规定的一项制度，这也意味着《汉书·高五王传》说的"汉独为置丞相"已经不再存在，汉朝中央已经稳定掌握了王国二千石级别官吏的任免。

"七国之乱"的平定为汉景帝进一步加强中央集权提供了坚实基础，从中元三年（前147）开始，汉景帝进行王国官制改革，于中元五年（前145）达于顶点。《汉书·百官公卿表》记载：

> 景帝中五年令诸侯王不得复治国，天子为置吏，改丞相曰相，省御史大夫、廷尉、少府、宗正、博士官，大夫、谒者、郎诸官长丞皆损其员。④

汉景帝对王国官制进行改革，目的在于从制度建设方面解决王国问题。首先，剥夺诸侯王"君国子民"的治民权，由皇帝为诸侯王设置官吏。其次，将王国丞相的称谓由

---

① 《汉书》卷二《惠帝纪》，第92页。

② 《汉书》卷四四《淮南王传》，第2137页。

③ 阎步克：《从爵本位到官本位：秦汉官僚品位结构研究》，生活·读书·新知三联书店，2009年，第349页。此外，贾谊《新书·等齐》说："天子之相，号为丞相，黄金之印；诸侯之相，号为丞相，黄金之印，而尊无异等，秩加二千石之上。"卫宏《汉旧仪》则说："王国置傅、相、中尉各一人，秩二千石，以辅王。"吴荣曾先生认为卫宏《汉旧仪》所载的王国丞相秩俸是"后起之制"。贾谊是汉文帝时代的人，而卫宏则是两汉之际的人，因而贾谊所说王国丞相"秩加二千石之上"应该是汉文帝时代的真实情况，卫宏所说应该是汉景帝中元五年（前145）以后的制度。总之，王国丞相无论是"无秩"，还是"秩加二千石之上"，都反映了其在王国官吏群体中的尊崇地位。参见〔清〕孙星衍等辑，周天游点校：《汉官六种》，中华书局，1990年，第48页；《新书校注》卷一《等齐》，第46页；吴荣曾：《西汉王国官制考实》，《北京大学学报》1990年第3期。

④ 《汉书》卷一九上《百官公卿表》，第741页。

"丞相"改为"相",从而凸显出汉朝中央与诸侯国在官制上的尊卑秩序。再者,缩减王国官员的规模。王国官制改革后,千石级别,甚至是更低级别的王国官员都必须由汉朝中央任免。① 通过官制改革,汉朝中央进一步控制了诸侯国。周振鹤先生说:"此后,郡和王国在一起并称郡国,作为汉代的统县政区。封建制至此名存实亡,郡国并行的制度已与纯粹的郡县制没有实质的差别了。一度受到威胁的专制皇权与一度遭到分散的中央集权又恢复到了常态。"② 李开元先生则认为,通过中元五年的官制改革,"诸侯王国不再作为独立之王国存在,其职能已经完全相当于汉之郡"③。尽管两位学者立论的角度和出发点不同,但无论是"恢复到常态",还是"王国郡县化",都表明通过中元五年的王国官制改革,汉朝中央实现了对诸侯国的主导性支配。

综上所述,抑制诸侯国的发展是汉惠帝即位以来一以贯之的政策,在"七国之乱"之后获得突破性进展。中元五年的王国官制改革旨在通过剥夺诸侯王"自置吏"的权力来实现汉朝中央对诸侯国的直接统治。相比汉文帝推行的"众建诸侯少其力""以亲制疏"政策,汉景帝通过制度建设削弱诸侯国更具釜底抽薪的意义。依托王国官制改革,自汉文帝初形成的汉朝中央为诸侯国设置丞相和二千石官员的制度得到进一步巩固。此后,汉朝中央进一步掌握诸侯国中级、下级官吏的任免权,实现了从"汉独为置丞相"到"天子为置吏"的转变。西汉前期,中央与诸侯国关系变化的转折点出现在汉景帝时期,"七国之乱"和官制改革是最关键的时间节点,而官制改革更具深远意义。

三、同姓诸侯王"自置相、二千石"及其原因浅析

在汉武帝以前,诸侯王"自置相、二千石"是一个较为显目的现象,除力量强大,且独立性强的异姓诸侯王外,一些同姓诸侯王也能"自置相、二千石"。

西汉一代,"自置相、二千石"的同姓诸侯王有三位,即齐王刘襄、淮南王刘长和梁王刘武。齐王刘襄自己设置王国丞相、二千石是在政治动荡时期,汉朝中央对诸侯国控制力下降的背景下发生的。《汉书·淮南王传》说刘长"逐汉所置,而请自置相、

---

① 《汉书·衡山王传》记载,元光六年(前129),衡山王刘赐有谋逆行为,有司请"逮治"刘赐,汉武帝不同意,而是"为置吏二百石以上"。《续汉书·百官五》则记载:"武帝改汉内史、中尉、郎中令之名,而王国如故,员职皆朝廷为署,不得自置。"依此看,汉武帝剥夺了诸侯王的所有置吏权。不难看出,随着中央集权的加强,中央政府几乎控制了王国所有官吏的任免。参见《汉书》卷四四《衡山王传》,第2153—2154页;《后汉书》志第二八《百官五》,中华书局,1965年,第3627页。

② 周振鹤:《中国地方行政制度史》,上海人民出版社,2014年第2版,第42页。

③ 李开元:《汉帝国的建立与刘邦集团——军功受益阶层研究》,生活·读书·新知三联书店,2000年,第103页。

二千石"①，《汉书·韩安国传》则说："梁王（刘武）以至亲故，得自置相、二千石，出入游戏，僭于天子。"②

作为一个显目的历史现象，汉初同姓诸侯王"自置相、二千石"引起赵翼的注意。他说：

> 《汉书齐悼惠王传赞》云，高祖初定天下，大封同姓诸侯，得自置御史大夫以下，汉但为置丞相而已。此可见当日法制之疏也……至景帝以梁孝王属官韩安国为梁内史，孝王则欲以公孙诡为之，窦太后诏不许，是时已在七国反后，故禁令稍严……盖法制先疏阔而后渐严，亦事势之必然也。③

赵翼把同姓诸侯王自己设置王国官吏的原因归结为"法制之疏"，并认为"七国之乱"后"禁网更密"，诸侯王失去置吏权。

"法制之疏"固然抓住了汉初法制初立，禁网疏阔的特点，但这并不能解释同姓诸侯王自己设置王国丞相的现象。

如前所论，汉惠帝即位时就有"诸侯相国法"，到汉文帝初，汉朝中央为诸侯国设置丞相和二千石官吏已经成为"汉法"规定的制度。因而，至少在王国丞相和二千石官吏的任免方面不存在所谓的"法制之疏"。

此外，能"自置相、二千石"也只限于和皇帝有较为亲近关系的诸侯王，并不是每个诸侯王都拥有这种特权。汉文帝时期离心力最大的诸侯国是吴国，按照赵翼的逻辑推论，那么最有可能"自置相、二千石"的诸侯王应当是吴王刘濞，但《史记》《汉书》都没有吴王刘濞自己设置王国丞相和二千石官吏的记载。④ 相反，淮南王刘长、梁王刘武得"自置相、二千石"都是因为和皇帝较为特殊、亲近的关系。

对于同姓诸侯王"自置相、二千石"的问题，应当将其置于文景时代上层统治集团矛盾变化和王国政策演变的大环境中加以考察。

汉文帝的即位有很大的偶然性，完全是汉初军功贵族为维护和巩固自身的阶层利益而做出的选择。诛吕政变后，周勃、陈平等军功贵族商议以藩王入继皇位，齐王刘襄和淮南王刘长均以"母家恶"而错失皇位，独汉文帝以"母家薄氏，君子长者"⑤得入继皇位。汉文帝在诛吕政变中没有任何功劳可言，在政变后却成为最大获益者。在这种背景下，甫登皇位的汉文帝不仅面临着来自军功贵族阶层的压力，而且和同姓诸侯王的矛盾也日益凸显出来。围绕利益分配问题，汉初政治舞台上的三大势力（皇

---

① 《汉书》卷四四《淮南王传》，第2137页。
② 《汉书》卷五二《韩安国传》，第2394页。
③ 《廿二史札记校证》卷二"汉初诸侯王自置官属"，第37页。
④ 《史记》《汉书》记载的吴王刘濞的王国丞相只有窦婴和袁盎两位，均由汉朝中央出仕吴国丞相。参见《史记》卷一〇七《魏其侯列传》，第2839页；《史记》卷一〇一《袁盎列传》，第2741页；《汉书》卷五二《窦婴传》，第2375页；《汉书》卷四九《爰盎传》，第2271页。
⑤ 《汉书》卷三八《高五王传》，第1995页。

帝、军功贵族、同姓诸侯王）的均势早晚会出现裂痕，尤其是实力日渐强大的同姓诸侯王对皇位的觊觎，挑战汉朝中央的权威。青年政治家贾谊对此看得很清楚，他说：

> 今或亲弟谋为东帝，亲兄之子西向而击，今吴又见告矣。天子春秋鼎盛，行义未过，德泽有加焉，犹尚若此，况莫大诸侯权势十此者乎！……臣故曰："时且过矣，上弗早图，疑且岁闻所不欲焉。"①

面对严峻的局势，贾谊希望汉文帝"早图"，不要疑虑。汉文帝斟酌权衡之下，采用相对和缓的政策来协调汉朝中央与诸侯国的关系，确立"以和为主"的王国政策基调。②淮南王刘长骄不奉法，僭越不臣，汉文帝对此依然是安抚多于责备：

> 窃闻大王刚直而勇，慈惠而厚，贞信多断，是天以圣人之资奉大王也。甚盛，不可不察。今大王所行，不称天资。皇帝初即位，易侯邑在淮南者，大王不肯。皇帝卒易之，使大王得三县之实，甚厚。大王以未尝与皇帝相见，求入朝见，未毕昆弟之欢，而杀列侯以自为名。皇帝不使吏与其间，赦大王，甚厚。汉法，二千石缺，辄言汉补，大王逐汉所置，而请自置相、二千石。皇帝执天下正法而许大王，甚厚。大王欲属国为布衣，守冢真定。皇帝不许，使大王毋失南面之尊，甚厚。③

汉朝中央和淮南国存在尖锐的矛盾，汉文帝在处理这一系列问题时做到了"甚厚"，屈法宽大，故淮南王刘长获得"自置相、二千石"特权。

梁王刘武得"自置相、二千石"则是汉文帝"以亲制疏"王国政策发展的结果。贾谊劝说汉文帝"增益梁国"，徙代王刘武（汉景帝同母弟）为梁王来抑制吴楚两国的发展。出于"以亲制疏"政策的需要，梁王刘武与皇帝的联系得到加强，梁国领地进一步扩大。④汉景帝即位后，在"以亲制疏"政策的基础上，进一步联亲制疏以对抗吴楚。梁国在平定"七国之乱"中有重要的贡献，"梁王扞之，卒破七国"⑤。汉景帝为抑制吴楚，拉近与梁王刘武的关系，故梁王刘武获得"自置相、二千石"的特权。

---

① 《新书校注》卷一《宗首》，第 25 页。

② 面对日益严重的王国问题，袁盎、晁错主张"削藩"，贾谊则主张"众建诸侯而少其力"和"以亲制疏"。考察汉文帝时期的王国政策可知，汉文帝基本接受了贾谊的主张。臧知非先生认为，汉文帝试图通过重用新人，分解功臣权力的尝试失败后，开始依靠宗室，制衡功臣。依靠宗室必然要优待宗室，于是汉文帝不仅重赏诛吕有功的宗室、恢复了被吕后废封的同姓诸侯王，还对淮南王刘长、吴王刘濞的违法行为表现得很宽容。文帝这些举措旨在建构"天下同姓一家"，用孝道治天下，调节宗室内部关系，共同治理天下。参见臧知非：《论汉文帝"除关无用传"——西汉前期中央与诸侯王国关系的演变》，《史学月刊》2010 年第 7 期。

③ 此系薄昭奉汉文帝之命规劝淮南王刘长而作。参见《汉书》卷四四《淮南王传》，第 2137 页。

④ 马孟龙先生指出，"景帝中六年以前，梁国封域的变化与梁王、汉廷间的亲疏程度紧密相关。……梁孝王武为景帝亲弟，在位期间得到景帝的益封，梁国封域大大拓展。"参见马孟龙：《西汉梁国封域变迁研究（附济阴郡）》，《史学月刊》2013 年第 5 期。

⑤ 《汉书》卷四八《贾谊传》，第 2264 页。

在抑制吴王刘濞等关系疏远的同姓诸侯王上，汉景帝和汉文帝的政策有很大的延续性，从这个角度看，梁王刘武得"自置相、二千石"是汉文帝"以亲制疏"王国政策进一步发展的结果。相反，"七国之乱"后，梁王刘武"自置相、二千石"的特权很快就被汉景帝剥夺了。《汉书·韩安国传》记载，梁王刘武欲以亲信公孙诡为梁国内史，窦太后不同意，并下诏指明要以韩安国为梁国内史。① 至此，随着形势的变化，以"至亲故"的梁王刘武也失去了"自置相、二千石"的特权。

齐王刘襄"自置相、二千石"出现在中央政局发生动荡的吕后八年（前180），淮南王刘长、梁王刘武"自置相、二千石"则出现于文景时代。三个同姓诸侯王"自置相、二千石"都无法上升到一般现象加以理解，故从"法制之疏"来解释就没有意义。或许，"法制之疏"应该理解为法律没有得到严格的执行，并不是法律（制度）建设存在漏洞。在制度建设上对诸侯国做出抑制，是汉惠帝即位以来一以贯之的思路，但也随着形势的发展而有所变化。汉文帝即位后的国内局势不容许他采取急进的王国政策，他只能在和睦宗室，维持"天下同姓一家"的格局下逐步消除军功贵族在中央政府的影响，进而在处理王国问题上取得主动地位。汉景帝在继承汉文帝的王国政策的基础上有所发展，出于抑制吴楚两国的目的，梁国不仅封域逐渐拓展，梁王刘武的地位也日渐尊崇，并获得"自置吏、二千石"的特权。

在中央集权国家里，中央政府借由划分有层级的行政区域，建立各级地方政府，派驻直接对皇帝（君主）负责的官僚来进行国家的管理。公元前221年，一统天下的秦朝在全国推行"郡县制"，标志着这一国家管理体制在中国的确立。西汉建立后，因特殊的历史和现实原因，推行"郡国并行"的地方行政制度。"郡国并行"应当理解为一种以"郡县制"为基础的特殊的地方行政制度。② 刘邦封王异姓诸侯是对既成事实的确认，是不得已而为之。封王同姓说明刘邦对如何治理一个幅员广大的国家的认识和王绾一样，即继承周工室封建同姓、屏卫工室的遗意，以此来巩固得之不易的天卜。西汉的封建制度颇为特殊，诸侯王有土有民，在诸侯国内拥有比拟于汉朝天子的巨大权力。同时，又通过同宗血缘和汉朝中央为其设置官吏这两个纽带，将诸侯国（王）和汉朝皇帝、汉朝中央政府联系起来。从汉代人的一般论述中可知，王国官吏的任免对于中央控制王国具有重要意义。在本文，笔者即聚焦于西汉前期王国丞相的任免问题，根据前面的分析，笔者得出如下几点结论。

西汉前期王国丞相任免发生了较大变化，并非始终是"汉独为置丞相"。为诸侯王设置丞相是刘邦在翦除异姓、封王同姓过程中逐渐建立起来的制度。从实际的情况看，因为刘邦统治时期同姓诸侯大多尚未成年，可能还设置了王国太傅来辅佐年幼的诸侯

---

① 《汉书》卷五二《韩安国传》，第2396页。

② 周振鹤先生认为："汉代封建只是郡县制的变形，并没有完全回到西周封建的道路上去。"参见周振鹤：《中国地方行政制度史》，第41页。

王。刘邦为同姓诸侯王设置丞相，多是出于对"弱子"的担忧，还没有依靠王国丞相控制王国政局、防止诸侯王叛乱的意图。从西汉前期上层统治集团之间矛盾的演变来看，刘邦此时也不可能把矛头对准"幼在怀袵"的同姓诸侯王，在处理汉朝中央与同姓诸侯王关系上，刘邦首倡"同姓天下一家"，要求同姓诸侯王"慎无反"①，以血缘认同消弭内乱，共同维护刘家天下。历史的发展并不能如刘邦所愿，以"郡县制"为基础的中央集权体制和封建制之间的矛盾不可能因"亲亲之义"而得到调和解决。随着同姓诸侯国的发展及其与汉朝中央之间矛盾的激化，王国丞相等王国官吏的任免必然发生较大的更张。

汉惠帝、吕后时期，随着同姓诸侯国力量的膨胀，诸侯国与汉朝中央的矛盾日渐凸显，吕后开始频繁干预王国事务②，并有意识地扩大王国丞相的职权，希望以此加强对王国政局的控制。汉惠帝、吕后时期抑制同姓诸侯国势力发展的努力取得很大成就，故在文帝初期中央政府已经严格规定诸侯王不得"自置相、二千石"。文景时期加强中央集权的动向比惠吕时期更为明显，且因文景二帝权力交接的平稳过渡得以进一步巩固和发展。汉景帝即位后顺应时变，继承汉文帝的"以亲制疏"政策，进一步联亲制疏以对抗吴楚。在平定"七国之乱"后，汉景帝又顺应时势地调整"以亲制疏"的王国政策，进行王国官制改革，希望借此直接、全面地控制诸侯王国。武力削藩与制度改革双管齐下，汉景帝时期的中央集权获得极大发展。

西汉历史上出现的三次同姓诸侯王"自置相、二千石"都是特殊情况，无法上升为一般现象，因此赵翼说的"法制之疏"就无法对此现象做出合理的解释。从考察文景时代王国政策出发，同姓诸侯王"自置相、二千石"是此时期王国政策发展的结果。王国丞相的任免虽依时势而变，但都是服务于中央集权。

---

① 《汉书》卷三五《荆燕吴传》，第1904页。

② 陈苏镇先生认为，吕后干预王国事务较多，并试图要求诸侯王用汉法。参见陈苏镇：《〈春秋〉与"汉道"：两汉政治与政治文化研究》，第82页。

武梁祠汉画像石"曾母投杼"献疑

——兼论"曾子质孝"的文化意义

李同恩

（临沂大学文学院）

摘要： 山东嘉祥武梁祠汉画像石有曾母纺织一图，学者多认为此画像所描绘的就是《战国策·秦策二》所载"曾母投杼"的故事。然而，此说并不符合画像原意，隔栏榜题"谗言三至，曾母投杼"或出于后人附会所补刻，该图的主题原应是"曾子质孝"。"曾子质孝"反映了汉代统治者对儒家政治、伦理观念的大力提倡，也体现了社会各阶层对"孝"的教化意义与垂范作用的高度重视。

关键词： 武梁祠；画像石；纺织图；曾母投杼；曾子质孝

汉画像石中历史人物类题材的传说故事丰富，其中涉及纺织内容的画像石为数不少。目前所见该类题材画像石主要出土于山东、江苏等地区，有榜题者少，无榜题者多。一直以来，山东嘉祥武梁祠画像石上的曾母纺织一图（图1）① 多被释读为"曾母投杼"。然而，该石上方榜题与下方隔栏题字颇为不合，"曾母投杼"恐非画像本意。今笔者不揣谫陋，就所疑撰文求教于方家。

图1　曾母纺织图

---

①　图片采自傅惜华、陈志农编，陈志农绘，陈沛篯整理：《山东汉画像石汇编》，山东画报出版社，2012年，第415页。

一、武梁祠曾母纺织图之释读与"曾母投杼"说

武梁祠西壁画像石第二列最右侧一幅画像为曾母纺织图，曾母坐织机上，侧转身与一跪拜男子相向而对（图1、图2）①。学者们多认定此图描绘的就是历史上影响广泛的"曾母投杼"的故事。

朱锡禄先生将其释读为："曾母坐在织机上，上方有榜题曰：'曾子质孝，以通神明，贯感神祇，著号来方，后世凯式，口口呪纲。'曾母下方隔栏上有题字：'谗言三至，慈母投杼。'榜题下一男子向曾母跪禀，应是曾参。"②

图2　武梁祠西壁画像（第二列）

贾庆超《武氏祠汉画石刻考评》③，《中国画像石全集》第一卷《山东汉画像石》④，蒋英炬、杨爱国《汉代画像石与画像砖》⑤，蒋英炬、吴文祺《汉代武氏墓群石刻研究》⑥ 都将此图主题定为"曾母投杼"。

此外，有些著作未明确言及该图的主题，如傅惜华等学者编著的《山东汉画像石汇编》只录两榜题："曾子质孝，以通神明，贯感神祇，箸号来方，后世凯式，口口呪纲"与"谗言三至，慈母投杼"。⑦ 又，巫鸿《武梁祠——中国古代画像艺术的思想性》一书就此图对孝行主题画像展开论述，亦未提及"曾母投杼"的主题意旨。

二、"曾母投杼"主题质疑

学者多依图像下方隔栏上的题字"谗言三至，慈母投杼"释读此画像，理论上是合理的，毕竟榜题是我们研究画像石的重要依据。但是，细究此图与释文，有三点可疑：第一，武梁祠画像石具有类型化特点，与该画像同层图像分别为"闵子骞失棰"

① 图片采自《中国画像石全集》编辑委员会：《中国画像石全集·山东汉画像石（1）》，山东美术出版社、河南美术出版社，2000年，第29页，图49。

② 朱锡禄：《武氏祠汉画像石》，山东美术出版社，1986年，第103—104页。

③ 贾庆超：《武氏祠汉画石刻考评》，山东大学出版社，1993年，第189页、第323页。

④ 《中国画像石全集》编辑委员会：《中国画像石全集·山东汉画像石（1）》，第16页。

⑤ 蒋英炬、杨爱国：《汉代画像石与画像砖》，文物出版社，2001年，第61页。

⑥ 蒋英炬、吴文祺：《汉代武氏墓群石刻研究》，人民美术出版社，2014年，第86页。

⑦ 傅惜华、陈志农编，陈志农绘，陈沛箴整理：《山东汉画像石汇编》，第410页。

"老莱子娱亲""丁兰供木人",所呈现的皆为孝行主题故事。若将曾母纺织图释为"曾母投杼",则与本层其他三幅图像主题不合;第二,如果该图确是"曾母投杼"的故事,那么图中男子不应是曾子,而应是告知讯息者;第三,画像上方榜题与隔栏题字所表现的主题并没有直接关联,那么隔栏题字是否为后人所加?就这三点可疑之处,我们根据图像内容,结合传世文献与其他画像石做一探析。

(一)"曾母投杼"本事与画像主题

"曾母投杼"一事最早见于《战国策·秦策二》:

> 昔者曾子处费,费人有与曾子同名族者而杀人,人告曾子母曰:"曾参杀人。"曾子之母曰:"吾子不杀人。"织自若。有顷焉,人又曰:"曾参杀人。"其母尚织自若也。顷之,一人又告之曰:"曾参杀人。"其母惧,投杼,逾墙而走。①

此为甘茂答秦武王之言,引述此传说故事,意在说明流言可畏,希望秦武王能坚持己见、不听信流言。陆贾《新语》与《史记·甘茂传》亦载此传说,文辞稍异。《甘茂传》载:

> 昔曾参之处费,鲁人有与曾参同姓名者杀人,人告其母曰"曾参杀人",其母织自若也。顷之,一人又告之曰"曾参杀人",其母尚织自若也。顷又一人告之曰"曾参杀人",其母投杼下机,逾墙而走。②

此曰鲁人,《战国策》曰费人,但是情节基本一致。《甘茂传》所记载的,或是"曾母投杼"传说的另一版本。

《焦氏易林》又载:"三奸成虎,曾母投杼。"③《后汉书·黄琼传》载黄琼在上疏中称"昔曾子大孝,慈母投杼"。可见,"曾母投杼"的传说在汉代流传很广。此外,《宋书·乐志三》著录的汉魏清商三调歌诗——古词《折杨柳行》第四解有"三夫成市虎,慈母投杼趋"之句。与"三人成虎"的传说一样,"曾母投杼"揭示的是流言可畏、"众口铄金,积毁销骨"的道理。曹植《当墙欲高行》一诗中有"谗言三至,慈母不亲"(《乐府诗集·杂曲歌辞一》)之说,以示流言可畏。

一直以来,武梁祠上的这幅画像多被释读为"曾母投杼",所据为画像下方的隔栏题字。陈长虹曾指出此幅画像着意表现的就是曾子之孝。④ 关于这一点,我们可以从武梁祠画像石的内容构成加以分析。武梁祠画像石西、后(正)、东三壁画像布局如下:

---

① [汉]刘向集录:《战国策》卷四,上海古籍出版社,1998年,第150页。

② 《史记》(修订本)卷七一《樗里子甘茂列传》,中华书局,2013年,第2794页。

③ [汉]焦延寿撰,徐传武、胡真校点集注:《易林汇校集注》,上海古籍出版社,2012年,第81页。

④ 陈长虹:《纺织题材图像与妇功——汉代列女图像考之一》,《考古与文物》2014年第1期。

表1　武梁祠西、正、东三壁建筑配置及画像分布一览表①

	武梁祠东壁画像	武梁祠后壁（正壁）画像	武梁祠西壁画像
山墙	东王公、仙人、奇禽异兽	（正壁无山墙）	西王母、仙人、奇禽异兽
第一层	京师节女、齐义继母、梁节姑姊、楚昭贞姜待符（部分）②	楚昭贞姜待符、鲁义姑姊舍儿、鲁秋胡戏妻、梁高行割鼻拒聘	桀、禹、舜、尧、帝喾、颛顼、黄帝、神农、祝融、伏羲、女娲
第二层	孝孙原縠、赵口口、③ 孝子魏汤、义浆羊公、三州孝人	金日磾见阏氏、李善抚孤、朱明和章孝母、董永佣耕养父、邢渠哺父、韩柏榆受笞	丁兰刻木、老莱子娱亲、闵子骞御车失棰、"曾母投杼"
第三层④	钟离春说齐王、聂政刺韩王、豫让刺赵襄子、要离刺庆忌	范雎辱魏须贾、蔺相如完璧归赵	荆轲刺秦王、专诸刺王僚、曹子劫桓
第四层	车骑图	车骑图	庖厨、汲水图

从上表清晰可见，武梁祠画像石东、西两壁山墙所刻为东王公、西王母等仙人形象与奇禽异兽；西壁第一层为三皇五帝等帝王与伏羲、女娲、祝融等神话传说中的人物，后壁与东壁第一层为节妇列女；第二层是孝行主题画像⑤；第四层皆为忠臣、义士故事；第五层为庖厨、汲水及车骑等生活场景。

"曾母投杼"的主题内涵明显与同层的"闵子骞失棰""老莱子娱亲""丁兰供木人"等故事所表现的"孝"主旨不同。这是不合乎常理的，因为武梁祠画像都是按照以类相从的原则进行排列组合的。就"曾母投杼"的内涵而言，若说曾子贤德则可；若说曾子之孝，则未免有些牵强。

（二）画像中男子的身份问题

结合榜题来看，画像中织机上的女性无疑就是曾母，但画像中男子的身份存有疑问。若依上方榜题"曾子质孝，以通神明"，画像中跪禀的男子就是曾子；若依下方隔栏题字"谗言三至，曾母投杼"，则画像中的男子应是讯息的告知者。

历代学者大都认为画像中的男子就是曾子。翁方纲《两汉金石记》载："画二人，右为曾子母，坐纺车架上，踏车转簧，左手挽车柱，右手指曾子，作教训之状，左为

———————————

① 此表所列武梁祠画像均按自左至右的顺序排列。

② 蒋英炬、吴文祺认为，东壁该层右侧画像与后壁该层左端画像连在一起组成完整的内容。参见蒋英炬、吴文祺：《汉代武氏墓群石刻研究》，第87页。

③ 该画像渺甚，本事未详。惟瞿中溶《汉武梁祠画像考》疑是程婴存赵氏遗孤事，参见［清］瞿中溶著，刘承干校：《汉武梁祠画像考》，北京图书馆出版社，2004年，第236—237页。

④ 后壁该层以楼阙为界分为两段：右段为范雎、蔺相如故事；左段无榜题，故事不明。

⑤ 据《隶释》记载，"李善抚孤"一图有"李氏遗孤""忠孝李善"两处榜题，参见［宋］洪适：《隶释 隶续》之《隶释》卷一六，中华书局，1985年，第168页上栏。可见，时人将此故事也归入孝行主题。

曾子拱手跽而受教。"① 自此以后,金石书目多作此释读,既将此图释为"曾母投杼",又将画像中的男子认定为曾子。②

但也有人对此提出质疑。瞿中溶《汉武梁祠画像考》卷三对该画像的考证:"惟曾母投杼之时,曾子尚未归。此图曾母坐机中,下有杼投于地,而有曾子跪向母,拱其手若承教然。盖因上题赞语大旨言曾子孝行,故必当有曾子像。"③ 认为依上方榜题,跪地的男子应当是曾子。同时,也指出了画面与榜题的矛盾之处:曾母投杼之时,曾子尚未归。巫鸿也说:"左边跪着向曾子母叩头的那个人可能是报告坏消息的信使。但是由于其恭顺的动作和上方的榜题,他更可能就是曾子本人。"④

鉴于该画像有两处榜题,有些学者采取了折中的办法进行释读。陈长虹就认为该画像缘于画工的特别匠心,将两个主题故事表现在同一画面中,慈母和孝子同存于画面,是两种典范的双重叠加。⑤ 实际上,这种观点是值得商榷的。

与此图像相类似的纺织题材画像石在其他地区也有发现。1974 年,江苏泗洪县曹庙公社裴墩发现东汉画像石,在一方墓壁石上刻有纺织图(图 3),无榜题。尤振尧先生认为此图反映的就是"曾母投杼"的传说,画像中"曾母梳高髻,穿斜领短袖上衣,坐在织机架上,转身投杼在地;曾子跪在一边,谗者在旁拨弄是非"⑥。这一释读与"曾母投杼"本事并不吻合。在无榜题文字的情况下作此释读,未免显得牵强。若单从画像推断,将其释为"孟母教子"(见下文)亦可。

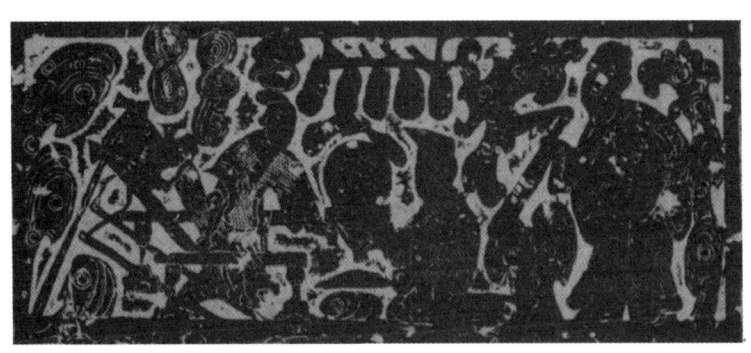

图 3 江苏泗洪曹庙画像石(局部)⑦

倒是在今枣庄市发现的两方画像石在画面内容上与武梁祠画像较为相似。1958 年,在今山东枣庄市山亭区桑村镇西户口村发现汉画像石,也有纺织图(图 4),无榜题。

---

① [清]翁方纲:《两汉金石记》卷一五,上海古籍出版社,2020 年,第 813—814 页。

② 蒋英炬、吴文祺:《汉代武氏墓群石刻研究》,第 86 页。

③ [清]瞿中溶著,刘承干校:《汉武梁祠画像考》考三,第 150 页。

④ 〔美〕巫鸿:《武梁祠——中国古代画像艺术的思想性》,生活·读书·新知三联书店,2006 年,第 291 页。

⑤ 陈长虹:《纺织题材图像与妇功——汉代列女图像考之一》,《考古与文物》2014 年第 1 期。

⑥ 尤振尧:《江苏泗洪曹庙东汉画像石》,《文物》1986 年第 4 期。

⑦ 图片采自尤振尧:《江苏泗洪曹庙东汉画像石》,《文物》1986 年第 4 期。

在画面的左侧一妇人坐于织机上，在纺车和织机之间，有一人面向织妇跪于地面，织妇侧转身伸出双手，作安抚状。滕州龙阳店也出土过纺织图画像石（图5），图中一女子坐于织机上侧身向后，一男子躬身立于一侧。

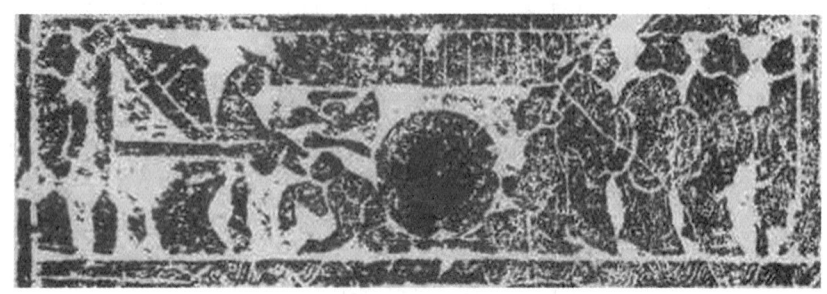

图4　山东枣庄桑村镇西户口村画像石（局部）①

图5　滕州龙阳店画像石（局部）②

李锦山先生将图4释读为"孟母教子"的故事③，依据为刘向《列女传》所载"邹孟轲母"事：

> 孟子之少也，既学而归，孟母方绩，问曰："学所至矣？"孟子曰："自若也。"孟母以刀断其织。孟子惧而问其故，孟母曰："子之废学，若吾断斯织也。夫君子学以立名，问则广知，是以居则安宁，动则远害。今而废之，是不免于厮役，而无以离于祸患也。何以异于织绩而食，中道废而不为，宁能衣其夫子而长不乏粮食哉？女则废其所食，男则堕于修德，不为盗窃，则为虏役矣。"孟子惧，旦夕勤学不息，师事子思，遂成天下之名儒。④

这种释读有一定道理，从画像内容与文献记载来看，也是可以讲得通的。但是，这一方画像石并无榜题，若将其释为"曾子质孝"，似亦未尝不可。

---

① 图片采自《中国画像石全集》编辑委员会：《中国画像石全集·山东汉画像石（2）》，第209页，图49、图220。

② 图片采自《中国画像石全集》编辑委员会：《中国画像石全集·山东汉画像石（2）》，第155页，图164。

③ 李锦山：《鲁南汉画像石研究》，知识产权出版社，2008年，第367页。

④ ［清］王照圆撰，虞思征点校：《列女传补注》卷一，华东师范大学出版社2012年版，第34页。

中国古代的纺织业十分发达,在生产与生活中产生了为数众多的与纺织有关的故事与传说,这些故事、传说成为画像石的重要题材来源。由于画像表意存在模糊性与不确定性,如果没有榜题的提示,单单依据图像对人物身份与故事内容进行判断,难免显得牵强,以至张冠李戴。所以,我们应该将图像与榜题相结合,来判断人物的身份与画像的主题。但是,就本文所讨论的画像石而言,两处榜题似乎并不能和谐统一地阐释画像所呈现的内容。

(三)隔栏题字"谗言三至,曾母投杼"或出于后世补刻

这幅被很多学者释读为"曾母投杼"的画像比较独特的地方就在于,它有"曾子质孝""曾母投杼"两处榜题。但是,下方隔栏上的题字"谗言三至,曾母投杼"是颇可怀疑的。

瞿中溶在《汉武梁祠画像考》中指出:"此图曾母坐机中,下有杼投于地,而有曾子跪向母,拱其手若承教然。盖因上题赞语大旨言曾子孝行,故必当有曾子像。而既画织机投杼一事,赞内未言,故又于下横题'谗言三至,慈母投杼'二句以表明之。"① 他认为隔栏题字"谗言三至,慈母投杼"是在武梁祠画像石主体完成时加上的。瞿氏的说法很有见地,但隔栏题字刻于何时,仍是一个需要进一步探究的问题。

首先,洪适《隶释》保存了目前所见最早的关于此石榜题的记录。其时,武梁祠画像石较现在保存更完整,洪氏所记翔实可查(除个别阙字、人名外)。② 卷十六载:"曾子□□孝以通神明贯感□祇著乎朱方后世凯式□□无纲。"③ 所记并无隔栏上的题字"谗言三至,曾母投杼"。而同层的"老莱子娱亲"下方隔栏题字"莱子母""莱子父",均见载于《隶释》。翁方纲《两汉金石记》始载两榜题:"曾子质孝,以通神明,贯感神祇,著灵来方,后世凯式,□□无(橆)纲。""谗言三至,慈母投杼。"④ 自兹以降,金石书目皆记之。以此言之,该图下方隔栏题字在《隶释》成书时应该尚未出现,其刻写时间或不早于南宋初年。⑤

后人增刻榜题也见于其他画像石,如嘉祥齐山画像石"老子见孔子"一图中有多处榜题,其中"子张"榜题刻在长石右侧的边框上,字迹较为草率,和其他隶书的榜题都不同,很可能是出于补刻。⑥ 武梁祠是祠堂而非墓室,所以有附益、改动的可能。

其次,从形制来看,上方榜题应是该画像的原有主题。综观该石,榜题多见于上方或左侧竖栏,绝少题于隔栏。即便有隔栏题字,也是对人物身份的解释,如"老莱

---

① [清]瞿中溶著,刘承干校:《汉武梁祠画像考》考三,第150—151页。

② [宋]洪适:《隶释 隶续》之《隶释》卷一六,第167—168页。

③ [宋]洪适:《隶释 隶续》之《隶释》卷一六,第167页下栏。

④ [清]翁方纲:《两汉金石记》卷一五,第832—833页。

⑤ 据《隶释·序》,该书成书于南宋乾道三年(1167)正月,参见洪适《隶释 隶续》,第1页上栏。

⑥ 邢义田:《画为心声:画像石、画像砖与壁画》,中华书局,2011年,第88页。

子娱亲"一图下方隔栏上有"莱子母""莱子父"字样，而非主题榜题。

综上，隔栏题字与画像所要表现的内容并不完全契合，同层的一组画像主题都旨在提倡孝道，因此，该画像也应是一个孝行故事。"曾子质孝"应是该画像原本的表现形态；画面中跪地的男子应是曾子；画像的主题是左上方的榜题"曾子质孝，以通神明"，隔栏上的题字"谗言三至，曾母投杼"应该是后加上的，其刻写时间当不早于南宋初年。

三、"曾子质孝"主题与"孝感"文化

（一）画像主题故事

历代学者之所以将曾子与曾母的画像释读为"曾母投杼"，是依据后加的隔栏题字。而隔栏题字所据主要是画像中的"杼"（今已泐为两截），这也是长久以来造成图像误读的重要因素。殊不知此杼是与织机相连属的，它出现在这幅画面中也是很正常的事情。

"曾子质孝"作为该画像的主题，是以典型的传说故事为背景的。画像所展现的情节实际上是前所述当时广为流传的感应传说——"搤臂啮指"。《论衡·感虚篇》载"曾母搤臂"一事：曾子出去打柴，有客来访，曾母搤其左臂以呼曾子，曾子左臂亦痛，于是飞奔回家拜见母亲。《搜神记》又载"曾母啮指"一事：曾子随孔子到楚国，忽然感觉心动，随即辞别孔子归家见母，原来是曾母思子心切，以口啮指。这两则传说故事都包含有曾子归家见母的情节。

画像石所呈现的情景与上述两则传说的内容相吻合：曾母在家纺织，曾子从外面回来跪拜在母亲面前，曾母右转身回头望曾子，右胳膊向后伸出，手掌向上，作迎接状。对于曾子归来，曾母是非常惊讶的，以致手中的杼滑落。其原因就在于自己因想念曾子而搤臂或啮指，曾子果然就回来了。这正反映了曾子与其母在身体与心灵上的感应，即上方榜题所刻"曾子质孝，以通神明"。

所谓"质孝"，就是孝敬父母一定要有质朴实在的作为。桓宽《盐铁论·孝养》曰："礼无虚加，故必有其实然后为之文。""孝在实质，不在于饰貌。"[①] 这是远承自《论语》的，子游问孝，孔子答道："今之孝者，是谓能养。至于犬马，皆能有养；不敬，何以别乎？"（《论语·为政》）孔子认为对父母的孝顺，只有养而没有敬是不行的。《大戴礼记·曾子大孝》又载："曾子曰：'孝有三：大孝尊亲，其次不辱，其下能养。'"[②] 真正意义上的孝，不论是在物质的孝养上，还是礼节的孝敬上，都要有实实在在的、发自内心的举动。《琴操·梁山操》载："曾子幼少，慈仁质孝，在孔子门

---

① 王利器核注：《盐铁论校注》卷五《孝养篇》，中华书局，2015 年，第 341—342 页。
② ［清］孔广森：《大戴礼记补注》卷四，中华书局，2013 年，第 95 页。

有令誉。"① 可见，东汉时曾子质孝之名是广为传颂的，画像石上的"曾子质孝"榜题即与此有关。

历史上的曾子以孝著称，他的孝行故事流传广远。《庄子·寓言》载："曾子再仕而心再化，曰：'吾及亲仕，三釜而心乐；后仕，三千钟而不洎，吾心悲。'"② 曾子以孝敬父母为乐，所以两次做官的心境不同。父母在世时，俸禄虽少却很快乐；父母不在了，俸禄虽多却无法奉养双亲，所以很悲伤。《孟子·尽心下》载："曾皙嗜羊枣，而曾子不忍食羊枣。"③《史记·仲尼弟子列传》载："孔子以（曾子）为能通孝道，故授之业。作《孝经》。"④《战国策》中有多处"孝如曾参"的评价。《孔子家语》《说苑》《韩诗外传》中都有曾子的孝行事迹。《礼记·檀弓上》载："曾子谓子思曰：'汲！吾执亲之丧也，水浆不入于口者七日。'"⑤ 曾子可谓"孝悌之至"，故被盛赞为"大孝"。

（二）"孝感"文化

汉代统治者非常重视"孝"的播布和宣扬，并提出了"以孝治天下"的治国方略，汉武帝时确立了孝廉制度，东汉时期孝廉成为了求仕者的必由之途，社会各阶层普遍重视"孝"的教化意义与垂范作用。孝作为汉代伦理思想观念的核心内容，贯穿于社会生活的各个方面，具有重要的指导意义。

自战国以来建立的气论宇宙形成说，至汉代已发展成为较为系统的气化理论⑥，感应说也趋于成熟。董仲舒提出的系统的天人感应学说成为风尚，并为"孝感通神"⑦观念的流行奠定了思想基础。这种带有神异色彩的天人感应学说与社会流行的孝文化终至合一，形成了盛极一时的"孝感"文化。《孝经·感应章》载："事父孝，故事天明；事母孝，故事地察；长幼顺，故上下治。天地明察，神明彰矣。""孝悌之至，通于神明，光于四海，无所不通。"⑧ 感应，指神灵与人之间的互感互应。《孝经》作为一部垂训天下的经典著作，以孔子之名告诫世人：如果一个人的孝悌达到至诚，就会感通天地神明，感化世界万物。

随着孝感观念日益深入人心，东汉逐渐衍生出一系列孝行感应传说。在这些传说

---

① 吉联抗辑：《琴操（两种）》，人民音乐出版社，1990 年，第 46 页。
② ［清］郭庆藩撰，王孝鱼点校：《庄子集释》卷九上《寓言篇》，中华书局，2012 年，第 946 页。
③ ［清］焦循撰，沈文倬点校：《孟子正义》卷二九，中华书局，2017 年，第 1096 页。
④《史记》卷六七《仲尼弟子列传》，第 2665 页。
⑤ ［汉］郑玄注，［唐］孔颖达等正义：《礼记正义》卷七《檀弓上》，见［清］阮元校刻：《十三经注疏》，上海古籍出版社，1997 年，第 1282 页上栏。
⑥ 李丰楙：《神化与变异：一个"常与非常"的文化思维》，中华书局，2010 年，第 93—96 页。
⑦ 孝感通神，也称孝感动天，参见高二旺：《魏晋南北朝孝感动天现象考论》，《中州学刊》2018 年第 9 期。
⑧ ［唐］玄宗李隆基注，［宋］邢昺疏：《孝经注疏》卷八《感应章》，见［清］阮元校刻：《十三经注疏》，上海古籍出版社，1997 年，第 2559 页中栏。

中，"孝"被夸大到可以感化天地、神明，臻于天人感应的境地，最典型的莫过于董永"卖身侍父"的传说：董永鹿车载父，自卖为奴，佣工葬父，孝行感动天帝，于是天帝派织女下嫁董永，助其偿债。① 值得注意的是，董永的孝行故事在画像石、画像砖上也多有呈现，武梁祠正壁第二层就刻有董永卖身侍父图像（与曾子质孝同层）。

此外，"涌泉跃鲤"的孝感传说也颇具传奇色彩。姜诗夫妇事母至孝，"母欲江水及鲤鱼脍。又不能独食，须邻母共之。诗常供备。子汲江，溺死，秘言遣学，不使母知。于是有涌泉出于舍侧，有江水之香，朝朝出鲤鱼二头，供二母之膳"②。常璩为之题撰赞语曰："士游孝淳，感物悟神。"这则传说中，孝子贤媛感动神灵，收获了物资的赏赐，既是对孝行的肯定，也是对民众的勉励。

正是这些流传广远的孝感传说故事，使得"孝感通神"观念在社会各阶层中普遍较为流行，并且从东汉绵延至整个魏晋南北朝。曾子作为古孝贤，被尊奉为孝德典范，他的孝行故事既广泛流传于民间，也保存于各类典籍之中，并以图像、文字等形式勒于金石，传之后世。

武梁祠画像石上"曾子质孝，以通神明"的榜题与《孝经·感应章》是相通的，或者说就是从中衍化出来的。《论衡·感虚篇》：

> 传书言：曾子之孝，与母同气。曾子出薪于野，有客至而欲去。曾母曰："愿留，参方到。"即以右手搤其左臂。曾子左臂立痛，即驰至，问母［曰］："臂何故痛？"母曰："今者客来欲去，吾搤臂以呼汝耳。"盖以至孝与父母同气，体有疾病，精神辄感。③

在东汉时人的传说中，曾子的孝心与母亲心气相通，可以产生心灵感应，所谓"体有疾病，精神辄感"。"曾子质孝，以通神明"意即他的孝行与神明相通，借助神明的襄助，与母亲在心理和肢体上互感互应。

《搜神记》又载："曾子从仲尼在楚而心动，辞归问母。母曰：'思尔啮指。'孔子曰：'曾参之孝，精感万里。'"④ 在这则传说里，曾子的孝行突破了时空的界限，远在万里之外，也能与母亲进行心灵的互感。母亲思之甚切，咬啮手指，万里之外的曾子忽地感觉到心痛，于是辞归见母。这是时人将母子间的感应极力夸张的结果，冀以淳化民风，作为后世的"凯式"与模范。

《太平御览》引《孝子传》："曾参食生鱼，甚美，因吐之。人问其故，参曰：'母在之日，不知生鱼味；今我美，吐之，终身不食。'"⑤ 在这里，这种感应已经突破了

---

① ［晋］干宝撰，汪绍楹校注：《搜神记》卷一，中华书局，1979 年，第 14—15 页。

② ［晋］常璩撰，任乃强校注：《华阳国志校补图注》卷一〇中《广汉士女》，上海古籍出版社，1987 年，第 565 页。

③ 黄晖：《论衡校释》卷五，中华书局，1990 年，第 256 页。

④ ［晋］干宝撰，汪绍楹校注：《搜神记》卷一一，第 113 页。

⑤ ［宋］李昉等：《太平御览》卷八六二，中华书局，1960 年，第 3829 页。

生死的界限，乃至可以与亡灵互感，通于天地，即所谓"贯感神祇，著号来方"。

这些感应传说故事被凝化为"曾子质孝，以通神明"的赞语和画像，刻在武梁祠的石壁上，与"闵子骞御车失棰""老莱子娱亲""丁兰供木人"等孝行传说故事有着相同的教化作用，意在敦戒世人，淳化民风。

小 结

综上所论，武梁祠画像石曾母纺织一图，并非历代学者释读的"曾母投杼"。"曾母投杼"是后世人基于图中的"杼"对画像作的附会解读，这显然与武梁祠所宣扬的"忠孝节义"等儒家人伦美德相违背。其主题原应是汉代广为流传的曾子孝行故事——"曾子质孝，以通神明"，东汉武氏家族将其刻画在祠堂石壁上，冀以传播孝道，垂范后世。

湖南保靖汉墓 M77 出土官印杂识

罗小华

（长沙市文物考古研究所）

2020 年 11 月 13 日，湘西网官方微博上公布，保靖县洞庭村西汉晚至新莽 M77 夫妻合葬墓出土滑石印章 7 枚："沅陵丞印""辰阳长印""镡成长印""临沅长印""零阳长印""索长之印""府行丞事印"。曾湘军先生指出："这些印章属于汉武陵郡及其所辖县官印……按人口多少划分大县和小县，万户以上为大县，长官为县令，秩在六百至一千石之间，不满万户为小县，长官为县长，秩在三百石至五百石之间。如《汉书·百官公卿表》：'万户以上为令……减万户为长。'辰阳长印、镡成长印、临沅长印、零阳长印、索长之印就属于这种情况，这些县户口不上万。汉时每县各置丞一人，以辅佐县令（长），主要掌管文书、仓库等，沅陵丞印、迁陵丞印就属于这种情况……洞庭村汉墓出土的'沅陵丞印''辰阳长印''镡成长印''临沅长印''零阳长印''索长之印''迁陵丞印'等就属于汉武陵郡十三县中的七县。"①

上引 7 枚滑石印章中，涉及 6 个县名，均属于"汉武陵郡十三县"。《汉书·地理志》记载："武陵郡……县十三：索、孱陵、临沅、沅陵、镡成、无阳、迁陵、辰阳、酉阳、义陵、佷山、零阳、充。"② 这些县名亦见于西汉时期的其他出土文献。

"沅陵丞印"。在 12·29 案"追缴"漆器中，053 号漆耳杯腹部刻有"十口口沅陵长系丞视库口工口造"，外侧腹部有朱漆书"沅陵"。③ 2009 年，长沙市博物馆征集 01 号漆耳杯底部中央有锥刻铭文："六年沅陵侯相泽之丞少内辟工贤造。"④ 在西汉时期，县和侯国均可设"丞"。《汉书·百官公卿表》："县令、长，皆秦官，掌治其县……皆

---

① 曾湘军：《保靖县洞庭村出土汉武陵郡及所辖县官印》，湘西《团结报》·红湘西客户端 2020 年 11 月 13 日。

② 《汉书》卷二八上《地理志上》，中华书局，1962 年，第 1594—1595 页。

③ 长沙市文物考古研究所：《长沙"12·29"古墓葬被盗案移交文物报告》，《湖南省博物馆馆刊》第六辑，岳麓书社，2009 年。

④ 邱东联、潘钰、李梦璋：《简析长沙市博物馆 2009 年度征集的一批西汉漆耳杯》，《湖南省博物馆馆刊》第六辑，岳麓书社，2010 年。按："眉""辟"二字，参见罗小华：《长沙汉墓"物勒工名"类漆器铭文补议》，《出土文献研究》第十三辑，中西书局，2014 年。

有丞、尉，秩四百石至二百石，是为长吏。"① 西汉侯国设"丞"，不见于传世文献，却见于尹湾汉墓简牍《东海郡吏员簿》②。据史书记载，沅陵侯国存在时间并不长，景帝在位时期就因无后除国。《史记·惠景间侯者年表》："沅陵。长沙嗣成王子，侯。元年十一月壬申，顷侯吴阳元年。后二年，顷侯福元年。中五年，哀侯周元年。后三年，侯周薨，无后，国除。"③ 这次新出土的"沅陵丞印"，应该是沅陵县丞之印。

"辰阳长印"。在 12·29 案 037 号漆盘底部刻有"四年辰阳长竖丞强库燕□□造"，044 号漆耳杯外侧腹部刻有"四年辰阳长竖丞强库燕工郢造"，109 号漆盘底部中间刻有"四年辰阳长竖丞强库……"，134 号刻有"四年辰阳长竖丞强库工寂造"，043 号漆耳杯底部中间刻有"七年辰阳长尊丞延库燕工造"，047 号漆耳杯底部中间刻有"七年辰阳长尊丞□库燕工造"，110 号漆盘底部中间刻有"七年辰阳长尊丞库燕工中造"，113 号漆耳杯底中部刻有"七年辰阳长尊丞延库燕工□造"。④

"镡成长印"。这是目前看到的第四枚与"镡成"有关的滑石印。1975 年长沙南塘冲 M24 出土鼻钮滑石印 1 枚，边长 2.7×2.6 厘米，通高 1.7 厘米，印文为"镡成令印"。⑤ 吴荣曾先生指出："'镡成令印'……伴出铁半两钱，其年代相当文帝时期，墓主人生前任职期间当在汉初。"⑥ 另有"镡成长印"和"镡成之印"。⑦"镡成长印"为瓦钮滑石印，1993 年出土于常德武陵酒厂 39 号墓，边长 2.6 厘米、通高 2.1 厘米。⑧ 县令与县长是有区别的。《汉书·百官公卿表上》："县令、长，皆秦官，掌治其县。万户以上为令，秩千石至六百石。减万户为长，秩五百石至三百石。"⑨"镡成长印"与"镡成令印"，"临沅长印"与"临沅令印"（详下文），孰先孰后，目前尚难断定。"镡成之印"，出土于常德三湘酒厂，滑石覆斗钮，边长 2.9×2.5 厘米，通高 2.4 厘米，印刻草率。⑩ 我们怀疑，此印当为镡成县令或县长的专用印。类似的印章还有"临湘之印""舂陵之印"和"茶陵"。陈松长先生认为："'临湘之印'不署令、长、丞、尉之

---

① 《汉书》卷一九《百官公卿表上》，第 742 页。

② 连云港市博物馆等编：《尹湾汉墓简牍》，中华书局，1997 年，第 82—84 页。

③ 《史记》卷一九《惠景间侯者年表》，中华书局，1959 年，第 985 页。

④ 长沙市文物考古研究所：《长沙"12·29"古墓葬被盗案移交文物报告》，《湖南省博物馆馆刊》第六辑。按：113 号漆耳杯刻铭中的"延""燕"二字，参见罗小华：《长沙汉墓"物勒工名"类漆器铭文补议》，《出土文献研究》第十三辑。

⑤ 陈松长：《湖南古代玺印》，上海辞书出版社，2004 年，第 13 页、第 51 页。

⑥ 周世荣：《马王堆帛书古地图不是秦代江图——兼谈汉初长沙国的历史地理》，《马王堆汉墓研究文集——1992 年马王堆汉墓国际学术讨论会论文选》，湖南出版社，1994 年，第 172 页。

⑦ 参见周世荣：《马王堆帛书古地图不是秦代江图——兼谈汉初长沙国的历史地理》，《马王堆汉墓研究文集——1992 年马王堆汉墓国际学术讨论会论文选》，第 172 页。

⑧ 陈松长：《湖南古代玺印》，第 51—52 页。

⑨ 《汉书》卷一九《百官公卿表上》，第 742 页。

⑩ 参见陈松长：《湖南古代玺印》，第 58 页；李砺：《湖湘篆刻》，湖南美术出版社，2009 年，第 41 页。

类的官名，显然是该县署官吏共用的官署印。该印出土的墓坑很小（比同时发掘的'安陵君印''阴道之印'墓要小很多），墓道残长仅 1.5 米，墓地距墓道口高 1.68 米，这说明墓主的身份不高，墓主可能并未曾做过令、长、丞、尉之类的官，但曾在临湘官署中供职，故死时用此官署印的明器来表示其特殊的身份。"① 赵平安师分析说："'春陵之印''茶陵'印都是殉葬印……在同时期、同地域的县印之中，'春陵之印''茶陵'这类印往往只和丞尉印同时出现，而不和令长印并存……从语词运用的角度看，'春陵之印''茶陵'这类印理解为县令长印最为适当，因为县令长是一县的代表和象征。"赵师据此认为："像'春陵之印''茶陵'类的官印应是县令或长的专用印……所谓官署印实际上是所谓令长印。"② 赵师之说可信。

"临沅长印"。长沙近郊出土滑石"临沅令印"，覆斗纽，边长 2.1×1.8 厘米、通高 1.1 厘米。③ 在 12·29 案 015 号漆耳杯外侧腹部刻有"七年临沅长□丞釦库□工造"④。

"零阳长印"。在 12·29 案 111 号漆耳杯外侧腹部刻有"四年零阳丞□库视工□造"，122 号漆耳杯外侧腹部刻有"□年零阳丞□库视工毋智造"。⑤ 从两件漆器的铭文来看，当时的零阳县有丞无长，可能是县长之职暂时无人担任。

"索长之印"。此前虽然已有 4 枚索县之印出土：滑石鼻钮"索丞之印"1 枚、滑石龟钮"索尉之印"1 枚、滑石盝顶钮"索左尉印"1 枚、滑石鼻钮"索左尉印"1 枚，却均属东汉时期。⑥

从以上诸印的情况看，墓男主很可能是先任沅陵县丞，后又陆续担任辰阳、镡成、临沅、零阳、索等诸县之长。

关于"府行丞事印"，曾湘军先生指出："府丞，郡守的副手……事：做、从事。行，担任。'府行丞事印'当为武陵太守属官印。"⑦ 长沙东牌楼东汉简牍中，有《桂阳大守行丞事南平丞印缄》1 枚。整理者指出："此'丞'接前指桂阳郡丞……暂摄、代行其事也。"⑧ 孙闻博先生梳理众说，指出："行丞事官吏的情况较为复杂：其秩级

① 陈松长：《湖南古代玺印》，第 58 页。
② 赵平安：《秦西汉官印研究》，上海古籍出版社，2012 年，第 12—14 页。
③ 陈松长：《湖南古代玺印》，第 8 页、第 55 页。
④ 长沙市文物考古研究所：《长沙"12·29"古墓葬被盗案移交文物报告》，《湖南省博物馆馆刊》第六辑。
⑤ 长沙市文物考古研究所：《长沙"12·29"古墓葬被盗案移交文物报告》，《湖南省博物馆馆刊》第六辑。按：122 号漆耳杯刻铭中的"智"字，参见罗小华：《长沙汉墓"物勒工名"类漆器铭文补议》，《出土文献研究》第十三辑。
⑥ 陈松长：《湖南古代玺印》，第 88—89 页。
⑦ 曾湘军：《保靖县洞庭村出土汉武陵郡及所辖县官印》，湘西《团结报》2020 年 11 月 13 日。
⑧ 长沙市文物考古研究所、中国文物研究所：《长沙东牌楼东汉简牍》，文物出版社，2006 年，图版第 11 页、释文第 71 页。

有与长官接近者；也有相差较大、秩级较低者。除长官出缺，近次官吏权且代行外，也有长官在任，因某种需要而由县一级官吏代为处理某事的。南平县丞因某种需要以本职官印行郡太守府丞事是可能的。"① "府行丞事"正可与"桂阳大守行丞事"相类比。这里的"府"，应该指的是武陵郡太守府。据此，则"府行丞事印"可能是墓主生前曾以沅陵县丞或某县之长"行郡太守府丞事"。

综上所述，湖南省湘西自治区保靖县洞庭村 M77 中出土的 7 枚印章大致反映了墓男主的仕宦生涯。墓男主一生均在武陵郡境内为官，先任沅陵县丞，后又陆续担任辰阳、镡成、临沅、零阳、索等诸县之长，其间还曾以沅陵县丞或某县之长行武陵郡太守府丞事。

---

① 孙闻博：《说东牌楼汉简〈桂阳大守行丞事南平丞印缄〉》，《文物》2010 年第 10 期。

西汉武安侯家错银铜壶探微

徐家骥

（咸阳师范学院历史系）

摘要： 渭城文博馆馆藏一只红铜错银铜壶，器型规整，器身装饰华美，经辨识器身铭文，并求证于传世文献，得以确定其为西汉武帝时的丞相田蚡家之物，而其奇幻瑰丽的装饰纹饰，也是西汉铜器装饰的杰出之作。

关键词： 西汉；铜壶；错银；田蚡家

咸阳市渭城区政府文博馆馆藏一只红铜错银铜壶，壶高 32.4 厘米，口径 11 厘米、腹径 24.9 厘米、底径 17 厘米，重量为 7.19 公斤。通体错螭、虎、大象、似人怪兽、鸟、犬、鹿等图案，繁复华美、神秘绚丽。如图 1 所示。

图 1（该图为作者拍摄）

壶底部刻有铭文"武安侯家，容四斗，重廿八斤八两。第三"。该壶造型规整，花纹繁复华丽，落款清晰，保存情况良好，是一件不可多得的艺术珍品。以下即对此壶做些探索。

一、器物发现的位置

据渭城文博馆工作人员介绍，该壶于 2016 年 10 月在渭城区正阳镇杨家湾村施工现场一处已被挖开的西汉土坑墓葬中发现，收归文博馆保存、展示。属于出土地点明确的文物。杨家湾一代是西汉墓葬集中的地点，1965 年在此地就曾发现了著名的西汉三千兵马俑。[①]

二、壶的形制和材质分析

该器物据其高度、腹径、纹饰等外部特征及容量综合分析，属于酒器中的壶，虽然壶这种器物也可以做盛水器，甚至量器，但从本器物通体华美的纹饰判断，作为酒器出现在大殿、华堂上的可能性是最大的。高屋华堂之会，达官贵人云集怎能缺了美酒佳酿的加持。紫红色的器身，附带银色耀眼的通体绚丽纹饰，标明了该器物自是酒壶无疑。

本器材质采用红铜。就目前考古的发现而言，中国古代的酒器大多数为青铜制成。二里头文化时期，已有青铜爵的发现，商周时期，青铜酒器佳作更是落落大观，品种齐全，数量众多。但本器没有用青铜这种合金来做，反而采用单质的铜料制造，看似返璞归真，细想起来，却很有道理。青铜合金中，含有铅的成分，而铜合金中的铅是会缓慢地渗析到接触物上的，尤其是盛酒，铅必然会缓慢而微量地污染酒液。

现代医学早已搞清了铅的危害，其主要表现在对人的神经系统、血液系统、骨骼系统等不可逆转的伤害。[②] 成年人慢性铅中毒后经常会出现疲劳、情绪消沉、贫血、便秘、心衰、腹疼、肾虚等症状。所以，笔者认为，该酒壶不用青铜而使用红铜，说明壶的主人在制作器物时，对青铜中含铅的危害应该是有所了解的，用红铜就是为了规避铅造成的潜在危害。而红铜确是对人体有益的一种材料，古代的文献曾有记载，现代医学研究也已证明，微量的铜粒子可以有效地抑制细菌的生长[③]，尤其是对沙门氏菌和弯曲杆菌等有害菌株的生长有明显的杀灭作用，从而降低食品中毒的可能性。由此可见，以红铜为材料制作酒壶，用意深远。

三、壶的装饰工艺及图案、文字分析

该壶为便于提携，肩部有一对对称的兽面辅首衔环。壶身满工，以错银手法镶嵌出六组对称的图案，从壶口到壶圈足垂直分布，以一条位于壶腹部的环带将全部图案

---

① 陕西省文管会、咸阳市博物馆：《陕西省咸阳市杨家湾出土大批西汉彩绘陶俑》，《文物》1966 年第 3 期。

② 郝凤桐、杜旭芹：《铅中毒研究进展》，《第十七次全国职业病学术交流会文集》，2000 年，第 606—608 页。

③ 白凤翎、马春颖：《铜的抗菌、杀菌功能试验研究》，《粮油加工与食品机械》2004 年第 1 期。

划分为上下两个部分，每部分三组，上下对称又随器型表面的弧度而有各自宽窄、高低的变化。

先谈装饰手法——错银。从考古所发现的实物和生产工具进化的过程看，学术界一般认为春秋时期有了这种工艺，这种工艺的出现是以铁工具的运用为前提的。其工艺的基本流程是：先在铸造青铜器物时，在需要错文字或者花纹的地方铸造出上口略小、下口略大的沟槽。如果花纹或者文字非常细的地方，也可以用铁凿子直接凿出细沟槽。然后把金丝、银丝或者铜丝压嵌进沟槽之中，再进一步用磨石磨错平滑，最后用皮革抛光即成。用金丝镶嵌的称为错金，用银丝的称为错银，用铜丝的称为错铜。这种工艺的使用，能起到使镶嵌金属的颜色与器物本色交相辉映的效果，富于变化又绚丽多彩，且装饰效果持久。本铜壶紫红色的质地与银色的镶错图案相配搭，确是华丽大方，典雅庄重。

从图案分析，壶中部以一条纹带把整个壶身花纹分成了上下两大部分。上部分再细分为三小部分，第一小部分是器口的一圈环带纹饰，该环带纹饰由上下两条狭窄的实心纹包夹连续的卷窝纹、连续起伏的波浪纹构成，其中卷窝纹隐含大象图案，似有蜷曲的鼻子和粗壮的腿。第二小部分是壶肩部的纹饰，以四组蜷曲的螭上攀附的飞虎，连续平行组合而成。螭身蜷曲，头回望。肢体舒展，尾部蜿蜒后卷，与后方图案融为一体。老虎攀附在螭身上，昂首露齿，生有长长的翼，形成翼虎，翼尾端插入下层的图案中。第三小部分位于壶腹部，同样是螭、虎为主体的六组相连的图案。每组螭身回环蜷曲，头部无角，长鼻上卷。这部分图案中，虎没有了翼，但仍然缠绕在螭身上，或张口咆哮，或紧咬螭躯干、尾巴，姿态雄健张扬。

壶中部环带下也是三小部分纹饰，第一小部分位于壶腹部，也是六组互相勾连的平行图案构成。每组除了蜷曲的螭、张开大口的虎外，还有了新的图案加入，这就是貌似羽人的怪兽和犬、鸟。似羽人的怪兽，身躯与螭融为一体，有双翼、卷尾、长腿，面部似人似兽，额头前鼓，凸嘴，舌头前伸。犬的身躯也和螭相融，肩颈部上扬，平卧仰头。鸟身也融入螭身，头和尾羽线条圆润，目下视。

壶腹部两侧有便于提携用的辅首衔环，辅首作饕餮纹，但饕餮面部线条圆润，使得面容比较和蔼，没有了商周青铜器上饕餮凶悍肃杀的味道。

第二小部分主体纹饰也是以螭纹为主，以四组平行连续的图案构成，每组图案中由蜷曲的螭和攀附的虎，及平卧仰头，身躯相融的犬组成。

第三小部分为圈足，其图案和口沿相同，也是由上下两条狭窄的实心纹包夹连续的卷窝纹、连续起伏的波浪纹构成，其中卷窝纹隐含大象图案，似有蜷曲的鼻子和粗壮的腿。

全壶图案从上到下梯次布局，疏密有致，衔接流畅，形象生动，富于浪漫色彩，是理想世界和现实生活的艺术融合。

壶底有雕刻的铭文："武安侯家，容四斗，重廿八斤八两，第三。"（见图2）

图2（该图为作者拍摄）

由此可知，首先器物归属武安侯家，其次是自重和容量，第三则是该器物的编号——第三只。这就为我们探寻器主的生平事迹，了解汉代的度量衡制度，提供了极大的帮助。

四、壶的价值分析

（一）能和史料相应证，归属明确，时代明确

铜壶自名"武安侯家"，而墓葬形制和墓所处的地理位置都说明了这是一座西汉墓葬。西汉时期的武安侯都有谁呢？据《史记》《汉书》所载，有两人：一是田蚡，二是其子田恬。

关于第一代武安侯田蚡，《史记·魏其武安侯列传》载："武安侯田蚡者，孝景后同母弟也，生长陵。蚡为诸郎……及孝景帝晚节……为太中大大。蚡辩有口……"[1] 他是汉武帝的舅舅，其貌不扬却能言善辩，善于钻营，依仗着姐姐皇后、皇太后的身份，得势后跋扈专横，生活奢侈，《史记》曰："武安由此滋骄，治宅甲诸第，田园极膏腴，而市买郡县器物相属于道。前堂罗钟鼓，立曲旃，后房妇女以百数。诸侯奉金玉狗马玩好，不可胜数。"[2] 他在武帝朝担任过太尉、丞相，权势熏天，因与魏其侯窦婴、将军灌夫饮酒时争强，以及争夺财产的琐事而发生冲突，结仇，后陷害二人。晚年得病，"其春，武安侯病，专呼服谢罪，使巫视鬼者视之，见魏其、灌夫共守，欲杀之，竟死"[3]。时为元光四年（前131）春。

第二代武安侯是田蚡的儿子田恬。《史记·魏其武安侯列传》记载：田蚡死后，

---

① 《史记》卷一〇七《魏其武安侯列传》，中华书局，1959年，第2841页。
② 《史记》卷一〇七《魏其武安侯列传》，第2844页。
③ 《史记》卷一〇七《魏其武安侯列传》，第2854页。

"子恬嗣，元朔三年，武安侯坐衣襜褕入宫，不敬"①。《汉书·田蚡传》载，田蚡"竟死，子恬嗣，元朔中有罪免"②。田恬在其父去世后，袭封武安侯，但仅仅五年后，就获罪被免。

《史》《汉》都记载了田蚡、田恬父子相继担任武安侯之事，除此之外，再无他人被封为武安侯。由此可以断定，该壶就是田蚡父子家中之物，这就解决了铜壶的归属问题。

至于铜壶归其父子二人谁所有，限于史料，难以进一步确定。田蚡身份显赫，生活奢侈，且掌持家事也更久，史书记载，他曾大肆收罗器物玩好。而其子田恬继承封侯的时间短，史书未记载其生平，可知他本人也在政治、军事等方面无所建树。侯位被剥夺后，他的生活也必然没有以前那么奢侈了。因此，只能说该铜壶更可能归田蚡所有。由于田氏父子之间相距的时代很短，故不影响对铜壶的时代判定和价值判定。

通过文献佐证，进一步明确了这一精美铜壶的归属问题。就文物而言，其历史价值得到了肯定和彰显；就文献而言，其可信性得到了进一步印证和提升。

（二）装饰精美，图案充满浪漫主义色彩，美学价值高

该壶使用了错银工艺，错银装饰艺术是铸造和錾刻、镶嵌工艺结合的产物，工序复杂。以繁难的工艺手段，展示奇谲浪漫的虚幻世界，螭龙、翼虎、大象、犬、似人怪兽、鸟、鹿等多种元素以交错缠绕、连续起伏的构图交织在一起，起伏绵延、周而复始。既能独立成图，又相互配合、映衬。实在可谓构思精巧、手法流畅。铜料的紫红色与白银固有的白色相映衬，醒目绚丽。无论工艺还是色彩，均达到了较高的唯美境界。

综上所述，该铜壶是一件时代明确、归属清楚、造型优雅、纹饰精美浪漫的精品，是西汉一代遗留给我们的难得之瑰宝。

---

① 《史记》卷一○七《魏其武安侯列传》，第 2854 页。
② 《汉书》卷五二《田蚡传》，中华书局，1962 年，第 2393 页。

考古资料所见汉代仓颉崇拜

刘肖睿　孟庆旭

（吉林省博物院　吉林省文物考古研究所）

摘要： 本文整理了两汉时期考古出土的有关"仓颉"的资料，通过西北地区及长江流域出土的汉简研究得出，仓颉崇拜由中原地区向四周辐射，这种文化现象延续时间长，波及人群广泛。通过考古出土文物上的有关"仓颉"的文字和画像研究得出，两汉时期仓颉地位不断提升，崇拜现象不断流传，其实质是文化的交流与传播。

关键词： 仓颉；汉简；画像石

仓颉作为历史传说人物在中国古代被视为造字始祖，这一说法在战国时期开始出现，《韩非子·五蠹》中有"古者仓颉之作书也，自环者谓之私，背私谓之公"①。《吕氏春秋·君守》中有"奚仲作车，仓颉作书"② 等记载，这些文献记录并非古人向壁虚构，张懋镕先生考证，"在文字形成阶段，某些重要人物对文字的确定、宣传、传承所作出的重大贡献"③。或许某些重要人物即是"仓颉"这一人物的原型所在。

秦李斯整理秦小篆文字七篇，命名为《仓颉篇》，至汉代，《仓颉篇》成为了重要的蒙学教材和习字资料被推广至各地。李园认为，《仓颉篇》等作为蒙学课本，在秦汉时期常被用于习字抄写。④ 在此过程中，留下了大量的以竹简、木简为主的文物资料。

2008 年甘肃省文物考古研究所对永昌水泉子村汉墓群进行了抢救性发掘⑤，清理了 15 座墓葬，其中编号 M5 的墓葬内东侧木棺上，出土木简 1400 余枚，木简为松木材质，长度约 19—20 厘米，宽约 0.6—2 厘米，经初步整理发现其中有字书《仓颉篇》140 余枚。水泉子村汉墓规格等级不高，其墓主所处阶层当为中下层，说明《仓颉篇》在社会中下层有一定的使用人群，同时研究表明，这批"《仓颉篇》最为独特之处则是

---

① 陈奇猷校注：《韩非子新校注·五蠹》，上海古籍出版社，2000 年，第 1105 页。

② 陈奇猷校释：《吕氏春秋新校释·君守》，上海古籍出版社，2002 年，第 1061 页。

③ 张懋镕：《关于中国文字起源与形成问题的几点浅见》，中国先秦史学会：《周秦社会与文化研究——纪念中国先秦史学会成立 20 周年学术研讨会论文集》，陕西师范大学出版社，2002 年，第 7 页。

④ 李园：《秦汉习字简研究》，《古籍整理研究学刊》2017 年第 1 期。

⑤ 吴荭：《甘肃永昌水泉子汉墓》，《文物》2009 年第 10 期。

以七言为句，而且句句押韵，分章换韵"①，不同于以往所见的四字为句、隔字押韵版本。说明在汉代河西地区《仓颉篇》已经流传较为广泛，且有不同的成熟版本。

1972—1974 年，甘肃居延考古队对额济纳旗甲渠候官、甲渠塞第四燧、肩水金关等地点进行了发掘清理②，在甲渠候官遗址内清理出简牍 7000 余枚，甲渠塞第四燧清理出土木简 195 枚，肩水金关遗址内清理出土简牍 11577 枚，经整理辨识，其中存《仓颉篇》木简多枚，可辨识 150 余字。该处遗址为汉代边塞遗址，生活的人群主体为戍卒和基层管理官吏，《仓颉篇》同样也在他们之中有一定的使用和传播。

1977 年，甘肃玉门花海遗址出土《仓颉篇》汉简三枚。③ 在新疆尼雅遗址也出土了汉代《仓颉篇》竹简。④ 这些材料的出土，充分说明了两汉时期，《仓颉篇》从中原经河西走廊向西域地区传播的过程，以《仓颉篇》作为重要载体，汉文化的影响力不断扩大。

除西北地区外，1977 年安徽省文物工作队等对阜阳双古堆汉墓进行了抢救性发掘⑤，在编号 M1 的墓葬东边箱内，清理出大量竹简。经整理研究，发现其中包含《仓颉篇》。⑥ 双古堆汉墓为西汉汝阴侯夏侯灶夫妇之墓，说明《仓颉篇》在西汉高层统治阶层之中也有一定的使用群体。

四川城坝遗址清理出土 10 余枚竹木简，其中"依稀可以辨认出'仓颉作书，以教后人'的字样"⑦。2009 年，北京大学受赠一批汉简，其中有《仓颉篇》82 枚。⑧ 北大汉简从其保存情况看，其原始出土位置应是中国南方地区。由此可以看出，《仓颉篇》的传播不是单向的，而是发散的，从中原地区向四周辐射。而且使用人群上至王侯贵族，下至守边官吏，体现其强大的适用范围。同时，这些出土的《仓颉篇》简牍，其年代贯穿两汉始末，且经修整改编，表现出了强大的活力。

如果说《仓颉篇》的实质只是托名仓颉的汉代蒙学，那么在 1973 年，西安市未央区出土铜镜一件⑨，圆形圆钮，铜镜直径约 16.6 厘米，镜背有内外两区纹饰，之间以一周栉齿纹相隔，栉齿纹内有一周铭文，铭文有"仓颉作书，以教后生，遂人造火"字样。无独有偶，清华大学新编制的《汉镜文化研究》一书中也收录了一面与之相似

---

① 张存良、吴荭：《水泉子汉简初识》，《文物》2009 年第 10 期。

② 甘肃居延考古队：《居延汉代遗址的发掘和新出土的简册文物》，《文物》1978 年第 1 期。

③ 嘉峪关市文物保管所：《玉门花海汉代烽燧遗址出土简牍》，《汉简研究文集》，甘肃人民出版社，1984 年。

④ 王樾：《略说尼雅发现的〈仓颉篇〉汉简》，《西域研究》1998 年第 4 期。

⑤ 安徽省文物工作队、阜阳地区博物馆等：《阜阳双古堆西汉汝阴侯墓发掘简报》，《文物》1978 年第 8 期。

⑥ 安徽省阜阳地区博物馆等：《阜阳汉简〈仓颉篇〉》，《文物》1983 年第 2 期。

⑦ 舒殊：《宕渠城面貌首次全面揭露》，《中国文化报》2018 年 10 月 18 日第 008 版。

⑧ 朱凤瀚：《北京大学藏西汉竹书分述——北大汉简〈仓颉篇〉概述》，《文物》2011 年第 6 期。

⑨ 孙福喜：《西安文物精华·铜镜》，世界图书出版西安公司，2008 年，第 70—71 页。

的铜镜①，两镜大小、纹饰、铭文皆同。这两件铜镜铭文说明，"仓颉作书"这一事迹或说法，在汉代已经深入人心，并体现在日常生活之中。

不止于此，2004年，扬州市文物考古研究所抢救性清理了一座汉墓，清理出土釉陶熏炉一件（图1），熏炉由器盖和器身两部分组成，仅盖面施青釉，釉色泛黄，器身无釉。口径1014厘米、底径715厘米、通高18厘米，"器身子口内敛，上腹直壁，下腹曲折内收，喇叭状高圈足，足根宽扁。上腹饰一周凹弦纹，并且墨书'苍颉'二字"②。朱超龙认为，该熏炉"等级颇高，书写严谨，本身也带有礼拜的性质，所以推测其为刘毋智生前用作仓颉崇拜的礼器。在礼器之上直接墨书崇拜对象应是当时崇拜方式的一种"③。

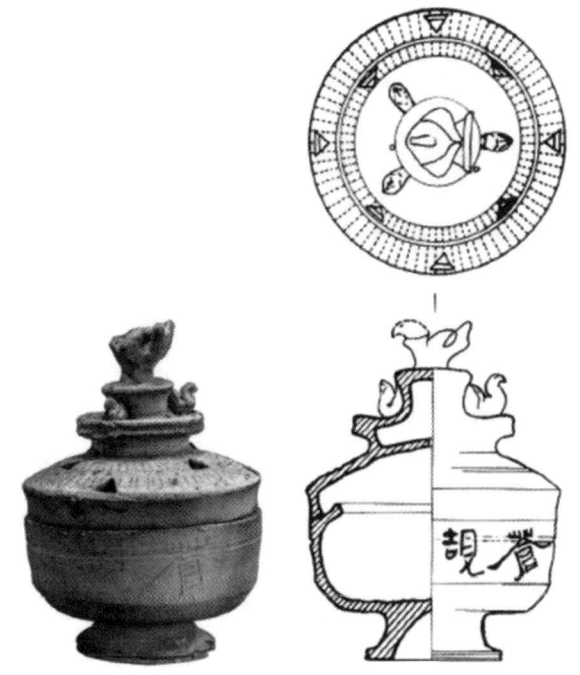

图1 扬州刘毋智墓出土熏炉

这种仓颉崇拜现象不仅见于中原地区，2005—2011年，吉林省文物考古研究所对吉林省通化市快大茂镇的赤柏松古城进行了发掘，在城址东部的一处房址外侧，清理出土了一件滑石器（图2），长条方形，通体磨光，长14.76厘米、宽3.76厘米、厚3.15厘米，器身下部有一斜角残损，表体有戳划痕迹，器身上有小篆文字"仓颉"及

---

① 清华大学汉镜文化研究课题组：《汉镜文化研究》，北京大学出版社，2014年，第412—413页。

② 扬州市文物考古研究所：《江苏扬州西汉刘毋智墓发掘简报》，《文物》2010年第3期。

③ 朱超龙：《江苏扬州西汉刘毋智墓出土釉陶熏炉发微》，《东南文化》2017年第6期。

"仓"，马洪认为，该器物"应是一件西汉时期文案镇器"①。其上刻的"仓颉"二字，当与扬州汉墓出土熏炉上的墨书文字意义相似，均为一种敬仰崇拜之意。

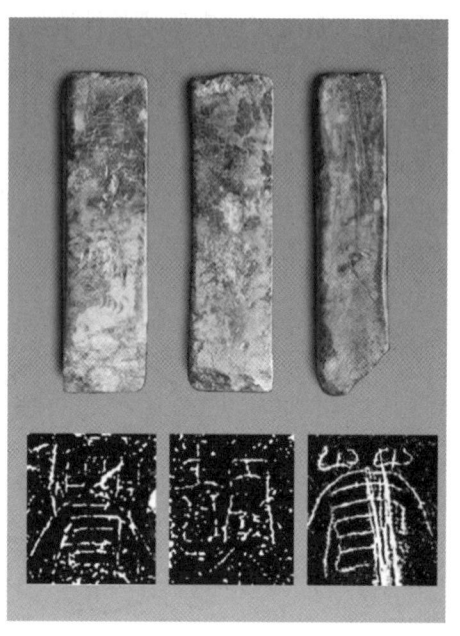

图 2　吉林赤柏松古城出土石器

两汉时期对仓颉的崇拜敬仰不仅见于日常生活之中，1954 年，山东沂南北寨村清理汉代画像石墓一座，在墓室中室南壁东段的上格，刻画有仓颉形象，"左一人四目，披发，长须，衣兽皮，坐在一块兽皮上，此兽皮铺在一株开着花朵的大树下，下面有榜，题曰仓颉"②。中室其余壁上刻画有齐桓公将伐卫、卫姬请罪、周公辅佐成王、蔺相如完璧归赵、晋灵公欲杀赵盾等历史故事。可见，仓颉作书在两汉时期是与历史上诸多脍炙人口的故事一样深入人心。

1972 年，山东临沂清理了一座东汉画像石墓，其墓室中室横额有画像石六幅，东壁横额右侧刻画有仓颉形象（图3），"长发后梳、着长袍，四目，左手执笔，右手执一物，坐于榻上，面前摆放盘、杯、尊等"③。北壁横额刻画有西王母、东王公形象。可见，在此时仓颉形象地位已经不与真实历史中的王侯将相等同，而是上升到神话传说中的圣贤地位。无独有偶，四川新津县宝子山崖墓 4 号石棺上刻画有一组人物，左边一组分别刻画神农与仓颉，罗二虎考证，"在汉代画像中，神农、仓颉常一起出现"④。

---

① 马洪：《赤柏松城址出土"仓颉"款石器小识》，《地域文化研究》2019 年第 3 期。
② 曾昭燏、蒋宝庚等：《沂南古画像石墓发掘报告》，文化部文物管理局，1956 年，第 22 页。
③ 管恩杰、霍启明等：《山东临沂吴白庄汉画像石墓》，《东南文化》1999 年第 6 期。
④ 罗二虎：《汉代画像石棺》，巴蜀书社，2002 年，第 42 页。

图 3　山东临沂吴白庄画像石

陕西西安碑林博物馆藏有东汉延熹五年（176）所立的仓颉庙碑，碑下方上锐，高1.6 米，上穿一孔。碑阴有字 4 列，左右分别为 3 列、4 列，碑阳 24 列，共计 910 余字。上刻有"仓颉天生德于大圣四目灵光为左史作书以傅万嗣"字样。

由上可以看出，在两汉时期，仓颉崇拜逐渐从托名走向事迹敬仰，再走向人物崇拜，并逐渐抬升至神话传说的过程。也可见这种崇拜现象从个体的书刻名称致敬到群体乃至于官方的立庙刻碑纪念。同时还可以得见，仓颉崇拜这一现象从中原地区向长江流域、西北地区乃至于西域以及东北边疆地区的流传。

这种仓颉崇拜文化现象的流传，其实质上是文化不断的传播和交流，段清波曾指出，"文明的构成要素不只是物质"①，这种仓颉崇拜也是两汉文明的重要因素，其强大的影响范围彰显了两汉社会的文化自信。

---

①　段清波：《文明的构成要素不只是物质》，《学习时报》2019 年 2 月 25 日第 003 版。

曹操、诸葛亮家教家风略论*

张菊玲　张小锋

（北京联合大学师范学院　对外经济贸易大学马克思主义学院）

摘要：曹操"挺育多才"和诸葛亮教子，是汉末三国时期教育子嗣的典范。尽管曹操和诸葛亮在政治志趣、个人禀赋、历史形象上存在巨大差距，但二人对子女和家族的教育高度重视。曹操是中国历史上多子父亲教育子女的楷模，诸葛亮是独子父亲教育孩子的典范，二人思想上重视、方式上得当、宽严相济、以身作则的教子之道和家教家风，值得后世借鉴。

关键词：曹操；诸葛亮；童蒙教育；家教家风

家教家风是塑造一个人品行和才干、维系一个家族盛衰薪传，乃至是影响一个政权集团存续的不可或缺的重要因素。通常认为，承平岁月，世人普遍重视教育，敦修家教家风；而纷乱之世，则往往忽视教育，淡化家教家风。但历史的发展往往呈现出复杂性，屡屡打破人们认知上的"刻板"印象，如汉末三国时期的诸多英雄人物抑或豪族大姓就颇为重视教育，曹操、诸葛亮就是其中的典型代表。尽管曹操和诸葛亮在政治志趣、个人禀赋、历史表现上是云泥殊路，但在对待子女和家族子嗣的教育上，却高度一致。可以说，他们二人颇具特色的教子之道和家教家风，在中国古代教育史上留下了浓重的一笔。但令人遗憾的是，学术界多关注其政治作为、军事建树、文学

---

　　* 本文系国家社会科学基金重大项目"中国童蒙文化史研究"（项目批准号：16ZDA121）的阶段性成果。

才华等，很少有人探究其家庭教育思想和家教家风。① 本文拟就此做一探讨，以补阙略。

一、"虎父"曹操缘何"挺育多才"？

汉末三国时期人才辈出，枭雄豪杰无数，曹操无疑是其中举足轻重者。何谓英雄？不同的评判标准，会得出不同的结论来。笔者认为，判断一个英雄成败的标准，不能仅仅拘泥于英雄本人，更应该考虑英雄所开创的事业是否有后继者来继承、弘扬，惠及家族、泽被后代；一个英雄，如果仅是其本人灿烂，而其继任者是平庸不堪抑或败家毁业，则不能成为真正的英雄。从这个角度上说，评判一个人的成功与否，一定要考虑其子女和宗族的表现，一定要考虑他是否重视子女教育，是否教育子女成功。

常言说，"虎父无犬子""老子英雄儿好汉"。纵观历史，事实往往并非完全如此，齐桓公为一代霸主，其子却平庸不济；秦始皇"千古一帝"，二世胡亥却忠奸不分；霍光拥佐"四帝"，而子孙难堪大任；再数三国群英谱中，刘备、孙权、刘表、袁绍等人，皆一代英豪，然其子孙则平庸昧暗。无数的事实表明，若非父母精心的培养，"虎父无犬子""老子英雄儿好汉"出现的概率还是比较低。

明代著名诗论家胡应麟《诗薮》称赞曰："诗未有三世传者，既传而且煊赫，仅曹氏操、丕、叡耳。然白马名存钟品，则彪当亦能诗。又任城武力绝人，仓舒智慧出众。阿瞒何德，挺育多才，生子如此，孙仲谋辈讵足道哉！"② 胡氏不能理解，曹操何德何能，却能"挺育多才"？但是却提出了一个值得探讨的问题，即如何教育孩子、如何才能培养出更为优秀的下一代？

作为"非常之人，超世之杰"的曹操，不仅能"运筹演谋，鞭挞宇内"③，而且"才力绝人，手射飞鸟，躬禽猛兽"④，是一位名副其实的"英雄"和"虎父"。曹操子

① 学术界关于曹操的教子之道和家教家风的研究较为薄弱，主要的论著有：李德山、李继忱：《不妨学学曹操的"教子经"》，《家长》1998 年第 3 期；李均惠：《曹操重视家庭教育》，《文史杂志》2000 年第 1 期；陶斌：《曹操教子的启示》，《教育艺术》2006 年第 7 期；王海升：《论曹操的家庭教育思想》，《古代文学》2009 年第 7 期；李高云：《论曹操的家庭教育》，《知识经济》2009 年第 13 期。对于诸葛亮教子，学界虽有探讨，但也很不充分，主要的论著有：马荣良：《诸葛亮家庭教育思想探析》，《山东青年政治学院学报》2011 年第 6 期；黎明、武洪芬：《诸葛亮教子有方》，《现代家教》1999 年第 12 期；《治家有方：诸葛亮是如何培养教育子孙的》，http://history.sina.com.cn/bk/gds/2014 - 03 - 07/132961728.shtml；朱大渭、梁满仓：《诸葛亮大传》第十一章《立身治家》第二节"严俭持家"，中华书局，2007 年，第 488—493 页；柳春藩：《正说诸葛亮》第十一讲《正己教人——思想品格和作风》之"教育子侄"，中国青年出版社，2008 年版，第 313—317 页；韩昇：《良训传家》之《宁静致远·诸葛亮教子》，生活·读书·新知三联书店，2017 年，第 115—121 页。

② ［明］胡应麟：《诗薮·外编》卷一《周汉》，中华书局，1962 年，第 137 页。

③ 《三国志》卷一《武帝纪》，中华书局，1982 年，第 55 页。

④ 《三国志》卷一《武帝纪》裴松之注引《魏书》，第 55 页。

女众多，有 25 子 6 女，10 余子因疾疫战乱等原因"早薨"①，才情多未显示，其他诸子均才华出众者。胡应麟惊叹云："通计魏武诸子二十五人，殇者十余，知名者六：丕、彰、植、彪、冲、衮。彰之力、植之才、冲之智，皆古今绝出，咸萃一门，自书契来未有也。"② 这本身就表明，曹操的教子之道有着耐人寻味的独到之处。

笔者曾撰文指出，秦汉童蒙教育研究需要转换新视角，采用新方式。譬如，秦汉时期"神童"不少，"以往学者往往只关注神童本身，却忽略了神童诞生的家庭教育因素""可以说，每一位神童的出现，都是其父母或家族在教育上倾注大量心血的有力注解；每一位神童的成长史就是一部鲜活的童蒙教育史，也是同时代和后世家庭用来教育子女的生动素材和典型范例"③。

曹操七子曹冲（字仓舒）可谓"神童"，"少聪察岐嶷，生五六岁，智意所及，有若成人之智"，年仅五六岁，就留下了脍炙人口的"曹冲称象"的故事。《三国志》卷二〇《武文世王公传》记载："时孙权曾致巨象，太祖欲知其斤重，访之群下，咸莫能出其理。冲曰：'置象大船之上，而刻其水痕所至，称物以载之，则校可知矣。'太祖大悦，即施行焉。"

尽管有学者对"曹冲称象"一事有质疑，然难以动摇其真实性。曹冲的睿智神异，还体现在"智救库吏"一事上。《三国志》卷二〇《武文世王公传》记载：

> 时军国多事，用刑严重。太祖马鞍在库，而为鼠所啮，库吏惧必死，议欲面缚首罪，犹惧不免。冲谓曰："待三日中，然后自归。"冲于是以刀穿单衣，如鼠啮者，谬为失意，貌有愁色。太祖问之，冲对曰："世俗以为鼠啮衣者，其主不吉。今单衣见啮，是以忧戚。"太祖曰："此妄言耳，无所苦也。"俄而库吏以啮鞍闻，太祖笑曰："儿衣在侧，尚啮，况鞍县柱乎？"一无所问。冲仁爱识达，皆此类也。凡应罪戮，而为冲微所辨理，赖以济宥者，前后数十。

曹冲年仅十三岁就病逝了，在其短暂的生命历程中，却留下了"仁爱识达""济宥""罪戮"的"数十"件事迹，这可能创造了中国"神童"史上同龄人之最。曹冲为什么会如此聪慧？宋代叶适说："仓舒童孺而有仁人之心，痕舟称象，为世开智物理，盖天禀也。"④ 诚然，但凡神童者，其智商可能比凡常孩童要高，但如若没有后天环境影响和家庭教育，恐怕难以成为神童。所以，叶适用"天禀"来揭示曹冲的"神童"现象，显然是不充分的，正如有学者指出："像这样聪明绝顶的神童的出现，没有

---

① 曹操"早薨"之子除广为人知的邓哀王曹冲外，还有相殇王铄、济阳怀王玹、范阳闵王矩、临邑殇公子上、刚殇公子勤、谷城殇公子乘、郿戴公子整、灵殇公子京、樊安公均、广宗殇公子棘等。王子今在《秦汉儿童的世界》中统计："二十五男中，明确言早薨或情形类似者 11 例，占 44%。"中华书局，2018 年，第 114 页。

② ［明］胡应麟：《诗薮·外编》卷一《周汉》，第 137 页。

③ 张小锋：《秦汉童蒙文化的特点与研究视角》，《首都师范大学学报》2018 年第 1 期。

④ ［宋］叶适：《习学记言序目》，中华书局，1977 年，第 384 页。

良好的家庭教育显然是不可能的。"①

曹操与第二子曹丕、曹植并称"三曹",在中国文学史上享有极高的地位。曹丕"天资文藻,下笔成章,博闻强识,才艺兼该"②,博览经传,通晓诸子百家,曹丕于诗、赋、文学皆有成就,尤擅长五言诗,著有《典论》。曹植"文才富艳"③,是建安文学的代表人物之一与集大成者,在两晋南北朝时期,被推尊到文章典范的地位,南朝宋文学家谢灵运曾盛赞其"天下才有一石,曹子建独占八斗"。

曹丕、曹植的才华出众,而这何尝不是曹操教育的结果。《三国志》卷二《文帝纪》裴松之注引《魏书》曰:曹丕"年八岁,能属文。有逸才,遂博贯古今经传诸子百家之书。善骑射,好击剑"。曹丕在《典论·自叙》中亦曾披露:

> 余时年五岁。上以四方扰乱,教余学射,六岁而知射,又教余骑马,八岁而能骑射矣。以时之多故,每征,余常从。建安初,上南征荆州,至宛,张绣降。旬日而反,亡兄孝廉子修、从兄安民遇害。时余年十岁,乘马得脱。夫文武之道,各随时而用,生于中平之季,长于戎旅之间,是以少好弓马,于今不衰……上雅好诗书文籍,虽在军旅,手不释卷,每每定省从容,常言人少好学则思专,长则善忘,长大而能勤学者,唯吾与袁伯业耳。余是以少诵诗、论。及长而备历五经、四部、《史》《汉》、诸子百家之言,靡不毕览。④

这段记载真实地反映出曹丕自童蒙始接受教育的经历和曹操重视教育孩子的事实。曹操从五岁教曹丕学射箭,两年而成;又教其骑马,两岁而成。不仅如此,曹操本人"文武并施,御军三十余年,手不舍书,昼则讲武策,夜则思经传"⑤,酷爱读书,虽在军旅,手不释卷,把曹丕带在身边,耳提面命,时时教诲。曹丕不仅文学成就卓著,其政治才干也直追曹操。

享誉"三曹"的曹植为曹操第三子,其文学禀赋和才情不让曹丕。史书记载:

> 陈思王植字子建。年十岁余,诵读《诗》《论》及辞赋数十万言,善属文。太祖尝视其文,谓植曰:"汝倩人邪?"植跪曰:"言出为论,下笔成章,顾当面试,奈何倩人?"时邺铜爵台新成,太祖悉将诸子登台,使各为赋。植援笔立成,可观,太祖甚异之。性简易,不治威仪。舆马服饰,不尚华丽。每进见难问,应声而对,特见宠爱。建安十六年,封平原侯。十九年,徙封临菑侯。太祖征孙权,使植留守邺,戒之曰:"吾昔为顿邱令,年二十三。思此时所行,无悔于今。今汝年亦二十三矣,可不勉与!"⑥

---

① 李均惠:《曹操重视家庭教育》,《文史杂志》2000 年第 1 期。
② 《三国志》卷二《文帝纪》,第 89 页。
③ 《三国志》卷一九《任城陈萧王传》,第 577 页。
④ 《三国志》卷二《文帝纪》裴松之注引《典论》,第 89—90 页。
⑤ 《三国志》卷一《武帝纪》裴松之注引《魏书》,第 54 页。
⑥ 《三国志》卷一九《魏书·任城陈萧王传》,第 557 页。

对于曹植的教育，曹操也极为重视，不仅经常督促检查其诗文，还与其讨论诗文的内容是否得体，这无疑是对其成长有莫大的激励和鞭策。当然，曹操还对曹植的政治才干也加以训导和栽培，如东征孙权时，令曹植镇守邺城，临别之前，还特意叮嘱勉励。

曹操第十一子曹衮，"少好学，年十余岁能属文。每读书，文学左右常恐以精力为病，数谏止之，然性所乐，不能废也"，其才学虽不及曹植，但也几与等列，"凡所著文章二万余言，才不及陈思王而好与之侔"。

曹操的另一个儿子曹彰的表现也十分耀眼，其"武艺精壮，有将领之风"①。《三国志》卷一九《任城陈萧王传》记载：

> 任城威王彰，字子文。少善射御，膂力过人，手格猛兽，不避险阻。数从征伐，志意慷慨。太祖尝抑之曰："汝不念读书慕圣道，而好乘汗马击剑，此一夫之用，何足贵也！"课彰读《诗》《书》，彰谓左右曰："丈夫一为卫、霍，将十万骑驰沙漠，驱戎狄，立功建号耳，何能作博士邪？"太祖尝问诸子所好，使各言其志。彰曰："好为将。"太祖曰："为将奈何？"对曰："被坚执锐，临难不顾，为士卒先；赏必行，罚必信。"太祖大笑。建安二十一年，封鄢陵侯。
>
> 二十三年，代郡乌丸反，以彰为北中郎将，行骁骑将军。临发，太祖戒彰曰："居家为父子，受事为君臣，动以王法从事，尔其戒之！"彰北征，入涿郡界，叛胡数千骑卒至。时兵马未集，唯有步卒千人，骑数百匹。用田豫计，固守要隙，虏乃退散。彰追之，身自搏战，射胡骑，应弦而倒者前后相属。战过半日，彰铠中数箭，意气益厉，乘胜逐北，至于桑乾，去代二百余里。长史诸将皆以为新涉远，士马疲顿，又受节度，不得过代，不可深进，违令轻敌。彰曰："率师而行，唯利所在，何节度乎？胡走未远，追之必破。从令纵敌，非良将也。"遂上马，令军中："后出者斩。"一日一夜与虏相及，击，大破之，斩首获生以千数。彰乃倍常科大赐将士，将士无不悦喜。时鲜卑大人轲比能将数万骑观望强弱，见彰力战，所向皆破，乃请服。北方悉平。时太祖在长安，召彰诣行在所。彰自代过邺，太子谓彰曰："卿新有功，今西见上，宜勿自伐，应对常若不足者。"彰到，如太子言，归功诸将。太祖喜，持彰须曰："黄须儿竟大奇也！"

曹操之子曹彪也具有较高的文学才华，曹植著名的《赠白马王彪》长诗，就是与曹彪的互相赠答之作。钟嵘《诗品》云："白马与陈思赠答，伟长与公幹往复，虽曰以莛叩钟，亦能闲雅矣"②。并对曹植、曹彪的地位给予高度肯定，"降及建安，曹公父子，笃好斯文；平原兄弟，郁为文栋；刘桢、王粲，为其羽翼"。此处，"曹公父子"

① 《三国志》卷一九《魏书·任城陈萧王传》，第577页。
② ［梁］钟嵘著，周振甫译注：《诗品译注》，第80页。

即曹操、曹丕二人;"平原兄弟"指曹植、曹彪兄弟。① 鱼豢云"楚王彪有智勇"②。曹彪由于牵涉王凌、令狐愚谋立事,政治上有污点,其一生才华被从历史载记中抹去,唯《初学记》存录其《答东阿王诗》一首,但足以映照出智勇才情。

事实上,曹操的女儿们表现也不俗,其气节德操深受赞誉。《后汉书》卷一〇下《皇后纪》记载:"献穆曹皇后讳节,魏公曹操之中女也。建安十八年,操进三女宪、节、华为夫人,聘以束帛玄纁五万匹,小者待年于国。十九年,并拜为贵人。及伏皇后被弑,明年,立节为皇后。魏受禅,遣使求玺绶,后怒不与。如此数辈,后乃呼使者入,亲数让之,以玺抵轩下,因涕泣横流曰:'天不祚尔!'左右皆莫能仰视。"

曹操还有两个视如己出的族子曹休、曹真,成就不凡。《三国志》卷九《诸夏侯曹传》载:

> 曹休字文烈,太祖族子也。天下乱,宗族各散去乡里。休年十余岁,丧父,独与一客担丧假葬,携将老母,渡江至吴。以太祖举义兵,易姓名转至荆州,间行北归,见太祖。太祖谓左右曰:"此吾家千里驹也。"使与文帝同止,见待如子。常从征伐,使领虎豹骑宿卫。

> 曹真字子丹,太祖族子也。太祖起兵,真父邵募徒众,为州郡所杀。太祖哀真少孤,收养与诸子同,使与文帝共止。常猎,为虎所逐,顾射虎,应声而倒。太祖壮其鸷勇,使将虎豹骑。

曹休、曹真虽非曹操之子,但由于二人早丧父亲,孤弱无助,曹操将其收养身边,待若亲子,督抚有方。

曹操在教育子女上,宠爱而不溺爱,力求公允而不偏私。作为"汉相",处朝堂之上,他与诸子们既是父子,也是"君臣",他主张根据德才而分别使用,决不因偏爱而徇私。他在《诸儿令》中说:"今寿春、汉中、长安先欲使一儿各往督领之,欲择慈孝不违吾令,亦未知用谁也。儿虽小时见爱,而长大能善,必用之。吾非有二言也。不但不私臣吏,儿子亦不欲其有所私。"③ 前揭曹操派"黄须儿"曹彰征乌桓叛乱时,也郑重其事地告诫他:"居家为父子,受事为君臣,动以王法从事。尔其戒之!"言下之意,我们虽是父子,但是在征战中若不戮力,抑或犯了错,王法无私,不要指望以父子之情得到宽赦。

曹操的这种做法,不仅对子女的本人成长有积极意义,也影响他的子女如何教育下一代,如曹操之子中山恭王曹衮病笃临终之际,给世子立的遗令就秉承了曹操家族家风,其辞曰:

> 汝幼少,未闻义方,早为人君,但知乐,不知苦;不知苦,必将以骄奢为失

---

① [梁] 钟嵘著,周振甫译注:《诗品译注》,2017年,第17页。
② 《三国志》卷二八《王母丘诸葛邓钟传》裴松之注引《魏略》,第759页。
③ 中华书局编辑部编:《曹操集》,中华书局,2013年,第47页。

也。接大臣，务以礼。虽非大臣，老者犹宜答拜。事兄以敬，恤弟以慈；兄弟有不良之行，当造膝谏之。谏之不从，流涕喻之；喻之不改，乃白其母。若犹不改，当以奏闻，并辞国土。与其守宠罹祸，不若贫贱全身也。此亦谓大罪恶耳，其微过细故，当掩覆之。嗟尔小子，慎修乃身，奉圣朝以忠贞，事太妃以孝敬。闺闱之内，奉令于太妃；闺阃之外，受教于沛王。无忝乃心，以慰予灵。①

曹操的子嗣的成就，反映出曹操教育子嗣的成功。总结其教育子女的成功之道，主要有：

第一，思想上高度重视。曹操本人幼失母亲，相较同龄人而言，缺少父母的爱抚和教育，自身童年的经历和缺憾，一定不能在自己孩子身上重演，也许是出于补偿心理，增加了对子女教育的重视。曹操一生征战不断、政事繁忙，但是还能看到经常将儿子们、子侄带在身边，督察训导的案例。

曹操诗文《善哉行·其二》云："自惜身薄祜，夙贱罹孤苦。既无三徙教，不闻过庭语。"② 这里"既无三徙教，不闻过庭语"，既是对自己身世不幸的追忆，更是对童蒙"三徙教""过庭语"的重视和提醒。一个人若在幼童时期，没有父母的精心教育，将是难以弥补的损失；对其家族而言，抑或是巨大的悲剧。《三国志》卷四七《吴主传》记载："十八年正月，曹公攻濡须，权与相拒月余。曹公望权军，叹其齐肃。乃退。"裴松之注引《吴历》曰："曹公出濡须，作油船，夜渡洲上。权以水军围取，得三千余人，其没溺者亦数千人。权数挑战，公坚守不出。权乃自来，乘轻船，从濡须口入公军。诸将皆以为是挑战者，欲击之。公曰：'此必孙权欲身见吾军部伍也。'敕军中皆精严，弓弩不得妄发。权行五六里，回还作鼓吹。公见舟船器仗军伍整肃，谓然叹曰：'生子当如孙仲谋，刘景升儿子若豚犬耳。'"曹操对年少孙权的称赞、对刘表儿子的贬损，也道出了自己对教育孩子的重要认识。

前揭曹丕《典论·自序》云曹操经常说："人少好学则思专，长则善忘。"曹操认为，人在少年的时候是很好学的，精神很专一，长大了就容易忘记（学习），说明教育孩子学习，还是要抓早，这种认识很有洞见，也对今天的子女教育不无借鉴。

第二，方式上科学合理。曹操教育孩子，主张文武兼修、诗文与政治才干并重。他要求喜欢文学的儿子也要练武，他曾下令将"百辟刀"给"诸子中有不好武而好文学者"③。曹丕五岁学射箭，六岁学骑马，八岁后就跟随曹操身边，当长子曹昂、侄子曹安民战死之时，曹丕年仅十岁许，竟然能自己逃脱。曹彰更是"少善射御""数从征伐"。同时，也要喜欢武艺者修习诗书，曹丕、曹植、曹兖、曹彪等人，均诗文才华颇高，可为侧证。

---

① 《三国志》卷二〇《武文世王公传》，第584页。
② 中华书局编辑部编：《曹操集》，第9页。
③ 中华书局编辑部编：《曹操集》，第54页。

曹操更注重通过赋予其重大任务，来培养儿子们的政治才干，如曹操于建安十六年（211）西征马超和建安二十年（215）西征张鲁时，把留守邺城的重担交给了曹丕；建安十九年（214）南征孙权时，则把留守邺城的重担交给了曹植，这都是曹操培养儿子们政治才干的用心良苦之举。

曹操还善于通过鼓励的方式来培养儿子的才华。如曹冲"并舟称象""智救库吏""济宥罪戮"等事，无疑反映了曹冲的睿智，但换一个角度看，未尝不是曹操巧妙培养儿子的典型案例。试想，这每一件事，如果没有曹操的大力支持、暗中配合和变相激励，焉能发生？又如铜雀台新城建好，曹操将儿子召至台上，让每个人写一赋，而曹植援笔立成；再如曹操曾经问诸子所好，使各言其志，而曹彰"好为将"，太祖曰："为将奈何？"对曰："被坚执锐，临难不顾，为士卒先；赏必行，罚必信。"太祖大笑，显然对他的志向，曹操是认同和支持的。

曹操对诸子的教育，也能遵从志趣、因材施教。如对曹彰的教育，就是明证。当然，曹操教子还有态度上宽严相济、步骤上循序渐进的特点。

值得注意是，曹操教育子女，与夫人卞氏态度一致。曹操一生节俭，《三国志》卷一《武帝纪》裴松之注引《魏书》曰："雅性节俭，不好华丽，后宫衣不锦绣，侍御履不二采，帷帐屏风，坏则补纳，茵蓐取温，无有缘饰。"裴松之注引《傅子》曰："太祖愍嫁取之奢僭，公女适人，皆以皂帐，从婢不过十人。"不仅要求官吏节俭，而且要求家人节俭。他在《内诫令》中说，"孤不好鲜饰严具""吾衣被皆十岁"，甚至禁止"家内不得香熏"。① 曹操临死之时，留下遗嘱：强调墓地选择要"居贫瘠之地""不封不数"，死后礼服如常、无藏金玉珍宝，提倡节俭、反对厚葬，要求家人节俭，"后宫食不过一肉，衣不用锦绣"。

曹操的节俭得到了夫人卞氏的支持，《三国志》卷五《武宣卞皇后传》裴松之注引《魏书》曰："后性约俭，不尚华丽，无文绣珠玉，器皆黑漆。"即使在卞氏被尊为皇太后后，节俭之风，依然如故，《三国志》卷五《武宣卞皇后传》裴松之注引《魏书》曰："后以国用不足，灭损御食，诸金银器物皆去之""太后每见外亲，不假以颜色，常言'居处当务节俭，不当望赏赐，念自佚也。外舍当怪吾遇之太薄，吾自有常度故也。吾事武帝四五十年，行俭日久，不能自变为奢，有犯科禁者，吾且能加罪一等耳，莫望钱米恩贷也。'帝为太后弟秉起第，第成，太后幸第请诸家外亲，设下厨，无异膳。太后左右，菜食粟饭，无鱼肉。其俭如此。"卞皇后"抚养诸子"，教诸子要养成节俭戒奢的好习惯，就连"最爱"的小儿子曹植也养成了"性简易，不治威仪。舆马服饰，不尚华丽"的好习惯。

---

① 中华书局编辑部编：《曹操集》，第52—53页。

二、启人深思的诸葛亮"教子训诫"

汉末三国时期的英雄者，能成功教育子女的，诸葛亮也是一位。与曹操不同的是，诸葛亮子嗣不多，且得子较晚①；假若把曹操视作多子父亲教育子女的楷模，则诸葛亮无疑就是独子父亲教育孩子的典范。其实，教育一个孩子的难度并不比教育多个孩子的难度小。

诸葛亮婚后，多年无子，于是哥哥诸葛瑾将次子诸葛乔过继给诸葛亮。对于这位孩子，如何教育，诸葛亮颇为用心。

公元 227 年，诸葛亮北伐时，诸葛乔随军来到汉中。为使其在实战环境中得到锻炼，诸葛亮不搞特殊化，安排他和其他将领的子弟一起，率兵卒在山谷押解军需物资。此时，诸葛乔任驸马都尉。这项工作相当艰辛，顶风冒雨，跋涉于崇山峻岭之中。可能怕引起兄长的多心，也可能是求得兄长的支持和谅解，他特意给兄长修书一封，这就是《与兄瑾言子乔书》，内容简单："乔本当还成都，今诸将子弟皆得传运思惟，宜同荣辱。今使乔督五六百兵，与诸子弟传于谷中。"② 可惜的是，次年，诸葛乔就英年早逝，年仅 25 岁。

也就是这一年，即建兴五年（227），诸葛亮喜得贵子，取名诸葛瞻，字思远，寓意高瞻远瞩、志存高远。建兴十二年（234），诸葛瞻年八岁，聪慧可爱，诸葛亮很关心其成长，又给兄长修书一封，即《与兄瑾言子瞻书》，其文云："瞻今已八岁，聪慧可爱，嫌其早成，恐不为重器耳。"③ 考虑到同年八年，诸葛亮病逝于五丈原，所以此信恐怕是诸葛亮对兄长的嘱托，暗含托子冀望督抚之意。同时，诸葛亮也给儿子修书一封，即著名的《诫子书》，其文云：

> 夫君子之行，静以修身，俭以养德。非淡泊无以明志，非宁静无以致远。夫学须静也，才须学也，非学无以广才，非志无以成学。淫慢则不能励精，险躁则不能治性。年与时驰，意与日去，遂成枯落，多不接世，悲守穷庐，将复何及！④

《诫子书》全文虽仅八十六字，但阐述敬业奉献、修身养性、治学做人的深刻道理，发人深省。诸葛亮教育儿子要做一个堂堂正正的君子，树立远大的志向，努力学习，增长才干，为社会造福。他指出，要有才干，就必须努力学习，不学习就不会有

---

① 诸葛亮有两子，长子诸葛乔是其兄诸葛瑾之次子，过继给诸葛亮；次子诸葛瞻出生后一岁，诸葛乔死；说诸葛亮几乎是独子，也能够成立。诸葛乔公元 203 年出生，时诸葛亮 23 岁，诸葛乔从东吴至成都时，恐怕诸葛亮已过而立之年；亲生子诸葛瞻出生时，诸葛亮年 47 岁，说诸葛亮晚得子，也能够成立。

② 《诸葛亮集》，中华书局，2012 年，第 27 页。

③ 《诸葛亮集》，第 27—28 页。

④ 《诸葛亮集》，第 28 页。

才干。但是学习是一件艰苦的事情，没有毅力和志气是学不好的。学习在任何时代都是实现志向的重要手段。不学习就没有知识，浑浑噩噩，就难以治国、立身，古今中外，概莫能外。怎么学习呢？诸葛亮指出，学习要抓紧时间，只争朝夕，既不可"淫漫"，也不能"险躁"，否则年龄一天天增长，时间一点点流逝，志向和梦想就在不知不觉地离去，到头来只会穷困落寞，庸庸一生，追悔莫及。

诸葛瞻"工书画，强识念"，其品德有乃父遗风，后率兵抗击魏国名将邓艾。邓艾遣使诱降，说诸葛瞻若投降，便封以琅邪王，诸葛瞻不为所动，怒斩来使，随后与长子一起战死疆场。令人难以接受的是，诸葛瞻父子以死捍卫的蜀国国君刘禅却投降了。裴松之注引干宝曰："瞻虽智不足以扶危，勇不足以拒敌，而能外不负国，内不改父之志，忠孝存焉。"① 这说明，诸葛亮不仅自己忠于国家，而且教育子嗣也要忠于国家。

诸葛亮不仅对儿子教育很用心，对子侄外甥的教育也不例外。诸葛亮的《又诫子书》：

> 夫酒之设，合理致情，适体归性，礼终而退，此和之至也。主意未殚，宾有余倦，可以至醉，无致迷乱。②

这封"书信""当是写给诸葛乔的，因为这时诸葛瞻年纪尚小，谈不到摆设酒宴，合乎礼节，表达情意的问题"③。竟连如何饮酒，诸葛亮都要转信致答，确实体现了诸葛亮的谆谆教诲和知再舔犊情深。

诸葛亮的《诫外生书》也非常有名，其文云：

> 夫志当存高远，慕先贤，绝情欲，弃凝滞，使庶几之志，揭然有所存，恻然有所感；忍屈伸，去细碎，广咨问，除嫌吝，虽有淹留，何损于美趣，何患于不济。若志不强毅，意不慷慨，徒碌碌滞于俗，默默束于情，永窜伏于凡庸，不免于下流矣!④

此信可能是写给二姐的儿子庞涣的。信中告诫外甥要志存高远，树立远大抱负，理想修身，锤炼意志情操，否则就会成为庸庸凡俗之辈。

诸葛亮的侄子诸葛恪，是兄长诸葛瑾长子，"少有才名，发藻岐嶷，辩论应机，莫与为对"⑤，深受孙权赏识。孙权曾"初置节度官，使典掌军粮"，这是一个十分重要的职务，孙权最初的人选是侍中偏将军徐详，但不幸的是，徐详死了，于是他准备任

① 《三国志》卷三五《诸葛亮传》，第932页。
② 《诸葛亮集》，第28页。
③ 有人怀疑诸葛亮的两份《诫子书》是后人伪作，因为诸葛亮的儿子诸葛瞻年仅8岁，从书信内容上看，不像是给儿童讲话。其实，这种怀疑是站不住脚的，但朱大渭、梁满仓《诸葛亮大传》认为"诸葛亮的两份《诫子书》，就是给已经成年的嗣子诸葛乔的"（中华书局，2007年，第489页），显然有误。
④ 《诸葛亮集》，第28页。
⑤ 《三国志》卷六四《诸葛滕二孙濮阳传》裴松之注引《江表传》，第1429页。

用诸葛恪担当此任。诸葛亮闻讯，急忙给陆逊修书一封，希望转达孙权。信的内容为：

"家兄年老，而恪性疏，今使典主粮谷，粮谷军之要最，仆虽在远，窃用不安。足下特为启至尊转之。"逊以白权，即转恪领兵。①

常言说，"知子莫若父"，诸葛亮虽非诸葛恪父，两人也分处蜀汉、东吴遥远的两地，但作为叔父的诸葛亮对大侄秉性的了解，几若父亲，对其成长和关心，极为在意。观诸葛恪以后的政治作为及结局，诸葛亮明言其"性疏"，的确是十分中肯的。孙权收悉后，便任以诸葛恪他职。

总结诸葛亮的教子之道，其最值得称道的是：以身作则，言行一致，如诸葛亮忠诚、守信、廉洁、洁身自好等，本身就是无形的教育力量。

首先是忠诚。诸葛亮对君主是忠诚的。诸葛亮自从追随刘备后，秉持国政，忠心不贰。刘备在临死前，在病榻托孤，让诸葛亮辅佐后主刘禅，并说，若刘禅昏庸误国，不堪大用，诸葛亮可以"取而代之"。但是，刘备死后，诸葛亮全力辅佐后主，甚至在明知"兴复汉室"大业无法实现时，仍然不改初衷，鞠躬尽瘁，死而后已，成为中国古代忠君爱国的典范。这种品质，光耀千古，垂范后昆。

第二是守信。守信，就是说到做到，"赏罚必信"，不因个人好恶而减轻或加重对部众的奖励或惩罚，在这方面，诸葛亮挥泪斩马谡，就是典型的例证。马谡才华出众，诸葛亮"深加器异"，"每引见谈论，自昼夜达"。②诸葛亮七擒孟获、绥服南夷，就是采纳了马谡"攻心为上，攻城为下"的建议，从而成功解决了南中问题。但是，诸葛亮首次北伐，以马谡为先锋，督率诸军与魏将张郃战于街亭，马谡太自负，"违亮节度，举动失宜"③，最后一败涂地，失去战略要地街亭，使大军"进无所据"，只好退回汉中。街亭之失、首次北伐无功而返，马谡罪不容赦，尽管诸葛亮与马谡关系亲密，实在不舍，但还是挥泪斩马谡。《三国志》卷四一《霍王向张杨费传》记载：诸葛亮"赏不遗远，罚不阿近，爵不可以无功取，刑不可以贵势免"。《三国志》卷三五《诸葛亮传》裴松之注引《郭冲五事》，其第五事就是诸葛亮"取法于军"一事，尽管裴松之认为《郭冲五事》虚妄不可信，但郭冲为西晋人，与陈寿同时代，且第五事所记与"诸葛亮重信守诺"行事吻合，裴松之"虚妄不可信"之论，也似失之武断。

第三是廉洁。《三国志》卷三五《诸葛亮传》记载，诸葛亮曾上表刘后主说："成都有桑八百株，薄田十五顷，子弟衣食，自有饶余。"坦言"若臣死之日，不使内有余帛，外有赢财"。临终遗言"葬汉中定军山，因山为坟，冢足容棺，敛以时服，不须器物"。

第四是洁身自好。诸葛亮之妻，乃黄承彦之女，有人说其貌丑无比。《三国志》卷

---

① 《三国志》卷六四《诸葛滕二孙濮阳传》裴松之注引《江表传》，第1430—1431页。
② 《三国志》卷三九《董刘马陈董吕传》，第983页。
③ 《三国志》卷三五《诸葛亮传》，第922页。

三五《诸葛亮传》裴松之注引《襄阳记》记载:"黄承彦者,高爽开列,为沔南名士,谓诸葛亮曰:'闻君择妇,身有丑女,黄头黑色,而才堪相配。'孔明许,即载送之。时人以为笑乐,乡里为之谚曰:'莫作孔明择妇,正得阿承丑女。'"从"时人为之笑乐"、乡谚"莫作孔明择妇,正得阿承丑女"来看,诸葛亮之妻肯定不会漂亮,当然也有人认为诸葛之妻并不丑陋,还有人说其聪慧绝伦。不管怎么说,没听说诸葛亮闹出"停妻再娶"的事来,也没有诸葛亮妻妾成群的记载,仅有一不知名姓之妾。① 但是,在同一时代,曹操、刘备、孙权、董卓、吕布等等,都有不止一个女人,甚至还有因争女色而失信、夺人妻而以兵戎相见者。② 就这一点,同时代和当今时代的"名人"都难以与诸葛亮相提并论。

十六国时期西凉王李玄盛就曾引诸葛亮的训诫,勉励诸子师法孔明之家训,行周孔之教,以立身安国,承继父业。《晋书》卷八七《凉武昭王李玄盛传》载:"玄盛上巳日燕于曲水,命群僚赋诗,而亲为之序。于是写诸葛亮训诫以勖诸子曰:'吾负荷艰难,宁济之勋未建,虽外总良能,凭股肱之力,而戎务孔殷,坐而待旦。以维城之固,宜兼亲贤,故使汝等未及师保之训,皆弱年受任。常惧弗克,以贻咎悔。古今之事不可以不知,苟近而可师,何必远也。览诸葛亮训励,应璩奏谏,寻其终始,周孔之教在中矣,为国足以致安,立身足以成名,质略易通,寓目则了,虽言发往人,道师于此。且经史道德如采菽中原,勤之者则功多,汝等可不勉哉!'"马荣良指出:"诸葛亮的家庭教育思想对后世也产生了深远的影响。其后历代的家教,如南北朝时颜之推的《颜氏家训》、唐代的《太公家教》、北宋司马光的《家范》、明清之际学者孙奇逢的《教子家训》、清代教育家朱柏庐的《朱子治家格言》等,都不同程度地受到了诸葛亮教子育人思想的启示和影响。即便在今天,其家庭教育思想对于家长如何培养子女良好品质也仍然具有重要的借鉴意义。"③

---

① 诸葛亮《又与李严书》云"吾受赐八十万斛,今蓄财无余,妾无副服"。《诸葛亮集》,20页;张澍案曰:"侯之妾乃无副服,其俭德可师矣。惜妾之姓不传。"《诸葛亮集》,第163页。

② 曹操为争女色而失信于关羽,《三国志》卷三《明帝纪》裴松之注引《献帝传》曰:"(秦)朗父名宜禄,为吕布使诣袁术,术妻以汉宗室女。其前妻杜氏留下邳。布之被围,关羽屡请于太祖,求以杜氏为妻,太祖疑其有色,及城陷,太祖见之,乃自纳之。"《三国志》卷三六《关张马黄赵传》裴松之注引《蜀记》曰:"曹公与刘备围吕布于下邳,关羽启公,布使秦宜禄行求救,乞娶其妻,公许之。临破,又屡启于公。公疑其有异色,先遣迎看,因自留之,羽心不自安。此与魏氏春秋所说无异也。"方诗铭先生《关羽其人》一文认为:"《献帝纪》《蜀记》《魏氏春秋》三书皆记有此事,应该是真实的。"见《论三国人物》,北京出版社,2015年,第293—294页。董卓与吕布"誓为父子,甚爱信之",但吕布私与董卓"傅婢情通",而与王允等人刺杀董卓,事见《后汉书》卷七五《刘焉袁术吕布列传》、《三国志》卷七《吕布臧洪传》等。曹操见张绣婶母(张济之妻)有姿色,便强占为妾,引起张绣愤恨和猜疑,致使其降而复叛,掩袭曹营,曹操猝不及防,损失惨重,险些丧命,其长子曹昂、侄子曹安民被杀,猛将典韦战死。

③ 马荣良:《诸葛亮家庭教育思想探析》,《山东青年政治学院学报》2011年第6期。

三、结论

在学术研究中，很少有人将曹操与诸葛亮并论，但是在教子方面，二人有太多的相似之处：二人都是幼年丧亲，酷爱读书，官拜丞相之职，政事繁忙，都是著名的政治家、军事家。但从前这叙述中不难发现二人在教育子女方面的共性：第一，重视子女幼小时期的教育，诸葛亮作《诫子书》时其子八岁。曹丕学射箭时年仅五岁，曹冲称象时，年仅五六岁。第二，以身作则。曹操和诸葛亮均酷爱读书、勤勉节俭、重法守诺，在实践中锻炼孩子，不娇生惯养。第三，注重方法方式。诸葛亮以《诫外生书》《诫子书》等方式，动之以情，晓之以理；而曹操因材施教，鼓励、善导。可以说，二人在教育方面，均给后人留下了宝贵的财富。

曹操、诸葛亮重视家庭教育，仅是汉末三国时期诸多名门望族、上流社会重视教育的一个缩影而已。事实上，细微孤族和贫寒之家也不乏重视家庭教育的例子。三国枭雄刘备临终前也留下了"勿以恶小而为之，勿以善小而不为"[1] 的戒子名言，有人指出"曹操和刘备二人在孩子的教育方面都是不遗余力"[2]，笔者认为，此论若说曹操在教育子女上不遗余力，则毫无疑问；但若说刘备在孩子教育上不遗余力，则显得比较苍白。

—————————————

① 《三国志》卷三二《先主传》裴松之注云："朕初疾但下痢耳，后转杂他病，殆不自济。人五十不称夭，年已六十有余，何所复恨，不复自伤，但以卿兄弟为念。射君到，说丞相叹卿智量，甚大增修，过于所望，审能如此，吾复何忧！勉之，勉之！勿以恶小而为之，勿以善小而不为。惟贤惟德，能服于人。汝父德薄，勿效之。可读汉书、礼记，闲暇历观诸子及六韬、商君书，益人意智。闻丞相为写申、韩、管子、六韬一通已毕，未送，道亡，可自更求闻达。"

② 滕依巧、王昱蕤：《从三国看曹操、刘备的子女教育》，《才智》2015 年第 14 期。

·古文字研究·

马王堆汉简遣册、签牌校补

萧　旭

（常州大学周有光语言文化学院）

摘要：《长沙马王堆汉墓简帛集成》中收录的汉简遣册、签牌，整理者已经做了高水平的整理，是目前最为精审的整理本。但存留的疑难问题还有一些，也有继续研究的必要。本文侧重语词考辨，在前贤时彦研究基础上，信守"考本字、探语源、寻语流、破通假、征方俗、系同源"的治学理念，是而未尽者申证之，未及者补之，误者正之。

关键词：马王堆汉简；遣册；签牌；校补

马王堆遣册、签牌收录于裘锡圭主编的《长沙马王堆汉墓简帛集成》第6册，又收录于陈松长主编的《中国简牍集成》第17册。① 本文依前者为底本作校补，引整理者注释称作"新注"。后者汇集诸家旧说，本文不再征引。

关于遣册，笔者以前曾发表过其中四则校补②，其余部分如次。

一、马王堆《一号墓竹简遣册》校补

（一）右方索鱼七䀉

新注：一号墓报告："䀉，当为器名，参看简138。"唐兰："䀉，即'䀉'，和'缉''辑''戢'都有集合在一起的意思。把这些用竹签串起来的食物放在一起称为'䀉'。"今按：此字又见于三号墓遣册简105—109，二、三号墓报告认为，"系指竹夹而言，可能是篝之一种"。以䀉为器名不妥，唐说似可考虑。朱德熙、裘锡圭："'索

---

① 裘锡圭主编：《长沙马王堆汉墓简帛集成》第6册，中华书局，2014年，第173—220页；陈松长主编：《中国简牍集成》第17册，敦煌文艺出版社，2005年，第1161—1202页。

② 萧旭：《马王堆汉墓简帛解故》，《湖南省博物馆馆刊》第11辑，2015年，第5—8页。

鱼'也见于云梦秦墓所出《日书》，是与鲜鱼相对的名称，就是干鱼的意思。"（6/180—181，表示《长沙马王堆汉墓简帛集成》第6册第180—181页，下仿此。）

张显成曰：聑，相当于量词"串"。聑，可能读为乱，义为"集"①。

贺强曰：聑，疑为器名。简138"梅十聑"，是用一叠竹夹住的并用竹签穿的梅子，故"聑"可能就是竹夹。②

按：张显成说乃本于唐兰，谓"聑"即"乱"，无据，其说不可从。聑从古得声，读为盬。《说文》："盬，器也。"字亦作盬③，裴务齐《正字本刊谬补缺切韵》："盬，器。"《玉篇》："盬，器也。盬，同上。"《广韵》："盬，器也，《说文》作'盬'。"其字从缶或匋，明其质，从古取其声，是陶制的圆形盛饭容器，或说是方形容器。字亦作盬，《玉篇》："盬，器也。"字亦作胡、瑚、鉏、钴，《左传》哀公十一年："仲尼曰：'胡簋之事，则尝学之矣。'"杜预注："胡簋，礼器名。夏曰胡，周曰簋。"孔疏："包咸、郑玄等注《论语》，贾、服等注此《传》，皆云'夏曰瑚'，杜亦同之。""胡（瑚）"用以盛祭物，故注云礼器名。《玉篇》："瑚，《论语》注云：'瑚琏，黍稷之器，夏曰瑚，殷曰琏。'或作鉏。"《集韵》："鉏，或作钴，通作瑚。"字亦作匧，都是"簋（医）"改易声符的异体字。④《说文》："簋，黍稷圜器也。匧，古文簋。"《玉篇》："匧，今作簋。"《正字通》："匧，同'医'，见古钟鼎文。"王筠曰："盬，《广韵》作盬。案：此及'盬'字于古未闻，而俗器多有之。"⑤王氏失考。简136言"脯栃（梅）一笥"，简138言"栃（梅）十聑"。"笥"是盛饭或衣的方形竹器，可以盛梅，然则亦可以用陶器"聑"盛梅。把索鱼盛于"聑"中，当然也就有可能了。朱、裘说是，刘钊亦说"指干鱼"⑥。《韩诗外传》卷一："枯鱼衔索，几何不蠹?"《家语·致思》《说苑·建本》同。"枯鱼"即"干鱼"。以绳索串联，故称作"索鱼"⑦。睡虎地秦简《日书》甲种："得之于黄色索鱼、菫西（酒）。"整理者注："索，疑读为腊。"⑧其说非是。

（二）取聚〈裔〉一器

新注：一号墓报告："'取'即'聚'字，即今'炒'字。'取'下之字不识，或疑为'爵（雀）'字。"周世荣据三号墓遣册定为"裔"，"取裔"读为"茱萸"，即花

---

① 张显成：《马王堆三号汉墓遣策中的量词》，简帛网2005年11月18日。

② 贺强：《马王堆汉墓遣策整理研究》，西南大学2006年硕士学位论文，第11页。

③ 参见何琳仪：《战国古文字典》，中华书局，1998年，第476页。

④ 参见胡吉宣：《玉篇校释》，上海古籍出版社，1989年，第3070页、第3081页；龙宇纯：《说簋医书匧及其相关问题》，《"中央研究院"历史语言研究所集刊》第64本第4分，1993年，第1025—1046页。

⑤ 王筠：《说文解字句读》，中华书局，1988年，第175页。

⑥ 刘钊：《读秦简字词札记》，《简帛研究》第2辑，法律出版社，1996年，第111页。

⑦ 参见裘锡圭：《读书札记九则》，收入《裘锡圭学术文集》卷4，复旦大学出版社，2012年，第392页。

⑧ 《睡虎地秦墓竹简》，文物出版社，1990年，第194页。

椒类的香料。按：此字依字形当隶为"奋"，本简的"奋"也有可能是"奋"之讹。"取奋"是否读为"茱萸"尚有疑问，待考。(6/185)

按：三号墓遣册简 208 录作"取奋"，是，图版作"奋"。读取为菜，是也①。奋，读为羭，母羊或黑毛羊。

(三) 鱼鮠 (监) 一资

新注：一号墓报告："简 141 有'瓦资一'三字，可见资是陶器，与陶质无关。出土印纹硬陶罐有二木牌，一书'盐一资'，另一书'口资'，说明'资'就是硬陶罐。又简 139：'元梅二资，其一杨梅。'133、229 号硬陶器内分别盛有杨梅和梅。皆可为证。"唐兰："资即瓷字。"今按：唐说似不可从。(6/186)

周世荣曰：资，就是硬陶罐，可释作"瓷"……它本来的名称是什么呢？我认为很可能是音近义通的"瓵"。②

按：资，读为齍。《说文》："齍，黍稷在器以祀者。"引申则为盛放黍稷的容器，简文泛指陶质容器。《周礼·天官·九嫔》郑玄注："玉齍，玉敦，受黍稷器。"帛书《经法·国次》："利其齍财。"则借齍为资。

(四) 蘺 (离) 然 (膌) 一资

新注：一号墓报告："此简离即藜，《广雅》：'藜，黏也。'然即橪字。《说文》：'橪，酸小枣。'离然，应是以枣和黍米做的黏饭。"朱德熙、裘锡圭："简文的'然'应该读为'膌'。《尔雅》：'肉谓之醢，有骨者谓之膌。'《周礼·天官·醢人》有'麋膌''鹿膌''麇膌'，郑注：'三膌亦醢也。作醢及膌者，必先膊干其肉，乃后莝之，杂以粱曲及盐，渍以美酒，涂置甀中，百日则成矣。''离'字之义未详。也许膌有大块和切碎两种，离膌属于后一种。"(6/186)

刘玥曰："蘺然"应读作"离然"，指带骨雀肉酱。"蘺"即"离"，通"雅"。《说文》："雅，雅黄也，一H楚雀也。其色黎黑而黄。"段玉裁注："雅黄即离黄。""蘺然"即"蘺膌"。③

按：唐兰亦读作"藜橪"④。朱、裘读然为膌，是也，字亦作膗。《说文》："膗，有骨醢也。膌，膗或从难。""离"是虎豹之类的猛兽，"离膌"与"麋膌""鹿膌""麇膌"相类。《史记·周本纪》："如虎如罴，如豺如离。"《集解》引徐广曰："此训与螭同。"今《书·牧誓》作"如虎如貔，如熊如罴"，"貔"亦虎豹之类的猛兽，故《史记》易作"离"。字亦作猁，《周礼·地官·大司徒》郑玄注："羸物，虎豹貔猁之属浅毛者。"又作猁、猁，见《集韵》。本字作离，《说文》："离，山神兽也。欧阳乔

---

① 例证另参见王辉：《古文字通假字典》，中华书局，2008 年，第 208 页。
② 周说转引自金菲菲：《长沙马王堆一号汉墓遣策集释》，首都师范大学 2011 年硕士学位论文，第 49—50 页。
③ 刘玥：《马王堆汉墓遣册词语考释札记》，《汉字文化》2013 年第 5 期。
④ 唐兰：《长沙马王堆汉轪侯妻辛追墓出土随葬遣策考释》，《文史》1980 年第 10 辑，第 24 页。

说：'离，猛兽也。'"

（五）孝糦（胶饧）一资

新注：一号墓报告："孝，读为胶。《荆楚岁时记》'正月一日'条下说：'进屠苏酒、胶牙饧。'"（6/187）

按：唐兰亦读作"胶饧"，谓即"胶牙饧"①。一号墓竹牌"孝糠"，整理者据此遣册读为"胶饧"②。《荆楚岁时记》隋杜公瞻注："胶牙者，盖以使其牢固不动，取胶固之义，今北人亦如之。"考《御览》卷二九引应劭《风俗通》："进屠苏酒、胶牙糖。"注引周处《风土记》："胶牙者，盖以使其牢固不动，今北人亦如之。""饧"同"糖"。此《荆楚岁时记》及注所本。宋庄绰《鸡肋编》卷中："以饧胶牙，俗亦于岁旦嚼琥珀饧以验齿之坚脱（脆）。"③ 胶牙饧者，言胶牙之饧，使牙胶固之饧，不得省称作"胶饧"。今吴语尚有"胶牙子"的说法，"胶"作动词读去声，音告；"胶"作名词则音高。贺强取旧说，又曰："孝糦，应该是一种用蜜做的粘牙的糖。"④ 是误解"胶牙"之谊矣。孝，当读为膏，今吴语"教"读如"高"，亦其例。《后汉书·樊儵传》："又野王岁献甘醪、膏饧。"⑤ "孝糦"即膏饧也。

（六）澄（醷）一资

新注：朱德熙、裘锡圭："'澄'也应该是一种调味品。疑'澄'当读为'醷'。《说文》：'醷，酱也。'"（6/189）

按：澄，读为饐，实为腌⑥，字亦作鲍、裛。《说文》："腌，渍肉也。"又，"鲍，饐鱼也"。又，"饐，饭伤湿也"。考《玉篇》："鲍，渍鱼也，今谓裛鱼。"（《六书故》卷二〇引"裛"作"浥"）又，"鲰，盐渍鱼也"。蒋斧印本《唐韵残卷》："腌，盐渍鱼，亦作鲰"。故宫本王仁昫《刊谬补缺切韵》卷五："鲰，臭。"又，"腌，盐渍鱼，亦作鲰"。故宫本裴务齐正字本《刊谬补缺切韵》卷五："鲰，《释名》：'腐鱼。'"又，"腌，盐渍鱼肉"⑦。今本《释名》作"鲍，腐也"。《广韵》："腌，盐渍鱼也。鲰，上同。"《汉书·货殖传》颜师古注："鲍，今之鲰鱼也。"是《说文》"饐鱼"即"鲰（裛）鱼"，亦即"渍鱼"。字亦作鲍、肶，《集韵》："鲍、鲰：一曰渍鱼也，或从邑。"

---

① 唐兰：《长沙马王堆汉轪侯妻辛追墓出土随葬遣策考释》，《文史》1980 年第 10 辑，第 25 页。

② 裘锡圭主编：《长沙马王堆汉墓简帛集成》第 6 册，第 221 页。

③ 《说郛》卷二七引"脱"作"脆"。

④ 贺强：《马王堆汉墓遣策整理研究》，西南大学 2006 年硕士学位论文，第 16 页。

⑤ 《御览》卷八五二引《东观汉记》误作"甘胶（醪）、膏饧（饧）"。

⑥ "壹壸""噎郁"音转作"浥郁"，"郁壐"音转作"郁邑（悒）""烟邑"，此其相通之证。参见萧旭：《"抑郁"考》，收入《群书校补（续）》，台湾花木兰文化出版社，2014 年，第 2509—2513 页。

⑦ 故宫本王仁昫《刊谬补缺切韵》，故宫本裴务齐正字本《刊谬补缺切韵》，并收入周祖谟：《唐五代韵书集存》，中华书局，1983 年，第 526 页、第 621 页。

又，"腌、胭：《说文》：'渍肉也。'或从邑"。字亦作腌、浥、醃，指腌制品。① 段玉裁曰："腌，今淹渍字当作此，淹行而腌废矣。腌犹瀸也。肉谓之腌，鱼谓之饐。《仓颉篇》云：'腌酢，淹肉也。'"又曰："《鱼部》曰：'鲍，饐鱼也。'是引申之凡淹渍皆曰饐也。"② 沈钦韩曰："《玉篇》云云，襄即鲰也……饐亦襄、鲰之变，而徐锴《系传》解饐为陈臭，则沿俗说耳。"③《释名》："鲍，腐也，埋藏淹使腐臭也。"饭伤于湿发臭为饐，腌则是用水淹没使腐臭，其语源都是"淹"。《盐铁论·散不足》："煎鱼切肝，羊淹鸡寒。"羊淹指渍羊肉。彭卫说"汉代没有'腌肉'之法"，认为"羊淹"是"羊昔（腊）""羊残"，是失检《说文》"腌，渍肉也"。遣册说"澄一资"，不能确定是腌鱼还是腌肉。

（七）棘糒（糗）一笥

新注：一号墓报告："《诗·园有桃》：'园有棘。'毛传：'棘，枣也。'《九叹·愍命》：'树枳棘与薪柴。'王逸注：'小枣为棘。'《说文》：'棘，小枣丛生者。'又'糗，熬米麦也。'糗与糒义近。"（6/190）

按：所引三证，"棘"训枣是木名枣树，非其谊。此简"棘"当是"棗"构形易位的异体字。简137："右方棘、梨、柚、脯梅（梅）笥四。"四者皆果名。

（八）唐（糖）枎于（乌芋）糒（糗）一笥

新注：一号墓报告："唐，即'糖'。枎于，疑为'夫蓠'。或释'乌芋'，即今荸荠。"今按：当以读"乌芋"为是。（6/190）

按：唐兰、王贵元亦读为"乌芋"④。三号墓遣册亦作"唐枎于"，三号墓签牌14作"唐枎"。"枎于（籽）"疑是"籽糘"音转，《广雅》："籽糘、糈，饊也。"敦煌写卷S.617《俗务要名林·饮食部》："籽糘，以饊徽为团也，上樵于，下流。"《北户录》卷二"龟图注"引《证俗音》："今江南呼徽飳，已煎米，以糖饼之者为籽糘也。""籽糘"是以糖和米粉煎成的米团。以糖和面粉煎成的面饼则称作"餺飳"，又音转作"餶飳"等。其语源义都是"培塿"⑤。唐，读为饊。唐（糖）枎于（籽），指以饊和米制作的米团。《释名》："饵，而也，相黏而也，兖豫曰溏浃，就形名之也。"黄丕烈校"浃"作"挟"⑥。毕沅曰："'溏浃'二字《说文》所无，乡俗之语，未详何义。"成蓉镜曰："案'溏浃'疑即'糖餰'之讹。《集韵》：'餰，饵也。兖豫谓之糖餰。'当

---

① 参见萧旭：《〈《本草纲目》"醃"字音义〉补正》，收入《群书校补（续）》，花木兰文化出版社，2014年，第2275—2276页。

② ［清］段玉裁：《说文解字注》，上海古籍出版社，1981年，第176页、第222页。

③ ［清］沈钦韩：《汉书疏证》卷三四，收入《续修四库全书》第267册，上海古籍出版社，2002年，第164页；彭卫：《汉代食饮杂考》，《史学月刊》2008年第1期，第23页。

④ 唐兰：《长沙马王堆汉轪侯妻辛追墓出土随葬遣策考释》，《文史》1980年第10辑，第19页；王贵元：《简帛文献字词研究》，中国社会科学出版社，2020年，第130页。

⑤ 参见萧旭：《面食"馎饦""餶飳""蝎饼"名义考》，待刊稿。

⑥ 黄说转引自任继昉：《释名汇校》，齐鲁书社，2006年，第206页。

本此。《御览》卷八六〇引本书'兖豫曰溏浃',注云:'或作夷。'盖餰或省作弟,而弟又误作夷也。"叶德炯曰:"溏疑餹之假借,浃谓融浃。《说文》:'而,须毛也。'此当是《齐民要术》之茧糖,一名窠丝糖者,故云就形名之。"① 许克勤曰:"黎刻《玉篇》'餹'引作'兖豫谓饵曰餹餰也'。按:涕、餰古通,言餹形如涕也。又'餰,徒奚反,《埤苍》:餹餰,饵也。'据此则'溏浃'当作'溏涕',即餹餰也。又按《说文》饵为鬻之或体,小徐《系传》云:'饵先屑米为粉,然后溲之,故许慎云饵粉饼也。饵之言珥也。欲其坚洁而净若玉珥然也。'"② 沈龄曰:"《广雅》溏训为淖,淖者和也。《一切经音义》引《通俗文》云:'和溏曰淖。'《尔雅·释言》《释文》引《字书》云:'黏,糊也。'今人用黐糊,以麦末为之,犹言和,是即刘云就形名之谓欤?"③ 华学诚曰:"'餹餰'到底是指什么样的一种形状,无从考知,因此,我们现在只能把'餹餰'当作联绵词来看待。"④ 这种把暂时不能考知的词归为联绵词的做法不可取,且联绵词亦皆有义可考。王国珍曰:"《尔雅》郭璞注:'《夏小正传》曰:蜋蜩者蜋。俗呼为胡蝉,江南谓之蟪蛄。'疑'餹餰'因与'蟪蛄(一种蝉)'形状相似而得名。"⑤ 王氏系联同源词"蟪蛄"是对的,"鐀锑(火齐也)""磈硪(怪石也)""唐厔(石也)"亦同源,但谓形似得名,则望文生义矣。"浃"是"涕"形讹,"涕""餰"音转。⑥"溏浃"即"餹餰",亦即"餹饴"音转也。《释名》"饵,而也"者,"而"是"敊"借音字,"饵"取黏连义⑦,诸说并误。《玉篇残卷》"餰"字条引《埤苍》:"餹餰,饵也。"王仁昫《刊谬补缺切韵》卷一:"餹,餹餰,黍膏。"又"餰,餹餰,膏縻(糜)。"《御览》卷八六〇引《韵集》:"餹,饼饵也。"然则以糖黏食物使成膏饵谓之餹也。上简114云"密(蜜)颖(糗)三笥","餹""蜜"相类。

(九)僕(仆 差—糒麩/餶饪)一笥

新注:一号墓报告:"竹笥木牌'仆笥'作仆,本组小结简(简124)亦作仆,此简作僕,乃仆之讹体。'仆'为叠韵联绵词,与此音近的叠韵联绵词有'朴属''扑属''朴樕''蝶蜨''仆遬'等。'仆'当得义于'朴属'。古代有饼食称'餶饪'或'糒麩'(分别见《御览》卷八六〇和八五二所引束皙《饼赋》),'餶饪(糒麩)'

---

① 毕说、成说、叶说皆见毕沅、王先谦:《释名疏证补》,清光绪刻本,第19页。
② 许说见毕沅、王先谦《释名疏证补》所附,清光绪刻本,第11—12页。
③ 沈龄:《续方言疏证》,收入《续修四库全书》第194册,上海古籍出版社,2002年,第45页。
④ 华学诚:《周秦汉晋方言研究史》,复旦大学出版社,2007年,第259页。
⑤ 王国珍:《〈释名〉语源疏证》,上海辞书出版社,2009年,第142页。
⑥ 《尔雅释文》:"蛄,音黄。"《史记·鲁世家》《集解》引徐广曰:"茅,一作第,又作夷。""稊(荑)"或作"秱","鮧"或作"鮼","悌"或作"秱","黄"或作"茅","鹈"或作"鹈"。皆是其证。从弟从夷音转,另参见张儒、刘毓庆:《汉字通用声素研究》,山西古籍出版社,2002年,第770—771页。
⑦ 参见萧旭:《〈方言〉"餰"字疏证》,收入《群书校补(续)》,花木兰文化出版社,2014年,第1831页。

当为'仆粎'的变音,唐宋时所谓'馎饦',从语音看可能与'仆粎''麮麮'同源。"朱德熙、裘锡圭:"'仆粎'乃叠韵联绵词,典籍中与此音近的联绵词有'朴属''朴樕''仆遬'等。《考工记》郑注:'朴属,犹附着坚固貌也。'《诗·棫朴》郑笺:'白桵,相朴属而生者,枝条芄芄然。'《方言》卷三郭注:'撲属,藂相着貌。'《诗·野有死麕》毛传:'朴樕,小木也。'《汉书·息夫躬传》颜注:'仆遬,凡短之貌。'《集韵》:'蝶蝶,小虫。'这些联绵词显然是同源的,其中心意义当为附着丛集。物之丛聚相附着者,类多短小凡庸,因此引申而有小木、小虫等义。古人为面食或米粉食命名,往往着眼于面粉、米粉制成食品后黏着不相分离这一点上……'仆粎'显然是'朴属'分化出来的一个词,盖取其附着不相分离之义,也应该是一种饼食的名称……'麮麮'大概就是'仆粎'的变音,唐宋时期盛行一种叫'馎饦'的面食,'馎饦'与'仆粎'、'麮麮'当是一语之转。"(6/191—192)

唐兰曰:"僕楚"即"餢飳",又作"麮麮",《齐民要术》作"餢飳",是发面饼。又作"馎饦""不托"[1]。

按:1. 其说语源及系连联绵词皆未是。"撲属""朴属""朴樕""蝶蝶""仆遬"是"觳觫""潀潡"的音变,其中心词义是"颤抖""摇动"[2]。"餢飳"与"馎饦"是二物。"馎饦"的语源是《广雅》的"博祐",同义连文,取博大为义,故又可分别单称,是极薄的面片。"餢飳""麮麮"等都是"麮麷"转语,又音转作"麮麷""餢飳",是面食油煎饼,皆"培塿"音转,取高起为义,是圆形隆起的面食。[3] 2. 三号墓遗册简158、三号墓签牌41作"仆足"。"仆"字从米,与"麮麮"当非一物。3. 仆,读为糒。《说文》:"糒,干[饭]也。"[4]《释名》:"干饭,饭而暴干之也。"俗字作糗。字亦作熇,《方言》卷七:"熬、㷅、煎、焣,火干也。凡以火而干五谷之类,自山而东齐楚以往谓之熬,关西陇冀以往谓之熇,秦晋之间或谓之㷅。"暴干饭谓之糒,火干五谷谓之熇,其义一也。本字作爑、㷅(㷅),《说文》:"㷅,以火干肉。爑,籀文不省。"[5] 字或作焅,《玉篇》:"焅,火干也。熇,同上。爑,籀文。"字或作糒、熇,《集韵》:"爑,以火干肉,或作糒、焅、熇。"字或作熇、㷅、㷅,《玄应音义》卷七:"熇爑:古文熇、爑二形,又作㷅,同。《方言》:'熇,火干也。'《说文》:'以火

---

① 唐兰:《长沙马王堆汉轪侯妻辛追墓出土随葬遣策考释》,《文史》1980年第10辑,第18页。

② 参见萧旭:《〈孟子〉"觳觫"正诂》(合作),收入《群书校补》,广陵书社,2011年,第1204—1209页。

③ 参见萧旭:《面食"馎饦""餢飳""蝎饼"名义考》,待刊稿。

④ 段玉裁曰:"'饭'字各本夺,今依李贤《明帝纪》注、《隗嚣传》注、李善《文选》注、玄应书补。"《玉篇》亦有"饭"字。参见[清]段玉裁:《说文解字注》,第332页。

⑤ 《系传》"干"作"焙"。

干肉曰膴。'"《慧琳音义》卷三〇作"膴赹：古文㸐（焦）、䊶（糜）二形，又作
㸐"①。《龙龛手鉴》："焦，炒焦，火干物也。"又"稇，火干肉也。稇，籀文。"音转
亦变作焙、熪，《集韵》："熪，焙也，或作焙。"此所谓声训。段玉裁曰："膴，省作
焙，又或作焙，而异其音。"② 朱骏声曰："焦，字亦作焙，作焦，俗作焙。今苏俗或
言逼，或言焙。"③ 章太炎曰："焦或音如逼，或变作焙，皆一语也。"④ 黄侃曰："焦，
此即今之焙字。"⑤ 暴干饭谓之糒，所干之饭亦谓之糒，名动固相因也。《广雅》："糒，
糒也。"王仁昫《刊谬补缺切韵》卷四："糒，糒。"《龙龛手镜》："糒，糒糒也。"俗
字亦作餔。"糒"字从米，当是以火所熬米粉的专字。音转亦作精、餔、粆、榝、糒，
《篆隶万象名义》："餔，食，榝字。"⑥ 蒋斧印本《唐韵残卷》："餔，餻餔，又作精。"
《集韵》："餔，餻餔，饵也，或作精、粆。"又"榝、糒：粉饵，或省。"《龙龛手镜》：
"精、粆，音步，餻精，与餔同。"简文用作名词，指炒焙的米粉。塮、糒，疑读为糒。
《集韵》《类篇》并云："糒，吴俗谓熬米为饵曰糒。"《字汇》《正字通》并云："糒，
音促，熬米为饵曰糒。"邗江胡场 5 号汉墓木签遣册："饧糵居（粗）女（粔）筍。"
"糵"即"糒"⑦。"糒"疑是"糒"的吴楚南方音变。越南阮秉《五千字译国语·食
部》："糒，餹 [字]。""餹 [字]"当是"饼餥（糒）"的记音俗字⑧，越南语盖古吴楚语之
遗存。糒从戚得声，戚清母觉部，糒溪母幽部，二者可以音转。糒音变又作杲，杲群母
幽部。《说文》："杲，舂糒 [米] 也。"⑨《集韵》："糒，《说文》：'熬米麦也。'或作
杲。"其语源是"腸（炒）"，王念孙曰："糒之言炒，糒之言焦也。"⑩ 皆所以明其语
源。4. "仆糒（足）"即"糒糒"，文献多作"糒糒"。5. 周家台 30 号秦墓简牍《病
方及其它》："以给、颠首、沐淀欿，并，参（三）熴（温）煮之。"疑"沐淀"与
"仆糒""僕塮"是一声之转。里耶秦简（一）简 8 – 137："□朔戊午，迁陵丞迁告畜

① 徐时仪曰："䊶，据文意似作糜。"参见徐时仪：《一切经音义三种校本合刊》，上海古籍出
版社，2008 年，第 1044 页。

② ［清］段玉裁：《说文解字注》，第 483 页。

③ ［清］朱骏声：《说文通训定声》，武汉市古籍书店，1983 年，第 225 页。

④ 章太炎：《新方言》卷 6，收入《章太炎全集（7）》，上海人民出版社，1999 年，第 106 页。

⑤ 黄侃：《说文段注小笺》，收入《说文笺识》，中华书局，2006 年，第 210 页。

⑥ 吕浩：《篆隶万象名义校释》（学林出版社 2007 年版，第 149 页）妄改作"餔，食也，精也"。

⑦ 《中国简牍集成》第 19 册整理者已引《集韵》，但改"糒"作"糵"，敦煌文艺出版社，
2005 年，第 1866 页。

⑧ 敦煌写卷 S．617《俗务要名林·饮食部》："膏熪：餻餥之别名，下音叶。"《集韵》："餥、
糒，饼属，或从米。"《书钞》卷八九："糒饼为散。"

⑨ "米"字据《玉篇》《篆隶万象名义》补。《广韵》作"糒米"，疑脱"舂"字。

⑩ ［清］王念孙：《广雅疏证》，收入徐复主编《广雅诂林》，江苏古籍出版社，1998 年，第
622 页。

官仆足。""仆足"用作人名①，取义或同。

（十）卵糟（䭀/粢）一器

新注：朱德熙、裘锡圭："周世荣据三号墓遣册指出'卵'下一字当释为'糟'，十分正确。但是他认为'糟即稽字'却不妥当。'糟'应该是'䭀'异体。《说文》：'粢，稻饼也。'或体作'粢''䭀'。《释名》：'粢，渍也，蒸燥（糁）屑使相润渍饼之也。'② 卵䭀就是加鸡蛋的米饼。"今按：此字亦见三号墓遣册简178，二、三号墓报告释为"糟"但读为"齋"。伊强指出："齋"的异体"粢"字已见于三号墓简195、196，因此读为"齋"不妥。当以朱、裘之说为是。（6/192）

按：糟，疑读为醋。《广雅》："醋，酱也。""卵醋"即"卵酱"，指鱼子酱。《礼记·内则》："濡鱼，卵酱实蓼。"郑玄注："卵，读为鲲。鲲，鱼子。"孔疏："卵，谓鱼子，以鱼子为酱。"《匡谬正俗》卷三："卵者鱼卵，即是鱼子，不劳改读为'鲲，鱼子'也。"刘晓东曰："卵者，鸟鱼之共名也。鲲者，鱼子之别名也……郑以别指明嫌，颜以通名定训，斟而量之，郑君为得也。"③

（十一）漆画大柷，容四升

新注：一号墓报告："柷与酒杯同组，亦应为饮酒器。柷，疑为觯或觚之变音。"今按：三号墓遣册简260有"大栘"，应即"大柷"。二、三号墓报告读为"匜"，不可从。一号墓简190、191之"柂"已读为"匜"。"大柷（栘）"就是一种容量较大的耳杯，读为觯似可考虑。（6/200）

王贵元曰：前一说（引者按：指读为觯或觚）似嫌迂曲，后一说（引者按：指读为匜）也不确，因为一号墓另有匜出土，其遣册写作"柂"。《方言》卷五："𥳥，栖也，其大者谓之㽅。""栘""柷"当是"㽅"的借字。④

按：柷、栘，读为觯（觚）是也。《说文》："觯，乡饮酒角也，觯受四升。"《礼记·礼器》郑玄注则云："三升曰觯。"字亦作觗，《说文》："觗，《礼经》'觯'。"《集韵》："觯，或作觗。"又《集韵》"𧣨"或作"觗"，亦其比。音转亦作厄，《说文》："厄，圜器也，一名觛。"《玉篇》："厄，酒浆器也，受四升。"《汉书·高帝纪》颜师古注引应劭曰："厄，饮酒礼器也，古以角作，受四升。古厄字作抵。""抵"是"觗"误⑤，皆与简文"容四升"相符。沈钦韩曰："古者觯字或作角旁氏。觯、觗皆三升酒器，应劭云受四升者误也，与《说文》同。厄与觗音义各别……作觗，未之前

---

① 何有祖：《里耶秦简所见人名"仆足"试考》，简帛网2018年5月6日。
② 引者按：《御览》卷八六○引"燥"作"㷱"，即"燥"俗字。
③ 刘晓东：《匡谬正俗平议》，山东大学出版社，1999年，第86页。
④ 王贵元：《马王堆三号汉墓字词考释》，《中国语文》2007年第3期。
⑤ 《汉书》中华书局1964年版点校本失校，第66页。

闻。"① 王先谦取沈说。② 沈氏下说或误。

（十二）员（圆）付蒌（瓴甄）二，盛带，一空

新注：空，一号墓报告不识，疑为"空"字，但小匳皆盛物，无一空者。（6/206）

按：空，疑读为崆。《玉篇》："崆，巾也。"与丝带类近。俗字作"帩"，《五音集韵》："帩，衣巾也。"熊加全曰："帩字训为衣巾也，于文献无征，疑为望形生训也。'帩'疑即'愤'字之俗。"③ 直是妄疑妄改。

（十三）素信期绣检（奁）幦一，素赤掾（缘），繻缓缩（绦/绦）劬（饬/饰）

新注：一号墓报告："'乘云'以及下简见到的'长寿''信期'等刺绣名，都是指特定的花纹样式，因行用日久，目前尚难考订其命名的由来。繻缓，似为绦条的一种。"（6/210—211）

唐兰曰："缓"是柔缓的意思。"繻缓缩"当为织法比较松缓的彩色条带。④

按："繻缓"是"缩"的修饰语，读为柔暖，以其修饰丝绦，故易其义符从"糸"旁。特定的花纹样式取名"信期"者，取信义为谊⑤；取名"乘云""长寿"者，取富贵长寿之谊。《广雅》："无綟，彩也。"《潜夫论·浮侈》："或克削绮毂，寸窃八采，以成榆叶、无穷、水波之纹。"《后汉书·马援传》李贤注引何承天《纂文》："都致、错履、无极，皆布名。"《隶释》卷六《国三老袁良碑》："今特赐钱十万，杂缯卅匹，玉具、剑佩、书刀、绣文印衣、无极手巾各一。""无綟""无穷""无极"皆花纹名称，亦取富贵长寿为谊。

（十四）青丝履一两，扁（编）楮（诸）掾（缘）

新注：一号墓报告："扁楮即编诸。《说文》：'绦，扁绪也。'段注：《广雅》作编绪，《汉书》及贾生《新书》作偏诸，盖上字作编，下字作诸为是。诸者谓合众采也。《汉书·贾谊传》曰：'今民卖僮者，为之绣衣、丝履、偏诸缘。'服虔曰：'如牙条以作履缘。'"（6/211）

按：方以智曰："织缘曰偏诸。《贾谊传·治安策》：'緁以偏诸缘。'师古曰：'偏诸，若今之织成，以为腰襻及襈领者，古谓之车马缕。'唐四品木路、五品轺车，皆碧里青偏幰。偏言边也。"⑥ 偏诸缘，指履缘或衣缘（"緁以偏诸"指衣缘），言于履边或衣边合五彩加以缘饰也。《越绝书·外传记吴地传》："扁诸之剑三千。"此则指剑柄有

---

① ［清］沈钦韩：《汉书疏证》，收入《续修四库全书》第 266 册，上海古籍出版社，2002 年，第 12—13 页。

② ［清］王先谦：《汉书补注》，中华书局，1983 年，第 53 页。

③ 熊加全：《〈玉篇〉疑难字研究》，河北大学 2013 年博士学位论文，第 381 页。

④ 唐兰：《长沙马王堆汉轪侯妻辛追墓出土随葬遣策考释》，《文史》1980 年第 10 辑，第 48 页。

⑤ 另参见唐兰：《长沙马王堆汉轪侯妻辛追墓出土随葬遣策考释》，《文史》1980 年第 10 辑，第 46 页。

⑥ ［明］方以智：《通雅》卷三六，收入《方以智全书》第 1 册，上海古籍出版社，1988 年，第 1107 页。

缘饰，故为剑名。段氏得"编"字，而未得"诸"字。方以智读偏为边，非是。《说文》："綮，扁绪也，一曰弩腰钩带。"又"绪，丝端也。"《集韵》："綮，编绳。"《玉篇残卷》引《说文》作"綮，编绳也。一曰弩要钩带也"。当以《广雅》作"编绪"为正字，指编绳而言，亦可指弩要钩带。沈钦韩曰："偏诸即编绪之假借。"① 是为得之。

（十五）接（鞍）𪎭一两

新注：朱德熙、裘锡圭："《方言》卷四：'扉、屦、𪎭，履也。'又云：'南楚江沔之间总谓之𪎭。'《释名》：'屦，拘也，所以拘足也……荆州人曰𪎭。'《说文》：'𪎭，艸履也。'《急就篇》颜注：'𪎭者，麻枲杂履之名。''𪎭'疑指草履。'接'字疑当读'鞍'，《释名》：'鞍，韦履深头者之名也。鞍，袭也，以其深袭覆足也。'接𪎭可能就是形制如鞍的草靴。"（6/213）

按：《释名》说"𪎭"的名义云："齐人谓草屦曰扉……以皮作之或曰不借，言贱易有宜各自蓄之不假借人也。齐人云搏腊，搏腊犹把作（一本作'鲊'），𪎭貌也。荆州人曰𪎭。𪎭，措也，言所以安措足也。"《急就篇》卷二颜师古注："𪎭者，麻枲杂履之名，南楚江淮之间通谓之𪎭。""𪎭"的语源当是"𪎭"，刘成国以搏腊为𪎭貌，是也，故为麻枲杂履之名。刘氏又读"𪎭"为"措"，则非是。《玉篇》："𪎭，草履也。"朱骏声曰："凡疏略之义，皆当为𪎭之转注，𪎭即《周礼》之疏屦也。经传亦以粗为之。"② 胡吉宣曰："𪎭之言𪎭疏也。"③ "搏腊"是"不借"音转，言薄藉之也，刘成国说亦误。《齐民要术·杂说》："可拆麻缉绩布缕作白履不惜。"注："草履之贱者曰不惜。"（一本作"不借"）以"不惜"说之，亦非是。

（十六）合青笥二合，盛聂敝（币）

新注：一号墓报告："《礼记·少仪》：'聂而切之为脍。'郑注：'聂之言牒也。'意即碎片。敝即币字，竹笥木牌正作币。《说文》：'币，帛也。'聂币，即布帛的碎片。"今按："聂币"亦见于一号墓签牌4、5，三号墓遗册简385，九店简《告武夷》有"聂币芳粮"。二、三号墓报告说："敝与币相通。聂即牒，意即碎片。聂币当为以布帛碎片作为冥币。"（6/216）

周世荣曰："聂"通"牒"，或作"鍱"。段注："牒者，叠也。"④

---

① ［清］沈钦韩：《汉书疏证》卷二八，收入《续修四库全书》第 266 册，上海古籍出版社，2002 年，第 788 页。

② ［清］朱骏声：《说文通训定声》，武汉市古籍书店，1983 年，第 406 页。

③ 胡吉宣：《玉篇校释》，上海古籍出版社，1989 年，第 1625 页。

④ 周世荣：《西汉长沙国货币新探》，《中国钱币论文集》第 3 辑，中国金融出版社，1998 年，第 189 页。

按：聂敝（币），唐兰亦读为"朕币"①，周世荣读为"牒币"。《礼记》郑注读聂为朕者，《说文》："朕，薄切肉也。"是切成的薄肉片。读敝为币，是也，而未得"聂"字之谊。聂，折叠义。聂币，指折叠的布币。《尔雅》："守宫槐叶，昼聂宵炕。"郭璞注："槐叶昼日聂合，而夜炕布者名为守宫槐。"《释文》："聂，涉之反，合也。炕，顾云：'张也。'樊本作'抗'。""聂合"槐叶指折叠。周世荣说得其义，而未得其字。聂之言摄、褶，读为摺。《广雅》："僷、叠、褶、结，诎也。"王念孙曰："摄音之涉反，与褶通……褶、摄、摺并通。《吕氏春秋·下贤篇》：'卑为布衣而不瘁摄。'高诱注云：'摄，犹屈也。'"②《仪礼·士昏礼》："执皮摄之。"胡培翚曰："敖氏曰：'先儒读'摄'为'摺'，则训'叠'也。'今人屈物而叠之谓之'摺'。"③《礼记·内则》郑玄注："脍者必先轩之，所谓聂而切之也。"《释文》："聂，本又作摄，又作朕，皆之涉反。"聂而切之，谓折叠起来再切之。

（十七）土钱千万，篁（箪）一千

新注：一号墓报告："篁，疑为箪之音变。《说文》：'箪，笥也。汉律令，笥小筐也。'简文之篁，当指盛泥'半两'钱的竹篓。"（6/219）

贺强曰："**篁**"当为"籚"，同音借字。《集韵》："籚：一曰竹器。"④

按：唐兰亦读篁为箪⑤。贺强说是，而未得其源。篁之言提也。《管子·山权数》："君请起十乘之使、百金之提。"尹注："提，装也。"装金的竹篓亦谓之提，简文作专字"**篁**"。俗字亦作籚、提，《集韵》："籚、**篁**：一曰竹器，或省。"《重订直音篇》卷四："提，竹器。"

二、马王堆《三号墓竹简遣册》校补

马王堆《三号墓竹简遣册》词语同于《一号墓竹简遣册》者，另详。

（一）宦者九人，其四人服羊车

王贵元曰：《释名》："羊车：羊，祥也。祥，善也。善饰之车。"《晋书·舆服志》："羊车，一名辇车，其上如轺，伏兔箱，漆画轮轭。"可见"羊车"是一种装饰

① 周世荣：《马王堆汉墓"聂币"考》，《中国钱币论文集》第 2 辑，中国金融出版社，1992 年，第 174—175 页；其说又见周世荣：《马王堆汉墓"聂币"与江陵马山一号楚墓"聂币"考》，《古文字研究》第 21 辑，中华书局，2001 年，第 331 页。

② ［清］王念孙：《广雅疏证》，收入徐复主编《广雅诂林》，江苏古籍出版社，1998 年，第 292—293 页。

③ ［清］胡培翚：《仪礼正义》卷三，《国学基本丛书》影《万有文库》本，商务印书馆，1934 年，第 39 页。

④ 贺强：《马王堆汉墓遣策整理研究》，西南大学 2006 年硕士学位论文，第 37 页。

⑤ 唐兰：《长沙马王堆汉轪侯妻辛追墓出土随葬遣策考释》，《文史》1980 年第 10 辑，第 55 页。

精美的车。服，义为驾。辇是用人拉挽的车，羊车也是用人拉的，所以羊车也可称辇车。①

新注：郑曙斌："所言羊车用于丧葬中，并非一般的羊拉之车。《释名》：'羊车：羊，祥也。祥，善也。善饰之车，今犊车是也。'《礼记·曲礼上》：'祥车旷左。'郑玄注：'祥车，葬之乘车。'"何有祖："'羊车'疑读作'祥车'。《包山楚简》275 号简有'羊车'，整理者读作'祥车'，指丧车。"王贵元："'羊车'是一种装饰精美的车，用人拉，而非羊拉。"（6/227—228）按："羊车"是人拉的车，语源是"祥车"，后世或以牛代人力。《释名》：骡车、羔（羊）车，各以所驾名之也。②《御览》卷七七五引作"羊车，以羊所驾名车也"，盖臆改。《南齐书·舆服志》："今不驾羊，犹呼牵此车者为羊车云。"是汉代已经误解为羊拉之车矣，《南齐书》承其误。简文言宦者九人，其中四人拉羊车，而不是指四人乘坐羊车。《玄应音义》卷一五："犊车：古名羊车，《释名》云云。"《释名》又指出"羊车"即当时的"犊车"，"犊车"即"鹿车"，又作"辘车"，都是"辘轳车"的省称，亦即《方言》卷五的"轑辘车"，即今之独轮小车，是人拉或推的小车，非谓牛驾之车也。③段玉裁理解为"驾之以犊"④，彭卫说"汉代人所说的'犊车'就是牛车"⑤，皆望文生义也。《晋书·舆服志》明确指出"羊车"即"辇车"，正是人拉或推的小车。《周礼·地官·乡师》郑玄注："辇，人挽行。"《释名》："辇车，人所辇也。"《周礼·考工记·车人》："羊车二柯，有参分柯之一。"郑司农曰："羊车，谓车羊门也。"郑玄正先郑之误，曰："羊，善也。善车，若今定张车，较长七尺。"贾公彦疏："后郑云'羊，善也。善车若今定张车'，虽举当时汉法以晓人，汉时去今久远，亦未知定张车将何所用，但知在宫内所用，故差小为之，谓之羊车也。"郑玄说与《释名》相同。贾公彦疏："车人造大车、柏车、羊车，是驾牛车。"《钦定周官义疏》卷四四："此亦驾牛之车也，注以羊为善，想古有此训，故善、美、义等字并从羊，非以羊驾也。"谓羊车是驾牛车者，盖以后世之制说之。"羊车"是小车，本用于行丁宫中，亦可以生前之制临时用作丧车。《说文》："筟，羊车骒棰也，箸箴其端，长半分。"此注文"车"字当是衍文。《集韵》："筟，羊棰，端有铁。"正无"车"字。《说文》："鐅，羊棰也，端有铁。""铁"谓铁针。"鐅"古音近"筟"，当是异体⑥，亦无"车"字。《说文》："匽读如羊骒棰。"蒋斧印本《唐韵

---

① 王贵元：《马王堆三号汉墓字词考释》，《中国语文》2007 年第 3 期，第 277 页。

② 各家校"羔"作"羊"，参见任继昉：《释名汇校》，齐鲁书社，2006 年，第 408—409 页。《宋史·仪卫志》引正作"羊"字。《广博物志》卷四〇引已误作"羔"。

③ 参见萧旭：《"鹿车"名义考》，收入《群书校补（续）》，花木兰文化出版社，2014 年，第 2123—2134 页。

④ ［清］段玉裁：《说文解字注》，上海古籍出版社，1981 年，第 196 页。

⑤ 彭卫：《"羊车"考》，《文物》2010 年第 10 期，第 71 页。

⑥ 参见马叙伦：《说文解字六书疏证》卷二七，上海书店，1985 年，本卷第 66 页。又参见黄侃：《说文同文》，收入《说文笺识》，中华书局，2006 年，第 101 页。

残卷》引《广雅》："䵅（䵅），羊棰。"《广韵》引《广雅》："䵅（䵅），羊棰。"皆是其证。《篆隶万象名义》卷七："筲，杖头有铁。"《集韵》："鏓，策端有铁，或作鏓。""鏓（鏓）"同"筲"。皆谓羊棰端有铁针。《玉篇》《广韵》并云："筲，小车具也。"改释作"小车具"，则所见本已误衍"车"字矣。羊驹棰者，谓御羊之棰，其端有铁针，非御羊车之棰。王筠曰："谓羊车之驹之棰也。"其说非是。徐灏《注笺》"䵅"字条据"筲"字注语，于"羊"下补"车"字①，僨矣。罗小华据安阳殷墟郭家庄商代墓藏 M146 羊坑中出土铜轭首、铜镳，又据《说文》"羊车驹棰"的记载，谓"有理由推测当时确实存在着一种以羊为动力提供者的车——羊车"②。我认为这个结论不成立。今本《说文》"羊车驹棰"的记载不可靠，商代墓藏羊坑中出土的铜轭首、铜镳，仅是殉葬品中的象征物，取吉祥的喻义。《新语·辅政》："文公种米，曾子驾羊。"《说苑·杂言》同。《淮南子·泰族篇》："文公树米，曾子架（驾）羊。"此自是曾子做的傻事，故与"种米"并言。三种早期文献把驾羊作为反面教材，明确记载羊不可以驾车。《封氏闻见记》卷八引《邹山记》："邹山，盖古之绎山，始皇刻碑处文字分明，始皇乘羊车以上，其路犹存。"秦始皇所乘的羊车是人力车无疑，羊拉之车断无上山之力。马德曰："（乘羊车）大概是用以表示要像羊一样驯服。"③ 尤臆说不可信。《晋书·后妃传》："帝莫知所适，常乘羊车，恣其所之，至便宴寝宫人。宫人乃取竹叶插户，以盐汁洒地而引帝车。"此确是羊驾的车，是晋武帝行乐的糊涂事儿，非古制也。

（二）遛犬二

新注：二、三号墓报告："或可释为作为宠物的爱犬。"伊强："'遛犬'大概是一种犬的名称。"（6/231）

刘玥曰："遛犬"应指一种乐器。"犬"是"友"字之误。"友"通"钹"。遛，或通"镏"。遛犬，即"镏钹"，指表面光滑的铜钹。④

按：遛，读为留，留止也，执留也，犹言抓捕、捉拿。作为狗名，字亦作獠，指善执禽或兽之狗。《集韵》："獠，执獠，狗名，言善执留禽兽。"《穆天子传》卷一："天子之狗走百里，执虎豹。"郭璞注："言勠力壮猛也。"《庄子·天地》："执留之狗成思，猨狙之便自山林来。"《释文》："留，如字，本又作獠，音同。司马彪云：'獠，竹鼠也。一云：执留之狗，谓有能，故被留系，成愁思也。'"司马二说皆非是。

（三）美人四人，其二人襂，二蹇

新注：二、三号墓报告："襂读裻。'蹇'与'褰'通。[《小尔雅》：'裤谓之蹇

———————————

① 王筠《说文释例》，徐灏《说文解字注笺》，并收入丁福保：《说文解字诂林》，中华书局，1988 年，第 13650—13651 页。

② 罗小华：《"羊车"补说》，《四川文物》2013 年第 5 期。

③ 马德：《敦煌壁画交通工具史料述论（上）》，《敦煌研究》1995 年第 1 期。

④ 刘玥：《汉墓遣册词语考释七则》，《宁夏大学学报》2013 年第 5 期。

（褰）。'〕均指服饰而言，前者指服袍服，后者指短装。"伊强："说'雠读裘'很难成立。'雠'可以读作'丑'，皃恶。'褰'可以读作'妍'。"今按：伊说"雠"不可读为"裘"可从，但读"雠""褰"为"丑""妍"仍需更多例证支持。（6/231，"小尔雅"七字据原文补引，原引文"褰"误作"蹇"。）

贺强曰："雠"读为"绸"。褰，整理小组释"褰"与"褰"通，可从。①

陈松长曰：《说文》："雠，对应也。"又"蹇，走貌。"……其中两个作对答状，两个作行走状。②

伊强曰：在汉代画像石里，"簟"有时与"盾"同时甚至是配对使用。"褰"当读作"干"，楯也。或作"戋"③。

按："蹇"上当脱一"人"字。简395："蹇、帚各一。""雠"即"帚（簟）"音转字，韵同幽部，声则禅、章旁纽双声。褰，疑读为楗，门闩；或读为键，钥匙。简文用作动词，言美人四人，其二人执扫簟，二人执门闩（或钥匙）。

（四）辒车二乘

新注：二、三号墓报告："《说文》：'辒，小车也。'《释名》：'辒车：辒，遥也，远也，四向远望之车也。'"郑曙斌："《汉书·平帝纪》颜注引服虔曰：'辒，立乘小车也。'《史记·季布传》《索隐》：'谓轻车，一马车也。'"（6/234）

按：《玉篇》《广韵》《集韵》并同《说文》。从刀之字多短小义，小车谓之辒，小船谓之舠（船），小鱼谓之鮡，其义一也。④ 小车则轻快，故又训轻车。《释名》以"遥远"为语源，《集韵》因制俗字"輺"，皆失其谊。孙机曰："辒车的定义以《释名》之说最可取……即这是一种四面敞露之车……以敞露为特点。"⑤ 斯亦失考也。

（五）胡人一人，操弓矢，赎（韣）观（丸）

王贵元曰：居延旧简28.19："出弓椟丸七。"又87.12："弓一，椟丸一，矢十二。"椟丸是藏弓矢器。《左传》昭公二十五年杜预注："冰，椟丸盖，或云椟丸是箭箙，其盖可以取饮。""椟丸"又作"韣丸"，《方言》卷九："所以藏箭弩谓之箙，弓谓之鞬，或谓之韣丸。"也作"韣丸"，《仪礼·士冠礼》郑玄注："今时藏弓矢者谓之韣丸也。""赎观"即"椟丸"。居延简有"弓椟丸"，说明《方言》椟丸为弓藏的说法

---

① 贺强：《马王堆汉墓遣策整理研究》，西南大学2006年硕士学位论文，第44页。

② 陈松长：《马王堆三号墓出土遣策释文订补》，收入《出土文献与传世典籍的诠释——纪念谭朴森先生逝世两周年国际学术研讨会论文集》，上海古籍出版社，2010年，第391页。

③ 伊强：《马王堆三号汉墓遣策补考》，收入《〈长沙马王堆汉墓简帛集成〉修订研讨会论文集》，复旦大学2015年6月27—28日，第272页。

④ 参见萧旭：《韩非子校补》，花木兰文化出版社，2015年，第108—109页。

⑤ 孙机：《汉代物质文化资料图说》，文物出版社，1991年，第90—92页。

是正确的。椟丸也可以装箭，椟丸应是以藏弓为主，也兼藏箭的器具。①

新注：伊强："'赎观'可读作'韇丸'。韇丸，或谓藏弓之器，或谓藏箭之器。孙机《汉代物质文化图说》说：'过去根据《士冠礼》郑注所说，今之藏弓矢者，谓之韇丸也，曾以为椟丸除装箭外兼可装弓。据出土物观察，椟丸是不能装弓的。'"王贵元："居延简有'弓椟丸'云云。"（6/234）

贺强曰：疑"赎观"就是无装饰。②

按：《方言》卷九戴震《疏证》曰："皾，本作韇，古通用椟。《后汉书·南匈奴传》：'弓鞬韇丸一。'注云：'《方言》：藏弓为鞬，藏箭为韇丸，即箭箙也。'《春秋》昭公二十五年左传：'公徒释甲执冰而踞。'服虔注云：'冰，椟丸盖也。'疏引《方言》：'弓藏谓之鞬，或谓之椟丸。'今据此两引订正……《广雅》：'鞬，弓藏也。皾欼，矢藏也。'皾欼即韇丸。鞬与韇丸，《后汉书》注所引《方言》与《广雅》合。"③《诗·大叔于田》《释文》引马融曰："掤，犊丸盖也。"又引杜预曰："犊丸，箭箙也。"《六经正误》卷六、《慈湖诗传》卷六引杜注亦作"犊丸"。孔疏："贾逵云：'冰，椟丸盖也。'则是相传为此言也。《方言》曰：'弓藏谓之鞬，或谓之椟丸。'如彼文，则椟丸是盛弓者也。此或说椟丸是箭箙，其盖可以取饮，十三年传云：'司铎射，奉壶饮冰。'谓执此也。《诗》云：'抑释掤忌，抑鬯弓忌。'鬯藏弓，则冰藏矢也。毛传云：'掤，所以覆矢。'掤与冰字虽异，音义同，是一器也。"居延汉简346.2："余犊丸。""椟丸""韇丸""皾欼""犊丸""赎观（丸）"并同，丸之言圆也④，《学林》卷十引杜预注正作"椟圆"。"韇"是圆形器具，可以藏弓或矢。《说文》："韇，弓矢韇也。"正为不分弓或矢而混言之也，《士冠礼》郑玄注与许君说同。"椟丸"省称则曰"椟"，居延汉简51.113："椟一，完。"字亦作皾、韇、鞴，《集韵》："韇、皾，《说文》：'弓矢韇也。'今谓之胡鹿，或从皮。"又"鞴，弓衣，或作韇。"又"韥，刀剑室。"《礼记·少仪》："剑则启椟。"郑玄注："椟谓剑函也。"其物盖皮制，故字从革，或从韦，或从皮，木制的则从木，所以别其质地也。用以藏刀剑，则易其形符从刃。戴震改"韇"作"皾"，殊无必要，华学诚从其说改字⑤，亦失考也。孙机、王贵元藏弓、藏箭之辨，殊为无谓，不曾会通其语源义也。《仪礼·士丧礼》郑玄注："韇，藏筮之器也。今时藏弓矢者谓之韇丸也。"又《明堂位》郑玄注："弧，旌旗所以张幅也，其衣曰韣。"然则藏筮、弧的圆形器物也可称作"韇（鞴）"，又庸辨乎？字亦作韣，《礼记·内则》："敛簟而韣之。"郑玄注："韣，韬也。"字亦作縔，望

---

① 王贵元：《马王堆三号汉墓字词考释》，《中国语文》2007年第3期。

② 贺强：《马王堆汉墓遣策整理研究》，西南大学2006年硕士学位论文，第46页。

③ ［清］戴震：《方言疏证》，收入《戴震全集（5）》，清华大学出版社，1997年，第2412页。

④ 《墨子·备穴》："穴内口为灶，令如窑，令容七八员艾。"孙诒让曰："员即丸也，《论衡·顺鼓篇》云：'一丸之艾。'"［清］孙诒让：《墨子间诂》，中华书局，2001年，第552页。

⑤ 华学诚：《扬雄〈方言〉校释汇证》，中华书局，2006年，第617—618页。

山 2 号墓楚简简 48："紟（丹）緅之繝。"整理者括注为"褡"。① 是所盛者，各物皆可，因以各易义符而制字。又称作"胡鹿"，亦作"胡禄""胡盓""胡鞬""胡轆""胡籙""胡籚""胡籙""箶籚""箶籙""鞠籚""鞠 鞬""狐籙""弧籙"。"胡鹿"是"胡卢"的音转，合音即为"壶"，弓箭室是圆形，故因以名焉。②

（六）其一人操附（驸）马

新注：伊强："根据简文文例，兵器、乐器一般用'操'，马匹用'牵'。疑'操'是'牵'字之误。"（6/235）

按："操"字不误。驾驭马匹、舟船曰"操"，谓执其辔或棹也。《楚辞·九章·思美人》："勒骐骥而更驾兮，造父为我操之。"《庄子·达生》："津人操舟若神。"

（七）鲅、鲤、肉、蔗白羹一鼎

新注：《集韵》："蔗，艸名。"（6/235）

按：白羹，范常喜改释作"甘羹"。③《说文》："蔗，艸木形。"《玉篇》："蔗，茎叶布也。"都是形容词，《集韵》释为艸名，疑是"蔗蓤"的省称。"蔗蓤"又名"胡蓤"，可作菹。疑"肉蔗"是一词，蔗读为饀。《方言》卷十三："饀，或谓之鞠。"《御览》卷八六〇引之，有注："饀，音原。"《广雅》："饀，饵也。"王仁昫《刊谬补缺切韵》卷一："饀，饵。"饀之言圆。今吴语尚有"肉圆"之语。《外台秘要方》卷三七有"石汁中煮猪肉饀法"。

（八）糣（餲）一器

新注：二、三号墓报告："糣，从米，当为粮食作物。"伊强："'糣'可能读为'餲'。《御览》卷八六〇引《通俗文》：'寒具谓之餲。'《齐民要术·饼法》：'环饼，一名寒具。截饼，一名蝎（引者按：原文作'蝎'字）子。皆须以蜜调水溲面，若无蜜，煮枣取汁。牛羊脂膏亦得，用牛羊乳亦好，令饼美脆。'"（6/246）

伊强曰："糣"字见于《集韵》："糣，白米。"简 206—305 都是"……器"的句式，"一器"前的词语都是各种食物的名称，因此，简文中的"糣"与《集韵》中的"糣"字意义是否相同，还值得进一步探讨。考虑到《集韵》一书的时代较晚，我们怀疑简文中的"糣"也有可能读为"餲"④。

按：刘玉环亦引《集韵》"糣，白米"说之。⑤《玉篇》："糣，白米。"此《集韵》

---

① 《望山楚简》，中华书局，1995 年，第 112 页。
② 参见萧旭：《"果赢"转语补记》，收入《群书校补（续）》，花木兰文化出版社，2014 年，第 2297—2299 页。
③ 范常喜：《马王堆汉墓遣册"甘羹"新释》，《中原文物》2016 年第 5 期。
④ 伊强：《谈〈长沙马王堆二、三号汉墓〉遣策释文和注释中存在的问题》，北京大学 2005 年硕士学位论文，第 50 页。贺强：《马王堆汉墓遣策整理研究》，西南大学 2006 年硕士学位论文，第 57 页。
⑤ 刘玉环：《长沙马王堆一号、三号汉墓遣策文字补释》，《宁夏大学学报》2016 年第 2 期。

所本。胡吉宣曰："糦之言暍也。糦，白也。"①《玉篇》《集韵》虽成书较晚，收字要有所本，不会凭空杜撰。比如《集韵》所收"糦"字（《类篇》又钞录自《集韵》），他书未见，而此字在汉简中已见（参上文）。不知墓藏实物云何，或当读如字，指白米。当然伊强读糦为暍，亦有可能。"暍"当是"蝎"后出俗字，音胡葛反，与《说文》"餲，饭餲也"之指食物腐败秽臭的"餲"（乌芥反）是同形异字，音义全别。"蝎"又是"戳（截）"叠韵音转字，以制作方法而命名。②

（九）鳌（綀）穀（縠）长襦一，桃华掾（缘）

新注：二、三号墓报告："綀，绿也。"（6/248）

按：简 348、362、407 亦云"桃华掾（缘）"。"桃华"不是桃树花的颜色（粉红色），而是指黄白二色相杂的颜色。③

（十）早（皂）复衣一，早（皂）掾（缘）。

新注：伊强："'皂'古书中亦作'阜'，指黑色。简 407 作'草复衣''草掾'，简 331 有'早巾'，江陵凤凰山 8 号墓遣册简 3 有'早绪襌衣'，'草''早'均用为'皂'。"（6/248）

按：伊强说是。王观国曰："'草'可以染帛为黑，故黑色曰草。后世既用'阜'字，故草字用为草木之字。"④《盐铁论·散不足》"大夫士复荐草缘"，亦借用"草"字。杨树达曰："'草缘'为不可通，疑当作'革缘'，谓以革缘饰其边也。"马非百曰："草缘，以草缘饰席边。"其说皆误。⑤

（十一）剑枝一

新注：二、三号墓报告："枝，指挂剑的支架。"（6/249）

贺强曰："枝"为"支撑、支持"意，或作"支"。⑥

按：枝，读为椸，亦借篪字为之。《尔雅》："竿谓之篪。"《释文》："篪，李本作椸，同。"郭璞注："衣架。"以竿所作之架曰椸，用以架衣，自亦可悬挂他物。字亦作椸、杝、簃，或省作施。裴务齐《正字本刊谬补缺切韵》："椸，案《说文》：'衣架。'又［作］篪。"《切韵》同《说文》作："椸，衣架。"《玉篇》："椸，衣架也。"《玄应音义》卷一三："椸架：又作篪，《埤苍》作施，同。竿谓之椸，椸可以架衣也。《苍颉篇》：'椸，格也。'亦衣桁也。经文作簃，音丈支反。"又卷一四亦引《苍颉篇》："格、椸，架也。"《礼记·内则》："男女不同椸枷。"郑玄注："竿谓之椸。"《释文》本作"杝"，云："杝，本又作椸。"《御览》卷七六五引《尔雅》及《礼记》作

① 胡吉宣：《玉篇校释》，上海古籍出版社，1989 年，第 3002 页。
② 参见萧旭《面食"馎饦""餶饳""蝎饼"名义考》，待刊稿。
③ 参见萧旭：《"桃华马"名义考》，《中国文字研究》第 22 辑，上海书店出版社，2015 年，第 187—191 页。
④ 王观国：《学林》卷九，收入《丛书集成新编》第 12 册，新文丰出版公司，1985 年，第 81 页。
⑤ 参见萧旭：《盐铁论校补》，收入《群书校补（续）》，花木兰文化出版社，2014 年，第 950 页。
⑥ 贺强：《马王堆汉墓遣策整理研究》，西南大学 2006 年硕士学位论文，第 42 页。

"搋"，俗讹字。

（十二）劫〈剑〉一，象，金首镡一

新注：二、三号墓报告："《说文》：'镡，剑鼻也。'"伊强："'劫'可读作'剑'，也可能是'剑'字误书。"今按：将"劫"视为"剑"的误字较直接。（6/249）

按：简文与"刀""剑"简并列，"劫"当是兵器的名称，但读为剑则未闻。劫，读为钑。《说文》："钑，鋋也。鋋，小矛也。"《急就篇》卷三："钑、戟、铍、镕、剑、镡、镞。"颜师古注："钑，短矛也。镡，剑刃之本入把者也。"钑之言扱，插也，本指插于车旁的小矛。

（十三）琴一，青绮（绣－韬）

王贵元曰："統"疑是"橐"字异体，秃、橐皆透母字，秃为屋韵，橐为铎韵，韵可旁转。《说文》："橐，囊也。"这里指乐器套。①

新注：李家浩："'秃'、'秀'一字分化，'統'是'绣'字异体。简381'青绮琴囊'就是'青绮绣'。'绣'读为韬。"（6/251）

刘玉环曰：此字（引者按：指"統"）当为"紩"，读为帙，书衣也，小囊也。②

按：王贵元说可备一解。窃谓統读为韣、韇，韵皆屋部，声则透、定旁纽双声。"韣"本指装弓的袋子，亦泛指装其他物品的袋子（参见上文）。简文装琴的袋子是青绮所制，故易作"糸"旁，又改其声符。简244、245有"瑟一，绣統""竽一，锦統"，指锦绣的装瑟竽等的袋子。

（十四）云越锦沈（枕）一，缋番

新注：番，读法待考。（6/256）

按：番，读为鞶。"鞶"是汉人习语，覆盖之义。《玄应音义》卷一四："《苍颉篇》：'鞶，覆也。'今谓覆盖为鞶。律文作缦、漫二形，假借也。"又卷二一"覆盖"下有"物"字，余同。王仁昫《刊谬补缺切韵》卷一、《慧琳音义》卷三七引《韵诠》并云："鞶，覆也。"《俗务要名林·聚会部》："鞶，亦覆也。"《慧琳音义》卷三四引《考声》："鞶，盖也。"字亦作缦，睡虎地秦简《法律答问》："以锦缦履不为。"整理者读缦为鞶。③ 字亦作幔，《广雅》："幔，覆也。"简文用为名词，指覆枕的锦。

（十五）生绮复裦衣一

新注：二、三号墓报告"裦"后括注"褒"。伊强："上古音'裦''褒'较远，因此将'裦'读为'褒'似不合适。'裦'该作何解尚不清楚。"（6/258）

刘玥曰："裦衣"应读作"褺衣"，指夹棉的外衣。④

按：裦，读为裝。《集韵》："裝，复襦。"又"裪，裝也。""裪"是"襡"省文，

---

① 王贵元：《马王堆三号汉墓字词考释》，《中国语文》2007年第3期。其说又见王贵元：《简帛文献字词研究》，中国社会科学出版社，2020年，第90页。

② 刘玉环：《长沙马王堆一号、三号汉墓遣策文字补释》，《宁夏大学学报》2016年第2期。

③ 《睡虎地秦墓竹简》，文物出版社，1990年，第131页。

④ 刘玥：《马王堆汉墓遣册词语考释札记》，《汉字文化》2013年第5期。

"裋""袖（襦）"互训。《说文》:"襦,短衣也。"复襦,与"单襦"对称,指有里的短衣。①《方言》卷四:"复襦,江湘之闲谓之襠。"襠之言竖,即"襦"音转,襦犹言侏儒,亦短小也。裋之言佌,《尔雅》:"佌佌,小也。"又考《集韵》:"袘,裇也。"《玉篇》:"裇,襌衣。"即单衣,指没有里的衣服。"袘"当是"裋"异体,《集韵》的解释或误。

（十六）绣干（轩）一

新注:二、三号墓报告:"'干'或读作'轩'。《集韵》:'轩,布囊。'"(6/259)

按:《玉篇》:"轩,布袋。"字亦作幰,《类篇》:"幰、轩,布囊。"此简与"锦因一""绣因一"相厕,"因"为"裀"省文,《广雅》:"复襂谓之裀。"字亦作絪,尹湾二号墓木牍 YM2D1:"练口单襦二领,口鲜支絪二领。""絪"与"单襦"对举,当是复襦,即夹衣,亦即"复襂"。如视"因"为"絪"或"茵"省文,"茵"指车上的垫褥,则"干"宜读为轩、幰,指车幔、车盖。王仁昫《刊谬补缺切韵》:"幰,车幪。亦作轩。"《玄应音义》卷一四、二二引《苍颉篇》:"布帛张车上为幰。"江陵凤凰山 8 号汉墓竹简简 37:"豹首车絪。""絪"亦指车垫。罗泊湾 M1:"坐絪一囊。"马王堆一号墓遣册简 252:"郭（椁）中絪度一。""絪"分别指坐垫、棺垫。

三、《三号墓签牌》校补

衣荟乙笥

新注:二、三号墓报告:"'荟'本义为草木繁密貌,此处似指香草。'衣荟'意为衣服与香草共聚。"今按:此说可疑,待考。(6/265)

范常喜曰:"荟"当是会聚、会集之义。"衣荟"与后世的"文荟""诗集""词汇"等构词应相类。"衣荟乙笥"是衣服会聚之乙笥。②

按:荟,读为禬。《说文》:"禬,带所结也。《春秋传》曰'衣有禬'。"指衣领交会之处。衣荟指衣领。"衣荟乙笥"指装衣领的第二个笥。

---

① 《汉语大字典》（第二版）云:"裋,复襦,棉衣。"把"复襦"理解为"棉衣"是错误的。崇文书局、四川辞书出版社,2010 年,第 3290 页。

② 范常喜:《读〈长沙马王堆汉墓简帛集成〉札记八则》,收入《〈长沙马王堆汉墓简帛集成〉修订研讨会论文集》,复旦大学 2015 年 6 月 27—28 日,第 87 页;《读〈长沙马王堆汉墓简帛集成〉札记二则》,《出土文献研究》第 17 辑,中西书局,2018 年,第 236 页。

《袁安碑》《袁敞碑》篆文研究

陈建胜

（台湾中兴大学文学院）

摘要：《袁安碑》《袁敞碑》是汉篆之代表。本文以两碑篆文为研究对象，通过与先秦古文字、秦汉篆隶、《说文》小篆等材料的比对，发现两碑篆文基本承袭秦小篆结构。其中大部分篆文与《说文》小篆相合，少数同先秦古文字或秦汉铭刻、简帛文字及《说文》古文、籀文相合。从中也发现受隶书形体影响而反推书写篆书的现象，产生一些新形，体现出鲜明的时代特征。本文从文字学角度切入，以期在研究两碑篆法及判断《袁安碑》真伪问题上提供新的佐证。

关键词：篆文；隶书；古文字；演变；形体

《袁敞碑》于 1923 年前后在河南偃师出土①，刻写时间不详。

图1　《袁敞碑》

---

① 有关《袁敞碑》出土年月，马衡《汉司空袁敞碑跋》（《历代碑帖法书选》编辑组：《汉袁安袁敞碑》修订版，文物出版社，2016 年。第 49 页）以为 1923 年，王壮弘（《增补校碑随笔》，上海书店出版社，2008 年，第 28 页）、高文（《汉碑集释》，河南大学出版社，1997 年，第 29 页）则以为 1922 年。

碑文残损严重，经马衡考释，知碑主为袁敞。现将存字迻录如下：

☒①□叔平，司徒公☒/□□月庚子以河南尹子除☒/☒五月丙戌除郎中，九年☒/□□侍郎，十年八月丁丑☒/☒十月甲申拜侍中，☒/☒步兵校尉，延平元☒/☒匠，其七月丁丑拜东☒/☒丙戌征拜太仆，五年☒/☒初二年十二月庚戌☒/☒薨，其辛酉葬。

《袁敞碑》出土七、八年后，同在偃师又发现《袁安碑》②。二碑书法风格一致，应出自一人之手③。以往金石学家以为《袁安碑》立于东汉和帝永元四年（92），即袁安卒年，然碑文中有"孝和皇帝"，乃知《袁安碑》不当早于汉和帝殁后（105）。《袁安碑》出土、发现、亡佚、重现诸过程甚为曲折有趣。据《偃师县志》记载，此碑于明万历二十六年（1598）三月出土于河南偃师，后移入偃师西南辛村东牛王庙作为石供桌，因字面朝下，渐不复为人所知。④1929年初，牛王庙改做辛村小学，次年夏天，一名小学生在校内石案下卧躺避暑，发现有字。自此，《袁安碑》重现于世，现碑右侧题记亦言于1930年被发现，可信。⑤1938年，抗日烽火起，此碑再次下落不明，直至1961年8月，才在河南偃师扒头公社院内被发现，遂复见于世人。褚德彝《松窗金石文跋》、容庚《古石刻零拾》等书皆有记载。

为方便讨论，现将《袁安碑》全文也迻录如下：

司徒公汝南女阳袁安召公，授《易》孟氏学。/永平三年二月庚午，以孝廉除郎中。四年/十一月庚午，除给事谒者。五年正月乙□/迁东海阴平长。十年二月辛巳，迁东平任/城令。十三年十二月丙辰，拜楚郡太/守。十七年八月庚申，征拜河南尹。建/初八年六月丙申，拜太仆。元和三年五月/丙子，拜司空。四年六月己卯，拜司徒。/孝和皇帝，加元服，诏公为宾。永元四年□/月癸丑。闰月庚午葬。

袁氏为东汉望族，碑主袁安与其子袁敞皆名列三公，位高权显。袁安其人，《后汉

---

① "☒"为缺字符，本文以"□"表缺一字，"☒"表所缺字数不详，"某"为拟补之字，"/"表示碑文一行结束。

② 《袁安碑》见载于北魏郦道元《水经注》（［北魏］郦道元著，陈桥驿校正：《水经注校正》，中华书局，2007年，第562页）。此应是最早记录汉代小篆碑刻的文献，然有名无文，略显遗憾。《水经注》所录之《袁安碑》，出土于徐州，与现在所见偃师出土是否为同一碑刻，尚无定论。

③ 杨频：《汉〈袁敞碑〉全文考订及其与〈袁安碑〉之书手同人问题》，《荣宝斋》2013年第9期。杨频还认为，《袁安碑》和《袁敞碑》立碑时间也一致，即汉安帝元初四年（117），见杨频：《袁安碑系年问题及其他》，《中国书画》2013年第6期。

④ ［明］魏津纂修：《天一阁藏明代方志选刊（弘治）偃师县志》，上海古籍书店据宁波天一阁藏明弘治抄本影印，1962年。

⑤ 据上海图书馆刘海天藏本之叶尔恺、蒙寿芝（邋遢僧）题跋，则《袁安碑》于1932年出土。见仲威：《善本碑帖过眼录（续编）》，文物出版社，2017年，第21页。

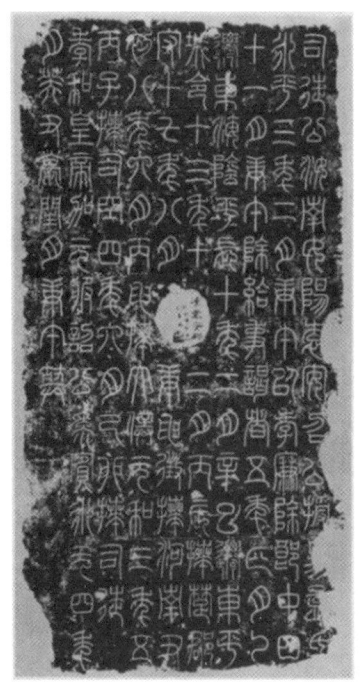

图2　《袁安碑》(右图为笔者摹本)

书》有传①："袁安字邵公，汝南汝阳人也。祖父良，习《孟氏易》，平帝时举明经，为太子舍人；建武初，至成武令。"碑文较传记简略，只述其仕历、卒年，未详其生平事迹，但二者记述基本相同，可互相印证。袁敞则在《后汉书·安帝纪》中有述及其任职和卒年："庚戌，光禄勋袁敞为司空……夏四月戊申，司空袁敞薨。"②

小篆是由春秋战国时代的秦国文字逐渐演变而成，不是《说文》所谓由籀文"省改"而来。③西汉时，隶书广泛使用，逐渐取代小篆成为主流字体，篆文使用范围变得狭窄。东汉乃隶书成熟时期，此时大兴立碑之风，碑刻文字多以八分为之，篆文罕见，惟《龟山汉墓第百刻石铭》《平山神祠碑》《少室阙》《开母阙》《祀三公山碑》《延光残碑》等少数石碑尚存篆迹。基于此，《袁安碑》《袁敞碑》以镌刻精巧、字法纯正的小篆见世，自然为金石学家、书法家所重。两碑通篇字体遒美洒脱，线条浑厚飘逸，生动而不失庄重，堪为汉篆翘楚。

本文将两碑篆文逐一和《说文》小篆、先秦古文字比对，发现碑文篆法绝大部分和《说文》小篆形体相合，承续秦小篆结构，然亦有其特色。下面从"碑文篆字形体来源"和"特殊字形形体演变探析"两方面讨论，从文字学角度证明《袁安碑》并非伪刻。

---

①　《后汉书》，中华书局，1973年，第1517页。

②　《后汉书》，第224页、第226页。

③　裘锡圭：《文字学概要》，商务印书馆，2013年，第71页

一、碑文篆字形体来源

《袁安碑》全碑 10 行，每行末皆残一字，前四行和第七、第九行皆 15 字，第五、六行中间因碑穿占两字，各为 13 字，第八行计 14 字，第十行计 9 字，共存 139 字，去其重复者，共计 81 个单字。《袁敞碑》全碑亦为 10 行，但残损严重，每行存字不同①，第一行存 6 字，第二行存 10 字，第三、四行皆存 9 字，第五、六行皆存 7 字，第七、八、九行皆存 8 字，第十行存 5 字，共 77 字。两碑篆文与《说文》小篆相合者占半数有余，有部分不合于《说文》小篆形体，但和先秦古文或秦汉出土铭刻、简帛文字相合，也有个别字形与《说文》古文及籀文相合。详列如下：

表 1 　与《说文》小篆构形相合②

楷字	《说文》篆形③	袁安碑	袁敞碑	备注
司				碑文"口"上一横与右侧笔画未连。
汝				
安				碑文所从"女"字代表身体的长笔画分作两笔书写，上部与"宀"旁连接，下部形态与《说文》一致，但另起一笔
召				上部"刀"右笔画在"口"上，而碑文"刀"更加盘绕，两收笔皆在"口"左上方外侧。
永				碑文中间笔画作直竖笔。
三	三			碑文末笔横画收尾处往右下垂，这种笔势在《袁安碑》中习见，如、、、、诸字中的横画收笔，皆如是。应是书手个人习惯所致。

① 每行字数包括完残字，残字若有部分笔画保留者，亦统计在内。全残则不计。
② 此表所谓"相合"是指小篆构件和组合位置相同，其他如书法等因素所致的姿态、笔势方面或仍略有差异，在"备注"中说明。
③ 因《说文》版本甚多，彼此间小篆字形略有区别，本文选择其中较有代表性的"大徐本（中华书局影印陈昌治刻本）"篆形作比对，若"汲古阁本""小徐本（中华书局影印祁㠜藻刻本）""段注本（上海古籍出版社影印经韵楼刻本）""北京师范大学说文小篆（下文简称'北师大'）"等小篆字形有异于陈昌治本或和碑文有关联者，则随文引用讨论。

续表

年				碑文"年"字篆形和陈昌治本构形一致,上部"禾"中间竖笔与下部"千"连为一体,秦汉出土文字中多作此形,如(《考古》1973年第3期,第170页),可见《袁安碑》篆文形体与当时文字多有吻合。但《说文》小徐本、段注本、汲古阁本则"禾""千"分离。
二				碑文末笔下垂。
月				陈昌治本、汲古阁本、小徐本与碑文构形相同,但《说文》诸本中间两斜笔与底下轮廓未接,碑文中间两斜笔则与下轮廓连接成封闭空间。北师大、段注本中间一笔与四周不接触。
午				小徐本、段注本上下分离。
孝				陈昌治本和小徐本、汲古阁本所从"子"圈形封闭,与碑文一致。北师大、段注本则不封闭。
四				小徐本作,与碑文完全一致。详见下文关于"正"字的相关阐述。
十				
一				
给				碑文右旁"合"所从之"亼"有隶书化的倾向。

续表

字				说明
事				碑文中间长笔画上下两端向左斜出。大徐本作直竖。小徐本作，底下向左斜出，与碑文一致。
者				小徐本作，与碑文形体最接近。汲古阁本及陈昌治本底下所从之"白"形与碑文一致，但上部中间两短竖笔作弯曲左右斜出，与碑文有别。北师大本、段注本底下所从之"白"形中间一横则不与两边接触。
五				碑文的中间交叉两画作曲线，汉印中也有、两形。碑文和构形一致，仅书风略异。陈昌治本中间交叉两笔与上下两横断开，汲古阁本、小徐本、段注本则上下接连。
迁				碑文"辵"旁上部与小徐本同，碑文"止"字末笔向右下延长。
东				碑文的笔画转折略显方直。
辛				碑文末横收笔下垂。
令				小徐本作，与碑文更加近似。
丙				
拜				碑文右旁中间一笔贯穿到底，和北师大、汲古阁本篆形相同。但陈昌治本、小徐本、段注本则断开。
楚				碑文上部"林"之"木"两边笔画拉长，和汉印、（《汉印文字征》卷六12）①一致。所从"疋"字上部圈形封闭，陈昌治本亦如是。但汲古阁本、北师大、段注本、小徐本所从之"疋"上部不封闭。
守				

① 以下出现《汉印文字征》简称为《汉征》，《增订汉印文字征》简称为《增汉征》，睡虎地秦简简称为"睡"，里耶秦简简称为"里"，《汉印文字汇编》简称为《汇编》，马王堆汉墓帛书简称为"马"，张家山汉简简称为"张"，《汉印文字字形表》简称为《汉表》，岳麓书院藏秦简简称为"岳麓"。

续表

八				碑文与陈昌治本)(、北师大)(篆形相同。但汲古阁本)(、小徐本)(、段注本)(左右两曲笔形状略有区别。和抄手有关。
河				小徐本所从之"可"末笔竖钩收尾和近似，陈昌治本、汲古阁本、段注本、北师大本所从之"可"末笔皆向右下出锋，与一致。
尹				
初				
六				碑文中间两斜竖不与上面构件相接，两斜竖则与完全接触，左右两边形成两个封闭空间。
元				小徐本和碑文更接近。
子				碑文上部呈封闭形，陈昌治本、汲古阁本皆断开。
空				
帝				
巛				
诏				
丑				
九				碑文字形与《说文》小篆一致，惟线条更为盘曲，同小徐本篆形尤近。
丁				碑文漫漶，字形尚可辨认，与一致。

续表

甲	(篆形)		(碑文)	段注本作(甲),上无凸起。
步	(篆形)		(碑文)	碑文与(篆)一致,惟线条更加盘绕。与汉印(印)(《天津博物馆藏玺印》080.A)、(印)(《陕西新出土古代玺印》1300)诸字形近。
延	(篆形)		(碑文)	汲古阁本(延)与碑文一致。"廴"实由"延"字离析而来,为"彳"之变形。秦文字作(字)(睡《法律答问》160)、(字)(睡《日书》甲50背叁)、(字)(里8-687正)、(字)(《秦封泥汇考》1473)等形。
其	(篆形)		(碑文)	碑文和(字)所从近似。
西	(篆形)		(碑文)	碑文和(西)一致,惟将(西)框内最后一笔改曲为直成(字),当受隶书影响。

表2　与先秦或秦汉出土文字相合

楷字	《说文》篆形	袁安碑	袁敞碑	备注
徒	(篆形)	(碑文)	(碑文)	详见下文分析。
公	(篆形)	(碑文)	(碑文)	碑文(字)字下部所从均作(字)形,呈封闭圈形,上部凸起。商周文字"公"下部多作封闭圈形,如(字)(《合集》30961)、(字)(毛公鼎)、(字)(《集成》262)、(字)(石鼓文《吾水》),秦汉以后,出现圈形上部凸起形,如(字)(睡《法律答问》133)、(字)(二字皆见《汉表》①)、(字)(《汉征》卷二2)等字。陈昌治本(字)、北师大(字)、汲古阁本(字)、小徐本(字)、段注本(字)下部圈形皆不封闭,作"厶"形,应是后世传抄讹误所致。
南	(篆形)	(碑文)	(碑文)	碑文字形与(字)(大盂鼎)、(字)(睡《日书》乙172)、(字)(二字皆见《汉征》卷六13)等相合,中间上下连为一体。而陈昌治本作(字),上部脱离作"屮"形,小徐本(字)、段注本(字)篆形则分离更甚。

────────────────────────────

① 李鹏辉:《汉印文字数据整理与研究》,安徽大学2017年博士学位论文,第110页。

续表

授	(篆)	(拓)		授右部作骨，较碑刻字形骨少一横。与（张《二年律令》简14）、（新莽嘉量）等字形体相合。
平	平			碑文中间竖笔穿过第二横画至顶部，与（富平侯家錋）、（《增汉征》第207页）等字相合。"平"字早期字形如（《集成》2771）、（《集成》159）皆如是，可见平形应是后世传抄讹误改写所致。
庚				"庚"字在商周甲骨、金文中作（《合集》22968）、（《集成》1623）、（《集成》5375）、（《集成》8587）、（《集成》4294）、（《集成》10278）诸形。从字形上看，碑文与甲骨、金文一脉相承。《袁安碑》第三字构形底下增一短横作，应是饰笔。在战国竹简、玺印文字中已见，如（包山简220）、（上博简《季康子问于孔子》2）、（上博简《慎子曰恭俭》2）、（清华简《皇门》1）、（清华简《系年》18）、（《古玺汇编》0059）等字底下皆有一横，碑文亦可谓渊源有自。《说文》篆形讹作从"干"，从"廾（双干之形）"，从古文字形体演变来看，碑文篆法更可信从。
以				碑文和（《峄山刻石》）、（《增汉征》第658页）相合。
廉				廉所从两"禾"底下作，为对称两弧线笔画，碑文则作，呈断开形，与（北大汉简《老子》60）、（《隶辨》2.73）等字形相近，这显然是受隶书影响所致，解散篆体、变连为断。

续表

中	中	中	中	"中"古文字除了 （《集成》1194）、 （《集成》3946）类形体外，一般作中间封闭圈形或方形，如 （《合集》10405）、 （《集成》9410）等字， 形中间讹作 形。碑文 显然继承 类形体而来，秦汉文字亦多见，如 （诅楚文《秋渊》）、 （里9-982）、 （《文物》1977年第5期）等形。段注本作中，和碑文同。
谒	谒	谒		碑文右旁作 ，与 完全不同，上部作 与"日"近似， 则从臼。碑文与 （《秦封泥汇考》1058）、 （《增汉征》第106页）等形所从近似，皆方折用笔。 下部"勹"字亦由小篆的圆转线条变成了方折笔画，当受隶书笔法影响。右旁所从"曷"字的演变，参见赵平安、邬可晶所论。① 《说文》篆形 应在后世流传过程中发生了讹变。
海	海	海		碑文与汉印 （《汉征》卷十一6）更为接近。但右旁"每"字上部 已隶书化，显然是时人日常使用隶书有关。
长	长	长		碑文与 （《增汉征》页428）、 （建武廿八年铜雁足灯，《文物》1981年第11期）、 （《少室石阙铭》）等汉代文字构形一致。 形未见出土文字材料，应是传抄讹误所致。
巳	巳	巳		碑文 字上部圈形封闭，与先秦、秦汉文字同，右边上翘之弧笔方向与 相反。
城	城	城		碑文与 （诅楚文《巫咸》）、 （《增汉征》第604页）等字构形一致。
辰	辰	辰		碑文与 （睡《日书》乙13）、 （《日书》乙31壹）、 （里8-135）、 （《伏庐藏印》52.3）等形相近。碑文形体应处于秦简和小篆的中间状态。
申	申	申	申	碑文将中竖变直为曲，与 （《增汉征》第659页）完全一致。

① 赵平安：《甲骨文" "即"曷"字说——兼谈羯的族源》，《新出简帛与古文字古文献研究》，商务印书馆，2009年，第65页；邬可晶：《战国时代写法特殊的"曷"的字形分析，并说"敯"及其相关问题》，《出土文献与古文字研究》第七辑，上海古籍出版社，2018年，第170页。

续表

征	衝			衝中间作𡉉，隶作呈，甲骨文、金文作（《合集》4242）、（《集成》5967）等形，𡉉底下讹作为壬，即壬字。碑文中写作三平直的横画，与汉简、汉印文字一致，如：（马《合阴阳》30/131）、（张《脉书》51）、（张《二年律令》232）、（张《奏谳书》226）、（《汉征》卷八12）等字。
大	大			与（《合集》22421）、（《集成》2158）等字相合。而碑文则与（《泰山刻石》）、（《汉代文字编》第1449页）、（《汉征》卷十14）等字相合。《说文》另有"亣"字，亦为"大"，陈昌治本作，小徐本作，段注本作，与碑文完全一致。
仆	僕			碑文右上部字末笔竖画未穿过横画，或许是为了避让下部字笔画，与（《封集》278）、（《秦汉南北朝官印征存》161.A）等字相同。
和	咊			碑文构形与咊的区别是构件左右位置互换，与秦汉简帛文字（睡《法律答问》94）、（马《五十二病方》25）相合。咊字"口"旁在左，在楚系、齐系和三晋文字中常见。碑文禾旁上部一笔和中间竖笔分开并在偏右上方起笔书写，与（马《养生方》64）、（北大汉简《老子》168.04）、（居延新简EPT48.84）等隶书形体所从相同。
服	服			碑文所从"舟"作，比月少一笔。
校	校			碑文右旁作，中间交叉断开，各作两笔且上突，应是校和（《汇编》第350页）的中间过渡字形。
尉	尉			碑文从"寸"，与（二字见《汉征》卷十8）、（《孔庙碑额》）等字相同。从"又"。

续表

| 癸 | | | 出土秦汉文字中，"癸"字多作 （睡《日书》乙种66）、 （岳麓《质日》1.2）、 （马《阴阳五行》甲篇245）、 （《汉征》卷十四15）诸形， 显然继承了秦系文字一脉，与《说文》籀文 同。 应承 （《合集》36499）、 《集成》4303.2）、 （侯马303：1）、 （新蔡甲三8.18）等早期形体而来。 |

表3　与传抄古文相合

楷字	《说文》篆形	袁安碑	备注
七			碑文与《传抄古文字编》所收的 、 、 三字相合。①

表4　构形来源不清楚

楷字	《说文》篆形	袁安碑	备注
女			碑文 右上角多一短斜笔，或是饰笔，如同碑 字，右上角同样有类似笔画。
乙			碑文 与 相比，起笔先下行再右拐，中间笔画屈曲盘绕，弧度甚大，更富艺术性，但基本构形未变。
己			碑文有赘笔。
卯			《说文》诸本皆作 形，左右对称作 形，为两笔完成，而碑文作 形，为三笔完成。篆书系统中未见此形体，应是受隶书影响解散篆体，线条笔画化的结果。
为			碑文与 略有差异。

二、特殊字形形体演变探析

（一）徒

《说文》篆文作 ，从辵、土声。《袁安碑》"徒"字两见，作 、 ，二字右上

---

① 徐在国：《传抄古文字编》，线装书局，2006年，第1459页。

角分别作【字形】、【字形】，底下横画收笔有别，但整体皆似小篆"之"形。《袁敞碑》"徒"作【字形】，碑文漫漶，但右上角作【字形】，依然可见为"之"形。这样碑文"徒"字便从"辵"（碑文将"辵"下的"止"移到右边下面，古文字中常见），从"之"形。在商周甲骨文、金文和战国竹简、秦汉文字材料中，"徒"字有【字形】（《合集》3521）、【字形】（《集成4313》）、【字形】（《集成》10275）、【字形】（石鼓文《銮车》）、【字形】（包山卜筮祭祷226）、【字形】（上博简《吴命》8下）、【字形】（清华简《程寤》6）、【字形】（睡《秦律杂抄》26）、【字形】（《珍秦斋藏印·秦印篇》201）、【字形】（《岳麓〔叁〕》第一类.53）、【字形】（《汉征》卷二10）诸形，以上"徒"字左旁有从"止"、从"辵"、从"彳"三种形体，作为表意形符，三者在古文字中可以通用互作①，但"徒"字右旁皆从"土"，战国秦汉简帛字形亦是从辵、土声，右旁皆与碑文有别，不作"之"形。汉印中从"土"之字其上面一横或两横经常有上折成"之"形，如【字形】（《汉征》卷二10）、【字形】、【字形】、【字形】（杜，三字皆见《汇编》第344页）等字所从，尤其【字形】、【字形】二字，右边所从之"土"作【字形】、【字形】，已经是"之"形。这或许是印章布局求茂美均衡所致。

碑文右上所从"之"形除了和印章类似的情形外，是否还有别的可能呢？我们以为当是书手据隶书反推改写所致。古文字"之"在隶变过程中，通常会讹变为"土"。如《袁安碑》之"袁"，马王堆帛书作【字形】（《老子》甲189），汉印作【字形】（《增汉征》第380页），上部已讹作"之"形，在汉印、隶楷书中又常写作"土"形，如【字形】（《十钟山房印举》13.2.29）、【字形】（居延旧简100.1）、【字形】（《肩水金关汉简〔壹〕文字编》73EJT5；14）等形。另外，《袁敞碑》"侍"作【字形】、【字形】，与【字形】（《里耶秦简文字编》第378页）、【字形】（岳麓《为吏治官及黔首》43正）、【字形】（张《脉书》53）诸字右上角皆作"之"形，但【字形】（居延新简 E.P.F22：154）、【字形】（《肩水金关汉简〔壹〕文字编》73EJT9；53）、【字形】（江陵凤凰山2号墓木牍），【字形】（孔龢碑）诸字，则皆作"土"形，其例不胜枚举。故"之"形经隶变可作"土"形，即隶楷书中作"土"形部件有来源于"之"的可能。东汉时，官方正字已是成熟的隶书，篆书使用甚少，日常手写体基本是隶书的草率体。在这样的书写习惯下，篆体常常会受隶书形体的影响发生变化。故隶书时代的书家，写篆书时很可能便将"土"形反推写作"之"形，这

---

① 刘钊：《古文字构形学》，福建人民出版社，2011年，第335页。"古文字中，止、辵、走、行诸字在用做'动符'时，作用相同。"按："彳"即为"行省旁"，故亦符此例。

种根据隶楷形体反推的篆形，也是导致《袁安碑》真伪问题历来辨讼不绝的原因之一。①

（二）汝/女②

碑文作 ![字] 、![字]。![字] 和《说文》小篆 ![字] 一致，![字] 字形体见上文分析。"汝"本为水名，《说文》："![字]水，出弘农卢氏还归山，东入淮。从水，女声。"《后汉书·袁安传》："袁安，字邵公，汝南汝阳人也。"③ 碑文作"汝南女阳"。"女""汝"曾先后借为第二人称代词 {汝} 字，故"尔汝"字以"女"表"汝"习见不怪，然将地名"汝

---

① 关于《袁安碑》的真伪问题，学界争持不下。持伪作观点者，目前似以王家葵《汉袁安碑研究》（《玉叩读碑：碑帖故事与考证》，四川文艺出版社，2016 年，第 257 页）一文最为详尽。笔者通过对碑文篆法的分析，以为应是真迹，因限于本文体例，不展开讨论。且引两则材料作为佐证，一是张新俊《袁安碑"正"字小议》（《古文字研究》第 31 辑，中华书局，2016 年，第 492—495 页）指出："如果说《袁安碑》乃近人手笔，作伪者会力求在文字上不露出马脚，更不大可能在'正'这么一个简单的文字上故弄玄虚，令人顿生疑窦。'正'字这种奇特的形体反倒可以从侧面证明《袁安碑》为真品无疑。"二是杨伯峻《列子集释·附录三》（中华书局，1979 年，第 323—324 页）收有《从汉语史的角度来鉴定中国古籍写作年代的一个实例——〈列子〉著述年代考》一文，其中一段文字虽针对辨别古书真伪问题，但道理相似，也可对辨别《袁安碑》真伪有参考价值，其文曰："从汉语史的角度来鉴定中国古籍的真伪以及它的写作年代应该是科学方法之一。这道理是容易明白的。生在某一时代的人，他的思想活动不能不以当日的语言为基础，谁也不能摆脱他所处时代的语言的影响。尽管古书的伪造者在竭尽全力地向古人学舌，务使他的伪造品足以乱真，但在摇笔成文的时候，无论如何仍然不可能完全阻止当日的语言向笔底侵袭。这种侵袭不但是不自觉的，甚至有时是不可能自觉的。因为极端谨慎地运用语言，避免在语言上露出作伪的痕迹，这一种观念未必是所有古书的伪造者人人都具有的，或者非常敏感地、强烈地具有的。纵使这一种观念是他们都具有的，甚至非常敏感地、强烈地具有的，然而那些古书的伪造者未必是，也难以是汉语史专家，精通每一个词、每一词义、每一语法形式的历史沿革，能够选择恰合于所伪的时代的语言，避免产生在那所伪的时代以后的语言。这种能力和高度的自觉性都不是古人所能完全具有的。纵是有，也都不能完全阻止他所处时代的语言向笔底侵袭。由此，我们可以肯定，如果我们精通汉语史，任何一部伪造的古书，不管伪造者如何巧妙，都能在语言上找出他的破绽来。我们根据这些破绽，便可以判明它是伪书，甚至鉴定它的写作年代。"以上两位先生的观点，结合本文例子，应可对判断此碑真伪做出新的结论。又按：2019 年 4 月，蒙李松儒赐赠《袁安袁敞碑书刻辨析》一文（待刊稿），该文从字迹、刻手角度研究，反驳了王家葵以为《袁安碑》是伪造的观点，其结论云："从字迹角度分析，《袁安碑》《袁敞碑》约为同时所立，其碑文为同一人所书，但由于刻手不同，造成了字迹上的细微差异。两汉碑刻这种情况极为罕见，《袁安碑》《袁敞碑》为我们提供了汉碑书手与刻手分工而作的鲜活实例。"

② 本文初稿完成于 2016 年深秋，2018 年略作修改，当时以为："碑文'汝南女阳'，《后汉书·袁安传》作'汝南汝阳。''汝'本为水名，后借为尔汝字。'女'字古亦可通'汝'。所以也不排除书家有意求变避复，将同一字写成不同形体，故碑文'汝'用本字，'女'用假借，这种求变避复的情况在历代书法作品中并不鲜见。"2019 年 12 月又修改此文，放弃"汝、女"是"求变避复"的观点，而以为"女阳""汝阳"是时代先后的用字差异所致。2020 年 6 月再次修改小文，发现赵苗苗硕士论文《袁安碑文字研究》（河南大学 2016 年硕士学位论文）指出"秦汉时期，在作地名时，郡名均作'汝'，县名均作'女'"，并举多方秦汉封泥玺印为证，可信。

③ 《后汉书》，第 1517 页。

阳"之"汝"用"女"字表示，则不太常见，不敢贸然论定碑文乃借"女"表"汝水""汝阳"之｛汝｝。《汉书·地理志》"汝南郡"辖有"女阳"，颜师古注云："女读曰汝，其下汝阴亦同。"王先谦《汉书补注》："《续志》，后汉因。女作汝。"① 在《续汉书·郡国志》中"汝南郡"下已作"汝阳"。② 《后汉书》成书于梁，因无志，遂将晋司马彪所撰之《续汉书·郡国志》等八志并入《后汉书》，故《后汉书·袁安传》与《续汉书·郡国志》皆作"汝阳"。而《袁安碑》略迟于《汉书》，为东汉早中期，两者皆作"女阳"。由此推测，地名"汝阳"，秦汉时作"女阳"，后才改作"汝阳"。马衡在《汉袁安碑跋》中指出"疑县名之字当作'女'"③。《春秋穀梁传·文公》"及苏子盟于女栗"④，其中"女栗"，在与《续汉书·郡国志》差不多同时的魏石经则作"汝栗"⑤，亦可为证。故《袁安碑》作"汝南女阳"，符合当时的地名用字习惯。

此外，东汉印章中有"汝南女阴"⑥，与碑文情况相似：

图 3   "汝南女阴"印章（引自《二十世纪出土玺印集成》三 – SY – 0825）

（三）阳

《说文》作 陽，碑文作 陽，《袁安碑》出现的"阜"旁皆作 ，同碑 、 等字所从皆如是，和 有别。此外右旁差异较大， 陽 字其右作 ，即"易"字，碑文作 ，为"易"字，且其上所从之"日"作 ，左右两竖上突，成"廿"形。同碑"易"作 ，将残阙处补全，当作 ，与 陽 字所从一致。汉魏之际，"易"字常讹作"阳"字。

---

① 周振鹤编著：《汉书地理志汇释》，安徽教育出版社，2006 年，第 117 页。

② 钱林书编著：《续汉书·郡国志汇释》，安徽教育出版社，2007 年，第 73 页。

③ 马衡：《汉袁安碑跋》，《容庚学术著作全集〈金石学〉〈古石刻零拾〉〈简体字典〉》，中华书局，2012 年，第 185—186 页。

④ 《十三经注疏》整理委员会：《十三经注疏——春秋穀梁传注疏·文公卷第十》，北京大学出版社，2000 年，第 200 页。

⑤ 商承祚《石刻篆文编》双钩作 ，施谢捷《魏石经古文汇编》摹作 。石经中古文用"汝"，似乎"汝阳"比"女阳"更早，但传抄古文有很多复杂因素，此处"汝阳"之"汝"很可能是当时据隶楷书反改所致。

⑥ 周晓陆主编：《二十世纪出土玺印集成》（全三册），中华书局，2010 年，第 257 页。

初文"易"形，二字作构件时常混用。① 碑文将"易"之长横省略作"易"形，这种省形在秦汉简帛和碑刻中习见，如 （睡《编年记》51）、（居延新简 EPF22：68）、（定县竹简·46）、（《礼器碑》）等形，皆已作从"易"。可见碑文形体符合当时的时代特征。

（四）袁

《说文》小篆作 ，碑文作 ，小篆中间"○"形碑文作 ，顶部上突和"衣"字上部笔画相接。汉印有 （《新出汝南郡秦汉封泥集》346）、（《汉印文字征》.袁玮私印）之形，所从"○"形作 、 形，上部已突起，和碑文字形极近，而 （《汉印文字征》）字所从之 已与碑文完全一致。此外同碑"公"字，早期字形作 （毛公鼎），从 ，碑文则作 ，从 ，与"袁"字内部构形一致。东汉隶书"○"形则普遍作"△"，如《鲜于璜碑》作 。后世隶楷书为了与"口"形相区别，另将"○"变为"厶"，遂与"厶"字相混，如《礼器碑》"袁"作 ，《三体石经》作 ，《苏孝慈墓志》作 ，皆其例。基于此，"○"之形变过程当为："○→△→厶"。相较而言， 形保留了从"○"的原始形体。

（五）孟

《说文》小篆作 ，碑文作 ，"皿"旁上部作 形，"子"下多一圈形，似未见于先秦古文字。赵平安指出："绝大多数汉篆来源于秦篆……有的增加部分形体，如 －－ 。"② 赵先生以为碑文 字是在"皿"和"子"中加了 形部件。实际上，碑文 字或是将下部"皿"换成"血"字而已③，秦汉文字中"血"字上面常作一横，如 、、（三字皆见于《汉代文字编》第 686 页）、（《峄山刻石》）等字。"孟"字汉印中有 、、（三字皆见于《汉征》卷十四 16）、（《虚无有斋摹辑汉印》1572）诸形，正是从子、从血。碑文 所从 上部中空作圈形，古文字中团块点画常见既有填实之形，亦有中空之状。团块又变双钩轮廓，再线条化，成一点或一横。故 与 、 为"血"字异形。"皿""血"在古文字偏旁中经常换用互作，此不赘举。且"孟"字在先秦古文字中也有从"血"形的字，如 （《集成》2601）、（《集成》10277）、（《集成》10144）等形便从"血"，由此可知碑文 从"血"亦是渊

---

① 毛远明：《汉魏六朝碑刻异体字典》（下），中华书局，2014 年，第 1074 页。
② 赵平安：《说文小篆研究》，广西教育出版社，1999 年，第 35 页。
③ 此蒙林清源师提示。

源有自。

《袁安碑》篆文有圈形部件者，往往作封闭状，如▆、▆、▆、▆、▆、▆、▆诸字所从。▆字形体上文已详细论述，但还有一点需要补充，"子"在汉印中有作▆、▆（《汉征》卷十四 15）、▆（《虚无有斋摹辑汉印》2736）诸形，底下盘绕作圈形（未封闭），与碑文▆上部所从▆形体非常接近，考虑到碑文有将圈形部件封闭的规律，▆形很可能是▆形底下封闭的"子"字，且碑文中亦不乏将笔画作屈曲盘绕的字形，如▆、▆、▆、▆、▆诸字，可见▆为底下盘绕作封闭圈形的"子"字，也是很有可能。《订正六书通》（第 312 页）所引"孟"字有▆、▆二形，▆上部所从底下皆有封闭圈形，与碑文▆一致，那么碑文"孟"字作▆，便不是将"皿"旁换为"血"旁，而是从▆（子），"皿"声的结构。

（六）氐

《说文》作▆，碑文拓本和原石作：

图 4

碑文底下残损，但仍可看出有一横画，即"氐"字，篆文作▆。"氐"字由"氏"字下加一横分化而来，本为一字。在楚简、汉印中常见"氏"字用作"氐"字，如上博简《容成氏》，简文便写作"讼成▆（氏）"。

不过，笔者仔细观察原石，碑文残损处正好是▆字中间竖笔和底下横笔的交界处，也不能排除中竖笔有可能穿过横画。若如此，则碑文字形应作▆，即"乓"字，商承祚《石刻篆文编》便将此字列在"乓"字头下。① 从早期古文字形来看，"乓"和"氏"迥别，但在战国文字中，"厥（乓）"字已与"氏"字讹混，如清华简《系年》简 2"乓"作▆，而本篇"氏"字在简 14 作▆、简 78 作▆、简 102 作▆、▆，二者几乎已同形。另外，郭店简《缁衣》简 37"▆（乓身）"，上博简《缁衣》简 19 作"▆氏（是）身"，"乓""氏"异文。但秦系文字中"乓"皆作▆（《集成》268）、▆（《集成》4315）、▆（秦景公石磬 1）、▆（诅楚文《巫咸》）、▆（秦骃玉牍甲—正）诸形，与"氏"字作▆（《集成》4328）区别明显。可见秦文字"乓"字并不从"氏"，但《说文》篆作▆，从"氏"。朱骏声《说文通训定声》："氏，实即氏、乓、柢字，亦即坻字。"《袁安碑》乃东汉刻石（公元 92 年），略早于《说文》成书年代（公元 100—121 年之间），如果碑文是"乓"字，恰可说明此碑的篆文形体应是《说

---

① 商承祚：《石刻篆文编》，中华书局，1996 年，第 577 页。

文》字形的重要依据或直接来源。

不管▨是"氏"字还是"乓"字，在碑中读作"氏"，并无疑义。

（七）除

《袁安碑》两见，作▨、▨，两字右旁所从之"余"底下有别，《袁敞碑》作▨，右边残损不可知。三字篆形与除皆有区别，左旁所从"阜"的差别已见上文"阳"字分析，此不赘述。▨右旁"余"字下部第一横两头微微上翘作▨，与▨（张《二年律令》481）、▨（《二年律令》152）字右旁所从相同，下部第二横笔篆书本作▨，成U形，碑文拉直变成横画，显然是受▨（睡《法律答问》65）、▨（睡《日书》乙116）、▨（北大汉简《老子》145.19）▨（《二年律令》63）、▨（《二年律令》63）、▨（夏承碑）等隶书字形的影响，将▨形变曲为直所致。另，▨所从之"余"底下两笔相连成"巾"形作▨，与▨所除之▨有别。从秦汉文字来看，▨是主流字形，但▨字也见于汉代文字，如▨（北大汉简《荆决》3）、▨（《玺印集林》112.4）、▨（《汉征》卷十四11）、▨（《汇编》第714页）等字，所从之"余"底下两撇也相连一起，此外，传抄古文中亦见相连形体，如：

表5

《传抄古文字编》	《传抄古文新编字编》	《古老子文字编》
▨ 四1.23 道 ▨ 海1.9	▨ 选. 道53 下	▨ 碑10 ▨ 53 ▨ 广1.2 ▨ 通1.38

由此可知，碑文两种形体，各有所承。

（八）郎

《说文》小篆作▨，《袁安碑》作▨，《袁敞碑》作▨、▨。碑文与《说文》小篆的区别，主要是左旁"良"字下部和右旁"邑"字上面所从有别。《说文》良作▨，下部作▨，为三笔，碑文作▨，为两笔。"邑"字商周古文字作▨（《合集》6057反）、▨（《集成》9249）诸形，上部本从▨，四周回环不出头。而碑文与汉印▨、▨、▨、▨（《汉征》卷六）等字右旁上部所从之"口"两边出头，变成▨形，《袁安碑》▨字所从亦是，已讹作"口（张口字）"形。汉简▨（马《战国纵横家书》146）、▨（银雀山汉简106）与碑文所从一致。这种本来写作圆弧的篆书笔画，在汉代皆作方折两边出头之形，显然也是受隶书笔法影响所致。

（九）正

《袁安碑》▨字，目前所见各类出版物大多将此字释为"四"或"匹"字，尤以释

"四"习见,如 2006 年徐玉立主编的《汉碑全集》、高文《汉碑集释》等书①。

张新俊指出:"在《袁安碑》碑文中,'四'字凡 3 见,即分别出现在第 2 行第 15 字、第 8 行第 6 字、第 9 行第 15 字,与隶楷'四'字几乎无别……二者形体迥异,显然不是一字,故释'四'之说实不足信。"② 张氏所谓碑文三见的"四"字作:

图 5

三字篆文写法同小徐本⊞字完全一致,和⊟字则判然有别。但同一文本中一词异形、一形异词的现象在出土文献和传世文献中并不罕见,那么碑文⊟和⊟会不会也是"一词异形"呢?从字形本身来看,"四"字从商周至秦汉文字,除个别特殊字形如⚏(之利钟)、▽(货系 3117)③ 外,大致作以下七种形体:

表 6

1	2	3	4	5	6	7
![字1]	![字2]	![字3]	![字4]	![字5]	![字6]	![字7]
《集成》 2837B	《集成》 236	上博《孔子诗论》14	《集成》 2574	上博《兰赋》2	北大汉简《仓颉篇》B45	货系 3499

从上表可知,"四"字无一例作⊟形,唯独在《秦文字编》"四"字下发现一个字形作⊞(马《阴阳十一脉灸经》甲篇 49)④。初看之下⊞字和碑文⊟近似。但经笔者查看《长沙马王堆汉墓简帛集成》原始图版⑤,发现《阴阳十一脉灸经》甲篇原图作⊞,该字右边帛书正好残损,放大图版发现该字最右侧笔画处仍可隐隐发现笔墨痕迹,见下图框内部分:

图 6

① 徐玉立主编:《汉碑全集》(一),河南美术出版社,2006 年,第 168 页。高文:《汉碑集释》,河南大学出版社,1985 年,第 25 页。《中国碑帖名品》(七)《袁安碑、袁敞碑》,上海书画出版社,2013 年,第 11 页,释作"四",但同为该社所出的《书法自学丛书——篆隶(上册)》一书(第 238 页),早在 1986 年初版时便已将⊟字释作"正"。

② 张新俊:《〈袁安碑〉"正"字小议》,《古文字研究》第 31 辑,中华书局,第 493 页。

③ 黄德宽主编:《古文字谱系疏证》,商务印书馆,2007 年,第 3383 页。

④ 王辉主编:《秦文字编》,中华书局,2015 年,第 2003 页。

⑤ 湖南省博物馆、复旦大学出土文献与古文字研究中心编纂,裘锡圭主编:《长沙马王堆汉墓简帛集成》第七册,中华书局,2014 年,第 205 页。

　　且▨字底部右下之笔画收尾处明显笔势向上，显然是承接上部笔画的，▨字应该就是右边笔画残损的"四"字。其右上角笔画相接形态应和同是马王堆帛书的"日""中"诸字右上角相同，如下所示：

《养生方》123　　　　　《五十二病方》32　　　　　《养生方》128

　　如果复原，应该与《养生方》125 的▨、▨及《五十二病方》32 的▨三字形体相同。由此可以推断，碑文▨字绝非"四"字。

　　此外还有将▨字释作"匹"字，从字形上看，确实相近。《古文字诂林》便将▨收到"匹"字下①，商承祚《石刻篆文编》（1938 年）虽将▨字收在"正"字下，但又加按语说明："五年匹月，正字之讹误。"②

　　我们认为，此字应释作"正"字，马衡、章太炎、容庚、罗振玉、刘承干等中华民国早期学者皆已指出③，近代以来，《书法自学丛书——篆隶（上册）》在 1986 年初版时将▨字释作"正"④，毛远明亦将▨字释为"正"⑤。赵超《石刻古文字》也指出▨为"正"，以为是"正字变体，此写法不见于其他材料"。⑥ 吕蒙详细罗列汉碑六朝魏刻文字并加以论证，指出▨字为"正"字，但字形讹作"匹"。⑦

　　把▨字释为"正"字，不仅文意通畅，而且从字形看，综合汉魏碑刻和出土简帛材料文字考察，也有迹可循。对比同出里耶、睡虎地秦简和居延新简的"正""匹"二字：

---

　　① 李圃主编：《古文字诂林》第九册，上海教育出版社，2004 年，第 1019 页。
　　② 商承祚：《石刻篆文编》，中华书局，1996 年，第 82 页。
　　③ 详见张新俊《〈袁安碑〉"正"字小议》一文注 3、注 4、注 5、注 6，《古文字研究》第 31 辑，第 495 页。刘承干：《希古楼金石萃编》卷六亦指出应释作"正"，见《石刻史料新编》第一辑第 5 册，台北新文丰出版公司，1982 年，第 3871 页。
　　④ 上海书画出版社编：《书法自学丛书—篆隶（上册）》，第 238 页。
　　⑤ 毛远明：《汉魏六朝碑刻异体字典》，中华书局，2014 年，第 1202 页。毛先生在《汉魏六朝碑刻校注》（第一册，线装书局，2008 年，第 60 页）一书中亦指出▨字应释作"正"。
　　⑥ 赵超：《石刻古文字》，文物出版社，2006 年，第 77 页。
　　⑦ 吕蒙：《汉魏六朝碑刻古文字研究》，西南大学 2011 年博士学位论文，第 195—197 页。

表7

正	匹
（里．八．157）	（里．八．1455 正）
（里．八．157）	（睡．杂28）
（睡．乙55）	（睡．法158）
（EPT58：11）	（EPT51：377）

由上表可以看到，"正""匹"二字在同期书写中已非常近似。在秦汉简帛和碑刻中，二者形态趋于一致，张新俊、吕蒙等研究者已罗列字形并进行排比论证，此不赘述。

此外，郭店简《缁衣》简42有："唯君子能好其（），小人岂能好其。"① 简文从马，必声，读作"匹"，应是马匹之"匹"专字。上博简《缁衣》简21"匹"字则作、之形。而在今本《礼记·缁衣》中，此句作："唯君子能好其正，小人毒其正。"郑注："'正'当为'匹'字之误也。'匹'谓知识朋友。"② 郝懿行谓："盖汉隶书'匹''正'形近，所以致误，非古字通也。"可见在传世文献中，"正"和"匹"亦有形近讹误之例。③

综上，"匹""正"二字在当时的官方正体字和日常书写中，因隶书形体皆已极为接近，故《袁安碑》中"正月"之"正"被写成而似"匹"形，乃因隶书结构影响，张新俊以为这是"用篆法写隶书"，我们则以为此应是"用隶书字形结体逆推写篆书"所致。

需要说明的是，在古书中，"匹"还写作"疋"形，如《广韵·质韵》："匹，俗作疋。"《战国策·魏策》："车六百乘，骑五千疋。"《汉书·叔孙通传》："乃赐通帛二十疋。""匹"皆用作"疋"。两字形义本无关联，或许就是隶变后隶楷字"匹"与"疋"形近讹混，如（唐代李符妻挚氏墓志：匹）、（唐代屈元寿墓志：匹）、（唐代王大剑墓志：匹）等字，已与"疋"字形体极为接近。

---

① 荆门市博物馆：《郭店楚墓竹简》，文物出版社，1998年，第20页、第136页。

② 《十三经注疏》整理委员会：《十三经注疏——礼记正义（上、中、下）》，北京大学出版社，1999年，第1516页。

③ 张新俊：《〈袁安碑〉"正"字小议》一文注23亦提及此例，见《古文字研究》第31辑，第496页。

（十）阴

碑文■与《说文》篆形■有别，除"𨸏"旁外，主要是右旁完全不同。■上部所从之"今"写作■形，构形独特，和常见之■形差别明显。■形应是由■（《西狭颂》）、■（《池阳令张君残碑》）此类隶书形体改造而来。① 碑文右旁下部之"云"圈形封闭，陈昌治本■、汲古阁本■、北师大■亦然，但小徐本■所从作■，段注本■所从作■，皆断开不闭合。

（十一）皇

《袁安碑》作■，其上部所从作■，"日"形中间作一横，上有三短竖，左右两笔斜出，形态生动。《说文》诸本则作■，上部皆从"自"，惟段注本作■，上部从一横作■，但仔细审视，其中间一横位置明显偏上，显得很不协调，若补上一笔作■，则内部空间允当匀称，故段注本上部■很有可能被挖去一横，原本应作■，亦从"自"。商周古文字中"皇"作■（《英藏》543）、■（《合集》961）、■（《集成》2760）、■（《集成》3826）、■（《集成》2815）、■（《集成》2639）、■（《集成》4315.2）诸形，构形本义尚无定论②，古文字形体上部有诸多竖笔，后稳定为三竖笔，并与下部"日"形黏合，■、■、■三字底下作"王"字且与上部脱离，此种形体为后世主流所继承。古文字中竖笔常加点为饰，点又变为短横，故"皇"又有■（《集成》10008）、■（《集成》142.2）、■（《安大简》33）、■（清华壹《金縢》12）诸形，但此类形体在秦"书同文"后逐渐消失。战国时期秦和六国文字有如下诸形：

表8

齐	三晋	中山	楚	秦	汉
■ 集成245	■ 侯马.156：24	■ 中山王方壶. 铭文选881	■ 曾侯乙钟	■ 陶汇5.387 ■ 陶典5	■ 《文物》1973年第 5期 ■ 《汉印文字征》 卷一4

---

① 详参魏宜辉：《谈汉印篆文中"今"旁的一种特殊写法》，赵平安主编：《讹字研究论集》，中西书局，2019年，第259页。

② 或以为象凤凰尾羽之形（结合甲骨文"凤"可知），后加注"王"声，本义为凤凰之"凰"，引申为"大"。参看葛亮"国学新知——《说文解字读书会·皇》视频。

通过上表所列文字形体，我们发现商周古文字和六国文字中"皇"字上部圈形中间，除 字没笔画外，其他均作一横或一点，从来没有两横的"自"形，只有秦文字中才出现既有一横的字形 （诅楚文《秋渊》），又有两横的字形 （始皇十六斤铜权一），由此可知，上部从一横之"皇"符合汉字发展轨迹，而从"自"之形应是讹变，从目前文字材料来看，这种讹形只出现在战国秦系文字中。汉代文字亦常见从"自"之"皇"，如 （张《二年律令》9）、（张《二年律令》184）、（张《二年律令》411）、（武威《王杖十简》10）、（《汉征》卷一4）等字，杜忠诰指出："西汉晚期的成帝在位时，以迄东汉明、章之际的大约一百年前后，'皇'字写作'从自从王'的讹体，必为当时官方的部定标准写法。"① 由此可知《说文》作 乃是继承秦汉讹形而来。

里耶秦简有一枚木方②，即下图：

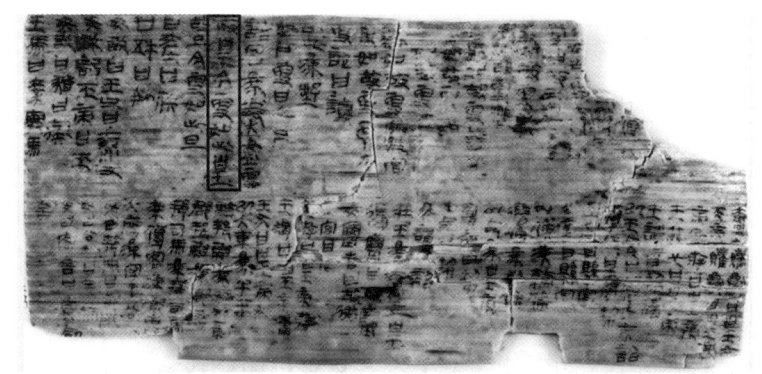

图7

其右上角残损，主要内容是规范书写用字。其中有"故皇今更如此皇"句（见上图标注框内），"皇"字作 ，上部从"自"，第二个"皇"字则作 ，上部从"白"（非白色之白），两者字形不同，其意为：过去之"皇（从'自'）"现要更改如这个"皇（从'白'）"，以从"白"之"皇"为正字，其他字形则废弃不用。③ 即秦统一后，实行"书同文"政策，将从"自"之""改为从"白"之"（峄山刻石）"。然而在实际情况中要复杂得多，"皇"字在秦统一前既有从"白"之 （秦景公石磬，秦文图81），亦有从"自"之 （睡《日甲》145），而统一后"皇"字同样存在既从

---

① 杜忠诰：《说文篆文讹形释例》，花木兰文化出版社，2012年，第120页。

② 湖南省文物考古研究所编著：《里耶秦简（壹）》，文物出版社，2012年，彩版第14页，图版第68—69页，释文第32—33页。此书收一木方，即"秦更名方"，应是目前了解秦代"书同文"政策最为直接客观的史料。最初发表时编号8－455，正式收入此书时更改为8－461。

③ 参见游逸飞：《里耶8－461号"秦更名方"选释》，2013年，简帛网 http：www.bsm.org.cn/show_article.php？id=1875。

"白"之（阳陵虎符），又从"自"之（秦陶 1317），但以从"白"之为主流。上文提到西汉晚期到东汉早期从"自"之"皇"盛行，乃至成为主流，《说文》便以此篆形为字头，其中原因究竟为何，尚不明确，杜忠诰谓："这些西汉晚期才开始大量出现的'皇'字讹形，跟比它们大约早两百年的秦代诏铭'皇'字讹形之间，未必具有前后相承袭的特定因果关系，或恐只是历史发展之偶合罢了。"①《袁安碑》字上部所从形中间只有一横，与、、、、、主流字形上部所从近似，碑文仅中间横画与两边笔画接触，与汉印一致，但其上面三竖笔之左右两笔形态仍然与甲骨文、金文一致，古意犹存，可见《袁安碑》字符合汉字的发展演变轨迹。

（十二）宾

"宾"字甲骨文异体甚多，金文等早期古文字则多增"贝"旁（或是声符）②，主要有（《合集》3654）、（《合集》30544）、（《集成》2431）、（《集成》5415）、（《集成》325.4A）、（郭店《性自命出》66）、（上博《孔子诗论》27）、（清华《越公其事》6）等形。《说文》小篆作，从"贝"，应是继承上述从"贝"的古文字形体而来。碑文与的差别主要在中间所从作形，与商周甲骨文、金文和战国文字均有别。而"宾"字在两汉隶书形体中多作（北大汉简《仓颉篇》2）、（武威汉简《士相见》1）、（熹平石经残石《仪礼·乡饮酒》）、（西狭颂）诸形，与碑文形同，由此可知碑文篆形应据此类隶书形体反改而来。③、（二字见《汉征》卷六18）、（《虚无有斋摹辑汉印》1876）等字亦与碑文完全一致，这种构形也是后世（隋《贾玄赞墓志》）类形体的来源。

（十三）、薧

《袁安碑》作，笔者摹作（），《袁敞碑》作，目前所见出版物皆将此字直接释作"薧"，从字形本身来看，碑文应从高省，从死，当隶作薧，即《说文》"薧（）"字下部所从，音 kǎo。"薧""薧"同字，《集韵·号韵》："薧，枯也。或省。"《集篆古文韵海》所收形和碑文同（所从"死"左旁上部多一竖笔）。马王堆帛书《老子甲》84 有（）字，从高、从死，隶作"薧"，其文曰："其死也槁（枯）薧（槁）。"字是碑文的未省形体，故以往直接将碑文释作"薧"，恐不允当。

———————————

① 杜忠诰：《说文篆文讹形释例》，第120—121页。

② 刘钊：《古文字构形学》，第91页。

③ 承李亦鹏兄告知，春秋晚期吴国铜器配儿钩鑃（《集成》427）"宾"字作"（）"，摹作""，中间所从形体与碑文颇为近似。惟春秋吴国和东汉河洛，时代和地域皆相隔甚远，又仅此一例，无法断定此字便是碑文所从。

"薨"亦有死义，段玉裁注："凡死而枯槁谓之薨。"碑文释作"薨"，于文意无害。但袁安为公侯之臣，其死称"薨"，更符合传统礼制。《礼记·曲礼下》"天子死曰崩，诸侯曰薨"，故不排除碑文误写的可能。《古文字诂林》便将此字放在"薨"字下，并引商承祚《石刻篆文编》云："薨之误字。"《隶辨》（2.56）引《冯绲碑》"薨"字作 **薨** 形，其《按》云："《说文》'薨'从莤省，碑变从高，与薨相混。"

但笔者更倾向于以下情况，"薨"字见于汉简，如（**薨薨** 马《春秋事语》88）、（**薨**）（《春秋事语》93）、**薨**（北大《周驯》80）诸形，东汉《甘陵相尚博残碑》作 **薨** 形。其演变应是：

乃知碑文 **薨** 即由以上隶书形体反推改写而来。如果是这样，《集篆古文韵海》的 **薨** 形，应是汉人所造之篆体。

另，**薨** 字所从之"死"作 **死**，同碑 **葬** 字所从之"死"作 **死**，两字左旁之"歹"上部皆为三短竖，构形相同，《袁敞碑》**葬** 所从之"死"作 **死**，其左上角之白点，掺杂石花，但笔画依然可见，与《袁安碑》构形显然一致。王家葵指出："如果此白点是石花而非笔迹，那么袁敞碑'葬'字虽然是俗体，但其中'死'字仍是正体。而袁安碑模仿袁敞碑，作伪者误把石花认成笔迹，所以袁安碑'薨''葬'两字的'死'都是生造出来的俗体，在'死'字左上角多出了一个短竖。"[1] 又举罗振玉临本作 **死** 为旁证。从碑文看，就算 **死** 字左上角一笔为石花，上面其他两短竖也并不相接，与罗氏临本这样常见的写法亦有别。实际上碑文所从"死"字构形作 **死**、**死**、**死**，是秦汉时期因与"列"字形体形近讹混所致。如睡虎地77号汉墓书籍简有两个"死"字，分别作：

已经讹同"列"字[2]，其左旁作 **歹**、**歹**，上面已经为三笔。此外，刻于新莽天凤五年（18）的《爵平大尹冯君孺人画像石墓题记》之"葬"字作 **葬**，隶作"壾"，其上所从之"死"左旁作 **歹**，与 **歹**、**歹** 完全一致，可见碑文所从"死"字构形作 **死**、**死**、**死**，其左旁上部作三竖笔之形是符合当时文字特点的，故王家葵之说不可信。

（十四）闰

《说文》小篆作 **闰**，中间从"王"，而《说文》"润"字小篆作 **润**，右旁所从"闰"字中间则为"玉"。"闰"字应从玉，门声。碑文作 **闰**，中间讹作 **坣**，可能是"往""狂""匡"等字所从之"坣"，"坣"字隶变后常写作"王"，而《说文》认为"闰"

---

① 王家葵：《汉袁安碑研究》，《玉叩读碑：碑帖故事与考证》，第265页。

② 闻之于陈剑台湾政治大学《古文字形体源流研究》课堂。

字中间从"王",故碑文所从![]形很可能也是据隶书误改而来。此外,由于秦汉文字中"王""生"亦形近易讹,碑文中间之![],也可能是受"生"字形体影响所致。

(十五)葬

《说文》小篆作![],从茻。《袁安碑》作![],《袁敞碑》作![],皆从"竹"。"葬"字早期字形作、、、、诸形,皆不从"艹",也不从"竹"。秦简文字则作、、诸形,上部皆从"竹",可知碑文篆法应是承续秦文字而来。

王家葵引用罗振玉、马衡之说,以为"葬"字从竹是俗体,不合六书。① 实则"茻"部和"竹"部作为偏旁在古文字中常混用。如"笑"字,战国及秦汉简帛中作、诸形,皆从"艹",《说文》小篆作![],已讹从"竹"。笔者将《说文·竹部》所列正文144字和新附5字逐一比对古文字形体②,发现本部从"竹"之字在同一时期的秦汉简帛、玺印等材料中,同时存在从"艹"的字形,如"等、简、篇、节、着"等字。但秦汉以前,尚未见从"竹"、从"艹"二形并存。由此可以推测,"艹""竹"二字混用应是隶变的结果,即在隶楷中皆写作"艹"形后讹混所致,如同为睡虎地秦简中"葬"字除明显从"竹"之![]外,还有、等形,上部所从之![]形和"艹"之隶定字"艹"已经完全相同。

(十六)戌

《袁敞碑》"戌"作![]、![]二形。从字形看,当是"成"。罗振玉临本径作![]、![]③,并以为"戌字作成,增一笔,以求茂美",罗氏有臆说之嫌,不可信。西川宁文将字形摹为![]、![],并指出:"前者无论如何看都是'成'字。"④ 代威《汉代篆文编》将碑文第一个字![]列在"成"字头下。⑤

"成",甲骨文作、、诸形,西周文字承之,作、,皆从戌,从一短竖或点。春秋战国以后,此短竖或点拉长为竖画,并于其上加点或短横为饰,字遂作![](成

---

① 王家葵:《汉袁安碑研究》,《玉几读碑:碑帖故事与考证》,页265。
② 参看高明:《古文字类编》;黄德宽:《古文字谱系疏证》;汤余惠:《战国文字编》;方勇:《秦简牍文字编》;徐正考:《汉代文字编》等书。
③ 日本《书品》,1961年7月,第110号。本文截图自〔日〕西川宁文著,姚宇亮译:《袁安袁敞二碑》,《东方艺术·书法》,2018年第15期。
④ 〔日〕西川宁文著,姚宇亮译:《袁安袁敞二碑》。
⑤ 代威:《汉代篆文研究》,吉林大学2013年硕士学位论文,第352页。

《集成》203）、 （ 《集成》9735）、 （ 《集成》224）、 （曾 151）、 （郭店《缁衣》35）诸形，《说文》古文作 ，当源于此。《说文》小篆作 ，许氏谓"从戊，丁声"。"戌"与"戊"在商周文字中，分别作：

戌	《合集》1482、 《合集》37673、 《集成》2754
戊	《合集》33、 《合集》1482、 《合集》37544、 《集成》5800

两字构形不同，"戌"字为宽刃的兵器，"戊"字为刃部弧形内凹成弯月状的兵器。在战国简帛文字中，"戌"一般作 （清华《系年》137）、 （包山 12 反），左边有两撇，"戊"一般作 （清华《说命》上 4）、 （包山 92）、 （包山 125），两字构形有异。但"戌"字有时简省写成 （包山 145 反），左边只有一撇，便与作 形的"戊"字讹混，在偏旁中，从"戌"字常省讹为从"戊"，《说文》篆文从"戊"，或是从此类省形而来。

在西周金文中，"戌"和"成"字还存在直接换用互作的现象。容庚指出，《颂簋》铭文"甲戌"作"甲成"，而"成周"作"戌周"，故以为是作器者将"戌"误写作"成"字。① 检视《颂簋》铭文，确如容氏所言，铭文将"甲戌"写作"甲成"有以下几例：

《集成》4334　　《集成》4336　　《集成》4338　　《集成》4339

将"成周"写作"戌周"有以下几例：

《集成》4336　　《集成》4337　　《集成》4338

数个颂器皆如此，且《集成》4336、《集成》4338 直接将"戌"和"成"互换。此外《散氏盘》与《元年师兑簋》的" （城）"字分别作：

---

① 容庚：《古石刻零拾·汉袁敞碑考释》，《容庚学术著作全集——金石学·古石刻零拾·简体字典》，中华书局，2012 年，第 205 页。

《集成》10176　　　　　　　《集成》4275

所从之"成"写作 、，皆作"戌"形，还有《叔尃父盨》（《集成》4455）中"成周"之"成"，分别作（戌）和（成）二形，可见二字在西周晚期时曾出现换用无别的情况。由此，我们以为不能用"误写"来说明问题，因为"误写"是偶然无意的，但上述诸多例子说明二字不可能无意致误，而应是当时书手不以为误的写法，或者说在当时的通行写法中，"戌""成"二字因形近讹误已混用无别。

这种形近而混，互为换用的现象持续到秦汉，如居延新简 EPT59.3.8 "戌"字便作"成"形①：

"九月戊戌"之"戌"，简文作　形，整理者直接释作"戌"，从字形看，则显然是"成"字。

而在 EPT56.10.6 中，"成"字却作"戌"形②：

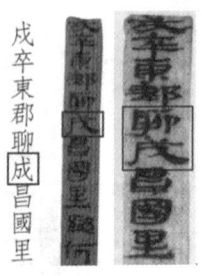

"聊成"之"成"，简文作　形，整理者直接释作"成"，从字形看，则显然是"戌"字。"聊成"即"聊城"。③

可见从西周经秦汉到魏晋，"戌""成"二字就一直有形近易讹混互作的例子。故碑文"戌"字形体作 似"成"便不难理解。

（十七）兵

《说文》作，《袁敞碑》作（摹为），碑文"兵"字所从之"斤"作（摹作），同碑（匠）字所从亦然， 字形体显然与（尼）字篆形一致。碑文 字

_____

① 肖从礼：《居延新简集释》（五），甘肃文化出版社，2016 年，第 3 页、第 115 页。

② 马智全：《居延新简集释》（四），甘肃文化出版社，2016 年，第 48 页、第 188 页。

③ 参看刘玉环：《秦汉简帛讹字研究》，中国书籍出版社，2013 年，第 93 页。

构形下面部分作，已经讹变似"匕"字，这种讹变在战国文字中已见，如"旗"字有作（新蔡·甲三111）①之形、"近"字有（郭店简·《五行》7）之形，两字所从之"斤"分别作、，右旁、与碑文基本一致，仅笔画姿态略有不同而已，应是手写体和铭刻体区别所致。"斤""尼"在秦汉简牍中的讹混现象也不罕见②，在西汉中期的汉印中，"斤"旁仍有写作"尼"形，如字左旁。③可见碑文字所从之"斤"作近似"尼"形，反映了在东汉时期这种讹混现象依然存在。

通过以上篆文形体分析，可知《袁安碑》《袁敞碑》铭文字形主要继承秦系篆文，但也因受当时已通行的隶书影响，出现篆隶杂糅的奇怪讹体构形，导致部分字形篆意渐失而隶势陡增，与秦篆风格拉开距离。裘锡圭指出："一般地说，时代越晚，篆书受隶书的影响就越深。隶书流行以后，一般人在写篆书的时候，往往会自觉或不自觉地把隶书的成分搀杂进去。"④二碑铭文中这种带有时代风格的新构形，如"徒、阳、廉、郎、海、征、除、正、宾、霾、闰"等字，便是据隶书形体反推改写而来，有些不符合汉字演进序列，这也正是《袁安碑》被质疑者所诟病处，但正是这些独具时代特色的字形，反证了《袁安碑》的真实性。

《袁安碑》《袁敞碑》勒碑刻铭的时代正是许慎《说文》的成书时代，我们知道，《说文》所收篆文有一部分形体不合先秦、秦汉文字，其中原因之一便是收集了类似《袁安碑》《袁敞碑》中个别"因隶制篆"⑤的形体，从这个角度来说，二碑篆文形体对我们研究《说文》篆文形体也有重要的参考价值。

附记

2016年深秋，余随硕士导师张索等先生往豫、陕两地寻古、游学访碑。首站为郑州，于河南博物院再次拜观东汉篆书代表作《袁安碑》。众人读碑时，对其中字一时不解，展开谈论，我以文意初步判断为"正"，此后几日，于旅途匆匆随笔札记。回上海后，俞丰先生见我笔记，对鄙意甚为赞同，并让我修改，拿去发表。我生性慵懒，加上其他杂事，一时无精力对此问题再做深入思考和梳理。是年岁杪，沈奇石兄赠我

---

① 字原整理者释作"近"，与"近"之《说文》古文同，实则字上部所从之"止"为""之讹，故何琳仪、李守奎等学者指出为"旗"字，借为"近"，可从。

② 参见但昌武：《秦汉出土文献所见沂阳新考——兼议秦代"沂""泥"二字字形》相关讨论，《古文字与出土文献青年学者论坛论文集》，吉林大学，2019年。

③ 徐善飞：《近四十年出土秦汉篆文整理与研究》，华东师范大学2010年硕士学位论文，第120页。

④ 裘锡圭：《秦汉时代的字体》，原载《中国书法全集》卷7（荣宝斋，1993年），后收入《裘锡圭学术文集·语言文字与古文献卷》，复旦大学出版社，2012年，第213页。

⑤ "因隶制篆"见于林义光《文源·六书通义》第6页："古篆放失之余，是非无正，乃有以汉隶为旧文者……因隶制篆，其缪显然。"福建林氏自写影印本，1920年。

《古文字研究》第31辑电子文件，发现其中收有张新俊先生《〈袁安碑〉"正"字小议》一文，遂放弃将笔记整理发表的想法。2018年8月24日，浙江大学博士后段凯兄（现任职于中国美院）过寒舍晤叙，连宵彻曙，言及《袁安碑》，又细细通读一过，发现碑文篆字构形多处易于常理，颇感兴趣，乃梳理一番，成此小文，成稿后又与段凯兄讨论，受益良多。小文又蒙复旦大学出土文献与古文字中心博士徐渊兄（现任职于同济大学）赐教，补充了多处字形依据。在此一并表示由衷感谢。

又记：

初稿修改后，又先后蒙林清源师、刘钊师、邹虎兄、王挺斌兄审阅教正，特此鸣谢。

·书评·

《史记研究集成·十二本纪》出版

徐卫民

（西北大学文化遗产学院）

2020 年 10 月 26 日，由中国秦汉史研究会作为主办单位之一举行的《史记研究集成·十二本纪》发布暨学术研讨会在陕西省韩城市召开，来自中国社会科学院中国古代史研究所、北京大学、中国人民大学、西北大学、陕西师范大学等单位的百余位学者参加了会议。与会学者对《史记研究集成·十二本纪》的出版表示祝贺并给予较高的评价。

《史记研究集成》是陕西省司马迁研究会于 1994 年就开始启动的重大研究项目，可谓是汇中华学者之精锐、集古今研究之大成的大型文化工程。其目的就是要对司马迁的研究成果进行系统总结，汇集、整理、编纂一部囊括古今中外《史记》研究成果的鸿篇巨制。以便司马迁和《史记》的研究能够承上启下，为从事《史记》研究的学者提供第一手翔实的资料。

《史记研究集成》编写的原则是：刘司马迁的《史记》全文逐字逐句进行汇注、汇校、汇评、汇考。力求研究资料的完整性、科学性、可靠性，对前人研究成果的收集，"兼及古今中外，注意采纳考古资料"，特别是要以考古资料印证《史记》，是本书的最大特点之一。"对意见相同者，选用最早一家为代表"，需要同时说明时，后者则以同于前者出现。"对有争论、有歧义"之处以按语形式标明。附录部分还有本书引用书目、图谱（考古文物图、地图等）。

《史记研究集成》把古今中外研究《史记》的成果汇于一书，对今后人们研究《史记》将是一部最完整、最具权威性的集大成的巨著和参考资料。为了保证该书的顺利完成和学术性，成立了以陕西省原省委副书记董继昌等为主任的《集成》工作委员会和以袁仲一、陈全方为主任的编辑委员会。参与编写的工作人员众多，以陕西师范大学、西北大学、陕西历史博物馆、秦俑博物馆等单位的学者为主，吸收全国著名学者参加。主要的学者有：赵光勇、袁仲一、尹盛平、吕培成、徐兴海、张新科、徐卫民、商国君、田大宪、李雪、吕新峰、吕蔚等，大多是目前该领域研究的精英。还有一些博士生参与该项工作。

学者们以超越前人为历史使命，为进一步继承和发展《史记》研究中的精髓，从政治、思想、经济、科技、文化、军事、天文等诸方面对《史记》进行全方位、多学科、多层次的研究，以弘扬祖国优秀的历史文化传统。坚信这项文化工程的完成会在世界上引起较大反响，会成为《史记》研究的一个辉煌的里程碑。

司马迁是历史上著名的史学家、文学家、思想家、天文学家，被誉为"世界文化名人"。其撰写的著作《史记》，体系完整、规模宏大、史料真实可靠，具有极高的历史价值、文学价值和思想价值，是博大精深的百科全书式的著作。司马迁撰写《史记》，曾"绌石室金匮之书"，采用我们今天已无法看到的档案资料，又"厥协六经异传，整齐百家杂语"，对古代文献进行扬弃和爬梳，还亲自调查研究，抱着"以信传信，以疑传疑"，"不虚美，不隐恶"，非常审慎的实录精神，如果我们也运用二重证据法，重视地下发掘的原始考古资料，以佐证这一时期的历史真相，必然能够使堪与日月同辉的《史记》，焕发出更加灿烂辉煌的光芒。

《史记》系统地总结了我国古代早期文明，内容宏富，体大思精，是我国史学体裁"纪传体"的创始，被鲁迅先生誉为"史家之绝唱，无韵之《离骚》"，郭沫若将司马迁与至圣先师孔子相提并论，直接赞之为"功业追尼父"。《史记》是中国文化遗产中一部不朽的优秀作品。其在史学、文学上的地位如何评价都不过分。历朝历代的有识之士都在读《史记》、用《史记》。并且《史记》享誉世界，被翻译成多种外文，传播到世界各国。

《史记》写完后，正本秘藏，副本存京师。到汉宣帝时，司马迁的外孙传布其书，才大行于世。后世为《史记》作注者甚多，东晋末的徐广著"音义"，南朝刘宋的裴骃著"集解"，唐代注释《史记》成果更多，成就最大的是司马贞的《史记索隐》与张守节的《史记正义》。这两部书和南朝刘宋年间裴骃所作的《史记集解》，被后人合称为《史记》三家注，三家注的形成是《史记》研究史上第一座里程碑。三家注从文字考证、注音释义，到注人、注事、注天文历法、山川草木、鸟兽虫鱼、典章制度等等，无所不备，成为后人阅读理解《史记》的重要参考书，对于《史记》的广泛传播具有积极意义。这些著作最初都是独立于《史记》之外的，到北宋时，《史记》就与注释相结合，《集解》《索引》《正义》三家注分别排入《史记》正文之下，便于阅读。

《史记》是对中国古代从黄帝到汉武帝时代最全面、最系统的总结，顾颉刚在《中国史纲》中认为："窃谓《史记》一书，'厥协六经异传，整齐百家杂语'，实为吾国史事第一次有系统之整理，司马氏既道之矣……是书独其创定义例，兼包巨细，会合天人，贯穿今古，奠史学万祀之基，炜然有其永存之辉光，自古迄今，未有与之抗颜而行者矣。"这就是说，《史记》是我们"以古为鉴"最好的一部史书，但要真正读懂，并非易事。史学界泰斗白寿彝先生在《历代名家评〈史记〉序》中指出："可以说读了《史记》近三十年，对于《史记》的学习基本上还没有入门。中华人民共和国后，重读《史记》，才慢慢地觉得有些味道。"

正因为《史记》的学术价值极大，而又不易读懂，故历代注释者、校勘者、评说者如雨后春笋，络绎不绝，成为一门显学。但是随着新的资料的发现，加之资料的分散，对后人的研究工作带来不利的影响。

1934 年日本学者泷川资言完成《史记会注考证》后，被公认为是《史记》研究的里程碑。从而将《史记》研究的制高点放到了日本，这对中国学术界来说无疑是一个莫大的讽刺。因此，中国学者也在急起直追、积极耕耘、努力研究，以求改变这种被动落后的局面。于是，陕西省司马迁研究会领衔组织一批专家计划完成一部大部头的著作——《史记研究集成》，期盼通过这部书，把司马迁和《史记》的研究推向一个新高度，把司马迁研究的中心争取到中国来。面对浩如烟海的相关资料，必须有"板凳一坐十年冷"的刻苦精神，努力找到能切入的闪光点，进行汇校、汇注、汇评，这的确"殊大非易"。

《史记研究集成》以中华书局 1959 年标点本《史记》为底本，以顿号除外的分句为单位，汇集各个时期有代表性的研究成果，进行汇校、汇注、汇评，如作者有新意，则以按语形式出现。在《史记研究集成》中，文献资料固然重要，而从地下发掘的考古资料也绝不可等闲视之，特别是大量考古发掘资料的涌现为《史记》的研究提供了新的资料。例如《史记》所述商一代世系，以殷墟卜辞证之，虽不免小有舛驳，但大致不误，可知《史记》所据之《世本》全是实录。宝鸡眉县杨家村出土的青铜器证实司马迁记载的西周世系也是不错的。秦始皇陵考古勘探工作也可以证明司马迁对秦始皇陵的记载也是靠得住的。《史记·惠景间侯者年表第七》中之軑侯，为长沙相，侯七百户，惠帝二年（前 193）四月庚子为侯利仓元年，而《索隐》引《汉书》作朱苍，今本《汉书》又作"黎朱仓"。班固曾批评《史记》甚多疏略，或有抵牾，他自己的《汉书》应更严谨一些，但《汉书》自身也有抵牾，且皆为孤证，无从比勘，莫衷一是。1973 年长沙马王堆二号汉墓发掘，出土了"长沙丞相""軑侯之印""利仓"等三印，可祛除对《史记》之疑，足证《汉书》之非。北齐黄门侍郎颜之推在《颜氏家训·书证》中即指出："《史记·秦始皇本纪》，二十八年，丞相隗林、丞相王绾等议于海上，诸本［隗林］皆作山林之'林'。开皇二年五月，长安民掘得秦时铁称权，旁有铜涂，镌铭二所，其一所曰：'二十六年，皇帝尽并兼天下诸侯，黔首大安，立号为皇帝。乃诏丞相状、绾，法度量则不一，歉疑者皆明一之。'凡四十字。其一所曰：'元年，制诏丞相斯、去疾，法度量，尽始皇帝为之。皆□刻辞焉。今袭号而刻辞不称始皇帝，其于久远也，如后嗣为之者。不称成功盛德，刻此诏左，使毋疑。'凡五十八字，一字磨灭，见有五十七字，了了分明，其书兼为古隶。余被敕写读之，与内史令李德林对见，此称权今在官库，其丞相状字，乃为状貌之状，状旁作犬，则知欲作隗林非也。当为隗状尔。"颜氏言之凿凿，秦始皇之丞相隗林乃隗状之讹，但经 1400 多年，在《史记》反反复复抄写、印刷过程中，迄无校正者。此后秦权曾在全国多处出土，1982 年在陕西省礼泉县发现的两诏秦椭量，刻有秦始皇、秦二世诏，形制完好，字迹清晰，没有磨灭缺损现象，被定为一级甲等文物，再次证明了秦丞相"隗林"为"隗状"之讹。并经二世以诏令的"圣旨"形式对丞相隗状予以肯定，我们赞同颜氏的意见进行校正，将隗林改为"隗状"，以恢复历史的真实，类似的例证非常多。在《史记研究集成》的编撰过程中，利用了大量的考古发掘资料补充《史记》、考证《史记》。

"五四运动"之后，疑古学派往往对黄帝、尧、舜、禹的历史存在亦抱怀疑态度，王国维指出："吾辈生于今日，幸于纸上之材料，亦得证明古书之某部分全为实录，即百家不雅驯之言，亦不无表示一面之事实。此二重证据法，惟在今日始得为之。虽古书之未得证明者，不有加以否定，而其已得证明者，不能不加以肯定，可断言也。"明代朱荃宰在《文通》中把搞集成者称为"汇书"，他说：著书莫难于汇书，汇书之人一，而读吾汇者无万数，以一人闻见，而使无万数人皆以为允，此必无之事也。"陕西省司马迁研究会知难而进，组织大量人力从事《史记研究集成》的编纂工作。经过二十余年的艰辛努力，终于与读者见面了。

然而，我们搜求难遍，不免有遗珠之叹，况且识见不高，所汇未必允当，此其一；第二，我们也受着时代与资料的局限，不可能做到尽善尽美。如文献上已有的还须经考古材料的证明，必须俟之异日，只能遗憾地留给有心人去实现我们未了的愿望。作为编纂人员，我们真有点"临事而惧"，无不怀着惴惴不安的心情，等待读者的评判与方家的指正。如果通过我们的劳动，能够给读者开阔一些视野，提供一些线索，减少一些翻检之劳，那就喜出望外了。

读史使人明智，《史记》自从 2000 多年前写成后，无疑是明智者的必读书，影响了中国和世界，其研究成果丰富多彩，可谓汗牛充栋，为弘扬祖国历史文化做出了很大的贡献。《史记研究集成·十二本纪》的出版仅仅是《史记研究集成》走完了第一步，后面还有十表、八书、三十世家、七十列传需要继续进行，任务光荣也艰巨，期待有志者加入，继续努力，辛勤耕耘，完成这一历史巨著。

从"王于兴师"到"百乐咸奏"

——梁云《西垂有声:〈史记·秦本纪〉的考古学解读》读后

田亚岐　杨武站

（陕西省考古研究院）

梁云教授新著《西垂有声:〈史记·秦本纪〉的考古学解读》，由生活·读书·新知三联书店于 2020 年 6 月正式出版发行，可喜可贺！该书以文献记载，即《史记·秦本纪》为主线，以获得考古材料为实证，很好地运用了"二重证据法"，对早期秦文化作了深刻地总结和阐述。作者聚焦了近年来早期秦文化研究中人们感兴趣的问题，以专题论述的形式，如"秦之先帝颛顼之苗裔""秦人来源与秦文化渊源""从蜚廉事纣到庄公伐戎""嬴秦西迁前的居地""西犬丘、秦邑探寻""不其簋是秦器吗?""襄公救周，始命列国""丰国及其文化""平王东迁与秦始建国""发现西畤""文公居汧渭之会，为鄜畤，得陈宝""汧渭之会的地望""秦国的周余民""宪公在位前后""襄公至出子的居地与葬地""秦子之谜与大堡子山大墓的主人""武公居平阳""秦都平阳的探索""中国最早的县""德公居雍""雍城探微""穆公霸业""秦灭梁、芮""称霸西戎""穆公葬地"等问题进行了系统性的研究。

《史记·秦本纪》记述了秦人如何从小到大，由弱变强，完整经历了从附庸到诸侯国，再到王国，最后到帝国的发展，这在中国古代文明史上有经典意义。学界在研讨苏秉琦先生最早提出古代国家形成三部曲（古国—方国—帝国）以及三模式（原生型、续生型和次生型）的理论与方法时，著名学者林沄先生指出，"夏、商、周、秦各有自己的开国史，而秦最具典型性，自襄公（古国）、穆公（方国）到始皇帝（帝国）三部曲，史籍记载和考古材料对应清楚"。关于秦的远祖，大体从春秋初年的襄公时期还可以追溯到夏末商初的山东地区东夷族，或中潏西行"在西戎，保西垂"（《史记·秦本纪》），或者后来在周成王时迁"商淹之民于茱萸山（今甘谷一带）"（《清华简·系年》），秦人带着商文化因素，承托着周王朝的使命，与西垂一带的"西戎"部族在"同一片天空，同一个屋檐下"，或"鸡犬相闻，互通有无"，或"两面对峙，老死不相往来"，而多数时间则常常以"兵戎干戈相见"，一副错综复杂的社会族群关系铸就了秦文化具有独特的"东来西成"文化面貌。

西垂的地理范围所指，我的理解应该是今陇东和关中西部一带，也就是秦"九都八迁"过程中迁都雍城之前的地区。《诗经·秦风·无衣》大体上就是描述的这一段历史过程，表达了秦国军民团结互助、激昂慷慨、同仇敌忾的战歌，表现了共同御敌的高昂士气和乐观精神。"王于兴师，修我戈矛……王于兴师，修我矛戟……王于兴师，修我甲兵"，表现了秦国军民舞戈的大无畏、勇于牺牲的爱国主义精神。

秦在西垂的历史，以往仅见于支离破碎的文献简略记载，而且在对文献的解读中也往往出现理解上的失之偏颇。近年来，国家对早期秦文化课题的高度关注和重视，在20世纪80年代工作的基础上，从多角度、多学科广泛开展起来，取得了诸多重大发现和认识，如大堡子山秦人宫室、陵墓的发现，礼县西山遗址，鸾亭山汉代祭天遗址，甘谷毛家坪墓地，张川马家塬戎人墓地，清水李崖先周墓葬等等一系列重要考古发现，为还原《史记·秦本纪》记载提供了至关重要的实物资料。

早期秦人活动的区域，除了今陇东以外，显然还包括陕西的西部地区，汧邑（今陇县东南）是其翻越陇山的第一步，之后秦人沿着汧河便利的交通到达汧渭之会（今宝鸡东），再一路东行，到达第五处城邑——平阳。按理说平阳有临渭平原，交通便利，但是短期的驻扎，秦人体验到两个方面不足：一是在对外防御上处于"居下临高"，周边高处围拢着强悍的戎人，不安全；二是来自自然环境的威胁，容易出现"大雨，毁平阳宫"的灾害，于是，再次迁都已势在必行。

从西犬丘第一处城邑到平阳，前后经历五个地方，从秦嬴生秦侯，秦侯立十年，生公伯，公伯立三年，生秦仲，秦仲立三年到周宣王即位，以秦仲为大夫，誓死捍卫周王室。秦仲死后，周宣王又召秦仲的儿子庄公昆弟五人领兵七千同西戎作战，终于夺回了被西戎占领的犬丘。秦非子养马于汧渭之间，为周王室抗击西戎贡献毕生。用"王于兴师"比喻这一过程，说明秦人在周王号令下，在血与火的洗礼中熬过了艰难的岁月。

迁都雍城，是秦人实现宏大理想的睿智选择，如果说当初在西垂发现早期秦文化遗存，揭开了追忆帝国童年的序幕，那么，嗣后秦人开始东出陇山，尤其选择雍城为都，则是秦国进入发展的快车道。

从《史记·秦本纪》"德公元年，初居雍城大郑宫，卜居雍，后子孙饮马于河"，到献公"二年，城栎阳"的近三百年都城沿革中，雍城一直作为秦国的政治、军事、经济、文化中心，这在秦都城邑沿革与发展过程中首屈一指。从以水御敌的"城堑河濒"到筑起规模巨大的城垣；从初期不足一平方公里的小城，到中期七平方公里的规划城市，再到十一平方公里的大城，其功能布局也从"庙寝合一"，到"左祖右社，前朝后市"，再到"突出国君地位，庙寝逐渐移出"的新格局出现；从城墙内部的修整到城外之城的出现，大都的气势和威武赫然显现。

其实，雍城在东周时期为秦都，自秦献公东迁之后，这里虽然失去了其曾经的政治中心地位，但由于秦国祭祀天地及五帝的畤和祭祖的宗庙仍一度保留，当时诸多重要祀典如秦始皇加冕典礼、祭天礼仪中的"通权火"得以继续在雍城举行，仍然作为"圣都"而沿用，西汉时期，雍城郊外的"畤祭"场所，成为诸位汉帝莅临雍城"祭天"的"圣城"之地。

石磬是古代打击乐器，在周代礼乐中有崇高地位，是权贵和身份的象征，"以乐侑食"是贵族的生活写照，"制礼作乐"则是礼制文明的标志。秦公一号大墓出土石磬上铭文"天子匽喜，龚桓是嗣；百乐咸奏，允乐孔煌"，意思是说各种乐器演奏的乐曲，周王听后很心悦，赞同景公继续秉持共公与桓公的事业，执掌秦国。

在雍城先后执政的二十位秦公，他们的苦心经营和文治武功，为秦国的发展把握着方向和前途命运，尽管有各种不足，相较列国而言，雍城时期的秦公总体素质不错。秦公们为秦国实现"子孙饮马于河"的神圣使命做出了铭记史册的伟大贡献。

西垂到雍城，秦国完成了从古国到封国的第一步，按照秦人努力方向，完成第二部则是历史发展的必然。

多年来取得的大量考古材料已经发挥了越来越多的文献作用，真正起到了正史、补史或者改史的作用，显而易见，文献中所记和在考古过程中的发现一步一步地接近。

梁云先生教书育人，工作繁忙，尽管如此，科研工作从未中断，这些年先后出版了《战国时代的东西差别——考古学的视野》《论早期秦文化的来源与形成》《对鸾亭山祭祀遗址的初步认识》《非子封邑的考古学探索》《甘肃礼县大堡子山青铜乐器坑探讨》《从秦墓葬俗看秦文化的形成》《秦戈铭文考释》等论著 20 余部（篇）。《西垂有声：〈史记·秦本纪〉的考古学解读》既是早期秦文化考古成果的介绍，又是梁云先生研究的思考与总结。全书文字优美，是专业人员研究早期秦文化不可或缺的资料，也是公众了解秦文化的重要读物。

摆脱平面化、道德化模式，
还原司马懿历史真形象

——朱子彦《司马懿传》读后

王　刚

（江西师范大学历史文化与旅游学院）

在中国乃至东亚地区，司马懿是一个妇孺皆知的历史人物。但这一形象的深入人心，并非来自于司马氏的全部功业及历史地位。形成这些认知最主要的思想底本，是以《三国演义》为基础而延展出来的"三国故事"、戏曲，甚至代代相传的街谈巷议。在这一文化系统中，司马懿往往是以"历史"的配角而出现的。作为诸葛亮的对立面，他的主要任务，是来衬托前者的伟岸与智慧，并由此固结出种种单向度、非道德的"司马懿"。揆之于史，这种形象的塑造，不能说毫无所据。但更重要的是，在这些文学性、戏剧化故事的后面，混杂着种种非历史的叙述，使得这一人物涂满了"油彩"，并在封闭性的道德评说中，遮蔽了背后错综复杂的历史细节及大势。很显然，对于史学工作者来说，要呈现出历史上真实的司马懿形象，就势必要对原有的模式做出突破，如此，才能摆脱成见，有所创获。

有见于此，朱子彦教授的新著《司马懿传》（人民出版社2020年，以下简称朱著）力图从"简单地褒贬其功过是非"的窠臼中跳出，不再"过度注目于某些历史积案的是非，也不要简单地用后世的是非观、价值观来判断历史"。由此，全书的核心诉求乃在于，以"摆脱历史人物平面化、道德化的研究方法"为起点，以适应"历史的发展潮流"为尺度，"力求保持客观的态度"，力图呈现出一个完整、真实的司马懿。（参见朱著第1—2页）

也由此，此书以时间为经，以问题为导向，围绕着司马懿个人的成长及种种时代课题，钩沉史料，慎思明辨，在史论结合中建构出了新的图景。在这一过程中，司马懿脸上的"油彩"慢慢在脱落；一些历史的"焦点"得以校正；历史的叙述得以丰富、立体。通观全书，对于著者所提出的各种具体观点，可以见仁见智。但不可否认的是，这部煌煌近五十万言的心血之作，无论是微观还是宏观；理论还是实证方面的探索，都有着新的思考及学术意义，是一部难得的史学佳构。

在我看来，此书之佳，首先体现在著者所具的历史大眼光。以此为前提，书中的历史人物真正呈现出了历史性，具备了历史的书写意义。

在给历史人物做传记时，一个很容易犯的错误是事实的简单整理与罗列。如果传主是一般大众，这种写法或许可以勉强应付，但对于重要的历史人物而言，则存在着不小的问题。什么是重要的历史人物？在历史上有着巨大影响力，关联甚至决定着历史走势者。作为或大或小的历史坐标，在整体历史的书写中，他们是不可忽略的骨干。正是从这个意义上来说，历史人物应具历史性。

司马懿就是这样的历史人物，而且是极其重要的历史人物。

在对这样的人物做出历史评判时，必须思考如下的问题：他们的所作所为，与时代的关联在哪里？在历史的潮流中担负着何种重要角色？他们的历史地位以何为衡定标准？质言之，为历史人物所作的传记，就不能是家长里短的流水簿，而是时代的备忘录。对他们所做出的评判，远比引车卖浆者要复杂、多元。相较之下，那些普通民众没有太多的事功，一生过往如果说有历史意义的话，也多是以小见大，被动地折射出历史的投影及底色——简单而单纯。他们身上的道德品质，主要在人伦日用之间显露，清晰而明确。直观而言，他们的所作所为多无关全局，要对他们做出评判，依托于一家、一地、一时、一事，往往足以发之。

但像司马懿这样的历史人物，"舞台"很大，影响的时空范围极为深远。人伦日用之间，普通型的庸言庸行，不仅不能概述他的全部风貌，倘执著于此，甚至可能因小失大，在细碎中失去了历史的高度。

在这样的问题意识下，朱著的破题由"司马懿历史形象再思考"开始，在开篇"绪言"中，着眼于大历史，对司马懿做出历史的定位。在"权臣"与"英雄"的两面中，既肯定其酷虐诡诈的一面，更赞许其"推动历史进步"的另一面。将"卡里斯玛"的个性品质与仁义道德的取向做比较，注重司马懿在大历史中的作为及价值。沿此理路而进，朱著在做人物评价时，特别注意跳出一时、一事的壁垒，在中国历史的大舞台上，针对司马懿及其所处时代的特点，力求做出具有全局眼光的判定。当这种判定作为理论关照而覆盖全书时，此书就不再为琐碎的史料所包围，而是在"不畏浮云遮望眼"中，由史实而见史识，在史料的千山万壑中"破壁而出"，从而延展出了历史的走势，突破了平面化、道德化的陷阱。

这种大历史的判定或尺度，主要体现在两大层面：

第一，跳出一时一事的局限，着眼于整体的价值认知，认真思辨废主篡位与结束乱世的关系。按照传统政治伦理，司马懿最为人诟病之处，乃是以非常手段，甚至是残忍的手法篡夺了曹魏政权。但依照子彦教授的观念，在这种"纲常伦理、正统观早已被否定的当代社会，再去讨论所谓权臣'篡位'问题，已毫无意义"。那么，在他看来，历史人物的行为意义应该落实在哪里呢？是"整个社会最迫切需要解决的问题"。在汉末三国时代，它表现为"恢复正常的社会秩序，拯民于水火，将四分五裂的天下统一起来"。因为司马懿开创了这一局面，由此可以被视为"那个时代当之无愧的英

雄。"（参见朱著第10—11页）

出于不同的价值判定，对于这一结论未必人人信从。但不可否定的一点是，司马氏集团所掀起的血雨腥风固然有令人切齿处，但其效果主要发生在上层，底层民众并不因其"恶"而罹祸，反倒因为此后局势的稳定，而日渐进入一个相对太平的岁月。历史就是这样。如果着眼于民众的生活及社会的稳定发展，有时上层一些"恶"的手段，却可以为下层带来"善"的结果。必须承认的一个事实是，在那样一个动荡的时代，能统一天下者，往往是魄力、手段，甚至残忍兼具之人，不如此，很可能被残酷地淘洗出历史的舞台。由此，遭逢历史的机遇后，司马懿凭借着卓越的军政才华，甚至是阴鸷的个性，最终得以横空出世，成为了"曹操事业的继承人"，这在朱著中表述为："历史选择了司马懿。"（参见朱著第10页、第16页）也就是说，朱著对于司马懿的肯定，不是否定其残忍阴谋的一面，而是因为他更大的另一面充满着正向的积极意义，即由其行为所带来的统一、民众的安定、历史的向前。这是司马懿在书中获得肯定的基本立足点。

第二，肯定司马氏集团易代鼎革模式的历史意义。这一模式即子彦教授所推崇的禅代。推崇的理由在于，这一模式"利用相对和平的方式实现了政权在异姓之间的转移……它将'征诛'所导致的无差别血腥杀戮及生产力受损、黎民死伤等易代更祚的社会成本大为降低……也更加契合中国古代的仁政精神与礼制原则"（参见朱著第169页）。在中国帝制社会中，禅代的成功起点在魏晋，"曹魏代汉"拉开了这一序幕，并深刻影响了后世的政治及历史精神。朱子彦教授对此颇有研究，此前曾撰有《汉魏禅代与三国政治》一书，对此问题做了深入的讨论。但当时的侧重点在于曹魏时代，本书接续这一研究理路，将曹魏到有晋一代的政治发展作为一个连续的过程来看待，并在聚焦"曹操接班人"——司马懿的所作所为的基础上，提出："'曹魏代汉'虽是始作俑者，但真正将禅代作为王朝更迭形式继承并固定下来的是'司马氏代魏'。"（参见朱著第607页）

由此，一个很重要的问题就产生了：不管司马氏对待曹魏的手段如何阴狠，但从总体上来看，这种"禅代"是以最小的流血、最低的成本完成了统一的模式。与血流漂橹的大范围内斗相较，司马懿所掀起的种种"恶行"都是有限的血腥。在促使社会避免震荡、历史潮流向前的进程中，倘不以这样的方式，而以更为猛烈的姿态出现，哪种代价更大？哪种方式更为可行？谁又更为道德呢？在朱著看来，无疑是禅代更为温和与理性，更值得称道。这样的历史效果论，成为了朱著肯定司马懿及其集团的又一逻辑出发点。

此书之佳更表现于，对史料的精心考订，以及对文本性质的深入考量。一部优秀的史著要得以完成，史料的考辨不可或缺。质言之，真实、可信的史料是一切结论得以成立的前提。《司马懿传》中的种种史评、新见令人眼前一亮，固然是值得称道的知识果实，但它们都是以史料为根基，如此，方有强盛的生命力。如果没有史料的支撑，没有证据链的环环相扣，"眼光"再好，眼中所见也只能是虚幻的镜花水月，对于一部史学著作来说，那几乎是毫无意义的。认识到这一点，此书开篇明确提出："臧否历史人物或事件，最需要注意的关节点，就是力求保持客观的态度，不能用理论来削足适履。"（参见朱著第2页）

为达此目标，子彦教授做了大量艰苦细致的工作。

例如，"空城计"作为脍炙人口的故事深入人心，并在《三国演义》中得到了大肆渲染。朱著对此做了详细的辨析，恢复了历史的本来面目。在具体的分析过程中，先是将文学作品与史书做了区分，依据《三国志》等正史材料来做正本清源的工作。然后，通过考辨，确定了这一故事的源头就在《三国志》中——裴注所引的《蜀记》。但细加分析后，又发现：一则当时诸葛亮在街亭一带作战时，作为故事中的"双雄"之一的司马懿远在千里之外的洛阳，实无参与此事件的可能；二则这一故事本身也不可信，属于以讹传讹。最后得出结论："陈寿著《三国志》不采，孙盛、习凿齿等史家皆不予理会，裴松之引而辨其非，所以它的可信度是不高的，至于其中的空城计更是子虚乌有。"（参见朱著第253页）

再如，在三国魏晋故事中，司马懿有所谓"狼顾相"及"三马同槽"之说，并曾被曹操看破云云，它们后来被写入《三国演义》中而广为流播。在朱著中，对此问题做了详细考订，力证其非。但最后发现，这一"小说家言"的源头竟然在《晋书·宣帝纪》之中。这固然与《晋书》编撰时的粗糙有所关联，"因此成书之后，即受到当代人的指责"（参见朱著第89页）。但就故事的出现及演进来说，探因止于此，是远远不够的。这一故事被采入正史，思想文化背景在哪里？这一"历史认知"是如何由"空穴来风"转为"风行天下"的？它的知识生产是如何一步步发生的？其间的政治动力在哪里？带着这些思考，朱著指出，这一"事实"得以塑造的核心原因在于两点：一方面，就内在的源头来说，在于汉晋以来谶语的流行，为其提供了文化背景及故事底本；另一方面，就外在时势而言，则是由于《晋书》编纂于唐太宗时代，知识生产中受到了"唐初意识形态的影响"。理由在于，唐初的政治人物，尤其是太宗颇为推崇曹操功业，"故不排除史官在《晋书·宣帝纪》中美化、神化曹操的可能。而神化曹操的最好方式，就是杜撰曹操具有雄才大略，慧眼识人，早就洞察到司马懿有'狼顾相'"。（参见朱著第92页）

又如，司马懿在青年时代曾拒绝曹操征召，《晋书·宣帝纪》载："不欲屈节曹氏，辞以风痹，不能起居。魏武使人夜往密刺之，帝坚卧不动。"有学者以为，这是司马懿在装病，进而为后来篡魏成晋讳饰。但问题是，司马懿的风痹之症不仅出现于此时，更重要的是，在晚年的高平陵事件中，就是利用这一身体状况骗过对手，从而突然发难，一击而中。倘"辞以风痹"仅仅是装病，难以符合一般情理。由此，朱著经过详密考订后得出结论："司马懿'不欲屈节曹氏'是假，但'辞以风痹'是真。"（参见朱著第76页）

不仅如此，"魏武使人夜往密刺之"，往往被解读为曹操派人行刺，甚至一些著名学者都采纳此说。在此情形下，"帝坚卧不动"，显现出了耸动性的效果，甚至可以说令人惊骇。但这只能是传奇性的描绘，并不合于情理与常识。朱著经过细密考订后指出，此处的"刺"为刺探之意，加之其他相关事件可一起构成证据链，证明刺杀之非。在考订清楚之后，朱著进一步指出，这是司马懿的韬晦之计。"只不过是《宣帝纪》中的这段文字过于简略，表述亦欠精确，容易造成误解而已。"为什么会这样呢？朱著中提出自己的推测："之所以有这方面的缺陷，可能还是为尊者讳饰，不欲在细节上过多暴露司马懿的阴谋权术。"（参见朱著第 79 页）

总的来看，《司马懿传》中的考订不仅缜密明晰，展现了娴熟的史料功夫，故而往往能以小见大。更重要的是，在具体考订过程中，表现出了自觉的方法论思考及个性特点。在我看来，其中特别值得称道之处在于，能结合魏晋的时代精神与文献特点，在事实的还原中，以文本分析及解读为起点，注意辨析传奇与事实的分际，厘清关键事实的本末及发展脉络，以知识发生学的手法拨去迷雾，考辨史料，为深入论证和分析提供坚强的史实基础。

此书之佳还表现在，对于历史人物的评述，能与时代潮流，也即历史的起伏变化紧密结合。既丰富了传主的事迹及资料，同时对于他在历史上的定位，能建立在更为广阔的背景和相比照的典型人事之上。并随着历史大潮的演进及个人在其间的重要性，渐渐加深对相关问题的理解，既看出传主的被动适应，甚至是无奈，同时又可看到英雄拉动历史的一面。

所以，《司马懿传》在撰写之初，著者即致力于将个人与时代紧密地联系在一起，通过传主的种种事迹，推开一扇扇观察三国魏晋的历史门户。书中明确指出："帝王本纪的内容并非仅仅是传主的生平事迹，而是记载他所处的那个时代。从某种意义上来说，帝王就是那个时代和制度的象征。"也就是说，司马懿这样的时代主导甚至是主宰者，一举一动都联结着时代的脉动，这一人物所连带的人物、事件极为广泛，所引发的思考是全局性的。由此，在朱著中贯穿了这样的写作思路：

> 所以撰写《司马懿传》就要确立这样一个理路，即写司马懿并非是写一个人的传记，而是论述一个时代。如果将三国时代分为前后两个部分，那么前三国时代的诸多风云人物应以曹操为核心，后三国时代就应以司马懿为核心。一旦以司马懿一生事功为主线，辅之以与其相关的人物与事件，就将极大地丰富本书的内容。（朱著第 604-605 页）

正是由于这种问题意识的存在，朱著有意识地引入各种相关联的时代内容，最终做到了"极大地丰富本书的内容"。而在这种"丰富"之中，一条贯穿的主线在于，在这一大时代里，历史的"主角"如何由曹操逐渐转为了司马懿？也即是，司马懿是如何由"配角"，甚至是默默无闻的人物，到最后渐渐成长为占据历史舞台中心的"英雄"？探求其答案，不仅属于司马懿的个人成长问题，更属于那个时代的重大课题。

在子彦教授看来，要对此做出准确的回答，不仅仅要"以司马懿一生事功为主线"，更需要"辅之以与其相关的人物与事件"。因为历史从来不是某个英雄人物以一己之力创造出来的，他们需要伙伴甚至是对手——这也就是所谓"与其相关的人物"意趣所在。所谓伙伴，指的是他所在的集团及各种支撑性的骨干力量，通过他们一起勠力同心，才可能适应历史，并最终创造历史。而对手，是英雄之所以成为英雄的另一关键要素。就司马懿而言，从在曹操手下韬光养晦，到与诸葛亮双雄对决，在棋逢对手的历史舞台上，胜负且不论，正是在对手的衬托甚至"推动"下，历史意义才得以逐渐显现。而所谓事件，不是指细碎的琐事，而是足以影响历史的关键性事件，从高平陵事件到平定辽东，正是这些关键性事件改变了传主的命运，也扭转至少是极大影响了历史的面貌。围绕着这些展开讨论，司马懿就成为了一个"集矢"型的人物，以他为中心，上引下联，可以展开一幅生动的三国魏晋的历史画卷。

英雄开创历史，但首先是历史给了英雄机会，也即所谓时势造就英雄。在与历史大潮的结合中上引下联，就可以看到，在主导历史走向之前，司马懿在个人成长中，一次次有意识地跟随时代的节拍，找准自己的定位，然后才有了后来的事功。也就是说，司马懿之所以是司马懿，不是先定的历史宿命，而是一种与时代相结合的自我选择。沿着这一思想路径，全书的叙述先从司马家族"由武入文"的文化转型开始，它奠定了司马家族进入汝颍集团的文化基础，然后作为"东宫旧臣"，使得司马懿开始正式进入曹魏集团的核心，并在逐渐成为汝颍集团代表的过程中，通过"由文入武"的二次转型，获得军政实权，此后一步步由拥曹而代曹，直至把控了历史的走向。

在这其间，各种斗争乃至权谋不断，在种种力量的角逐中，司马懿以其才智和机遇最终胜出。书中指出："这些斗争对司马氏而言，都是血与火的较量，生与死的考验，只要司马氏应对失误，其中有一次失败，就将万劫不复，诛灭九族。"（参见朱著第608页）可以说，在形成最后合力的过程中，有主动，也有被动；有必然，也有偶然。一个人的成长与一个时代的发展，碰撞交融，呈现出了历史的多面相。这样的撰作，既突出了传主的个人面貌，也在寻觅时代底色的过程中，展现了丰富、立体的个人及时代，弥散着深刻的历史思考。

当然，书中也有些值得改进的问题。其中最主要的就是，倘以严苛的学术标准来看，在文献的引用上需要更加严谨。例如，书中第154页在论及政治合法性时，引"天之历数在尔躬"及"天命靡常，惟德是亲"等先秦文献作为早期源头的旁证。按照朱著的说法，前者出自于《尚书·大禹谟》。但问题是，《大禹谟》是伪《古文尚书》的篇章，实在不可以作为依凭。事实上，此句在《论语·尧曰》中可找到出处，如要引用，当以《论语》为准。而后一句在朱著中被标明来自于《孟子·离娄上》，但这只是孟子引《诗经》的文字，更重要的是，"惟德是亲"云云并不见于《孟子》正文，它是孙奭疏中的话，原文为："此盖《诗·大雅·文王》之篇文也，孟子所以引此者，盖言其天命靡常，惟德是亲之意也。"这些文字其实可有可无，倘删芟不用，并无伤大体。倘要引证，则须严格按照文献规范。在这里因为引证不确，反倒有些画蛇添足了。

在文献引用中还需注意的问题是，第 90 页注所引的《后汉书》志一三《五行志一》，《后汉书》应作《续汉书》。今日学界所通用的传世本《后汉书》中的《志》，与"纪""传"等合为一帙，不加注意，往往会以为来自于范晔本书。但它实际上来自于司马彪的《续汉书》，倘要规范，应以《续汉书》为是。再有就是，在第 7 页所引的《论语》，是现代人的《论语直解》本，应以《论语正义》《集注》或《集解》等权威本为准。此外，书中有些引文译为了现代文，有些又是直接引用原文，体例上颇为杂糅，应统一归整为是。

但以上这些都属于小疵，在日后修订时加以改进即可，它无伤整本书的学术价值。总体来看，此书坚持"论从史出"，问题意识和史料考辨相结合，并展现出著者自己的学术个性。它为对于司马懿研究及三国魏晋研究带来了新的思考，有着新的推进，是值得一读的优秀论著。

秦历史长河中"流动"的"大都城"

——读都城研究新成果《秦都邑宫苑研究》

蒋　波

（湘潭大学碧泉书院历史系）

　　都城是人类历史发展到一定程度的结果，是文明启幕的重要标志。今天我国考古发现的早期城址如山西临汾陶寺建筑基址（城址）、河南郑州西山仰韶文化城址、湖南澧县城头山城址等，表明五帝时代就有诸多原始城邑；目前，它们亦是我国文明溯源的关键性证据之一。进入阶级社会，随着国家机构的出现和完善，城邑特别是都城的意义更不言而喻，它起着巩固统治、防御敌对势力，以及调控国家政治、经济、文化生活的作用。正因为如此，商朝国都经历了数次迁徙，仅盘庚就有"五迁"（《尚书·盘庚上》），最后定于殷。因此，都城的选址、形制布局都十分重要，《周礼·考工记》曰："匠人营国，方九里，旁三门。国中九经九纬，经涂九轨，左祖右社，面朝后市，市朝一夫。"可能正是商周之交人们理想型都邑观念的反映。

　　西周大封天下，诸侯数百，又行国野之制，城邑的区分度和作用更为凸显。秦人最早的都邑就与西周分封有关。一般认为，秦族来源于东方而兴起于西方。西周孝王时，秦人因养马于今甘肃天水一带有功，而被赐以封地，"邑之秦，使复续嬴氏祀，号曰秦嬴"（《史记》卷五《秦本纪》）。这个"秦邑"就是目前所知最早具有城邑意义的秦族居住点。随后，秦人多次迁转，数建城邑，总体上呈现出从西到东、从夷夏之间的山谷向西周政治中心移动的趋势，并且形成了一个个连续性、流动的都城。这些都邑或见于传世文献，或为考古发现所印证，给我们留下了足够的讨论空间。徐卫民、刘幼臻的《秦都邑宫苑研究》（西北大学出版社 2021 年），就是一部专论秦人秦国不同时期都邑的著作。

　　《秦都邑宫苑研究》充分吸取目前关于秦都城研究的已有成果，以传世文献和考古资料二重证据梳理秦人历史上的 9 个都邑，即秦邑、西垂（西犬丘）、汧邑、汧渭之会、平阳、雍城、泾阳、栎阳、咸阳，并将其与东周列国都城、西汉长安城比较分析，强调后世都城在秦都城基础上的承袭与突破。纵观全书，除了二重证据法，是著还具有以下特色。

　　一是长时段的动态考察。该书首先就涉及都城定义、秦族迁徙、秦人迁都等核心问题广征博引，比如关于秦人的来源，主要有东来、西来两说，东来说目前是主流观点，但还难以完全否认西来说。作者细致梳理了这两个观点的源流，最后从两说的汇合点之一即秦族最早有迹可循、陇东秦川一带的遗存入手，讨论秦都邑的源头，从而有了可信的逻辑起点。另外，根据史念海先生关于古都的观点，该书认定秦历史上共有9个都邑；对这9个都邑，作者没有局限于商鞅变法之后的都城咸阳，而是长时段关注它的动态发展，将秦的都邑演变划分为四个阶段，即雍城以前、雍城时期、泾阳和栎阳时期、咸阳时期。其中雍城立都时间长达250余年，且考古证明已有"市"的布局，从此秦都邑有了相当分量的经济功能，也实现了从都邑向都城的转变。再者，该书还长时段比较分析了秦都邑与西周至西汉时期的都邑。其中秦都邑与东周其他诸侯都邑、西汉长安城都具有规模大、以宫殿建筑为主体、道法自然、依山畔水等共性，但秦都邑也有独特之处，它基本上有内城无外郭城；都邑与陵墓的位置关系也不一样，秦都邑相关的陵墓多在城邑之外，而其他诸侯部分陵墓建在城邑之内，等等。西汉长安城正是吸取了西周以来包括秦都邑在内的营建优长，宫城之外有郭城，且贵族陵区建在城外，同时陵墓旁边又设有陵邑。

二是文化史的视角。都邑作为一国枢纽，当然不是简单的土木营造，而是一方区域的文化习俗的综合体，诚如王国维先生所说："都邑者，政治与文化之标征也。"（王国维《殷周制度论》）《秦都邑宫苑研究》按时间逐一分析秦都邑演变，其中还从文化、观念的角度做了分析。一方面，秦都邑的演变史，正是秦历史文化的发展史。秦人的东进促成了秦文化的成熟，都邑营建则具象化了秦人的文化观念。秦都邑的某些特征，正是秦文化的特征，比如秦都邑大多没有外郭城，它是秦与六国的距离较远等自然环境的体现，同时反映出秦人尚武、进攻型的风格；秦都邑追求"高台榭，美宫室"的建筑气势，追求"渭水贯都，以象天汉，横桥南渡，依法牵牛"的气象，也是秦强调集权威严、君权神授观念的体现，等等。另一方面，秦都邑形制布局也反映出秦国文化的不足，比如在咸阳城内复原六国宫殿形态，说明秦的张扬、僭越礼制；大建广袤的苑囿与规模巨大的王陵，说明秦好大喜功、不恤民力与急于求成，以及重物质享受、不重文化建设的特点，从而导致并加速了秦王朝的崩溃。实际上，秦都邑史也是一部秦人的文化观念史和秦国的盛衰史。

三是"大都城"的研究范式。古代都城研究，核心内容自然是"都"与"城"（市），其中包括作为政治文化中心的行政、祭祀等建筑与文化，以及作为防御、经济载体的建制与布局。《秦都邑宫苑研究》首先对秦历史上的九座都城的选址、结构布局、工商业活动、设计理念、城内祭祀与宗庙等礼制建筑分门别类做了介绍。除此之外，该书又不局限于此，将视野拓展到更广泛意义的"都城"研究，即"大都城"研究，主要讨论了三大问题：卫星城、宫苑和王陵。首先，秦卫星城也即都城附近县域的研究。秦附属县域特别是咸阳城附近诸县，相当于汉代的三辅地区、后世的都城次中心，因拱卫、供给功能而与都城血脉相连。作者考证咸阳附近先后有多达44座县城，它们数量多、分布密集，或为曾经的秦都城，或处于水陆要冲处，或为秦陵陵邑，构成了京师的卫星城群。其次，都城附近的苑囿往往是古代贵族休闲游乐的场所，是都城的衍生物。作者根据传世文献和出土资料，考证雍城附近有弦圃、中囿、北园，咸阳则至少有上林苑、兰池苑等十余处苑囿，秦对这些苑囿专门设置苑啬夫、苑吏管理，构成了一个相对独立的管理体系。最后，秦王陵研究。古代"视死如视生"，作者认为对于帝王而言，"都城是生前最需要的，陵墓是死后最需要的"，因此王陵更是都城的附生体。考古发现显示，秦都城附近至少有五大陵区，即西垂陵区、平阳陵区、雍城陵区、栎阳陵区、咸阳陵区。秦王陵规模大，建有陵寝，周围及墓中采取了严密的防范措施。这些特点对后世影响深远，比如直到明清时期还有陵寝制度，它的源头就在秦王陵。总之，"大都城"的研究范式大大丰富了都城研究的广度和深度。

徐卫民先生曾长期从事秦汉史、特别是秦汉古都方面的研究，成果颇丰，先后出版《秦汉都城研究》《秦汉都城与自然环境关系研究》等，今又添《秦都邑宫苑研究》，在以往的基础上结合考古新发现和新的研究成果进行充实修改，提出了一些新认识，必将对秦都城研究乃至古代早期的都城研究有所推进。

《秦汉研究》征稿启事

《秦汉研究》是由中国秦汉史研究会和咸阳师范学院联合编辑的学术集刊,是中国秦汉史研究会会刊,已经连续出刊十四辑。从 2021 年开始每年出两辑。现面向海内外征稿,请各位专家学者惠赐佳作。欢迎以下各方面的稿件:

一、秦汉史研究的理论、通论性文章;

二、秦汉考古研究成果;

三、秦汉碑刻、简帛研究;

四、秦汉文献整理与研究;

五、其他秦汉史研究领域的文章。

来稿以一万至两万字为宜,也接受数千字的短论与数万字的长文,尤其欢迎具有重大学术意义的争鸣类稿件,对促进学术发展有重要指引性的文章,以及论证严密的实证类成果。来稿请勿一稿多投,凡所刊文,均不代表本刊编辑部的立场,作者文责自负。本刊有权对来稿文字表述及其他方面做技术性修改,若作者有异议,请在稿件中注明。

本刊不以任何形式向作者收取审稿费、版面费等费用。收稿之日起 20 个工作日内回复是否通过初审,两个月内告知最终审稿结果。文章刊出后,即付稿酬,并寄送样刊 2 册。

本刊已加入中国知网数据库,来稿一经采用,即表明作者将该作品的专有出版权与网络传播权授予本刊。稿酬中已包含上述授权的费用。作者如需将本刊所发文章收入其他出版物中发表,须详细注明该文在本刊的原载卷次。

来稿请用页下注,每页重新编号。引用古籍、今人论著时须标明作者、整理者、整理方式、书名、卷次、篇章、出版机构、出版时间、页码等信息,再次作注时省略出版机构与出版时间。期刊杂志要写明作者、杂志名、年、期。

来稿一律通过电子邮箱以 WORD 文档附件形式发送,投稿时只投一个邮箱。文末请附作者简介(包括作者姓名、工作/学习单位、职称、研究方向、通讯地址、邮编、电子邮箱、手机号码)。

来稿请发电子邮件:咸阳师范学院历史文化学院张光晗

电子信箱:zghqhyj@163. com

联系电话:18189155228

或者:西北大学文化遗产学院徐卫民

电子信箱:79721252@ qq. com

联系电话:13379267519

《秦汉研究》编委会
2021 年 11 月 10 日